LA
EXCUSA
EL DIARIO DE UN PROFETA

PROFECÍAS MENSAJES,
ENSEÑANZAS, SUEÑOS RECIBIDOS
A TRAVÉS DE UN PROFETA,
VASO ESCOGIDO

ARMIDA GONZALEZ

Copyright © 2020 by Armida Gonzalez

ISBN   Softcover   978-1-950596-64-5

All rights reserved. No part of this book may be reproduced or transmitted in any form or by any means, electronic or mechanical, including photocopying, recording, or by any information storage and retrieval system without express written permission from the author, except in the case of brief quotations embodied in critical reviews and certain other non-commercial uses permitted by copyright law.

Printed in the United States of America.

To order additional copies of this book, contact:
Bookwhip
1-855-339-3589
https://www.bookwhip.com

POR SIGLOS EL HOMBRE SE HA DADO
EXCUSAS PARA NO OBTENER UNA UNIFICACIÓN
MÁS ESTRECHA CON DIOS; NEGÁNDOSE ASÍ
MISMOS LA OPORTUNIDAD DE CONOCER MÁS
SOBRE DIOS, SU REINO Y SU CREACIÓN.

PRÓLOGO

-Este es un diario, que día a día fue formándose con los mensajes, alertas, profecías, enseñanzas, y sueños, que el Padre Todopoderoso, Jesús de Nazaret, y Sus Maestros me entregaban; y el cual, debe leerse de principio a fin para obtener todo el conocimiento, información y la enseñanza que en él se encuentra. Al leerlo, se van a dar cuenta de Sus constantes suplicas; suplicas que cada día hacían, y en las que pedían ser escuchados. Todos los días era lo mismo; que escucharan, que pusieran atención, que se prepararan porque lo que venía, iba a encontrarlos sin preparar. Las fechas están en todo lo que se recibió, para mejor seguimiento del diario.

-Van a ver, y leer las suplicas que el Maestro Jesús les hacía, para que lo aceptaran a Él como su Maestro, Tutor, Mentor, y Guia; mensajes en donde Él les advierte sobre lo que va a pasar; y lo que Él piensa sobre algunas cosas, como el aborto, las guerras, la eutanasia etc.

-Enseñanzas entregadas directamente por Él, y en donde hace referencia al Presente, Futuro, Pasado; Hoy, Mañana, y Ayer.

-Profecía en donde claramente se puede ver lo que va a suceder aquí, y en otros lugares y lo que el Padre Todopoderoso va a hacer con aquellos que lo están negando.

-Charlas personales en las que hablábamos sobre algunas cosas; principalmente el hecho, que Sus hijos no querían escuchar lo que Él quería decirles.

-Se enterarán de lo que El Padre piensa de la nueva tecnología. Sueños en los que claramente se puede ver lo que el Padre Todopoderoso me decía de estos Sus hijos que estaban preparados para dar el próximo paso, y listos, para obtener más conocimiento y más avance espiritual.

-Frases, reflexiones, que les harán meditar, pensar, y de las cuales aprenderán.

Como la siguiente frase, que es simple, pero que encierra una gran sabiduría:

No esperes tener para dar; da sin tener, y Él te lo va a agradecer.

-Títulos y subtítulos para una mejor comprensión del mensaje.

-Van a ver y leer la forma en que me sentía al estar haciendo lo que Él me estaba pidiendo, y Su respuesta a mis quejas por ver que Sus hijos no querían escuchar lo que Él quería decirles; y cómo ya dije: Este es un diario, y como tal se debe leer de principio a fin, para poder entender y aprender todo lo que por más de dos años me fue dicho para que lo entregara a mis hermanos.

-Hago hincapié, que yo no soy escritora ni nada por el estilo; yo soy una profeta del Señor que escribe lo que Él me dice. Mi educación es muy básica; cursé hasta el segundo año de secundaria, y en este país americano, sólo tengo lo que llaman un GED. O sea, lo equivalente a un diploma de High School. Lo menciono, porque sé que estos libros no están escritos con el mejor vocabulario, pero sí con la mejor intención; la de llevar a todos ustedes lo que El Padre me dijo, y que tenía que entregarles.

Al ver que me era muy difícil hacerlo directamente, el Señor me ordenó que lo escribiera en forma de libro, lo publicara y lo pusiera a disposición de todo aquel que estuviese interesado en aprender y saber lo que Él pensaba sobre ciertos acontecimientos y situaciones actuales. Algo que no me fue fácil, ya que tenía el obstáculo que día tras día me ponía el enemigo. Mas con la ayuda de Nuestro Dios y Señor logré vencerlos y llevar a cabo lo que Él me había dicho hacer.

-Aquí les presento el producto del esfuerzo, la entrega y dedicación al Padre, al Hijo, y al Espíritu santo, y al amor inmenso hacia mi Madre María de Israel. Léanlo con el amor y el respeto que Ellos se merecen; aprendan lo que tienen que aprender; y usando la lógica, decidan qué van a hacer; se preparan para lo que viene, o lo esperan sin estar preparados; la decisión es de ustedes. Yo ya cumplí con poner estos libros a su disposición; más no puedo hacer.

Domingo 26 de JUNIO de 2016
SEAN LOS PRIMEROS

-El domingo por la mañana al estar Él hablando conmigo, dijo: Sean los primeros en arrojar la piedra. Vino a mi mente la escritura en donde dice: El que esté libre de pecado, que sea el primero en arrojar la primera piedra contra ella. (Juan 8:7 Reina Valera 1960). Mas no entendía, porque lo que me estaba diciendo no concordaba con lo que estaba escuchando; pero luego vino la explicación, y esto es lo que Él me dijo:

Sean los primero en arrojar la piedra de la sabiduría, la piedra del conocimiento, la piedra de la preparación. Sean los primeros en arrojar sobre la ignorancia todo el conocimiento que les llegue de las Alturas. Sean los primeros en arrojar la piedra contra los ojos, las mentes y los oídos cerrados para que puedan ver, entender y escuchar la verdad. Sean los primeros en llevar Mi verdad al mundo; la verdad que por siglos ha estado escondida en el baúl del olvido. Sean los primeros en sacarla de ahí, sacudirla y mostrarla a todo aquel que la quiera ver, escuchar y aprender. Sean los primeros. Amén.

NUESTRO SEÑOR JESUCRISTO TE PREGUNTA:

-¿Quieres la verdad? ¿La verdad quieres? Pregúntame a Mí.

-¿Quieres conocer la verdad? ¿La verdad quieres conocer? Pregúntame a Mí.

-Yo tengo la verdad; la verdad tengo Yo. Yo soy la verdad; la verdad soy Yo.

-Yo soy la verdad absoluta; la verdad absoluta soy Yo.

-¿Quieres conocerla? Pregúntame a Mí, tú Jesús de Nazaret, y Yo te diré la verdad; la verdad Yo te diré.

-Todos los que creemos en el Dios Todopoderoso, reconocemos y aceptamos, que Él es el Creador de todas las cosas visibles e invisibles, por lo tanto yo te pregunto: ¿No crees que Él tiene mucho más que enseñarnos, y que decirnos sobre Su Creación?

Ahora, bien, si te dejas de *excusas* podrás recibir esas enseñanzas, ese conocimiento, y esa sabiduría, con sólo dejarte guiar por Nuestro Jesús de Nazaret. Permite, que Cristo Jesús de Nazaret sea tu Maestro y tu Guía. Ya no te des la *excusa*, acéptalo y tendrás, un torrente de sabiduría y conocimiento sobre el Reino de Nuestro Padre Omnipotente.

-Una vez más hago hincapié, en que no soy escritora ni nada por el estilo; yo sólo pongo en papel lo que de *las alturas* se me entrega.

Cuando estos libros fueron escritos, yo no había leído la Biblia; todo lo que se me entregó y que está en la Biblia, vino de *las alturas*. Lo pude comprobar cuando en noviembre del 2015, Él me dijo que la leyera, y pude ver, que ahí estaba lo que se me había dicho.

¿POR QUÉ ESTE LIBRO SE NOMBRÓ LA EXCUSA?

Éste libro, o diario, empezó el domingo 28 de Abril de 2013, cuando el Padre Todopoderoso me envió a una de Sus Casas de Oración a decirles, que Él quería proponerles algo; que Él quería que se convirtieran en Sus esposas, pero a Su modo: que llegaran a Él en la imagen de Su Hijo Jesús de Nazaret; pero que para ello tenían que aceptar a Su hijo Jesús de Nazaret como su Maestro, Tutor, Mentor, Guía, así como lo habían aceptado como su Salvador. Me envió a decirles, que había una forma de llegar a convertirse en la imagen de Jesús de Nazaret, para así mismo, convertirse en Sus Esposas – Ya eran Esposas de Jesús de Nazaret, pero el Padre Dios Todopoderoso, también quería tenerlos como Sus Esposas; pero no aceptaron; negaron completamente que eso fuera posible, y me dieron *sus excusas*. Por lo que el día que les entregué parte de Su propuesta, también incluí pasajes de la Biblia en donde se podía ver claramente, que la orden había sido entregada desde tiempo atrás:

Sed, pues, vosotros perfectos, como vuestro Padre que está en los cielos, es Perfecto. (MT.5:48 (Reina Valera 1960). Si quieres ser Perfecto, anda, vende lo que tienes, y dalo a los pobres, y tendrás tesoros en el cielo; y ven y Sígueme. (MT.19:21 (Reina Valera 1960).

-Estos sólo son sólo algunos de los pasajes que incluí en mi presentación, demostrando así, que no era algo que yo estaba inventando, o que yo quería que hicieran; pero ni aun así lo aceptaron. Traté de hablar con el Pastor de la Casa de Oración para hacerle ver, que todo lo que se daban por *excusas*, eran eso: *excusas*, pero no quiso aceptar. Entonces el Padre Todopoderoso me dijo, que pusiera todo (casi todo, porque hay cosas que no pude incluir) en forma de libro, lo imprimiera, y lo pusiera a la disposición, para que aquellos que quisieran enterarse de lo que el Padre Todopoderoso, y Su hijo Jesús de Nazaret habían dicho, que obtuviera los libros, y se enteraran. (A esta fecha ya eran dos libros). Para que pudieran conocer lo que *Ellos* piensan de ciertos acontecimientos del Presente, del Pasado, y sobre todo, del Futuro.

-Aquí van a encontrar, enseñanzas, mensajes, profecías, y sueños reveladores que abrirán su mente, ojos, y oídos. Lo que está en éste libro, es sólo parte de todo lo que recibí, ya que hay muchas profecías y sueños que no me permitió poner, por no ser el tiempo de que se sepan, y porque mis hermanos no sabrían cómo interpretarlos. El escrito original consta de más de mil páginas escritas a máquina.

-En el libro, CÓMO OBTENER LA UNIFICACIÓN PERFECTA CON DIOS les hablé de La legión de Maestros, que es regida por el Maestro de Maestro: Cristo Jesús de Nazaret. Dije, que así como el enemigo tiene su legión de demonios, también Nuestro Maestro Jesús tiene Su Legión de Maestros, y expliqué, que Él los preparó, y los sigue preparando, Él les enseñó todo lo que Él sabe, y ellos a su vez, lo enseñan a aquellos que desean aprender más; aquellos que quieren conocer a Nuestro Jesús, y aprender a Amarlo en verdad. También entregué algunos de Sus nombres, nombres, que es posible que encuentren en este libro, pues Ellos, junto con Nuestro Jesús de Nazaret, me entregaron muchas de las profecías, y los mensajes que vienen en ambos libros. Como ya dije, no pude poner todo lo que se me entregó, ya que hay cosas que todavía no se pueden saber: Mis hermanos no estás listos para entenderlas; sólo los confundiría, y confundir, no quiero.

-Dios Padre Todopoderoso fue quien me envío a esa Casa de Oración; y fue Él, quien les hizo la propuesta. Él sabía que amaban a Su Unigénito Bendito, y a Él, lo respetaban; pero Él quería algo más; quería que lo amaran a Él, así como amaban a Su Hijo Jesús. Es por eso, que todo éste libro está formado con Sus mensajes; mensajes que iban dirigidos a esos de Sus hijos. Pongan mucha atención a todos y cada uno de ellos; y al leerlos, tómense el tiempo para analizar Sus palabras, las cuales llevan mucha sabiduría y mensajes de alerta para todos nosotros.

Cuando preparaba este libro, me tomaba el descanso e incursionaba en el internet; ahí pude darme cuenta, que había personas que estaba recibiendo lo mismo que yo. Ver eso me llenó de alegría y al mismo tiempo, me dio la fuerza para seguir haciendo lo que se me había dicho hacer.

-Fui acusada de ser yo, la que quería decirles esas cosas, y no El Padre Dios y Señor Todopoderoso; y que yo escribía las cosas después de que ya habían pasado. Algo que es completamente falso, pues ya que en todos mis escritos pongo la fecha, y hasta la hora en que me fueron entregados.

También, muchas veces los escuché decir, que el enemigo también conocía la Biblia, y que había personas que decían, que El Padre les estaba hablando, cuando en realidad, era el enemigo. La respuesta de Dios Padre, fue decirles, que el enemigo no entregaba lo que él no tenía, y como le dije a uno de esos hermanos: *El enemigo no te va a decir, que te prepares porque viene algo muy malo, y él no quiere que te suceda algo malo.* Eso sería como dice la Biblia, que el enemigo estaría luchando en contra de sí mismo. *Una casa dividida, no se mantiene en pie.* Lucas 11:17 Lucas 3:25 Mateo 12:25 (Reina Valera 1960).

-Una vez más les digo, lean este diario con una mente abierta; analicen todas y cada una de las cosas que en él se encuentran, y como dice mi Padre Eterno (En uno de Sus mensajes): *Aprende a sumar dos, y dos, y usando la lógica, o sentido común, lleguen a sus propias conclusiones. Ya* que eso es lo que Él quiere; que aprendan a usar la lógica, o sentido común en todo lo que examinen, para que por sí mismos lleguen a una conclusión, usando la lógica, o sentido común. Amén.

ARMIDA GONZÁLEZ

Guia de Guias

Por voluntad divina del Padre Todopoderoso.

TODO EMPEZÓ CON…

-Esto se me entregó hace muchos años, después de escuchar una y otra vez algo que hizo, que abriera mi corazón y le hablara al Padre Todopoderoso sobre lo que pensaba sobre las *excusas* que nosotros Sus hijos no dábamos. Su respuesta fue, empezar a entregarme a nivel personal, enseñanzas, conocimientos, y secretos de Su Reino. *Ya que eso es lo que Él quiere, que se abran a Él, que le abran tu corazón y le pidas más conocimiento y más sabiduría, y conforme se lo vayan pidiendo, Y mientras más le pidan, Él te les entregará más y les dará más, y más conocimiento para impartir a sus hermanos; Sus hijos.* Amén.

LA EXCUSA

1989-1990

Señor: Hoy nuevamente escuché, que no somos perfectos, que Perfecto... sólo Tú mi Dios y Señor. Que Tú lo sabes y que por eso nos perdonas. mas yo me puse a pensar: ¿Es esa una buena excusa para seguir ofendiéndote y ofendiendo a nuestro hermano y semejante? ¿Es esa una buena excusa para seguir nuestro libre albedrío? Porque si te has dado cuenta, Señor, esa excusa la usamos para seguir nuestro propio camino, y no el camino que Tú, nos has trazado. ¿Por qué? Porque tenemos la excusa de no ser perfectos, que Tú lo sabes, y por lo tanto vas a perdonar nuestras faltas. Pero Señor, no debería ser diferente; no deberíamos tomas esa excusa por el lado positivo, tratar de mejorar nuestras vidas, ser diferentes, y tratar de imitarte. ¿Es que acaso no queremos ser como Tú Señor... perfectos?

¿Por qué, el saber de Tú vida, no nos hace pensar en seguir uno a uno Tus pasos, y tratar de llegar a ser perfectos como Tú, Señor? ¿Por qué es todo lo contrario? ¿Por qué, el sabernos imperfectos nos hace cometer más faltas contra Ti, contra nosotros mismos, y contra nuestros hermanos? ¿Es porque de antemano sabemos que Tú vas a perdonarnos, porque no somos perfectos, y Tú lo sabes?

¿Por qué, el que nos digas que no somos perfectos no nos hace reaccionar de diferente manera? Por qué no tratamos de enderezar nuestros pasos, nuestras vidas, para llevar la ilusión de algún día escucharte decir: ¡Mis hijos han alcanzado la Unificación Perfecta con Dios! ¡Ya son como Yo... perfectos! Cómo puedes darte cuenta Señor, esa es la excusa que usamos para no ser perfectos; esa es la excusa que nos damos para no dedicarnos a encontrar la Unificación Perfecta con Dios. Amén.

-El Dios Padre nos está diciendo: *Si Yo les envié a Mi Amado Hijo en la imagen de un hombre, Yo quiero, que el hombre vuelva a Mí en la imagen de mi Amado Hijo Jesús de Nazaret. Por amor Yo los dejé ir, por amor Yo les envié a Mi Unigénito Bendito, por lo tanto, Yo quiero que regresen a Mí; a Mí, a su Dios y Señor... por amor. No es mucho lo que les pido. No, no lo es; regresen a Mí en Su Imagen y Semejanza, y tendrán una Unificación Perfecta*

Conmigo; una Unificación Perfecta con Mi Hijo y con todos Sus Maestros. Yo les envíe perfección; perfección quiero que regrese a Mí, su Dios. Amén.

CÓMO FUE MI NIÑEZ

-Empezaré por decirles, que mi infancia fue algo extraña, ya que desde muy niña veía y escuchaba cosas, y no había quien me las explicara. Mi madre, al yo decirle lo que me pasaba, hurgó en mi oído para ver si algún insecto se había introducido en ellos. Así pasé mi niñez, sin saber, qué era lo que me pasaba.

-A la muerte de mi madre, inmigré a los Estados Unidos (USA), y fue aquí, donde una desconocida me empezó a hablar de *cerebros preparados, vasos escogidos,* y de muchas otras cosas las cuales, yo no entendía a pesar que la mujer me hablaba en mi idioma. Al terminar de hablar, la mujer me entregó un papel con una dirección, diciéndome, que fuera a ese lugar, y que ahí me iban a ayudar, pero agregó: El enemigo no te quiere en ese lugar, y a toda costa va a tratar de evitarlo, pero tú tienes un espíritu muy fuerte, y lo vas a vencer; y así fue. Logré llegar al lugar el cual, resultó ser un templo en el que el Espíritu Santo, Nuestro Señor Jesucristo, era quien entregaba los mensajes, las enseñanzas, y los alertas. Ahí pasé mucho tiempo, y ahí aprendí a usar los Dones que ya traía desde mi nacimiento, y obtuve algunos más. En ese lugar, el Maestro, y Señor Jesús se convirtió en mi Tutor, mi Maestro, mi Guía, y empezó a entregarme enseñanza a nivel personal.

¿CÓMO FUE QUE LLEGUÉ A ESE PUEBLO Y A ESA CASA DE ORACIÓN?

-En 2005, el Señor me envió a un pequeño pueblo en California, como a unas dos horas de Los Ángeles, y ahí me instalé, y con el dinero que tenía empecé a hacerme de propiedades; según yo, estaba haciendo la voluntad de Dios: estaba multiplicando lo que Él me había entregado. – Pero Él no pensaba lo mismo, y en 2008, llegó y recogió todo; dejándome en un pequeño remolque al que nombré la ballena de Jonás. (A Jonás se lo tragó una ballena, y permaneció tres días y tres noches dentro de ella; ahí reconoció muchas cosas, entre ellas, que todo lo que le estaba sucediendo, era por su desobediencia). *(Ver Jonás 3:17))*. Así que al quedarme sola en ese pequeño remolque, me sucedió lo que a Jonás. Ya que al no tener más nada que hacer, me dediqué a meditar sobre muchas cosas, y la luz llegó a mi entendimiento, comprendiendo así, lo que mi Padre Celestial quería que yo hiciera en ese pequeño pueblo: Él quería que yo abriera una escuela en la cual, compartiera con Sus hijos lo que Él me entregaba a mí.

-Pude darme cuenta, que los mensajes habían estado ahí; Él había enviado a personas que sin ellas saberlo, me decían lo que tenía que hacer. Los mensajes habían llegado de todas partes, pero yo no los escuché. *Excusas*, tengo muchas, pero como sé que *sólo existen las razones, y que todo lo demás son excusa*, les diré, que la única *razón*, es que, no amaba a Dios como decía, y como Él merecer ser amado.

-En ese pequeño remolque pude reconocer muchas cosas, las cuales le confesé a Él, (cómo si Él no sabía), me arrepentí, y le pedí perdón; y desde ese momento, mi plegaria a Dios Nuestro Señor fue preguntarle, qué podía hacer por Él, por Sus hijos, y por Su Obra. *No sé por cuánto tiempo lo hice, sólo sé, que empezó a enviarme mensajes en los cuales me indicaba, que tenía que reunirme en una Casa de Oración.

LLEGUÉ A LA CASA DE ORACIÓN A LA QUE ÉL ME ENVIÓ

-El domingo 28 de Abril de 2013, por la mañana al terminar de hacer mis oraciones, nuevamente escuché, que Él quería que me reuniera en una Casa de Oración. Me levanté de mi asiento y le dije: Dime en dónde está ese lugar al que quieres que vaya, y en visión mental me mostró la fachada de una casa de oración cerca de mi casa, luego me dijo: 9:00. Como era de mañana asumí, que a esa hora tenía que ir. Me preparé, y esa misma mañana me presenté en esa casa de oración. Llegué cuando el servicio ya había empezado, me recibieron, me ofrecieron un asiento, y me senté a escuchar el sermón. Al darme cuenta que nada era como Él me había enseñado, le dije: ¿A qué me enviaste aquí? Esto, no es lo que Tú me enseñaste. Esto no es una casa de oración, ni un templo; esto más bien parece *un club social*, que templo, o casa de oración. A lo que Él me contesta: *Así es Mi niña, pero ésta, no es la única; todas Mis Casas de Oración están convertidas en un clubs sociales. Tú sigue ahí, observa, escucha, y no digas nada.* Así es que ahí me quedé viendo, y escuchando, sin decir nada.

También le dije, que esos de Sus hijos hablaban inglés, y no español como yo. Pero Él volvió a decirme, que me quedara ahí escuchando, y observando sin decir nada.

-Al terminar el servicio, me llevaron al comedor, y me ofrecieron una taza de café. Al estar esperando la taza de café, mirando *a la secretaria de frente*, dije: *No se fijen en mi acento; yo estoy aquí por Él.* Pues la secretaria al notar mi acento, me iba a sugerir que fuera a la otra Casa de Oración en la que se hablaba mi idioma; pero al escuchar lo que dije, me aceptaron. Al día siguiente de mi llegada recibí ésta visión, o sueño:

Lunes 29 de abril del 2013
SUEÑO/VISIÓN: EL RECIBIMIENTO DEL PASTOR:

-Veo que llego a la Casa de Oración, y el Pastor al verme me dice: ¿Qué, tú vas a dar misa? Yo me quedé pensando, que yo no sabía nada de misas, ya que en la ceremonia de la misa el sacerdote hace muchas cosas; y yo no sabía a qué tiempo se hacía esto, o aquello, así que le contesté: NO.

-Este es el recibimiento que el espíritu del Pastor me hizo, indicándome así, el nivel en que él se encontraba. También, contemplé que el Pastor tenía miedo de perder su lugar. Desde ese momento comprendí que la tarea no iba a ser fácil; al Pastor no le había gustado la idea de que alguien fuera, y enseñara otras cosas. Entonces le dije al Señor: *Padre, Si tan sólo estuviese más preparado se daría cuenta, que no estoy aquí para quitar, sino… para dar.*

ACEPTÉ HACER SU VOLUNTAD

-El tiempo seguía pasando hasta que un día, el Padre empezó a decirme lo que Él quería que yo hiciera en ese lugar. Al escucharlo me rehusé, y le dije No, eso no es posible. Así estuvimos por un buen tiempo; Él, diciéndome lo que hiciera, y yo, negándome. Hasta que llegó el día en que le dije: *Señor, hágase Tu voluntad* Desde ese momento, empezó a entregarme un torrente de mensajes, ideas, profecías, alertas, consejos y enseñanzas las cuales debía llevar a Sus hijos; algo que hacía de vez en cuando.

Jueves 01 de julio del 2013
DIOS PADRE ME PIDE: TRAELOS A MÍ

-Dios Padre me dijo: *Traerlos a Mí*. Le dije: *Padre, si Tú tienes fe en mí, yo también la tengo, y voy a estar segura de hacer Tu Voluntad.*

-Este día una vez más habló, sobre el día en que formalmente me iba a presentar a todos en esa casa de oración, y cuando les iba a proponer algo a todos; pero les iba a decir, que ellos tenían la oportunidad de elegir. Yo seguía insistiendo en que no era fácil; mis hermanos estaban muy aferrados a *sus* enseñanzas, y literalmente las seguían. (En el libro CÓMO OBTENER LA UNIFICACIÓN PERFECTA CON DIO, te muestro una de esas cosas, y lo que en Octubre 2 del 2013 el Padre me entregó a causa de eso).

-Poco a poco me fui incorporando en algunas de sus actividades y empecé a asistir a las clases de Biblia que la secretaria del lugar entregaba. Fue ahí donde el martes 7 de Junio del 2013, recibí la primera lección:

Viernes 7 de junio del 2013
NO SE PUEDE CATALOGAR A TODOS POR IGUAL

-*No podemos catalogar a todas las personas por igual, porque todos somos individuos, y todos nacimos individualmente. Hay circunstancias, y hay circunstancias, y sí, es verdad, que hay veces que por nuestra pereza el enemigo nos hace olvidar nuestras promesas, pasando a ser como el hijo que prometió al padre hacer algo, pero nunca lo hizo. Las excusas que nos damos son que hace mucho frío, mucho calor, mucho viento, o estoy muy cansado; pero como individuos, debemos tener mucho cuidado en cómo catalogamos a las personas, ya que en ocasiones, es el Padre Todopoderoso quien quiere que hagas algo más; como fue en mi caso.*

-En el estudio de la Biblia había escuchado a las mujeres decir: *la gente promete, hasta que sale algo mejor*; frase que se grabó en mi mente como un tatuaje. Por lo que cuando me pidieron que fuera a ayudar (Se avecinaba una celebración) a acomodar las mesas, para mí fue como una promesa.

-El jueves por la noche, una pareja de ancianos amigos míos me llama y me pide que los llevara al doctor; pensando en la promesa hecha les dije que no, que ya tenía algo que hacer. Esa misma noche mientras hacía mis oraciones, el Señor me dijo, que llevará a esta pareja al médico, que no fuera a la Casa de Oración a ayudar. Discutí, debatí con Él acerca de la promesa que les había hecho, le dije: Van a decir que Armida no mantiene sus promesas, van a pensar, que soy como las personas, que prometen hasta que sale algo mejor.

-Después de hablar con Él, de exponerle mis razones, y pensando que había ganado el debate, me fui a la cama; pero el Señor no estaba de acuerdo, y toda la noche me lo hizo saber. Uno, dos, tres sueños, todos con el mismo mensaje, que llevara a esa pareja al médico. A las 3:30 am, me levanté, y empecé a hablar con Él, le pregunté, qué si había alguna manera de que pudiera hacerlo. Él me dijo: Llámalos a las 5:00 am, si aceptan, bien. Así que a las 5:03 am los llamé; la esposa me dijo, lo siento, ya tenemos quien nos lleve. Después de eso mi Dios y Señor, ya no me permitió volver a la cama, y empezó a entregarme este mensaje: No podemos catalogar a todas las personas por igual. Mensaje el cual llevé a las mujeres de la Casa de Oración.

-En este caso, era yo quien necesitaba saber, para quien trabajaba, trabajaba para Él, para el pueblo, o para mí misma; ya que a pesar de saber lo que Él quería que hiciera, no lo hice. En lugar de recordar para Quien trabajaba, tuve más miedo a lo que se podría pensar de mí; me olvidé, que tener temor al Señor es sabiduría, pero tuve más miedo a las mujeres de la Casa de Oración, y a su forma de pensar.

CUIDADO CUANDO NOS COMPARAMOS CON NUESTRO SEÑOR JESÚS

También, en una ocasión llegó a la clase de la Biblia una hermana, diciendo, que acababa de abofetear a su hermana porque la había hecho enojar; y agregó: *Jesús lo hizo cuando volcó* las mesas en el templo. (Mateo 21:12 Marcos11:15) Dando a entender, que nuestro Jesús también se enojó. Al escuchar a la hermana, inmediatamente el Espíritu Santo me dijo, que ella estaba resentida con la hermana y con la mamá, porque la mamá siempre había preferido más a su hermana que a ella. Fui a su casa para hablar con ella, con la intención de enseñarle *el trabajo del perdón*, para que se aliviara de ese mal, o sea, que aprendiera a perdonarse a sí misma, y a perdonar a los demás. Me dijo, que ella ya sabía, que el Pastor y ella ya lo habían hecho. Yo sabía que no era así, puesto que la hermana todavía tenía ese resentimiento dentro de ella.

-Esta es la explicación que el Dios y Señor me entregó:

-*La hermana actuó por el resentimiento, y el coraje acumulado por muchos años*, y que todavía no ha dejado. Es por eso que no ha perdonado a su hermana ni a su mamá, y eso la hace actuar de esa manera. Es tanto su resentimiento, que no ha dejado que la felicidad llegue a ella.

-En cambio *Nuestro Maestro Jesús, actuó por amor y respeto, a*mor a Su Padre, y el respeto que se merecía el Templo de Su Padre. Esos vendedores le estaban faltando al respeto al Templo de Su Padre y mancillándolo con sus acciones.

-Como pueden ver, estos son dos casos mucho muy diferentes: La hermana actuó por resentimiento, y coraje, Nuestro Jesús por amor y respeto. Así es que, antes de compararnos con Nuestro Jesús, pensemos y analicemos lo que vamos a decir, y tener mucho cuidado cuando nos comparemos con nuestro Maestro y Señor Jesús. Amén.

Lunes, junio 17, 2013
LE PEDÍ UNA COMPUTADORA

-Una vez que acepté hacer lo que el Señor quería que hiciera, me dijo que escribiera de nuevo todo lo que tenía escrito en mis libretas. (Libretas con escritos de muchos años). A lo que le dije, que para ello necesitaba una computadora, pues al perder mis casas, también perdí mis cosas, entre ellas, mi computadora. Me dijo, que iba a tener el dinero para comprarla; y poco después me lo envió. Por lo que en este día fui a encargar mi computadora. Amén.

-No recuerdo exactamente el día que empezó a pedirme, que terminara el libro que por muchos años me había estado pidiendo; pero desde ese día, todos los días me recordaba que Él quería ese libro.

Domingo 7 de julio del 2013
MIS SUPLICAS Y CONVERSACIONES CON ÉL:

-Padre: Estoy al tanto de lo que es de Tu voluntad, y de lo que tienes para entregar a esos de tus hijos. Padre, si Tú tienes fe en mí, yo también la tendré. Sé que sí puedo entregar, o llevar a esos de Tus hijos el mensaje, que Tú, Padre Divino, tienes para todos ellos. Padre, abre la puerta para que yo pueda entrar y hacer Tu Voluntad. Sólo Tú puedes hacerlo, sólo Tú Padre; ya que como te has dado cuenta, el Pastor (su espíritu) está renuente.

-Padre Sacrosanto y Bendito, si tan sólo el Pastor se diera cuenta, que yo no estoy ahí para tomar el lugar de nadie, sino, que al contrario, voy a entregarle a él, y a todos, Tú mensaje, dándoles así la oportunidad de evolucionar; la oportunidad de crear una unificación más estrecha Contigo. Es más, yo no estoy ahí para quedarme, ya que sólo Tú Padre, sabes cuánto tiempo voy a permanecer en ese lugar; sólo Tú Padre. Amén.

-Mientras tanto, Él seguía entregándome los mensajes que debía llevar a Sus hijos. El martes 9 de Julio del 2013, el Señor empezó a entregarme notas sobre lo que tenía que decirles. Me entregaba mensajes, enseñanzas, profecías, y hermosas frases para meditar en ellas. Muchas de esas enseñanzas las van a encontrar en éste libro, y en el libro ya mencionado, y se darán cuenta, en la forma simple y sencilla en la que el Maestro entrega, y explica Sus enseñanzas.

Martes 16 de julio del 2013
-Lo que sigue, es como una súplica que el Dios Padre Todopoderoso hace a estos de Sus hijo:

DENME LA OPORTUNIDAD DE DARLES MIS DONES:

Por favor escuchen, que Yo tengo más para darles que ustedes que pedirme. Quiero que puedan recibir más, porque más tengo para ustedes; Mis manos están llenas de dones para ustedes; dones que durante siglos están esperando a que los tomen. Así que por favor, tómenlos, son para ustedes Mis Escogidos. Ustedes son los privilegiados, tienen el derecho a éstos dones, les pertenecen, los merecen; *por favor,* tómenlos, no m*e dejen con Mis manos extendidas. Tómenlos, tómenlos, tómenlos. Am*én. Jesús de Nazaret.

Lunes 29 de julio del 2013
FRASES/REFLEXIONES:

-Aprende a escuchar, para que aprendas más.
-El Pasado pasó, y me trajo al Presente, para que el Presente me lleve al Futuro.

SUEÑO/VISIÓN:

ME ENVIÓ AL LUGAR QUE HABÍA RECHAZADO

-Este día tuve un sueño indicándome, que volví al lugar que anteriormente había rechazado. Ya que en el 2005 me había enviado a ese pueblo a hacer, lo que ahora estaba tratando de hacer, sólo que ahora, iba a ser mucho más difícil; pues me había enviado a un lugar en donde Sus hijos no hablaban mi idioma, ni yo el de ellos. (Es muy largo para escribirlo).

Viernes 2 de agosto del 2013, a las 7:05 am
SUEÑO/VISIÓN: EL ABANICO Y LA LÁMPARA:

-Veo que me mudo a una casa vieja, y con agujeros en la pared. Veo que en el techo de mi cuarto está un abanico, y una lámpara muy juntos. Estoy acostada boca arriba viendo al techo pensando, en cómo separar la lámpara del abanico, y pienso, que tengo que pagar para que alguien haga el trabajo, y examino la mejor opción.

-Ésta, es parte de un sueño que tiene mucho que ver con el Pastor, ya que más adelante, tengo otro en donde la esposa del Pastor, es la que está acostada viendo hacia el abanico. Vean el sueño.

Lunes 5 de agosto del 2013
SUEÑO/VISIÓN:

¿CÓMO VAS A APRENDER, SI NO ESCUCHAS?

-Veo que regaño a un hombre joven, al que no le gusta ser amonestado; parece ser, que es la clase de persona que no acepta la verdad. Cuando termino de decirle las cosas, entro en trance, no me podía mover, pero podía escuchar y sentir todo. Luego abro los ojos y le digo: ¿Cómo vas a aprender, si no escuchas? Pienso que lo estoy preparando para que sea mi sucesor. Amén.

Martes 13 de agosto del 2013
SUEÑO/VISIÓN: LAS UVAS:

-Me contemplo dando uvas moradas; doy los racimos con las uvas más chicas porque estaba dejando las uvas grandes para mí. Pero me doy cuenta, que seguía dando las uvas, y que casi llegaba a las mías; ya que por estar repartiendo las uvas chicas, no me comía las mías. Cuando lo comprendí, ya casi no tenía uvas chicas. Amén.

Viernes 16 de agosto del 2013
SUEÑO/VISIÓN

EL DUEÑO NO QUERÍA…

-Veo que estoy en un lugar de trabajo, en donde el dueño no quería que los empleados tomaran, o comieran nada; le puso algo al agua y nadie se la pudo tomar. Me entere de la verdad y se los dije a los empleados. No sé cómo, pero luego vi unas revistas escondidas y unos guantes de trabajo, y los tomé en represalia por lo que el dueño había hecho. Me fui a un lugar a lavar los guantes, y las revistas, pero me tardé mucho y escucho que llegó el dueño de las revistas, y los guantes; no me quedó otra, que colgar los guantes en un alambre para que se secaran. Veo a la secretaria de la casa de oración trabajando ahí, y la escucho decir: Nunca pensé verme aquí.

Sábado 17 de agosto del 2013 a las 4:45am
SUEÑO/VISIÓN

LA CASA DE ORACIÓN Y SUS MIEMBROS

-Tuve un sueño, que más bien parecía una película, pero al leerlo de nuevo me doy cuenta, que todo se refería a la Casa de Oración, y a sus miembros, el Señor me estaba indicando sobre ellos. (Es muy largo para escribirlo).

Del 20 al 22 de Agosto de 2013
ENSEÑANZA: LA ENVIDIA

-En este día el Maestro agregó la *envidia* a las *bajas pasiones*. Esto es lo que me explicó sobre la envidia:

-*La Envidia, es una vela de dos puntas encendidas. La envidia es capaz de destruir ambos extremos; destruye a la persona que sufre de envidia, así como a la persona a la que se le tiene envidia. Por favor, no se ponga en ninguna de sus extremos.*

La envidia, cáncer terrible y destructor, que destruye de adentro hacia afuera; destruye a ambas personas. La envidia, es igual de mortal que las otras bajas pasiones.

Las bajas pasiones son cosas que se hacen; pero la envidia, es un sentimiento; es algo que se siente, que se proyecta a los demás; es lo que la gente llama: Malas vibraciones.

-En el libro ya mencionado, encontrarás las bajas pasiones descritas de tal manera, que no quedará duda alguna, que van a aprender lo que cada una significa, y por qué deben alejarse de ellas.

Jueves 22 de agosto del 2013
ALGO PARA REFLEXIONAR

EL ABORTO:

-Esta mañana el Maestro Jesús, me recordó una lección que me entregó hace años, lección en la que llora y sufre al ver, cómo sus hijos están asesinando, matando, robando a esas pequeñas almas, la oportunidad de regresar a la tierra a pagar en algo lo pasado; les están robando la oportunidad de evolucionar, la oportunidad de avanzar en su búsqueda del camino que los llevará a su verdadero hogar, a la mansión que nuestro Padre tiene para todos, y cada uno de nosotros.

EL PADRE DIJO: NO MATARÁS

-Me recordó, que a nosotros corresponde hablarle al mundo de las leyes de Nuestro Padre; que nos toca defenderlas, salir y gritarle al mundo, que es un crimen lo que están haciendo con esas pequeñas almas. El Padre dijo: No matarás, y estos de sus hijos, no solamente están matando, sino que lo están haciendo con almas indefensas, almas que lo único que quieren, es venir y pagar sus culpa, para así mismo poder regresar al lugar que les corresponde; el lugar que está preparado para ellas.

-No únicamente están matando; están asesinando sueños, oportunidades; están privando a esas pequeñas almas de las grandezas de Nuestro Padre; grandezas que Nuestro Padre pueda tener para ellas; y porque no, están privando al mundo de las grandezas que esas pequeñas almas puedan aportarle.

LA RAZÓN POR LA CUAL EL ENEMIGO ESTÁ ASESINANDO A ESAS ALMAS

-El enemigo sabe, que esas almas vienen a traer al mundo grandezas; vienen a traer conocimiento y sabiduría; vienen a abrir los ojos, los oídos y las mentes de los hijos de Dios. Es por eso que las está deteniendo en su intento de venir, es por eso que las está eliminando. Esa es la razón por la cual el enemigo está asesinando a esas almas.

EL ENEMIGO QUIERE QUE EL HOMBRE ESTÉ DORMIDO

-No le conviene que el hombre de la tierra abra los ojos a la verdad, no le conviene que se dé cuenta de la realidad, no le conviene que despierte, porque el enemigo quiere que esté dormido; que no despierte a la realidad; que no se dé cuenta del porqué está aquí, y de la misión que lo trajo aquí a la tierra. Mientras más dormidos y más ignorantes de las cosas de Dios se encuentren, a él le es más fácil dominarlos; tenerlos bajo sus pies, y bajos sus órdenes. Quiere tenerlos en la oscuridad; en la oscuridad de la ignorancia; mientras más ignorantes sean, más triunfos para el enemigo.

LOS QUE CREEMOS EN SUS LEYES…

-Me recordó, que nosotros, los que creemos en Sus Leyes, tenemos que salir y predicar dichas leyes; que tenemos que hacerlo a pesar de que en ello nos vaya la vida. Tenemos que salir y gritarle al mundo, que ante los ojos de Nuestro Padre, el aborto es una abominación. Que tenemos que hacerlo si realmente lo queremos a É; si realmente estamos dispuestos a vivir por Él. Ya <u>que morir por Él, es fácil</u>; lo difícil, <u>es vivir por Él</u>, <u>y para Él</u>.

-En el libro ya mencionado, se encuentra un mensaje de nuestro Jesús de Nazaret: *Brindan por Mi Nacimiento*. En él nos dice, cómo contempla a Sus hijos; a esos doctores los cuales están cometiendo el delito del aborto, brindar por Su nacimiento. Es un mensaje mucho muy hermoso, el cual hace reflexionar sobre el aborto, y como el Señor contempla ese crimen. Ojalá, que esos doctores lo puedan leer, y así, pongan fin a sus crímenes. También vas a encontrar hermosos mensajes, entregados directamente por el Espíritu Santo, Jesús de Nazaret, Dios Padre, y la Virgen María.

Viernes 23 de agosto del 2013
SUEÑOS/VISIONES

NO LE GUSTÓ LO QUE DIJERON DE MÍ

-Veo que estoy comiendo caldo de mariscos y quiero sacar de la olla más mariscos, *pero ya* únicamente quedaba un camarón y dos pedazos de pescado. Los *dejo, porque es lo único que queda para las otras personas. Me*

retiro de la olla y paso por donde están algunas personas viendo algo, y veo a un hombre sentado en el piso, y a alguien hablándole acerca de lo que hice. El hombre es francés, y una señora le traduce lo que se dijo de mí, y el hombre dijo algo. Creo que fue algo malo, porque, como que <u>no le gustó lo que dijeron de mí</u>. Amén.

Domingo 25 de agosto del 2013
SUEÑOS/VISIONES: LOS ANILLOS

-Contemplo que estoy en la Casa de Oración, y el Pastor está predicando, y lo hace en forma de drama, y para ello, nos entrega unos anillos. AL examinar el mío veo el logo de la Casa de Oración. Después veo, que voy a la cocina a ayudar, y veo mucho tocino ya cocinado, y lavado. Al ver que era mucho me pregunté: ¿Por qué tanto? Luego, de nuevo me contemplo dentro de la Casa de Oración en las bancas de enfrente. No sé si me preguntaron algo, o no, pero lo que sí sé, es que <u>nunca escuché al Pastor predicar sobre los anillos.</u>

Domingo 25 de agosto del 2013
-El Padre me sigue pidiendo que escriba el libro que tanto me ha pedido.

Martes 27 de agosto del 2013
SUEÑOS/VISIONES

LOS MAESTROS

-Veo a Los Maestros entregando la enseñanza, y a la gente aceptándola con mucho amor.

Miércoles 28 de agosto del 2013
MENSAJE/PROFECÍA

NO PIENSES QUE SABES

-Dentro de la Casa de Oración me entregaron el siguiente mensaje:

-No pienses que sabes, porque no es así. Sabes lo que Yo quiero que sepas; no más, no menos. Vas a decir lo que sabes cuando Yo así lo decida; no antes no después; sólo cuando Yo diga que lo puedes hacer.

Espera el momento; espera el tiempo, que el momento llegará a tiempo. Por lo tanto, no te preocupes por el tiempo; que el tiempo llegará a tiempo. El tiempo es precioso, eso ya lo sé; pero Mi tiempo, más precioso es.

Vendrá, vendrá, vendrá, espéralo pacientemente, que con paciencia el tiempo llegará, con paciencia y con amor verás el mundo cambiar. No ante ni después; justo a tiempo, para que puedas ver el mundo cambiar a voluntad. ¿Por qué? porque esa es Mi voluntad.

Vas a ver lo que nunca pensaste ver; asombrado quedarás de lo que verás. No te preocupes de lo que veas; verás el mundo cambiar, y eso es todo; eso es todo lo que vas a ver, porque vas a estar ocupado adaptándote a los cambios del mundo.

-Yo pensé, que era para una hermana de la Casa de Oración. Ella había comentado algo el día anterior, pero al seguir leyendo me di cuenta, que era mensaje, o profecía.

<u>Jueves 29 de agosto del 2013</u>
FRASE

Vamos a poder ver con todos los ojos.

SUEÑOS/VISIONES:

ENTREGO CURACIÓN A MUCHA GENTE

-Pude ver que entregué curación a mucha gente, incluidos hombres, mujeres y niños, y hasta un homo se coló en línea. También contemplé muchos colores, entre ellos el amarillo.

Viernes 30 de agosto del 2013
SUEÑOS/VISIONES

LA NIÑA ADOPTADA

-*Contemplo, que lo único que quiere una niña que es adoptada, ser amada y aceptada por aquellos que la adoptaron. Siente que no lo es, y por lo que pude ver, era verdad, pues veo como la tratan: La suben al carro, pero no hablan con ella.*

-Éste sueño refleja lo que sucedió cuando por primera vez salí a almorzar con la secretaria de la Casa de Oración, fuimos en su carro, pero dentro del carro no conversó conmigo. Yo sé que fue por mi acento, tal vez pensó que no le iba a entender, o que ella no me iba a entender a mí.

También veo, que toda la noche fue de correcciones al libro, y mucha enseñanza.

Sábado 31 de agosto del 2013
SUEÑO/VISIÓN/PROFECÍA: A PUNTO DE DAR A LUZ

-*Veo que una comadre me llama por teléfono, y cuando fui a verla me doy cuenta que está embarazada, y muy gorda, y casi a punto de dar a luz.*

-Una profecía que me indica lo que ya se me había dicho: *Que estos hermanos están listos para dar a luz (parir)*. O sea, que *están listos para dar el próximo paso*.

SUEÑO/VISIÓN

EL HOMBRE Y LA PISTOLA

-*En otra visión veo que llega un hombre y me pregunta, que si yo tenía una pistola, porque quería matar a alguien. No sé qué pasó con él, pero después me veo comentando lo sucedido con alguien más.*

SUEÑO/VISIÓN

LA COMIDA PARA LA NIÑA QUE TENGO QUE ALIMENTAR

-Veo una niña a la que tengo que alimentar, y veo los frascos de comida para niños.

FRASE:

Tonto es aquel que cree, que puede hacer tonto a Dios.

Muchas correcciones al libro.

Domingo 1ro de septiembre del 2013
FRASE

Solo existe un camino, el camino que nos lleva ante Él.

SUEÑO/VISIÓN

LA TORMENTA

-Veo una tormenta y a una pareja abrazándose, como tratando de cubrirse de la tormenta. No miré agua, pero sí mucho viento.

Lunes 2 de septiembre del 2013
SUEÑO/VISIÓN

NIÑOS HUÉRFANOS, QUEMADOS, MALTRATADOS

-Veo muchos niños huérfanos; niños quemados y maltratados en todo el mundo. Veo que una mujer me dice, que le diera uno de los niños cuando ya estuviera sano.

Martes 3 de septiembre del 2013
SUEÑO/VISIÓN

¿CÓMO SE COMUNICA DIOS CON SUS HIJOS?

-Veo que estoy en un lugar en donde hay muchas personas, y todos tienen en donde quedarse, menos yo; yo estoy en otro lugar. Luego veo, que llega un hombre joven a buscarme, para llevarme al lugar que me corresponde. Nos sentamos a platicar y el joven me cuenta, cómo el Señor le había contestado una pregunta en referencia a lo que pasó con las casas en el 2008. Me dijo, que el Señor le había dicho: Mira, ya no hay tantos vendedores de casas. A lo que yo le digo, que en ese tiempo, hasta los vendedores de paletas vendían casas. (No sé si le dije, que yo también lo había hecho). Le pregunté: ¿En qué forma te contestó el Señor? Me dijo: A través de mi entendimiento, o mente. Escucharlo me dio mucho gusto y le dije: <u>Es así como el Señor se comunica con Sus hijos</u>. Amén.

-Esta es una de las muchas formas que el Señor tiene para comunicarse con Sus hijos, pero hay muchas otras; sólo hazle la pregunta, abre tus ojos, oídos, y mente, y Él te enviará la respuesta; ya sea a través de alguien más, o un anuncio, un programa de televisión, un periódico, etc., tú sólo espera Su respuesta, y ésta llegará.

Miércoles 4 de septiembre del 2013
-Todas las noches fue de corregir el libro y más sobre el mismo, y muchos sueños y visiones. Luego escucho que alguien pregunta: ¿Quién es el *doctor? Ahora sé, que estoy recibiendo mucha ayuda de Todos.

Domingo 8 de septiembre del 2013
SUEÑO/VISIÓN: YO YA TENGO MI ESPOSO

-Me veo platicando con alguien acerca, de que no quiero nada con nadie, y que el sólo hecho de pensar en enamorarme, o tener algo con alguien, me enchinaba el cuerpo. Yo ya tengo mi Novio, mi Esposo, mi Amante… Mi Jesús de Nazaret.

Del 08 al 14 de septiembre del 2013, el Señor me entregó muchas enseñanzas, simples, pero profundas, las cuales encontrarás en el libro ya mencionado.

Lunes 9 de septiembre del 2013
FRASE

Con tu fe, y con tu mente, puedes poner el mundo al revés. Rebazar Tarz

Miércoles 11 de septiembre del 2013
FRASE: *Hay poder en saber esperar.*

Jueves 12 de septiembre del 2013
ENSEÑANZA

AYUDA PARA LAS ALMAS DESENCARNADAS:

-El Señor me entregó enseñanza para ayudar a las almas desencarnadas. El Padre se preocupa por las almas, que al momento de dejar su cuerpo, su espíritu lleva nada, o muy poca espiritualidad. Es por lo que Él prepara a Sus hijos, Sus escogidos para que así mismo, lleven la ayuda a esas almas y las guíen al lugar el que les corresponde. El viernes 29 de noviembre del 2013, a las 5:30 de la mañana se me habló más sobre eso.

Viernes 13 de septiembre del 2013
ENSEÑANZA

AYUNO DEL SILENCIO UNO

-Se me entregó la enseñanza: El ayuno del silencio UNO la cual debía entregar a esos de Sus hijos. Cuando la escuché comprendí el porque el Señor lo estaba haciendo. Ya que esta es una preparación para enseñarlos a tener comunicación directa con Él, y con todo Su Reino. Se encuentra en el libro ya mencionado, al igual que otras hermosas enseñanzas. También, durante toda la noche me entregaron correcciones al libro.

Sábado 14 de septiembre del 2013 de las 7:30 a las 8:10 de la mañana
ENSEÑANZA

ESPIRITUALISTAS Y ESPIRITISTAS

-El Señor me entrega una enseñanza, explicando la diferencia entre un espiritualista, y un espiritista. Ésta enseñanza, explica claramente la gran diferencia que existe entre ambos. Enseñanza que se encuentra en el libro ya mencionado.

Domingo 15 de septiembre del 2013
ENSEÑANZA

PORQUE NO PLATICAR...

-Se me entregó una reflexión acerca de porque no se debe platicar dentro del recinto, ni llegar tarde a los servicios: *¡Es una falta de respeto al Espíritu Santo!*

-Recuerdo que cuando recién visité esa Casa de Oración, tardé mucho en aceptar el comportamiento de los hermanos dentro del recinto sagrado. Pero una vez que acepté la ordenanza de Nuestro Padre, tuve que reconocer que esa era la manera en que ellos alababan y glorifican al Maestro Jesús. (Toda la explicación la encontrarás en el libro ya mencionado).

Martes 17 de septiembre del 2013
SUEÑO/VISIÓN

PREPARA SU GUITARRA

-*Veo a un hombre al cual le iban a poner a escuchar música antigua, preparar su guitarra. Amén.*

FRASE: *Ver el problema, o los ataques, y saber qué hacer.*

Martes 17 de septiembre del 2013 a las 7:35 de la mañana
REFLEXIÓN:

-Si preguntas, es porque no sabes, pero quieres aprender. Sí preguntas lo que tú crees que sabes, pero es lo que tú no quieres aprender. Si preguntas, es que quieres saber, es por eso que preguntas. ¿Pero, por qué preguntas si ya lo sabes? Tú ya sabes la respuesta. ¿Por qué preguntas?

-También se me entregó la enseñanza sobre la Virgen Maria.

-Todo esto se me entregaba. Yo seguía escribiendo todo con la esperanza de poder entregarlo a mis hermanos.

Miércoles 18 de septiembre del 2013
FRASE

Aprende a escuchar para que aprendas.

-En el libro ya mencionado, encontrarás *El Arte de Saber Escuchar*, el cual me fuera entregado el 5 de Octubre del 2013.

Miércoles 18 de septiembre del 2013
SUEÑO/VISIÓN

TODOS JUNTOS

-Contemplo una casa en donde se estaba calentando comida para los miembros de la Casa de Oración; iban a festejar a los varones con un almuerzo. Ahí estaban reunidos los que hablaban inglés, y a los que hablaban español, que eran los anfitriones; o sea, los dueños de la casa donde se celebraba la fiesta. Me da gusto ver, que todos los de español están hablando inglés; al verlos pienso: Que buen papel están haciendo los que hablan español; eso tienen que reconocerlo los que hablan inglés.

-Veo que todo está en desorden; pero luego pienso, que eran dos grupos los que iban a poner todo en orden, y al final veo que todos se ponen a limpiar. Algunos se querían escapar de hacer la limpieza, pero los detengo y les digo, que no se

vayan, que tienen que terminar de limpiar. Los que estaban en la cocina, eran quienes se querían retirar sin terminar de hacer su trabajo.

-Estos sueños me llenaban de alegría, pues miraba en ellos, la posibilidad de que estos hermanos aceptaran las enseñanzas del Maestro Jesús; enseñanzas que son para todos. Por lo tanto, yo seguía recibiendo y escribiendo todo lo que Él me entregaba, para así poder llevarlo a mis hermanos.

Miércoles 18 de septiembre del 2013
ENSEÑANZA

PRIMERO ESCUCHA

-Nosotros somos siervos de Dios, no más no menos, eso es lo que somos, por lo tanto, necesitamos prestar más atención a Sus mensajes; mensajes del Espíritu Santo. ¿Sabes lo que te quiero decir? Que es por eso que necesitas aprender a escuchar, si quieres aprender más. Amén. (Se encuentra en el libro ya mencionado).

Jueves 19 de septiembre del 2013
ENSEÑANZA

LAS COSAS QUE NOS HACEN TROPEZAR Y CAER

-No ver lo que no debo ver, no escuchar lo que no debo escuchar, no pensar lo que no debo pensar. Esto es, cuidar los ojos, la boca, los oídos y la mente. Esas son las cosas que nos hacen tropezar y caer. Recuerden que pecamos con la boca, con la mente, por omitir, y al cometer el pecado en sí. Es por eso que se debe proteger la boca, los oídos, los ojos, y la mente. Amén.

SUEÑO/VISIÓN

LA HERENCIA

-Veo que dos hermanas se están peleando la herencia del padre, o del esposo. (El sueño es muy largo para escribirlo).

-Muchos sueños/visiones que me indicaban cosas sobre estos de mis hermanos, y del Pastor y su familia.

Viernes 20 de septiembre del 2013
ENSEÑANZA

MÁS SOBRE EL AYUNO DEL SILENCIO UNO

-Se me entregó algo más sobre el ayuno del silencio UNO, y El Maestro Jesús me dijo algunas cosas sobre Sus ayunos, y Sus retiros. Todo esto lo encontrarás en el libro ya mencionado.

Sábado 21 de septiembre del 2013
CRISTO JESÚS DE NAZARET DICE:

ESCRIBE ACERCA DE MÍ

-Usualmente dejo de escribir cuando el Maestro dice amén, porque sé qué eso fue todo, pero esta vez no fue así, sino que me dijo: Sigue escribiendo; pero mi mente estaba vacía, en blanco, así que le pregunté: ¿Qué quieres que escriba? Él respondió: Acerca de Mí ¿Qué quieres que escriba sobre Ti?

-Enseguida, trajo a mi mente algo acerca de lo que contemplé en una visión. En ella me contemplo hablando con las mujeres de la Casa de Oración sobre el retiro, y el ayuno de un día. Les digo, que traten de hacer el ayuno del silencio por un día; les hablo de todo lo que podían lograr con un día con Él; de todo lo que podían aprender en un día con Él: van a empezar a recibir Sus mensajes, Sus pensamientos, Su discernimiento, Su conocimiento, Su sabiduría; y que era maravilloso lo que se podía lograr con un día con Él; sólo un día; únicamente un día solos, ustedes y Él, Él y ustedes.

-La videncia fue larga, y muy emotiva, ya que llena de amor les relataba lo que nuestro Jesús pasó en Sus ayunos. Amén.

CRISTO JESÚS DE NAZARET DICE:

ENSEÑALOS A DESCRIBIRME

-La razón por la cual me pidió que escribiera sobre Él, es porque en esa visión contempló el amor, la emoción y la euforia con la que les hablaba a las mujeres de la iglesia; la pasión con la que describía lo ocurrido en Sus ayunos, y me dijo: *Enséñalos a describirme. Quiero que Me describan como cuando describen a su primer amor*. Luego me entregó el siguiente ejemplo:

-Cuando por primera vez te enamoras, y tu amigo viene y te dice: Supe que tú y perengano están de novios. Eso es lo único que necesitas para empezar a describir a esa persona, objeto de tu amor. Empiezas a balbucear, a contar todo lo que sabes de esa persona, todo lo que hace y lo que no hace, y al hacerlo, empiezas a temblar; todo tu cuerpo se cimbra con la emoción al recordar al ser amado; tus manos sudan, tus rodillas tiemblan y sientes que el corazón se te va a salir del pecho, y más y más hablas alabando sus cualidades, y pueden pasar horas, y tú sigue hablando, No tienes fin porque al hablar, más y más recuerdas lo que esa persona es, o lo que no es. Es así como Yo quiero que Me describan: Como su Primer y su último amor. Que sientas esa misma emoción, la emoción del Primer Amor. Amén.

-Me dijo más, pero como no estaba escribiendo, sólo escuchando, es todo lo que recuerdo. Amén.

Domingo 22 de septiembre del 2013
CRISTO JESÚS DE NAZARET

EL DOLOR DE ADÁN,

O DOLOR DE LA DESOBEDIENCIA

Háblales sobre El dolor de Adán, el dolor de la desobediencia. Amén.

-Son muchas las cosas que no he podido entregar a estos de mis hermanos. ¿Cómo explicarles, que yo sentí lo que sintió Adán al perder el paraíso? ¿Cómo decirles, que ese dolor puede llevar a uno a la locura? Que ese, es el dolor del alma cuando desobedece a su Creador. Amén.

Viernes 27 de septiembre del 2013
Este día empecé a recibir <u>otro libro.</u>

Domingo 29 de septiembre del 2013
SUEÑO/VISÓN

YA TIENEN LA COMIDA

-Veo que llego a la Casa de Oración. Es en martes, día de la clase de Biblia para las mujeres. Sobre la mesa veo bastante comida, que la secretaria había preparado. Veo a la secretaria, a una hermana muy amiga de ella, y a las demás comiendo. Me encamino hasta la mesa, tomo un pedazo de pan, le pongo comida como haciendo un sándwich, o torta. La secretaria me ve hacer mi torta, y la hermana, su amiga dijo: Está bueno, y se preparó uno igual. Amén.

-Este sueño me hizo pensar, que era posible que aceptaran, que ellos, ya tenían la comida; yo sólo iba a enseñarles a como comerla en otra forma. Amén.

-También, el sermón del Pastor me confirmó que estaba recibiendo la ayuda de Todos.

Martes 1 de octubre del 2013
DIOS PADRE DICE:

SI DICES QUE AMAS A TU JESÚS DE NAZARET

¡COMPRUÉBALO!

-El Señor seguía insistiendo en que lo escucharan y para ello, me entregó lo siguiente para que lo llevara a la Casa de Oración, y lo entregara a Sus hijos:

-Si dices que amas a tu Jesús de Nazaret... compruébalo; <u>*no seas labios,*</u> <u>*sé*</u> <u>*corazón.*</u> *Si Yo te envié a Mi Amado Hijo en la imagen de un hombre, Yo quiero que el hombre, vuelva a Mí, en la imagen de Mi Amado Hijo, Jesús de Nazaret. Por amor Yo los dejé ir, por amor Yo les envié a Mi Unigénito*

Bendito, por lo tanto quiero, que regresen a Mí, su Dios y Señor… por amor. No es mucho lo que Yo les pido. ¡No, no, lo es! Regresen a Mí en Su Imagen y Semejanza, y tendrán una Unificación Perfecta Conmigo, una Unificación Perfecta con Mi Hijo, y con todos Sus Maestros.

Los vamos a recibir con un tierno amor; con un amor como nunca pensaron que existía; con un amor que les moverá el alma. Con un amor que los transportará a lugares inimaginables, lugares que ustedes no sabían que existían, pero que ya los estaban esperando. Un amor el cual nunca sintieron, que nunca conocieron. ¿Por qué? Porque nunca han tenido amor igual: Un Amor Real y Perfecto.

Este amor les va a abrir las puertas, puertas que los conducirán a lugares que adorarán, lugares, los cuales no querrán dejar una vez que estén en ellos. Lugares que al dejarlos se sentirán tristes, ya que de ser posible, querrán quedarse ahí por siempre y para siempre. Amén.

-Esta es la forma en que nuestro Padre quiere que regresemos a Él: *Por amor, y en la Imagen de Su Amado Hijo Jesús.* ¿Está pidiendo mucho? Yo no lo creo. Es por eso que Él nos pide tener una tonelada de AMOR. Una FE de hierro la cual nos mantendrá CONSTANTEMENTE corriendo con PACIENCIA, Y DISCIPLINA.

BASES PARA PARA LA ESPIRITUALIDAD

-Fe, amor, constancia, paciencia, y disciplina. Estas son algunas de las bases para el estudio espiritual. Se necesita tener el amor, la fe, la constancia, la paciencia, y la disciplina; con estas cosas en su lugar, y en su corazón, mente, cuerpo y alma, tienen todos los ingredientes para preparar una buena comida para el corazón, la mente, el cuerpo, y el alma de sus hermanos. La tarea no es fácil, es por eso que es necesario tener todos los ingredientes dentro de uno: <u>Deben convertirte en ellos</u> – Son requisitos para tu Maestría en Espiritualidad.

<u>Martes 1ro de octubre del 2013</u>
FRASE:

No tengas una fiesta de quejas.

Señor, que mis labios, no se abran para murmurar las aflicciones de la vida, sino para cantar Tus Alabanzas.

Martes 1ro de octubre del 2013

-Este día, también se me rebeló que Nuestro Jesús de Nazaret escribió más libros, así como Su Madre María, y José. Todos ellos tenían libros, pero la mente del humano decidió no presentarlos, porque había cosas que no entendían, y por ellos mismos decidieron no ponerlos en las Sagradas Escrituras. Mi amado Jesús dijo, que con el tiempo, esos libros van a aparecer, y que el mundo se va a sorprender con esos escritos.

-Prácticamente, todo Octubre el Maestro me entregó hermosas enseñanzas, sueños, y profecías para todos, pero especialmente, para aquellos en los cuales el Padre tenía puesto Sus ojos, y poco a poco me los fue señalando. Él sabía, que le tenían amor a Su hijo Jesús de Nazaret, y que estaban listos para lograr más crecimiento espiritual y más evolución.

Viernes 4 de octubre del 2013
SUEÑO/VISIÓN

EL VASO DE AGUA Y LA ESTUFA BLANCA

-Veo que estoy en la Casa de Oración, y trato de salir de mi cuerpo; cuando se da cuenta de lo que me está pasando, el Pastor pide silencio y me da un vaso de agua, o de 7up. Veo que el vaso y la botella se me caen de la mano. Después veo una estufa con una ola de frijoles sobre ella, y que al derramarse, se habían metido al horno. Creo que ahí también estaba mi mamá. Amén.

-También se me entregó la enseñanza: El Banquete, la cual encontrarán en el libro mencionado, al igual que El Arte de Saber Escuchar.

Martes 8 de octubre del 2013
REFLEXIÓN:

-Cuando me enteré, que la Casa de Oración tenía un programa para las personas, que por alguna razón habían caído en un mal hábito, el Señor

me entregó algo muy hermoso (Como todo lo que Él me entrega), que con mucho amor se lo mostré *a la hermana encargada del programa,* a lo que ella dijo, que eso no estaba en la Biblia, y que ella, sólo estaba supuesta a enseñar lo que estaba en la Biblia, pero lo curioso, es que un día otra hermana me pidió que la acompañara al programa, y al entrar lo primero que veo, es una foto de alguien en un hoyo, y una mano extendida, como ofreciéndole la ayuda para salir. ¡Eso es lo que el Señor me había entregado!

LA BATA BLANCA

-Caí en un profundo abismo de lodo y tierra; el lodo cubría todo mi cuerpo, la tierra estaba encima de mí. Mi ropa estaba destrozada, no podía ver nada; todo estaba borroso, oscuro; no podía moverme, mi cuerpo estaba entumido. De pronto sentí una mano jalándome; no podía ver quién era; sólo sentí Su mano, y escuché una voz decirme:

Levántate hijo Mío, ponte de pie y ven Conmigo, Yo te ayudaré a limpiarte.

En este momento tú no puedes ver lo que Yo veo; tú te ves todo cubierto de barro y tierra, pero Yo te veo diferente. Yo veo, que bajo todo ese barro, y suciedad, está una blanca, bonita, limpia y pura bata; es así como Yo te veo, hijo Mío. Así es que levántate, y Sígueme; que Yo te llevaré a donde está el agua pura y limpia para que puedas limpiar tu cuerpo; para que puedas limpiar todo tu ser; entonces, vas a poder verte tal y cómo eres en realidad.

Vas a ver, que eres Mi hijo amado; el hijo que Yo estaba buscando; el hijo que Me dejó hace algún tiempo; el hijo que se fue en busca de sí mismo. El hijo, que se fue en busca de la verdad sin saber, que la tenía frente a él; pero ahora, estamos de nuevo juntos, de nuevo somos UNO, un cuerpo, una mente, un espíritu, una alma; sobre todo, una sola alma. Ven hijo Mío, déjame limpiar tu ropa, deja que Yo te ayude a deshacerte de todo el barro y la suciedad. Deja que Yo te ayude, para que te veas tal y como tú eres; para que pueda ver, la blanca, pura y limpia bata que está bajo esa ropa llena de barro y suciedad. Amén. Jesús de Nazaret.

Yo seguí asistiendo a la Casa de Oración, y recibiendo los mensajes, alertas y profecías que el Padre me seguía entregando, para que las llevase a Sus hijos. Algunas se las entregaba al Pastor.

Jueves 10 de octubre del 2013
REFLEXIONES:

-El Pasado pasó y me trajo al Presente, para que el Presente me ayude a preparar mi Futuro.

-No llores por el Pasado que se ha ido, regocíjate en el Presente, que es quien te está ayudando para tu gran Futuro.

Viernes 11 de octubre del 2013
ENSEÑANZAS

UNA OBEDIENCIA CIEGA

-Se me había dicho de ir a México, pero no había hecho nada para realizar ese viaje. Entonces, el Señor me habló de una obediencia ciega, e inmediatamente empecé a hacer los preparativos.

-Una obediencia ciega es: <u>Obedecer sin preguntar</u>. Obedecer <u>sin dudar</u>. Obedecer reconociendo, que es lo mejor que puedes hacer, porque Él no se equivoca, ni comete errores. Amén.

-También me entregó un sueño muy significativo en lo que al futuro de la Casa de Oración se refiere, y la enseñanza sobre La Esencia. Todo eso está en el libro ya mencionado.

Domingo 13 de octubre del 2013
CRISTO JESÚS DE NAZARET DICE:

SI YO SOY UNO, PORQUÉ TANTAS IGLESIAS

-El servicio va a ser a las 10 de la mañana; un solo servicio para las dos iglesias. No quiero más divisiones. Si Yo soy UNO, ¿Por qué tantas iglesias de diferentes creencias? ¿Por qué? ¡UNA iglesia! ¡UNA creencia! ¡UN alma! ¡Eso es lo que quiero!

Lunes, 14 de octubre del 2013
ENSEÑANZA

LA IMPORTANCIA DEL HOY

-La siguiente enseñanza se encuentra en el libro ya mencionado, pero el Padre Omnipotente, me dijo, que también la dejara en este libro:

-Hoy es importante. Hoy es ayer. Hoy es mañana. Actúa Hoy, porque Hoy es tu Pasado, Hoy es tu Futuro. De ti depende un Hoy: Lo pude haber hecho, o un Hoy: Qué bueno que lo hice. Hoy son tus tristezas del mañana, u Hoy, es un grito de alegría. Hoy, es tu tristeza del ayer, u Hoy, es tu felicidad de mañana. Así que Hoy comprobé, la importancia de Hoy; la importancia de hacer las cosas Hoy, porque mañana ya estarán hechas. Hoy entendí, que Hoy se prepara el Futuro, que Hoy se hace el Pasado, porque Hoy, es cuando preparas un Futuro feliz, o un Pasado desdichado.

Hoy comprobé, que el mañana se hace Hoy. Hoy preparas tu Futuro. Hoy haces tú Pasado. Hoy preparas un Futuro feliz, o un Pasado triste, porque Hoy es el día de actuar. Hoy haces; Hoy piensas; Hoy realizas tus ayeres y tus mañanas. Hoy es el día; el día es Hoy. El ayer ya está hecho; el mañana se hará. Hoy tú haces tú mañana. Es por eso la importancia del Hoy; la importancia de actuar Hoy; la importancia de hacer las cosas, Hoy, porque mañana ya estarán hechas.

Enseñanza que encontrarás en el libro ya mencionado:

-El Dios de ayer. El Dios de Hoy. El Dios de Mañana. Dios es el mismo, Ayer, Hoy, y lo será Mañana.

Martes 15 de octubre del 2013
ENSEÑANZAS:

(1) CUIDA LOS PEQUEÑOS DETALLES.
(2) LA HOSPITALIDAD.
(3) SE PARCA EN EL HABLAR.
(4) RECONOCE LO MAL-HECHO Y ENMIÉNDALO.

-La primera. Se refiere a que debemos cuidar todos y cada uno de los pequeños detalles que pasamos por alto, pero que sin embargo, espiritualmente nos están causando atraso.

-La segunda. Es un recordatorio a algo que todos estamos olvidando: La hospitalidad. Ya no somos hospitalarios, nos hemos olvidado la cortesía más simple; ya a nuestras visitas, no les ofrecemos algo que comer, ni siquiera un vaso de agua.

-La tercera. Nos recuerda, que tenemos que hablar poco, y decir mucho.

-La cuarta. Nos dice, que si ves que una cosa que hiciste no quedó bien, desbaratala, y hazla de nuevo.

Miércoles 16 de octubre del 2013
REFLEXIONES:

No tienes que esperar para hacer lo que se te diga; hazlo sin espera; que ahí tendrás la respuesta.

No te pongas a decir que ya sabes, que lo que sabes, lo Sabemos., mejor di lo que no sabes, que eso, te lo diremos.

Deja que la vida traiga lo que tiene que traer, tú concéntrate, en lo que tienes que hacer.

Para que tiendes la ropa que no has lavado, tiende la que ya lavaste y tienes colgada.

No piense en el mañana, si el Hoy no ha terminado, termina el Hoy, y ya veremos el mañana.

El mañana te va a traer lo que en el Hoy hagas, hazlo bien para que recibas tu paga.

Tu paga está esperando a que hagas lo que tienes que hacer; hazlo bien, y será tu placer.

El hacerlo conlleva grandes esfuerzos, y grandes penas; pero si no lo haces, piensa en la condena.

Deja todo, y haz todo, que el todo te llevara al Todo. Todo tendrás si haces todo; todo llegará cuando termines todo. Amén.

Jueves 17 de octubre del 2013

Se me entregó algo para los hermanos que son diabéticos, y utilizan esa excusa para ofender a los demás. (Ya que dicen, que la diabetes los hace iracundos). También se me siguió diciendo más sobre La Esencia. Lo encontrarás en el libro ya mencionado. También se me entregó algo para reflexionar, en qué si nuestro Padre dice algo, no tenemos que poner la excusa, ni negar lo que Él nos ha dicho:

CRISTO JESÚS DE NAZARET DICE:

DICES QUE CREES EN MÍ… DEMUÉSTRAMELO

-Dices que crees en Mí, demuéstramelo. Cree en lo que Te digo porque Yo tu Dios y Señor no miente, ni engaña. Si Yo te digo que eres digno de recibir Mis dones y Mis gracias, lo eres. Ten fe en ti mismo, cree en ti mismo, porque al no hacerlo, Me estás diciendo que miento; y Yo te digo, que Yo no miento, ni entrego algo que no tengo. No prometo lo que no voy a cumplir, que la Palabra de Jehová es Ley, porque es palabra de Rey, y porque Yo, todo entrego. Cree, cree, cree en lo que Yo te digo, para que no le digas a tu Dios y Señor, que miente. Si dudas de ti, estás dudando de Mí. Si Yo te digo que eres digno de recibir Mi Esencia… lo eres. Ya no le digas a tu Dios y Señor, que Él miente, ya que lo estás haciendo al dudar en lo que Yo te digo. Amén.

También se me entregó el

CONTRATO DE ACEPTACIÓN

A LA UNIVERSIDAD MÁS PRESTIGIADA

-El Padre me entregó éste contrato, para ser entregado a todos los que escucharan la propuesta del Padre Dios Todopoderoso y lo que Él Padre les iba a proponer, y a todos los que aceptaran a Su Unigénito bendito como su Maestro. Hasta ahora no lo he podido entregar. Pues parece ser, que nadie quiere aceptar al Maestro Jesús como su Maestro, Tutor, Mentor, y su Guía. Este es el contrato:

-Acepté la invitación de la Universidad más Prestigiada. Al hacerlo, me comprometo a seguir Sus Reglas, respetar a los Maestros, respetar Sus enseñanzas, aceptar Sus ordenanzas y sugerencias; a seguir Sus Instrucciones, a estudiar todos los días y a hacer mi tarea diaria sin importar si duermo, o no duermo. Tengo que hacerlo por AMOR y no por OBLIGACIÓN. Por AMOR, para así poder recibir los dones y las gracias que mi Padre tiene para mí. Por AMOR Él me los va a entregar; Él no entrega nada por OBLIGACIÓN; todo lo hace por AMOR. AMOR es la clave y por AMOR, lo hago. Amén.

<u>Viernes 18 de octubre del 2013, a las 5:10 de la mañana</u>
ENSEÑANZA: ÉL TIENE UNA PALABRA

-El Padre Celestial seguía entregándome sueños/visiones, y mensaje tras mensaje; uno, dos, y más por día – Todos en referencia a lo que estaba pasando, y lo que iba a pasar. Yo tenía que escribirlos todos; esa era la ordenanza. Estos son algunos de esos mensajes, como yo los llamo:

-Deja de pensar, y escribe lo que se te va a entregar. Lleva cuenta de los días por venir, se te dio un mes a pensar (Mayo). No pierdas el tiempo en lo que no tienes que perderlo, piensa bien en lo que tienes que hacer, y hazlo. No desmayes y la guerra ganarás, no desmayes, y todo lo que tiene que pasar... pasará.

Espera y aguarda, el momento llegará, llegará, y se quedará para que lo puedas disfrutar. Deja lo que tienes que dejar, haz lo que tienes que hacer, para que mañana sea tu placer.

No digas que no se te dijo, no digas que no sabías; se te dijo y lo sabías. No digas que ya pasó, porque ya pasó, cuida que no pase otra vez. Porque puede pasar si lo dejas de hacer; hacer lo que se te dijo hacer, no hacer lo que se te dijo no hacer.

Ya lo sabias, ya lo sabes, tú sabias los detalles. *Los detalles son importantes; es por eso que tienes que cuidarlos. ¡Cuídalos! Cuida todos y cada uno de ellos, son los que te llevan a la guerra, o a la victoria.*

No dejes que el cansancio te detenga; detén tú al cansancio. Dices, que estás ofreciendo tus <u>huesos viejos</u>; así es, pero todavía algo puedes hacer. No desmayes en tu tesón, sigue haciendo lo que tienes que hacer. Sigue preparando que comer; comer para todos; comer para ti, el alimento que te llevará, y los llevará a Mí.

Yo soy el camino, Yo soy la verdad; el que viene a Mí, hambre no tendrá. Tendrá todo lo que quiera tener. Tendrá la oportunidad de ver lo que nadie más verá, si viene a Mí en verdad.

Deja que el tiempo diga, quién la razón tiene, deja que el tiempo diga, qué es lo que viene. Sigue tú en el tiempo, y el tiempo te dirá lo que había qué hacer, y lo que hay que hacer. No te fijes en las cosas que no te debes de fijar; fíjate, en lo que sí te tienes que fijar. Para que luego no digas, no lo vi; para que luego no digas, no va a pasar.

Pasará, ya se te ha dicho; pasará y lo vas a ver. Verás lo que vas a ver, y lo que no van a ver aquellos que no quisieron ver, cuando el tiempo era de ver. Van a creer, pero tarde será. Creerán, por lo que ven, y por lo que les puede pasar. Creerán cuando vean su mundo terminar; creerán cuando se den cuenta, que ya no hay tiempo de pensar; llegó el tiempo de actuar. Ya no hay tiempo para esperar.

El tiempo estará sobre ellos, y ya no tendrán el tiempo. Ya no tendrán el tiempo, pensando en el tiempo. Por lo tanto, si no quieres estar con ellos, atiende lo que se te dice, atiende a lo que se te ordena, para que el tiempo te traiga puras cosas buenas.

El tiempo no importa, si le das al tiempo su importancia. La importancia que tiene el tiempo, es la importancia que le des. No pierdas el tiempo, pensando en el tiempo. El tiempo que ya pasó... ya pasó. El tiempo que viene... vendrá; eso lo puedes asegurar. El tiempo que ya pasó, ya pasó, porque al tiempo, nada ni nadie le puede detener.

Tú estás en el tiempo; no trates de detenerlo, que el tiempo sigue su marcha, y no espera por el tiempo, sólo sigue caminando, sigue caminando hasta que corre el tiempo, y ya nadie lo puede alcanzar. Ya nadie lo puede hace, porque el tiempo se echó a correr, y nadie lo va a detener.

La prueba has tenido de lo que se te ha dicho que el tiempo puede hacer. La prueba se te dio, y nada pudiste hacer. La prueba la tienes en tus manos; ya no la pierdas, que si lo haces, será tu pena y tu dolor. ¿Dolor de Adán? Yo no lo creo; será mayor que eso, y eso, te lo puedo asegurar.

No digas que no sabías, no digas que ya pasó. Porque ya pasó y podrá pasar otra vez. Pasará, pasará, pasará, eso lo puedes creer; pasará porque así tiene que ser. Ya todo está escrito; ya todo está dicho; ya todo pasó, y ya todo pasará.

No niegues lo que no hay que negar; no niegues, que negado te quedarás; que negados quedarán aquellos, que negando fueron en el tiempo que tuvieron para creer y aceptar, lo que frente a ellos pusieron. No niegues para que no seas negado. No niegues para que no seas el rezagado, el olvidado. Ya que pasarán siglos para que vuelvas a ver, lo que Hoy, en Su tiempo ha pasado. Siglos tendrás para aprender, que <u>creer en Su tiempo, es lo más apropiado</u>.

No digas que no se te dijo; no digas que no lo sabías. Lo sabías y lo sabes, lo sabes, y lo sabrás, que UNA palabra tiene; UNA palabra nada más. Nada más UNA y esa se tiene que respetar porque UNA palabra tiene; UNA y nada más. Cree en Su palabra, cree en Su Palabra, cree en Su Palabra, y lo comprobarás; comprobarás que UNA palabra Tiene, y con esa basta.

Ya lo sabes, y ya lo sabrás, que UNA palabra Tiene, y UNA palabra tendrá. Tendrás que escuchar Su palabra, tendrás que saber Su palabra. Su palabra tiene Poder; el poder que da la palabra. Eso ya lo sabes; eso ya lo sabrás; Su palabra es Ley, y Ley será.

No importa que los siglos pasando sean; será Su palabra lo que todos vean. Él es el mismo, Él será el mismo. Por lo tanto, Su palabra es la misma. La misma que escucharon; la misma que escuchan, y la misma sabrán y entenderán.

No importa el tiempo, el tiempo no importa, lo que importa, es lo qué haces con el tiempo. El tiempo que pasa... pasa; el tiempo que viene... viene y a ese, nadie lo detiene. Nadie lo detiene, y nadie lo detendrá; que lo que pasa… pasará; que lo que venga… vendrá, y nadie lo va a evitar.

Lo puedes evitar si en el tiempo de creer… crees. Lo puedes evitar si en el tiempo de ver… ves. Lo puedes evitar si en el tiempo de oír… oyes, escuchas y pones atención al tiempo que llegará. En ti está el poderlo evitar. No todos lo lograrán, no todos obtendrán, pero todos verán, que UNA palabra tiene, y eso lo comprobarán. Así sea. Jesús de Nazaret.

Sábado 19 de octubre del 2013 a las 10:45 de la mañana
SUEÑO/VISIÓN: EL BAUTIZO Y LA HIJA MALCRIADA

-Veo que en la Casa de Oración va a llevarse a cabo un bautizo, y veo a un hermano hablando con la secretara. Escucho que le dice, que él tenía una hija muy malcriada, al escucharlo me acerco y le digo: Lo que su hija necesita, son unas buenas nalgadas. La secretaria dice: Sí, sí, eso es lo que necesita. De pronto, la secretaria se asoma a la ventana y dice: Ahí vienen, ya no hay tiempo de hacer nada. (Eran los del bautizo). Cuando la secretaria y el hermano se dirigen hacia la puerta para recibir a los del bautizo, les digo: Dejen ver qué puedo hacer, y me acerco hacia la niña malcriada. Entran los del bautizo, y veo al hijo del Pastor muy bien vestido para la ocasión, y pensé: Tuvo tiempo de arreglarse, porque en su casa siempre hablan entre ellos, y se pones de acuerdo en lo que va a pasar. Amén.

Sábado 19 de octubre del 2013
LOS MAESTROS ME HABLAN SOBRE ESOS DE SUS HIJOS, HACIENDO HINCAPIÉ EN EL *HOY*

CUANDO EL HOY SE TERMINE, DESPERTARÁN

-Te dije y te lo sigo diciendo, que debes de entender, qué es lo debes hacer. Ya se te pidió, que temprano te has de acostar para poder madrugar. Deja de poner la excusa, que la excusa no la tienes. Deja de pensar, que para eso Nos tienes. Yo estoy aquí contigo para poderte ayudar. Yo estoy aquí contigo para poderte decir todo lo que tienes que hacer para poder sobrevivir. Deja ya de pensar en lo que tienes que decir, ya se te dijo, que será Su Voluntad cuando lo tengas que hacer. Deja ya de lamentarte, y haz lo que tienes que hacer. Deja ya de decir que no entiendes, porque lo vas a entender.

Te fuiste y te irás a donde tienes que ir; te fuiste y te irás, pero pronto regresarás; regresarás trayendo lo que tienes que traer; regresarás trayendo todo lo necesario para comer. Comerás tú y comerán los demás; quien lo aproveche... lo aprovechará; quien lo tire... lo tirará. Deja ya de pensar en lo que va a ser; deja ya de pensar en lo que vas a decir; di las cosas sin pensar, para que las puedas decir; di las cosas sin pensar, para que puedas oír, las cosas que tienes que decir.

Deja que el mundo ruede, tú sigue adelante. *Deja que el mundo ruede, que rodando se quedará. Deja todo lo que tienes que dejar; deja tus quejas para mañana, que las vas a necesitar si ahora no dejas de pensar. Ayer ya se fue, el Mañana vendrá cuando el Hoy se termine. Ya todos despertarán; despertarán y verán lo que despiertos no quisieron ver. Se echaron a dormir, y ahora lo van a ver; verán desastres pasar; verán calamidades venir; verán todo lo que va a pasar, lo que está pasando por echarse a dormir. Durmieron en Su tiempo; ahora despertarán, cuando ya no es el tiempo de que se dieran cuenta. Se dicen: ¿Por qué? ¿Porque todo esto? Se dicen ¿Por qué? ¿Por qué la tormenta es en su tiempo?*

El tiempo pasó, ya no regresará. El tiempo pasó, y deja tristeza; tristeza de ver lo que no se quiso ver; tristeza de pensar lo que no se pensó Ayer; Ayer se fue, porque Hoy lo empujó. El Hoy es fuerte y lo demostró. Si no haces Hoy lo que tienes que hacer, se irá, y deja al Mañana amanecer; amanecer de tristeza por lo que en el Hoy, no quisieron ver. Ve tú para que vean los demás, ve tú lo que puede pasar.

No juegues, que juzgada quedarás; no juegues, que ya no es el tiempo de jugar. Se te ha dicho y se te dirá, que el tiempo de jugar, ya pasó, y trajo la realidad; la realidad de saber lo que tenías que hacer; la realidad de saber, que no lo hiciste por ponerte a jugar.

Sigue escribiendo, y deja de pensar; si entiendes... entenderás; quién sabe... sabe, y eso tú lo sabes; tú sabes lo que te Decimos, y lo que te Decimos sabes, que lo Decimos porque sabemos lo que Decimos.

Se te ha dicho, se te ha explicado, que las cosas tienes que hacer; se te ha dicho, se te explicado, que tienes que entender. Entiende tú, para que los demás entiendan; entiende tú, para que los demás comprendan lo que tienen que comprender.

(Aquí deje de escribir, porque no entendía. Creí que me estaban regañando, y no sabía porque. Así es que les pregunté, y esto fue lo que me dijeron):

Ésta es una enseñanza para el Mañana *para todos aquellos que no quisieron ver cuando era el tiempo de ver, para todos aquellos que no quisieron escuchar cuando era el tiempo de escuchar. Gritos de dolor se escucharán por doquier; gritos de dolor habrá, pero ya tarde será, porque Él, no los va a escuchar. Él no los va a escuchar porque tarde será, porque en Su tiempo Él habló, porque en Su tiempo no quisieron escuchar, porque en Su tiempo se pusieron a jugar; hora en su tiempo llorarán lo que en Su tiempo perdieron.*

¿Ahora comprendes? ¿Ahora entiendes, el porqué de muchas palabras? ¿Ahora sabes lo que espera al que ahora no escucha? ¿Lo que el Mañana escuchará? ¿Lo que Mañana verá y entenderá? Pero que tarde será porque dejaron el Hoy pasar porque en el Hoy se pusieron a jugar. ¿Ahora entiendes lo que se te dijo entender? ¿Ahora sabes lo que ya sabias? Porque tú ya sabes, lo que Mañana vendrá para todos aquellos que dormidos están. Para todos aquellos que dormidos están, y que no quieren despertar; no quieren darse cuenta lo que el Mañana traerá; no quieren darse cuenta, que tienen que despertar porque el Hoy, es para despertar, que el Mañana, dormirán.

Dormirán felices aquellos que en el Hoy despertaron. Dormirán felices aquellos que si respetaron; aquellos que no jugaron, sino que trabajaron. Trabajaron, y ahora descansan, ahora disfrutan, el fruto de su trabajo. Ahora saben, que valió la pena el esfuerzo, que valió la pena el estar despiertos, porque ahora pueden dormir sin pena.

Siente por los que apenas despiertan. Siente por aquellos que al despertar escuchan y ven los gritos de dolor, y el desastre en el que están – Despertaron en medio del caos, y lo sabían. Lo sabían porque lo escucharon; lo sabían porque se les dijo. Pero de nada sirvió porque se echaron a dormir olvidando todo; olvidando que el Mañana traería lo que al despertar están viendo.

¿Comprendes ahora los gritos de dolor, el jalar de cabellos, y el rechinar de diente? ¿Lo entiendes? Es por eso que cada día venimos a hablarte, a *decirte lo que tienes que hacer para que eso no te pueda suceder. Amén. Fubbi Quantz, y Todos en Unificación, venimos a entregarte de la reflexión, para ti y para todos porque lo dicho se ha dicho: Lo que vendrá, vendrá y nadie lo va a evitar.*

No queremos el despertar al dolor sea para aquellos a los que Mi Padre ama, es por eso que venimos a hacer de la reflexión a todos aquellos, que todavía piensan que pueden jugar, que todavía creen que el tiempo no va a pasar; pero pasará, eso tenlo por seguro. Pasará y nadie lo va a detener si ahora no escuchan, si ahora no entienden, eso es lo que les espera. Amén.

Domingo 20 de octubre del 2013
EL PADRE ME ENVÍA A ENTREGARLES SU MENSAJE

-Llegó el día en el cual les dije, que el Padre Celestial quería proponerles algo, pero que para hacerlo, primero tenían que llevar nota de todos sus sueños, visiones, e intuiciones. Que escribieran todo, y que luego se reunieran a comparar notas, y que ahí, iban a obtener los mensajes que el Padre tenía para ellos. El Padre también les dio una fecha en la cual les iba a hacer la propuesta. Yo sabía lo que El Padre estaba haciendo: Él quería entregarles las cosas directamente, y que al compararlas, se dieran cuenta que era Él, y no yo quien les estaba hablando. El Padre quería hablarles de muchas cosas, pero si lo hacía a través de mí, iban a creer que era yo, (Como así sucedió) y no Él, quien las estaba diciendo, por lo tanto les había pedido, que fueran ellos los que dijeran de qué quería hablarles, pero no resultó como el Padre quería, pues no hicieron lo que Él les había pedido. No sé si fue porque no lo entendieron, o simplemente, no quisieron hacerlo. Sólo Dios y ellos saben.

-Este día tenía que hablarles sobre la propuesta que Dios Padre quería hacerles y de quien era yo. Como a eso de las 8.10am., me dijo: *Escribe.* Mire al reloj y pensé en todo lo que me faltaba por hacer para terminar de arreglarme. Pero nuevamente me dijo: *Escribe.* Entonces sólo le pregunté qué si en la computadora, o en la libreta. Me dijo: *En la libreta.* Así es que la tomé, y empecé a escribir, y esto es lo que me entregó:

PROFECÍA:

YA BASTA DE DECIR QUE LA LUNA REDONDA ES

Ya te dije y te diré, que todo va a pasar. Ya te dije y te diré que nada lo va a parar. Deja de pensar; deja de decir, que el pensar ya pasó y te dije, vendrá. Ya no llores por lo que pudo ser; llora por lo que va a ser.

Ya no digas que no sabías porque el inocente no eres; ya no digas que no sabías porque sabes y lo sabías, y lo sabrás, que ya nada puedes hacer por lo que el tiempo traerá.

-El tiempo tiene su tiempo. El tiempo vendrá a su tiempo; no dejes que el tiempo del tiempo te traiga malestar; deja que el tiempo del tiempo te traiga bienestar.

Ya basta de decir que la luna es redonda, eso ya lo sabemos, eso ya se sabe. Piensa mejor en decir: Yo lo comprobé, ya sé, que realmente la luna lo es; es redonda como lo supe Ayer. Es redonda, y seguirá redonda el Ayer, el Ahora y el Mañana.

No dejes que te lo digan, compruébalo por ti mismo. No dejes que te lo expliquen; enséñate a explicarlo tú. Tú eres lo que importa, tú eres lo que Yo quiero; enséñate a Explicitarme, que eso es lo que cuenta; eso es lo que hace que Yo me sienta orgulloso de ti; eso es lo que hace que Yo no me quiera separar de ti.

Deja que los otros sigan diciendo, que Me quieren sin siquiera Conocerme. Enséñalos a Conocerme, para que luego digan que me quieren. Ya sé que piensas que la tarea es dura y difícil. Pero no para ti; no para ti que ya Me conoces; no para ti que ya sabes lo que pienso, que ya sabes cómo pienso, y lo que quiero que hagas, lo que vas a hacer, y lo que tienes que hacer.

Ve a decir lo que tienes que decir, no temas, que Yo estaré ahí; estaré ahí contigo; estaré a ayudarte; estaré para decirte lo que tienes que hacer. No tengas temor; no tengas pena, que todo pasará, y será <u>su</u> condena.

No quieren escuchar, no quieren oír; ellos tendrán que sufrir; sufrir la pena de no oír, de no escuchar, y de no aceptar la verdad. La verdad estará frente a ellos, y no sabrán verla. La verdad estará con ellos, y no querrán aceptarla. Déjalos, que para ellos será su perdida. Tú sigue adelante, tú sigue de frente, que todo llegará, y todo pasará. Amén. Ve hija Mía, ve y haz lo que tienes que hacer.

-Y así lo hice, a pesar que quisieron evitar que lo hiciera, no lo lograron. Me dejaron sin carro, pero llamé a mi amiga Rosa, y ella me llevo a la Casa de Oración. El Señor me había dicho algo que estuve repitiendo mientras el Pastor daba su sermón. Me dijo, *No lo pienses para que lo puedas decir.* Así que cada vez que mi mente divagaba, me repetía a mí misma. *No lo pienses para que lo puedas decir.* Eso, y el hecho de saber que Él iba a estar ahí conmigo, me ayudaron a llevar Su mensaje.

Lunes 21 de octubre del 2013
SUEÑO/VISIÓN: AL DÍA SIGUIENTE DE LA ENTREGA:

-Veo al Pastor en un salón de clases escribiendo algo en un pizarrón. Veo que había más alumnos, y busco la forma de sentarme para poder ver lo que el Pastor estaba escribiendo. Lo veo escribiendo con unas piedras, que al mismo tiempo representaban letras formando palabras de las cuales pude entender que el Pastor pensaba, que ellos no estaban listos, o no querían escuchar la propuesta de Dios Padre.

-Después, el martes 17 de diciembre del 2013, tuve este sueño, confirmando el sueño anterior:

UNA TIENDA MUY BONITA

-Veo que estoy en una tienda muy bonita con mostradores, y estantes de vidrio, y ahí está la secretaria de la Casa de Oración. Creo yo trabajo en esa tienda; no sé si la secretaria también, o ella es la dueña. Trato de platicar con ella, le digo, que pida para que yo pronto tenga dinero, para poder comprarle cremas. (Creo que ella vende cremas). Luego trato de comentarle algo sobre una presentadora de televisión que tiene un cutis muy bonito; pero no recuerdo el nombre, y le digo, que es una que es lesbiana, y que tiene un doctor que le hace cremas. La *secretaria dice un nombre, y le digo que sí, pero al mismo tiempo pienso, que no, que no era ella a la que yo me refería.*

JUEGO DE MUÑEQUITOS DE PLÁSTICOS

-Mientras hablamos, de uno de los estantes tomo un artículo, (Algo iba a hacer con él) y frente a la secretaria lo empiezo a abrir, pero al hacerlo me doy cuenta, que tire la envoltura, y no me fije en el precio. No sé si era, porque pensaba pagarlo después, pero me preocupé. El artículo, era un juego de muñequitos de plásticos de un programa de caricaturas. Al abrir el paquete, uno de los muñequito se salió de lugar; era <u>un niño</u> que estaba en <u>un pesebre</u>.

LOS PICA PIEDRAS

-Veo al perro desesperado porque el niño estaba llorando, y al dinosaurio riéndose por lo que le sucede al perro. Trato de poner al niño en el pesebre, pero no puedo, se sigue saliendo; al hacerlo, trato de ver la parte de arriba del juguete porque sé, que es uno de esos juguetes que empiezan arriba y se va deslizando hacía abajo. No lo pude hacer porque el niño y el perro estaban en la parte de abajo del juguete. Nunca pude ver cómo empezaba el juego. Las caricaturas eran del programa <u>los pica piedras</u>. Amén.

-Analizando el sueño en donde veo al Pastor escribir con piedras, y encontrando, que El Padre me había dicho la verdad; le pregunté: Padre. ¿Tiene el Pastor el poder de evitar la evolución de todos los demás? Me dijo: Sí, pero la oportunidad es para todos. -Esto es lo que el Señor me había dicho:

VIVEN EN EL PASADO

Viven en el pasado y no lo quieren dejar, no saben que el Hoy los llevará a un Mañana mejor; siguen repitiendo lo que escrito está, sin darse la oportunidad de mejora; sin darse la oportunidad, de ellos mismos poder escribir lo que Mañana otros leerán. Duele, duele ver la ignorancia de Mis hijos. Duele, duele saber, que Yo pongo todo a sus pies y lo pisan, sin importarles lo que hacen, o lo que pisan.

CREYERON, QUE EL AYER ERA PRIMERO

Espera y aguarda que el Mañana vendrá, entonces querrán levantar lo que pisaron, pero ya ni los pedazos quedaran. Ya nada habrá para ellos, sólo el llorar y el desesperar. Entonces dirán: ¿Por qué lo hicimos? ¿Por qué no escuchamos? Ahora no estriamos sufriendo, sino gozando. No habrá vuelta, no habrá retorno, porque en el Hoy, no quisieron escuchar; porque en el Hoy, no quisieron mirar. Esa será su pena, eso será su llorar.

CREYERON QUE EL AYER LES DARÍA LOS RESULTADOS

Tú sigue adelante porque testimonio tendrán, que la oportunidad tuvieron, y no la quisieron aceptar. Tú sigue adelante para que ellos puedan ver, que quien Conmigo trabaja, resultados va a ver: Los resultados que ellos rechazaron, los resultados que ellos no quisieron porque creyeron que el Ayer era primero; que el Ayer les daría los resultados. Pero tarde será; ya no habrá retorno; lo que hicieron... hicieron, lo que no hicieron... no hicieron. He ahí de su dolor; he ahí de su pena; he ahí del jalar de cabellos; he ahí del rechinar de dientes; y he ahí del resultado de aquellos que si escucharon, de aquellos que si entendieron, de aquellos que si se prepararon.

Tú espera y aguarda, que la fecha se les dio. Tiempo hay de que entiendan; tiempo hay de que comprendan lo que les he propuesto Yo. Espera, espera con paciencia, espera con amor, que son tus hermanos, y a todos amo Yo. Yo soy el que da; Yo soy el que retiene si el valor no dan a lo que Yo les doy. -Yo doy porque amo – Ellos dicen Amarme y no dan valor, ni amor a lo que Yo les doy.

ESO LACERA EL CORAZÓN DE TU DIOS Y SEÑOR

-Me entristecen Tus Palabras Padre Mío, me duele escuchar lo que dices, pero también sé, que es verdad. Que verdad es porque lo dices Tú; y Tú eres verdad absoluta, Tú eres amor absoluto. Duele saber que no te quieren escuchar; duele ver que en la Era de Piedra se pueden encontrar. Duele, duele Padre mío.

Si Mi pequeña, duele, pero nunca vas a comparar tu dolor, con el dolor que ellos tendrán; con el dolor que ellos sufrirán; eso pequeña, si duele. Eso pequeña, lacera el corazón de tu Dios y Señor; tú Cristo Jesús de Nazaret. Amén.

-Me dolía, sí, pero más me dolía escuchar a Nuestro Jesús de Nazaret, y sentir Su dolor, porque no lo querían escuchar.

Martes 22 de octubre del 2013
DOS DÍAS DESPUÉS DE LA ENTREGA

-Me llamaron para que le explicará al Pastor lo que había dicho. Ya que tanto el Pastor, como algunos miembros de la Casa de Oración, habían entendido que el Padre Celestial los estaba amenazando. (Al menos, es lo que el Pastor me dijo). Me reuní con él y le expliqué las cosas de forma que las entendiera. Muy regocijada salí de su oficina, ya que le había pedido al Padre, no necesitar intérprete, y Él Señor me había dicho, que no lo iba a necesitar, y así fue; no lo necesité. Después de esto, yo esperaba alguna manifestación que me indicara que los hermanos estaban haciendo lo que El Padre Celestial les había pedido, pero no fue así. Más sin embargo el Padre me seguía entregando más mensajes, más enseñanzas, más alertas, y mucha profecía para la Casa de Oración, los hermanos, y para este país americano, y el mundo en general. Amén.

Jueves 24 de octubre del 2013
SUEÑO/VISIÓN: EL HIJO DEL PASTOR

-Veo que estoy dentro de la Casa de Oración, y había estado extasiada. Abro los ojos y veo a la gente preparándose para pasar la noche en ese lugar. Ahí veo al hijo del Pastor que voltea y me mira, al verlo, con los labios le digo, que me daba gusto verlo ahí. La primera vez no me entiende, pero se lo repito, y entonces me contesta, que a él también, y que estaba feliz de estar ahí.

LA DE LOS ZAPATOS HORRIBLES

-Veo a la secretaria; creo que estamos en un lugar que era como una especie de teatro, pues veo las cortinas. Por debajo de las cortinas alcanzo a ver, cuatro pares de piernas paseándose de un lado a otro. Tres de ellas traían puestos

zapatos de tacón muy femeninos; la otra, tenía puestos unos zapatos enormes, y horribles, con una plataforma como de dos, o tres pulgadas. Estaban esperando a que las llamaran. Las veo y pienso en la diferencia de los zapatos. En eso veo que llaman a la que trae los enormes y feos zapatos, pero en vez de entrar, ella me jala y me dice: Tú, tú ve, a ti te toca.

LES DIGO: YO PERTENEZCO A DIOS…

-Entro y veo a la secretaria de la Casa de Oración platicando con una mujer; (Creo que era una psicóloga) a la que le estaba agradeciendo la ayuda que le estaba dando con las demás. (Pero sólo ayudaba a las que pertenecían a la secretaria). Veo que la mujer me recibe y me señala un lugar para que me siente. Me siento frente a una máquina de coser. Me doy cuenta que tengo los ojos cerrados, pero puedo ver todo. Veo como la mujer trata de ponerme unos lentes sobre los que yo traía puestos. Siento como insiste en acomodarlos. Pero al mismo tiempo estoy viendo otras cosas; entre ellas, rostros desconocidos que al verlos sé, que son rostros del enemigo y empiezo a orar y a decirles: Yo pertenezco a Dios… y no sé cuántas cosas más dije.

LA PSICÓLOGA ME DICE…

-Cuando abro los ojos veo que estoy de pie frente a una pared. La mujer (la psicóloga) viene y me pregunta, qué si estoy bien. Yo todavía sigo sin entender, pero la mujer me sigue hablando. Me dice, que duré más de dos horas y que a ella únicamente le habían aguantado una hora. Dice: Me aguantaste una hora, después del empujón que me diste. Lo que no recuerdo, es que si esto pasó antes, o después de ver al hijo del Pastor.

-Sueños que me indicaban una vez más, que el Padre tenía los ojos puestos en esos de Su hijos, especialmente en el hijo del Pastor. Amén.

Sábado 26 de octubre del 2013
SUEÑO/VISIÓN: ESA MUJER SIRVE, O NO

-Veo una mesa pequeña, y en ella a dos mujeres hablando sobre alguien más. Escucho que dicen algo como, que si *esa mujer sirve, o no*. Amén.

Sábado 26 de octubre del 2013
PROFECÍA: CRISTO JESÚS DICE: VENDRÁN MUCHAS CALAMIDADES

Ya se te dijo que escribas. Tienes que escribir todo lo que se te va a decir; todo lo que se te ha estado diciendo; todo lo que estás recibiendo para las generaciones por venir. No dejes que el cansancio te venza; vence tú al cansancio. Ya viene lo que estás esperando; ya viene llegando. Espera, espera, pero preparada, que no llegue y te encuentre dormida. Que llegue, y que estés despierta, preparada, lista para enfrentarlo, lista para llevarlo a donde tienes que llevarlo.

EN TIEMPO DE QUE ESCUCHARAN, NO ESCUCHARON

Vendrán calamidades, muchas calamidades. La gente correrá desesperada, la gente no sabrá qué hacer; la gente llorará; la gente gritará, pero muchos no voltearan su rostro hacia Mí; no sabrán que Yo estoy ahí para ayudar. Otros, Me buscarán en esos momentos; en esos momentos recordarán que Yo los llamé a tiempo.

AHORA ME BUSCAN CUANDO YA NO HAY TIEMPO

En tiempo de que escucharan, no escucharon; en tiempo de que aprendieran, no aprendieron; ahora Me buscan cuando ya no hay tiempo. Pero aquellos que escucharon a tiempo; aquellos que aprendieron en Su tiempo, no pasarán hambre ni frío; estarán Conmigo contentos. Sufrirán al ver, al que no quiso escuchar en Su tiempo, pero ellos nada podrán hacer; ya nada se podrá hacer porque perdieron el tiempo de aprender.

LA DESTRUCCIÓN YA LLEGÓ

Caos por doquier habrá, caos y destrucción. No habrá lugar seguro para correr; no habrá lugar seguro para esconder. La destrucción ya está aquí; la destrucción ya llegó, pero no la quieren ver por el miedo a perder; perder lo que ya tienen; perder lo que no tienen pero quieren tener; tener lo que no deben tener dejando atrás, lo que sí deben tener. Tendrán sí; tendrán todo aquello que no deben tener.

SUFRIRÁN POR LO QUE NO TIENEN QUE SUFRIR

Sufrirán sus pérdidas materiales; sufrirán por lo que no tienen que sufrir. Sufrirán olvidando que otra cosa perdieron, y por ello si van a sufrir, cuando se den cuenta de lo que pudo ser y ya no es; de lo que pudieron tener, y ya no lo pueden tener. Sufrirán, sí, sufrirán. Su dolor será tan fuerte que muchos querrán morir, pero la muerte no será la solución; la muerte no será su escape.

NO HABRÁ LUGAR PARA CORRER

Tendrán que sufrir; tendrán que aprender en medio del desastre. En medio del desastre se encontrarán, en medio del desastre estarán, y no podrán escapar. No podrán correr, porque no habrá lugar para correr; no habrá lugar para hacerlo; no podrán correr, no podrán escapar. Dolor, mucho dolor; dolor desgarrador, dolor de arrepentimiento, dolor de saber que lo pudieron evitar. Dolor de saber que ya nada se puede hacer; sólo llorar y desesperar; sólo llorar y desesperar. Amén

Domingo 27 de octubre del 2013 a las 5:15 de la mañana
PROFECÍA: LOS GOBIERNOS PELEARÁN UNOS CON OTROS

LA GENTE SUFRIRÁ, LLORARÁ

Esto viene ya cuando menos lo esperen. Llegará cuando menos piensen que llegará. Llegará, llegará, y tomará a muchos sin preparar. Muchos lloraran; gemirán de dolor, pero nada podrán hacer. Ya nada se podrá hacer; los gobiernos uno y otros pelearán, no se sabrá quién es amigo, todos lucharán entre ellos. La gente sufrirá, la gente llorará; al gobierno no le importará, seguirá peleando sin cesar. Nadie tendrá la victoria; nadie ganará.

GANARÁN...

Ganarán aquellos que supieron escuchar; aquellos a los que no les importa el qué dirán. Aquellos que vieron el Futuro en el Presente, aquellos que en el Hoy dijeron Presente. Aquellos que no lo pensaron mucho para seguir adelante, aquellos que no se pusieron a preguntar en que si era verdad, aquellos que vieron la verdad, y dijeron: Yo sí quiero salir adelante; yo sí quiero saber más, yo sí quiero conocer a Dios en verdad. Yo sí quiero conocer Su Reino; yo sí quiero todo lo que Él tenga para mí; yo sí quiero y puedo.

SUFRIRÁN...

Aquellos que se preguntaron; aquellos que dudaron; aquellos que no tomaron las grandezas de Dios; esos sufrirán. Esos mirarán a los que sí aceptaron, gozar. Los verán con sus dones y gracias; los verán con las Gracias del Señor y pensaran: Yo también hubiese podido tener esas Gracias; yo también hubiese podido hacer lo que ellos hacen si tan solo hubiese escuchado; si tan solo no hubiese dudado; si tan solo hubiese hecho lo que se había ordenado. Ahora, sólo me queda ver lo que los otros ganaron.

¿QUÉ GANARON?

Ganaron las gracias, ganaron los dones. Ganaron la aprobación de Aquel que se los ofreció; de Aquel que les dijo, que eran merecedores de ellos. Ahora todos están contentos; todos están felices. Él, porque pudo entregárselos; ellos, por haberlos recibido. Ahora, todos descasarán la dura faena que tuvieron para lograr lo que obtuvieron. Descasarán tranquilos, sabrán que la lucha no fue en vano, que lograron salir a la meta. Ahora disfrutan su triunfo; el triunfo de saber luchar, de saber perseverar. El triunfo de no claudicar cuando la prueba era dura, difícil. El triunfo de saber que vencieron todos los obstáculos; todas las vicisitudes que el enemigo ponía frente a ellos. Gozarán, gozarán, gozarán.

LO ÚNICO QUE EMPAÑE SU REGOCIJO SERÁ:

Será tanto su regocijo, que únicamente lo empañará la tristza de los demás. La tristeza de los otros, aquellos que a medianía del camino dejaron la carga, aquellos que a medianía del camino claudicaron, se rindieron y no pasaron la prueba. Eso será lo único que empañe su regocijo; eso y nada más; pero pronto pasará. Pensarán: Tuvieron la misma oportunidad que yo tuve; tuvieron las mismas enseñanzas pero dudaron; no creyeron en la Palabra. No creyeron que Dios los estaba llamando; que Dios los estaba preparando; que Dios los quería junto a Él. Que Dios les envió todo lo necesario para que iniciaran la jornada, la jornada de regreso a Casa, de regreso al lugar que les pertenecía;

pero no quisieron creer; no quisieron aceptar; ahora tendrán que llorar. No habrá otra forma de poder calmar su dolor; no, no la habrá.

Entonces, ellos seguirán gozando su triunfo; seguirán trabajando para Aquel que los salvo del desastre, para Aquel que les enseñó lo que venía, para Aquel que les dijo: Prepárense. Para Aquel que los preparó para que ellos estuvieran preparados. Amén.

FRASE: *No odiamos al pecador; despreciamos el pecado.*

-Este día el Señor me entregó muchas, y muy hermosas enseñanzas, que podrás encontrar en el libro ya mencionado, junto con otras más, como porqué Él también se llama *El Arcoíris del Amor.* Y ¿Qué problema hay con el Dios de HOY? Enseñanzas mucho muy hermosas, y de un profundo significado.

Lunes 28 de octubre del 2013
PROFECÍA: CRISTO JESÚS DICE:

NO DUERMAS, NO DUERMAS

Ya te dije que despiertes a la hora que tienes que despertar. Ya te dije que no duermas, que tienes que madrugar. Madrúgale al enemigo que te quiere atrapar. Madrúgale al que te quiere hacer fallar. No duermas, no duermas, no duermas, para que puedas entender, que lo que Hoy se te dice, Mañana ya no lo podrás hacer. Hazlo Hoy, para que Mañana ya este hecho. Hazlo Hoy, para que te haga provecho. Hazlo Hoy, que Mañana ya estará hecho.

ORA, ORA, ORA MUCHO

No dejes que el cansancio te haga claudicar, no dejes que llegue; enséñate a orar. La oración te dará la fuerza; la fuerza que necesitas para poder luchar. No dejes que el cansancio llegue; no lo dejes llegar. Ora, ora, ora mucho, y tú lo vas a cansar. Se cansará de oírte; de oírte orar. Ora todo lo que puedas hasta que no puedas más. Ora todo lo que puedas, eso te va a ayudar. Deja el cansancio, déjalo ya; deja que se valla, no lo quieras alcanzar. Déjalo, déjalo, déjalo ya. En fechas venideras, cuenta te darás, del porque al cansancio lo tienes que dejar.

LLEGARÁN DÍAS FELICES, LLEGARÁN DÍAS DE LLORAR

Llegarán días ocupados, llegarán días sin terminar, llegarán días felices, llegarán días de llorar. Llorarás, pero tu recompensa será, que llegado el momento otros llorarán, otros gemirán, otros querrán orar, pero ya será tarde; ya no habrá lugar. Lugar para que oren, ya no habrá; ya no habrá refugio alguno en donde puedan orar. No habrá refugio alguno, y tendrán que llorar. Llorarán desesperados, llorarán sin cesar. Llorarán de día, de noche no podrán parar. Llorarán tanto, que sus ojos se secarán; lloraran tanto, que ya no podrán ver; pero podrán pensar. El pensar los matará; el pensar los aniquilará. Pensarán de día; de noche no podrán parar. Pensarán, pensarán, pensarán en lo que dejaron atrás.

PENSARÁN Y LLORARÁN POR EL AYER IDO

Atrás quedaron las enseñanzas; atrás quedó la preparación; atrás quedaron los alertas para los que no pusieron atención. Pensarán y llorarán por el Ayer ido. Llorarán, porque el Mañana fue perdido. Ellos prepararon su Hoy; el Hoy que están viviendo; el Hoy que están sufriendo, ellos lo prepararon; no lo podrán negar, ellos lo hicieron, ellos y nadie más. No habrá terminado su dolor; no habrá terminado su angustia, no habrá terminado todo aquello que ahora los asusta.

PENSARON, QUE ESE HOY NO LLEGARÍA

En el Hoy de Ayer pensaron, que ese Hoy no llegaría. En el Hoy de Ayer pensaron, que ese Hoy no seria. Seria y fue, lo están viendo ahora. Lo están viendo en el Hoy, en el Hoy de Ayer que no creyeron que llegaría. Llegaría y llegó; llegaría y llegó, lo están viendo, y lo están sufriendo.

REALIDAD QUE EN EL HOY DE HOY QUISIERAN OLVIDAR

No dejarán de pensar en el Hoy de Hoy, que en el Hoy de Ayer no pusieron atención; que en el Hoy de Ayer creyeron, que era ficción. Ficción que en el Hoy de Hoy ven que es realidad; la realidad que en el Hoy de Ayer no quisieron aceptar; realidad que en el Hoy de Hoy quisieran olvidar. Olvidar por siempre, olvidar por fin, la realidad que Hoy viven, y que no tiene fin. Pensarán que es eterna, pensarán, eso no pasará. Así será su tormento; así será penar.

DILES, QUE ESTO NO ES PARA JUGAR

Diles y diles bien, que esto no es para jugar. Diles y diles bien, que tienen que escuchar, que el Hoy de Hoy va a llegar, que el Hoy de Hoy los atrapará; que el Hoy de Hoy no los va dejar escapar; que el Hoy de Hoy los aniquilará; que el Hoy de Hoy los matará. Los matará en vida, porque la muerte no llegará aunque la pidan. Amén.- -Aquí me dijo: Haz lo mejor que puedas, para que el mensaje llegue como tiene que llegar. Amén.

-Poco después me invitaron a una reunión en casa de uno de los miembros de la Casa de Oración. Yo estaba feliz pensando, en que podía hablarles del Padre, pero me di cuenta, que después de que salen de la Casa de Oración, ya no están muy dispuestos en hablar sobre Él. O será, que yo creo en lo que Él me dijo: que Sus siervos trabajan más de 24 horas, y es por lo que yo siempre estoy lista para hablar de Él.

-Cuando algunos de los invitados se retiraron, me quedé en la cocina platicando con uno de los hermanos. De pronto, el hermano me empieza a narrar uno de sus sueños. ¡Dios mío, dije, ya empezaste a comunicarte con estos de Tus hijos a través de sus sueños! No cabía en mi alegría, y empecé a llamar a los que todavía se encontraban ahí para hablarles sobre lo que alrededor de ellos estaba sucediendo. Se reunieron, y pude hablarles sobre algunas cosas.

-Con el tiempo, otro miembro de la Casa de Oración me narró unos sueños en relación con su pareja. ¡Cristo bendito! ¡Cómo decirle, que ese sueño no indica lo que está pensando, sino algo mucho más profundo! Después en un sueño-visión se me confirmó lo que ya sabía: Que ellos eran unos de los escogidos en los cuales el Padre Omnipotente había puesto Sus ojos. ¡Estaban preparados para dar el siguiente paso! Y así sucesivamente empezó a darme a conocer a cada uno de aquellos de Sus hijos, los escogidos.

-El Padre Celestial seguía insistiendo, y yo seguía tratando de entregarle al Pastor los mensajes que El Señor me estaba entregando. Le envié unos en donde le hablaba de la verdad absoluta. El Señor le dijo: Yo soy la verdad, y si quieres conocer la verdad, preguntame a Mi.

EL SUEÑO DEL PASTOR

-En otra ocasión le envió un mensaje en el cual, Dios Padre le pedía, que buscara un lugar dentro de su casa en donde pudiera estar completamente a solas., pues El Padre quería, no únicamente hablar con él, sino hablar a través de él. Se lo entregué con la ilusión, y la esperanza, de que el Señor ocupara al Pastor para que fuera él quien entregara los mensajes. (Ya que ese ejercicio es para obtener la comunicación directa con Él). Pasó el tiempo, y no veía que el Pastor estuviese haciendo lo que se le había ordenado. Por lo que un día se lo pregunté, y me dijo, que no lo había hecho, y me dio sus excusas. Después de eso, un domingo al estar entregando el sermón, de pronto el Pastor habló sobre un sueño que él había tenido. *En el sueño se vio en un barco, peleando con su papá con una espada; y que ahí también estaba una mujer pirata, y que al final, su papá se había ido con la mujer pirata.*

-Al escucharlo, el Padre Omnipotente me dice: *Quédate, y habla con él sobre este sueño*. Al terminar el servicio, pedí hablar con él y le dije: Pastor, ¿Por qué usted está peleando con el Padre? Porque esa lucha no es con su padre terrenal, sino con El Padre Celestial. A lo que él contestó: Sí, pero luego él se fue con la mujer pirata. Con su respuesta, no supe si había entendió lo que le dije, o no. Entonces, contestando a lo que él había dicho le dije: ¿Pastor, usted no piensa que en su corazón todavía resiente la idea de que una mujer trabaje para el Señor? Me dijo que no, y en el próximo sermón habló sobre eso.

-Como pueden darse cuenta, el Pastor estaba peleando con Dios Padre, no con su papá físico – Yo era la mujer pirata. Amén.

Martes 29 de octubre del 2013

-Se me entregó el significado del caballo y de los conejos. El Señor me interpretó uno de mis sueños, pues tenía relación con otro que una amiga había tenido. Todo eso lo encontrarás en el libro ya mencionado.

-El Padre seguía entregándome Sus mensajes-profecías, uno, dos y hasta tres por día.

Miércoles 30 de octubre del 2013 de las 4 a las 5:05 de la mañana
CRISTO JESÚS DICE:

YO SOY EL ESPÍRITU SANTO, SOY LA MEMORIA, SOY EL CONOCIMIENTO

Escribe, y escribe bien todo lo que te voy a decir. Quiero que quede claro, que Yo estoy aquí, que Yo digo lo que va a venir, que Yo digo lo que ya está aquí. Diles y diles bien, que nadie más lo puede hacer. Que Yo soy quien lo hace, y lo hago bien. Yo sé a quién escojo, y lo hago bien, bien Yo lo hago bien Yo lo digo bien en todo lo que sé, y que quiero que sepas. Sabrás por Mi lo que Yo quiero que sepas. Yo te diré lo que tienes que saber. Yo te diré lo que tienes que decir. Yo, y nadie más.

El Espíritu Santo lo sabe todo. Yo soy El Espíritu santo. Yo soy la memoria. Yo soy el conocimiento. Yo te diré lo que quieras saber. Yo te lo diré, porque Yo lo sé. Yo conozco el principio. Yo conozco el final. Yo conozco todo, todo te voy a entregar, todo lo que quieres saber, todo lo que no te has podido imaginar. Conocerás lugares, conocerás planetas, conocerás galaxias. Conocerás todo lo que Él es capaz de formar.

ÉL TE ESPERA. ÉL SABE QUE VENDRÁS

Él te formó a ti. Él formó todo lo demás. Nada existe, *y nada habrá, mientras eso no sea Su voluntad. Su voluntad es que tengas que estudiar. Su Voluntad es que tengas que avanzar; avanzar hasta llegar a Él. Él te espera. Él aguarda. Él sabe que vendrás. Él sabe que progresarás. Él sabe que llegarás a Él con libertad; la libertad que te da saber, que Él está esperando por ti. Que Él está esperando a que llegues. Que Él está esperando verte llegar. No lo dejes esperando ya más. No lo dejes esperando, que esperando está. Él te ve, Él te contempla. Él sabe que lo quieres, Él sabe que lo amas. Él quiere que lo quieras, Él quiere que lo ames. Porque más lo amarás, cuando más recibas de Él.*

ÉL NO TE VA A DAR NADA QUE NO MEREZCAS

Él te dará todo lo que él tiene para ti. Él te dará todo; sólo se lo tienes que pedir; *pedírselo con amor, pedírselo con respeto, pedírselo con fe, y todo quedara hecho. Hecho será lo que recibas, hecho será lo que te dé; hecho será todo, todo lo que sé. Yo sé que quieres Conocerlo. Yo sé que quiere Sus gracias. Yo sé que quieres Sus dones. Yo sé que te los dará si te los ganas. Él no te va a da nada que no merezcas, nada que no te hayas ganado, nada que no sea aprobado por Él; todo lo ganarás con tu esfuerzo, todo lo ganarás con tu voluntad, todo lo ganarás con amor, y con el deseo de triunfar. Con el deseo de poder ayudar a los que por sí mismos no se pueden ayudar, con el deseo de estar, y de tener Su Gracia Divina. Gracia que tendrás cuando se la pidas, gracia que tendrás cuando te la ganes. Recuerda, que Él nada da si no lo mereces, si no se lo pides con fe, con respeto, veneración y entrega. Una entrega completa, una entrega en un todo, una entrega sin reservas, una entrega, que te hará ganar todo. Porque todo se lo diste a Él, que es el Todo. Amén.*

Miércoles 30 de octubre del 2013 de las 4 a las 5:05 de la mañana
PROFECÍA: MUCHOS VENDRÁN Y QUERRÁN LO QUE TÚ TIENES

Muchos vendrán y querrán lo que tú tienes; muchos querrán saber lo que tú sabes, muchos querrán ser como tú, pero pocos querrán los pesares. Los pesares que tendrán que pasar para tener lo que tú tienes, los pesares que tendrán que pasar para saber lo que tú sabes. Lo que tú sabes… sabrán; lo que tú tienes… tendrán, si pasando son la prueba que pasaste vos. Vos sabéis que no fue fácil, vos sabéis que no fue grato, pero vos sabéis, que valió la pena el trato, el trato que Él puso frente a ti; el trato que aceptaste, el trato que te llevó a donde ahora te encontráis. Te encontráis vestido de luz limpia y pura, luz que verán los demás aunque la noche sea oscura.

Oscuridad tendrán aquellos que el trato no aceptaron. Oscuridad tendrán aquellos que dudaron, aquellos que pensaron que era fantasía, aquellos que pensaron que eso no seria. Seria y fue. Seria y lo están viendo. Seria y fue y ahora están sufriendo. Sufriendo el haber dudado, sufriendo el haber pensado que lo que sabían era todo lo entregado Era todo lo que tenían que saber, era todo lo que tenían que hacer; era todo lo que tenían que decir, y repetir.

LA ESCUELA AHÍ ESTABA

Tarde comprendieron que no era así. Que no era así, y lo podrán ver, lo podrán contemplar, pero nada podrán hacer; las clases ya habrán parado. Las clases ya no estarán, las clases se habrán ido, y no regresarán. Ya no regresarán aunque llorando las pidan. La escuela estará cerrada; la escuela ya no estará. Ya no estará y llorarán; llorarán la perdida ida, llorarán por lo que pudieron aprender, y no aprendieron. No aprendieron porque no quisieron, la escuela ahí estaba. La escuela no se movía, la escuela los esperaba, pero ellos no venían; ellos preferían los goces que la vida les daba; ellos preferían, que la escuela fuera cerrada.

LA CERRARON EN SU CORAZÓN

La escuela no se cerró, ellos la cerraron, ellos la cerraron en su corazón. No lo abrieron para que la escuela entrara – No lo abrieron, y no entró. No entraron las enseñanzas, no entró el conocimiento, no entró la sabiduría, y ese será su tormento. Tormento, que destrozando será su corazón que Hoy está abierto, pero que Ayer, cerrado lo tenían; cerrado estaba, y no lo abrían. No lo abrieron a la enseñanza, no lo abrieron a la sabiduría; ahora sufren, pero eso ya lo sabían. Ya sabían, que el Hoy de Mañana llegaría, pero no lo creían; no creían que llegaría porque eran fantasías. Fantasías decían que eran, fantasías decían que fueron. Pero ahora sabían, que no había sido un juego.

JUGARON A QUE YA LO SABÍAN

Jugaron, y se quemaron; jugaron a que ya lo sabían, jugaron, a que todo eran fantasías. Ahora saben que la verdad, ellos no la sabían. Ahora saben que la verdad que ellos sabían, eran fantasías. Creyeron en su fantasía, creyeron en lo que ya sabían; confiaron en una fantasía. Frente a ellos estaba la realidad, realidad que ellos no aceptaron. Realidad que ellos negaron, realidad que ellos rechazaron. Ahora ven, que esa realidad desaprovecharon, que esa realidad no aprovecharon, porque ahora estarían gozando, ahora no estarían llorando. Ahora no estarían deseando, lo que en el Hoy de Ayer rechazaron. Diles y diles bien, que su realidad los llevará a donde el Hoy de Hoy ellos no quieren estar.

En el Hoy de Ayer negaron; en el Hoy de Hoy desearán. En el Hoy de Ayer rechazaron; en el Hoy de Hoy aceptaron. Pero tarde despertaron, tarde muy tarde; ya todo había pasado, ya todo había empezado. Amén.

GLORIA SERÁ PARA ÉL RECIBIRLOS

Si amén, porque así será, amén, amén por ellos. Amén para los que no escucharon, amén para los que rechazaron. Gloria para los que escucharon, gloria para los que creyeron, gloria para los que a la escuela asistieron; gloria, gloria, gloria sea para ellos. Gloria será para Él recibirlos. Gloria será para Él entregarles lo que para ellos tenía. Amén, amén, amén, que Hoy será otro día; otro día que será realidad, no una fantasía. Amén y Gloria para los que lo Glorificaron a Él, a Él que todo merece porque Él todo lo da, porque Él cumple lo que promete, porque El, en Gloria está. Amén.

Miércoles 30 de octubre del 2013 de las 4 a las 5:05 de la mañana
PROFECÍA: LA CAÍDA DEL IMPERIO

Escribe, escribe, escribe y diles, que tienen que escuchar, que lo que se viene, ya está aquí, y pronto los alcanzará. Ya está aquí, y dormidos los encontrará. Despierten, despierten, despierten ya, que lo que viene, viene ya; ya está aquí, y lo van a comprobar. Comprobarán que lo que digo, verdad es; comprobarán que lo que digo se va hacer. Harán muchas cosas; cosas dolorosas. Harán muchas cosas, cosas tenebrosas, no tendrán descanso; no podrán descansar. Pensarán en lo que pasa; pensarán y nada más, nada más podrán hacer, nada más eso. Ya que nada más se podrá hacer.

EL QUE ROJO ESTÁ, MALTRATARÁ A LOS OTROS

Los gobiernos pelearán, pelearán unos con otros. Aquel que rojo está, maltratará a los otros. La cosa ya está aquí, la cosa ya llegó, la cosa ya nadie la paró. El gobierno dice, que aquí no pasará; el gobierno dice, que todo fallará. Fallarán en su intento de poder parar, de poder parar lo que viene, y que vendrá. Vendrán calamidades, vendrá el dolor.

MORIRÁN INOCENTES

Llegaron de sorpresa. Llegaron sin saber; sin saber que el gobierno no los puede detener, aunque el intento lo va a hacer, pero fallará. Hará el intento; muchos morirán. Morirán inocentes que nada tienen que ver. Morirán inocentes, y nada se podrá hacer porque el gobierno va a perder. Perderá lo que tiene, perderá lo que tendrá; ya no tendrá lo que tiene, ya no podrá luchar. Ya no podrá hacer nada, ya no habrá lugar, porque el gobierno lo dejó pasar. Pensó que amigos iban a estar, pero no fue así, sólo querían entrar. Entrar y entraron, el gobierno lo permitió; entrar y entraron, el gobierno no lo vio. Pensó que era indestructible, pensó que era un dios. Pero Dios solo hay UNO, y no lo aceptó. No aceptó al Dios que lo quiso proteger; no aceptó al Dios que le dijo que hacer; no lo acepto, y tuvo que perder. Perdió todo, ganó nada; perdió todo, y nada pudo hacer.

EL GOBIERNO TIENE QUE PEDIR QUE EL PADRE ESTÉ A SU LADO

La profecía se cumple; se cumple y se cumplirá. La profecía se cumple y se cumplirá si el gobierno no acepta, al Dios de Verdad; el Dios que todo lo puede, el Dios que lo evitará; evitará que pierda todo, y que vuelva a nacer. A nacer como niño que ha despertado; niño que había llorado, y el llanto lo había cansado. No podrá hacer nada, si al Padre no tiene a su lado. No podrá hacer nada, si al Padre no ha consultado, si al Padre no ha pedido, que venga a su lado. Vendrá si lo pide; vendrá a su lado. Pero no vendrá si el gobierno no lo ha llamado. No vendrá porque Él no viene sin ser llamado. El gobierno tiene que pedir que esté a su lado; el gobierno tiene que pedir, para estar preparado.

EL GOBIERNO NO LE PEDIRÁ AL PADRE

El gobierno no pedirá, el gobierno no aclamará; entonces, el Padre no vendrá. No vendrá con Su Ejercito al gobierno salvar; no vendrá a ayudar porque el gobierno no se lo pedirá. No pedirá ayuda al ÚNICO Gobierno que lo puede ayudar. No pedirá ayuda; el Padre no vendrá. Ese niño, solo y desprotegido quedará; el Padre no estará para consolar. Consolar su pena, consolar su dolor, consolar su pérdida; su Pérdida de valor.

PERDIÓ LO QUE MÁS VALÍA

Perdió lo que más valía, lo perdió y no lo vio. Perdió lo que más valía, lo perdió y no volvió. No volvió a sentirse dios, porque ya no lo era; nunca lo había sido, aunque así lo creyera. Creyó serlo, mas no lo era; creyó serlo, y dejo que cayera. Cayó el imperio; cayó el dios que creía que era, pero al Dios Verdadero, no le pidió que viniera. Que viniera a socorrerlo, que viniera a ayudar, que viniera y le dijera, cómo tenían que luchar. Pero no lo llamó, y tuvo que claudicar. Claudicó el imperio, claudicó, y ya no hubo más; ya no hubo imperio que salvar. El imperio cayó; el rojo se lo llevó. Se lo llevó lejos y allá lo dejó. De allá viene y allá se fue, el imperio que era, ya no fue. Amén.

<u>Domingo 3 de noviembre del 2013</u>
PROFECÍA: DIOS PADRE DICE: NO QUISIERON ESTAR A MI LADO

Te dije que escribieras para que se los puedas decir: Que Yo soy quien digo, y se los voy a decir. No quieren escuchar, no quieren oír; tendrán que sufrir. No es esa Mi voluntad, pero la de ellos sí. Sí, quieren sufrir, porque no quieren oír, no quieren saber lo que les quiero decir. No lo sabrán, lo ignorarán. Para ellos será la pérdida; para ellos y nadie más. No escuchan, no entienden; en ellos estará el sufrimiento que tendrán.

SOY YO A QUIEN ELLOS HAN OFENDIDO

Llorarán el no haber escuchado. Llorarán el no haber entendido, que SOY YO, quien a ellos te ha referido, que SOY Yo, a quien ellos han ofendido. Que no Me digan que no sabían, porque no lo quisieron saber, que no me digan que Soy injusto, porque lo van a ver. Van a ver que Yo no soy injusto, que los injustos ellos fueron, por no querer escuchar. Por no querer oír, lo que Yo tenía para ellos.

DESAIRARON A SU DIOS SIN PENA ALGUNA

Para ellos ya no habrá compasión alguna. Para ellos ya no habrá clemencia alguna, porque desairaron a su Dios sin pena alguna. Desairaron a su Dios, y no les importa. No les importa saber, que a su Dios han despreciado, no les importuna saber que lo han desairado. No pensaron, que ellos iban a pagar por su pecado. No lo pensaron, pero ahora lo han pagado.

NO ENCONTRARÁN CONSUELO

Dirán que su Dios es falso, porque los ha castigado. Dirán que su Dios es malo porque no encuentran consuelo. Consuelo necesitarán ellos pero no lo encontrarán, consuelo buscarán pero no lo tendrán. Querrán refugiarse en el Pasado, pero ahora se darán cuenta, que el Pasado ha pasado, y huella ha dejado: Las huellas que ellos despreciaron por no creer que su Dios, te había enviado, por no creer que su Dios, a ellos no los había abandonado. No los había abandonado ni los había olvidado. Por lo tanto, te había enviado a ti para que los enviarás a Mi lado. A Mi lado no quisieron estar, a Mi lado no quisieron venir; ahora a Mi lado, ya no pueden estar.

A MI LADO IBAN A TENER TODO

Ahora ellos quieren venir. Pero ya tarde será para que puedan llegar a Mi lado. A Mi lado iban a tener todo lo que quisieran. A Mi lado iban a tener toda una vida entera conmigo a Mi lado. Pero no lo quisieron, lo ignoraron; creyeron que ellos ya se habían salvado. Eso pensaron, eso pensaban, pero no sabían que para ello, tenían que estar a Mi lado.

Este es el futuro, para aquellos desdichado que negando fueron lo que Yo les había dado, que negando fueron la vida de estar a Mi lado. Amén.

SABEN LO QUE PASÓ PERO NO SABEN LO QUE PASARÁ

Escribe, y ponte a escribir, que es mucho lo que les tienes que decir; es mucho lo que tienen que escuchar de ti, lo que viene de Mí. YO SOY el que entrega. YO SOY el que doy. YO SOY el que quito y pongo por doquier Yo voy. Yo te puse a ti frente a ellos; si así no lo reconocen, te quitaré de entre ellos. Porque dicen Conocerme, dicen Amarme; pero <u>son labios, y no corazón</u>.

Creen que lo saben todo, y no saben nada; creen que dicen la verdad, y no la han escuchado. No la han escuchado, por lo tanto, no saben nada. Saben lo que pasó, pero no saben lo que pasará. Creen que por saber el Pasado, todo se ha olvidado. Se les dio el Ahora, se les dio el Hoy para que prepararan su Pasado, y su Futuro. No lo quisieron hacer, no lo quisieron oír; ahora tendrán que sufrir lo que Hoy no han escuchado.

NO PENSARON CON LA CABEZA

Tendrán dolores, tendrán tristezas recordando lo que no hicieron. No pensaron con la cabeza, no pensaron que Yo les envié la belleza; la belleza de Mi Reino para que la conocieran. No la quisieron conocer, no la quisieron ver, ahora tendrán que padecer. Padecer dolor y tristeza por no haber formado Hoy, su Ayer, ni su Mañana. Mañana sufrirán en el Ayer de Ayer; el Ayer que no quisieron ver ni entender. El Ayer que Hoy los hace padecer, que Hoy los hace ver, al Ayer que no formaron, porque Hoy, ya se les ha escapado, y ya no lo van a ver. No lo verán, no lo verán, no lo verán y eso les va a doler. Amén.

Lunes 4 de noviembre del 2013 a las 4:25 de la mañana
EL PADRE TODOPODEROSO DICE:

YO ESTOY CON TODOS, CON TODOS YO ESTOY

Escribe sigue escribiendo, que te lo voy a decir. Te voy a decir lo que sigue y lo tienes que decir. Dirás lo que viste, lo que has visto, y lo que verás y verán. Para que se den cuenta que con todos Yo estoy. Yo estoy con todos, con todos Yo estoy, para que se den cuenta, quienes ellos son, y a Quien pertenece su corazón. Su corazón es Mío como todo lo demás. El corazón Yo aprecio, porque con él me amarás. Me amarás pequeño Mío, me amarás tú también. Porque verás lo que vio, y entenderás lo que entendió: Entendió, que con todos estoy Yo.

Deja que los demás digan, que verdad no es. Deja que los demás digan lo que no ven. Tú diles lo que tú ves y crees. Tú diles, y de ellos es creer. No porque se los dices, sino porque lo ven. Porque verán aunque no quieran. Verán la verdad, verán lo que tú dices, y que ellos viendo están; lo han visto, lo han sentido, pero no quieren aceptar. Piensan que si aceptan, perdidos estarán. Estarán perdidos, si no quieren aceptar, estarán perdidos, si la duda ellos ponen al mirar. Porque mirarán todo lo que hay que ver; mirarán todo; de ellos está el creer.

Creerán cuando tienen que creer; creerán cuando todo llegue a suceder, de ellos está el que crean bien. De ellos está creer cuando ven, cuando ven lo que ven, cuando ven lo que será, cuando ven lo que es, cuando ven lo que perderán. Lo que perderán por no ver cuando era el tiempo de ver, cuando era el tiempo de ver bien. Cuando era el tiempo de ver, y ver y entender. En ellos está, que lo pasen bien. En ellos está, que vivan bien; en ellos está, Te lo digo por su bien. Por su bien es todo lo que Yo les digo, por su bien es todo lo que van a ver, por su bien es todo, si así lo quieren entender, si así lo quieren ver, por su bien. Amén.

FRENTE A ELLOS PUSE MI PROPUESTA

No digan que no se los dije; no digan que no sabían. Porque se los dije, pero dijeron que ya lo sabían. Tarde comprendieron, que nada sabían; tarde comprendieron, que Yo sí sabía. Yo sabía a quién ponía frente a ellos. Frente a ellos puse Mi propuesta, frente a ellos Me declaré, frente a ellos puse el futuro a ver. Frente a ellos, todos pudieron ver, frente a ellos todo, y no quisieron creer. No quisieron creer lo que iba a suceder, no quisieron ver, que ellos iban a ser los que iban a perder. Que ellos eran los que iban a perder, por no creer que su Dios, VERDAD es. Que su Dios no envía a Sus PROFETAS sin ley alguna. Su Dios envía a Sus PROFETAS, y sabe lo que hace.

A MI MODO NO QUISIERON

Yo quería verlos a todos junto a Mí; quería verlos a todos en la IMAGEN de Mi Jesús. Mi Jesús los ama, y Yo también los amos a todos. Es por eso que los quería, pero a Mi Modo. A Mi Modo no quisieron; a Mi Modo no llegarán. A su modo se quedarán, porque a su modo quisieron. No sabían que Mi Modo era PRIMERO. No sabían, que Mi Modo era MEJOR, era mejor, que llegarán a Mi Modo PRIMERO. Primero llegaron a su modo, pero no pudieron llegar. Les PROPUSE MI MODO, y no lo quisieron aceptar. A Mi modo estuvieran todos a gozar; a Mi Modo todos estuviéramos a descansar. Ahora sólo descansarán los que a Mi Modo pudieron llegar. Ahora todos descansarán a Mi Modo y nada más. Ahora tienen lo que tuvieron que esperar: Lo que se les prometió por a Mi Modo llegar.

No dejes que tu modo te haga retroceder. No dejes que tu modo te haga perder lo que a Mi Modo tienes en todo tu ser. Todo tu ser está impregnado de lo que debe ser. Todo tu ser está impregnado de todo Mi Ser. Mi Ser está contigo como tiene que ser. Mi Ser está contigo, no lo vayas a perder. No lo vayas a dejar donde no debe ser. Porque Mi Ser es Preciado y preciado serás, si cuidas de Mi Ser. YO SOY lo que necesitas para poder crecer. YO SOY lo que necesitas en todo tu ser, ser como Yo, ser como debes de ser. Amén.

Amén te digo, amén a todos los, que teniendo oídos no escucharon. Amén te digo, para todos los que teniendo ojos, no vieron, y si vieron, no creyeron. Creyeron, que el enemigo había puesto en sus ojos lo que vieron. Se confiaron en el enemigo que les dijo lo que vieron, que lo que vieron, él se los había entregado. El enemigo no entrega lo que no tiene. El enemigo no tiene lo que tú tienes.

TIENES MI GRACIA

Tú tienes Mi Gracia y la has desaprovechado. Tienes Mi Gracia y la has negado. Has negado lo que viste, has negado lo que oíste, has negado lo que Yo te he entregado, porque creíste que el enemigo te lo había dado. Años tienes diciendo que Me conoces. Años tienes diciendo que Me amas. Años tienes diciendo, que a Mi lado te encuentras, que a tu lado Me tienes; años diciéndolo y ahora me dices que no me tienes, *ahora ves que no te tengo. Porque negando eres lo que Yo tengo, lo que Yo entrego, lo que Yo doy, lo que YO SOY.*

DISTE A OTRO LA RAZÓN

YO SOY el QUE SOY, y YO SOY QUIEN SOY. Siempre lo dijiste, pero no de corazón. Porque cuando Me tuviste, diste a otro la razón; la razón de tu ver, la razón de tu sentir, la razón de tu ser. Ahora ya nada se puede hacer, porque dejaste que el otro se llevara tu placer, tú *placer y Mi placer; se llevara Nuestro placer. Pero ahora ya no puede ser, ya no puede ser, ya no puede ser. Llora, llora, llora, que eso si lo puedes hacer; que eso si lo vas a hacer a más no poder. Porque grande será tu dolor por lo que pudo ser y no fue; por lo que no tienes, pero pudiste tener. Amén.*

Martes 5 de noviembre del 2013

ENSEÑANZA: TRES PALABRAS: *Creer, Amor, y Respeto.* Eso fue lo que les dije a las mujeres en la clase de la Biblia: Que tenían que Creer en Él, Amarlo y Respetarlo.

MENSAJE: *Ve y háblales a todos;* h*áblales con amor, que todos son Mis hijos, y todos Amo Yo.*

Jueves 7 de noviembre del 2013
SUEÑO/VISIÓN: CARROS SUBIENDO LA MONTAÑA

-Veo varios carros subiendo una montaña, y a uno resbalándose. Sé que alguien más estaba conmigo, ya que le dije: Mira y pensar… No recuerdo que más dije. Lo que sí recuerdo, es que pensé que ese era el único que se estaba resbalando, porque había hecho algo malo. Amén.

MENSAJE/PROFECÍA

DIOS PADRE DICE:

NO HAN HECHO LO QUE SE LES DIJO

Las cosas vendrán como tienen que venir; las cosas serán como tienen que ser; no antes no después, sino cuando tienen que ser. Será, y será pronto, eso lo vas a ver; eso lo van a ver todos y dirán: Llegó cuando dijo que llegaría; llegó y no nos encontró listos todavía. Todavía lo están pensando, todavía lo están analizando; no han hecho lo que se les dijo, no sé qué están esperando, no sé qué están pensando. No piensan que Mañana se van a quedar esperando, se van a quedar analizando. No lo piensan y cuando lo piensen, ya lo estarán analizando. Pero tarde será, porque lo hicieron esperando, esperando el momento para empezar a analizarlo.

PIENSAN QUE YA NADA HAY QUE ESCRIBIR

Piensan que están bien, piensan que lo saben todo, <u>piensan que el día de Ayer lo escribió todo</u>, piensan <u>que ya nada hay que escribir</u>, piensan que ahí *quedó todo. Se van a quedar esperando, pero a su modo, porque a Mi modo se quedaron analizando, se quedaron pensando. Pensando y analizando se quedarán. Pensando y analizando estarán cuando todo venga y nada harán, porque nada aprendieron a hacer, porque ellos nada quisieron hacer. Amén.*

El padre seguía insistiendo en hablar con sus hijos:

<u>Viernes 8 de noviembre del 2013</u>
MENSAJE/PROFECÍA: DIOS PADRE DICE: DILES, QUE FÁCIL NO ES

Diles y diles bien, que fácil no es, pero que con amor, y perseverancia lo pueden lograr. Diles, y diles bien, que Yo estoy aquí esperando por todos ellos. Todos son Mis hijos, y a todos amo Yo. Que Yo espero aquí, a que vengan a Mí por amor. Por amor di Mi vida por ellos; por amor quiero, que ellos vivan su vida por Mí, y para Mí.

LLORARAN EL TIEMPO QUE PERDIERON PENSANDO

Muchas cosas les esperan, muchas; tantas, que no se podrán imaginar. Tantas, que los pondrán a pensar; que los pondrán a meditar en lo que pudo pasar, y está pasando; en lo que pudo ser, y están viviendo. Muchos lloraran, lloraran el tiempo que perdieron pensando; pensando, meditando en el qué dirán. Meditando y pensando en que puede ser, o en que no puede ser.

NO LO PENSARON, SE QUEDARON ANALIZANDO

No se prepararon porque no pensaron, que sí podría ser. Pero dudaron, y no se prepararon. No pensaron que tenían que saber lo que desperdiciaron, lo que negaron para poder defender lo que ahora han necesitado; lo que ahora necesitan para enfrentar el Pasado, que como Presente los ha apachurrado, los ha aplastado. No lo pensaron. Se quedaron analizando, se quedaron pensando que el Mañana no vendría. Vino y lo están viendo, vino y están sufriendo, vino, y ya nada pueden hacer, porque en el pasado, no quisieron aprender. Amén.

Sábado 9 de noviembre del 2013
MENSAJE/PROFECÍA:

YA ESTÁN AQUÍ Y NADIE LO HA NOTADO

Aquí el señor hace referencia a ellos, a los que Él envió en nuestra ayuda

Escribirás, y escribirás bien, para que no vayas a confundir; confundir no quieres, confundir Yo no quiero, por lo tanto, mira bien lo que escribes. Te dije que vendrían. Te dije que ya llegaron. Te dije que ya están aquí, y nadie lo ha notado. No lo han notado porque creen que amigos son. Nadie lo ha notado. Porque no tienen razón; razón para notar lo que ya está aquí, y lo que ha llegado.

A SU MODO NO QUISIERON

Piensen, piensen y dense cuenta, que lo que Hoy ven, Mañana no notaron. No notaron que Ayer Ellos habían llegado, no notaron que Ayer se hubiesen salvado, si hubiesen notado que Ellos habían llegado. Llegaron suplicando ser escuchados. Llegaron y dijeron, Quien los había enviado. El que los envió les dijo, que Ellos era los enviados: Los envidados a enseñar, los enviados a preparar, los enviados de llevarlos hasta Él, pero a Su modo. A Su modo no quisieron, a Su modo no fueron recibidos, a Su modo se fueron; a su modo se quedaron, y su fin ellos tuvieron.

MUCHOS SE QUEDARON SIN SABER

Tuvieron el fin que a su modo quisieron, aquellos que cerrando los ojos dijeron, que ellos no vieron. Aquellos, que cerrando los ojos no los vieron, porque no quisieron ver lo que ellos' iban a traer; porque no quisieron ver lo que ellos iban a saber: Saber que cerraron sus ojos, saber que los ignoraron, saber, que ellos habían sido enviados, saber, que ellos ya se habían regresado. Regresaron al lugar de donde habían sido enviados. Muchos se quedaron sin saber, porque no quisieron ver, porque no quisieron saber que ellos' habían llegado.

VENÍAN A SACARLOS DE DESIERTO DE LA IGNORANCIA

Aquellos que creyeron; aquellos que sus ojos no cerraron; esos, esos, estarán a Su lado. Esos gozarán de todo lo que se les ha dado, por no cerrar los ojos a Aquellos, que habían sido enviados. Aquellos que venían a sacarlos de desierto de la ignorancia; aquellos que venían a prepararlos. Los que se prepararon, ahora gozan de la compañía de Aquel que los había enviado a ellos.

NADA PUEDEN HACER POR EL QUE NO QUISO OÍR

Ellos gozan viéndolos gozar. Ellos sufren viéndolos sufrir. Pero nada pueden hacer por aquel, que no quiso oír; por aquel, que sus ojos cerró para no verlos venir, por aquel, que dijo no creer; por aquel que quiso ver, para luego creer. Ahora cree lo que en su tiempo no creyó, ahora ve lo que en su tiempo no vio, ahora dice, que se equivocó. Ahora dice, que a su Dios falló, porque su Dios le avisó, porque su Dios los envió, y él no los vio. No los vio, y si los vio, no creyó.

NO QUISO VER

No creyó porque lo quiso ver, y lo vio. Pero ahora dice: ¿Por qué? ¿Por qué no vi yo? ¿Por qué no creí que mi Padre los envió?

¿Por qué me pregunto Yo? Por qué, si todo se le ofreció, si todo se le dijo, pero lo negó; pero lo ignoró. Ignoró lo que Ellos sabían, e ignorando se quedó. Ignorando pasará los días, los días que el negó, los días que desaprovechó por pensar que lo que ve, no iba a suceder; por pensar que lo que ve, no iba a ser. Fue y lo está viendo, fue y lo está sufriendo, fue y ya nada puede hacer, fue y ahora le toca perder; perder lo que aquellos tienen, porque ellos sí quisieron ver. Porque ellos sí quisieron creer; y quisieron aprender; aprender y aprendieron. Aprendieron muy bien, ahora gozan todo, todo lo que obtuvieron bien.

PASARON LA PRUEBA

Pasaron la prueba, la prueba pasaron; llegaron donde la prueba los había dejado. Los dejó junto a Él: El Tesoro más preciado, el Tesoro más anhelado, el Tesoro más soñado. Ya no soñarán, ya no pensarán; ya solo gozarán la dicha de haber llegado, la dicha de haber obtenido el tesoro más preciado: <u>Estar junto a Él</u>.

Vivir junto a Él no tiene precio, y si lo tuvo, ellos ya lo pagaron. Lo pagaron creyendo que Él los había enviado. Lo pagaron amando a Él, que los había enviado; lo pagaron respetando a Él, que los había enviado; lo pagaron, atendiendo al llamado.

Los llamaron y acudieron; los llamaron y fueron; los llamaron y dijeron: Aquí estamos, aquí estamos para aprender lo que quieres que aprendamos. Aquí estamos para recibir lo que tienes para darnos. Aquí estamos para ver; para ver y entender; para ver, entender, y sobre todo, creer. Creer que eres Tú quien nos ha llamado; creer que eres Tú quien nos ha preparado, quien a nosotros ha escogido para llevar Tú legado: Tú legado de sabiduría, Tú legado de conocimiento, Tú legado de preparación, Tú legado de entendimiento, que tendremos porque Tú nos lo has legado. Amén.

Domingo 10 de noviembre del 2013
MENSAJE/PROFECÍA

El padre seguía insistiendo en que les hablara a sus hijos, y esto es lo que hoy me dijo:

ESAS LEYES NO SON MÍAS NI LO SERÁN

Vas a ir y vas a decir lo que tienes que decir. Vas a ir y vas a ver lo que tienes que ver. Vas a ir y vas a hacer lo que tienes que hacer. Nada más, nada más harás, nada más dirás y nada más verás. Ve y diles, ve y diles lo que he visto Yo. Ve y diles lo que Yo quiero que sepan. Ve y diles lo que pasará para aquel que obedezca, para aquel que crea y respete, para aquel que diga: Presente. Ahí estaré Yo para darle todo lo que Yo quiero, y que él acepte. Tiene que aceptar lo que le voy a entregar; tiene que creer en lo que le voy a decir.

No digas nada más, nada más lo que te digo di para que sepan, que Yo soy quien digo, que Yo soy quien dice, lo que dices, que no hay nadie en medio, sólo tú y Yo. Sólo Yo y tú hablando, escuchando, enseñando, y diciendo: Diciendo la verdad; la verdad y nada más. Si la verdad ellos quieren oír, la verdad tendrán; porque sólo eso escucharán de Mí; sólo eso, y nada más. Yo soy el Dios de la verdad absoluta, y verdad soy Yo. Yo soy verdad absoluta, y eso espero de vos. Vos sois lo que importa, vos sois lo que vale; lo que vale y quiero para llevarles la verdad a ellos.

DE MÍ SÓLO ESCUCHARÁN LA VERDAD

Ellos escucharán la verdad; está en ellos creerla. Si creen la verdad que Yo les entrego, adelante, porque seguiré entregándola. La entregaré a todo aquel que quiera escucharla, que quiera escuchar Mi Verdad. Porque ya han escuchado otras verdades, que Mías no son, ni lo serán. No son Mías, pero las han creído, no son Mías, pero las han aceptad, no son Mías y las han seguido, no son Mías y las han repetido. Así repetirán Mi Verdad, así seguirán Mi Verdad que por tiempo oculta fue, y oculta está.

EL ENEMIGO CONTENTO ESTÁ QUE LA VERDAD ESTÉ ESCONDIDA

Quiero revelarles Mi Verdad, quiero que sepan la verdad, quiero que tengan la verdad, para que puedan luchar y vencer al enemigo. El enemigo contento está de que la verdad escondida se encuentre; contento está en que no lo sepa la gente. La gente no sabe que Mi verdad está oculta, la gente no sabe, pero ni siquiera pregunta. No pregunta porque cree, que la verdad ya sabe, no pregunta porque cree que le han dicho verdad, no pregunta porque cómoda está con lo que sabe. Cómoda está y no quiere progresar.

LA VERDAD LOS VA A INCOMODAR, LES COSTARÁ

No quieren saber la verdad porque los va a incomodar. Los va a sacar de la comodidad en que están. Porque conocer Mi Verdad les costará. Les costará trabajo y entrega, algo que no saben hacer. Les costará dedicación, y respeto, algo que ellos no saben que es. Les costara paciencia, disciplina, y algo más que creen tener: Les falta el amor que creen que tienen para su Dios y Señor. Dicen que lo tienen, pero no lo puede comprobar; dicen que lo tienen, pero no lo saben dar.

AQUÍ ME DIJO, QUE TENÍA ALGO QUE PREGUNTARLES…

¿Lo tiene? Sólo él lo sabe. Lo sabe por hablar; lo sabe por decir que lo tiene, pero nada más. Porque si Yo le hago las preguntas que le quiero preguntar, no

sabrá qué decir, no sabrá qué contestar, pero se dará cuenta de la verdad. La verdad que dice tener; esa verdad va a desaparecer. Va a pensar, va a meditar, va a llegar a la conclusión, de que mentira fue lo que dijeron tener, o por lo menos, quisieron creer. Sabrá que verdad no era por más que lo repitiera, por más que lo dijera, por más que lo creyera.

CREYERON EN UNA MENTIRA QUE ELLOS MISMOS HICIERON

Creyeron una mentira que ellos mismos forjaron. Creyeron en una mentira que ellos mismos hicieron. La creyeron tanto, que la repitieron, repitieron y repitieron, hasta que ellos mismos se la creyeron; hasta que ellos mismos la aceptaron como verdadero. Como verdadero será si aprenden cómo amar; verdadero será si aprenden a respetar; verdadero será, si en verdad creen en Mi Verdad: La verdad que no quieren, y no han querido escuchar.

ESTO ES LO QUE ÉL LES QUERÍA PREGUNTAR:

¿Están listos, para así como Daniel ser echados a los leones? ¿Están listos para ser echados al horno caliente como aquellos, que por su fe fueron condenados a morir de esa manera?

-Fui y se lo dije al Pastor; me dijo, que no quería asustarlos, porque se iba a retirar de la Casa de Oración. Con el tiempo, él les hizo esa pregunta, pero a su manera. Más adelante van a ver la respuesta de nuestro Padre.

Lunes 11 de noviembre del 2013
MENSAJE/PROFECÍA: CRISTO JESÚS DICE:

NO DIGAS QUE NO LO SABIAS

Te dije que fueras, porque no quiero que vayas. Vas a ir cuando Yo lo diga qué lo hagas. Espera, espera, que irás y harás lo que tienes que hacer. Espera, espera, que nada va a suceder. No va a suceder nada que no quieras hacer. No va a suceder nada y tú lo vas a ver. Espera, que todo llegará cuando tenga que ser. Espera el nuevo amanecer. El nuevo amanecer te dirá lo que tienes que hacer. Harás lo que tienes que hacer.

Deja de pensar en que tienes que ir. Yo sé lo que tienes que hacer, pero espera el nuevo amanecer. Espera y sabrás lo que tienes que hacer. Haz lo que tienes que hacer; di lo que tienes que decir, y todo se sabrá, porque así tiene que ser. Todo se sabrá y tendrán que entender. Todo se sabrá y sabrás que hacer; que hacer en todo momento; que hacer en cada amanecer.

No digas que no lo sabias, porque lo vas a saber. No digas que no tenías, porque lo vas a tener. Tendrás todo lo que necesites para poder hacer, hacer todo lo que tienes que hacer, hacer hasta más no poder. Pero podrás, podrás hacer lo que tienes que hacer, podrás decir: Lo logre. Podrás estar feliz, y lo estaré Yo también.

No sufras lo que el Presente te trae; sufre por lo que no te traiga, que eso será tu dicha, o será tu tristeza. Tristeza, si no pones atención a lo que el Presente te presenta; alegría, si lo tomas en cuenta, si haces lo que Él te dice, sin pensar en las consecuencias. Si haces lo que Él te dice, y adelante sigues sin mirar a tu diestra ni a tu siniestra, sólo al frente. Sólo al frente siguiendo Sus pasos, siguiendo Sus huellas, siguiendo Sus ejemplos, siguiendo Su vida; la vida que Él te dio para que en gloria vivieras con Él. La vida que Él te dio para que vivieras por Él. Por Él vivirás; por Él morirás. Pero para Él, será la dicha de verte realizar; realizar lo que quieres alcanzar; realizar, y llegar al lugar al que quieres llegar. Llegarás, llegarás porque así lo quiero Yo. Porque así lo quieren Todos los que te damos amor.

Amor tenemos para dar, amor tenemos para ofrecer. Amor tenemos para todo aquel que Nos quiere querer, para todo aquel que nos quiere amar como Nosotros lo amamos a él. El será el límite del amor que reciba; él será quien lo diga, él aceptará hasta donde él quiera aceptar. No le daremos más de lo que él quiera aceptar. Le dejaremos de entregar, pero nunca lo dejaremos de amar.

Así ama tú a todo aquel que hasta ti llegará. Dales hasta que no quieran más, pero nunca los dejes de amar. Nunca dejes de entregar de lo que tú tienes de más.

LAS TRIBULACIONES LLEGARÁN, Y SE IRÁN Y TE DEJARÁN EN PAZ

Tribulaciones tienes, tribulaciones tendrás, pero llegan, llegarán, y se irán. No podrán quedarse, porque no podrán, se tendrán que ir, y ya no venir.

Pero seguirán viniendo a molestar, seguirán viniendo a fastidiar, pero nada lograrán, y se tendrán que retirar. Nada lograrán y te dejarán en paz; en paz por un momento, pero insistirán. Amén.

Me dijo, que fuera y les dijera, que Él no estaba jugando

Martes 12 de noviembre del 2013
MENSAJE/PROFECÍA: DIOS PADRE DICE:

YO NO ESTOY AQUÍ PARA JUGAR

Escribe lo que te voy a decir para que sepas que hacer. En el alba de mañana irás y dirás lo que tienes que decir. Irás y te quedarás hasta el fin. Tendrán que ver, que es serio lo que tienes que decir; si así no lo ven, se van a arrepentir. Se van a arrepentir por no querer escuchar lo que tienes que decir.

Diles, y diles bien, que todo viene ya, que ya no hay tiempo que esperar, que ya no hay tiempo para pensar, en que Sí es, o No es. ¡Es y será! ¡Es y vendrá! ¡Es y llegará, y los tomará sin preparar! ¡Es y será, y entonces van a llorar! Van a llorar el no querer escuchar lo que Él les tienes que decir.

Diles, y diles bien, que Yo estoy aquí para ayudar; que Yo estoy aquí para prepararlos para lo que va a llegar. No estoy aquí para jugar; estoy aquí para trabajar, trabajar con todos ellos hasta hacerlos comprender, que lo tienen que hacer; de lo contrario van a perder; entonces, ya nada podrán hacer. Nada podrán hacer por no haber querido escuchar Ayer.

CREYERON QUE EL AYER ERA PRIMERO

Ayer se les hablo en el Hoy de ellos. Ayer se les dijo, que Hoy era primero. Creyeron que el Ayer lo era, y se equivocaron; el Hoy lo fue, y nada ganaron. Nada ganaron por creer que el Ayer lo era todo. No lo era, y lo comprobaron, no lo era, y lo desaprovecharon. Desaprovecharon la ocasión de ver, que el Ayer había terminado; de ver, que Ayer ya había pasado, que el Hoy había dominado, que Hoy había empezado.

EL HOY ES BALANCE

El Hoy es importante, el Hoy es preciado; el hoy es balance, si bien lo has usado. Usa el Hoy, y verás los resultados. Usa el hoy, y no te verás afectado. Afectados serán los que no lo han usado; los que en el Hoy se quedaron sentados. En el Hoy no prepararon su Futuro, en el Hoy no prepararon su porvenir. Ahora Hoy sufren, porque su Hoy se terminó; su Hoy ya pasó.

Ahora es el Hoy de Él. En el Hoy de Él les dice, lo que su Hoy no quisieron ver; lo que en su Hoy dejaron ir, por no querer oír, por no querer escuchar, por no querer ver, que la ayuda estaba ahí para poder progresar, para poder empezar su jornada para regresar a su Hogar, a su verdadero Hogar. Aquel que perdieron por no querer trabajar, por no querer despertar. Por no querer escuchar que lo que venía, iba a llegar, que lo que venía iba a quedar, y los iba a desplazar; que los iba a eliminar; que los iba a aniquilar.

TARDE COMPRENDIERON QUE TENÍAN QUE ESCUCHAR

Fue así, y así lo vieron, fue así, y así lo entendieron. Pero tarde será, porque tarde lo vieron. Tarde comprendieron que tenían que escuchar, que tenían que mirar el Hoy primero, para así poder ver el Mañana venidero. El Mañana que Hoy quisieran que no fuera. Porque ese Mañana su Hoy es, y nada pudieron hacer; sólo esperar, sólo llorar por lo que vendrá sobre ellos. Sobre todos aquellos que en Su Hoy, no quisieron trabajar; que en Su Hoy no quisieron escuchar. Ahora en su Hoy tendrán que llorar, llorar y desesperar, por ver su Hoy desaparecer; por ver su Hoy que no quisieron ver. Un Hoy que ahora van a lamentar por ponerse a jugar pensando, que ese Hoy no iba llegar. Amén.

CÓMODO ESTÁ, NO LO PODRÁN SACAR

Ve y diles lo que digo, ve y diles lo que sabes, ve y diles, que no lo piensen, ve y diles que se preparen. Diles, y diles bien, que lo que viene ya está aquí. Lo que viene ya llegó; lo que vino no se irá, porque ya se acomodó. Ya cómodo está, y no lo podrán sacar; ya cómodo está, y nada van a poder hacer. Nada podrán hacer, sólo ponerse a sus pies. Tiempo de que lo piensen, ya pasó; tiempo de actuar llegó. Actúa Hoy, para que puedas luchar; para que puedas salir de lo que ya está aquí.

ESTÁN CÓMODOS

ESA COMODIDAD VA A DESAPARECER

¡Prepárense! prepárense, prepárense, que cómodos están pero esa comodidad va a desaparecer. Esa comodidad se va a espumar, y nada podrán hacer. Ya no podrán descansar, ya no podrán gozar. Su descanso ha terminado; su descanso ya pasó. Trabajar es lo que sigue; trabajar, y nada más. Nada más eso harán; nada más en eso pensarán. Sólo así podrá resistir, sólo así podrán vivir en medio de lo que ya está aquí. Sólo así, sólo así; no hay otra forma de hacer; sólo trabajar para vivir.

ÉL ES EL ÚNICO QUE LOS PODRÁ AYUDAR

Vivirán por Él. Vivirán para Él. Él es el ÚNICO que los podrá ayudar. Él es el único; no habrá nadie más. Aprendan a vivir por Él y los salvará. Él los sacará del caos que comenzó, que comenzará. Sólo Él, sólo Él y nada más. Todos estamos aquí para ayudar, para preparar, para hacerlos ver y comprender, que sólo Él lo podrá hacer. Que sólo con Él van a poder salir al frente, y decir orgullosos: Lo pudimos hacer; logramos vencer. Ahora a gozar juntos con Él. Amén.

Miércoles 13 de noviembre del 2013 a las 3 de la mañana
MENSAJE/PROFECÍA - DIOS PADRE DICE:

NO LOS VAS A OBLIGAR

Este día es importante, este día es sagrado, ve y haz lo que se te ha indicado. No lo dejes pasar, no lo dejes ir; ve y di lo que tienes que decir. Lo dices, y nada más; nada más dirás; lo que tienes que decir se te dirá. No digas lo que quieres decir, no lo digas, que tiempo no es que lo digas. Sé que quieres decir, sé que quieres que te oigan, que escuchen lo que les tienes que decir. Pero es importante, y te lo voy a decir: Ellos tienen que saber, pero primero tienen que entender, que nada va a ser si ellos no quieren ver, si no quieren oír, no quieren escuchar, nada se puede hacer, nada se puede hacer.

Sé que dices, que lo que recibes hermoso es. Para ti lo es, espera que dicen ellos. Ellos tienen su derecho a pensar. Ellos tienen su derecho, su derecho de decir, su derecho de opinar si es cierto; si es cierto lo que dices; si es cierto lo que pregonas; si es cierto lo que tú eres, lo que dices, y pregonas. No los vas a obligar; no lo vas a hacer, el que quiera oír… oirá; el que no, sus oídos cerrará. Sus oídos cerrará, y no escuchará por más bello y hermoso sea lo que tengas que entregar. No sufras, no te acongojes por lo que pueda pasar. No sufras, que si pasa… pasará, si es… será y nada lo cambiará. Nada lo hará porque ellos tienen que querer. Si no quieren, nada se puede hacer; nada será, y ellos lo van a perder.

Tú ya lo tienes, tú ya lo sabes, sabes lo que Yo pienso, sabes lo que será en su tiempo. El tiempo en que pensaron lo que en lo Mi tiempo no quisieron. Es triste lo sé. Es triste ver lo que va a pasar; es triste pensar, que lo pudieron evitar. Lo evitarán, sí, si ellos quieren oír, si ellos quieren escuchar; entonces lo podrán evitar. Pero si no es así, nada se puede hacer por el Presente que verán, porque en el Pasado, no quisieron oír.

No temas, que lo que pasa… pasará y nada lo va a evitar. Por más bueno y bonito que te pueda parecer, por más bueno y bonito que pueda ser; lo es, y lo sabes. Lo es, y lo sigue siendo porque tú si estás entendiendo, si estás poniendo atención a lo que Nosotros te estamos diciendo. Eso cambiará, eso pasará, y nadie lo va a cambiar porque dentro de ti está. Dentro de ti estará por la eternidad, la eternidad que ellos van a sufrir por no querer oír, por no querer escuchar lo que les tienes que decir. Amén por este día, amén por los demás. Amén será para aquellos que no quisieron escuchar, para aquellos que no quieren oír, Amén será.

<u>Miércoles 13 de noviembre del 2013 a las 3:15 de la mañana</u>
MENSAJE/PROFECÍA

CRISTO JESÚS DE NAZARET DICE:

NO SE SALVARON PORQUE NO QUISIERON

Deja que te diga lo que tienes que hacer, deja que te diga para que lo puedas hacer. Deja que te diga, y lo vas a ver, vas a ver que lo que te digo, verdad va a ser. Será verdad, será tu verdad, será nuestra verdad, nada lo va a cambiar:

Tú seguirás recibiendo porque esto, tiene que quedar para aquellos que vienen y quieren estudiar, que quieren trabajar, y esto los va a ayudar. Pensarán y dirán: Si aquí estaba todo. ¿Por qué no lo hicieron? ¿Por qué no se prepararon? Si tan sólo hubiesen estudiado, nada les hubiese pasado; no hubiesen sido atormentados.

YO QUERÍA LO MEJOR PARA ELLOS

No se salvaron porque no quisieron, no se salvaron porque rechazaron lo que en sus manos tuvieron, no se salvaron porque no escucharon lo que para ellos venía. No escucharon, y no recibieron lo que Yo quería para ellos. Yo quería lo mejor para ellos, Yo quería que vivieran, Yo quería que estuvieran conmigo en Mi tierra, Conmigo en Mis terrenos; Conmigo, y con Quienes los quieren a ellos. Todos los queremos, Todos los amamos, Todos queremos lo mejor para ellos, pero ellos así no lo vieron, pero ellos así no lo quisieron. Quisieron su yo, cuando Mi Yo es primero, cuando Yo Soy el que sabe, pero ellos no lo supieron. No lo supieron y no lo sabrán porque necios son, y no quieren saber, no quieren comprender, que Yo les quiero entregar; entregar una vida en la eternidad. Pero ellos no quieren batallar, quieren sufrir, y eso, es lo que va a pasar; eso es lo que va suceder.

YA SABRÍAN LO QUE AHORA NO SABEN

Ellos ya sabrían más si Mis enseñanzas no fueran escondidas. Si Mis enseñanzas no estuvieran perdidas, ellos ya sabrían lo que ahora no saben. Ya sabrían, que ahora no saben lo que tienen que saber. Porque así lo quisieron aquellos que no quisieron ver; ver la verdad que ante ellos tenían. Pero no la aceptaron, dijeron ser fantasía, y las rechazaron; no las incluyeron en lo que Hoy practican.

FRENTE A ELLOS ESTABA LA VERDAD

Practican una mentira. Siguen practicándola, siguen pensando que Mi verdad es. Pero no es así, es verdad de aquellos que así lo quisieron ver, es verdad de aquellos que dijeron, que eso no podía ser. La tenían frente a ellos, frente a ellos estaba la verdad; verdad que rechazaron por creer, que no era verdad. Verdad que no quisieron ver para no comprometer la verdad de ellos, la verdad que ellos quisieron que fuera verdad, la verdad que ellos quisieron ocultar; ocultar, y la ocultaron, ocultar y la dejaron empolvar.

EN EL POLVO ESTÁ LA VERDAD QUE QUISIERON OCULTAR

En el polvo se encuentra, en el polvo está, aquella verdad que ellos quisieron ocultar. Aquella verdad que ellos dijeron, no es verdad porque así no pensaban ellos porque sabían ellos la verdad. La verdad que les habían dicho, la verdad que habían estudiado, no era la verdad que ellos tenían frente a ellos, por lo tanto, decidieron que eso no era verdad, que eso se tenía que ocultar, que eso, no se tenía que saber, que eso, no tenía que aparecer.

DIRÁN QUE NO ES VERDAD

Aparecerán, tenlo por seguro. Pero aun así muchos las negarán; pero aun así muchos dirán, que no puede ser, porque no pueden entender. Por no entender negarán, por no entender pensarán, que mentira es lo que ven. No preguntarán; no querrán saber. No preguntarán, porque no quieren saber lo que sus ojos ven; lo que sus ojos leen. Dirán que no es cierto, porque ellos no lo entienden, porque ellos no ven lo que creen por cierto, lo que a ellos les dijeron que era verdad. No lo ven ahí, por lo tanto, la van a negar, por lo tanto, van a decir que no es verdad lo que ven, que no es verdad lo que leen, que no es verdad lo que otros escribieron para su bien. Que no es verdad dirán, y los ignorantes se quedarán. No sabrán que la verdad que ven los iba a salvar. A salvar del desastre que ahora van a enfrentar; a salvar de todo lo que ahora van a pasar.

YA NO HABRÁ LUGAR PARA BUSCAR LA VERDAD

Ya no habrá retorno. Ya no habrá lugar a donde ellos vayan a buscar la verdad; verdad que tuvieron en sus manos, y no quisieron aceptar. Verdad que ahora los hará llorar, verdad que ahora van a añorar, añorar porque todo habrá pasado. Ya ellos nada podrán hacer, ya nada podrán decir; ya no habrá quien les diga lo que quieren oír. No habrá y tendrán que sufrir, sufrir la verdad que dejaron ir; sufrir la verdad que no creyeron llegaría, la verdad que ellos vieron, y no creyeron. Ahora, esa verdad está con ellos, ahora esa verdad los acompaña en el duelo, el duelo que tendrán por no querer la verdad. El duelo que tendrán por no querer escuchar, por no querer ver lo que era verdad, por no querer estudiar; estudiar para conocer la verdad; estudiar para ver la realidad. Para conocer todo lo que tenían que saber, todo lo que tenían que conocer. Amen.

Creí que ya había terminado, pero Él continúo, y me dijo:

DILES QUE SOY YO, DILES QUE TE ESCUCHEN

Escribe, y sigue escribiendo, que tengo más que decir. Escribe y sigue escribiendo, que ya lo vas a saber: Tienes que ir y decir lo que tienes que decir. Dirás lo que sabes que tienes que decir. Diles lo que Yo pienso, diles lo que sabes, diles que Soy Yo, y nadie más quien te lo dice. Diles que Soy Yo, diles que te escuchen, pero no los forces a hacerlo. Pregunta si quieren escuchar, pregunta si quieren oír; entonces les dirás. Dirás lo que tienes que decir, no digas nada más, déjalos decidir. No digas nada más, déjalos pensar; déjalos ver, si lo tienen que hacer.

-(Aquí le dije a mi Padre, que Él lo podía hacer, que Él podía darles a ver las cosas, y me dijo, que ya lo estaba haciendo, pero que ellos no lo aceptaban. Le dije: ¿Es que no hay uno que acepte)? Y me contestó:

SI HAY UNO, A ESE ENTREGARÁS

Si lo hay, a ese entregarás lo que tienes que entregar; a ese dirás lo que tiene que saber. Si él le dice a los demás, y por él aceptan, hecho será. Entonces podrás entregar a todos lo que tienes que entregar. Paciencia, paciencia tendrás para esperar, paciencia, y todo pasará. Paciencia, que si esperas, lograrás llegar a ellos. Si esperas, podrás entregar a todo lo que tú ya sabes. Espera, espera, espera para que puedas entregar lo que tienes que entregar. Mientras, sigue escribiendo, sigue escribiendo, y el tiempo dirá. Si ellos escuchan… escucharán. Si ellos oyen… oirán. Déjalos que decidan, déjalos que piensen, que ellos decidan lo que tienen que hacer, que ellos piensen, que ellos razonen.

AQUÍ CONMIGO ESTÁ TODO LO QUE NECESITAN

Ya te dije que son Mis escogidos, son llamados, de ellos depende ser los privilegiados: Aquellos que reciban todo, todo lo que hasta ahora no he podido dar. Se los daré cuando vea que estudiando están, que preparándose están para lo que va a venir. Entonces les daré todo lo que tengo aquí. Aquí Conmigo está todo lo que necesitan. Aquí Conmigo está todo lo que van a usar para poderse salvar de lo que va a pasar, aquí Conmigo está.

NO LO VOY A DAR AL QUE NO LO VA A RESPETAR

Pero tendrán que venir y pedirlo, tendrán que ganarlo, no lo voy a dar al que no lo va a respetar, al que no lo va a usar en bien de la humanidad. La humanidad los necesita, lo tienen que entender, la humanidad los necesita, lo tienen que creer, creer que ellos lo pueden hacer, creer que ellos lo pueden saber; saber que ellos van a usar, lo que van a aprender. Amén.

<u>Jueves 14 de noviembre del 2013 a las 3:20 de la mañana</u>
MENSAJE/PROFECÍA: DIOS PADRE DICE:

NECIOS, LLORARÁN EL NO HABER ESCUCHADO

Te dije que tú ibas a seguir recibiendo, y así será. No importa lo que ellos piensen, no importa lo que ellos digan, no importa lo que ellos hagan, tú sigue adelante, *sigue escribiendo Mi Voluntad, sigue escribiendo lo que les va a pasar. Síguelo haciendo para cuando se den cuenta, tengan que llorar, para cuando se den cuenta de la realidad, se pongan a pensar. Pensar en lo que pudieron ser, y no lo fueron, pensar en lo que pudieron tener, y no tuvieron. Pensar, pensar, sólo eso podrán hacer, sólo eso y nada más, todo habrá pasado, todo habrá terminado, y ya todo habrá empezado. Empezará, eso te lo puedo asegurar, pasará, ya nadie lo puede evitar. Pasará y los pondrá a pensar, pasará y los pondrá a llorar. Llorarán sí, el no haber escuchado, el haber pensado que lo que les ibas a decir, tonterías eran, tonterías, y nada más; tonterías que ahora, quisieran escuchar.*

TÚ IBAS DE MI ENCARGO

No sufras no te acongojes, que ellos lo perdieron. No sufras ni te acongojes, que ellos no lo supieron, no supieron que tú ibas de Mi encargo. Que tú ibas porque Yo así lo había querido. Que tú estaba ahí para darles Mi encargo, que tú estabas ahí porque Yo así lo había querido.

VAN A LLORAR POR LO QUE AHORA NO QUIEREN ESCUCHAR

Déjalos que vivan su sueño, déjalos, ya despertarán y verán, que sólo eso era: Un sueño y nada más; un sueño que ahora no los podrá ayudar. Déjalos, no te pongas a pensar, déjalos, que ellos son lo que van a llorar; ellos y nadie más. Van a llorar por lo que ahora no quieren escuchar, por lo que ahora no quieren oír. Van a llorar, van a pensar que todo lo dejaron ir, y ahora tendrán que sufrir; que ahora, ya nada pueden hacer.

NECIOS Y MÁS QUE NECIOS

-Padre: Tú viste, ahí estuve., fui a escuchar cosas que ya sé porque Tú me las has dicho, porque Tú me las has enseñado, pero no vi que quisieran escuchar lo que Tú tienes para ellos; no lo vi. Sentí, que me tienen como broma, como mentira; yo estoy ahí enviada por Ti, estoy ahí por Tu Voluntad, pero ellos no lo ven así. Ellos piensan, que fui a mentir, que fui a decir, lo que yo quería decir. Pero no es así Padre, no es así, y eso Tú lo sabes, pero ellos no. Duele, duele, Padre, duele.

Si mi pequeña, duele. Te duele a ti, cuánto más crees que me duele a Mí. Son Mis hijos, son Mi dolor. Yo quiero salvarlos y ellos dicen No, no quieren Mi salvación, no quieren lo que Yo les doy. Les estoy ofreciendo la eternidad, la eternidad que Conmigo pasarían. Pero no la quieren, prefieren pasar la eternidad pensando en lo que tenían, pensando en su verdad, que era mentira, pensando en que Yo, nada sabía, pensando, que ellos tenían la verdad, y lo Mío, era mentira. Necios son pequeña, necios por no querer poner atención. Necios y más que necios que rompen Mi corazón, necios y más que necios, eso es lo que son. Pero déjalos, déjalos, que ya vendrá la ocasión de que se den cuenta de su necedad. Que ya vendrá la ocasión que tendrán que llorar por su necedad. Tú sigue adelante, tú sigue escribiendo, que todo llegará, y todo terminará.

FRENTE A ELLOS TIENEN LA OPORTUNIDAD DE APRENDER

Creen que lo saben todo, y no saben nada. Creen saberlo porque así lo han estudiado, creen saberlo porque así se los han indicado, creen saber, pero no saben nada, nada, nada; pero creen saberlo todo. Necios, necios, necios, que frente a ellos tienen la oportunidad de aprender, la oportunidad de saber, la oportunidad de conocer la verdad, verdad que desconocen, aunque creen saberla. Necios, necios, se quedarán con su verdad, verdad que no los salvará del desastre por llegar; verdad que los dejará a medio llegar.

YO SÉ TODO DE ELLOS, Y ELLOS, NADA SABEN DE MÍ

Dicen Quererme, dicen Conocerme, pero lejos están que eso sea verdad, qué lejos pequeña, qué lejos. No saben, aunque lo saben, que Yo todo lo veo, que Yo todo lo escucho, que Yo sé el sendero que llevan, el sendero que pisan. Yo sé lo que piensan, Yo sé lo que hacen, Yo sé todo de ellos, y ellos, nada saben de Mí. Creen saberlo, pero no es así, creen saberlo, pero no es así, no es así pequeña, y lo van a descubrir. No es así pequeña, y lo van a saber cuándo todo sea, cuando tiempo no tengan para conocer, para Conocerme y conocer Mi verdad, verdad que ahora no quieren escuchar, verdad que ahora quieren negar.

-Padre: Qué te puedo decir, todo lo que me dices es verdad. Que te puedo decir, ellos no quieren escuchar, no quieren oír.

SI YO TE ENVIÉ A ELLOS, ES PORQUE YO PUEDO HACERLO

Déjalos, pequeña, déjalos, que ellos son lo que van a sufrir cuando su realidad se deje venir, cuando su realidad les muestre los que realmente es. Ahora lo toman a broma, ahora te insultan, ahora dicen que mentira eres, ahora ellos creen tener la razón. Ahora ellos creen saberlo todo. Ahora ellos le dicen al Padre, que mentira es, ahora le dicen al Padre, que no tiene Poder. Poder lo tiene y lo van a ver, poder lo tiene y lo van a saber. Lo van a saber porque lo van a ver, van a ver Mi Poder, van a ver que lo tengo, que lo tenía, y que lo seguiré teniendo. Yo Soy El Poder, Yo lo soy, y ellos debieran saberlo. Si Yo te envié a ellos, es porque Yo puedo hacerlo. Pero déjalos en su sueño, déjalos, que al despertar verán su realidad, que al despertar van a llorar. Tú sigue adelante. Nada ha terminado, sólo ha empezado, sólo ha empezado para ti, para ti pequeña, para ti ha empezado.

EL PODER SOY YO

Sigue escribiendo; sigue dejando el Pasado a los que vienen. Sigue, para que se den cuenta, que el Poder Yo lo tengo, que el poder soy Yo, que el Poder seguiré siendo Yo. Tú sigue, tú sigue, tú sigue, que tu recompensa tendrás. Tú sigue y lo verás; lo verán todos y entonces van a llorar. Entonces van a desear escucharte, entonces van a querer oír lo que les tienes que decir, pero ya no podrá ser porque tú ya no estarás ahí. Ya no podrá ser, porque ya estarás aquí, gozando de lo que tengo para ti, gozando, por lo que ellos te hicieron sufrir. Ya no podrá ser, y ellos lo van a saber, van a saber que verdad fue, que verdad fuiste, y no lo quisieron creer. Déjalos, déjalos, déjalos, tú sigue adelante, tú sigue de frente, que todo será diferente para ti; lo vas a ver. Es la Palabra de tu Dios y Señor. Es la Palabra de Quien te envió, es la Palabra de tu Jesús de Nazaret, tu Joshua, como me dices; como me llamas, y como soy, tu Joshua, tu Jesús. Amén.

Jueves 14 de noviembre del 2013 a las 3:25 de la mañana
MENSAJE/PROFECÍA

CRISTO JESÚS DE NAZARET DICE:

SEGUIREMOS INSISTIENDO

Sigue escribiendo, que no He terminado, sigue escribiendo, que sólo He empezado. Deja que digan, que loca eres, déjalos pensar así.

-Padre, no quieres que siga insistiendo, tal vez logre que me escuchen, tal vez lo logre, con Tu ayuda por supuesto. Padre, vamos a darles la oportunidad de que escuchen. ¿Crees que se pueda hacer?

Todas las oportunidades tendrán. Todas las oportunidades han tenido pero la verdad de ellos está tan dentro de ellos, que no dan espacio a la oportunidad de conocer Mi Verdad. Pero vamos a insistir pequeña, vamos a insistir, tú sigue asistiendo, sigue pidiendo que te quieran oír. Seguiremos insistiendo, ya lo verás, seguiremos insistiendo, y alguno escuchará, alguno pondrá atención, alguien tendrá la tentación de oír. Seguiremos insistiendo, pero no será por mucho tiempo, tú tienes tu trabajo, y Yo tengo el Mío. Ambos son importantes, ambos lo son, porque ambos los queremos con tesón, con ahínco y con dedicación.

¿Escucharán? Vamos a ver. ¿Comprenderán? Vamos a ver. Recuerda, que la orden tienes de dar al que pida, de dar al que desee aprender, de dar al que

quiera saber. A ese le entregarás, si uno solo es, qué más da, a ese le entregarás. Ese tiene el derecho de saber porque ese, tiene el derecho de aprender. Amén. Jesús de Nazaret.

Viernes15 de noviembre del 2013 a las 2:55 de la mañana
MENSAJE/PROFECÍA: DIOS PADRE DICE:

ESTÁN PREPARANDO QUE COMER PERO NO LO ESPIRITUAL

Ahora escribe lo que te quiero decir, lo que harás ahora para tu porvenir. Harás lo que tienes que hacer, dirás lo que tienes que decir, vas a hacerlo, porque así tiene que ser. Vas a hacerlo para ya no perder, para ya no perder como lo hiciste Ayer. Ayer ya pasó, el Mañana viene, viene a decirte lo que te conviene, para que el Ayer no te diga lo que tenías que hacer.

EL AYER QUE YA PASÓ

Hoy tendrás lo que quieres. Hoy lo tendrás. Prepárate, porque Hoy lo vas a ver, Hoy sabrás lo que tienes que hacer, Hoy sabrás como lo vas a hacer, Hoy es el día que vas a crecer, Hoy es el día que vas a aprender. Hoy, porque mañana vendrá, y ya no lo podrás hacer, porque Ayer lo tenías que hacer. Hoy es el día de ver. Hoy es el día de aprender. Hoy, porque Ayer ya se fue, y ya nada, nada se puede hacer; nada, y eso lo vas a ver; eso lo van a ver todos los que dejaron todo para el Ayer. El ayer que ya pasó, y nada pudieron hacer porque pensaron, que el Ayer iba a volver. Se fue y ya no volvió, se fue y nadie lo vio, se fue y se escondió, ya nada se pudo hacer, nada, nada, nada se pudo hacer.

QUEDA MUCHO POR HACER, POR APRENDER, POR DECIR, POR ESCUCHAR.

Hoy te diré muchas cosas. Hoy vas a aprender todo, todo lo que no aprendiste Ayer. Todo, todo, Hoy lo sabrás. Hoy es el día que vas a avanzar, avanzar al lugar, al lugar que debes estar, Hoy y nada más. Hoy será tu porvenir, Hoy, porque Mañana se irá, y ya no regresará. Hoy, Hoy, Hoy será, Hoy y nada más. Creíste que el Hoy no llegaría, y llegó. Creíste que olvidada estabas, y no fue así, porque Yo sólo esperaba, que llegaras a Mí, que llegaras a Mí como Yo quería, como yo pensaba. Lo hiciste, lo hiciste como Yo quería que lo hicieras, lo hiciste, y lo seguirás haciendo porque todavía queda mucho por hacer, mucho por aprender, mucho por decir, mucho por escuchar.

TERREMOTOS, TEMPESTADES, CALAMIDADES

Vendrán terremotos, vendrán tempestades, vendrán calamidades, vendrán ya pronto, ya pronto estarán aquí. Ya pronto todo, todo se dejara venir. Ya están preparando las cosas a hacer, ya están preparando que comer, pero lo que no preparan, es que van a hacer cuando todo llegue, y no tengan a quien clamar, no tengan a quien llamar, no tengan quien les quiera oír, quien les quiera decir cómo preparar. Ya no encontrarán a nadie a quien pedir, ya no habrá nadie a quien decir, que mentira era el porvenir, que mentira era, y ya lo tienen ahí. Ahí está el porvenir que no quisieron ver, ahí está, y nada podrán hacer. Ahí está, y les toca perder por no ver el porvenir venir; por no creer, que lo iban a ver llegar; por no creer, que así iba a ser, que así iba a suceder.

Ahora lo ves, pero ya nada se puede hacer; sólo ver y creer, que sí iba a pasar, ver y creer, en lo que pudiste hacer, ver y creer que era verdad. Que era verdad que el porvenir venia, y te tenías que preparar. Que era verdad lo que se te decía, y que no creías. Ahora lo ves, ahora lo vives, ahora sabes lo que tanto negabas. Ahora sabes, que Yo sí sabía, que Yo quería que te prepararas, que Yo quería que Conmigo pasaras el tiempo, el tiempo que ahora ya ha pasado.

YO SOY LA VERDAD

Te di la oportunidad, la oportunidad de aprender. Te di la oportunidad, la oportunidad de ver. No quisiste ver, no quisiste aprender, ahora sólo verás lo que Ayer no quisiste ver, lo que Ayer no quisiste aprender, ahora lo vas a ver. Vas a llorar, vas a sufrir, te vas arrepentir de lo que pudiste hacer, y no lo hiciste, lo que pudiste aprender, y no aprendiste porque creíste, que Yo mentira era. Ahora te das cuenta que nunca lo fui, que siempre fui Verdad, verdad verdadera, la verdad absoluta. La verdad que no viste por creer, que mentira Yo era. Yo Soy la verdad, la verdad absoluta. Yo fui la Verdad, la verdad absoluta. Yo seguiré siendo verdad, verdad absoluta porque lo fui Ayer; lo Soy Hoy, y lo seré Mañana; eso no va a cambiar, porque eso Soy Yo.

ESA ES LA ÚNICA VERDAD QUE TE TRAERÁ A MÍ

Yo soy el tiempo, el tiempo que puedes hacer, hacer que esa verdad pueda nacer en ti. Esa es la única verdad que te traerá a Mí, esa es la única verdad que te quitará de sufrir. No sufrirás porque tendrás la verdad, no sufrirás porque me tendrás a Mí. Yo Soy La verdad, Mi verdad vas a oír. Mi verdad vas a aprender para que sea tu porvenir. Porvenir que otros no quieren para ti, porvenir que otros te quieren robar negándote Mi verdad. Lo quieren hacer, negando que Yo existo para que no me puedas ver. Pero Yo estoy aquí con Mi verdad. Yo estoy aquí para ayudar, Yo no estoy aquí para jugar.

VAS A APRENDER A AMAR

Jugar no es lo Mío, y lo vas a comprobar. Jugar no es lo Mío, y lo vas a ver, que jugar Conmigo no puede ser; que jugar Conmigo, no vas a aprender. Aprenderás a trabajar, aprenderás a estudiar, aprenderás a respetar, sobre todo, vas a aprender a AMAR. Porque no has aprendido aunque clames que sí, pero Yo sé, que eso no es así, que no sabes AMAR, aunque lo digas. Decir es una cosa, y hacerlo, otra, tú dices AMAR y veo que mientes, que mientes porque no sabes hacerlo: No sabes amar. No te amas a ti mismo, no amas a los demás, ¿Cómo vas a amarme a Mí?

YO TE VOY A ENSEÑAR

Tienes que aprender a AMAR, lo tienes que hacer. Haciéndolo, vas a aprender que antes no lo sabías, que antes sólo decías AMAR, pero nunca lo supiste hacer, nunca. Pero ahora vas a aprender. Aprende, aprende, aprende Conmigo, que Yo te quiero enseñar, enseñar a conocer lo que es AMAR en verdad. Lo que es AMAR sin excusas, sin barreras, sin pensar, sólo AMAR. Te convertirás en AMOR, te convertirás en Mí: Yo soy AMOR, Yo soy el Verdadero AMOR. A Mí me AMARÁS, a Mí me tendrás; juntos pasaremos la eternidad; juntos aprenderemos lo que es AMAR. Yo lo sé, y te voy a enseñar. Yo lo sé, y lo vas a aprender. Yo lo sé, y lo vas a saber, vas a saber AMAR como debe de ser. Amén.

Viernes15 de noviembre del 2013 a las 4 de la mañana
MENSAJE/PROFECÍA: DIOS PADRE DICE:

DILES COMO APRENDISTE A AMAR

Quiero que escribas. Quiero que les digas, que puede ser, que se puede aprender a AMAR como debe ser. Diles lo que pasó, diles como aprendiste, como tuviste que caer y levantar; caer y levantar para poder aprender a AMAR. Diles, diles la verdad, diles que caíste pero pudiste levantar. Te tomo tiempo, pero lo lograste. Te tomo tiempo, pero pensaste, pensaste lo que Yo sabía que AMAR, tú no sabías, aunque así tú lo decías, si bien así tú lo pensabas. Diles, diles para que aprendan, diles, para que se den cuenta, que se puede hacer, diles, porque tienen que aprender.

DILES PARA QUE ELLOS APRENDAN TAMBIÉN

Tienen que saber, que están equivocados, tienen que saber, que tienen que aprender, aprender a AMAR; aprender y comprender lo que ha pasado. Diles, diles tu verdad para que aprendan, que se puede hacer; que se puede aprender a AMAR. Ahora ya tú lo sabes, diles para que ellos aprendan también. Diles, y vas a gozar viendo que lo quieren aprender, que quieren saber, lo que es AMAR en verdad, lo que es realmente entregarse a Mí, a Mí que soy verdad absoluta, a Mí que soy su Dios Verdadero. Un Dios que no miente, que no engaña, que no traiciona. Un Dios que AMA hasta la eternidad, un Dios que dice la verdad, porque verdad es. Un Dios que dice lo que Él es, porque lo es.

TIENEN QUE APRENDER A AMARME EN VERDAD

Soy verdad absoluta, Yo soy amor verdadero, Yo soy el verdadero amor. Ese que no han conocido, pero lo van a conocer. Diles que hay Poder en Obedecer, diles que hay poder en saber AMAR. Diles, diles, diles la verdad. Diles, que aquí estoy para ayudar. Que aquí estoy, para que puedan aprender, aprender a AMAR, aprender a Amarme en verdad. Diles, diles, diles para que ellos se den cuenta, que amas, que AMAR es algo bello. Diles, diles, diles para que también ellos disfruten de la belleza de AMAR, para que también disfruten de Mí. Para que también vengan a Mi lado a disfrutar Conmigo la eternidad. La eternidad tendremos para hacer; para hacer nuestro AMOR realidad. Para hacer nuestro AMOR verdad, absoluta verdad, porque eso Soy Yo, y eso les quiero dar: AMOR VERDADERO, Y ABSOLUTA VERDAD. Amén.

Sábado 16 de noviembre del 2013, me dijo lo que tenía que decir en la iglesia SÚPLICAS DEL PADRE:
DILES QUE YO QUIERO HABLAR CON ELLOS

Te dije que te levantaras, te dije que te acostaras. Tienes todo el tiempo para descansar; ya lo tienes, pero no aquí; en otro lugar. En otro lugar te esperan, en otro lugar estarás, en otro lugar; allí descansarás.

En este día vas a recibir lo que en el alba de mañana vas a decir. Dirás lo que se te diga, dirás nada más. Dirás, que tienen que trabajar, tienen que saber, tienen que oír; el alba de mañana se los vas a decir. No dejes que te digan que no, no los dejes, lo tienes que hacer. Diles, que es importante, que lo tienen que saber. Diles, diles, diles, tienen que entender. Están renuentes, lo están negando porque no saben lo que Yo tengo para ellos. No lo saben, pero lo sabrán, porque mañana se los vas a decir. Diles lo que sabes, diles la verdad, diles, que tienen que ponerse a trabajar. Diles que lo hagan si se quieren salvar; salvar del desastre que pronto vendrá. Diles, diles, diles, que lo tienen que hacer, porque si no lo hacen, van a perder. Diles, que Yo quiero hablar con ellos, diles, que lo pueden hacer. Háblales del Ayer como ya acordamos. Háblales, diles, que entonces, lo pudieron hacer. Diles, que ellos también lo pueden hacer. Que ellos también pueden tener el derecho de aprender. Diles cómo lo hagan, diles, diles, diles. Amén.

Domingo 17 de noviembre del 2013 a las 3:20 de la mañana
MENSAJE/PROFECÍA: CRISTO JESÚS DE NAZARET DICE

YA DESCANSASTE, YA PENSASTE

Ya descansaste, ya pensaste, ahora dime, qué decidiste. O es que todavía lo estás pensando, todavía lo estás dudando. Ya deja de pensar, ya deja de decir, ya deja de analizar, porque así te vas a quedar. No te das cuenta que todo va a empezar, no te das cuenta, que todo ya empezó, empezó. Empezó desde hace tiempo; nadie se dio cuenta, nadie dijo nada porque no lo pensaban. No pensaban que dentro ya estaba, no pensaban porque creían, que ellos venían con buenos pensamientos, con buenas intenciones. Pero no es así, y lo van a ver. No es así y van a comprender lo que tenían que hacer, lo que tenían que ver. Pero ya no habrá tiempo para hacerlo, ya todo habrá terminado, y todo habrá empezado.

NO DEJEN PARA MAÑANA…

Les digo, les digo y se los seguiré diciendo: No dejen para mañana lo que Hoy pueden estar haciendo. No lo hagan, no lo hagan, porque van salir perdiendo. Actúen Hoy, que Mañana ya habrá pasado. El Pasado ya se fue, ya se habrá ido. Se fue y no regresó, se fue, y nada se pudo hacer. Nada se pudo hacer por ponerse a pensar en qué si podía ser, o no ser. Es, y lo van a ver, es, y lo van a saber. Es, y lo van a comprender cuando todo sea, y nada puedan hacer; cuando ya todo sea, y tendrán que llorar. Llorar lo que fue, llorar lo que es por ponerse a pensar, por ponerse a decir, que no era verdad. Verdad era, verdad fue, verdad será, lo van a ver. Van a ver qué todo, verdad fue, pero nada más podrán hacer, nada, nada, se los digo otra vez: Nada, porque todo ya habrá terminado.

NO MÁS LECCIONES

El tiempo de saber, el tiempo de aprender ya habrá terminado. No más lecciones, no más trabajo, no más entrega, no más enseñanzas, no más de nada. No más de todo, de todo lo que Hoy no quieren hacer, de todo lo que Hoy no quieren aprender. Todo se habrá ido, ya nada estará, ya nada quedará. Por no haber oído, por no haber entendido, que todo era verdad, que todo iba a pasar.

Todo, todo ante sus ojos verán pasar, luego dirán: ¿POR QUÉ? ¿POR QUÉ? ¿Por qué no puse atención? ¿Por qué no quise estudiar? ¿Por qué dudé? ¿Por qué lo hice? Ahora ya pudiera descansar, ahora ya pudiera gozar. Pero ahora, sólo puedo llorar, llorar y desesperar, por lo que Ayer deje pasar, por lo que Ayer no quise ver, por lo que Ayer pensé, que no fue, pensé que no era. Sí era, y si fue. Nada puedo hacer ahora, sólo pensar, sólo meditar en lo que pudo ser, y ya no es. Ya no es porque no quise que fuera, ya no es porque así lo decidí, así lo hice. Ahora a sufrir, sufrir por no haberlo hecho, sufrir viendo a los que sí lo hicieron gozar por haberlo hecho. Gozar porque aprendieron, gozar porque se prepararon, gozar porque si creyeron, gozar porque si escucharon todo, todo lo que les dijeron. Todos los consejos los aprovecharon, todas las lecciones estudiaron; nada dejaron para mañana.

¿QUIÉN LES PUEDE QUITAR LO QUE GANARON?

En su Hoy lo hicieron, en su Hoy se prepararon, ahora en Su Hoy, gozan. Gozan lo que aprendieron; gozan y seguirán gozando. Gozan y seguirán gozando porque atendieron, atendieron al llamado que les hicieron. Entendieron, fueron, estudiaron, se prepararon. ¿Quién les puede quitar lo que ganaron? Nadie, nadie, nadie lo hará porque fue bien ganado. Lo obtuvieron con amor, con dedicación y empeño. Lo aprendieron con amor; con amor y respeto, pero sobre todo, lo aprendieron porque creyeron.

CREYERON

Creyeron en lo que ahora tienen, creyeron que era verdad. Ahora en sus manos la sostienen, sostienen esa verdad que otros negaron. Sostienen esa verdad que otros no quisieron. Sostienen esa verdad, porque ellos así lo quisieron, porque ellos así lo anhelaron, así lo prepararon. Creyeron que Él los había enviado, creyeron que Él los había preparado, creyeron que Él les había dicho. Les había dicho que despertaran, les había dicho que se prepararan. Lo creyeron, lo aceptaron.

ESTUDIARON CON EL ÚNICO MAESTRO QUE LA VERDAD SABÍA

Ahora lo gozan, ahora descansan. Ahora saben, que valió la pena el esfuerzo, que valió la pena madrugar, que valió la pena estudiar, que valió la pena trabajar. De otras cosas no gozaron, otras cosas rechazaron. Otras cosas negaron porque ellos estudiaron. Estudiaron con el ÚNICO Maestro que la verdad sabía; con el ÚNICO Maestro que no los abandonaría; con el ÚNICO Maestro que sabía lo que venía.

Con Él estudiaron, con Él se prepararon, a Él escucharon, a Él atendieron, a Él se presentaron cuando fueron llamados. Fueron los llamados, fueron los escogidos, ahora son los privilegiados; aquellos que asistieron a la Mejor

Universidad, aquellos que aceptaron con Él estar, estar una eternidad; la eternidad que Él les ofreció, la eternidad que Él les dio. La eternidad que otros llorarán por no atender al llamado de Él

LA UNIVERSIDAD MÁS PRESTIGIADA

Llorarán pero nada podrán hacer. Lloraran porque no quisieron aprender, porque no quisieron asistir a Su Universidad: La Universidad más prestigiada. Porque en ella estaban los que si sabían, los que sabían el Pasado, los que conocían el Presente, aquellos que sabían lo que seguía. Conocían el Futuro, lo quisieron escribir, pero no lo quisieron aceptar porque no lo podían ver. No quisieron creer en aquellos qué sí lo podían hacer; aquellos que el Futuro podían ver; aquello que el Futuro les iban a traer. En aquellos, en aquellos, no quisieron creer. Creyeron otras cosas, cosas que no eran verdad; creyeron otras cosas, cosas que no los iban a salvar. Ahora, junto con sus cosas, tendrán que llorar por no querer atender a Su Universidad. Amén.

Domingo 17 de noviembre del 2013 a las 3:25 de la mañana
MENSAJE/PROFECÍA: CRISTO JESÚS DE NAZARET DICE:

SU VERDAD VA A DESAPARECER

Escribe, que te voy a decir lo que Hoy vas a decir, lo que hoy vas a hacer, lo que hoy vas a aprender, lo que hoy te voy a decir, aunque muchos no lo vayan a creer. Aunque muchos no lo van a creer, hoy hablarás, hoy les dirás todo lo que sabes que va a pasar, todo lo que has visto va a suceder; todo lo que ellos necesitan saber. Les dirás lo que ya acordamos, les dirás lo que Yo digo. Les dirás a todos, y espera el momento, el momento en que decidan, que lo que dices es cierto; el momento en que decidan creer. Ese momento llegará, pero no para todos, muchos en la duda se quedaron, muchos pensando siguieron. Esos, esos, se quedarán, esos no gozarán. Tú entregarás a los que creyeron. A esos darás, darás lo que sabes, darás la verdad.

SABRÁN CUAL VERDAD SALVARÁ SUS VIDAS

La verdad que ellos creen tener, la verdad que ellos sabían; esa verdad va a desaparecer. Esa verdad la van a perder para darle cabida a Mi Verdad. De su verdad, tomarán lo que Mi Verdad les diga; dejarán de su verdad, lo que Yo les diga. Sabrán cual verdad salvará sus vidas; sabrán cual verdad les enseñara la salida para que salgan y se salven de la tormenta que ha llegado a sus vidas. Tormenta, que a otros tomará dormidos ahora, que aun viendo las señales pensaron, que no llegaría, que esa tormenta pasaría y que nadie sufriría.

CREÍAN ESTAR PREPARADOS

Se creían preparados pero no lo estaban. Llego la tormenta y se dieron cuenta, se dieron cuenta que no sabían nada: No sabían cómo salvar su caída. No lo sabían, porque dormidos estaban, cuando las lecciones había para que ellos se salvaran. Cuando las lecciones estaban, ellos dormían, no despertaron a sus lecciones. Ahora despiertan y ven lo que sucedía, lo que sucedía mientras ellos dormían. Ahora despiertan, pero ya es de día, ya es de noche, y ya no hay lecciones, ya no hay lecciones que los salvarían. Amén.

Lunes, 18 de noviembre del 2013 a las, 2:45 de la mañana
CRISTO JESÚS DICE: CRISTO JESÚS DE NAZARET DICE:

(**P**rimera parte del mensaje que empezó a darme este día).

DEJASTE EL TIEMPO PASAR

Dejaste el tiempo pasar, ahora quieres estudiar, ahora quieres hacer lo que no hiciste Ayer. Ayer te dije estudiar, Ayer te dije preparar; ahora es otro amanecer, otro pensar. Dejaste el tiempo pasar; dejaste que el tiempo se fuera; lo dejaste, ahora sólo te queda el tiempo para pensar. Pensar en lo que pasó, pensar en lo que pasará. Dejaste que todo pasara, ahora llora, llora por lo que pudo ser, llora por lo que ya no será, llora y piensa, piensa y llora. No me preguntes por qué, eso tú ya lo sabes, no me preguntes, porque Yo te lo diré, que Yo te lo diré sin preguntar.

NO QUIERES OBEDECER

Sabes lo que pasó, sabes lo que pasará; lo sabes y nada harás. Nada harás para preparar; nada harás para saber lo que puedes hacer. Nada, porque para eso tienes que querer; para eso tienes que poder, poder hacerlo; eso es lo que no quieres hacer. No quieres hacer las cosas que Yo te ordeno hacer; no, no lo quieres hacer, no quieres obedecer a Quien te puede ayudar, a Quien te puede enseñar, a Quien te puede preparar; no lo quieres obedecer. No quieres porque dices, que no puede ser; porque dices, tú ya saber. Tú lo *sabes todo, pero no sabes nada. Tú lo sabes todo, y nada te ampara, nada te protege, nada de lo que sabes.*

-Aquí deje de escribir; me rebelé y le dije, que ya no quería escuchar lo mismo. Le dije, qué por qué ya no me había entregado más lecciones, más enseñanza, más mensajes. Porque desde el domingo que había regresado de la Casa de Oración, no había hablado conmigo. Por más que le explicaba, que yo había ido a la Casa de Oración a entregar Su mensaje, pero que no me habían permitido darlo. Le hablaba y le hablaba, y no me contestaba; pensé que había hecho algo malo. No sabía que pensar. Por lo tanto, me negué a seguir escuchando., pero eso no quedó ahí.

Miércoles 20 de noviembre del 2013 a las 2:45 de la mañana
CRISTO JESÚS DICE:

(Segunda parte del mensaje del lunes 18 de noviembre del 2013)

EL NO OBEDECER QUIERE DECIR, QUE NO ME QUIERES

Si ya sabes lo que tienes que hacer, hazlo, hazlo sin que Yo te lo diga, hazlo, para que Yo te bendiga. No lo dejes de hacer; no lo hagas, si no quieres perder; si no quieres que Me vaya. No me iré porque Yo quiero, Me iré, porque tú así lo quieres. El no obedecer quiere decir, que no Me quieres, que no quieres nada de Mí; que no te importa saber lo que te voy a decir; que no lo quieres hacer porque no quieres vivir.

OBEDECERME ES PODER

Vivir para Mí es obedecer. Obedecerme es Poder; el Poder que te voy a entregar, por saber obedecer. No te pongas a pensar en lo que puede ser, o no ser. No te pongas a pensar en lo que te voy a decir. Si lo digo, Yo sé lo que digo, pero tú no lo puedes saber hasta que no te lo diga Yo. Yo soy el que sabe, Yo soy el que digo, haz las cosas bien y estaré contigo. Haz las cosas bien, y seremos buenos amigos. El Amigo que no has tenido; el Amigo que no vas a tener, si no eres uno Conmigo. Sé uno Conmigo y verás que lo que Yo te digo va a pasar. Va a pasar y Yo no quiero que te vaya a lastimar. Va a pasar y Yo no quiero que algo te pueda pasar.

YO TE VI CRECER, LLORAR, QUERER

Por tiempo nos hemos conocido. Yo te vi crecer, Yo te vi llorar, Yo te vi querer. Yo sé todo de ti, Yo quiero que tú sepas todo de Mí. Ámame como Yo te amo. Ámame y verás, que todo lo que has deseado te daré. Te daré una vida eterna, Te daré una eternidad. Eternidad que juntos gozaremos, eternidad que corta será para amar; para amarnos tú y Yo; para querernos tú y Yo. Tú y Yo seremos UNO; UNO y nada más. Tú y Yo nos amaremos una eternidad. No dejes de Obedecerme, que Yo soy la autoridad, que Yo soy quien dice lo que va a pasar. Tú no lo sabes, pero lo vas a saber, que Yo tengo autoridad Hoy, como la tuve Ayer.

TRIUNFARÁS SI ME OBEDECES

Ayer fui tu Dios, ahora lo soy también. Ayer te dije cosas, ahora lo hago otra vez. Ayer te dije que hacer, ahora lo hago otra vez, ahora te digo que hacer. Escucha lo que te digo, no quiero verte llorar, escucha lo que te digo, que Yo quiero verte triunfar. Triunfarás si Me obedeces, triunfarás si haces lo que Yo te digo. Hazlo y serás UNO Conmigo, hazlo y seremos por siempre amigos, hazlo y verás, la vida que vas a tener, hazlo y verás, lo fuerte que vas a ser, lo serás, porque vas a obedecer. Obedecerme a Mí tiene poder: Obedece y lo comprobarás, obedece y verás, que nada te va a pasar.

NO DEJES DE OBEDECER

Pasarán calamidades, pasarán pesares, pero tú Conmigo, nada te pasará. No dejes de obedecer para que lo puedas ver. No dejes de obedecer para que puedas saber, saber lo que tengo para ti, saber lo que tengo para todos los tuyos, saber lo que tengo para la humanidad. Obedece, que nada te va a pasar. Pasará si no lo hacer, pasará y vas a llorar. Yo no quiero que llores, Yo quiero verte triunfar, Yo quiero ver que sales al frente, a como dé lugar. Lo harás porque Mi Poder tendrás, lo harás porque así tiene que ser. Será el triunfo para ti, será el triunfo para Mí, será el triunfo para la humanidad, será el triunfo para todos; sólo tienes que aprender a obedecer. Amén.

Sábado 23 de noviembre del 2013
MENSAJE: CRISTO JESÚS DE NAZARET DICE:

QUIEREN TODO SIN HABERLO TRABAJADO

Muchos quieren todo sin dar nada a cambio. Muchos quieren tenerlo sin haberlo trabajado. Tú lo trabajaste, tú diste tu cambio. Tú dijiste: Quiero y puedo, y pudiste. Trabajaste como se te dijo, trabajaste como se te ordenó: Ahora tienes lo que ganaste, por obedecer a tu Señor. Tu Señor y Dios lo vio, tu Señor y Dios se dio cuenta, tu Señor y Dios te dio la recompensa, la recompensa de estar junto a tu Dios y señor. Valió la pena el trabajo, valió la pena el desvelo, valió la pena el dolor; el dolor de dejar todo.

Domingo 24 de noviembre del 2013
MENSAJE/PROFECÍA: CREEN QUE TODO YA FUE ESCRITO

-Me sentía triste porque el Padre no estaba hablando conmigo. Por más que preguntaba, no me decía nada. Quería que me dijera lo que iba a decir en la Casa de Oración. Lo único que me dijo fue: *Tú vas a saber qué decir.* Fui a la Casa de Oración y entregué Su mensaje. Al salir me dijo, que me fuera a la casa. Cuando ya estaba en la casa me dijo lo siguiente:

Te dije que ibas a saber qué hacer y qué decir. No sufras ni te acongojes por lo que escuchaste decir. No sufras, no pienses que esto terminó aquí; no lo hagas, que éste es sólo el principio; el fin lo sabrán después. Creen saberlo, creen que lo tienen, pero no es así. Piensan que la verdad es, pero no es así. No saben que la verdad está Conmigo, no lo saben, pero lo sabrán.

-Padre: Me dolió el alma escuchar al Pastor predicar. Pero lo que dijo después de que entregué Tu mensaje; eso sí me dolió. Decir que ya no hay nada por escribir me destroza el alma. Si tan sólo supiera, que todavía hay mucho por escribir, que hay mucho por decir a las generaciones por venir.

Si mi niña, lo sé; creen que todo ya fue escrito, no saben, qué falta mucho por escribir; no lo saben y no quieren saberlo. Quedamos en darles la oportunidad de pensar y analizar lo que les has entregado. Espera, pequeña, espera los acontecimientos, espera su reacción, espera. Recuerda, que si uno solo responde, a ese le vas a entregar, a ese le vas a dar lo que los otros rechacen. Espera, espera, pequeña, espera.

-Padre: Cuando me hablas, cuando me entregas Tus enseñanzas, todo me parece tan fácil. Cuando me contemplo frente a ellos entregando Tu voluntad; el mundo me parece pequeño, porque ante Tu Mirada me siento grande. Padre, ayúdame a hacer Tu Voluntad; ayúdame para poder cumplir la misión por la cual me enviaste a este pueblo, o a este mundo.

Lo tendrás mi niña, lo tendrás.

-Después de esta pequeña charla le pregunté, que si podía ir a comer algo. Me dijo que sí. Me fui, no tanto porque tuviese apetito, sino porque estaba muy triste y también quería salirme de mi casa porque estaba muy fría. Al regresar me tomé una siesta y esto fue lo que contemplé:

<u>Domingo 24 de noviembre del 2013 a las 6:30 de la tarde</u>
SUEÑOS/VISIONES: EL PASTOR Y LA OFICINA DE ENVÍOS Y ENTREGAS

-Veo que estoy escribiendo en una especie de oficina, pero veo que la parte de enfrente está abierta. Me parece, que es una oficina de envíos y entregas; algo así como donde se recogen y se envían paquetes. Una compañera de trabajo me pregunta, que cómo se deletrea <u>triste</u> en Inglés. No sé por qué, pero en mi mente estaba la palabra <u>sediento</u>, o <u>sed</u>, y esa es la palabra que le empiezo a deletrear. En eso llega el Pastor a recoger un paquete, y al vernos nos pregunta. ¿Qué están haciendo? Yo le digo: Quiere saber cómo deletrear la palabra triste. El Pastor nos dice: Déjense de chistes, toma su paquete y se va.

-Regreso a mi escritorio, y a lo lejos, escucho al Pastor preguntarme: ¿Para qué quieres tantos periódicos acumulados? Por unos segundos pensé en la respuesta; luego le dije: Los uso para envolver las cosas que se llevan. Me quede pensando, que no le había mentido, porque para eso los usaba. (Pero no exactamente para

las mismas cosas que él pensaba). Luego veo la comida que me había sobrado del almuerzo, y empecé a destapar un burrito, pero luego de nuevo lo envuelvo para poder calentarlo mejor.

-Sé que todo el tiempo estuvimos hablando español. Por lo tanto, en el futuro el Pastor va a hablar español. Amén.

Lunes 25 de noviembre del 2013 a las 2:35 de la mañana
DIOS PADRE PREGUNTA:

(1) ¿ESTÁN HACIENDO LO QUE SE LES DIJO?
(2) ESTAS ENSEÑANZAS.

(1) *Escucho decir: ¿Están escribiendo lo que se les ha preguntado? ¿Están escribiendo lo que están recibiendo?*

(2) *Esto es parte de un gran escrito, que al despertar veo que estoy leyendo: El padre dice, que entregue éstas enseñanzas; estas enseñanzas entrego; estas enseñanzas recibieron; ahora sufren, porque esas enseñanzas no estudiaron.*

Lunes 25 de noviembre del 2013 a las 2:35 de la mañana
MENSAJE, ENSEÑANZA, PROFECÍA: DIOS PADRE DICE:

RESPETO TIENEN QUE APRENDER

Te dije que siguieras escribiendo, porque más tengo que decirte. Quiero que esperes y te prepares para lo que viene. Viene mucho, mucho más para ti, y para todos los que quieran recibir. Tendrán más de lo que han pedido; tendrán más, mucho más si son Uno Conmigo; si respetan Mis Leyes y Mis Enseñanzas, si respetan a Quienes He enviado a entregarles dichas enseñanzas. Respeto tienen que aprender; respeto tienen que ser. Respeto y amor para Quien los va a salvar del desastre que viene y que ya está aquí.

Ya está aquí, pero a pesar que lo ven, no piensan que los va a afectar. Pero están equivocados, lo hará, los afectará si preparados no están. No lo están ahora, aunque creen que si lo están; no lo están a pesar que piensan que es así; no lo están y deben entenderlo; no lo están y deben de saberlo. No lo están; pero lo van a estar si ponen atención a las lecciones por tomar. Atención y amor, atención y devoción, atención y deseo de superación, deseo de saber y conocer más de lo que Hoy saben. Deseos de aprender para después entregar a otros lo aprendido. Otros, que así como ellos se encuentran perdidos creyendo, que a ellos el cambio no los afectará.

ESCRIBIRÁN LO QUE VEN, LO QUE SIENTEN, LO QUE SUEÑAN

Entregarán al uno y al otro lo que saben, lo que ya han aprendido y comprendido. Porque ahora ya entienden y comprenden lo que antes no entendían, ahora ya saben, que mucho, mucho más venía. Ahora ya saben, que antes no sabían a pesar de creer, que lo sabían. Escribirán los sucesos, escribirán los acontecimientos, escribirán todo lo que ven, todo lo que sienten, todo lo que sueñan, y todo lo que presienten. Porque todo eso quedará de ejemplo y enseñanza para lo que atrás vienen. Para ellos quedará esa enseñanza; para ellos quedará esa preparación, para ellos quedará ese conocimiento, que ellos les escribieron con amor, dedicación y empeño, para que ellos tuvieran su sueño, su sueño de prepararse para lo que vendrá.

AMÉN PARA LOS QUE NADA ESCRIBIERON

Amén para los que nada escribieron, amén para los que en las clases se durmieron, amén para aquellos que no creyeron. Amén para aquellos que rechazaron la ayuda, la ayuda para sobresalir el desastre; la ayuda para llegar a Mí a mi manera, como Yo los quería y los quiero a Mi lado: En una Perfecta Unificación, en un Perfecto Amor. Amén para todos ellos. Amén, que <u>tendrán que seguir muriendo</u>, <u>hasta aprender a VIVIR</u>. Amén.

Martes 26 de noviembre del 2013 a las 4:20 de la mañana
PROFECÍA: DIOS PADRE DICE:

A ESTE ESTE PUEBLO YO VI NACER

Te dije a despertar, te dije no dormir, lo tienes que hacer, si quieres sobrevivir, lo tienes que hacer, si quieres ver el mundo nacer. El mundo nacerá, eso lo vas a ver, si poniendo atención eres a lo que tienes que hacer. No dejes que el cansancio llegue a ti, no lo dejes llegar, porque está listo, y te quiere atrapar. No lo dejes llegar, no dejes que se acerque, retíralo, mándalo lejos. Que se vaya, para que tú y Yo podamos estar juntos. Eso no lo quiere; eso no quiere el cansancio, quiere que estemos separados, no quiere que estemos juntos. No, no lo quiere. Sabe, que juntos vamos a hacer muchas cosas, sabe, que juntos lograremos vencerlo, sabe, que Yo sé muchas cosas, y no quiere que te las diga. No quiere que las conozcas porque sabe, que en ello va su vida. Sabe que si aprendes a salvar tu vida, eso lo derrota, eso lo humilla. Sabe, que eso lo aniquila, eso no lo quiere. Quédate Conmigo, no le hagas caso, quédate Conmigo y se tendrá que ir; se tendrá que regresar por donde vino.

YO LAS SÉ, YO TENGO EL PODER DE DECIRLAS

Ahora hablemos de otras cosas, ahora hablemos de lo que va a suceder. Ahora te diré otras cosas, para que puedan creer; creer que Soy Yo quien las digo; creer, que soy Yo quien las sabe, creer, que Soy Yo quien tiene el Poder de decirlas:

Vienen calamidades para todos; este pueblo sucumbirá, este pueblo va a deja de ser lo que es, y otra cosa será. Ahora no es bueno lo que es, pero lo será después. Este pueblo va a sufrir, para luego vivir. Este pueblo fue fundado en la creencia de Mí, fue fundado pensando en Mí. Ahora Me quiere olvidar, ahora Me quiere desaparecer, cuando Yo a éste pueblo vi nacer. Lo vi nacer a Mi voluntad, lo vi nacer a Mi creencia, lo vi nacer a Mi fe, ahora quiere desaparecer todo lo que Yo les di al nacer; eso no lo voy a permitir. Eso no podrá ser; eso va a terminar, y lo van a ver. Lo van a ver hasta aquellos que ya no Me quieren ver; hasta ellos van a ver lo que Yo soy capaz de hacer, si Mi Nombre quiere desaparecer.

YA EL DAÑO ESTÁ HECHO

Ya el daño está hecho. Ya dañó a las generaciones que no vieron a este pueblo nacer. Ya les han dicho mentiras, mentiras que ahora ellos creen. Ya les ha dicho, que Yo no existo y ello así lo creen. Pero hasta ellos tienen que ver, que Yo existo, y existo bien; que Yo estoy aquí, y que no me iré. No me iré, porque este pueblo es Mío, porque a este pueblo Yo vi nacer. No me iré a pesar de que digan, que Yo ya no estoy aquí. Aquí estoy y aquí me quedaré, aquí estoy y eso lo van a ver. Muchos Me preguntarán: ¿Por qué Dios mío? ¿Por qué? Pero será hasta ese momento, porque antes no lo hicieron, antes no pensaron, que Yo estaba ahí con ellos.

ME INSULTARON CON SUS ACCIONES Y HECHOS

Me ignoraron, Me calumniaron. Me insultaron con su desprecio. Me insultaron con sus acciones y hechos. Todo lo hacían pensando en ellos, todo lo hacían a su voluntad. Ahora se darán cuenta, que Mi Voluntad pesa más. Pensarás que Soy un Dios vengativo, pero tú sabes que no lo soy. Sabes que soy Justiciero, y que Justicia Soy Yo. Lo sabes, porque lo has entendido, lo sabes, porque lo has aprendido. Ya sabes que la venganza no es lo Mío, pero la Justicia si lo es.

MI JUSTICIA TENDRÁN

Tiempo es, de que sepan de Mi Justicia, tiempo es, de que la vean. Tiempo es de que se den cuenta, que aquí estoy con ellos. Mi Justicia verán. Mi Justicia ellos tendrán. Mi Justicia ellos aceptarán. Se darán cuenta, que Soy Yo, y nadie más quien ha causado todo, todo lo que verán. Lo verán y se darán cuenta, entonces me aclamarán, entonces dirán: Dios mío. Entonces Me harán ellos, lo que no quisieron hacer cuando Yo se los pedía, cuando Yo ponía todo ante ellos, pero no lo creían. Creían que eran ellos quienes lo hacían, creían que eran ellos los que sabían. No sabían nada, pero creían que si sabían.

LES COMPROBARÉ QUE YO SOY QUIEN DIGO QUE SOY

No sufras por lo que veas, no sufras por lo que ves, no sufras por lo que verás, porque así tiene que ser. Tú sigue escribiendo, tú sigue dejando la prueba de que Yo existo, la prueba de que, Yo Soy quien digo que Soy. Lo Soy, y lo van a ver, lo Soy, y la prueba van a tener, la prueba de que Soy, quien digo que Soy.

A ÉSTE PUEBLO LLEGÓ LA JUSTICIA

Deja constancia de que a éste pueblo llegué, deja constancia, de que a éste pueblo llegó la Justicia; justicia para todos, recompensa para algunos. Recompensa para aquellos, que siempre supieron de Mi Existencia. Aquellos que no me negaron, aquellos que Me aceptaron; ellos tendrán su recompensa, así como los otros, tendrán Mi Justicia. Mi Justicia ellos verán. Mi Justicia ellos tendrán.

Mi Justicia ellos tendrán que aceptar, porque ya no habrá más. Ya el tiempo habrá pasado para aprender a Conocerme. Ya el tiempo ellos no tendrán para ponerse a estudiar. No lo hicieron cuando Yo todo puse frente a ellos; no lo hicieron cuando Yo se los pedí; no lo hicieron, y ahora tendrán que sufrir.

CONMIGO NO PUEDEN JUGAR

Éste pueblo sufrirá, éste pueblo sabrá de Mí, éste pueblo sabrá que existo. Éste pueblo sabrá, que Conmigo no puede jugar, porque jugado se va a quedar; porque jugado se van a quedar y entonces va a llorar por haber querido jugar Conmigo. Me quisieron quitar de en medio; Me quisieron desaparecer; Me quieren negar; Me quieren sacar de este pueblo que Yo vi nacer. No lo harán, porque no puede ser, no lo harán, porque no lo podrán hacer, no lo harán, eso lo puedes creer. Lo creerán y lo van a ver, que eso no puede ser. No me sacarán del pueblo que Yo vi nacer, que Yo vi crecer. No lo harán, no lo harán, te lo digo por tu bien.

TIENEN QUE CREER Y SABER QUE YO EXISTO Y QUE SOY EL DIOS DE SIEMPRE

Sigue escribiendo todo, sigue recibiendo Mi Voluntad para que los demás se den cuenta, que sí se puede hacer, que se puede hacer, que se pudo hacer; y que se podrá seguir haciendo. Sólo tienen que creer, sólo tienen que saber, que Yo existo, que Yo estoy aquí, que Yo estoy aquí para ayudar; ayudar a todo aquel que en Mí cree. Escribe y sigue escribiendo; escribe y sigue escribiendo que el tiempo llegará, en que tendrán que reconocer lo que Yo te estoy diciendo. Lo sabrán y servirá para que las generaciones por venir sepan de Mí. Para que las generaciones por venir se den cuenta, que Yo existo, existí y seguiré existiendo, porque Soy el Dios de Siempre.

LO DEJAN PARA LAS GENERACIONES POR VENIR

Soy el Dios de Ayer, Hoy y Mañana. Sabrán que no Me he ido, y que no Me iré, sabrán que Existo y que Existiré, y que eso, eso lo pueden creer. Aquellos que creen que ya todo fue escrito, están equivocados, lo que en aquel tiempo se escribió, era para ellos. Ahora ellos dejan escrito para los que detrás de ellos vienen. Lo dejan para las generaciones por venir, lo dejan para aquellos que así sabrán de Mí.

TIENEN QUE DEJAR MI LEGADO

Lo tienen que hacer, tienen que dejar Mi legado a las generaciones por venir. Tienen que hacerlo, tienen que demostrar que Yo estuve aquí, que Yo estoy aquí y que Yo seguiré estando aquí. Tienen que saber, que nadie Me puede desaparecer, que nadie puede decir, que Yo fui ficción, que Yo fui ficción y que ficción seguiré. No lo pueden hacer porque Yo Soy Realidad, realidad que tendrán ante ellos de una forma u otra. Aquellos que creen en Mí; Mi Realidad tendrían, aquellos que me desconocen, Mi Realidad tendrán. Porque Soy Realidad, y Realidad seguiré siendo Hoy y siempre, Hoy y siempre y por la eternidad.

YO SOY UNA REALIDAD QUE NO SE BORRA

Diles y diles bien, que yo Soy una Realidad que no se borra. Que Yo soy una realidad perene; una Realidad que es Realidad. Yo no soy un mito. Yo no soy una fantasía. Yo soy realidad. Yo Soy la vida misma. Yo Soy quien digo quien Soy. Yo Soy, y lo seguiré siendo. Que no me quieran borrar, que no quieran enseñar, que Yo no existo, porque les voy a dejar ver, que Soy una Realidad; realidad que tendrán frente a ellos; realidad que no podrán negar. Amén.

-Padre: Bendito seas. ¡Cuánta verdad hay en Tus Palabras! Tú viste nacer a este pueblo, y ahora quiere negar que Tú existes.

A LA INOCENCIA LA ENTERARON

Así es pequeña, así es. Veo que te acongojas por los inocentes. Pero Yo te digo pequeña, inocentes ya no hay. A la inocencia la enteraron, cavaron un foso profundo, y ahí la arrojaron; ahí la taparon para que ya no saliera. Ahí la dejaron para que los dejará hacer lo que ellos quisieran.

LOS DEJARÉ PARA QUE PUEDAN SEGUIR GRITANDO QUÉ YO EXISTO

Hay quienes todavía creen en Mí. A esos dejaré para que puedan seguir gritando qué Yo estoy aquí, que Yo existo, que Yo existí, y que seguiré existiendo por la eternidad. A esos dejaré para que sigan plantando la semilla de fe, de luz y de esperanza a las generaciones por venir; a ellos dejaré. No sufras por los que no quieren oírte, ellos pagarán las consecuencias, ellos lo sufrirán. Pero aquellos que acepten Mis enseñanzas, aquellos que acepten lo que Yo les propongo, esos quedarán, para dar testimonio de Mi Existencia, para dar testimonio de Mí.

PERECERÁN TODOS LOS QUE MIS LEYES PISOTEARON

Sé que la tarea no es fácil porque se enfrentan a ese gigante ciego que está guiando a sus hermanos, aquellos que ciegamente se han dejado guiar por ese gigante ciego. Pero ese gigante, va a caer junto con todos los que lo siguieron. Todos aquellos que en él creyeron, cuando Yo estaba ahí y en Mí no creyeron, ahora caerán junto con él, con ese gigante ciego que los guio al desastre, y a su muerte. Porque perecerán, perecerán todos aquellos que Mis Leyes pisotearon, todos aquellos que Mis Leyes ignoraron, todos aquellos que hicieron sus propias leyes. Todos ellos perecerán, todos ellos se darán cuenta, que Mis Leyes eran primero, que Mis Leyes eran, son, y serán primero. Porque nada cambiará, como no he cambiado Yo. Yo Soy el mismo y seguiré siendo el mismo. Lo fui, lo Soy y lo seguiré siendo, que en eso no te quepa duda.

A USTEDES CREYENTES TOCA GRITAR ¡QUE YO SÍ EXISTO!

¡Lo sabes, explícalo a las generaciones por venir! ¡Lo sabes, dilo a aquellos que lo quieran oír! ¡Lo sabes, enséñalo a las generaciones por venir! Si los que creen en Mi existencia no lo hacen, entonces, Yo sí voy a desaparecer de la mente de todos. Porque nadie sabrá de Mi existencia, nadie sabrá de Mí. A ustedes creyentes toca ir y gritar: *¡Que Yo sí existo! ¡Que sí Soy el Dios Vivo! ¡Que sí Soy el Dios verdadero!* Hablen, digan y dejen constancia de que Yo vivo, de que Yo viví, y que Yo sigo viviendo. Amén.

ENSEÑANZA: EL GIGANTE CIEGO

-Aquí me explicó lo que significa el Gigante Ciego.

-El gigante ciego, son todas aquellas personas que por el hecho de estar frente a unas cámaras, o respaldados por algún periódico, o con algún puesto importante, se dan el lujo de decir: Esto está bien. Está bien lo que están haciendo. Yo opino que... Yo digo que... Pero ¡Están ciegos! ¡Se quieren creer

Dios! Y están confundiendo a la humanidad que les escucha, que sigue sus programas, que lee sus comentarios, que creen lo que ellos dicen: ¡Esos son los ciegos que se dejan guiar por esos gigantes ciegos! ¡Nadie puede decir que esto, o lo otro está bien, o mal! ¡SÓLO DIOS TODOPODEROSO! Que fue quien hizo todo. ¡Solo Él sabe lo que está bien, y lo que está mal! ¡Sólo Él! ¡Y Él ya puso por escrito lo que está bien, y lo que está mal! ¡Lo que se puede hacer, y lo que no se puede hacer! Amén.

Miércoles 27 de noviembre del 2013 a las 3:30 de la mañana
MENSAJE: CRISTO JESÚS DICE:

TODOS ESTÁN EN PELIGRO

Sí, es un mensaje, un mensaje para todos: Todos están en peligro, todos los están, hombre, mujeres y niños, todos perecerán. Comerán algo envenenado, envenenado por manos asesinas, manos destructoras; hombres, mujeres y niños, nada se puede hacer, nada. El gobierno se cruzará de brazos, no sabrá por dónde empezar a investigar, nadie vio nada, nadie supo nada. Así pasará a la historia, así quedará asentado: Que nadie vio nada, que nadie supo nada. Pero Yo sí sé quién lo hizo, Yo sí vi lo que sucedió, Yo vi como lo hizo. Yo lo vi todo, y nada pude hacer. Porque quien lo hizo, lo podía hacer. Lo podía hacer porque tenía poder para hacerlo: El poder que le había dado su ambición, el poder que le había dado su avaricia. Poder que le había dado aquel que le dijo, que Yo no existía. Él se lo creyó, él lo aceptó; eso le dio el poder de destruir, el poder de asesinar a tanta gente.

NO ME QUISO CONOCER

No tenía conciencia, la conciencia que debía tener si en Mi hubiese creído. No la tenía, porque Me había desconocido. No Me quiso conocer, no quiso estar Conmigo, la espalda él Me dio, su rostro Me escondió. Creyó que así, Yo no vería lo que estaba en su corazón, creyó que así, podía él mismo darse la razón; la razón para hacer lo que estaba haciendo, la razón para seguir perdiéndose. Pudo haberse salvado, pudo salvarse tanta gente. Pero no quiso Conocerme, no quiso Seguirme, y esta fue la consecuencia, la consecuencia de tantos fallecidos, la consecuencia de tal desastre.

-(Aquí deje de escribir para hablar con el Padre Todopoderoso. Padre, le dije: no puedo creer que Tú no puedas hacer nada, no puedo creerlo. Y me dijo:

LA OPORTUNIDAD SE LE DIO DE SABER MAL Y BIEN

Su libre albedrío lo tiene, la oportunidad se le dio de saber mal y bien, de saber reconocer lo que era amor. Toda la oportunidad tuvo de usar su libre albedrío, o su voluntad, para llevar una vida mejor. Toda la oportunidad tuvo, toda; te lo digo, porque Yo se las di. Yo lo enseñé, Yo le hablé, Yo le dije que hacer para su alma no perder. Pero no me escuchó, no me quiso entender, no quiso saber nada de Mí. Dentro de él sabía, que Yo existía, dentro de él estaba Yo, pero la puerta cerró, y nada pude hacer. Lo hizo a su voluntad, a su voluntad se perdió, a su voluntad falleció, porque la muerte encontró y de qué manera: Hecho pedazos quedó. Pero su alma, su alma, no se salvó, no la quiso salvar y junto con él, murió. Murió su alma, murió su ser, murió todo, todo lo que él pudo ser.

*Nuevamente deje de escribir. No podía seguir y dije: Padre, no entiendo, me niego a seguir escribiendo, no entiendo nada de lo que hoy me dices. *Escribe*, me dijo, *que lo entenderás cuando lo veas, lo entenderás todo, lo verás todo.*

-Me siguió hablando, y me explicó por qué debía seguir escribiendo. Me dijo, que así como escribía lo bueno, tenía que escribir lo malo. Que así como escribía sobre la recompensa que recibirían aquellos que a Él aceptaban, aquellos que a Él respetaban y obedecían, tenía que escribir sobre aquellos que la espalda le daban, aquellos que por completo lo ignoraban, aquellos que las cosas del mundo los cegaba. Y me dijo:

Sigue escribiendo, tienen que saber, tienen que entender, tienen que darse cuenta de Mi Existencia. Tienen que darse cuenta, de lo que les sucede a aquellos que no Me toman en cuenta. Escribe, escribe para que se den cuenta, escribe para que sepan lo que sucede, lo que pasa a aquellos que Me ignoran. Diles, pequeña, diles. Así que seguí escribiendo:

LOS DOS MUNDOS

Pequeña, tú no entiendes muchas cosas, cosas que hieren tu corazón; quisieras que todo fuera bello, quisieras que siempre te entregara cosas que alegraran tu corazón. Pero tienen que saber, tienen que darse cuenta, que dos mundos existen, que dos mundos hay, que en uno estoy Yo, Yo con todos los que Conmigo están. Un mundo, que está listo para ayudar, para salvar, y para invitar a todos, a que vengan a vivir en él.

LOS DETIENEN EN SU BÚSQUEDA

Pero también hay otro mundo, mundo que rige la maldad, ese mundo que se alimenta con la vanidad, que se alimenta con el deseo de tener, tener más de lo que debe y puede tener; ese mundo en donde todos, todos te quieren hacer caer. Ahí todos, en eso se entretienen, en eso se divierten. Un mundo, en donde todos quieren saber a cuántos más detienen. Los detienen en su búsqueda de la Mansión que Mi Padre tiene para todos ellos. Porque a ese mundo no quieren que lleguen, no quieren que conozcan el mundo que ellos rechazaron; no quieren, y hacen la guerra a todo aquel que en la búsqueda se encuentra. Más, mucho más, si ese que está en la búsqueda, es un escogido de Mi Padre. A él lo atacan más porque saben, que al ser un escogido de Mi Padre, la guerra viene a hacerles. Lo atacan de día y de noche, no lo dejan descansar, cuidando y esperando el momento, en que descuidado se encuentre para hacerlo tropezar. Si el escogido no lleva en si la fuerza que necesita, caerá, caerá de tal manera, que sufrirá.

SI CONMIGO ESTÁN ENCONTRARÁN LA PUERTA

Muchos en ese sufrimiento encuentran la salida, como te sucedió a ti: Tuviste que sufrir para aprender y aprendiste, reconociste tu caída, tú falta, tú inseguridad. Es por eso, que quiero que escribas para que los demás se den cuenta, que si Conmigo están, encontrarán la puerta. La puerta para salir adelante, la puerta para salir al frente, la puerta para salir y luchar con ese mundo de traidores, ese mundo de engañadores, ese mundo de usurpadores. De ese mundo háblales, de ese mundo diles, para que sepan de quien cuidase, para que sepan de quien protegerse.

DOS MUNDOS QUE PARECEN IGUALES

De ese mundo diles, de ese mundo háblales. Que noten la diferencia entre dos mundos que parecen iguales, pero no lo son. Uno te ofrece la Vida Eterna gozando, el otro, una eternidad sufriendo. Háblales del porque suceden cosas, del porqué del sufrimiento, del porqué del calvario de aquellos escogidos por Mi Padre. Diles, diles y explícales lo que sucede con aquellos, que después de Conocerme deciden Olvidarme, deciden darme la espalda. Deciden Ignorarme, deciden borrarme de sus vidas, deciden… morir. Porque muerto es aquel que Me desconoce, muerto es aquel que Me olvida, muerto es aquel que Me ignora, porque muerto está su corazón. No importa lo que haga, vida no tendrá; vida no tendrán, porque muertos estarán.

-Dejé de escribir quería preguntarle algo, algo que estaba en mi mente, y me dijo:

No quieras saber antes de tiempo, no quieras lastima tu corazón, todo lo sabrás a su tiempo.

ESOS MUNDOS EXISTEN

Ahora diles, háblales de estos dos mundos. Diles que existen, y que de ellos, es la decisión de saber a cuál de ellos pertenecer; de ellos y de nadie más. Ellos tienen que decidir en qué mundo vivir, o en qué mundo morir. Diles lo que cada mundo ofrece, háblales del mundo que ofrece la vida eterna, y del mundo que ofrece una muerte igual. Tienen que conocer ambos mundos, deben de saber, que ambos mundos existen, y que ellos tienen el derecho de escoger a cual mundo pertenecer.

YO PERDONO AL INOCENTE, AL QUE NO SABE…

Aquel escogido, aquel que Mi Padre ha preparado, aquel que después de Conocernos nos da la espalda, ese sufrirá doble castigo. Porque Mi Padre dice: Yo perdono al inocente, al que no sabe. Pero ay de aquel que Conociéndome lo haga, porque doble castigo tendrá. Doble de todo, porque aun Conociéndome decidió olvidarme. Doble y más tendrá, así como doble y más tendrán los que Mis Leyes obedecieron, los que Mis Leyes respetaron; esos estarán Conmigo gozando doble, y más de lo que sufrieron. De gozo será su recompensa, como de dolor será para aquellos que las ignoraron. De gozo y bienestar para aquellos que las respetaron, de dolor y angustia para aquellos que no las respetaron. Estos sufrirán más porque ya las conocían, porque ya las sabían, y decidieron pisotearlas; esos sufrirán más, mucho más, pequeña, mucho más.

TIENEN QUE SABER DE AMBOS MUNDOS

Como ya te das cuenta, tienen que saber de ambos mundos para que por sí mismos decidan cual escoger. Nadie los va a obligar, nadie les va a decir cual escojan. Pero ellos lo harán a conciencia, y de saber y conocer de ambos mundos. Háblales de ambos mundos, háblales y diles, lo que les sucede a aquellos, que conociendo a Mi Padre, que conociéndome a Mí, nos olvidan, nos ignoran. Diles, diles lo que a ellos sucede, diles, que hasta pueden encontrar la muerte eterna. Explícales lo que eso significa, diles, diles lo que sabes; diles.

LO ENGULLÓ EL OTRO MUNDO

Te empecé a hablar del acontecimiento, de esa terrible desgracia. Él fue uno de los escogidos, él fue uno, que una vida llena de gracia le esperaba. La maldad lo atrapó, el mundo lo engulló, se lo tragó. Se lo tragó la vanidad, su ego lo derribó. Sabía quién era, sabía lo que era, pero pudo más la lujuria, que su amor por Mí. Pudo más su placer, que el placer de estar Conmigo, pudo más su vanidad, su ambición de poder, su ambición de tener, que el amor que Yo le daba. Lo engulló el otro mundo, mundo al que él no pertenecía, pero decidió pertenecer.

Subió muy alto, muy alto subió, y desde ahí cayó. Cayó para siempre, ya no podrá levantar, ya no podrá salir del mundo al que él decidió entrar. Ya no podrá salir, ya no lo hará, la muerte eterna encontrará. Ese será su final, ese, y nada más. ¿Existió? Nadie lo sabrá, porque ya no existirá más; una muerte eterna tendrá en donde, él sólo sabrá que existió, y nadie más. No te preocupes, pero toma el ejemplo, toma el ejemplo y da el ejemplo. Diles lo que sucede, o puede suceder a aquellos, que deciden desobedecer. Amén.

-AHORA VAN A SABER LO QUE ANTES NO SABÍAN ACERCA DE LA MADRE, VIRGEN MARIA DE ISRAEL Y JOSÉ Y EL PORQUE SUS LIBROS NO ESTÁN EN L BIBLIA

Jueves 28 de noviembre del 2013 a las 4:30 de la mañana
NUESTRO CRISTO JESÚS CUENTA LA HISTORIA DE MARIA Y JOSÉ:

-En ésta historia, Nuestro Cristo Jesús de Nazaret empieza haciendo éstas preguntas:

¿Ustedes creen que el Dios todopoderoso comete errores como cualquier hombre de la tierra?

¿Ustedes creen que el Dios Padre Todopoderoso actúa cual hombre de la tierra?

¿Ustedes creen que el Dios Padre Todopoderoso utiliza a las personas, y *la desecha a Su propia conveniencia, como lo hace el hombre de la tierra?*

Bien, con estas preguntas en mente, permítanme contarles una historia: La historia de María, y de José.

Mi Padre Dios Todopoderoso la eligió mucho antes de ella ser concebida. El Ángel aparece a Ana, la madre de María, y le anunció acerca de dar luz a una niña, y le aconsejó, que la llevara al templo para ser educada por los sacerdotes.

Cuando María era una mujer joven, el ángel del Señor le dijo, que ella iba a tener un hijo. María no estaba casada, por lo que ella estaba a punto de ser apedreada hasta morir. Ustedes ya conoce la historia: José llegó a su rescate, y se casó con ella.

Poco después llego Yo, tu Jesús. ¿Saben que ella tuvo que vivir en cuevas con el fin de protegeme? Bueno, ahora ya lo saben. Vivieron en cuevas por mucho tiempo. Ella soportó todo eso. Pero el verdadero dolor estaba por llegar: Ella fue testigos de la muerte y crucifixión de Su Hijo amado. Ella sufrió el dolor más horrible que una madre puede tener. Jesús murió, resucitó y ascendió al cielo. Así que, ¿Éste es el final de la historia de María…? Mientras lo piensan les voy a contar otra historia: La historia de José:

JOSÉ, UN VARÓN ESCOGIDO POR MI PADRE; VARÓN DE PADRES MUY HUMILDES

José fue, y es un varón escogido por Mi Padre, para que lo representara a Él aquí en la Tierra; fue y es, un varón excepcional. Nació de gente muy humilde, pero de un corazón de oro. Sus padres, unos campesinos sin educación alguna, no, no la tenían, pero tenían el conocimiento que les daba el amor que ellos le tenían, y le tienen a Mi Padre.

Eran sabios en sus decisiones, eran sabios en las cosas que hacían, o decían. Los campesinos de la comarca iban a verlos, sólo para poder platicar con ellos; sabían y sentían, que ellos eran algo especial. No sabían a ciencia cierta de donde venía su sabiduría, pero se daban cuenta, que ellos sabían, sabían muchas cosas de las cuales ellos aprendían. Aprendían a sembrar sus tierras, a conocer el tiempo para hacerlo, el tiempo para cosechar, pero lo que más aprendían, era sobre ese Dios que ellos mencionaban. Era un Dios que no veían, pero que les hablaba, a través de ellos podían escucharlo; sí, lo podían hacer. Ese Dios los ayudaba, los aconsejaba, ese Dios les decía lo que tenían que hacer, y cómo hacerlo. Ese Dios los cuidaba y cuidaba a toda su familia, ese Dios los quería, y se los demostraba. Se los demostraba, dando a ellos lo que ellos necesitaban.

Eran sabios en sus consejos, pero sabían, que ese Dios se los entregaba; así lo creían, es por eso que los frecuentaban. Lo hacían a menudo, lo hacían con constancia. Pero lo que más agradaba a ese Dios, es que lo hacían con respeto, con respeto y veneración. Lo veneraban a pesar de que no lo veían, lo veneraban a pesar de que no lo conocían. Lo conocieron a través de ellos, a través de ellos lo veneraban.

De esos padres viene el buen varón José, de esos padres él nació, a esos padres él veneró, y de ellos aprendió. De ellos aprendió a venerar a ese Dios que ellos conocían. Aprendió a hablar con Él; aprendió a ver Su Reino; lo contemplaba y fue a verlo. Lo llevó Él, lo llevó y le dijo: Este es Mi Reino, aquí vivirás; aquí viviremos todos en paz. José se maravilló de todo lo que contempló; y desde ese día, iba seguido a verlo, desde ese día, ya no lo dudó; sabía que Él era el Dios de sus padres, y así lo aceptó. Aceptó Sus enseñanzas, aceptó Su preparación, aceptó ser su alumno; alumno con preferencias. Él tenía la gracia de ese Dios que lo enseñaba, de ese Dios que le hablaba, y lo preparaba. Lo preparaba para que llegado el momento, él fuera quien cuidara de la Familia, Familia que en mente Él tenía. Ese Dios que él amaba, ese Dios le dijo todo, ese Dios lo preparó, ese Dios lo instruyó de lo que tenía que hacer.

Los años pasaron, José se casó, tuvo hijos, pero de su Dios no se olvidó, ni su Dios se olvidó de él. No lo olvidó, ni olvidó la misión que José había aceptado. Llegó el momento y José cumplió, cumplió la Misión que le había encomendado el Dios de sus padres, y ahora, su Dios. La cumplió, la cumplió hasta el último momento. La cumplió y vino a vivir a ese Reino que tantas veces visitó. Ahí se encuentra, ahí está, en el Reino que nunca lo dejo de amar, que nunca lo olvidó y al cual, él siempre respetó.

Llegó el momento, llegó el día y él conoció a María. María ya había sido escogida, ya había sido preparada, ya había hecho lo que se indicara: Ya había concebido al que vida diera a todo aquel que en Él creyera, a todo aquel que a Él respetara. María cumplió su cometido. María sufrió. María amo y sigue amando a Aquel Ser que ella concibió. Lo amo tanto, que por Él la vida dio. Dio su vida – Sí la dio, *porque Ella otra vida no conoció, otra vida no llevó; sólo la de amar a aquel Ser, que ella concibió.*

José la amó, no como se ama a una mujer terrenal. José la amó por ser la mujer del Dios que él tanto amaba; él la amó con respeto y veneración. Testigo él fue de lo que ella era: Era una virgen; una virgen pura y santa. Él fue testigo del amor que Ella tenía por Su pequeño Jesús, y por todo semejante. Todos iban a verla, y le pedían que hacer. Ella los aconsejaba con amor, con el amor que Ella era, y que Ella es. Ella es amor, porque Ella engendró Amor. Ella es amor y amor dio, daba y seguirá dando. Ella es amor y lo comprobó. Todo, todo dio por engendrar a ese Amor. Ese Amor que salvó, que salva, y que seguirá salvando. Amén.

-Hermano: si alguna duda tienes de lo que el Maestro Jesús ha entregado; hazte la siguiente pregunta:

¿El Padre Omnipotente, Creador de todo lo visible, e invisible comete errores? ¿Ese Padre Todopoderoso puede actuar como cualquier hombre lo haría? ¿Ese Dios Todopoderoso puede usar a una persona, y desecharla una vez que ya no la necesita?

¡NO! No, porque Él no comete errores. Él eligió a María mucho antes de que Ella fuera concebida. Con mucho tiempo la eligió, la preparó, la educó para que fuera Su Esposa, y la Madre de Su Hijo. Y cómo pudiste leer en lo que El Maestro Jesús dijo: lo mismo hizo con José. También a él lo preparó por mucho tiempo para la Misión que Él tenía en mente.

-Ellos fueron, y son personas ejemplares, únicas; seleccionas por Él para esa misión. Cómo pudiste darte cuenta, María sufrió. María hizo todo lo posible para proteger a aquel Ser, porque Ella sabía a quién ella había engendrado: Al Hijo de Dios Padre; al Hijo de Su amado Esposo; al Hijo de Aquel que tanto la amaba, y tanto le había enseñado. Sí, Nuestro Padre eterno la había preparado; la había educado para tal ocasión. Ella vivió en cuevas para así poder salvar su Niño Jesús del rey que lo quería matar. Y como dijo el Maestro Jesús:

Otra vida no tuvo, otra vida no conoció, sólo la de cuidar al Ser, que Ella engendró.

Ella sufrió hasta el final, cuando tuvo que ver a ese Ser morir de la forma que lo hizo: acusado de crímenes que Él no había cometido. Lo vio sangrar, derramar una sangre inocente; una sangre que no había cometido pecado alguno. Ahí estaba María, a Sus pies; sufriendo todos y cada uno de los golpes que él estaba recibiendo, y *ahí recibió de Él, a Sus hijos. Él le dijo: María, eh ahí a Tus hijos; cuídalos, ámalos y protégelos.* Desde ese día, Ella está al pendiente de todos nosotros. Cuando Ella llega a entregar Su mensaje de amor, se puede sentir ese amor. Ella es amor porque engendró Amor. Ella es bondad porque engendró Bondad. Ella es pureza, porque pureza Él escogió, para ser la Madre de Su Hijo; y Él, Él no se equivoca ni comete errores. Él supo a quién preparar, y a quien elegir para ser Su esposa; la esposa que ocupa junto a Él un lugar en el Trono. Ella está a su Izquierda, mientras que nuestro Señor Jesús está a Su derecha. Y a la derecha del Hijo, está Elías, o El espíritu Santo. Sí hermanos: Ella está en el Trono de Dios.

-Hermano: Muchas doctrinas, o religiones niegan la virginidad, y pureza de María. Por lo tanto, si tú eres uno de esos te sorprenderá saber esto, ya que por siglos se te ha dicho algo mucho muy diferente. Pero como ya te diste cuenta, ésta es una de las historias que no están en las Sagradas Escrituras por voluntad de la mente humana; que por no entenderlas, ni creerlas, decidió quitarlas, y ocultarlas a la humanidad.

-Nuestro Jesús de Nazaret dice, que hay muchas más escrituras que Él dejara, pero que fueron escondidas. Pero también dice, que esas escrituras tienen que aparecer porque esa es Su voluntad. Su voluntad es que todo salga a la luz, y que se conozca la verdad; la verdad que hasta ahora ha sido escondida, ocultada a la humanidad. Todo saldrá a la luz, es lo que Él me ha dicho, y así será. Amén. Así es que todavía hay mucho más por saber, y aprender.

ENSEÑANZAS DEL MAESTRO

*Esto es algo que fue entregado en 1995 por uno de los Maestros del Maestro Jesús; y que hace referencia lo anterior. Esta es la respuesta del Maestro, a una pregunta que un miembro del templo le hizo en enero 15 de 1995:

LAS SAGRADAS ESCRITURAS

MAESTRO FUBBI QUANTZ

-Un hermano pregunta al Maestro lo siguiente: En el alto y Bendito Nombre del Señor yo le saludo Maestro. ¿Qué pasó con el ser que se encargó de cuidar a Cristo; o sea José?

-El Maestro contesta: *En ese Bendito Nombre yo te contesto oh hermano querido. Has hecho la pregunta: ¿Qué fue lo que pasó con el buen José? ¿Qué pasó con aquel Santo Varón que fue escogido para cuidar del pequeño Jesús? Que fue escogido para guiarlo; que fue escogido para preservar a María Virgen y Pura. ¿Qué ha pasado con él? Te habéis preguntado. Has dicho: ¿Por qué no está en Las Sagradas Escrituras nada de ese Santo Varón?*

Mas te dice Fubbi Quantz: En Las Escrituras estaba, mas fue quitado por voluntad del hombre. Mas te dice Fubbi Quantz: En un lugar privilegiado se encuentra ese varón. Un lugar privilegiado, por haber cumplido aquella misión encomendada, por haber sido puro, por haber sido creyente, por haber entregado su cuerpo, su alma, su corazón, su mente a aquel pequeño Niño y a aquella videncia que había tenido, y en la cual había creído. Él tenía la videncia, contemplaba a los ángeles del cielo, contemplaba al Padre, escuchaba al Padre hablarle. Contemplaba las grandezas que se encontraban en las Alturas. Cuándo la duda estaba ahí, ahí estaba la videncia para aclarársela. Cuando él tenía la preguntilla, ahí estaba la videncia para aclarársela.

Cuándo él contempló al pequeño Jesús lleno de luz; cuando él contempló aquel cuarto lleno de la luz morada, cuando él contempló a María rodeada de esa luz azul: Él creyó. Él creyó más y más, y fue creyendo porque él fue partícipe, porque él fue testigo de los milagros que fue haciendo el pequeño Jesús. Uno a uno los fue viendo, uno a uno fue comprobando, que en verdad era el Hijo de Dios al que él había traído. El que estaba ahí con él, el que él cuidaba: Era el Hijo de Dios.

Conservaba a aquella bella Doncella limpia y pura. La conservaba, porque ya sabía que estaba destinada a ser la Madre de aquel Ser especial. Porque estaba destinada a ser La Madre del Universo. Porque estaba destinada a ser La Madre de todos y cada uno de los hijos de Israel. La conservaba, la veneraba, la cuidaba y contemplaba alborozado, los Milagros que iba haciendo Jesús. Contemplaba alborozado las gracias que tenía María. Porque María tenía la gracia de hablarle al pueblo. María tenía la gracia de estar atenta a lo que el pueblo necesitaba. Sin hacer gran alarde, ayudaba y protegía. Enviaba a su Hijo a que hiciera aquella gracia, aquel Favor. Así María alababa a su Dios y Señor. Así José cada día más, aquel Santo Varón se iba convenciendo. Más y más creyó, que había sido un escogido para algo grande; para algo hermoso: Cuidar al Hijo de Dios.

Todo esto estaba en las Escrituras. Estaban sus videncias; estaban sus testimonios; mas fueron quitados por la mano que no fue la voluntad de Mi Padre. Es por eso que el mundo no se ha enterado de lo que ese Santo varón representaba. Mas te dice Fubbi Quantz en bendita alba de gracia: En lugar especial se encuentra; en lugar especial se encuentra en el Corazón de Jehová.

-El hermano dice: He ahí de la respuesta de eso que dicen, que *Jesucristo* tuvo más hermanos es mentira, pues fue puesto por el hombre de la Tierra.

-El Maestro responde*: El mundo, utilizando su libre albedrío cambió Las Escrituras, pequeño. El mundo, utilizando su libre albedrío y su propia falta, su propia imperfección, cambio Las Escrituras, pequeño. Es por eso que Fubbi Quantz te pudo haber dicho: pueblo de Israel, el agraciado puedes encontrarte. El agraciado eres, porque tienes ante ti a quién sabe, a quién conoce Los Sagrados Arcanos de la Sabiduría, a quién conoce Las Sagradas Escrituras, a quién te puede quitar la duda; a quién puede aclarar de tu entendimiento. Alabado y glorificado seas pueblo de Israel. Alabado y glorificado seas hermano, porque la duda llevas y porque tienes ante ti a quién puede aclarar de ella. Amén.*

-Esto es lo que el Padre Todopoderoso dice de las almas que se van de este mundo sin conocerlo a Él.

Viernes 29 de noviembre del 2013 a las 5:30 de la mañana
Padre Todopoderoso dice:

EN SU MUNDO ESTABAN, Y AHÍ SE QUEDARON

Te pedí que descansaras, porque quiero que escribas algo que va a cansar tu mente, algo que te va a hacer pensar. Escribe y veras que así es:

Tremendas cosas ocurrirán no muy lejos de aquí; serán cosas que a todos harán sufrir. Todos llorarán, todos lo van a sentir. Van a sentir por aquellos que no pudieron sobrevivir; aquellos que perecieron; aquellos que se fueron. Muchos no llegaron a conocer nada de Mí. Yo traté de hablarles, traté de explicarles, pero no Me quisieron oír. En su mundo estaban ellos, en su mundo se quedaron. Se quedarán a sufrir peor de lo que ellos pensaron. Ahora están en su mundo; pero nadie los contempla, nadie les presta la ayuda que ellos necesitan, nadie se acuerda de ellos, nadie los visita. Están en su mundo, mundo que ellos forjaron, están en su mundo, mundo que ellos prefirieron.

PERECIERON, Y MUCHOS AÚN NO LO SABEN

Los invite a Mi Mundo, pero Mi Mundo no quisieron. Los invite con amor, con odio me despidieron, con odio se alejaron de Mí, con odio ellos perecieron. Perecieron, y no lo esperaban, creían que a ellos no pasaría; perecieron, y muchos aún no lo saben. Perecieron y siguen pereciendo porque no entienden nada, nada de lo que les ha pasado. Pensaron que con su fe, a ellos nada les pasaría. Pero su fe, era el poder, poder que ellos tenían, poder que ellos poseían; ese era su poder: Las cosas que ellos tenían. Ese era su poder y ellos así lo creían.

EN SU MUNDO SE QUEDARON

Se creían invencibles por lo que ellos tenían; creían que a ellos nada, nada les pasaría. Les pasó, y ahora sufren; sufren por lo que sabían, y por lo que no saben. No saben que perecieron, no saben que ya no están, ya no están en el mundo que ellos creían estar. Ya no están aquí, porque están allá, allá donde ellos ahora no quieren estar. Pero Yo lo invite a Mi Mundo, y ellos me rechazaron. Yo les invite a Mi Mundo, y en su mundo se quedaron, se quedaron a sufrir, se quedaron a aprender. Tiempo, mucho tiempo les llevará el poder hacerlo. Mucho, mucho tiempo para que puedan entender, que la Gloria Yo les ofrecí, y no lo quisieron creer. Lo creerán ahora, pero tiempo pasará para que lo hagan; tiempo en el que tendrán que sufrir y llorar, pero nadie los escuchará, nadie hará por ellos una plegaria, nadie los recordará.

Habla y diles a Mis hijos, que ellos pueden ayudar. Diles lo que tienen que hacer para que estas almas puedan descansar. Diles, diles, que en sus manos está el descanso de estas almas; el descanso que necesitan para que puedan pensar, para que puedan entender en qué mundo están. Esa será una gran ayuda, eso será un adelanto más, para todos aquellos que a estas almas quieran ayudar.

Son muchas almas que atrapadas se pueden encontrar. Son muchas almas que no encuentran su lugar. Unos ya se dieron cuenta, otros todavía no; todavía no saben lo que pasó. Los que ya se dieron cuenta, tratando están de salir del mundo donde se encuentran. Ayuda piden a familiares y amigos que en este mundo dejaron; con tristeza contemplan, que ellos ya los olvidaron. Ya no se acuerdan que a ellos, en su tiempo ayudaron. Ya no se acuerdan, y si lo hacen, no lo hacen para ayudar.

QUE APRENDAN A AYUDAR A ESTAS ALMAS

Son pocos, muy pocos los que elevan una oración para el alma que se fue. Son pocos, muy pocos los que dicen: Que en paz esté. Son pocos, porque los otros piensan, que ya hecho es. Que ya es un hecho que en paz ellos estén; que ya todo está acabado, que ya todo fue hecho y dicho. Pero tú sabes que no es así, tú sabes lo que estas almas necesitan, tú lo sabes, enseña a Mis hijos a que también ellos lo sepan, que también ellos aprendan a ayudar a estas almas. Almas que en su mundo vivieron, almas que en su mundo quedaron. Enséñalos, enséñalos para que así mismo, ellos se ayuden. Que aprendan, que hay recompensa para aquellos que a estas almas ayuden.

RECOMPENSA TENDRÁN LOS QUE AYUDEN A ESAS ALMAS

Diles, que Mi Padre y todos Nosotros, recompensa daremos a todos y cada uno de ellos, a todo aquel que ayude a estas almas a llegar al cielo. A que salga de este mundo, y empiece su camino al Mío. Que empiecen a saber, que Mi Mundo los espera, que Mi Mundo los ha estado esperando generaciones enteras. Que Mi Mundo sigue esperando hasta que ellos quieran, quieran dejar de sufrir, quieran morir para después vivir. Porque empezarán a saber, que muertos en vida estaban, que muertos eran porque no Me frecuentaban, no Me visitaban, no Me preguntaban. No Me preguntaron nada; sin saber se quedaron. No Me preguntaron nada, y nada, nada se llevaron.

PERO TIENEN QUE APRENDER PARA QUE LO PUEDAN HACER

Diles, diles lo que sucede a las almas, que su corazón pusieron en las cosas de su mundo. Diles y dales ejemplos para que ellos entiendan, que hay mucho por hacer, que hay mucho por aprender, que tienen que aprender para que lo puedan hacer. Que lo tienen que hacer, para que ayuden a su alma no perder.

CREAN EN LO QUE YO LES DIGO

Crean, crean, crean en lo que Yo les digo, crean, que por su bien Yo se los digo. Dense cuenta de la verdad, dense cuenta de la realidad: Lo que hasta ahora saben, a muchos no los va a ayudar. Pero si aprenden Conmigo, eso se va a multiplicar. Lo que ya saben, y lo que Yo sé, unidos harán la fuerza que necesitan para vencer, vencer los obstáculos que en su camino tendrán, vencer las adversidades que se encontrarán, vencer todo lo que tienen que vencer. Entonces, se darán cuenta qué unidos lo vamos a hacer, que lo que tú sabes y Yo sé, nos hará victoriosos, nos hará vencer.

YO SOY EL PRINCIPIO, Y EL FINAL YO LO SÉ

No pienses que Yo no sé lo que digo, porque lo sé. Lo sé, porque Yo Soy el Principio, porque el final Yo lo sé. Tú apenas empiezas, y crees que lo sabes todo; no sabes lo que necesitas saber, no tienes lo que necesitas tener. Tendrás lo que necesitas, tendrás lo que necesitas para poder hacer, para poder decir que sabes, pero acepta lo que Yo sé. Yo Soy el Principio, Yo Soy el Fin. Para que tú sepas lo que Yo sé, es sin fin. No habrá fin a lo que quieras aprende, no habrá fin si lo quieres hacer. El fin Soy Yo, tú eres quien se limita. Tú ere quien dice: Ya no quiero más. Ya no quiero saber más. Tú eres quien pondrá fin a lo que quieras saber. Sabrás lo que ya sabes, sabrás más de lo que ya sabes.

YO SOY EL QUE SABE: YO LOS ENSEÑÉ

Siempre habrá más para aprender; siempre habrá más secretos por revelar. Yo Soy el que sabe. Yo Soy el que da. Yo Soy el que dice que pasó, y que pasará. Tú conoces tu Presente, y un poco de Tu pasado. Pero Yo conozco todo, todo lo Presente, todo lo Pasado, y todo lo que pasará. Yo soy el ÚNICO que lo sabe. Yo soy el ÚNICO que lo sé. Es por eso que Mi Mundo pongo ante ti, para que te lo hagan saber. Ellos te van a enseñar lo que Yo sé. Te lo van a enseñar, porque Yo se los enseñé. Ellos lo saben por Mí, por Mí, ellos te lo enseñarán a ti.

ESTÁN AQUÍ PARA AYUDAR

No los dejes esperando, que están aquí para ayudar. No los dejes esperando, que se pueden cansar; se pueden cansar e irse; irse a otro lugar; lugar donde los acepten, lugar donde los escuchen. Lugar donde quieran aprender lo que Yo a ellos les enseñé. No los hagas esperar, porque lo pueden hacer, pueden irse, y dejarte sin saber. No sabrás nada, y nada podrás hacer por ti y por las almas que se van a perder. Se van a perder, porque tú no quisiste aprender para ayudar a salvarlas, para ayudar a su camino encontrar. Se perderán porque no quisiste aprender, no quisiste darte cuenta, que Yo sabía, que Yo sé, y que Yo seguiré sabiendo lo que tú no quisiste aprender.

Yo tengo Mi conocimiento. Mi conocimiento doy a todo aquel que lo busque con devoción; con devoción y respeto; con devoción y respeto Yo se los daré. Yo Soy el que sabe; si quieres aprender, ven y aprende Conmigo, que Yo te daré el conocimiento que necesitas tener, para que tu alma, y las almas que ayudes, no se vayan a perder. Amén.

Sábado 30 de noviembre del 2013 a las 3:20 de la mañana
MENSAJE, ENSEÑANZA, PROFECÍA

CRISTO JESÚS DE NAZARET DICE:

QUIERO HECHOS Y NO PALABRAS

Escribe, que hoy te voy a entregar algo, para que compartas con todos, todos lo van a ver, y lo van a entender. No va a ser difícil que lo entiendan, va a ser claro y entendible: Deja que todo suceda como tiene que suceder, deja que todo llegue, que todo llegará. Lo que quiero que digas, dirás, lo que quiero que hagas, harás. No preguntes, solo hazlo. Hazlo con amor, hazlo con devoción, es todo lo que te pido, si amor para Mí tienes en tu corazón.

QUIERO QUE ME CONOZCAS Y QUE TE CONOZCAS

Te he escuchado decir que Me amas, te he escuchado decir, que Conmigo estás, te he escuchado decir, que Conmigo te encuentras; ahora, todo eso lo quiero ver. Yo quiero que sean hechos, y no palabras. Quiero que sean hechos, para poderte creer, y para que tú lo creas también, también tienes tú que saberlo. Tienes que saber si lo que dices, es verdad; tienes que darte cuenta si lo que dices, no es falsedad. No te estoy diciendo falso, porque no lo eres. Porque dentro de ti piensas que lo que dices, verdad es. Pero quiero que por ti mismo lo compruebes; quiero que por ti mismo sepas la verdad.

Quiero que Me conozcas, quiero que te conozcas para que podamos hablar. Hablaremos de muchas cosas, cosas que ya sabes, y cosas que sabrás. Sabrás más de lo que ya sabes, mucho, mucho más. Dame la oportunidad de que te conozcas, que te des cuenta, de qué, y quién eres. Dame la oportunidad de decirte lo que tienes que hacer, para que nos podamos entender. Nos entenderemos, si así lo quieres hacer; nos entenderemos y juntos vamos a aprender. Vamos a aprender mucho, vas a aprender a Conocerme, y a conocer Mi reino. Mi Reino te está esperando desde hace tiempo, pero el camino no has encontrado, no has podido llegar.

ACÉPTAME COMO TU MAESTRO

El camino soy Yo. Yo te llevaré hasta Mi Reino. Pero tienes que saber muchas cosas antes de llegar a Él. Él te espera. Él quiere verte llegar, pero quiere que vayas Conmigo de la mano, y haciendo Mi voluntad. Mi voluntad es que lo hagas como Él te lo pide. Mi voluntad es que le entregues a Él todo tu amor. Él tiene mucho amor para dar. Él tiene muchas cosas para ti, pero Él quiere, que primero me escuches a Mí. Yo te tengo que enseñar. Yo te tengo que decir. Yo te tengo que preparar para que a Él puedas llegar.

Acepta lo que te pido, acéptame como tu Maestro, acepta Mis enseñanzas, acepta Mis consejos; todo eso te llevará a Su presencia. Si a Su presencia quieres estar, haz lo que Yo te digo: Acéptame como tu Maestro y Yo iré contigo. Juntos iremos hasta donde Él está; juntos pasaremos con Él la eternidad. Dime, que eso es lo qué quieres, dime, para luego empezar, empezar a aprender el camino a llevar; el camino que nos llevará a Él. Dime, que eso es lo que quieres, y empezaremos a estudiar, estudiar la forma de llegar a Él, y juntos pasar una eternidad. Yo te enseñaré, Yo te diré, Yo te llevaré de la mano hasta donde Él está. Yo lo haré si me das la oportunidad, la oportunidad de enseñarte cómo llegar. Escúchame, atiéndeme, y juntos lo vamos a lograr. Amen. Jesús de Nazaret.

Lunes 2 de diciembre del 2013
SUEÑO/VISIÓN:

-Veo que alguien me está ayudando a traducir lo siguiente: No pueden creer lo que sus ojos ven. Amén.

Miércoles 11 de diciembre del 2013 a las 3:15 de la mañana
SUEÑO/VISIÓN: UNA ESTUFA BLANCA Y NUEVA

-*Veo que estoy en la cocina de la Casa de Oración; ahí está el Pastor y unos trabajadores, arreglando una estufa blanca. Veo que la estufa es nueva veo, que uno de los pilotos está en el lugar equivocado. Un trabajador se da cuenta del problema, y le explica al Pastor, que él había puesto la estufa de esa forma, para que el inspector pasara la inspección. El pastor le dice: Bien, ahora has todo otra vez, para el inspector que viene. Amén.*

Viernes 13 de diciembre del 2013 a las 2:15 de la mañana
SUEÑO/VISIÓN: YA FUI UNGIDA

-*Veo que estoy conversando con la secretaria de la Casa de Oración. Le estoy diciendo, que yo ya fui ungida, que me ungieron con aceite de oliva. Ella me mira y me dice: Si, pero a mí me tienes que respetar. Yo la veo y pienso, en lo que yo soy. Amén.*

Martes 17 de diciembre del 2013 Este es el día que tuve el sueño de *los pica piedras* que narro junto con el del Pastor escribiendo con piedras.

Miércoles 18 de diciembre del 2013 a las 5:25 de la mañana
ENSEÑANZA: CRISTO JESÚS DICE:

AMOR, AMOR, AMOR ERA LA CLAVE

Se te dijo que hicieras lo que tienes que hacer, hazlo y hazlo bien, para que puedas obtener la gracia de ver lo que va a suceder. Va a suceder, no te quepa duda, va a suceder, y lo vas a ver. Va a suceder y todos dirán: Pero cómo fue, si yo no lo vi llegar. No lo vieron, porque no se prepararon; no lo vieron, porque no lo desearon. No desearon verlo, y no lo vieron. No quisieron verlo, y sin verlo se quedaron. No lo verán, porque no lo desearon. Aquellos que lo quieran ver, lo verán; aquellos que lo quieran tener, lo tendrán; los que no, no lo verán, y no obtendrán. ¿Obtendrán? Ya lo verás. ¿Aceptarán? Tú lo verás, serán capaces de ver, y de entender todo aquello que verán, y todo aquello que escucharán.

CUIDA TU HOY

No temas por el Mañana, que el Hoy está aquí. El Mañana seguirá al Hoy, y Hoy pasará a Mañana. Por lo tanto, cuida tu Hoy para que tu Mañana sea fructífero; cuida tu Hoy, que tu mañana será de amor y regocijo. El regocijo tendrás Mañana, si cuidas tu Hoy. Tu Hoy es importante, tu Hoy es lo que te llevará a ver lo que Mañana no verás, si no cuidas tu Hoy. Hoy ves lo que en el Hoy de Ayer no viste. Hoy ves lo que en el Hoy de Ayer perdiste. Ahora, cuida tu Hoy para que tu Mañana no sea triste.

¡Cuídalo! Haz lo que tu Hoy te pide. Hazlo, hazlo y hazlo bien, y Mañana tendrás lo que bien hiciste, lo que bien luchaste, lo que bien obedeciste. Mañana lo verás y sabrás, que valió la pena saber esperar, *esperar lo que el Hoy te dijo que esperaras. Esperaste, hiciste lo que el Hoy te dijo hacer, ahora en tu Mañana lo vas a agradecer. Vas a ver, que lo que el Hoy te decía, era verdad: Que tenías que esperar para poder lograr, lo que el Mañana te iba a traer.*

TE TRAJO FELICIDAD

Te trajo, ya lo ves. Te trajo felicidad, gusto y bienestar, te trajo lo que pedías; te trajo lo que deseabas. Te trajo todo y mucho más, mucho más que Hoy gozas por saber esperar. Mucho más que Hoy tienes para poder dar, dar lo que siempre quisiste dar, dar lo que siempre quisiste tener, para poder dar. Lo darás, lo darás llena de gusto y felicidad, lo darás con tu corazón; lo darás con todo tu ser. Lo darás y satisfecha te vas a poner al ver que lo que das, lo van a querer, lo van apreciar y sobre todo, lo van a amar. Lo amarán, ya lo verás, lo amarán y van a pedir más, más se les entregará, más recibirán y más apreciarán.

NO TENDRÁN LLENE, YA NO QUERRÁN PARAR

Más apreciarán al darse cuenta, que saben lo que no sabían, que ven lo que no veían, que entienden lo que no entendían, y que ahora comprenden más de lo que antes comprendían. Se verán satisfechos por lo que han aprendido. Pero no querrán quedarse así; querrán más, más, y más se les dará; no tendrán llene, ya no querrán parar. Querrán saber más, para más entregar. Ya no dudarán; ya no dirán que no es. Lo sabrán porque lo vivieron, lo sabrán porque lo sintieron. Lo creerán, porque no podrán negar lo que sus ojos ven, no podrán negar lo que su corazón siente. No lo podrán negar y así lo dirán.

LO DIRÁN ORGULLOSOS DE SABER

Dirán todo lo que saben, todo lo que han visto, todo lo que han viajado. Todo, todo lo dirán orgullosos de saber, que fueron y lo vieron, que fueron y estuvieron en el lugar en que los hechos ocurrieron. Nadie podrá decirles que no es verdad; ellos lo sabrán y nadie les dirá que no fue así. Podrán dar detalles, podrán describir hechos que nadie sabe, pero los van a saber, porque ellos fueron y los vieron, los presenciaron, los escucharon, y ahora ellos vienen y los cuentan, tal y como pasaron, tal y como sucedieron, y nadie les dirá que mentira es. No podrán decirlo, porque lo dirán con tal detalle, que nadie podrá negar lo que dicen, y lo que afirman.

AMOR ENTREGARÁN

¡Oh! cuantas vendas de oscuridad caerán. ¡Oh! cuantas preguntas serán contestadas. ¡Oh! cuanta ignorancia había. ¡Oh! cuanto conocimiento que no sabían. ¡Oh! cuanto AMOR verán en aquellos que si lo sabían; en aquellos que si tenían AMOR en su corazón. AMOR para todo lo que Él creo. AMOR y más AMOR y eso entregarán. AMOR y más AMOR y se darán cuenta, que AMOR era la clave. Que AMOR era la clave, para ver y entender todo, todo lo que ahora entienden, todo lo que ahora ven. AMOR, AMOR, AMOR era la clave, y AMOR obtuvieron, cuando AMOR dieron, y cuando AMOR pidieron. AMOR, AMOR, AMOR es la clave de todo. AMOR, AMOR, AMOR. Amén. Maestro Shalin.

Sábado 21 de diciembre del 2013
SUEÑO/VISIÓN

-Veo que alguien me dicta algo, y lo estamos corrigiendo. Amén.

Martes 24 de diciembre del 2013

Se comunican conmigo las personas de México, tal y como el Padre me había dicho. Amén.

Domingo 29 de diciembre del 2013
SUEÑO/VISIÓN:

EL SERMÓN ME LO ESTABA DIRIGIENDO A MÍ

-Veo que estoy en la Casa de Oración y el Pastor está entregando su sermón, pero él no está en el lugar de siempre, está más a su derecha. Era como si había extendido la plataforma hasta llegar a la tercera, o cuarta fila de bancas. Veo que estoy de pie mirando de lado, y no de frente como cuando él está en el lugar de siempre. Veo que el Pastor queda exactamente frente de mí, y que al estar entregando el sermón, me mira fijamente. No recuerdo el tema, pero sé, que el sermón me lo estaba dirigiendo a mí. Era como si el Pastor, a mí me estaba diciendo todas esas cosas. Amén.

Miércoles, 8 de enero del 2014
FRASE:

-Mientras el corazón no cambie, sólo serán palabras y nada más.

-Todo esto se me entregaba; todo esto se me decía. Yo lo quería entregar, quería decirles a todos lo que se me estaba entregando, pero no me dejaban.

-Llegó el 2014, el Padre me había dicho, que tenía que ir a México en una misión. Ya Él me había proporcionado todo para que pudiera viajar. Yo había estado muy enferma, y le pedí esperar hasta sentirme mejor; pero Él no estuvo de acuerdo, y así enferma emprendí el viaje. Pero como Él en todo está, hizo que la persona que me vendió el boleto, pidiera, que una silla de ruedas me esperara en cada aeropuerto. Con la gracia del Señor y eso, hizo posible y más placentero mi viaje. Al regresar, nuevamente empezó a entregarme mensajes, videncias y profecías, las cuales tenía que entregar a estos de mis hermanos. La noche antes de salir de México, me entregó la siguiente videncia:

Viernes 10 de enero del 2014
SUEÑO/VISIÓN: USAN MANTECA PARA COCINAR

-Veo que estoy en el aeropuerto acompañada de mi hermana. Habíamos arribado más temprano, y el hermano que estaba supuesto ir a recogernos no había llegado. Busco un teléfono, para llamarlo y decirle que ya habíamos llegado al aeropuerto. Luego mi hermana y yo buscamos un lugar para comer. Llegamos a un lugar, y la dueña le pregunta al cocinero, qué si usa manteca, o aceite para cocinar. El cocinero está sentado a mi lado, se voltea y ve a la dueña, y le dice algo sobre el aceite, que resultó ser manteca. Le digo a mi hermana, vámonos; usan manteca para cocinar. Amén.

-Este sueño indica una vez más, que inclusive en mis sueños, evito comer puerco o sus derivados. Amén.

Sábado 11 de enero del 2014

-Encontrándome con más preguntas que respuestas, el Padre me dice que escriba. Le dije: Me dijiste que escribiera, ¿Qué es lo que quieres que escriba? Y Dios Padre dice:

TIENEN QUE HACER LO QUE SE LES ORDENÓ

Escribe, escribe, escribe, que ahí vas a encontrar la respuesta a todas tus preguntas. Escribe y confirmarás, que Yo no miento, ni prometo en falso. Si te dije, que era palabra de Cristo Jesús de Nazaret, es Mi palabra, y hecha y efectiva será. Haz lo que tienes que hacer, ya sabes lo que tienes que hacer; hazlo y hazlo bien.

El alba de mañana irás y entregarás un mensaje. El mensaje será: Que tienen que hacer lo que se les ordenó. Que esto no es un juego, que esto es una orden que tienen que acatar. Tienen que escribir lo que se les dijo escribir, porque es una orden de las Alturas y como tal, debe obedecerse. Diles, que llegará el momento en que se van a dar cuenta del porqué de ésta ordenanza. Diles, que no traten de analizarla, sólo obedecerla. Diles, que Yo no soy un juego, ni doy órdenes como juego. Diles, que de ellos mismos saldrá la respuesta a esta ordenanza.

-Sé que lo entregué, sé que les dije, que el Padre insistía en que escribieran todo, que Él no estaba jugando, y que era una orden de Las Alturas. ¿Pusieron atención? No lo sé, lo que sé, es que nada sucedió. Le dije al Padre: Ayúdame, porque estos de Tus hijos no quieren escuchar, creen que ya lo saben todo, y Tú sabes que no es así, pero están tan apegados a su ideología, que no dan cabida a nada más.

Pero lo harán pequeña, lo harán. Por ellos mismos se sabrá la verdad, porque a través de ellos me voy a comunicar; ya lo verás pequeña; ya lo verás.

-Padre: Para mí, todo lo que Tú me enseñas es maravilloso. ¿Pero cómo lo van a tomar estos de Tus hijos?

Va a tomar tiempo, pero van a tener que aceptar la verdad. Van a tener que darse cuenta, que Yo no soy mentira ni falsedad, que lo que Yo digo, es la verdad, y nada más que la verdad.

-Padre, yo Te creo, y les creo a todos Tus Maestros; es por eso que quiero, que todos vean la verdad, que conozcan la verdad, y aprendan a reconocer la verdad de la impostura. Padre, sé que Te he pedido milagros para que esto de Tus hijos puedan creer. Lo hago, porque ya no hay tiempo para esperar a que crean sin ver, pero aun así sé, que habrá quienes no van a creer; van a ser peor que Tomás, porque Tomás, quería ver para creer y creyó cuando vio, pero sé que muchos de Tus hijos, ni viendo van a creer.

Sábado 11 de enero del 2014
ENSEÑANZA:

¿POR QUÉ LA HOMOSEXUALIDAD?

-El Padre ya me había dicho, que el enemigo estaba usando a los homosexuales para evitar que el mundo volviera sus ojos hacia Él. Que el enemigo sabía, que con eso él iba a ganar terreno. Me explicó por qué lo estaba haciendo: Me dijo, que dentro de esos homosexuales existen almas que han sido llamadas por Él Todopoderoso, para hacer grandes cosas aquí en la tierra. Que el enemigo lo sabe, y quiere evitarlo a toda costa, guiándolos a través de la lujuria, y las bajas pasiones. Porque eso es, lujuria y bajas pasiones. ¡No es amor como algunos dicen! ¡No es amor! Porque Dios es amor, y Él Todopoderoso ya escribió, que eso es una aberración; pero en lo que Él no está de acuerdo, es en la ignorancia de esos de Sus hijos, que están asesinando, maltratando, e insultando a los homosexuales. Él quiere, que haya quien les explique a esos de Sus hijos que han desviado su sexualidad, el porque son lo que son. Pero hasta ahora nadie lo ha hecho, y el gigante ciego sigue guiando a los ciegos. Amén.

Sábado 18 de enero del 2014
SUEÑO/VISIÓN: FUI INTERRUMPIDA CON APLAUSOS

-Veo que estoy en la plataforma de la Casa de Oración entregando un mensaje. No había terminado de entregarlo cuando el Pastor, y todos los demás empezaron a aplaudir, y a cantar una alabanza. Luego veo que yo ya no estoy sobre la plataforma, sino abajo, y me les uno en la alabanza; pero sigo pensando, que yo no había terminado de entregar el mensaje, cuando fui interrumpida con los aplausos, y la alabanza. Amén.

-Esta profecía se cumplió cuando entregué la primera parte de la propuesta del Padre. No había terminado, cuando el Pastor se levantó y empezó a aplaudir y todos empezaron a aplaudir junto con él, y me faltó mucho por decir.

Domingo 19 de enero del 2014 a las 10:45 de la mañana
MENSAJE/PROFECÍA/ALERTA

CRISTO JESÚS DICE:

MIS HIJOS, PREPÁRENSE

-Estando dentro de la Casa de Oración, el Señor me pidió que fuera a buscar mi libreta, lo hice y esto es lo que me entregó:

No saben, pero algo muy grande está por llegar. Yo no quiero que estén desprevenidos. Yo Quiero que estén preparados para enfrentar lo que viene a todos. Yo los amo a todos, es por eso que les estoy avisando. Por favor, prepárense, lo que viene es enorme y destructivo – Yo no quiero que estén atrapado en el medio.

YO SOY EL ÚNICO QUE LOS PUEDE AYUDAR

Mis hijos, prepárense, estén preparado para enfrentarlo. Esto hará que piensen en Mí y se den cuenta, que YO SOY EL ÚNICO que los puede ayudar; y lo haré. Pero necesito que estén Conmigo en un TODO, que no nada más lo digan, sino que en verdad lo sientan – Significa, que están Conmigo y que Me aman. Ese momento no va a ser el momento para Alabarme, será el momento para demostrar que están Conmigo. Un momento para conocer, qué tan profunda es su fe, su fe y su amor por Mí. Lo que viene hará algunos dudar de su fe, y muchos hasta negarán Mi Existencia. Sí, así de pesado y fuerte será lo que viene. Pero los que están Conmigo en un TODO, van a sobrevivir y alabarán Mi nombre. Así que por favor, empiecen a prepararse ahora para lo que viene.

SU CIUDAD, O PAÍS VA A CAMBIAR DRÁSTICAMENTE

Su ciudad, va a sufrir algunos cambios fuertes, cambios, que para algunos van a estar bien, pero no para aquellos que realmente Me conocen. Ellos van a luchar en contra de aquellos que niegan que Yo existo. Pero su lucha será desigual, debido a que habrá más de aquellos, que niegan que Yo éxito. Yo necesito a todos ustedes. Quiero que se preparen y luchen, luchen en Mi Nombre, y por Mi nombre. Yo quiero que estén listo para enfrentar todas las adversidades que se les vienen. Serán muchas y muy fuertes, que probarán su fe y su amor por Mí. Su ciudad, o país como ustedes lo llaman, va a cambiar drásticamente; muchos eventos perturbadores se llevarán a cabo, o ya está teniendo lugar.

MIS LEYES FUERON ESCRITAS CON UN PROPÓSITO

Están tratando de borrar Mi Nombre y Mis Leyes. Pero no saben, o no quieren saber, que Mis Leyes fueron escritas por los siglos de los siglos. Nunca serán cambiadas ni siquiera por Mí, que las escribí; ni siquiera por Mí. Lo que Yo escribí, está escrito, y nadie lo puede cambiar. No hay nada que se pueda hacer, ni nadie puede mejorarlas, o cambiarlas. Fueron escritas con un propósito:

Con la intención de que lleguen a Mí en perfecta armonía, y en un perfecto y profundo amor.

PREPÁRENSE MIS HIJOS. OREN HIJOS MÍOS

Lo que viene, va a cambiar la mente de muchos de Mis hijos. Algunos cambiarán para bien y otros para mal. Los que no están en Mí en un todo, van a ceder a lo que viene. Será fácil, porque están en duda. Siguen pensando que si Yo existo, o no, pensando, en que sí es la verdad, o no lo es. Una cosa necesitan saber acerca de Mí: Yo SOY el que SOY, FUI y SERÉ. Yo SOY y SERÉ el mismo: ¡LA VERDAD! Voy a demostrarles que YO SOY la verdad, y la verdad, es Mía. Yo tengo la verdad, y Yo te daré la verdad. Yo te daré la verdad, la verdad, de qué, y quién soy Yo; la verdad acerca de todo lo que piensas que sabes, y la verdad que conocerás a través de Mí.

NECESITO QUE ESTÉN LISTOS

Prepárense Mis hijos, necesito que se preparen. Necesito que estén listos para luchar en contra de lo que viene, y demostrar, que están Conmigo en un todo, que están Conmigo por entero. Oren hijos Míos, oren todo el tiempo, los tiempos difíciles están llegando. Los tiempos difíciles están llegando y Yo no quiero que caigan, sino que suban y Me defiendan, defiendan su fe y su creencia. Oren y estén en alerta, los cambios están aquí. Quieren que se den por vencidos, quieren que Me nieguen, que nieguen su fe, que nieguen todas las cosas que saben, y en las que creen.

EL ENEMIGO QUIERE QUE LO ALABEN A ÉL Y NO A MÍ

Van a enfrentarse a un enemigo pesado y fuerte; él no los quiere. Quiere que lo alaben a él, y no a Mí. Pero ustedes saben, que Yo soy su Señor y Salvador, y nadie les dirá lo contrario. Es por eso que quiero que oren y estén en alerta. Ésta es una alerta de su Señor y Salvador Jesús de Nazaret. Amén.

-Después del estudio de la Biblia, el Pastor y yo estuvimos hablando sobre algunas cosas; entre ella, sobre la vara de Moisés, y de lo que él podía hacer con ella. Y esto es lo que al día siguiente soñé/contemplé:

Jueves 23 de enero del 2014
SUEÑO/VISIONES:

(1) SERES BURLONES
(2) CONFÍAN QUE EL PASTOR LES INFORME SOBRE LOS ACONTECIMIENTOS
(3) BAILO UN VALS

(1) Escucho que alguien toca a la puerta, voy a abrir y frente a mí veo a dos hombres que dan la impresión de ser retardados, o mentalmente incapacitados. Dicen, que vienen a decirme, que el Pastor va a recibir su vara, y que yo también. No recuerdo que más me dijeron. Cuando los hombres se van regreso a la cama pensando en que, era el enemigo, que venía a burlarse por lo que el Pastor y yo habíamos hablado la noche anterior. -Me regreso a la cama y esto es lo que contemplo:

(2) Veo que estoy en la Casa de Oración. El Pastor está entregando la enseñanza en el lugar de siempre. Pero veo que está sentado en un banquillo más alto, y que a su izquierda está una ventana muy grande por la cual, él es el único que puede ver, y darse cuenta de lo que está sucediendo afuera. Escucho a una hermana decir, que ellos confían, en que el Pastor les informe de lo que está sucediendo afuera.

(3) Luego veo que estoy en un lugar y escucho música; es un vals, y me pongo a bailar. Al hacerlo, le comento a alguien, sobre lo hermoso de ese baile. Le digo: Que bonito sería, estar bailando este vals en un gran salón. Ya que el lugar en donde estamos, no es muy grande. Amén.

-Dios Padre seguía insistiendo en que escucharan lo que Él quería proponerles.

Domingo 2 de febrero del 2014 a las 6:00 de la mañana
MENSAJE: PARA EL PASTOR:

Esto es para ti mi hijo: Yo quiero que prestes atención a todos los pequeños detalles; que esos, van a meterte en líos, o te van a sacar de ellos. El tiempo está llegando para que todos ustedes escuchen Mi Propuesta. Quiero que todos se preparen, el Dios Todopoderoso se dirigirá a todos ustedes. Van a Escucharme, Yo soy el que les va a proponer. Todos ustedes han estado recibiendo avances de lo que viene. Si han puesto atención, van a estar preparados. Junten sus cabezas y vean lo que Yo quiero que vean. Quiero que se den cuenta, que Soy Yo el que está hablando; soy Yo el que propone y nadie más que Yo.

Les he dado tiempo para ver todas esas cosas. Es hora de darse cuenta, que ella, no está a su voluntad, sino a Mi Voluntad. Yo Soy quien la envió a ustedes. Ella es Mi mensajera, Mi Profeta y mucho más. Mis hijos, pronto todos sabrán acerca de ella; pronto, muy pronto. Pero primero sabrán de Mí y de mi propuesta. Estén preparado, y con la confianza, de que todos ustedes están en Mi corazón. Amén.

Lunes 3 de febrero del 2014 a las 5:00 de la mañana
PROFECÍA: CRISTO JESÚS DICE:

LA LIBERTAD QUE TENÍAN, YA NO LA TIENEN

A QUIEN CORRESPONDA:

Ha llegado el tiempo de meditar profundamente, en los hechos que están ocurriendo. Si piensan que son hechos aislados y que no llegarán a ustedes, se equivocan, van a llegar, y ya están llegando. La libertad que tenían, ya no la tienen; se acabó; se espumó. Tiempo es que mediten en ello. Es tiempo en que piensen en lo que pueden hacer para enfrentar lo que viene.

¿ESTÁN LISTOS?

Yo les pregunto: ¿Se sienten listos y preparados para enfrentar al enemigo? ¿Creen que tienen lo necesario para luchar en contra de él, y vencerlo? ¿O creen que a ustedes no los va enfrentar? Que a ustedes los va a dejar en paz, porque son bautizados, y ya Me aceptaron como su Salvador. Se equivocan, eso es sólo el principio. El bautizarse y Aceptarme indica, que han aceptado ser Mis siervos, Mis servidores, y aliados, y que van a trabajar 24 horas y más. O sea: todo el tiempo. Todo el tiempo es de preparación, de estudio y de entrega en un todo. Ya no es si puedo y si no hace frío, o calor sino, que es un trabajo que no admite excusas.

MIS SEGUIDORES, MIS TRABAJADORES Y MIS HIJOS

Para ustedes ya no existen las excusas. Ustedes Me aman, creen en Mí y en todo lo que Yo hago. Ustedes son Mis seguidores, Mis trabajadores y Mis hijos. Hijos que aman a su Padre, lo veneran y lo respetan. Hijos, que hacen todo lo posible para que su Padre esté feliz y orgulloso de tenerlos como hijos. Hijos, que están dispuestos a dar la vida por su Padre. Pero el Padre no quiere que den su vida, sino que la vivan para Él, y por Él. Que todo en su vida sea, pensar en Él, y ser para Él. Ese Padre se sentirá feliz y orgulloso de llamarlos Hijos, y los amará más y más cada día.

EN ESE LUGAR SEGUIRÁN ESTUDIANDO

Tendrá para ustedes un lugar muy especial en Su corazón. Les tendrá un lugar para ustedes. Un lugar que indicará el amor que le tienen, y el amor que Él les tiene a ustedes. Será un lugar privilegiado, como privilegiados son ustedes. En ese lugar, seguirán alabando y glorificando Su Nombre, y evolucionando en Su amor, y en Su fe. Ahí seguirán estudiando, y Él les enseñará todo Su Reino. Los llevará a lugares que no conocen; lugares que ni se imaginaban que existían; lugares que al verlos, ya no querrán dejarlos. Lugares, en donde sentirán y gozarán del Verdadero Amor. Un amor que no conocían, un amor que los llenará de alegría, un amor que en momentos sentirán, que su pecho va a explotar. Un amor el cual, tendrá que aprender a llevarlo dentro de ustedes; dentro de su corazón.

¿VAN A SER ESOS SOLDADOS?

Esto es lo que le espera al soldado preparado; al soldado que se enfrentó al enemigo y lo derrotó. Soldado, que no cedió al primer embate del enemigo, sino que siguió luchando hasta vencer, soldado, que no se regresó, que no dio marcha atrás. Soldado, que siguió de frente hasta el final, y al final recibió los galardones prometidos por su valor y entrega a su Dios y Señor. ¿Van ustedes a ser esos soldados? ¿Van a luchar hasta el final? ¿Van a seguir adelante a pesar de los ataques del enemigo? Porque ésos son los soldados que Yo quiero; ésos son los servidores leales a su Dios y señor, leales a su fe, su creencia, y fieles a Su Amor. Piensen, mediten y decidan; decidan qué clase de soldados, qué clase de servidores quieren ser, o son.

¿QUÉ TANTO AMOR LE TIENEN A SU DIOS Y SEÑOR?

La diferencia está frente a ustedes; así es que, la decisión es de ustedes. Fácil, no es ni lo va ser. La facilidad para hacerlo, se la va a dar el amor, la fe, y la entrega que le tengan a su Dios y Señor. Eso hará fácil su jornada y su trabajo. Es por eso que les pregunto: ¿Qué tanto amor le tienen a su Dios y señor? ¿Qué tanto están dispuestos a hacer por Él? ¿Es su amor lo suficientemente grande para darles la fuerza, y la fortaleza de seguir? ¿Es su fe tan grande, que moverá la montaña de lo imposible? ¿Fe que los sacará adelante y los llevará al lugar prometido al lado de Él? Esto último, debería ser el incentivo para luchar en contra de todo y de todos; eso, y el amor a la humanidad. Porque todos son vuestros hermanos, y merecen su sacrificio.

SU DIOS Y SEÑOR SI ES AGRADECIDO

Si sus hermanos reconocen lo que ustedes hicieron, o están haciendo por ellos; benditos sean; y si no es así, su Dios y Señor si es agradecido y sabrá recompensarlos por todo lo hecho en Su Nombre. Por lo tanto, no se empeñen en esperar el agradecimiento de sus hermanos. Él todo lo tiene en cuenta, y lleva un recuento de lo hecho, y lo no hecho. Así es que es mejor que hagan, para que reciban. Pero hagan el bien, para que el bien recibir. Amén.

-Como pueden darse cuenta, era mensaje tras mensajes, mensajes que tenía que llevarles a mis hermanos de esa Casa de Oración, pero yo estaba esperando, que los hermanos hicieran lo que el Padre les había dicho.

Martes 4 de febrero del 2014
PROFECÍA/ALERTA:

DIOS PADRE DICE: EL TIEMPO DE PREPARARSE ES HOY

El día ha llegado y no se han preparado. Tienen que prepararse; tienen que hacerlo, el tiempo se echó en el tiempo, y ya no hay tiempo que perder. No pierdan el tiempo. El tiempo es de mucho valor; es preciado, y no puede ser desperdiciado. Porque una vez que se va, ya no vuelve, y si vuelve, es tiempo pasado; sólo eso; tiempo pasado. El tiempo de prepararse es ahora, es Hoy, y no Mañana ni pasado mañana. Prepárense Hoy, para que Mañana ya estén preparados; y el Hoy de Mañana, los encuentre descansados.

El Hoy de Mañana a muchos tomará dormidos, y despertarán en medio del caos y nada podrán hacer; nada; sólo gemir y llorar. Yo no quiero que ustedes lloren, no, no quiero, Yo quiero verlos gozar aquí Conmigo toda una eternidad. No Me dejen esperando; no lo hagan, la pérdida será para ustedes, y para Mí también, porque tendré que seguir esperando. ¿Pero por cuánto tiempo más? ¿Cuánto tiempo más sufriré la angustia de no verlos aquí Conmigo? ¿Cuánto? Prepárense, para que ni ustedes ni Yo tengamos que esperar más. Amén.

Viernes 7 de febrero del 2014
SUEÑO/VISIÓN: LA ESPOSA DE HOY, LA ESPOSA DE AYER

-Veo que estoy en la Casa de Oración y veo, que un hombre que está en la plataforma le da algo, o le va a dar algo a una mujer. Escucho que dice, que es su esposa de Hoy. Pero luego dice: Pero miren que hermosa está, o se está poniendo mi esposa de Ayer. Al escucharlo me doy vuelta y veo, a una mujer con un vestido rojo. No era un vestido extravagante, ni mucho menos, sino sencillo y simple, pero de buen gusto. Veo que se sienta como en la segunda, o tercera fila, quedando frente al Pastor y la plataforma. Lo que recuerdo, es que la esposa que él llamaba de Hoy, era la mujer del vestido rojo; es como si las dos eran la misma: La de Ayer y la de Hoy. Amén.

Sábado 15 de febrero del 2014
SUEÑO/VISIÓN: ¿POR QUÉ ESTÁ HACIENDO ESO?

-Veo al Pastor de espalda agarrado de las barras de una celda; le está gritando a alguien que está dentro de esa celda. Siento que ese alguien era yo, y el Pastor quería que yo dijese algo, y como no lo hice, empezó a gritar. Yo estoy viendo todo y siento que lo hace para dar a entender al guardia, o a los demás, que yo era la responsable de lo que a él le estaba pasando. Gritaba: ¡No me deja dormir! ¡Siempre está hablando, y diciendo cosas! Lo estaba diciendo a gritos, cómo para que los demás, o el guardia escucharan. Pero de la forma en que lo estaba haciendo, daba a pensar que era yo la que estaba gritando, y diciendo esas cosas de él. Sí, era como que yo lo estaba acusando a él de estar hablando,

y de no dejarme dormir. Lo escucho, y al mismo tiempo pienso, ¿Por qué está haciendo eso? Amén.

-Después de este sueño, empecé a notar que el Pastor ya no quería escucharme como al principio lo hacía; pero yo seguía insistiendo porque el Padre así me lo pedía.

Sábado 15 de febrero del 2014
SUEÑO/VISIÓN: TRATANDO DE ENTREGAR MENSAJE

LA GENTE NO ME HACE CASO

-Veo que estoy en la Casa de Oración, y que al finalizar la cena, quiero entregarles un mensaje, pero no me prestan atención. Trato de hablarles, pero como no tengo micrófono, no me escuchan. Veo a la esposa del Pastor hacerle una seña a una mujer que está ahí vestida de negro. La mujer voltea a verme; yo la miro, le saludo, pero no me contesta el saludo. Quiero reconocerla, pero no logro hacerlo.

-Veo que estoy tratando de entregar el mensaje, y la gente se está portando irrespetuosamente. El mensaje, era parte de lo que ya les había entregado: Que tenían que anotar sus sueños. Pero ahora agregué, que en Diciembre 17, o 27, le iban a entregar a Él todo lo que habían anotado. Lo curioso, es que al decir la fecha, en mi era septiembre 17, o 27) y no diciembre. La gente, seguía sin respetar el hecho de que yo estaba hablando. Me quedo callada, porque ya no tengo nada que decir. Alguien dice algo, y yo le digo, que ya fue todo el mensaje.

-Veo a la esposa del Pastor hacerle una seña a la mujer de negro, ésta se levanta y se dirige otra persona (No sé si hombre o mujer), y veo que la empieza a curar. Al darme cuenta que lo estaba haciendo en la forma en que a mí se me enseñó, me dio gusto y pensé: Ellos entienden de curaciones y lo hacen en la misma forma en que a mí me enseñaron, y dije: Si van a aceptar las enseñanzas que el Todopoderoso tienen para ellos. Amén.

Jueves 20 de febrero del 2014
SUEÑO/VISIÓN

- Veo dos anuncios. Uno decía: Piensa, piensa, piensa antes de hablar, y el otro: Cambia. Cambia. Cambia, y algo más que no recuerdo. Amén.

Sábado 22 de febrero del 2014 a las 4:28 de la mañana
MENSAJE/PROFECÍA: EL PADRE TODOPODEROSO DICE:

SÉ LO QUE PIENSAN

Esto es lo que quiero que hagas: Esto es lo que vas a decir y hacer; dirás que voy a estar ahí a entregar Mi propuesta. Dirás que voy a ir, y quiero que me abran la puerta de su corazón. Quiero llegar a ellos, quiero que ellos lleguen a Mí. Quiero expresar lo que siento, y que Me hagan feliz. Feliz seré Yo; felices serán ellos. Diles, que Yo les quiero hablar, y los que los quiero invitar a que vengan a Mí. Diles, que Yo todo lo sé, y que Yo todo lo escucho. Sé lo que piensan, lo que piensan sé. Creen que eres tú la que dice, o hace. El que dice, o hace: Soy Yo. Yo Soy el que ordena yo Soy el que hace.

Espera y aguarda los acontecimientos, que todo se sabrá, y todo se hará. Sé lo que piensas, lo que piensas sé. Pero Yo te he dicho, que si Yo digo que puedes... podrás. Que si Yo digo que eres digna... lo serás. Sigue haciendo lo que tienes que hacer, y deja a Mí el resto. Yo haré lo que tengo que hacer. Yo lo haré, no tengas duda. Yo lo haré. Amén. Jehová de los Ejércitos.

-Se dan cuenta, era Él, el Todopoderoso quien quería hablarles, hacerles Su propuesta. Pero también pueden ver, que Él sabía lo que pensaban, y que lo que pensaban no era verdad – Nunca fui yo la que quería hablarles. ¡Nunca! Yo únicamente estaba siguiendo órdenes; las órdenes que El Padre me daba. Y como ven, Él seguía en lo mismo: Que se prepararan para poder enfrentar lo que venía.

Domingo 23 de febrero del 2014 a las 3:20 de la mañana
PROFECÍA: CRISTO JESÚS DE NAZARET DICE:

SERÁN POCOS LOS PREPARADOS

Llegó el tiempo en que tienen que prepararse. Prepárense, que lo que viene no es fácil. Prepárense, que lo que viene no los va dejar salir adelante - Los va a estancar, y no los va a dejar evolucionar. Prepárense física, mental y espiritualmente. Es la única forma en que podrán salir de la catástrofe que viene. Lo que viene los va a dejar atónitos, no lo podrán creer. Si ustedes están preparados, podrán ayudar a aquellos que no lo están para que no pierdan la razón. Serán muchos los que se encuentren sin preparar; serán pocos los preparados; pocos, muy pocos. Su trabajo se multiplicará y tendrán que hacerlo. Tendrán que hacerlo, porque no habrá quien lo haga. Prepárense para que puedan hacerlo. Prepárense sino, ustedes también perecerán. Aquellos que creen en Mí, aquellos que saben que Yo no soy un mito, sino una realidad, serán los que puedan salir adelante del caos que llega, que viene. Sólo ellos y nadie más.

LA HUMANIDAD SIENTE QUE PASARÁ, PERO NO SE PREPARA

La humanidad sufrirá un trastorno grave, trastorno que la dejará perpleja, no lo podrá creer. La humanidad siente que pasará, pero no se prepara; siente que pasará, pero no hace nada para esperar lo que viene – Nada, y en la nada se quedará. No habrá lugar para esa humanidad que dormida se quedó esperando el Mañana. Despertará, sí, despertará en medio de su Hoy desastroso, un Hoy que estará viviendo, aunque no lo quiera saber. Un Hoy que la llenará de angustia, dolor y tristeza, pero que ya no podrá evitar.

PREPÁRENSE FÍSICA, MENTAL Y SOBRE TODO…
ESPIRITUALMENTE

Tienen que evitar, que ese Hoy los encuentre dormidos, tienen que hacerlo, ustedes que aun crean en Mí, ustedes que saben y aceptan, que Yo no soy un mito, sino una realidad. Prepárense física, mental y sobre todo… espiritualmente, para que ese Hoy, sea su Mañana lleno de luz y alegría. Sí, sufrirán por aquellos que no se prepararon, por aquellos que Me negaron, por aquellos que sólo pensaron, que algo pasaría, pero que nada hicieron para preparase para esperar lo que venía. Prepárense, es la única forma de salir victoriosos. Prepárense para que sean, esa luz que brille para aquellos que no lo hagan. Sean esa luz, Mis pequeño; sean esa luz, Mis hijos; sean esa luz, y así glorificarán Mi Nombre. Amén. Jesús de Nazaret.

Martes 25 de febrero del 2014
SUEÑO/VISIÓN: MUÑECOS DE PELUCHE

-Veo que estoy en un lugar de trabajo, y viene la secretaria de la Casa de Oración y me muestra una blusa que ella había confeccionado. La blusa está abierta por la parte de atrás, y me dice, que no le salió bien. Le digo, que ella tiene más tela para hacer otra, y me dice, que yo tengo que coser la parte que no salió bien. No me gusta la idea. Cuando ella se retira, sigo pensando en la parte que tengo que coser.

-Luego voy a la parte trasera del negocio. Ahí veo un pequeño radio encendido, el cual reconozco como mío. Unos trabajadores le suben el volumen para escuchar una canción que les gustaba. (No recuerdo la canción). Los miro y pienso, que ese radio lo compraron por ahí, y quien sabe cuántas más de mis cosas habrán sido vendidas. Regreso al lugar en donde está mi máquina de coser y veo a otra empleada al lado mío. Me dice algo, pero no recuerdo qué me dijo. Veo que sobre mi maquina hay mucha tela cortada; eran patrones para <u>muñecos de peluche</u>. Entendí, que eso era lo que la secretaria quería que cosiera, y no la blusa. Después me veo entrando supuestamente a mi lugar de trabajo. Pero al entrar me doy cuenta, que había entrado al lugar que estaba enseguida del mío. No recuerdo que más pasó. Amén.

-Muñecos de peluche. Sigan leyendo y van a ver lo que un hermano soñó acerca de todo un pueblo convertido en juguetes, y otros sueños más, en donde aparecen muñecos de peluche, y la explicación de nuestro Jesús de Nazaret a ese sueño.

Viernes 28 de febrero del 2014

Esto es lo que veo, y leo en un escrito muy largo:

-Yo Soy el que dice. Yo Soy el que ordena.

SUEÑO/VISIÓN

CUIDANDO A UN BEBÉ

-Veo que estoy en un lugar al cuidado de un bebé, la mamá lo había dejado a mi cargo. En eso, veo que llega el Pastor, y le digo: Pastor, cinco palabras. Tenía un mensaje para él, y quería entregárselo. El Pastor se detiene a escucharme, y le digo: Este es el mensaje, y empiezo a entregárselo: Yo soy la perfección. ¿Quieres la perfección? Al decir esto me digo a mi misma; Esto no es como el mensaje empezaba. Pero ya lo había dicho, y continúe diciendo: Yo soy la verdad Absoluta. ¿Quieres la Verdad Absoluta? ¿Estás buscando la Verdad Absoluta? Veo que el Pastor dice algo, pero al abrir su boca noto que le faltan las muelas. Puedo ver el espacio vacío, tanto en la parte de arriba como en la parte de abajo. No eran los dientes de enfrente, sino las muelas. Termino el mensaje diciéndole, que eso era todo, y regreso a cuidar al bebé. Amén.

<u>SÁBADO, MARZO 01, 2014, 2:45AM</u>
MENSAJES PARA EL PASTOR:

QUERÍAS LA VERDAD Y PREGUNTASTE

-Antes de escribir me puse a *trabajar* y aproveché para pregúntale al Señor, sobre el sueño del Pastor. Al ver que al Pastor le faltaban las muelas analicé, que al Pastor le iba a tomar mucho tiempo en aceptar la verdad. Le hice la pregunta al Padre y esto es lo que me dijo: *Es verdad lo que piensas.* Y como enseñanza, me entregó dos ejemplos para que se los entregara al Pastor:

-El primero lo describe de la siguiente manera:

Imagínate, que en el día del festín alguien lleva un platillo que te gustó mucho, y quieres saber cómo lo hicieron, qué ingredientes utilizaron. Vas y le preguntas a la secretaria, ella te dice, que tal vez usaron esto, o aquello. Luego llega una hermana, amiga de la secretaria y le haces la misma pregunta, la cual te contesta, que posiblemente le pusieron esto, o aquello. Ves que viene un hermano y le haces la misma pregunta. El hermano te dice, pienso que le pusieron esto o aquello. Tú no quedas satisfecho, y vas directamente con la persona que llevó dicho platillo, y esa persona te dice exactamente, cómo, y qué le puso a la comida que tanto te gustó.

Querías saber la verdad, y fuiste directamente a la fuente, y ahí obtuviste lo que deseabas: La verdad. Por lo tanto, ¿Quieres la verdad? Pregúntame a Mí. Yo soy la verdad, y la verdad te daré. Yo soy el Dios de la verdad absoluta. Soy el Dios del amor verdadero. Soy el Dios de la justicia divina y absoluta. Yo soy el Dios de la perfección. El Dios que envió la perfección a la tierra en la forma de Su Unigénito Bendito Jesús de Nazaret. Pregúntame y Yo te contestaré. Amén.

EL PADRE DICE: La muerte no es tu enemiga, sino tu amiga.

-El segundo, se refiere a una pregunta que el Pastor hizo a su gente:

¿Qué van a hacer si la policía viene a arrestarlos, o son acusados de algo que no hicieron?

El Padre dijo: *La respuesta, es no temer a la muerte. La muerte no es tu enemiga, sino tu amiga, esa amiga que te va a liberar para que te vayas a casa.* Y enseguida me entregó el siguiente ejemplo:

Imagínate, que estás en una casa que no te pertenece, que por algún motivo el dueño te ha dejado ahí. Tú estás ansioso que llegue el dueño, y abra la puerta, para poder salir corriendo a tu casa. Llega el día, y ves que la puerta se abre, rápidamente sales corriendo. No pierdes el tiempo en voltear a ver la casa; sabes, que nada de esa casa te pertenece, nada es tuyo; tú tienes lo tuyo, tú tienes tu casa; y sigues corriendo, ansioso de llegar a ella.

Como ya dije, la respuesta es: *No temer a la muerte.* Ámala, como se ama a quien viene a llevarte al hogar que te corresponde.

¿Cómo puedes llegar a no tener miedo a morir?

Muy sencillo: Dejando, abandonando, desprendiéndote de todo lo que hay en esa casa, y que no es tuyo.

¿Qué es lo que no es tuyo?

Todo lo que te perjudica, y te detiene en tu camino a casa. Al dejar la ira, vanidad, avaricia, ataduras, lujuria, y todo lo demás, te darás cuenta que ya nada ni nadie te ata, o te detiene para regresar a tu hogar. Ese es el momento en que aprendes a ver a la muerte como tu amiga, y ya no le temes, porque sabes, que Yo estoy contigo, y que Tú estás Conmigo. ¿Qué te puede pasar, que Yo no esté ahí para ayudarte? Tú crees en Mí, y Yo creo en ti. ¿Qué no puede hacer un amigo por otro amigo? Porque somos amigos, ¿No es así? Cuando dejes todo lo que éste mundo te ofrece, o sea, que no estés atado a nada de este mundo, entonces, ya no tendrás miedo a morir. ¿Fácil? Si Me amas lo será. Inténtalo, y verás, que sí se puede. Amén.

-Es así como el Todopoderoso entrega Sus enseñanzas; y es así, como yo aprendo. Amén.

Miércoles 5 de marzo del 2014
SUEÑO/VISÓN: SE CAMBIA DE CASA

-Me contemplo platicando con la secretaria de la Casa de Oración. Me dice, que ya se cambió de casa. Le comento, que me gustaría rentar la casa en donde ella vivía. Ella me lleva a ver la casa; llegamos y me doy cuenta, que está vacía, en desorden, y con muchas cosas preparadas para la mudanza. Veo, que toda la comida está frente al refrigerador; como si únicamente lo habían vaciado, poniendo todo en el piso.

-Le pregunto, que si el Pastor me rentaría la casa, y me dice, que le va a preguntar. Luego dice, que el Pastor va a rentar la casa, o que me la puede rentar en $300Dlls. Pero que tengo que darle un depósito, para que el Pastor vea, que si quiero la casa. Abro mi bolsa y saco $30Dlls, y se los doy. Al estar haciendo el contrato siento dentro de mí, que no es la voluntad de Dios que me vaya a vivir a esa casa, pero sigo haciendo el contrato. Le digo, que yo voy a vivir sola. Pero en eso entra mi hijo, un niño como de siete, u ocho años y me dice algo. Entonces le digo a la secretaria, que mi hijo y yo vamos a vivir en esa casa.

-Luego me contemplo mostrando a la secretaria, una blusa que tengo sobre una tabla de planchar. La blusa, es de un traje que yo le había regalado, pero por alguna razón, yo me había quedado con la blusa. Le pregunto por el resto del traje, y me dijo, que lo había vendido por $21 Dlls. Entonces me digo a mi misma, que ella vende todo lo que uno le regala. Al salir de la casa, la secretaria me muestra la salida. Veo que la puerta no se abre de un todo, porque hay muchas cosas atorándola. La secretaria detiene la puerta para que yo pueda salir. El espacio es muy angosto y pienso, que no voy a poder pasar, pero lo hago. Amén.

Jueves 6 de marzo del 2014 se me dijo: *Haz lo justo haz lo justo, haz lo justo.*

SUEÑO/VISÓN:

EL PASTOR Y LA SECRETARIA SON LOS INSTRUCTORES

-Veo que estoy en la Casa de Oración, y nos están enseñando a envolver regalos de navidad – El Pastor y la secretaria son los instructores. En mis manos, tengo una caja muy pequeña que tengo que envolver, y pienso en cómo hacer un arreglo muy bonito. Luego la secretaria nos dice, que le tomemos fotos a los arreglos que hagamos. Luego veo, que voy a una tienda a buscar algo que necesito; es una tienda de segunda. Busco por toda la tienda sin encontrar lo que necesito, y me regreso. Amén.

Sábado 8 de marzo del 2014
SUEÑO/VISÓN: NO PUDO CONECTARLA

-Veo que estoy en un lugar y en mis manos tengo la regadera que traje de México; la cual muestro a una pareja, hermanos de la Casa de Oración. Veo que la esposa es muy platicadora. El hermano del esposo también está ahí. El esposo coge la regadera, la examina, y la empieza a armar. La regadera es eléctrica; veo los alambres, creo que no pudo conectarla.

No sé en qué casa estamos, porque antes de irse, el esposo pide un vaso de agua, y la esposa pide un jugo. Veo que se abre una puerta, y de ella, sale una niña de unos 10, a 12 años con una jarra de agua – Les da agua pero no jugo. La pareja comenta algo sobre eso. A lo que yo le digo: Antes, el dueño daba todo, pero se convirtió en cristiano, y le dijeron que ya no lo hiciera. Veo que la esposa sigue platicando, y no se van. Cuando se van doy me cuenta, que el hermano del esposo está ahí, pero no hace, ni dice nada; sólo está ahí con los brazos cruzados. – No dijo ni hizo nada. Amén.

SUEÑO/VISÓN: EL NÚMERO 5

-Veo que estoy en un lugar en donde se encuentra la secretaria de la Casa de Oración, y otras personas. Creo que mi hija está también ahí. La secretaria, nos da a leer un folleto, o un pequeño libro, que numéricamente explicaba cosas. Veo que no entiendo bien el #5, y se lo digo a la secretaria. Ella me lo explica. Busco mis notas para poner la respuesta que la secretaria me dio, y encuentro toda clase de notas, pero no la que estoy buscando. Cuando encuentro la nota me doy cuenta, que en el #5 no había escrito nada, y trato de hacerlo. Veo que escribí muchas veces el números 5, pero no lo que decía. Veo que escribo: Permite, que el alma saque… No recuerdo el resto. Amen.

-En el estudio de la espiritualidad cuando se llega al nivel 5, es cuando se está pasado *la prueba de Job, o* sea, que tiene que superar todas las adversidades para pasar al nivel alma, que es donde el alma deja todo lo físico y se convierte en lo que es… Alma.

Domingo 9 de marzo del 2014
ENSEÑANZA:

-Él es qu*ien me va a decir la verdad.* Él es el ÚNICO *que te va a decir la verdad. Así es que ven, y está con Él. Amén.*

Domingo 16 de marzo del 2014
SUEÑO/VISÓN: MIS LIBRETAS VIEJAS

-Me veo platicando con una hermana del templo. Pero creo que es una, y resulta que es otra. (La de México). Ella me dice, que el año 1992 fue un año muy bueno para ella, ya que todo el año fue de recibir y recibir – Ella también

estaba leyendo sus libretas viejas. Le empiezo a decir, que después de que yo entregué el mensaje en la Casa de Oración, el Padre me dijo, que leyera mis libretas viejas. Empecé a decirle, lo que al leerlas me había pasado. En eso veo, que ella se da vuelta para hablar con alguien más. Me quedé callada. Pero luego ella me mira, fijando de nuevo su atención en mí, entonces le sigo diciendo, que al leerlas lloré y reí al ver lo que en ellas estaba escrito. Amén.

- Pues el Padre Todopoderoso me había dicho, que pasara a la computadora todo lo que tenía en las libretas. Algo que fue muy duro para mí, ya que me causó mucho dolor el leer lo que en ciertos años había escrito, y trajo a mí cosas del pasado que me hicieron llorar, y al mismo tiempo hubo otras, que me hicieron reír.

Sábado 22 de marzo del 2014
SUEÑO/VISÓN: A MI NO ME APUNTES

-Veo que llega un hombre y dice a la secretaria, o a la esposa del Pastor: A mí no me apuntes. Era como una lista de nombres, y él no quería estar en esa lista. Amén.

Sábado 29 de marzo del 2014
SUEÑO/VISÓN: VAN A ACEPTAR SU EVOLUCIÓN ESPIRITUAL

-Veo que estoy en la reunión en la cocina de la Casa de Oración. Ahí está la secretaria de la Casa de Oración, y muchos de los miembros y todos están haciendo algo.

-El sueño es muy largo pero me indica, que llegado el momento, algunos de los miembros *van a aceptar la evolución espiritual: Van a aceptar crecer espiritualmente.*

Lunes 31 de marzo del 2014
SUEÑO/VISÓN: EL BORDADO DE PUNTO DE CRUZ

-Veo que estoy bordando un sobre-cama con punto de cruz. Veo que ya hice la parte de abajo. Una hermana de la Casa de Oración, muy amiga de la

secretaria lo mira, y le gusta ver, que la parte de atrás del bordado está muy bonito, y va y se lo enseña a la secretaria. Ambas ven, que el acabado de la parte de atrás está muy bonito. Pero yo sé, que una parte del bordado no me había quedado bien. La greca, o la parte de abajo del bordado estaba dividida en dos, y una de esas partes no estaba bien. No había contado bien las puntadas, y esa parte estaba más corta. Pero no sé cómo me veo a mi misma, preguntándome y contestándome, como si fueran dos personas distintas. Luego las tres vamos a medir la colcha sobre la cama y vemos que queda perfectamente a la medida. Ya que al hacerle la bastilla iba a quedar al tamaño de la cama. Amén.

Miércoles 9 de abril del 2014
SUEÑO/VISÓN: ME VEO NADANDO

-Veo que estamos en el mar, y yo estoy dentro del agua nadando. (Bueno, eso creo, ya que yo no sé nadar muy bien). Ahí veo a una niña, la nieta de una de las hermanas de la Casa de Oración, y me dice, que quiere nadar conmigo. La niña se agarra de mí; siento miedo, porque yo no sé nadar bien, y ella me está haciendo peso, y le digo, que no se agarre de mí. En eso siento que algo se pega a mi cuerpo, y me doy cuenta, que es un niño o niña que está buceando. Veo que dura mucho dentro del agua, y pienso que se va a ahogar. Pero luego veo que se mueve; me da gusto porque sé que está bien. Amén.

*Espiritualmente, cuando una persona ha llegado al nivel alma, usualmente se contempla respirando normalmente en lo profundo del agua, eso le indica al hermano, o hermana, que ha llegado a ese nivel. *Sé que el sueño fue mucho muy largo, pero esto es todo lo que recuerdo. Amén.

Miércoles 9 de abril del 2014
PROFECÍA: CRISTO JESÚS DE NAZARET DICE; ESCRIBE:

LAS COSAS VAN DE MAL EN PEOR

Las cosas van de mal en peor, las cosas ya no serán como fueron, las cosas han cambiado y seguirán cambiando, pero no para bien. Todos quieren hacer lo que el otro hace. Pero el otro hace lo que no está bien, y todos lo están siguiendo, pensando que está bien. Pero Yo, tú Dios y Señor te digo: ¡No está bien! El otro quiere llevarlos por caminos equivocados. El otro quiere alejarlos de lo que Yo les he heredado. Mi herencia quiere quitarles y a Mi Padre quiere borrarles. En unos ya lo ha logrado, ya ellos no se acuerdan de Mí, ni de lo que les he heredado. Ya no saben de Mi Padre; ya no saben de Mí, ya no saben de Mi Madre. Ya no saben que Existimos, y que por ellos morimos. Sí, morimos; ya que Mi Padre al entregarles Mi Vida, un pedazo de Él murió Conmigo. Mi Madre sufrió al verme agonizar, y Mi Padre en Su Amor, se la quiso llevar. Se la llevó, y con Él, a Su lado está.

MI PADRE NO ESTÁ CONFORME CON LO QUE QUIEREN HACER

Todos sufrimos por todos y cada uno de ustedes, y ahora les quieren hacer creer, que todo fue una fantasía; un cuento que les contaron – Que sólo eso fue, un cuento. Pero Yo estoy aquí para recordarles, que cuento no fue, y que no será, porque Yo existo y todos Nosotros existimos. Mi Padre no está conforme con lo que quieren hacer, y no va a dejar que Nos borren para hacernos desaparecer. No desapareceremos. Mi Padre es El Infinito e infinitamente se quedará. Nadie puede borrar el Infinito; no pueden hacerlo desaparecer. ¡NO! Nadie lo puede hacer. El otro está feliz creyendo que lo logró; pensando, que ya Nos desapareció. Su gusto le durará muy poco. Pronto comprobará, que al Infinito nadie, nadie lo puede borrar.

SÓLO OBEDEZCAN

Hagan lo que Yo les digo, hagan lo que tienen que hacer; y aunque pocos lo van a poder vencer, sólo hagan lo que tienen que hacer, y eso es: Obedecer. Obedeciendo obtendrán el poder, el poder que los hará vencer. Lo obtendrán y vencerán, porque la fuerza tendrán para hacerlo. Sus ojos lo verán, y su corazón se regocijará al ver que lograron vencer al que Nos quería borrar. Sólo hagan lo que tienen que hacer; sólo obedezcan y lo van a obtener: Obtendrán el poder; el poder de hacer eso y mucho, mucho más. Mucho más harán con el poder que obtendrán; mucho más harán, por ustedes, y por todos los demás.

AL INFINITO NADIE LO BORRA

Los que los ignoraron, ahora los notarán. Los que los insultaron, ahora los alabarán. Ahora tendrán ojos y podrán ver, que todo lo pasado no podía ser. Que existe un Dios Todopoderoso; que existía y que existirá, y que nadie lo puede hacer desaparecer. No pudieron, no pueden, y no podrán. Él está para quedarse, como Infinito que es. Él es el Infinito y nadie lo va a desaparecer. Tontos y más que tontos aquellos que lo intentaron. Ya que ellos tarde llorarán, llorarán al ver el tiempo que desperdiciaron al tratar de borrar algo, que no podía ser borrado. Llorarán y gemirán el tiempo perdido. Pero aprenderán, aprenderán que al Infinito, nadie lo borra, y nadie lo podrá borrar.

DE USTEDES DEPENDE DE QUÉ LADO ESTAR

Muchas cosas pasarán antes de que esto suceda; eso hará, que a muchos les desespere la espera. No se desesperen, que todo llegará y todo pasará. Nada quedará oculto, todo se sabrá. Sabrán lo que ya saben, y muchas, muchas cosas más; más de lo que se imaginan; mucho más sabrán. Paciencia os pido; obediencia Yo espero. El ser sumisos y obedientes les traerá grandes recompensas. El no hacerlo, les traerá graves consecuencias. Sólo obedezcan, y todo verán pasar. Sólo Ámenme, y nada os pasará; sólo que con Mi Padre y Conmigo, juntos estarán. De ustedes depende de qué lado estar, en ustedes está, el poder de Nuestra presencia gozar. Amén.

<u>Jueves 10 de abril 1del 2014</u>
PROFECÍA DIOS PADRE DICE:

YO SOY EL INFINITO Y COMO INFINITO ME QUEDARÉ

Sabrán qué Yo éxito, que estoy aquí y que no podrán deshacerse de Mí. Yo Soy el Infinito, y como Infinito me quedaré. Nadie podrá Borrarme; nadie lo hará. Primero los borro Yo a ellos, para que se den cuenta, que a Mí nadie puede borrarme ni desaparecerme. Desaparecerán sus dudas; sus temores olvidarán, porque se darán cuenta, que imposible de borrar soy Yo. Yo seré su refugio, seré su amparo. Ya no podrán decir que Yo no existo. Ya no dirán que soy fantasía. Sabrán que existo, y que soy realidad – Avergonzados estarán por haberme querido ignorar.

Otros seguirán pensando, que sí, sí Me pueden borrar. Esos son los que teniendo ojos, no verán; teniendo oídos, no escucharán, y teniendo mente y entendimiento, no entenderán. Esos, esos, se quedarán a esperar, que lleguen los que Me pueden borrar. Se quedarán esperando, porque esos, nunca, nunca llegarán. Pero ustedes que ya entendieron, que ya saben que el Infinito Yo Soy, ustedes Conmigo estarán gozando, de todo, todo lo que Yo Soy. Amén.

Viernes 11 de abril del 2014
PROFECÍA/ALERTA: CRISTO JESÚS DE NAZARET DICE:

LO SAGRADO HAN PISOTEADO

Armida, Armida, Armida, escribe, que te voy a dictar lo que va a pasar, y que pasará, por la inmundicia que el hombre ha echado sobre lo Sagrado:

Lo Sagrado han pisoteado; lo Sagrado han insultado; lo Sagrado han humillado con sus desmanes y desvaríos. Lo han humillado, lo han negado, y esperan que nada les suceda; les sucederá; lo va a comprobar. Su Justicia probará. Su Justicia conocerán. Su Justicia no podrán olvidar, porque la estarán viviendo. Su Justicia estará con ellos, del amanecer al anochecer. Su Justicia estará con ellos y nada, nada podrán hacer, sino llorar y desfallecer. Pensaron y dijeron, que mentira era Yo. Que Yo no existía, que sólo fantasía era, y se los comprobé, que cuento no era, ni fábula que olvidar. Les di a ver, que Yo existía, que Yo existo, y que Yo existiré. Yo soy El Infinito; el Infinito soy Yo. Yo estoy aquí para siempre; para siempre Me quedaré.

NO PODRÁN DECIR, QUE MENTIRA ERA YO

No digan que no Me conocen, porque Me conocerán, como no Me querían conocer. Me conocerán y sabrán, que mentira no fue. Yo Soy la verdad absoluta, la absoluta verdad Soy Yo. Yo Soy verdad, y verdad te daré. Te daré verdad para que verdad enseñes. Te daré verdad, para que verdad digas. No dirás nada, nada que no sea verdad. Yo Soy Verdad, y verdad vas a aprender. Aprenderás verdad, la mentira olvidarás.

NO PODRÁN NEGAR LO QUE TODOS VAN A VER

La verdad estará ante sus ojos, y no la podrán negar. No podrán decir, que mentira era Yo, no lo podrán decir. No, no lo harán. Ya viene, ya está aquí, pronto llegará, y la tendrán que aceptar. No dirán: Yo no sabía; a mí nadie me lo dijo. Porque te lo dije, y te lo sigo diciendo; que verdad había, y que la estaban escondiendo. Que Verdad Yo era, que verdad Soy, que verdad seguiré siendo. Lo fui, lo Soy y lo Seré, nadie lo va a dudar, nadie dirá que así no fue, porque lo podrán ver, y no lo podrán negar. No negarán lo que ven, lo que ven no negarán, será tan aplastante, que no lo podrán hacer. No podrán negar lo que todos, todos van a ver.

LA VERDAD SALIÓ A DECIR QUE ÉL, ERA VERDAD

No será uno ni dos los que viendo serán lo que antes les habían dicho, que mentira era. Verán que no es así, verán que así no era. Verán que la verdad estaba oculta para que no la vieran. La vieron y la verán, sabrán que está ahí. La vieron y la verán; sabrán que no la pueden negar. Sabrán que todo, todo lo que antes sabían, no se compara con la verdad que ante sus ojos tienen. Sabrán que todo, mentira era, y que la verdad salió a decirlo; decir, que Él era Verdad, y que no podían Negarlo.

SUS PALABRAS JAMÁS SERÁN OLVIDADAS

Quisieron Borrarlo, pero no lo lograron. No lo lograrán, porque en fuego Sus palabras quedaron, y a fuego se grabaron. A fuego se quemarán los que esas Palabras negaron. Ya no las podrán negar, ya no podrán decir que no existieron. Existieron y existirán, porque a fuego fueron grabadas. Para que las generaciones todas supieran de Sus Palabras. Sus Palabras grabadas quedarán. Sus Palabras jamás serán olvidadas. Porque así fue Su voluntad, porque así es Su voluntad, y esa seguirá siendo Su voluntad, y nadie, nadie las podrá borrar. Amén.

Sábado 12 de abril del 2014 a las 3:50 de la mañana
PROFECÍA: CRISTO JESÚS DE NAZARET DICE:

SE FORMARÁN NUBES DE POLVO

-Padre mío. ¿Quieres que escriba algo?

Sí Mi niña; escribe:

Las cosas no están bien; el mundo se está perdiendo. La Tierra sufrirá un desgaste total, ríos y mares de su curso saldrán, y lo que Hoy está, Mañana no estará. Nubes se formarán, pero no de agua, sino de polvo. Polvo que matará a muchos, muchos perecerán, muchos sucumbirán a ese polvo. Los gobiernos se preguntarán, qué quién ese polvo ha enviado. Nadie lo sabrá. Todos estarán asombrados, y no podrán hacer nada. ¿Rezarán? ¿Se entregarán a la oración? Dirán: Padre, aquí estamos, ten compasión. ¿Levantarán sus ojos hacia Mí? ¿Se darán cuenta, de que sí existo? ¿O seguirán pensando, que un mito Soy?

LO QUE YO DIGO ES, Y SERÁ POR TODA LA ETERNIDAD

Muchas preguntas surgirán, muchos ayes de dolor se escucharán. Hasta aquellos que Negándome son, se arrepentirán. Su corazón se doblegará, no tendrán más remedio que aceptar, que una Fuerza Superior los ha venido a callar. Ha venido a decirles: Aquí estoy, y no Me voy a ir; no Me van a poder borrar. Ahora sabrán, que El Poder soy Yo, y que siempre lo he sido. Ahora sabrán, que nunca Me he ido, y que nunca Me iré.

YO NO HABLO POR HABLAR

Yo los formé, y Yo los puedo desaparecer. Lo podrán ver, podrán darse cuenta, que lo que Yo les digo verdad es. Que Yo no hablo por hablar; que Yo no digo por decir, sino porque lo voy a cumplir. Mi Palabra es Ley y la quieren pisotear, la quieren humillar, la quieren desaparecer. Pero no podrán hacerlo, y la prueba tendrán, que lo que Yo digo es, y será por toda la eternidad. ¿Rezarán? ¿Van a glorificar, y alabar Mi Nombre? ¿Se entregarán a la oración? ¿Inclinarán su cabeza en humildad?

SUS CORAZONES TORNADIZOS SON

Lo sé, y no lo sé, porque sus corazones tornadizos son: Un día Me aman, y al otro día me desconocen, Me niegan. Los que Hoy dicen Amarme de labios, prueba tendrán, de que Yo lo sé, pues no podrán negar lo que sus ojos ven. Se darán cuenta, que Yo lo sé todo, que todo sé Yo. Su corazón quedará al descubierto, su verdad se podrá ver y sentir, pues ya no podrán mentir. Ya no podrán decir con sus labios, que ellos me aman a Mí. Tendrán que decirlo desde su corazón; sólo así los podré oír; podré escuchar a todos los que claman a Mí, si desde su corazón lo hacen, y no Me quieren mentir.

QUISIERON NEGARME

Caos por doquier verán. Escucharán el gemir y aun así muchos, muchos no se van arrepentir. Pero se arrepentirán si quieren existir, si quieren vivir; vivir la Vida Eterna Conmigo, y dejar de sufrir. Ese polvo vendrá de las alturas, nadie sabrá su origen, nadie sabrá de donde viene y por qué llegó. Muchas preguntas habrá, muchas hipótesis saldrán. Pero la verdad no será revelada, hasta que su corazón se abra a la verdad, la verdad de Mi Existencia.

Quisieron Negarme, quisieron Desaparecerme. Dijeron que mentira Yo era, que era una fantasía, un cuento que podían olvidar. Se darán cuenta de la realidad, se darán cuenta, que nada de lo que dijeron era verdad. Se darán cuenta, que Yo soy la Verdad, que Yo Soy verdad, y que existo y que Existiré por toda la eternidad. Pensaron, que era fácil deshacerse de Mí; pensaron, que Yo nada iba a decir. Vieron que no fue así, y que Yo dije, e hice lo que tenía que decir y hacer. Lo hice y comprobé, que Yo Soy quien Soy, y siempre lo seré. Amén.

TIENEN QUE TENER UN CORAZÓN LIMPIO

-Al terminar de escribir el mensaje, le pregunté al Padre sobre lo que me había dictado. Me dijo, que todo aquel que en Él cree, no será afectado con ese polvo. Me recordó cuando fueron sacados de Egipto, y sus casas fueron teñidas con la sangre de cordero, y la peste no entró en ellas. Así será en este tiempo. Pero tienen que tener un corazón limpio, y sano de todo mal. Tienen que ser verdaderos en lo que a Él se refiere. Si dicen que lo Aman, estén seguros de que ese sentimiento sale de su corazón, y no únicamente de sus labios. A Él no lo van a poder engañar. Él sabe quién en verdad está con Él, y quien le quiere mentir. Los que mienten, se mienten a ellos mismos, porque a Él no le pueden mentir. Me dijo, que tenemos que seguir Amándolo como hasta ahora, y que ese polvo no nos va a afectar. Amén.

Domingo 13 de abril del 2014 a las 4:00 de la mañana
PROFECÍA EL PADRE DIOS DICE:

NO ME IRÉ, ESTE ES MI PUEBLO

Te dije que escribas, porque hay mucho que escribir. Te digo y te diré, que lo tienes que hacer: Tienes que dejar constancia, que Yo estoy aquí, y que no Me iré. Las generaciones venideras tendrán que saber, que aquellos que Me quisieron desaparecer, no lo pudieron hacer. No, no Me iré, porque este es Mi pueblo, estos son los pilares que Yo forjé. Yo formé este pueblo, y es Mío. Yo lo hice, y ahora quieren sacarme de él. Te dije lo que haré, y más haré, porque lo que quieren hacer, no está bien, y no será, porque no lo voy a permitir. No lo permitiré, no, no lo haré. Quieren Borrarme, Olvidarme y Yo no lo voy a permitir. Yo Soy y seré lo que he sido y sigo siendo. Nadie va a decir que Yo no existo, y que fábula soy. Yo no soy fábula, Yo no soy cuento; Yo soy realidad, y como tal se los voy a demostrar.

VIENEN DESASTRES, TORNADOS, MAREAS, INCENDIOS

Dicen saber mucho, y no saben nada, nada saben. Dicen conocer mucho, y no conocen nada. Yo formé lo que contemplan, y lo que no ven. Yo lo hice todo, y a ellos también. Dicen que saben, y no saben, que Yo los formé a ellos, que por Mí existen, que por Mí son. No son nada sin Mí, sin Mí no son nada y dicen serlo – No lo son. Son polvo y en polvo los convertiré para que se den cuenta, que Yo tengo el Poder. El Poder soy Yo; Yo soy el poder, y ellos lo van a ver. Van a ver qué existo, y se los voy a demostrar. Fábula no soy; Soy realidad, y con sus ojos lo van a comprobar.

Vienen más y más calamidades; más y más sufrirán. Sufrirán los que no creen en Mí, y los que creen, llorarán, llorarán al ver al incrédulo sufrir por no querer aceptar, que Yo soy realidad, y que existo, y existiré por toda la eternidad. Vienen más desastres, tornados asesinos, mareas interminables, humaradas arrasadoras. Incendios habrá a granel; no los podrán contener. Los mares se agigantarán, y destrozos harán. Muertos habrá en todas partes, en todos lados llorarán. Pero los pueblos que Me ignoran, los pueblos que dicen que Yo no existo, esos, esos sufrirán lo peor. Lo peor vendrá a ellos, para que puedan comprender, que Yo existo, y que lo tienen que entender.

LOS QUE MALTRATAN A LOS MÍOS LO PAGARÁN MUY CARO

Aquellos que maltratando son a los Míos; a los que en Mí creyeron, verán con sus propios ojos, que lo que están haciendo no está bien. Lo pagarán muy caro, muy caro lo pagarán por haber maltratado a los que Me quieren bien. Se arrepentirán de haberlo hecho (algunos), se arrepentirán de haberlos maltratado, de haberlos humillado. Ahora saben, que ellos sí estaban de Mi lado, que ellos, sí estaban Conmigo.

Soy Juez, y Soy Justo, y como tal haré justicia. Daré al que merece, lo que merece. Al justo daré lo justo, así como al injusto, ese, recibirá lo justo a su injusticia. Ahora todos creen estar en lo cierto, ahora todos creen tener la razón. Pero tarde se darán cuenta, que la razón Soy Yo, y que ellos no tenían razón. Razón no tenían, pero razón tendrán cuando vean, que su razón ya no es más, y Mi razón persistirá por siempre, y más allá. Amén.

Lunes 14 de abril del 2014 a las 3:45 de la mañana
SUEÑO/VISÓN: ARMIDA LO TIENE QUE ARREGLAR

-Veo que junto con la secretaria de la Casa de Oración estoy haciendo algo. No sé qué es, pero sale mal. En eso entra el Pastor, nota el problema; y le dice a la secretaria, que tiene que componerlo. A lo que la secretaria le contesta: Armida lo tiene que arreglar.

-No recuerdo que más sucedió, pero en alguna parte del sueño veo que le digo a la secretaria, que yo no leo la Biblia, que lo que yo sé, Él me lo ha enseñado, pero como Él ya me dijo que la leyera, la tengo que leer. Y así lo hice, pues en noviembre 2015, me dijo que la leyera toda, tanto en inglés como en español. Lo hice y pude comprobar, que mucho de lo que Él me había dicho, estaba ahí. Eso alegró mi corazón y afianzó mi fe en Él, y en lo que me decía. Amén.

Miércoles 16 de abril del 2014
PROFECÍA/MENSAJE/ALERTA

CRISTO JESÚS DE NAZARET DICE:

EXISTEN LUGARES QUE NADA SABEN DE MÍ

Ahora escribe, que hay mucho que escribir. Pon atención a lo que te voy a decir:

Existen lugares que de Mí nada saben. Hay lugares que nada saben de Mí, a esos respetaré por su ignorancia, a esos respetaré, porque no saben, no saben que Yo existo, ni lo que Yo por ellos hice, he hecho y seguiré haciendo, a pesar que ellos no Me conocen. A esos respetaré, a esos nada haré. Pero no a aquellos, que sabiendo de Mí, me quieren olvidar. A esos, a esos no voy a perdonar. No los perdonaré, porque ya Me conocen, prueba han tenido de Mi existencia, y ahora me quieren borrar. Prueba han tenido, y de eso se quieren olvidar; a esos, a esos, no perdonaré.

Yo perdono al inocente, al que nada sabe. Pero no a aquel que Conociéndome, que conociendo Mi Obra quiere hacer creer, que mentira fue lo que por él Yo hice. A ese, a ese, no perdonaré; me está negando a sabiendas de que Yo existo y que siempre lo haré. A ese, a ese no perdonaré. Yo perdono al inocente, al que nada sabe, pero ay de aquel que a sabiendas lo quiere hacer. A ese, a ese, no perdonaré. Piensas que es mucho decirte lo mismo; pero no es así. Tienes que saber, y lo tienes que decir, que contento Yo no estoy, y no lo estaré con aquellos que me quieren desaparecer; aquellos que quieren hacer creer, que una fantasía Fui – A esos, a esos, no perdonaré.

TORMENTAS, MAREMOTOS, TERREMOTOS SACUDIRÁN LA TIERRA

Muchas cosas pasarán, muchas calamidades vendrán; tantas, que tendrán que volver sus ojos hacía Mí. Pero Yo no los veré, porque Me quisieron desaparecer. Tarde comprobarán, que mentira no fue, no lo ha sido, ni lo será; que Yo existo y existiré por la eternidad. Eso, eso, nadie lo va a dudar. Prueba de ello tendrá, aquel que me quiso negar, prueba de ello tendrá, y no lo podrá negar

Muchas tormentas, tormentas de toda clase. Maremotos, y terremotos sacudirán la Tierra. Los mares saldrán de su curso para bañar lo que antes no bañaban. Grandes tempestades, grandes huracanes, terribles remolinos, que arrasando serán todo, todo lo que a su paso se encuentren. Todo, todo se llevarán, todo, todo destruirán. Territorios completos desolados quedarán y todo, todo, porque Me quieren borrar.

-Aquí deje de escribir y le dije: Padre, ¿Cómo digo a tus hijos todo esto? ¿Cómo les informo lo que está por pasar? ¿Cómo les digo, que tienen que ponerse a meditar sobre lo que va a pasar? ¿Cómo Padre? ¿Cómo?

JUSTO SERÉ CON LOS QUE SUS RODILLAS HAN DOBLADO

Pronto lo sabrás. Pronto podrás decir lo que tienes que decir, para que tiempo tengan de poderse arrepentir. Yo soy Juez Justo, y lo van a comprobar, que justo seré con aquellos que sus rodillas han doblado, y sus rodillas doblarán, porque saben que Yo existo, y lo comprobarán. Son aquellos que en Mí han creído, aquellos que en Mí han confiado, aquellos que por creer en Mí, al mundo han desafiado. A esos, a esos, Yo perdonaré, a esos Yo salvaré, a esos Yo lo llevaré a un lugar privilegiado. A un lugar, en donde descansarán de todo, todo lo que han pasado.

SON POCOS, PERO EXISTEN

Son pocos, muy pocos, pero existen. Son pocos, muy pocos, pero saben que Yo existo, y que los salvaré. Sí, los salvaré, y los llevaré Conmigo, y allí gozarán de todo, todo lo que es Mío. ¿Qué cuándo va a suceder? ¿Qué cuándo va a pasar? Está pasando, está sucediendo. Abre la puerta, y ve lo que afuera está sucediendo. Abre la puerta, y ve lo que afuera están haciendo y ahí te darás cuenta, que ya está sucediendo. Ya está sucediendo, y muchos, no lo están viendo. Están dormidos, y no quieren despertar, están dormidos, y dormidos se quedarán. Cuando despierten, tarde será, y ya nada, nada podrán hacer, y eso lo van a ver. El tiempo de despertar, el tiempo de ver es ahora, porque Mañana tarde va a ser. Tarde, muy tarde, y así lo van a comprender.

AHORA ES EL TIEMPO DE ARREPENTIRSE

Tempestades a granel tendrán por doquier. Ni a la derecha, ni a la izquierda se podrán esconder. Lugar no habrá para que se escondan; lugar no habrá para correr; calamidades habrá por doquier. Ahora es el tiempo de arrepentirse y ver, que a Mí no me pueden desaparecer. El tiempo es Ahora, que ahora piensen y vean, que ahora mediten y se den cuenta de todo, de todo lo que quieren hacer; de todo lo que están haciendo, de todo lo que no podrán hacer, porque a Mí; a Mí, nadie Me puede desaparecer. No me podrán borrar, porque no puede ser. No puede ser, y no será, porque Yo soy y seré por siempre, y lo van a ver.

Se ríen, se burlan y buscan excusas, dicen que son hipótesis, y no realidades. Pero su risa, su gozo, en llanto se convertirá al darse cuenta, que hipótesis no era. Y la excusa no tendrán para seguir negando, que Yo existo, y que existiré Hoy y siempre. Porque Yo Soy el Infinito, y como tal, infinitamente Me quedaré. Yo Soy el Principio, Yo soy el Fin. Pero el fin no verán, porque Yo Soy sin fin.

LOS ENGAÑAN CON REGALOS

A mi niñez están enfermando; enfermando sus mentes al decirles mentiras que ellos no comprenden. Mi niñez está confusa, no sabe qué decir; a unos les dicen que Yo existo, y a otros, que no es así. Los engañan con regalos para que olviden Mi existencia, les hablan mentiras, para que en Mi no piensen.

POBRE GENERACIÓN DE IGNORANTES NO TENDRÁN A QUIEN ACLAMAR

Pobre generación de ignorantes, pobre generación de incrédulos, no tendrán a quien aclamar; a quien pedir la ayuda. Porque no sabrán que existo, y que ellos son Mis hijos. Pobre generación de incrédulos que así perecerán: Negando Mi existencia. Mi existencia negarán pero a Mí no podrán. Yo estaré ahí con ellos, aunque no Me puedan ver. Porque inocentes son, por no haberles enseñado nada sobre Mí. Ellos no tendrán culpa de su sufrir. Llegará el tiempo en que a sus vidas llegaré, y de ellos estará Aceptarme, o hacerme desaparecer. Pruebas tendrán de Mí existencia, de ellos estará Aceptarme, y entonces, Yo sabré que hacer. Llegará el momento en que tendrán que aceptar, que realidad Yo soy, y que mito no era. Tendrán que decidir qué aceptar, y entonces, Yo sabré que hacer. Amén.

Jueves17 de abril del 2014 a las 4:20 de la mañana
PROFECÍA/ALERTA

CRISTO JESÚS DICE:

NO PODRÁN PREPARARSE EN MEDIO DE LA TEMPESTAD

El tiempo de prepararse es Ahora; Mañana tarde será, y no lo podrán hacer en medio de la tempestad. La tempestad estará en todo su apogeo, y nadie podrá hacer nada. Sólo aquellos que se tomaron el tiempo para prepararse, sólo aquellos que se prepararon, esos lo lograron, lograron defenderse de la tempestad. Lograron el refugio para poder pasar esa tempestad. Se refugiaron en su fe, en su amor, y en todo lo que ellos sabían, y lograron la victoria, salieron victoriosos de los embates de esa tempestad.

LOS HABÍA ATRAPADO CON SUS ENGAÑOS Y MENTIRAS

Salieron victoriosos y salieron a celebrar, celebraron con cánticos y risas. Lloraron de la emoción de ver, que habían vencido al que los quería vencer. Lloraron de alegría al ver, que no lo pudo hacer. Lloraron al saber, que su recompensa iban a obtener: La recompensa de estar con Él. La recompensa de estar de nuevo en casa, la casa que los estaba esperando, y que Él les había preparado. Él está orgulloso de verlos victoriosos. Él está orgullo, de verlos vencer al que quería vencerlos. Lo vencieron, y ellos gozaron y lloraron, lloraron de alegría porque lo habían logrado. Lograron vencerlo, y se SALVARON. Ahora gozan con Él a su lado, todos felices por haber vencido, al que los tenía atrapados.

ESCAPARON DEL ENEMIGO

Los había atrapado con sus engaños y mentiras, los había atrapado con sus falsedades. Pero ellos habían escapado, lo había logrado. Ahora todos felices festejaban su triunfo, el triunfo en contra de aquel que los tenía amarrados. Los había amarrado a la Tierra prometiendo cosas vanas. Los había atado a la tierra, pero ellos habían escapado. Escaparon del enemigo y ahora gozan al lado de Él, que los había salvado.

FUERON SALVOS

Fueron salvos, porque en Él confiaron, fueron salvos, porque en Él creyeron. Fueron salvos, porque no desfallecieron y a Él esperaron. Esperaron Su llegada, esperaron Su retorno, y Él llegó, y los salvó. Llegó y se los llevó al lugar que les había prometido: Un lugar privilegiado. Ahí están con Él, ahí gozan lo que en su mundo no gozaron. Sí, no gozaron; sufrieron y lloraron. Pero ahora todo eso lo olvidaron, lo olvidaron para siempre, porque para siempre gozaron, por haberse preparado.

LOS QUE ESTABAN DORMIDOS LLORARON DE DOLOR

No así para aquellos que dormidos se encontraron; no así para aquellos que a tiempo no despertaron, no así para ellos. Ellos lloraron, lloraron de dolor, lloraron de arrepentimiento por no haberse preparado. Su arrepentimiento tarde llegó, ya nada pueden hacer, ya nada pueden decir, sólo morir.

MORIRÁN LA MUERTE ETERNA

Morirán la muerte eterna, la muerte eterna tendrán. Nadie sabrá que existieron, porque ya no están. No dejaron huella que seguir; nadie los podrá imitar, nadie podrá seguir sus pasos. Nadie lo hará, porque no estarán ahí para enseñar. No estarán ahí para decir, que Yo no existía, que un mito era Yo. Ya no estarán para decirlo, ya no, porque tendrán lo que sembraron. Sembraron la muerte, y eso encontraron. La muerte eterna será su fin, el fin que ellos cosecharon. Sembraron tempestad, y vientos levantaron. Vientos fue su cosecha, y esos vientos, a ellos se llevaron. Se los llevó lejos, lejos ellos quedaron, sufriendo la muerte eterna; muerte que ellos sembraron.

NO FUE EL FIN GLORIOSO QUE LOS OTROS GOZARON

No fue el fin glorioso que los otros gozaron; ellos sembraron vida, y vida cosecharon. La Vida Eterna ellos obtuvieron, por ser leales al que los había salvado, al que Vida Eterna les había prometido, y que ahora les entregaba.

Les entregó lo prometido, porque se lo habían ganado. Él se los prometió y Él se los entregó. La Vida Eterna Él les dio; con Él gozaron la dicha de saber, que habían vencido, que lo habían logrado. Amén.

Viernes 18 de abril del 2014
PROFECÍA/ALERTA: DIOS PADRE Y CRISTO JESÚS DE NAZARET DICEN:

ESTÁN ESPERANDO ALGO, NO SABEN QUÉ

Te digo escribe, porque quiero que digas la verdad. La verdad está en ti y tú la vas a decir. Dirás la verdad y nada más que la verdad. No dejes que nadie te diga, que verdad no es lo que de ti saldrá, porque soy Yo quien lo dirá. Tú eres Mi portavoz, el instrumento para llevar a Mis hijos la verdad. Tú eres Mi antena comunicadora, la que dice y trasmite Mi Voluntad. No pienses otras cosas que verdad no son, pon en paz tu corazón. Yo sé de tus temores y tus dudas, de tus anhelos e ilusiones. No dejes que tus dudas arruinen tus ilusiones. Tus ilusiones son las Mías, tus ilusiones son las Todos Aquí. Aquí Todos estamos contigo, y no queremos verte sufrir.

Tus dudas son verdaderas; salen del amor y respeto que a tu Dios y Señor tú le tienes. Piensas, que a Ofenderme vas si piensas, o dices lo que tú sabes. Mas Yo te digo, que lo que piensas, y lo que sabes, Yo te lo he dado; es Mío, tú sólo eres Mi portavoz, Mi antena trasmisora, y así seguirás hasta la eternidad. La eternidad que Conmigo pasarás, la eternidad que Conmigo gozarás. Aquí serás feliz y ya no sufrirás; aquí sabrás todo lo que quieres saber, aquí no dirás: Lo olvidé. Aquí no sufrirás al pensar: Lo ofendí. Ya todo será felicidad para ti. Eso te lo puedo asegurar; eso te lo puedo decir. No sufras pensando que lo que dices, viene de ti; tú sabes que viene de Mí. Yo soy el que da. Yo soy el que dice. Yo soy y nadie más. Te dije que puedes y podrás. Te dije que lo harás, y todo será felicidad dentro de ti. Deja que esa felicidad llegue, no la alejes de ti; déjala llegar para que dejes de sufrir.

Todo llegará a Su tiempo; a Su tiempo llegará, y todo pasará. Gozarás haciendo lo que te gusta hacer: Entregar a todos lo que Yo te entrego a ti. Todos se darán cuenta que soy Yo quien lo dice; que tú sólo lo trasmites. Deja tus dudas, y tus temores. *No dejes que el enemigo arruine tu alegría. Tú sigue adelante, que llegará el día que esperas, y que esperan los demás.*

Están esperando algo, no saben qué. Unos piensan que lo saben, otros dicen: Yo no sé. Pero lo sabrán todo, y de ellos es escoger, de ellos es decidir lo que van a hacer. Lo que van hacer… lo harán, lo que no… lo dirán. No sufras por los que no decidan, goza con los que lo hagan, porque juntos todos, a Mí vendrán. Vendrán a Mí preparados y en la forma que Yo los quiero. Vendrán a Mí en la imagen de Mi Cordero, el Cordero que les envíe, para que preparados fueran. Él les enseñó el camino para que a Mí vinieran. Él es el camino, y con Él, a Mí vendrán. Yo los estaré esperando aquí, guardando su lugar; lugar que tienen, y tendrán en Mi corazón. Porque es ahí donde los llevo, es ahí donde los tengo, y desde donde Yo los formé.

YO NO PROMETO POR PROMETER YO NO DIGO POR DECIR

Ustedes vienen de Mí; de Mi corazón Yo los formé. Desde ahí dije: Así los voy hacer, y los hice. Yo los formé, de Mí vinieron, y a Mí vendrán, con el mismo amor con el que Yo los formé; con el mismo amor con el que Yo les dije: Vete, y tú decides que hacer. Sí, les di su libre albedrío, su derecho a decidir; su derecho a decir y a decidir lo que quieren hacer. Ignorantes no los dejé. Yo les dije, y les hice ver, qué camino tomar. Les entregué Mis Leyes, Mis Leyes Yo les di. Claras fueron, claras son, para que sepan elegir. Si eligen no obedecerlas, es su decisión por ello sufrir. Si eligen obedecerlas y en ellas vivir, vivirán la Vida Eterna que Yo les prometí.

Yo no prometo por prometer. Yo no digo por decir. Lo que prometo lo cumplo, y lo que digo lo sé. Yo sé lo que digo. Yo sé lo que hago. Lo que digo, es que quiero que estén a Mi lado. En ti está que lo quieras hacer, Yo no forzo, a todos doy a elegir, si a Mi lado quieres venir, en Mi condición tiene que ser. Te envíe a Mi Cordero a mostrarte perfección, en esa perfección te quiero Yo Aquí. Te envíe perfección, perfección quiero que vuelva a Mí. ¿Fácil? ¿Difícil? Eso depende de ti. Depende en el amor que le tienes a Mi Cordero, y el deseo de estar eternamente junto a Mí. Todo, todo depende de ti. Yo no te obligo, Yo no te forzo, tú lo tienes que decidir. En ti está todo, todo está en ti. Yo sólo te digo: Paciente Soy, y esperaré; esperaré a que decidas a Mí volver. Amén.

Sábado 19 de abril 19, 2014
SUEÑO/VISÓN: NOS QUIEREN MATAR

-Veo que un hermano y yo estamos en la cocina de la Casa de Oración, y veo que una mujer a la que no conozco quiere matarnos. La veo con un cuchillo en la mano caminando de un lado a otro, como que no sabe qué hacer. Luego se dirige hacia el hermano como para matarlo. Yo empiezo a hacer oración, y a aclamar a Cristo Jesús. Pero lo hago en español, y la mujer me escucha. Veo que viene hacia mí, me dice algo a lo que yo le contesto: Estoy orando. Luego veo que la mujer se va y nos deja en paz. Amén.

ENSEÑANZA: CRISTO JESÚS DE NAZARET DICE:

YA VISTE LO QUE VISTE Y NO TE GUSTÓ

-Hoy me levanté tarde. Iba a empezar a hablarle, cuando me dice que leyera mis Salmos. Lo hice, y esperé a que me dictara algo, pero no escuchaba nada. Comprendí, que era porque me había levantado tarde, y así se los hice saber. Sin escuchar respuesta seguí hablando; y luego empezó a entregarme mensajes. Me entregó uno para la secretaria de la Casa de Oración, y otro para una miembro de la Casa de Oración, y me recordó, que tengo que entregarle lo que ya habíamos acordado. (No estaba escribiendo, sólo escuchando). Conversamos sobre muchas cosas sobre todo, acerca de lo que sentí al ver la forma que tienes mis hermanos de celebrar el Viernes Santo. Hablamos por más de tres horas. Pensando que eso era todo, me levanté de mi silla, y fui a preparar mi almuerzo. Al terminar de almorzar salí al jardín a regar mis plantas. Terminé de hacerlo, pero me sentía inquieta, y sin saber qué hacer. Entré a mi casita, me senté y le pregunté: ¿Qué quieres que haga? *Escribe, me dice.* Me levanté, tomé mi libreta y esto es lo que me dictó:

ESTO ES PARTE DE SU APRENDIZAJE

Ya viste lo que viste, y no te gustó, y dices: Eso no es lo que mí se me enseñó. Lo sabes, y lo sabes bien; no es lo que se te dijo hacer. Te envíe a ese lugar para que pudieras ver, y saber qué hacer. Lo que tienes que hacer es parte de su aprendizaje, parte de su educación. Lo tienen que saber para que se den cuenta de la situación. Sí, es verdad, no se los llevo a cuenta porque no les han enseñado la verdad. La verdad se las vas a decir, la verdad se las vas a enseñar; deja lo demás a Mi Padre y a ellos, si lo quieren aceptar, o negar. Mi Padre sabrá qué hacer con aquellos que nieguen lo que ven. Qué no lo entienden, no es excusa, qué no lo sabían, tampoco lo es. Ahora lo saben, y lo tienen que creer. Creer que Yo se los digo, porque Yo lo sé. Yo estuve ahí, Yo lo pasé, a Mi se me hizo, Yo lo sufrí. Yo vi a Mi Madre llorar desconsolada por lo que me estaban haciendo. Vi cómo Su corazón se partió cuando Yo estaba muriendo; sé lo que sufrió y sé lo que sigue sufriendo.

ESOS DE MIS HIJOS LO DEBEN DE SABER

Dicen: 'Es una hermosa historia. Pero no para ser recordada de esa manera. Tú ya lo has entendido y aceptado, que no es correcto hacerlo. Se te entregó el ejemplo de uno de los tuyos, para que una comparación tuvieras. Pudiste comparar, y darte cuenta lo que Mi Madre sufrió, sufre, y sigue sufriendo, cada vez que le enseñan, y le recuerdan, la forma en que Me trataron. Ahora lo sabes, ahora lo entiendes, y estos de Mis hijos lo deben de saber. Si lo aceptan; Conmigo están, y si no… no lo estaban. Más claro no se los podía decir, más claro no se los podía enseñar. Y aquellos que lo acepten, más, más aprenderán. Aprenderán, porque quieren aprender, quieren saber y Me quieren conocer. Aprenderán a Conocerme, y Yo los voy a enseñar. Aprenderán a Conocerme y a Amarme, Yo los voy a enseñar. Aprenderán lo que es el verdadero Amor; amor incondicional; amor que no conoce barreras, ni límites, amor Celestial. Amor que los llenará, y querrán conocer. No tendrán otro igual; amarán al Infinito, y hasta el infinito amararán. Su amor se extenderá hasta la eternidad. Amén.

-También me dijo, que tenía que decirle algo a la secretaria de la Casa de Oración, y a su mejor amiga. A cada una de ellas le tenía que entregar lo que se me había dicho.

-A la secretaria de la Casa de Oración, que le hablará sobre la multiplicación del pan, y que frente a Dios, nadie es más ni nadie es menos. Que no podemos decir: Dios no me quiere más a mí que a ti, aunque sea con la mejor intensión, sino que siempre decir: Dios nos quiere a todos por igual.

-A su mejor amiga le tenía que decir, que no se debe alabar, o seguir al hombre de la tierra. Que podemos admirar la gracia que Dios les ha dado, pero no glorificarlos. Ya que al hacerlo, estamos contribuyendo a su caída.

-Al Pastor, que compartiera con él lo sucedido en la Casa de Oración de México, y con la familia con la que me hospedé. Voy a buscar la manera de entregar el mensaje a cada una de ellas. Amén.

-No pude entregar el mensaje a las hermanas, pero si compartí con el Pastor lo sucedido en México. No sé cómo lo tomó, ni lo que pensó sobre eso.

Lunes 21 de abril del 2014
PROFECÍA/ENSEÑANZAS: CRISTO JESÚS DICE:

YO LO SÉ, YO ESTABA AHÍ Y YO LO VIVÍ

Sí, temprano te levantaste, y ni cuenta te diste. Ahora sabes que lo puedes hacer; hacer lo que tienes que hacer, y que no te va a doler. No sentirás el dolor como creías tener. No, no lo hay, porque lo puedes hacer. Ahora escribe, que hay mucho por hacer:

MI PADRE A MÍ ME CONFIÓ LAS COSAS DE SU REINO

Lo que has pensado es; lo que has pensado es, y así te has dado cuenta. Crees en lo que te digo, lo entiende, lo analizas, y te das cuenta, que la verdad es. Verdad es lo que te digo, verdad es, y lo será. Verdad pediste, verdad tendrás; la verdad, y nada más que la verdad. No temas ni te angusties por lo que puedan pensar, tú dirás lo que sabes y lo que se te va a dictar tú únicamente toma nota de lo que se te va diciendo, y deja el resto a Nosotros. Nosotros lo explicaremos de forma, que lo puedan entender. Si aun entendiendo no lo aceptan, eso ya estará en ellos. Ellos escucharán y su voluntad será aceptar, o negar lo que han escuchado. Tomará tiempo para que logren aceptar, que Quien se los dijo, presente estaba en el lugar de los hechos y por lo tanto, lo sabe. Yo lo sé porque Yo estaba ahí. Yo lo sé porque Yo lo viví. ¿Quién más lo puede decir con la certeza con que Yo lo digo?

VIENEN MUCHAS COSAS

Mi Padre a Mí me confió las cosas de Su Reino. A Mí me dijo lo que era, y lo que no era. Para que Yo lo entregará a quien escuchar quisiera. Los que quieran escuchar; lo escucharán; el que quiera aprender, aprenderá, y quien quiera aceptar, aceptará. No hay nada que Yo pueda hacer; Yo no puedo obligar; sólo enseñar. Enseñar la verdad del Mundo, de Aquel que me formó, y que a Mi heredó. Él me entregó todo; todo Yo les entrego. Él me entregó la verdad, la verdad Yo les enseño. Yo no enseñaré otra cosa, porque Yo soy verdad. No enseñaré otra cosa, no, no será. No será porque Yo no lo haré. ¡Yo soy la verdad, y la verdad enseñaré!

TUS LIBERTADES SERÁN MENOS CADA DÍA

Vienen muchas cosas, muchas cosas vienen. Preparados quiero que se encuentren, preparados quiero que estén. No lo dejen para Mañana, que Hoy es cuando debe ser. No lo dejen para Mañana, que mañana no podrá ser. Te pido preparación porque así tiene que ser. Te pido preparación, de otra forma no será, de otra forma no podrás, enfrentarte a lo que vendrá. Vendrá, y ya está aquí, ya empezó, ya empezó a quitarte la libertad que Yo te di.

ABRE TU CORAZÓN Y DÉJAME ENTRAR

Tus libertades serán menos cada día; una a una te las irán quitando, las irán desapareciendo. Una a una te las quitarán hasta dejarte sin nada. Nada tendrás, sólo lo que dentro de ti esté. Si dentro de ti me tienes a Mí, nada te pasará, porque Yo te protegeré. Sí tú no Me tienes en ti, nada puedo hacer. Nada podré hacer porque tu corazón no abriste para que Yo pudiera entrar. Afuera me dejaste, afuera Me quedé, y nada, nada podré hacer en tu amanecer; tu amanecer de dolor; dolor que tú mismo buscaste cuando tu corazón Me cerraste.

DÉJAME MORAR EN TI

Abre tu corazón y déjame entrar, para poder ayudarte en tu despertar. Despertarás a la vida de la gracia que Yo te voy a dar, despertarás al lado de lo que Yo dije te daría, y mucho más. Mucho más tendrás si tu corazón Me abres, para que Yo pueda entrar. Ábrelo, deja que Yo entre. Déjame morar en ti. Déjame, deja que Yo te enseñe, deja que Yo te prepare. Déjame hacerlo y vida eterna, vida de dicha y felicidad tendremos los dos. Pero Déjame hacerlo. Ábreme tu corazón; deja que entre en él; deja que te diga lo que en el Mío está para ti; deja que te entregue lo que en Mi corazón está: El amor, el amor que te salvará. Amén.

Martes 22 de abril del 2014
SÚPLICA: CRISTO JESÚS DE NAZARET DICE:

NO ME NIEGUEN EL DERECHO DE AYUDARLOS

-El siguiente mensaje me lo entregó después de haber estado platicando con Él por más de dos horas, en las cuales me entregó mucha profecía para la Casa de Oración, y los miembros de la misma. Es hermoso ver lo que me enseña, pero al mismo tiempo, no sé qué va a pasar. Él es el ÚNICO que conoce el Futuro; sólo Él sabe lo que va a pasar; sólo Él, y nadie más. Este es el mensaje:

El Señor dijo: Venid todos a Mí. Yo seré su Refugio y Salvación. Yo seré su apoyo en tiempos de desolación. Yo seré su Pan de Vida en tiempos de hambre. Yo seré la Fuente de Vida, y de sed no perecerán. Saciarán su sed y su hambre, y todos serán para Mí. Yo seré su Escudo, cúbranse Conmigo, Yo los protegeré. Yo haré que el enemigo no los vea, y si los ve, no sepa que hacer. Yo los cubriré de la intemperie de los tiempos. No huracán podrá con ustedes, no tornado tocará su casa, no tormenta los tocará; saldrán airosos de todo, porque Yo los protegeré.

YO LOS SALVARÉ, LOS PROTEGERÉ, PERO DÉJENME HACERLO

No me nieguen ese derecho, dejen que Yo los ayude, dejen que Yo lo haga. Será Mi placer y regocijo hacerlo, y la salvación para ustedes. Ustedes se salvarán, Yo gozoso estaré al ver que Me lo permitieron hacer. Yo los salvaré. Yo los protegeré, pero déjenme hacerlo, no me nieguen ese derecho, no me nieguen esa alegría. Dejen, que junto con ustedes goce del placer de haberlos ayudado, y de que ustedes me lo permitieran. Todos gozaremos, todos reiremos, porque juntos luchamos en contra del que quería vencernos. Gozaremos eternamente el haberlo vencido, ya no estará ahí para hacernos sufrir. Ya no estará, ya que Yo lo vencí porque ustedes Me permitieron hacerlo, y juntos, victoriosos cantamos la victoria de verlo derrotado. La victoria de gozar la Vida Eterna sin él que quería tenerlos en la oscuridad. Ya están libres de él, ya no los molestará, ya lo derrotamos y ahora, a gozar. Amén.

-Por la tarde me fui a ver la película que mi Padre me había dicho. Fui esperando ver, lo que en ella me iba a enseñar. La vi, la entendí, pero no encontré enseñanza nueva; todo era lo que Él ya me había enseñado. No comprendía por qué me había dicho que fuera a verla. Pero de pronto lo vi, lo entendí, ahí estaba lo que necesitaba para poder explicar a mis hermanos las cosas que Él quería les explicara. Una vez más me enseña, que la Sabiduría es Él, y nadie más. Ahora sé cómo decir ciertas cosas, que ellos no van a poder negar porque todos, o casi todos, han visto la película. Amén.

Jueves 24 de abril del 2014
ENSEÑANZAS: EL MAESTRO JESÚS DIJO:

BIENAVENTURADO EL QUE CREE SIN VER

No esperes ver para creer. Cree sin ver, que esa es la verdadera fe. Aquel que ve y cree, su fe es secundaria; creyó porque vio. Pero aquel que sin ver cree; ese cree por fe, y esa fe es lo que lo salva. Sálvate, creyendo sin ver. Sálvate y después tú ves; ves lo que con tu fe ya habías visto. No es fácil, y a la vez lo es, tener fe sin ver. Es fácil, porque ya crees, es fácil, porque dentro de ti ya está, y nada ni nadie lo puede cambiar. Lo difícil viene cuando dudas. Recuerda que la duda, es falta de fe, y eso te hace querer ver, para creer.

Nadie duda que Tomás tenía fe, pero no la fe sin ver; esa fe que hace que creas sin ver. Tú ya crees y no necesitas ver, y esa es la fe que quiero ver en ti. En ti, que dices que Me amas, en ti, que dices que crees en Mí, en ti que Me alabas y veneras, en ti que dices que todo soy yo para ti; esa fe quiero ver en ti. Yo sé qué piensas, que Yo me he equivocado al decir que lo puedes hacer. Si dudas de ti, estás dudando de Mí. Recuerda que Yo Soy el que dice, el que hace, y el que decide. El tiempo es Mío. Yo soy el tiempo, y en Mí tiempo, te diré en su tiempo lo que vas a hacer, y cómo lo vas a hacer. Entonces vas a ver, lo que tenías que hacer; no antes, no después, sino cuando tienen que ser. Lo que va a ser será, y nada lo va a cambiar.

REACCIONARÁN ALGUNOS, OTROS SEGUIRÁN CON SU VERDAD

Cambiará la actitud de aquellos que creían saber; cambiará la actitud de aquellos, que creían tener la verdad. La verdad tendrá ante sus ojos, y no la podrá negar. La verdad tendrán ante ellos, y ya no podrán decir, que su verdad era verdad. Su verdad quedará reducida y sabrán que Mí verdad es más, y pesa más. Su verdad en la nada quedará. Algunos lo aceptarán como un hecho, otros pelearán por mantener su verdad. A esos tomará tiempo reaccionar. Reaccionarán algunos, otros no lo harán, seguirán con su verdad, más bien por orgullo y vanidad. Para no reconocer, que su verdad no era verdad. Mi verdad brillará, y con su luz opacará toda oscuridad. Su brillantez será tanta, que imposible será de opacar; tratarán, pero no podrán hacerlo. Estuvo oculta por tanto tiempo, que ya no querrá ocultarse. Saldrá a la luz, y nada ni nadie la podrá ocultar ni negar. Amén.

Viernes 25 de abril 2014
SUEÑOS/VISIONES:

(1) EL PASTOR ME ABRAZA AFECTUOSAMENTE
(2) LA HERMANA LAVANDO

-Veo que estoy en una reunión y el Pastor llega y me abraza muy afectuosamente. Después voy a la lavandería, y ahí está una hermana de la Casa de Oración. Al verla le pregunto, que si va a lavar, me contesta que sí. Pienso en decirle, que lo puede hacer en mi lavadora, pero al mismo tiempo, no quiero que lave en mi casa. Amén.

INTERPRETACIÓN:

*El abrazo afectuoso: El amor fraternal.

*La hermana lavando: Limpiando sus culpas.

*No quiero que lave en mi casa: Cada uno de nosotros, tenemos que pagar nuestras deudas individualmente.

Domingo 27 de abril del 2014
PROFECÍA/ALERTA: DIOS PADRE DICE:

EL DÍA HA LLEGADO

El día ha llegado, el día llegó, y ahora todos tienen que saber lo que quiero Yo. Yo quiero que escuchen, Yo quiero que aprendan, Yo quiero que digan que sí aceptan, lo que para ellos Yo tengo. Yo tengo mucho para todos ellos; todos son Mis escogidos, pero no todos serán los privilegiados. Porque muchos no lo aceptarán; no aceptarán lo que tengo para ellos. No dirán: Sí acepto. No dirán: Sí quiero. Pero aquellos que lo hagan, esos, esos se irán Conmigo al Cielo. Al Cielo como ellos dicen, a la Gloria como Yo lo digo. La gloria, y la dicha de gozar Conmigo serán eternas. Una eternidad de dicha, gozo y contento. Una eternidad de felicidad que todos gozaremos; Yo por estar con ellos, y ellos por estar Conmigo.

EL TRABAJO NO SERÁ FÁCIL

Lo que les espera, fácil no es. Pero la recompensa grande será, para todo aquel que lo quiera intentar, intentar ser Mis Esposas, intentar ser Mis privilegiados, aquellos que lograrán estar a Mi lado. A Mi lado estarán, y nada ni nadie lo podrá negar. Estarán Conmigo por la eternidad. Pero para hacerlo, tendrá que demostrar que Me quieren, y desean Conmigo estar por toda la eternidad. El trabajo no será fácil, tendrá que estudiar, tendrá que prepararse, para poderlo lograr.

SERÁN EL ESPEJO EN DONDE YO ME REFLEJARÉ

Será su esfuerzo, será su amor, será el deseo de estar Conmigo lo que lo hará vencedor. Vencerán los obstáculos; vencerán todo lo que tengan que vencer, vencerán, y todos lo van a ver. Van a ver qué Conmigo están, y nadie lo podrá negar. Verán en su rostro la felicidad que da el Conmigo estar. Ustedes serán el espejo en donde Yo me reflejaré. Serán ese ejemplo de regocijo y fe, fe que todos podrán ver, fe que todos podrán reconocer, porque todos ellos, serán esa fe. Fe serán, fe enseñarán, fe demostrarán doquiera que vayan; fe, fe y fe.

MUCHO HABRÁN DE SUFRIR PARA LOGRARLO

Fácil no será, mucho habrán de pasar; mucho habrán de sufrir para poderlo lograr. Pero lo harán, su amor los hará vencer, todo lo que el enemigo a su paso va a poner. Pondrá obstáculo tras obstáculo, y todos los pasarán. Brincarán todos y cada uno de ellos, y triunfadores serán; triunfadores, que Conmigo la eternidad pasarán.

JUNTOS REINAREMOS POR LA ETERNIDAD

Serán Mis Esposas bien amadas, serán todo lo que Yo soy, y tendrán todo lo que Yo tengo. Mi Reino será su reino, y juntos reinaremos por la eternidad. Fácil no será, fácil no será, pero lo van a lograr si Conmigo quieren estar. No es mucho lo que les pido, por lo mucho que Yo les he dado. No es mucho; sólo que Yo los quiero a Mi lado, pero con Mis condiciones. No hay otra forma. Sólo así podrán gozar de todo lo que Yo tengo para ustedes; sólo así y nada más. Sólo así podrá gozar de todo lo que les quiero dar, sólo así, y nada más.

NO ME DEJEN ESPERANDO

La perfección es lo que pido, la perfección es lo que quiero. Yo les envíe perfección; perfección quiero que tenga aquel que venga Conmigo. Perfección les envíe en forma de hombre; ahora el hombre, viene a Mí en forma de perfección. No es mucho lo que les pido por lo mucho que Yo les doy, por lo mucho que Yo les he dado, por lo mucho que les seguiré dando. No me dejen esperando, ya mucho he esperado. Vengan a Mí, vengan a Mi lado, vengan a disfrutar todo lo que no han disfrutado. Vengan, vengan a Mi lado; vengan, y gozáremos lo que no hemos gozado.

LO QUE LES PIDO LOS AYUDARÁ

Lo que les pido, los ayudará a pasar lo que va a pasar; los ayudará para lo que viene, o lo que ya está. Ya está el ataque, ya está la guerra, ya están los obstáculos, y más y más vendrán. Serán perseguidos por creer y Defenderme.

Serán perseguidos por su fe, pero su fe los sacará adelante, su fe triunfará, su fe ganará la batalla. Nadie podrá negar que la tienen, nadie lo hará. Serán fe caminando por doquier que vayan. Todos verán su fe, todos la contemplarán, nadie negará que la tienen, nadie, nadie lo hará.

SUFRIRÁN, PERO SU FE LOS SACARA ADELANTE

Vienen problemas, vienen vicisitudes, vienen combates, vienen pruebas a sufrir. Sufrirán, pero su fe los sacara adelante. Su fe y el amor que por Mí sienten, eso, eso los sacará triunfantes de todo lo que viene. Serán humillados, despreciados, y odiados por aquellos que Me han negado. Por aquellos que han dicho, que fábula era Yo, que era un cuento que les habían contado. Esos, esos, serán sus peores enemigos, porque ustedes les demostrarán, que fábula no fue, que cuento Yo no he sido ni lo seré. Vine aquí para quedarme, y aquí Me quedaré. Ustedes demostrarán eso y mucho más.

BUSCARÁN LA EXCUSA PARA NEGAR QUE YO EXISTO

No podrán negar lo que frente a ellos tendrán. No podrán hacerlo, no lo harán. Tratarán por todos los medio de hacerlos fracasar. Buscarán la excusa, el pretexto para negar, negar que Yo existo, pero no lo lograrán. Los tendrán a ustedes para recordarles, que verdad Soy Yo y lo Seré por la eternidad. No lo podrán negar, y algunos claudicarán, y unidos a ustedes estarán. Otros, por orgullo y vanidad seguirán diciendo, que no Soy verdad. Amén.

Martes 29 de abril del 2014
PROFECÍA/ALERTA: DIOS PADRE DICE:

TODO SERÁ POR AMOR, Y NO POR OBLIGACIÓN

Así tiene que ser y así será, porque esa es Mi voluntad. Mi voluntad es que vengan a Mí, y que estén Conmigo por toda la eternidad. Una eternidad que juntos gozaremos, que juntos estaremos; una eternidad y más. No dejen que les digan que eso no puede ser; es y será, y ustedes lo van ver. Es y será, porque así tienen que ser. No dejen que les digan que no puede ser, no dejen que les roben ese placer, el placer de estar Conmigo como debe ser. A Mi lado tendrán la dicha que no han tenido. A Mi lado sabrán lo que no han sabido. Sabrán eso y mucho más; mucho más les diré; mucho más les enseñaré; mucho, mucho más, ya lo van a ver. Verán, los que quieren ver, escucharán, los que quieren escuchar. Los otros, ciegos, sordos e ignorantes se quedarán. Nada podré hacer por ellos; ha sido su voluntad. Su voluntad los llevará hacia donde ellos quieren estar: Lejos de Mí y más allá. Más allá estarán aquellos que Me sigan; más allá estarán aquellos que Me acepten; más allá de lo que pudieran pensar; más allá.

SERÁ SU DECISIÓN EL ACEPTAR, O NEGAR

Todos escucharán lo que Yo quiero decirles. No todos lo entenderán, y no todos lo aceptarán. Dirán muchas cosas; muchas preguntas surgirán, y muchas preguntas se contestarán. Aquel que quiera entender, lo entenderá, y el que no quiera entender, no lo hará. No porque no lo entienda, sino porque no quiere, y si no quiere, no lo puedo obligar. Será su decisión el aceptar, o negar. Yo sólo diré lo que tengo que decir, y dejaré a que él pueda decidir. Decidirá para bien, o no, pero será su decisión. Todo será por amor, y no por obligación.

ME ENTREGARÁN SU VOLUNTAD

Nadie obligará a nadie a hacer su voluntad. Voluntad a todos les di, y sólo ellos Me la pueden regresar. Aquel que me la regrese, quiere Mi voluntad. Quiere que haga Yo de Mi voluntad, con su voluntad, y Mi voluntad seguirá, y Mi voluntad obedecerá. Será Mi dicha, y Mi placer el poderlo hacer; el poder hacer de su voluntad, Mi voluntad. Juntos estaremos haciendo de nuestra voluntad, y gozando de la libertad que eso nos dará. La libertad de amarnos y amar a todos los demás. A pesar de que están haciendo su voluntad sabremos que también ellos, en su momento, me entregarán su voluntad para hacer Mi Voluntad.

SÓLO ELLOS LO PUEDEN DECIDIR

Mi voluntad es que todos estén en donde tienen que estar: Junto a Mí. Junto a Mí los quiero tener; junto a Mí estarán porque así tienen que ser. Pero será su voluntad el tiempo que tomará que lleguen a Mí. Sólo ellos lo pueden decidir, Yo sólo esperaré a que lo hagan. Esperaré como ya he esperado; esperaré como ya lo he hecho, y seguiré esperando porque sé, que todos llegarán, todos, todos lo harán. De ellos es la pérdida si no vienen cuando Yo se los pido. De ellos será, y lo van a sufrir. Sufrirán viendo a los otros gozar, viendo a los otros recibir lo que Yo les prometí.

LES DEMOSTRARÉ QUE YO NO HABLO POR HABLAR

Yo les prometí la gloria, y la gloria gozarán. Yo les prometí las Gracias y las Gracias tendrán. Todo lo que Yo les prometí tendrán; todo y mucho más. De ustedes depende, que tanto se van a tardar en recibir lo que Yo les prometí. Mi promesa está hecha. Mi promesa está ahí, de ustedes depende cuando la van a ver cumplir. De ustedes, y de nadie más está, el recibir lo que Yo les prometí. Yo cumplo lo que prometo. Yo no hablo por hablar. Yo sé lo que digo y se los voy a demostrar. Les demostraré que Mi Palabra, Ley es, y que así será. Mi Palabra he dado, y Ley es y será. Ley que se cumplirá; ustedes van ver, que Yo no hablo por hablar.

MI LEY NADIE LA PUEDE IGNORAR

Mi tiempo no es su tiempo, pero todo vendrá, y se hará en Su tiempo. Sólo tienen que esperar y confiar, que Mi Palabra Ley es, y lo será. Mi Ley ha sido, Mi Ley es, y Mi Ley será por la eternidad. Mi Ley es por siempre, y por siempre existirá. Mi Ley es para que se guíen, para que aprendan a amar. Mi Ley les enseña, y les enseñará lo que tienen que hacer, y lo que no harán. No lo harán, porque Me aman, y saben que esa es Mi Ley, y la respetarán. Aquel que no lo haga, o que la niegue, en carne propia lo aprenderá: Aprenderá que Mi Ley, nadie la puede ignorar.

SIGAN MI LUZ

Para muchos, serán palabras, para otros serán realidad. Una realidad que está frente a ellos, y como lámpara de luz, guiará sus caminos. Saben que si la siguen, no se perderán. No se perderán, y seguirán hasta donde Yo estoy, porque Mi Ley los llevará a Mí. Mi luz los guiará al lugar al que deben llegar. Ahí estaré Yo esperando a aquel que Mi luz siguió, aquel que se dejó guiar por esa luz, y llegó a donde tenía que llegar. Trabajen, estudien y sigan Mi luz; no se arrepentirán de hacerlo. No, no lo harán, porque tendrán todo lo que les prometí y mucho, mucho más. Amén.

Jueves 1eo de mayo del 2014
SUEÑOS/VISIÓN: EL PASTOR, VACA, CARRO, LLANTAS, LECHE

-*Veo que estoy platicando y comiendo con unas amistades. Ahí está una amiga de Tecate Ca. Está diciendo algo sobre un carro, llantas y leche. Le estaba diciendo a otra persona, que no había necesidad de cambiar la llanta, porque esta, estaba ayudando a producir buena leche. Creo, que la otra persona era la que tenía la vaca, carro, o troca que daba la leche. Mi amiga le dice al Pastor, que desde que había sacado a su niño por la noche y se le había enfermado, ya no lo hacía. También le dijo, que cuando ella iba caminando, parecía que el piso la jalaba, y agregó, que era por lo dulce de la leche. Parece ser, que se había mojado con la leche, o la leche había caído sobre ella. No recuerdo el comentario del Pastor. Amén.*

-Vaca, Carro, llantas, leche: Evolución, y alimento espiritual.

Sábado 3 de mayo del 2014
PROFECÍA/ENSEÑANZA: DIOS PADRE DICE:

HAY MÁS QUE APRENDER PARA LLEGAR A CONOCERME

Te dije que escribas porque hay mucho que escribir: Ya sabes lo que pasa, y lo que pasará, pasará, no tengas dudas, pasará y nada, ni nadie lo podrá evitar. Te dije que esperes y esperarás, nada pasará antes de que tenga que pasar; sucederá al momento que tenga que suceder. No te aflijas, no te acongojes, que lo que es, será y nadie lo va a evitar. No me digas que no podrás; podrás y puedes, te lo puedo asegurar. Te aseguro que podrás, porque esa, es Mi Voluntad.

Mi Voluntad es que lleves de Mi verdad. Mi voluntad es que sepan, que todavía hay más que aprender, que aún hay más que saber. Lo aprenderán, lo sabrán y lo van a entender. Aprenderán que Yo soy el Infinito, y se lo puedo enseñar. Les enseñaré que hay más, más que aprender para que puedan llegar a Conocerme. Me Conocerán, eso te lo puedo decir. Me Conocerán y no se van a arrepentir. No se arrepentirán, porque orgullosos van a estar de lo que van a aprender. No se arrepentirán porque sabrán, que todo lo aprendido es verdad; verdad que desconocían, verdad que ignoraban, pero que ahora la tienen. La entenderán y la aceptarán. Aceptarán, que no todo era verdad, que había otra verdad, y que esa, era la verdad absoluta, la absoluta verdad. Lo sabrán, porque Yo se los voy a enseñar.

EL LUGAR QUE NO LOS HA OLVIDADO

La absoluta verdad ellos tendrán en sus manos, y ya no la van a soltar. La tendrán en ellas por la eternidad. La eternidad tendrán para meditar en esa verdad. La eternidad tendrán, y la gozarán, gozarán la verdad que desde tiempo les habían ocultado. Gozarán esa verdad que ahora los tiene a Mi lado. A Mi lado estarán gozando de esa verdad; a Mi lado estarán gozando una eternidad, teniendo esa verdad a su lado. A su lado la tendrán, a su lado la gozarán, a su lado sabrán que todo, todo lo que aprendieron era esa verdad: La verdad que ahora gozan y que gozarán por la eternidad. Pero para poder hacerlo, tienen que buscar Mi verdad, tienen que estudiar y trabajar para aprender esa verdad. Tienen que limpiar su corazón, su mente, y emprender la búsqueda a esa verdad. Verdad que los llevará a donde tienen que estar: A su Hogar; al hogar que por tiempo han dejado, pero el lugar que no los ha olvidado, y los esperará hasta que lleguen a él.

NO DEJEN QUE ESA FELICIDAD SE LES ESCAPE DE LAS MANOS

Ese lugar está reservado con el nombre de cada uno de ellos. Ellos tendrán que ir, y tomar el lugar que les corresponde y les corresponderá por siempre. No me dejen esperando, ya los quiero aquí Conmigo. Vengan a Mi lado, vengan a gozar la eternidad a Mi lado. A Mi lado estarán contentos y felices, a Mi lado no sufrirán, a Mi lado gozarán y ya no llorarán. Llorarán, pero de felicidad al ver que a Mi lado están. No dejen que esa felicidad se les escape de las manos; no dejen que se vaya.

LA ETERNIDAD QUE CONMIGO ESTARÁN

Tomen la oportunidad que les brindo, y con ella vayan a Mi lado. La oportunidad les entrego para que lo puedan hacer; de ustedes depende si la quieren obtener. Yo ya se las di, de ustedes es aprovecharla, de ustedes es tomarla, y a Mi lado llegar. Llegar contentos y gozosos, llenos de felicidad, o quedarse a sufrir una eternidad, por no haber aprovechado la oportunidad que les ofrecí. Se las ofrecí de corazón, de corazón quiero que vengan a Mí. Sientan en su corazón el deseo de estar junto a Mí. Siéntanlo y vengan hacia Mí, que Yo les aseguro, que no se van a arrepentir. No se arrepentirán, no, no lo harán. Serán tan felices, que tiempo no tendrán de pensar en nada más, que gozar Conmigo una eternidad, la eternidad que Conmigo estarán.

MIS HIJOS ESTÁN MURIENDO ESPIRITUALMENTE

Quiero que vean lo que a su alrededor está sucediendo. Quiero que se den cuenta, que más y más Mis hijos están muriendo, no una muerte física, sino espiritual. Más y más de esos de Mis hijos están pereciendo. Su cuerpo puede estar caminando, pero su espíritu está muerto; no lo han alimentado. Lo han dejado morir por darle al cuerpo los placeres que no lo hará vivir. Su cuerpo perecerá, y su espíritu se quedará junto a él, por no haber aprendido el camino a seguir. No tendrán dirección alguna; no sabrán que hacer, y pasarán siglos para que lo puedan entender; entender, que en la Tierra no llevaron nada que los ayudara, al momento de trascender. Quedarán en esa oscuridad, y no sabrán qué hacer.

BUSQUEN, BUSQUEN ESA VERDAD

Es por eso que les pido, que aprovechen la oportunidad que les doy. Aprendan, llénense de Mi para que no sufran, y logren ver el camino que los conducirá a su Hogar; a su Casa, y perdidos no se encontrarán. Busquen, busquen esa verdad. Encuentren el camino, y no se pierdan en las veredas. Recuerden, que sólo hay un camino; veredas hay muchas. Tomen el camino y lleguen al lugar que buscan; al lugar que los espera, y que los seguirá esperando. Busquen, busquen esa verdad; busquen, y no se arrepentirán. Buscadores de la verdad, la verdad encontrarán, búsquenla, que esperando por ustedes está. Búsquenla, que ella los llevará al lugar al que pertenecen. Búsquenla, y los guiara hacia Mí, y Yo estaré aquí esperando por todos y cada uno de ustedes Mis hijos. Amén.

Lunes 5 de mayo del 2014
SUEÑOS/VISIONES: EL PASTOR Y YO JUGANDO

-Veo que el Pastor y yo vamos muy contentos jugando, y felices hacia un lugar. Yo voy detrás de él, y veo que él se cae de espaldas sobre mí, y le digo, que se levante, porque pesa mucho. Esto es todo lo que recuerdo.

MENSAJE: EL PADRE DICE:

TU CORAZÓN ESTÁ EN LO QUE ESTÁ

-Éste mensaje vino después de haber estado meditando sobre lo que El Padre tiene planeado hacer; y esto es lo que Él me dijo:

Te he dicho que no te preocupes; no te preocupes por algo que no ha pasado ni pasará, en la forma en que lo has mirado. Pasará como Yo te lo he dicho; sólo así será. No digas más, no digas menos; solo será como Yo lo he planeado. Lo he planeado con tiempo, con tiempo he dicho lo que será y cómo será, con tiempo lo he planeado, y así será. No te dejes llevar por la desesperación, no dejes que los nervios te traicionen, no dejes que te falle el corazón. Tu corazón está donde está, y en lo que está, y eso tú lo sabes. Todo será como lo he planeado, todo será como se ha estipulado. Deja de pensar, deja de decir, y deja de hacer lo que no tienes que hacer. Harás lo que ya sabes que tienes que hacer, y dejarás el tiempo correr. Correrá más, o menos en su tiempo, pero llegará a tiempo. A tiempo será lo que tenemos que hacer a tiempo, y así lo van a entender. Amén.

Martes 6 de mayo del 2014
PROFECÍA DIOS PADRE:

YO A NADIE DESAMPARO, TODOS SON MIS HIJOS

-Aquí El Padre Todopoderoso, ya me había explicado lo que quería. Él sabía que amaban a Su Unigénito, y a Él lo respetaban. Pero Él quería que también lo amaran, y por eso les había propuesto que aceptaran a Jesús como su Maestro, Tutor, Mentor, y Guía, para que Él los preparara. No sé, pero sentí, que no querían usar la palabra Maestro. Ya que en inglés se traduce como Master, y master, es una palabra que evoca los tiempos de la esclavitud. Si tan sólo hubiese podido hablar con el Pastor, le hubiera explicado, que Master en español se traduce en maestro, profesor, y no en lo que ellos piensan. Pero nunca tuve la oportunidad de sacarlos de su error. Éste es el mensaje de éste día:

Te dije que escribas, porque quiero que sepas que estoy contigo, que Yo no te he olvidado ni te olvidaré. Yo sé lo que sientes, y lo que no sientes. Yo sé lo que piensas, y lo que no piensas. Yo sé lo que dices, y lo que no dices. Yo lo sé todo; todo de ti y de todos. Todos son Mis hijos, y con todos Me encuentro. Todos son Mis hijos, y a todos los quiero. Yo no distingo al uno del otro, porque a todos los he creado. Yo no distingo al uno del otro, porque todos están a Mi cuidado. Yo los cuido a todos, a nadie desamparo. Yo los quiero a todos, y a nadie he olvidado. Piensan que lo he hecho, piensan que los he olvidado, pero no es así, a todos llevo a Mí lado, y a Mi lado los quiero a todos; a Mi lado, a Mi lado.

No sufras por lo que no ha pasado, no lo hagas. Si dices que Yo lo sé todo, entonces sabes, que no te he olvidado, y que al tanto estoy de todo lo que ha pasado, y de lo que pasará. No te aflijas por lo que no ha pasado, que lo que pasa, pasará, y nadie lo va a evitar; nadie podrá, porque escrito está. Te he dicho, que con tiempo lo preparé, con tiempo lo hice, para que sucediera en la forma en que va a suceder. No te aflijas por lo que no ha pasado; pasará y te darás cuenta, que Yo no te he olvidado. Yo estoy contigo, y lo estaré por siempre al menos, que tú no me quieras a tú lado.

Yo sé que Me quieres y que no Me has olvidado. Yo sé que Conmigo te encuentras, y que no me has dejado. Yo tampoco te dejaré. Yo tampoco me alejaré de tu lado; contigo estoy, y seguiré. No temas por lo que no ha pasado, pasará, ya verás. Pasará, y feliz y contenta estarás por haber esperado. Espera, espera, y verás los resultados, los resultados por haber esperado. Espera, aguarda, que todo será como Yo lo he planeado. No temas, no te angusties, que todo pasara como lo he planeado.

LES DARÉ LA OPORTUNIDAD DE ESTAR A MI LADO

Les daré la oportunidad de estar a Mi lado, de ser Mis Esposas, de compartir Conmigo lo que siempre han anhelado. Han querido estar Conmigo, Conocerme más, aunque no lo han querido aceptar. Hablan de Mi Hijo; lo alaban en verdad, pero a Mí me respetan, y Me tienen en un lugar; un lugar al que ellos no pensaban llegar. Llegarán si así lo quieren, llegarán si así lo desean, llegarán, y todos gozaremos la dicha de estar juntos; de amarnos toda la eternidad. La eternidad tendremos para hacerlo, la eternidad será poca para podernos amar y disfrutar de todo lo que Yo tengo para dar; darles a todos lo que merecido tendrán, por a Mi lado estar.

Gozarán, oh sí gozarán; eso no lo pueden dudar. Gozarán y sabrán, que promesa Soy, y promesa entrego a los que a Mi lado vienen. Yo no prometo por prometer. Yo no digo por decir; lo que prometo lo cumplo, y lo que digo es verdad. La verdad ellos tendrán, porque Yo se las voy a decir, la verdad tendrán, y nadie lo va a dudar. Sabrán que lo que les digo, es verdad porque viene de Mí.

LA VERDAD LES ENVÍE EN LA IMAGEN DE MI UNIGÉNITO

¡Yo soy la verdad! La verdad les envíe en la imagen de Mi Unigénito. Él fue, a ser testigo de Mi verdad, pero no le creyeron. Ahora ustedes lo van a creer y van a ver, que lo que les digo es verdad, y verdad va a ser. Van a ser verdad, y verdad enseñarán. Enseñarán la verdad a los que la verdad quieran escuchar; y aún a aquellos que dudaban la verdad, la van a aceptar. Dirán: Yo creía… pero no era así. Yo pensaba…. pero no era así. Ahora yo sé la verdad; ahora yo sé, que no la sabía. Ahora la tengo, y no la voy a dejar ir; estará conmigo por la eternidad. Así dirán, así hablarán aquellos que creían tener la verdad. Así dirán aquellos, cuyo corazón estará feliz de escuchar la verdad.

PERO OTROS…

Pero habrá aquellos que aun viendo dudarán. Serán esos corazones necios y orgullosos de su verdad, y no querrán dejarla ir. Se aferrarán a su verdad, y eso los hará morir. Morirá su cuerpo, su espíritu lo seguirá. Su espíritu sufrirá por no haber reconocido ni aceptado Mí verdad. Sufrirán por mucho tiempo, hasta que Mi voluntad llegue a ellos. Poco a poco les iré entregando, para que poco a poco vayan reconociendo, y aceptando Mi verdad. Así será hasta que la reconozcan y la acepten, y puedan trebolar al lugar que les corresponde. Amén.

Domingo 11 de mayo del 2014
SUEÑO/VISIÓN:

-El poseído, y el hombre que me dijo: *Lo llevo en mi cartera.*

-Después de haber hecho mis oraciones de la mañana, y leído mis Salmos y un poco de la Biblia, sentí sueño y me acosté por un momento y esto es lo que contemplé:

-*Veo que llego a una tienda (Staples), y salen varios empleados a recibirme. Creo que soy un cliente frecuente, pues conozco a todos los empleados. Pero cuando llegan a recibirme, con ellos veo que viene un empleado nuevo. Es un hombre joven, delgado, moreno, y usa lentes; creo que lo están entrenando.*

-*Luego me contemplo frente a una computadora, y los empleados llegan hasta donde yo estaba. El empleado nuevo viene por detrás de mí, como que me va a ayudar a usar la computadora, o a decir algo. Pero él me abraza muy fuete y no me suelta. Yo trato de zafarme, y veo al otro empleado como pidiendo ayuda. Creo que me sonrojo, ya que veo que todos se dan cuenta, de lo que el empleado está haciendo. El otro empleado, va y llama al encargado de la tienda y ambos se dan cuenta de la situación. En eso, me doy cuenta de lo que le estaba pasando al nuevo empleado; me doy vuelta y le empiezo a hacer preguntas. Le pregunto, qué quién es y qué quiere, ya sabía que algo lo había posesionado. No recuero lo que me contestó ni lo que pasó después.*

-*Luego veo, que voy pasando junto a una mesa, (La tienda ya era una especie de restaurante) y dos hombres están platicando. Uno de ellos le dice al otro: Eso no es cierto, no había nada. Es como la vez que dijeron, que en ese cuarto había algo, y no había nada. Al escucharlo, me detengo junto a ellos, y le digo al hombre: ¿No había nada porque tú lo dices? Yo te puedo decir, que no tengo en mis manos estas dos cotonetas (Q-Tips) y te lo puedo asegurar. (Yo tenía en mis manos un par de cotonetas). Para ese tiempo, el hombre ya no está sentado a la mesa, sino debajo de la mesa. Ya que desde que lo enfrenté, se fue resbalando del asiento hasta quedar por debajo de la mesa. Desde ahí, sacó una estampa de Cristo Jesús, (De esas que usan mucho los católicos), y me dice: Porque yo creo en Él, y todo el tiempo lo llevo en mi cartera. A lo que mirándolo por debajo de la mesa, le contesto: Yo también creo en Él, pero yo no lo llevo en la cartera, sino en mi corazón. Amén.*

Miércoles 14 de mayo del 2014
ENSEÑANZA/PROFECÍA: DIOS PADRE DICE:

TIENE QUE ESTAR DENTRO DE ELLOS

Te dije que escribas. Quiero que escribas porque hay mucho que decir, hay mucho que aprender y lo vas a escribir. Escribe, porque Quiero que lo sepan, quiero que lo aprendan. Quiero que digan, que lo saben, porque Yo se los he enseñado, quiero que alaben Mi nombre aquí, y en todos lados. Quiero que digan que sí, que sí lo harán, porque está en su corazón. Está en ellos decir: Te amo, y quiero ser Tu esposa. Quiero que me enseñes a serlo, a ser la Esposa Perfecta que Tú quieres a Tu lado. Enseñarme Señor, enséñame mi Amado; quiero ser Tu esposa y estar a Tu lado. A Tu lado quiero estar por la eternidad.

Así quiero que hablen, así quiero que digan, que sientan en su corazón el deseo de estar Conmigo; el deseo de pasar la eternidad, de pasar la eternidad junto a Mí. Tienen que sentirlo, tienen que desearlo, de otro forma no será. Eso tiene que estar dentro de ellos, y salir y gritar con todas sus fuerzas como queriendo, que el cielo lo escuche. Yo lo escucharé, y Yo sabré, que de su corazón salió, que su alma lo elevó hasta llegar a Mí. Yo lo recibiré y les diré: Te escuché, Te escucho y Te escucharé por la eternidad. Yo te amo, y quiero que Me ames como Yo te amo a ti.

CONTENTO NO ESTOY DE LO QUE QUIEREN HACER

Ahora escribe, que te voy a decir lo que va a suceder, lo que va a pasar:

Te dije, que contento no estoy de lo que quieren hacer, de lo que están haciendo. Como ya lo has podido ver, me quieren quitar de en medio, pero no lo podrán hacer, antes los desapareceré. No quieren estar Conmigo, no quieren Mis Leyes obedecer, entonces los desapareceré. Sus mentes estarán tan confundidas, que no sabrán qué hacer. No sabrán ni quienes ellos mismos son; mucho menos quien soy Yo. Pero se darán cuenta, que algo no está bien, y meditarán sobre ello.

NO HABRÁ OTRO DIOS, SÓLO YO

Tomará tiempo, pero lo harán. Tomará tiempo pero comprobarán, que Yo existo, que Yo Soy quien Soy, y no lo podrán negar. No podrán negar lo que ha pasado. *No podrán decir, que no fui Yo quien lo hizo. Aceptarán la realidad: Me aceptarán a Mí. Sabrán que Soy, que Fui y que seguiré siendo Yo: El Dios absoluto y verdadero. No habrá otro dios antes que Yo. No habrá otro dios después que Yo. No habrá otro dios, sólo Yo: El Dios de la verdad absoluta, el Dios verdadero, el Dios perfecto, el Dios perfección. El Dios que te pide vengas a Él, y goces con Él la eternidad; la eternidad con el Dios del amor absoluto y verdadero. El Dios del verdadero Amor.*

YA NO DIRÁN MÁS QUE YO NO EXISTÍA

Pasarán muchas cosas antes que esto suceda; cosas buenas, para aquellos que en Mí creen y Me esperan; cosas malas para aquellos que Me niegan, y que creen que no vendré. Pero en fin, cosas buenas para todos, porque todos aprenderán: Unos a afianzar su fe, otros a obtenerla. Pero todos comprenderán, que Yo existo, que Yo existí, y que Yo seguiré existiendo, y que así será por la eternidad. Muchas cosas vendrán, que causarán terror y muchos temerán. Temerán aquellos que no Me conocen, temerán aquellos que dicen que Yo no existo, temerán aquellos que Me negaban, que negaban Mi Poder, y ahora frente a ellos lo van a tener. Ya no podrán negarlo, ya no podrán decir que no es así, porque lo tendrán frente a ellos, y los hará sufrir. Sufrirán por Haberme negado, sufrirán por tratar de enseñar que Yo no existía, que mentira era, que era una fantasía. Su fantasía se volverá realidad; su realidad los aplastará. Su realidad los hará pensar en lo que ellos decían. Ya no dirán más que Yo no existía; ya no lo podrán decir.

CONTENTOS ESTARÁN COMPARTIENDO CONMIGO MI VERDAD

Aquellos cuyo orgullo es más fuerte que ellos mismos, seguirán diciendo y gritando, que mentira Soy, y que falsedad es lo que están viviendo. Será tanto su orgullo y su vanidad, que van a perecer llevando con ellos su verdad. Pero Mi verdad van a perder. Muchos de esos, que orgullosos investigan su verdad, tornarán a Mi Verdad, doblarán su rodilla, y se arrepentirán al aceptar Mi Verdad. Yo los recibiré, porque en su corazón estará Mi Verdad. Aceptaré su arrepentimiento, porque saldrá de su corazón y de corazón los recibiré en Mi Reino. Ellos serán sus mejores aliados, porque ya habrán comprendido, que la verdad soy Yo, y que ellos estaban confundidos. Confundidos ya no estarán, y contentos estarán compartiendo Conmigo, Mi verdad.

SERÁN EL EJEMPLO DE FE

Habrá mucho sufrimiento antes que esto suceda. Sufrirá el mundo, sufrirán todos. Pero aquellos que Me conocen, y que saben que Soy Realidad y no un mito, esos pasarán la prueba, y su fe se agrandará. Será tan grande su fe, que todos la podrán ver. Serán el ejemplo de fe y todos se reflejarán en esa fe. Sabrán que es fe en verdad, y en verdad los seguirán, porque querrán aprender a tener esa fe. Los seguirán por doquier, no habrá barrera para ellos. Los seguirán por doquier para aprender de ellos, y ellos enseñarán Mi Verdad, y ellos aprenderán Mi Verdad.

YO LOS GLORIFICARÉ

Muchas cosas sucederán antes que esto suceda. Es por eso que les pido, que se preparen, para cuando todo esto llegue. Yo no quiero que los tome por sorpresa, que los tome dormidos; estén despiertos, estén en aleta. Prepárense, estudien, practiquen, enséñense, para que defiendan Mi Verdad, y enfrenten las consecuencias. Consecuencias habrá muchas; muchas serán y tendrán que enfrentarlas. Tendrán que salir adelante de todas ellas; tendrán que salir victoriosos de todas ellas. Glorificarán Mi Nombre en todas y cada una de ellas; y en todas y en cada una de ellas, Yo los glorificaré a ustedes Mis guerreros, Mis vencedores, Mis fieles servidores. Amén.

Jueves 15 de mayo del 2014
SUEÑOS/VISIONES:

LA ESPOSA DEL JEFE (EL PASTOR) ME DESPIDIÓ

-Veo que estoy trabajando en un restaurante, pero al mismo tiempo, parece ser la Casa de Oración del Pastor y ahí veo a su esposa quien me dice, que el sábado trabaje el turno de las 6:00pm. Luego veo que llego al trabajo, y ahí veo a una hermana conocida de otro templo. La saludo, y no me contesta; está enojada. Yo voy en mi carro blanco, me paro junto a ella y le pregunto qué, qué es lo que le pasa. Me dice algo sobre el trabajo, y el turno de las 6:00pm. Yo le digo, que la esposa del patrón (Del Pastor) me dijo que trabajara ese turno.

VEO QUE LA ESPOSA DEL PATRÓN (DEL PASTOR) TIENE MUCHOS GRANOS

-Después veo que la esposa del patrón (Del Pastor) y la hermana del templo están hablando, me acerco a ellas, y me pongo frente a la esposa del patrón (Del Pastor) y veo que en la cara, cuello, pecho y por detrás del cuello tiene muchos granos, o espinillas. Pero son granos feos y puntiagudos, que al verlos pensé en esos collares negros que algunos jóvenes usan, y que parecen hechos de púas. Luego veo que llego al trabajo y veo a la hermana del templo, la sigo y me comenta, que tiene algo que decirme: Que me habían despedido, y que fuera a recoger mi cheque. Llego hasta donde está la persona que me va a entregar mi cheque, el lugar está muy oscuro, y comento algo sobre eso. Luego veo que la luz se enciende, y yo me voy de ahí. Amén.

-El sueño no me gustó, pues la esposa del Pastor está con una hermana, que en la vida real me causó mucho dolor.

El padre seguía insistiendo en que llevara sus mensajes a esos de sus hijos.

Sábado 17 de mayo del 2014
PROFECÍA: DIOS PADRE DICE:

YO SÉ TODO LO QUE PASA NADA ESCAPA A MÍ VER

Escribe, escribe, escribe, tengo mucho que decirte, tengo mucho que contarte. Escribe para que sepas, para que te des cuenta, que al tanto estoy de todo. Todo lo que pasa, lo Sé; todo lo que acontece, lo Sé. Yo lo sé todo, nada escapa a Mí ver. Yo lo sé todo, tú lo vas a saber y te vas a dar cuenta, que todo lo Sé. Sé de tu angustia y desesperación, por no saber qué hacer. Sé de tu proceder, y Sé lo que tienes que hacer. Yo sé lo que vas a hacer, y Yo te lo voy a decir:

Haz lo que te digo, y no vas a sufrir; sufrir la pena de no saber qué hacer. Harás lo que te diga y nada más. Harás lo que te diga, y esperarás, esperarás a que venga lo que tiene que venir; esperarás a que llegue lo que tiene que llegar; esperarás a que pase lo que tenga que pasar. Entonces sabrás, que Yo lo sé todo, y todo será como tendrá que ser. Será bueno para aquellos que supieron obedecer; será malo para aquellos que no hicieron lo que tenían que hacer. Se darán cuenta, que Yo todo lo sé, y que quisieron engañarme, y que no lo pudieron hacer. Yo lo sé todo, todo lo Sé. Ahora te digo lo que tienes que hacer, y lo harás como debe de ser:

Ve y diles, que la hora ha llegado que se enteren de Mí prometer. Ve y diles lo que tienen que hacer: Dos semanas de tu mundo esperarán, dos semanas para someter lo que Yo les he dicho, y no han querido obedecer. Dos semanas para que ellos sepan lo que les quiero proponer. Dos semanas, y sabrán lo Yo que quiero que hagan. Lo harán, si eso está en su corazón, lo harán y sabrán Mis razones. Las razones entenderán los que quieran entender; las razones ignorarán los que no quieran ver. No verán lo que Yo les tengo; no verán más allá de lo que ya han visto. No lo verán, porque sus ojos y entendimiento cerrarán. No verán nada, y así se quedarán. Pero aquellos que escuchan, que obedecen, esos verán, y tendrán lo que tengo para ellos: Contemplarán Mí Reino, y mucho, mucho más. Diles que Yo tengo mucho para dar al que me quiera escuchar. No te preocupes de cómo será; será como Yo lo diga, y se hará como Yo lo quiera. Será y nada más. Amén.

Lunes 19 de mayo del 2014
MENSAJE: DIOS PADRE ME DICE:

TIENES QUE DECIRLES

Escribe: Tienes que decirles, lo que les tienes que decir, tienes que hacer lo que tienes que hacer; ya sabes lo que tienes que hacer; ya lo sabes.

-Padre: Tú vistes, que le pedí al Pastor hablar, y no me dejó. Tú me has enseñado, a respetar a aquellos en autoridad, y él es el que dirige esa Casa de Oración, y tengo que obedecer lo que me diga.

Así es, y así será. Pero primero <u>me tienes que obedecer a Mí</u>. <u>Yo soy el que ordena</u>, <u>Yo soy el que dice</u>.

-Padre: ¿Qué es lo que quieres que haga? Voy a esperar el día que nos reunamos, para poder preguntarle de nuevo, y ver si me permite entregar Tú mensaje.

Así lo harás, pero lo tienes que entregar. Como ya te has dado cuenta, hay algunos, que ya están esperando ese mensaje.

-Padre: Tú sabes cómo me siento, y lo que pienso.

¿Es que acaso les quieres negar a tus hermanos la oportunidad que les estoy ofreciendo? ¿Es que acaso no quieres que ellos aprendan a Amarme, a Conocerme? ¿Es eso?

-No Padre, por supuesto que no; después de Ti, yo soy la que quiere hacerlo; la que quiere, que aprendan a Amarte, a Conocerte; Tú lo sabes.

Lo sé Mi niña, lo sé, pero te veo ceder, veo que dudas, que piensas que no vas a poder. Amén.

- Aquí, el Maestro Jesús me dijo lo que pensaba hacer y decir cuando estuviera frente a Su Padre, junto con aquellos que lo habían aceptado como su Maestro, Tutor, Mentor

Martes 20 de mayo del 2014
PROFECÍA/MENSAJE/ENSEÑANZA:

-Aquí, el Maestro Jesús dice, lo que Él quiere hacer, y decir cuando esté frente a Su Padre, junto con aquellos que lo aceptaron como su Maestro, Tutor, Mentor y Guía:

PADRE: RECÍBELOS, SON TUYOS, SON TUS ESPOSAS

Venid a Mí los que tienen hambre y frio, que Yo seré su pan y su abrigo. Yo los cubriré de la intemperie del tiempo, y los hartaré de Mi Pan: Mí Palabra será su refugio, y su abrigo. Yo lo cubriré de todo lo que Yo soy. Tendrán todo lo que Yo tengo, y serán lo que Yo soy. Yo soy el Pan de Vida. Yo soy la Roca de salvación. Yo soy el Camino. Yo soy la verdad. La verdad tendrán Conmigo, y

Yo les mostraré el camino. Juntos caminaremos, y juntos llegaremos hasta Él. Él nos estará esperando, y Él nos recibirá.

Yo llegaré y le diré: Padre, he aquí a Tus Escogidos, he aquí a tus llamados, he aquí que los he traído a Ti, y en Ti vivirán por siempre. Padre, Yo los he preparado. Yo los he enseñado a Conocerte y Amarte. Yo los he preparado para Ti Padre Mío. Yo lo he hecho por amor, por amor a Ti, y a ellos.

Padre: Recíbelos; son tuyos; son Tus Esposas: Las esposa que has deseado, y esperado por siempre. Están aquí Padre Mío; están aquí, y Yo te las he traído. Las he traído a Tú Reino; a su reino. Porque ahora les pertenece todo lo que Tú tienes, y todo lo que Tú eres, es de ellas. Ellas son Tú, y Tú eres ellas. Ellas te aman; lo han declarado; lo han comprobado; lo han realizado. Han realizado el deseo de estar a Tú lado Padre Mío, y Yo estoy feliz de que lo hayan logrado Padre mío. Feliz de que todas estén a Tú lado Padre Mío. Son Mis Esposas. Yo las conozco, y sé que te Aman como me aman a Mí. Seremos felices todos juntos, gozando a Tú lado de todo lo que Tú eres, y de todo lo que Tú tienes. Padre, Tú Hijo ya lo ha hecho. Tú Hijo ha gozado de Ti, y de todo lo que eres y tienes, y ahora lo comparto con Mis Esposas: Nuestras Esposas.

Padre: Han pasado la prueba; han hecho su declaración; han dicho presente; han puesto atención. Han entendido; se han preparado, Me han amado y respetado. Ahora las traigo hacia Ti, y vienen con el mismo amor y respeto que Me han ofrendado. Ámalas Padre; Ámalas, que se lo han ganado. Han demostrado que Te aman, y que quieren estar a Tu lado. Padre, recíbelas, con el mismo amor con que me recibiste a Mí. Yo fui a enseñarlas a amar, y lo aprendieron. Aprendieron a amar, y a respetar a quienes así se lo pidieron. Saben amar, y saben respetar. Ámalas Padre Mío, porque se lo merecieron. Amén.

Miércoles 21 de mayo del 2014
ORDENANZA:

EL PADRE DICE: HA LLEGADO EL TIEMPO DE QUE HABLES

- Me dijo: *Ya ha llegado el tiempo de que hables y digas lo que tienes que decir. Ya ha llegado el tiempo, y lo tienes que hacer. Harás lo ya acordado, y dirás lo ya dicho. Amén.*

Jueves 22 de mayo del 2014
PROFECÍA/ALERTA/MENSAJE

DIOS PADRE DICE:

ÉSTA NACIÓN ESTÁ EQUIVOCANDO EL CAMINO

Sé lo que piensa, y lo que temes, y Yo te digo: No temas, que Yo estoy contigo. Yo estoy aquí, aunque sientas que Me he alejado. Yo estoy aquí, nunca te he dejado. Nunca lo he hecho, y nunca lo haré. Yo te hice. Yo te formé, y Yo te cuidaré. No temas por lo que puede, o va a pasar, teme, si no haces Mí Voluntad. Mi voluntad es que hagas lo que tienes que hacer; Mi Voluntad es que dejes de temer. Sé lo que necesitas, y lo proveeré. No temas, que lo tendrás para que lo puedas hacer.

Sufres y te acomplejas por lo que los demás saben. Sufres, y lloras pensando, que no podrás darles lo que Yo te doy a ti. Pero lo harás; eso Yo te lo puedo decir. Lo harás y sabrás, que contigo Me encuentro, y que Me encontraré el tiempo por venir. No temas ni te acongojes, que todo será como lo hemos planeado; todo será cómo lo hemos deseado; nada ni nadie lo evitará aunque quiera hacerlo. No podrán, porque escrito está, y no lo podrán borrar. Yo lo escribí, y Yo lo haré realidad.

Ellos son Mis escogidos. Yo los separé, para que hicieran lo que tienen que hacer. Son Míos; Yo los formé. Yo dije: Ellos serán, y lo van a ser. Serán los que lleven Mi Obra a conocer. Serán los que digan: Así tiene que ser, porque así lo dispuso Él. Alabarán Mí Nombre y satisfecho Yo estaré. Ellos serán Míos, y de ellos Yo seré. No habrá quien nos separe; quien diga que no es. Ellos estarán ahí para decir: Sí, sí es, porque yo lo vi, y lo escuché. Nadie podrá decirles que no fue así, porque ellos me tendrán a Mí, y Yo hablaré por ellos, y ellos hablarán por Mí.

Seremos UNO sólo. Seremos un corazón, un amor, una pasión: La pasión de conocer, y entregar la verdad; la pasión de enseñar la verdad. La verdad estará presente en todo lo que hagan, y en todo lo que digan. Serán verdad, y verdad entregarán. Serán Mis emisarios, Mis mensajeros; Mis aliados. Serán todo eso y más, porque estarán a Mí lado. A Mí lado estarán gozando de lo que Yo tengo, y de lo que Yo soy. Yo soy la verdad, y la verdad tendrán por siempre, y para siempre. Deja que el tiempo pase, deja que el tiempo diga, que es el tiempo de hacer lo que se tienen que hacer. Sé lo que sientes, sé lo que temes; mas Yo te digo, que todo pasará como tiene que pasar.

VERÁN MIS HECHOS

<u>Ésta nación está equivocando el camino</u>. *Ya se desviaron de él, ya han tomado otro sendero. Pero Yo los volveré al camino. Yo lo haré y se darán cuenta, que la verdad era, Yo. Yo soy, y lo seré por siempre, y para siempre. Deja que sigan pensando, que Yo no escucho, que Yo no veo lo que están haciendo, y diciendo. Deja que piensen, que ciego soy, y que Yo no existo. ¡Yo no soy ciego ni sordo! ¡Y sí existo, y existiré por siempre y para siempre! Y se los voy a demostrar con hechos. Verán Mis hechos, y sabrán que equivocados ellos estaban. Verán Mis hechos y se darán cuenta, que Yo ciego no estaba, que sordo Yo no era como ellos pensaban. Pensaban que nada haría, que nada pasaría, y se equivocaron.*

SABRÁN QUE YO EXISTÍ, EXISTO, Y QUE EXISTIRÉ POR SIEMPRE Y PARA SIEMPRE.

Ahora saben que no era así y llorarán. Sí, llorarán; llorarán su torpeza, su insensatez. Llorarán su ignorancia al Quererme desaparecer. Serán ellos los que desaparezcan, y lo voy a hacer: Yo los voy a desaparecer. Ellos serán los que no existirán, ellos serán los olvidados; los que nadie recordará; los que todos olvidarán. Así es y así será; nadie los recordará. Pero a Mí, nunca me olvidarán; sabrán que Yo existí, que Yo existo, y que Yo existiré por siempre y para siempre.

SERÁ UN HERMOSO FUTURO

No temas, que todo pasará como lo hemos planeado. Llevarás Mi mensaje, llevarás Mi enseñanza, llevarás Mí verdad, y todos la van a escuchar. Porque se darán cuenta, que viene de Mí, y así lo verán. Deja de sufrir por lo que no ha pasado, por lo que pasará, que el Pasado es Pasado, y el Futuro, Futuro será. El Futuro será hermoso, para aquellos que lo quieran escuchar; para aquellos que acepten la verdad; para aquellos que su sueño quieran realizar. Será un hermoso Futuro, lo que en su Futuro tendrán. Pero tienen que forjarlo en su Presente y en Mí Presente; para que todos gocemos de nuestro Futuro. Amén.

Jueves 22 de mayo del 2014
SUEÑOS/VISIONES: PASTOR, USTED NO QUIERE QUE ME CASE, ¿VERDAD?

-Veo que estoy en la Casa de Oración platicando con alguien, acerca de mi próximo matrimonio. El Pastor está escuchando; volteo a mirarlo y le digo: Pastor, usted no quiere que me case, ¿verdad? No recuerdo lo que me contestó. Veo que va a platicar con alguien más. En eso siento que me desvanezco, y caigo sobre la mesa. El Pastor, y los demás no se dan cuenta. Los escucho hablar, pero no sé si se dan cuenta que empiezo a gravitar. Perfectamente siento cuando me levanto, y veo como boca arriba me elevo, y como mi cuerpo toca la silla. Sigo escuchando al Pastor, y a los demás hablando; pero no recuerdo lo que estaban diciendo. Amen.

*Al poder entregar lo que el Padre Todopoderoso quería entregarles, mi recompensa sería el convertirme en Su Esposa. Es por eso que mi espíritu preguntaba al Pastor. Pastor, usted no quiere que me case, ¿Verdad?

Sábado 24 de mayo del 2014 a las 3:05 de la mañana
MENSAJE/PROFECÍA/ENSEÑANZA

EL MAESTRO JESÚS EXPRESA LO QUE ÉL PIENSA DE LAS GUERRAS

ÉSTA NACIÓN ESTÁ ENVIANDO NIÑOS A MORIR

Las cosas están graves; las cosas van de mal en peor; las cosas no se compondrán como debe de ser. Todos dirán, que todos, la culpa tienen. La culpa es de todos; todos la tienen; aquellos que creen en Mí, y los que no. Los que creen, porque no han hecho lo que tienen que hacer; y los que no, porque hacen lo que no tienen que hacer.

Ésta nación está enviando niños a morir. Ésta nación va a sufrir, por no querer oír; por no querer escuchar lo que tengo que decir. Por no querer hacer lo que tiene que hacer. Ésta nación va a sufrir y nadie lo va a impedir. Dicen Quererme; dicen creer en Mí, pero a la hora de la vedad, no quieren hacer lo que tienen que hacer: Oírme, Escucharme, y hacer lo que Yo les digo.

Los que creen en Mí lo saben; saben lo que los otros no saben: Que Yo éxito, que Yo soy, y que Yo seré. Pero aun así, no Me obedecen, no hacen lo que tienen que hacer; no dicen: Presente: Queremos aprender. Aprender lo que Tú tienes que enseñarnos. Aprender cómo querer; cómo amar, y cómo obedecer.

NO QUIEREN ESCUCHAR LO QUE LES QUIERO DECIR

Les estoy dando la oportunidad de hacerlo. Yo los quiero enseñar; pero parece ser, que no lo quieren aprender. Es porque creen que ya lo saben. Pero no es así: No saben, pero dicen que sí. No lo saben, y sin saberlo se van a quedar. No lo saben, y Yo se los quiero enseñar. Quiero que aprendan a amar; amar como debe de ser: De corazón; con devoción, y en verdad. Hasta ahora no lo han hecho, a pesar de que dicen que sí. No lo han hecho, y no lo harán, si no quieren escuchar lo que les quiero decir.

NO QUIEREN SABER QUE HAY MÁS DE LO QUE ELLOS SABEN

Yo tengo para ellos todo lo bueno, pero no lo quieren. No quieren saber, que hay más de lo que ellos saben. No quieren saber, que hay más, mucho más, y Yo se lo quiero enseñar. Yo quiero enseñarlos a amar, pará que así mismo, ellos lo enseñen a los demás. Los demás aprenderán por ellos, y ellos ganarán lo que Yo tengo para ellos. Ellos no lo saben, y no quieren aprender; no quieren saber lo que Yo puedo hacer, por aquellos que la verdad quiera saber. La verdad los salvará, la verdad los pondrá frente a Mí. La verdad estará en ellos, y todos aprenderán por ellos: La verdad.

LA VERDAD LO ES TODO, Y YO SE LAS QUIERO ENSEÑAR

La verdad lo es todo. Todo lo que Yo tengo que decirles. Todo lo que Yo tengo para enseñarles. Todo lo que Yo tengo para ellos, es la verdad. Yo soy la verdad, y la verdad quiero enseñarles. Yo soy la verdad, y la verdad quiero que sepan. Para que la puedan enseñar a los que la quieran escuchar la verdad. La verdad ha estado escondida; la verdad ha sido manipulada por aquellos que no han querido, que esa verdad se supiera. No se ha sabido por ellos, porque así lo han decidido. Decidieron que la verdad no se supiera, pero Yo se las quiero mostrar; se las quiero decir, y enseñar.

NO QUIEREN APRENDE MI VERDAD

Todo está en que Me quieran escuchar. Todo está en que quieran aprender de Mí, lo que Yo les quiero enseñar. Yo tengo la verdad, y la verdad les enseñaré. Yo tengo la verdad, y la verdad les diré. Yo les diré lo que es, y lo que no es; lo que han aprendido, y lo que no han aprendido, porque otros no lo han querido. Yo tengo un universo de sabiduría que quiero que aprendan Conmigo. Yo tengo un universo de conocimiento que quiero compartir con ellos. Pero ellos no quieren saber lo que Yo tengo para ellos. No quieren, y sin saberlo se van a quedar. Serán como todos los demás: ignorantes de la verdad. Como todos los demás dirán: Yo sé. Pero no sabrán nada, sólo repetirán la mentira ya aprendida, y Mi verdad ignorarán, porque no la quieren escuchar; no la quieren aprender – No quieren aprende Mi verdad.

MI VERDAD LOS HARÁ PENSAR

Mi verdad es para todos. Todos la pueden saber, y todos la pueden aprender, pero no todos lo quieren hacer. Tienen miedo a Mi verdad, tienen miedo a aprender, y reconocer, que la verdad, ellos no tenían. Que la verdad no sabían, aunque ellos así lo creían. Pero su verdad es más confortable. Mi verdad los haría pensar. Su verdad les dice, que ya saben. Mi verdad les dirá, que no es así. Su verdad los hará perezosos. Mi verdad los hará trabajar. Su verdad les dice: Duerman. Mi verdad lo despertará; los despertará para siempre., para siempre sabrán Mi verdad, y eso lo llevará a estar Conmigo la eternidad. La eternidad gozarán, la eternidad gozaremos, la eternidad estaremos viviendo Mi verdad.

YO LES QUIERO MOSTRAR MI VERDAD

Todo eso perderán por no querer escuchar Mí verdad; por no querer aprender Mi verdad, por no querer entender, que Yo tengo la verdad, y se las quiero ofrecer. Quiero ofrecerles la oportunidad de conocer la verdad. La oportunidad de que la puedan enseñar a los demás. Para que así, todos conozcan Mi verdad; todos, o los que la quieran aprender y conocer. No todos lo harán; no todos querrán aprender Mi verdad; no todos querrán salir de la mentira que han aprendido; no todos querrán saber la verdad de lo que ha sucedido. Creen que saben lo que sucedió, creen que les han dicho la verdad, pero no es así. No han aprendido la verdad de la verdad, y Yo se los quiero decir, Yo se los quiero enseñar, Yo les quiero mostrar Mi verdad.

DE MÍ NADA NO APRENDERÁN QUE NO SEA VERDAD

La verdad lo es todo. La verdad los salvará, se les ha dicho. Pero es Mi verdad la que los salvará: os salvará de la ignorancia en que otros han querido que vivan. Esa ignorancia los privará de la vida que Yo les ofrezco; esa ignorancia no dejará que Conmigo vivan una eternidad. Yo quiero sacarlos de esa ignorancia. Yo quiero que sepan la verdad. Yo quiero que vivan Conmigo una eternidad. La eternidad viviremos juntos gozando de Mí verdad. Mi verdad lo es todo, y Yo todo quiero enseñarles., todo lo que quieran saber, todo Yo les enseñaré. Yo tengo la verdad, Yo soy la verdad. Yo soy la verdad, y la verdad Yo les daré. No aprenderán de Mí nada que no sea verdad. Todo lo que Yo les enseñe será la verdad, y nada más que la verdad.

EL PODER ESTÁ EN SABER OBEDECER

Mi niña, Me preguntas, que si ésta es una profecía, que si estos de tus hermanos; Mis hijos, no van a querer escuchar lo que tengo que decirles: No, y sí. No, porque no todos se negarán a escuchar. Sí, porque algunos lo harán.

Mi pequeña: En el obedecer, está el poder, y no sabes cuánto poder se obtiene, con sólo obedecer. Obedecer la más mínima ordenanza; obedecer la más mínima orden, y poder obtendrán. Sin darse cuenta, ese poder se irá multiplicando; se irá agrandando junto con ellos. Ellos serán fuertes, porque tendrán el poder; <u>el poder que les dará, el saber obedecer.</u>

Lunes 26 de mayo del 2014
SUEÑOS/VISIONES: ESTÁN PREPARANDO TODO

Visiones que me indicaban que se estaba preparando todo:

(1) Veo que estoy preparando un terreno para sembrar.
(2) Veo que el vecino me dice, que el terreno está listo para empezar a sembrar.
(3) Veo que estoy hablando con alguien sobre Los escogidos.
(4) Veo que estoy escribiendo sobre algo, que se guardaba para que durará.

Martes 27 de mayo del 2014
SUEÑOS/VISIONES: DOS CLASES DE COMIDA

-Veo que llevo comida para comer todos. Son <u>dos clases de comida.</u> Yo, junto con otros comemos de una de las comidas. Luego veo que llega más gente, y yo saco una olla con birria. Veo que pongo la birria en otra olla para poder calentarla, y darles de comer a los que habían llegado. Veo la birria en la olla; veo que tiene huesos, y tomo un pedazo. Me lo empiezo a comer, y me doy cuenta, que está muy sabroso. Estoy sentada saboreando el pedazo de birria, esperando que lleguen los otros para darles de comer. Pero al mismo tiempo estoy pensando, que ya comí de la otra comida, y que ya sólo queda birria para darles a las otras personas. Amén.

Miércoles 28 de mayo del 2014 a las 3:40 de la mañana
CRISTO JESÚS DE NAZARET DICE: Haz lo que tienes que hacer.

Yo me escucho decir: *A mí no me van a sacar de esto.*

SUEÑOS/VISIONES: NO SABEMOS QUIEN ES ESCOGIDOS DEL SEÑOR

-Veo que estoy en la Casa de Oración, y entro en trance. Una hermana me levanta y me lleva al otro extremo de la Casa de Oración y ahí me deja. (No sé por qué me imaginé la escena, *como cuando trabajaba dando curación*). Luego me dice, que me va a regresar el dinero que yo le había dado para que me lo guardara. En eso recuerdo, que en verdad, yo le había dado dinero a guardar, y me pregunté, ¿Por qué no se lo había pedido antes? Ya que para eso, ya había pasado mucho tiempo. Creo que eran $200 Dlls.

-Luego me veo caminando y comiendo algo. (La Casa de Oración ya era un restaurante). Paso junto a una mesa en donde están dos americanos, ya mayores, y no muy bien vestidos. No sé porque, pero me dieron la impresión de ser esas personas sin hogar, o viciosos en recuperación. Uno de ellos me dice algo, pero no lo escucho bien, y me acerco y le pregunto: ¿Qué fue lo que me dijo? Me dice, que tiene unas videncias muy bonitas, y qué si quiero que me las diga. Muy contenta le digo que sí, que me las diga. Empieza por decirme *que vio a un ángel. No sé si me dijo más videncias, o si el otro hombre también tenía videncias. Es todo lo que recuerdo. Amén.*

-El restaurante: Lugar en donde se recibe *alimento*.

-La Casa de Oración: Lugar en donde se recibe el alimento, y en donde se encuentran personas listas para dar, y servir ese alimento.

-Este sueño me indica, que no importa cómo veamos a la gente, no sabemos si son escogidos del Padre, y tienen Su Gracia, cómo en este sueño, en donde esa persona me dice, que tiene Visiones (Videncias), y esa, es una Gracia del señor.

Sábado 31 de mayo del 2014
PROFECÍA/ALERTA/MENSAJE

-Después de escribir, y meditar sobre un sueño que me puso a pensar, el Maestro me dijo: Escribe, y esto es lo que escribí:

JESÚS DE NAZARET DICE:

LA VERDAD DE ELLOS SERÁ DESTRUIDA

Escribe, me dices; qué escribo, te digo, escribe lo que tengo que decirte: No temas lo que has soñado, no es lo que tú piensas. Pero sí es una fecha importante para ti, y para todos tus hermanos. Es una fecha en la cual se sabrán muchas cosas; unas buenas, y otras no tanto. Los que quieran saber la verdad, la verdad escucharán; los que cerrando los ojos del entendimiento sean, se quedarán sin escuchar Mí Verdad.

La verdad de ellos será destruida; pero no lo aceptarán, y defenderán su verdad hasta el final. Pero al final sucumbirán, no habrá salvación para ellos. No, no la habrá. Porque la verdad estaba frente a ellos, y no la quisieron aceptar. No, no la aceptaron y tendrán que pagar. Pagarán con su vida el haber defendido su verdad. Su verdad los llevará a la tumba de donde no se levantarán. No tendrán la vida eterna, no, no la tendrán, porque Mí Verdad no quisieron aceptar.

DEMOSTRARON QUE DE LABIOS ME AMABAN PERO NO DE CORAZÓN

Decían que Me amaban, que en Mí ellos creían, y al momento de la verdad, demostraron que era mentira. Demostraron, que de labios Me amaban, pero no de corazón, y eso los llevó a su perdición. Perderán lo que creían haber ganado, pero ganaron lo que no creían tener: La muerte sin retorno, la muerte sin esperanza de volver a tener, lo que no quisieron cuando Yo se los entregué. No la quisieron, no la tendrán. Amén. Amén para ellos, que no quisieron ver ni oír, lo que Yo les entregué con Mi corazón. Con el corazón les di lo que tenía para darles, pero lo rechazaron, lo ignoraron. Ahora pagan por lo que hicieron, y no habrá quien escuche su clamor.

AMÉN PARA LOS QUE DE CORAZÓN ME AMARON

Amén para aquellos que sí escucharon. Amén para aquellos que obedecieron. Amén para todos los que aceptaron lo que Mi corazón les entregó. Amén para ellos, porque tendrán todo lo que tengo Yo. Amén para ellos, que de corazón Me amaron, Me aman, y Me seguirán amando. Amén para ellos, que gozando estarán Conmigo, la eternidad. Amén.

Lunes 2 de junio del 2014 a ñas 4:55 de la mañana
PROFECÍA/ENSEÑANZA/ALERTA:

DIOS PADRE DICE: NADIE ME PUEDE SUSTITUIR

Escribe, para que entiendas lo que tienes que entender. Lo entenderás cuando lo veas, y serás feliz de verlo y entenderlo. Sé que piensas que no cumplo lo que Yo digo. Pero no es así; lo cumplo, y lo cumpliré por siempre; te lo puedo decir. Yo Soy el que Soy, y nada ni nadie más antes, o después de Mí. Yo Soy el que Soy, y lo seré por la eternidad. Nadie Me puede sustituir, nadie lo puede hacer. Porque Yo Soy quien Soy, y no lo permitiré. Yo no permitiré que lo hagan, porque no quiero que se pierdan. Yo no quiero que se alejen de Mí. Yo no quiero que su pie tropiece, y caigan. Yo no quiero que lo hagan. Yo no quiero que se pierdan.

QUERÍAN DEMOSTRAR QUE ERAN ELLOS Y A MÍ ME IBAN A BORRAR

Están equivocados y Yo se los voy a demostrar. Les demostraré, que Yo Soy quien Soy, y nadie lo puede negar. Lo negarán los incautos que en su necia vanidad querrán ser alabados, pero les haré ver que están equivocados. Equivocaron el camino; camino que Yo no les indiqué, camino que Yo no forjé para ellos, camino que Yo no les señalé. Ellos lo tomaron queriendo demostrar que ellos eran lo que eran, y a Mí me iban a borrar.

EL CAMINO EQUIVOCADO TOMARON

Yo Soy quien soy. Yo los hice. Yo los formé. Yo sé cómo piensan. Yo sé cómo reaccionan. Yo lo sé, porque Yo los formé. Yo les di su libre albedrío, para que por ellos mismos llegaran a Mí. Pero el camino equivocado tomaron y no se quieren acordar de Mí. Pero Yo estoy aquí, y aquí me quedaré, y Yo les voy a demostrar, que no Me pueden olvidar, no pueden olvidar a Quien los creó, a Quien los formó, no pueden olvidar, a Quien por ellos la vida dio. No me pueden olvidar, y no lo harán, porque Yo no se los voy a permitir. Yo voy a hacerlos ver, que mentira Yo no fui, no Soy, ni lo seré. Porque verdad Fui, verdad Soy, y verdad Seré por la eternidad. La eternidad soy Yo. Yo soy la eternidad, y la eternidad tengo para dar al que la quiera recibir. Recibirán aquellos que quieran recibir de Mí; recibirán la gloria que les prometí.

CUMPLIRÉ LO DICHO

Yo no prometo por prometer. Yo no digo por decir. Lo que Yo digo, y lo que Yo prometo, lo hago realidad. Yo cumplo lo que digo, lo que prometo, y se los voy a demostrar. Cumpliré lo dicho, aunque unos van a sufrir, y otros van a gozar. Gozarán los que en mí creyeron, sufrirán los que Me negaron. Aquellos que teniendo la verdad frente a ellos, dudaron y la negaron; Yo les voy a demostrar, que la verdad se les había entregado, y no a aceptaron, y así se quedarán. Se quedarán sin tener lo que Yo les había prometido. Se quedarán sin conocer la gloria de estar Conmigo. Conmigo no estarán; Conmigo no gozarán; sólo llorarán el no haber creído.

*Aquí hice una pausa y hablé con Él. Le dije, que en Sus últimos mensajes me daba a entender, que no habría salvación para aquellos que Su verdad negaran. Le pregunté, que si ya Él venía como *Juez implacable*, y esto es lo que Él me dijo:

Yo no soy quien los juzga, sino que son ellos mismos, que en su necia vanidad lo hacen. Es tanta su vanidad, y deseo de ser alabados por su verdad, que a pesar de ver Mi verdad, no la quieren aceptar, y eso los va a aniquilar.

*Así es que entendí, que no es Dios quien nos aniquila, sino que nosotros mismos lo hacemos por *nuestra verdad*. Pero la verdad es Él, y de Él. Amén.

Lo has entendido bien pequeña, así es cómo sucede. Yo no los juzgo ni les niego Mi gloria, son ellos mismos quienes se juzgan, y rechazan Mi gloria. Mi gloria es para todos; Mi Reino los espera a todos; pero no todos llegarán a él.

-Al estar pasando el mensaje a la computadora, paré, y le dije: Padre, no entiendo. ¿Cómo voy a explicar esto a tus hijos? Me van a decir, que en Tus Sagradas Escrituras dice: *Llegado el momento, todos estarán de rodillas ante Mí.* Y esto es lo que me contestó:

Sí, estarán ante Mí, pero no junto a Mi gozando de Mí gloria. Para que mejor me entiendas, no todos llegarán a ser Mis esposas.

-Gracias Padre por aclararme lo que no entendía, y seguí escribiendo:

No todos tendrán la dicha de estar Conmigo, no todos se darán esa oportunidad, no todos lo harán.

-Padre: ¿Me estás hablando de *Muerte Eterna?* Yo entiendo lo que significa, y me duele, me duele Padre, porque sé lo que es. Padre es por eso que quiero que conozcan Tu verdad, para que por ellos mismos decidan: *Si quieren morir eternamente, o eternamente vivir para Ti.*

¿CUÁNTOS ACEPTARAN MÍ VERDAD?

Mi niña, la conocerán, pero no podemos obligalos a que la acepten. Les vamos a enseñar lo que significa la muerte eterna, así como la vida eterna, y de ellos será el aceptar la verdad. Sé que es duro, difícil para ti, el pensar que alguno de tus hermanos vaya a la muerte eterna. Pero nada puedes hacer; no podemos obligarlos a creer. Creerán lo que quieran creer; así como tú has creído. Se te explicó lo de la muerte eterna y lo aceptaste, lo creíste y lo pusiste en tu corazón como una realidad. ¿Pero cuántos de tus hermanos lo harán? Dime, ¿Cuántos? ¿Cuántos aceptaran Mí verdad, y cuántos seguirán apoyando y creyendo en su verdad?*

-Padre, eso sólo Tú lo sabes. Yo sólo sé, que me duele pensar que eso le pueda suceder a uno de mis hermanos.

Lo sé pequeña, lo sé, pero nuevamente te digo: Nada se puede hacer, si después de conocer Mi verdad no la quieren creer. Nada se puede hacer, más que entregárselas, y dejar que ellos decidan lo que van a creer, o a hacer, con la verdad que se les entregue.

-Así es Padre, así es; sólo me queda esperar el poder hablarles de Tu verdad; si la aceptan, bien por ellos y si no, el dolor para ellos, para Ti, y para mí. Ya que sé, que Tú sufrirás al ver que ellos rechazan Tú verdad, y yo sufriré junto Contigo. Son mis hermanos, son Tus hijos, y no queremos verlos en esa situación; en esa *muerte eterna*. Mi deseo, es que todos obtengan la Vida Eterna, y sé, que ese es también Tu deseo. Tú deseas lo mismo que yo: Que todos a la gloria vayan a gozar Contigo. Padre, duele pensar que no sea así, duele.

Sí pequeña; duele, pero como ya te dije: nada se puede hacer; de ellos, y de nadie más depende el aceptar, o negar Mí verdad. Mi verdad los salvará. Mi verdad los traerá aquí Conmigo. Mi verdad los hará felices. Mi verdad les dará la Vida Eterna. Vida eterna que gozarán a Mi lado; pero en ellos está: Sólo tienen que aceptar Mi verdad.

*Aquí le pregunté algo, y esto es lo que me dijo:

Eso está en todos ustedes; pero lo que Yo voy a entregar, hecho y efectivo será; eso te lo puedo asegurar. Escucharán de Mí, y sabrán de Mí, ya lo verás, y de ellos estará el aceptar, o negar. Amén.

Martes 10 de junio 10, 2014
MENSAJE/PROFECÍA/MEDITACIÓN

DIOS PADRE DICE:

VEN A MÍ ALMA MÍA

Escribe hija Mía, escribe, y di al mundo lo que es Mi voluntad hacer: Hacer lo que les he dicho hacer, y no hacer lo que les he dicho no hacer. Yo Soy quien Soy, y no cambiaré. Yo Soy quien Soy, y siempre seré. No digan: Eso ya pasó, eso ya fue. Porque no es así, y nunca va a ser; será siempre como Yo lo he dicho, y no cambiaré con los tiempos. El tiempo es Mi tiempo, y Mi tiempo siempre está en Mi tiempo.

YO SOY EL TIEMPO Y EL TIEMPO NO CAMBIA

Yo soy el tiempo, y el tiempo no cambia. Soy el mismo de tiempo en tiempo. Soy el mismo, y lo seguiré siendo. No hay tiempo malo, no hay tiempo bueno. Todo es Mi tiempo, y todo es bueno. Bueno para quien quiere que sea; malo para quien lo hace malo. Haz buen tiempo, y todo tiempo será buen tiempo. Todo está en ti; haz buen tiempo, y serás feliz. Todo está en ti; no lo olvides; todo está en ti. Tú eres el creador de tu propio destino; Yo sólo te guío para que no tropieces en tu camino. Yo sólo digo: Por aquí es mejor, pero no te obligo a Seguirme, tú lo haces a voluntad. Si tu voluntad es seguirme, Mi voluntad es guiarte hacia Mí. Si tu voluntad es tomar otro rumbo; Yo sólo espero a que reconozcas tu error, y regreses a Mí. Yo sólo espero, a que te canses de sufrir.

REGRESA A MÍ, ALMA DE MI ALMA

Conmigo ya no sufrirás, Conmigo gozarás. Pero tienes que venir a Mí a voluntad. Yo te estoy dando la oportunidad de que regreses a Mí. Que vengas a disfrutar de todo lo que Yo te quiero dar; de todo lo que Yo tengo para ti, y para todo el que Me quiera seguir y Conmigo estar. Yo estoy aquí esperando por ti; tú estás allá, lejos de Mí. Reconoce tu error, y regresa a Mí; reconoce, que Yo soy al que buscas, y has buscado.

Regresa a Mí alma de Mi alma; regresa a Mí, y seamos felices. Ya deja de sufrir buscando lo que no tienes que buscar. Yo estoy aquí: Tu búsqueda ha terminado. Yo estoy aquí, y te quiero a Mi lado. A Mi lado gozarás lo que no has gozado, a Mi lado tendrás la felicidad que siempre has buscado. Ven a Mí alma de Mi alma; ven a Mí. Ya no sufras; ven a Mí, y deja de sufrir.

Alma que sufres buscando lo que a tu lado tienes, Yo estoy contigo, lo he estado, y lo seguiré estando. Yo estoy contigo, y nunca te dejaré. Sufro al verte sufrir, lloro al verte llorar. Pero nada puedo hacer, porque tienen que ser tu voluntad, la voluntad de estar Conmigo, y ya no separarnos jamás; la voluntad de ser Mía una vez más, y para siempre. Alma Mía, deja de sufrir, y ven a Mí, que te espero con ansias. Ya no me hagas sufrir; ya no quiero verte llorar. Alma Mía; ven a Mí, regresa a tu hogar; regresa al lugar de donde no debiste haber salido. Aquí Estoy esperando por ti. Ya ven a Mí; ya no me hagas sufrir; viéndote sufrir. Amén.

Domingo 15 de junio del 2014 a las 3:25 de la mañana
ENSEÑANZAS:

EL DOMINGO ES UN DÍA ESPECIAL

DIOS PADRE ESTÁ HABLANDO DE EL DOMINGO SU DÍA, Y DE MUCHAS OTRAS COSAS.

Hoy es un día especial: Hoy es Mí día. Hoy se congregan a Venerarme. Hoy Me glorifican. Éste día lo separé para Mí, y así quiero que sea para todos. Quiero que sepan, que éste día es muy especial: Es el día del Señor, como algunos le dicen, el día del Señor; Mi día. Pero no todos lo celebran de esa manera, no todos Me lo dedican; no todos lo respetan, ni lo veneran por ser Mí día. Muchos lo ignoran, y muchos lo utilizan para todo, menos para Glorificarme.

Eso quiero que cambie porque Yo quiero que todos lo empiecen a venerar; que todos empiecen a saber, que ese día sagrado es; sagrado para Mí, y todos los Míos, y tiene que serlo para los que no son Mío, aquellos que dicen que Yo no existo; aquellos que Me ignoran, y dicen, que fantasía soy Yo. Yo no soy fantasía ni cuento, y se los voy a demostrar.

NI SORDO, NI CIEGO SOY

Les demostraré lo que Soy, y como Soy. Verán Mi Poder, y lo sentirán. Sí, van a sentirlo, porque se los voy a demostrar. Me están ignorando, Me están olvidando, Me están borrando de la historia; borrando de las mentes de todos. Pero hay quienes tienen buena memoria, y no lo permitirán, y Yo los voy a ayudar, para que todos sepan, que Yo soy realidad, y no fábula, ni fantasía. Los voy a ayudar, porque Conmigo se encuentran, saben de Mí, y de Mí Poder, y lo respetan, saben, Qué, y Quién soy Yo, y así lo dicen. Ya pronto todos se darán cuenta, que sordo, ni ciego Soy; que todo lo veo, lo escucho, y lo sé.

MI PALABRA ES MÍ PODER

Sé lo que dicen, y veo lo que hacen; y lo que algunos hacen, no Me gusta, y se los voy a decir con hechos, y con palabras. Para que lo vean, lo escuchen, y se den cuenta de lo que han hecho. Ya no lo harán, ya no podrán porque ya habrán visto a Mí Padre, y escuchado Mí palabra. Mi palabra es Mí poder, y la van a escuchar. Mi palabra es Mi fuerza, y la van a tener. Tendrán Mi palabra como nunca la han tenido, y sabrán que aquí Estoy, y que nunca me he ido. Yo formé el universo; el universo es Mío. Yo lo hice, Yo lo destruyo, si así tiene que ser. Porque Yo Soy quien Soy, y todos lo tienen que saber. Sabrán eso, y mucho más; mucho más, Yo les diré, y les enseñaré. Yo quiero enseñarles Mi Reino. Yo quiero que sepan de donde vienen, y cómo llegaron. Quiero que aprendan la historia tal, y como es, y no como se las han contado.

¿QUIÉN LES PUEDE DECIR LA VERDAD?

Sí, Yo la escribí; Yo la sé. Sí, Yo la formé, Yo la conozco. Yo lo sé todo. Yo formé todo. ¿Quién les puede decir la verdad? Sólo Yo. Yo soy la verdad, y conozco la verdad de todo. Yo sé la historia, y se las voy a contar para que se den cuenta, que no todo lo que les han contado es verdad. Han puesto puntos, y comas y así han cambiado la verdad. Pero Yo quitaré lo que no es, y pondré la verdad. La verdad les diré, y la verdad sabrán por mí; porque es, y seguirá siendo Mí verdad. Yo soy la verdad, y la verdad es diré.

CELEBREN, AMEN, VENEREN Y GLORIFIQUEN ÉSTE DÍA

Celebren éste día con amor y respeto porque es Mi día; el día que separé, para que todos se reunieran Conmigo en comunión, comunión Conmigo, y con todo Mi Reino. Mi Reino les espera para compartir lo que sabe. Mi Reino quiere que sepan lo que no saben. Mi Reino sabe la verdad. Mi Reino se las quiere contar. Mi Reino quiere que vayan más allá de lo que ya saben. Mi Reino quiere que vengan a gozar Conmigo; por lo tanto, Mi Reino les dará lo que necesitan para que puedan hacerlo. Mi Reino quiere que logren llegar. Mi Reino los ama, y quiere que vengan a él a gozar; gozaran Conmigo, y con todo Mi reino. Felices todos seremos, gozando de Mí Reino.

Todo esto tengo para ustedes; ustedes que Me aman, y veneran. Ustedes, que saben que Yo existo, y que seguiré existiendo; para ustedes tengo Mi Reino, y Mi Reino les espera. Hagan lo que Yo les digo, y verán hecho realidad lo que Yo digo. Hagan lo que Yo les digo, y tendrán el poder, el poder que Yo entrego a los que Me obedecen, y están Conmigo.

DÍA QUE MI UNIGÉNITO ASCENDIÓ A SU GLORIA

Veneren y glorifiquen éste día, día que separé para Mí, día que descansé para admirar lo ya hecho. Así quiero que lo hagan, así quiero que lo alaben y veneren lo creado por Mis manos. Mis manos lo hicieron. Mis manos lo formaron. Todo está en Mis manos, y en sus manos quiero ponerlo. Yo quiero que tengan lo que Yo tengo. Yo quiero que sepan lo que Yo sé, *quiero que aprende de Mí lo que Yo formé.* Yo lo formé; Yo lo destruyo. Yo lo formé; Yo lo entrego a quien lo quiera tener. Todo es Mío, y todo se los doy, todo es Mío, y todo quiero que tengan. Mi Reino lo es todo, y el Todo los espera.

YO LES ENVÍE A MÍ UNIGÉNITO

Amen y respeten éste día, que sagrado es para Mí, y sagrado debe ser para todos los que me aman y saben de Mí. Sagrado es, y sagrado será éste día: Día que Mi Unigénito ascendió a Su gloria: La gloria de Mi Reino; la gloria de Su reino. Yo les envíe a Mí Unigénito para que les enseñará la verdad: Mí verdad. No lo quisieron escuchar; no le quisieron creer, pero Yo los perdoné, y a Mi Hijo me llevé. Con Él se fueron sus culpas; en Él se fueron sus pecados. Él les prometió su Reino. Él les dijo: Tus pecados han sido perdonados porque Yo los he pagado. Él los recibe en Su Reino; Yo los quiero recibir en el Mío. Mi Reino espera al que en Él, y en Mí Reino ha creído. Mi Hijo les mostró el camino, y Él quiere enseñarlos a caminarlo para que lleguen a Mí. Yo los estaré esperando – Estaré esperando a todo aquel que llegue como Yo se los he pedido: En perfección. En la perfección de su alma, y de su corazón.

¿QUÉ MÁS QUIEREN DE MÍ?

Yo les envíe Mi perfección en la imagen de Mi Hijo; ahora quiero, que ustedes lleguen a Mí en Su imagen y semejanza. Yo envíe a Mi Hijo en imagen y semejanza de hombre. Ahora quiero, que el hombre llegue a Mí en la imagen y semejanza de Mi Hijo, Mi Jesús de Nazaret. No es mucho lo que les pido por lo mucho que Yo les he dado, por lo mucho que les di: Les di a Mi Único Hijo, ¿Qué más quieren de Mí?

Mi Hijo quiere enseñarles lo que Yo le enseñé a Él. Mi Hijo quiere que sepan lo que Él sabe, porque Yo se lo enseñé. Él conoce Mis secretos, y se los quiere revelar. Él conoce todo de Mí, y se los quiere decir. Les quiere hablar de Mí Reino, de Mi creación y mucho, mucho más para que se den cuenta que Soy y seré el Infinito, infinito que Él les quiere presentar para que aprendan, y conozcan la verdad, la verdad de Mi Reino, y mucho, mucho más.

ESE DÍA CONOCERÁN MI VERDAD

Respeten y veneren éste día, y no se van a arrepentir, porque en éste día, conocerán Mi verdad. Mi verdad les contaré día tras día, día de veneración, día de recogimiento, día de respeto, día de unificación, porque todos estarán reunidos en un solo amor, y en un solo pensamiento. Amén.

-Como pueden ver mis hermanos, para Nuestro Señor el día domingo es muy importante; no lo utilicen para otras cosas, sino para Venerarlo, y Glorificarlo.

Miércoles 18 de junio del 2014
SUEÑO/VISIÓN

LOS SAGRADOS NOMBRES

-*Veo que estoy dentro de un avión viendo, que algunos pasajeros están de pie. Entre ellos, veo que sobresale un hombre mucho muy alto, y vestido de negro que viene hacia a mí. Al pasar junto a mí se agacha, y su oído queda cerca de mi boca. No sé porque, pero empiezo a decir, María de Israel, María de Israel una y otra vez. Veo que se endereza, y se retira de mí pero yo sigo diciendo: María de Israel. Luego me doy cuenta, que se queda viendo mi mano. Volteo a ver mi mano, y la tengo levantada dirigida hacia él, y no la bajo. Después de un rato veo que bajo mi mano. Amén.*

LA INTERPRETACIÓN:

-Al terminar de escribir lo que había contemplado, el Maestro Jesús me explicó lo que eso significaba:

La mano significa la fuerza para defenderte, la fuerza, o el poder para apartar aquello que quiere hacerte daño; la fuerza, o poder te lo da la oración, y el aclamar a todo lo que es puro y santo. En ese momento mencionaste, o aclamaste a Mi Madre Divina, y el enemigo no lo soportó, y se apartó de ti; el enemigo no soporta escuchar los Sagrados nombres. El enemigo voltea a ver tu mano dándose cuenta, que tienes el poder. Pero tienes que estar alerta porque va a atacarte.

Esa sombra como tú la viste, es la muerte, el enemigo ya se dio cuenta que eres una amenaza para él y quiere destruirte, quiere destruir lo que Yo he formado. El enemigo sabe lo que viene, y quiere evitarlo a como dé lugar por lo tanto, tienes que estar alerta, porque va a atacarte a diestra y siniestra. Recuerda todo lo que se te ha dicho, todo lo que se te ha indicado y defiéndete, defiende todo lo que es tuyo, todo lo que te pertenece, y no dejes que nuevamente se lo lleve, no lo dejes. Amén.

Miércoles 18 de junio del 2014
ORDENANZA

CRISTO JESÚS DE NAZARET DICE:

QUIERO QUE ESCRITA QUEDE MI VOLUNTAD

Ahora escribe, que quiero que escrita quede Mi Voluntad: Mi Voluntad es que todos conozcan Mi verdad, Mi verdad les voy a decir, y Mi verdad van a saber. Ya es tiempo de que abran los ojos del entendimiento, y acepten Mi verdad. Ya es tiempo de que conozcan y vean Mi Verdad. Esa verdad que por siglos ha sido ocultada, ha sido alterada sin ser esa Mi voluntad. Mi voluntad es que se quiten la venda de los ojos, y vean Mi Verdad, para que esa verdad los libere de la esclavitud de la ignorancia.

LA VERDAD HABLARÁ POR SÍ MISMA

Aquellos que creen conocer la verdad, son ignorantes de ella, ya que Mi Verdad ha sido alterada, y acomodada a su voluntad, y a su conveniencia. Ocultaron lo que no les convenía, y dejaron a la vista lo que les convenía, lo que ellos pensaron sería la verdad. La verdad van a tener en sus manos, y se van a dar cuenta, que de nada valió esconderla, se van a dar cuenta, que ella se escapó y dijo: Aquí estoy, y soy la verdad. Será tan clara, que no podrán negarla.

APRENDERÁN QUE MI VERDAD OCULTA ESTABA

La verdad hablará por sí misma, será tan evidente, que no habrá duda; sólo aquellos que han vivido engañados con su verdad, la negarán, y defenderán su verdad, pero su verdad cada día se irá descubriendo como mentira que es, y ha sido. Yo les explicaré Mi Verdad de tal manera, que no habrá forma de negarla, porque será clara y entendible, esperen y verán, que lo que Yo les digo es verdad. Conocerán Mi verdad y Mi verdad los hará libres, se darán cuenta que lo que era... no es, y lo que es... será, será lo que vean, lo que estudien, y lo que entiendan; será lo que aprendan, y aprenderán, aprenderán que Mi verdad oculta estaba, pero ya no lo está, ni lo estará, porque a la luz saldrá.

POR SIEMPRE CONOCERÁN Y SABRÁN MI VERDAD

Hay tantas y tantas cosas que Yo quiero decirles, que quiero enseñarles; cosas de Mi Reino, cosas de Mi Creación, cosas de Mi universo, de Mis universos. Sabrán el cómo, y el porqué de muchas cosas; muchas cosas sabrán, muchas cosas aprenderán; y muchas cosas quedarán en su memoria por siempre y para siempre. Sí, por siempre conocerán, y sabrán Mi Verdad.

SERÁ TANTA SU ALEGRÍA, QUE LLORARÁN

Hijos Míos: Yo quiero contarles Mi Verdad, Yo quiero decirles lo que es, y lo que no es. Yo quiero que se den cuenta de todo lo que les han ocultado, de todo lo que los han privado de conocer Mi verdad; no han querido que la conozcan, pero ahora lo van a hacer; ahora van a conocer Mi Verdad, y los va a engrandecer. Sí, sentirán tanto gusto, que su corazón querrá salirse de su pecho; será tanta su alegría, que llorarán; pero serán lágrimas de felicidad, de dicha, de contento, porque conocerán Mi Verdad.

LES HABLARÉ EN SUS SUEÑOS

Pequeños Míos: Ya es tiempo que la sepan, y se las voy a decir; se las diré, directamente a cada uno de ustedes; les hablaré en sus sueños, les hablaré a su entendimiento; sólo quiero que Me escuchen, que aprendan a Escucharme. Les hablaré a través de la transmisión; a través de su entendimiento, lo haré de tantas formas, hasta que darse cuenta, que Soy Yo quien les habla, que Soy Yo, quien les está diciendo lo que tienen que saber, que Soy Yo, y que Me tienen que creer.

LOS INCRÉDULOS DIRÁN: Y PARA QUÉ SIRVE ESO

Prueba de ellos les daré; serán tan claras y convincentes, que no lo podrán negar; abrirán su entendimiento, y cada día querrán saber más y más; no podrán parar, no querrán hacerlo, porque ya han probado Mi Verdad; querrán saber más y más de todo lo que Yo he creado, más de todo lo que Yo he formado, de todo lo que Yo he hecho, y de todo lo que seguiré haciendo. Los incrédulos dirán: Y para qué sirve eso. ¿Es que acaso servirá en mi vida espiritual? ¿Es que acaso ayudará en mi salvación?

APRENDERÁS A AMARME

Y Yo les diré: Sí, sí te ayudará, porque aprenderás a Conocerme más, Aprenderás más sobre Mí y Mi Creación, Aprenderás a Amarme con todo tu corazón; Con todo tu corazón Me amarás, porque Me conocerás; sabrás, Qué y Quién Soy, y por ello Me amarás. Aprenderás a Amarme de tal manera, que te convertirás en Mí, te convertirás en Amor; serás Amor, y serás Yo, Yo seré tú y tú serás Yo; los dos seremos UNO, un Todo; un Amor por siempre y para siempre.

UN INFINITO DE SABIDURÍA Y CONOCIMIENTO TENGO PARA TODOS

Así les hablaré, así les enseñaré, y así Me amarán. Sé que les he prometido mucho y mucho les daré, pero primero tienen que aprender, aprender lo que Yo les voy a enseñar. Aquellos que creen que ya saben se darán cuenta, que no sabían; sabían lo que les habían dicho, y lo que habían querido que supieran, aquellos que su verdad les había enseñado.

NO LE PONGAN LÍMITE

Muchas cosas les esperan; muchos secretos por descubrir, mucho por aprender, y mucho que comprender, y lo comprenderán; lo aprenderán aquellos que así lo quieran hacer. No habrá límite en lo que quieran aprender, no, no lo habrá, sólo que ustedes lo quieran poner, poner límite a lo que quieran aprender. Recuerden, que ustedes son el límite y Yo soy el Infinito, y un infinito de sabiduría y conocimiento tengo para todos y cada uno de ustedes. No le pongan límite; no, no lo hagan; dejen que ese Infinito de sabiduría llegue a ustedes, no lo detengan; no se queden los ignorantes, al ignorar Mi sabiduría. Yo soy la sabiduría; Yo soy el conocimiento; Yo soy el que todo lo sabe, porque todo lo sé. ¿Quién, sino Yo te lo puedo enseñar? ¿Quién, sino Yo te lo puedo decir y explicar? ¿Quién, sino Yo te lo puedo decir? Yo te puedo decir el cómo, y el por qué, porque Yo lo sé, porque Yo lo formé, porque Yo lo hice; Yo lo sé.

TODO LO SABRÁN POR MÍ

No todo lo que han aprendido es mentira, y no todo es verdad; pero Yo sé lo que es mentira, y Yo sé lo que es verdad, y se lo voy a enseñar, pero sobre todo, se los voy a explicar para que lo puedan entender, y lo entenderán. Lo van a entender porque Yo se los voy a enseñar; y que Maestro mejor que Yo; Yo que todo lo sé, Yo que todo formé. ¿Quién se los puede enseñar mejor que Yo? ¿Quién les puede decir lo que pasó, y lo que no pasó? Dime, ¿Quién, sino Yo? Y lo haré con el corazón, lo haré con todo Mi corazón porque los amo, y Yo quiero que lo sepan, que sepan la verdad de todo y por todo. Los por qués aclararé, y los por qués revelaré; todo lo sabrán por Mí, y Yo feliz se los diré; y se los enseñaré.

SABRÁS HASTA DONDE QUIERAS SABER

Espérame, que ya pronto llegaré a ti con toda Mi enseñanza, con toda Mi preparación, y con todo Mi conocimiento, y de ese conocimiento te daré lo que quieras saber; más me pides, más te doy, más quieres; más tendrás; tendrás hasta donde quieras tener; sabrás hasta donde quieras saber. Recuerda que Yo soy el Infinito, y tú eres el límite, tú dirás lo que quieres aprender, y hasta dónde quieres aprender; Yo sólo te daré lo que tú quieras aprender, y hasta donde tú decidas. Tú eres el límite; Yo soy el Infinito, un Infinito de sabiduría y conocimiento, y te lo quiero entregar. Yo quiero que aprendas, y si tú quieres; aprenderás, Yo no te voy a forzar, no, no lo voy a hacer, porque tiene que ser a voluntad; tiene que ser tu voluntad de aprender, y de querer Conmigo estar una eternidad. Amén.

Viernes 20 de. junio del 2014
PROFECÍA

CRISTO JESÚS DE NAZARET DICE:

MÁS TENDRÁN, Y MÁS RECIBIRÁN

Tienen que olvidar el dolor, las humillaciones, y todo aquello que los hizo llorar, y sufrir; eso es lo que tienen que olvidar, y lo olvidarán cuando vean la recompensa por todo su sufrimiento, sufrimiento que llevaron pero que aun así no Me olvidaron. Eso es lo que ha hecho que reciban lo que van a recibir, porque ya se lo ganaron; se lo ganaron a base de sufrimiento, llanto, dolor, y a base de lágrimas. Sus lágrimas no fueron en vano, no, no lo fueron; llegaron a Mí, y Yo las guardé; Yo las conservé, para darles el valor que ellas tenían, para darles lo que valían y más. Sí, más recibirán por ser leales a Mí, y a Mi amor; *más tendrán, y más recibirán.*

Aquí hice un comentario y Él terminó diciendo: Y así será pequeña, así será. Ahora haz lo que tienes que hacer y hazlo bien, que con bien Yo te recompensaré. Amén.

SUEÑO/VISIÓN

SEGUIRÉ ESPERANDO

-*Veo que estoy en un lugar diciéndole a alguien, que yo voy a seguir esperando.*

Viernes 27 de junio del 2014
SUEÑO/VISIONES:

LA NIÑA QUE TENÍA QUE AMAMANTAR

-Veo que estoy en una cama, y una niña recién nacida está ahí conmigo; parece ser, que esa niña era mía; yo me preguntaba, si sería de una de mis hijas, pero resultó que era mía, y la tenía que amamantar; no sabía cómo le iba a hacer, ya que yo no tenía leche. Levanto a la niña en mis brazos, y siento que no pesa nada. Luego veo que la llevo en mis brazos, y el Pastor me pide que se las muestre a los demás. Veo que la destapo para enseñárselas, y me doy cuenta, que lo que tenía en mi mano, era un pedazo de madera, que parecía que lo habían cortado de un palo, porque hasta tenía las astillas en la punta.

-La niña: La enseñanza.

-El pedazo de madera cortado del mismo palo: La misma enseñanza; la cruz en donde Cristo Jesús de Nazaret fue crucificado.

-Después veo que estoy en un lugar. (Creo que es aquí en donde vi a la sombra hablarme). Por alguna razón tengo que regresar a ese lugar a recoger algo, y veo una mesa, y en ella, muchas figuras de porcelana; pero eran como figuras religiosas de diferentes doctrinas, o religiones. Contemplé budas, y muchas otras figuras que no recuerdo. Yo tenía que escoger una y llevármela. Veo que

entre ellas, y ya casi al final, está una figura de la virgen, y la tomé; era lo que más se acercaba a lo que yo creía. Pero al llevarla en mis manos me digo a mi misma: Pero yo no soy católica.

-Esto es algo que refleja el hecho de ver, que mis hermanos piensan que soy católica.

Sábado 28 de junio del 2014
SUEÑO/VISIONES

ARMA DE DEFENSA PROPIA

*-Veo a un hombre disparándole a algo. Luego lo escucho decir, que él puede convertir esa arma en un arma de defensa propia; pero creo, que no a todos les gustó la idea. *<u>No a todos les gusta la idea de tener armas.</u>*

ENSEÑANZAS

CRISTO JESÚS DICE:

ÁMATE Y DÉJATE AMAR

*Tienes que hacer lo que tienes que hacer, para que todo te salga bien. Hazlo con amor, con amor a todo y a todos; amor es la clave, amor lo es todo, todo lo puedes hacer, si lo haces por amor. Ama y dejate amar, ama y veréis como te van a amar los demás. El amor es algo que se ve, y que no se puede ocultar, algo que atrae a los demás, algo a lo que muy cerca quieren estar. El amor lo hace todo, y todo se puede hacer, si lo haces con amor, y por amor. Yo Soy amor. Yo Soy Todo, y todo lo hago con amor, y por amor; así quiero que tú lo hagas: Con amor, y por amor. Deja que todos vean en ti amor, deja que aprendan de ti amor; da amor, recibe amor; d*éjate amar, no *te escondas de los demás, deja que te vean, deja que se den cuenta que eres amor con hechos, y de hechos.*

DA…

Enséñales cómo se ama con hechos y de hechos; da amor, recibe amor, da cariño, recibe cariño. Enseña con el ejemplo, da sin pedir nada a cambio, da sin mirar a quien, da con el corazón, para que así mismo recibas. Da cariño, da amor, da confianza en el Salvador. El Salvador todo lo sabe; el Salvador todo lo da; el Salvador no pregunta, sólo da. Da sin esperar recompensa, da, porque Él a ti ya te dio, da lo que Él ya te dio para que Él te dé más, pero hazlo con amor, y por amor. El amor lo verán en ti, y sabrán qué es amor; el amor desinteresado, el amor sin egoísmo, el amor limpio, transparente, el Amor Divino; divino será lo que hagas; divino será lo que los demás vean en ti, y en todo lo que hagas; divino será, y así lo van a ver, y a comprender. Ama, ama y déjate amar. Amen.

Miércoles 9 de julio del 2014
SUCESO PERTURBADOR

-Por la tarde me fui a la clase de la Biblia, llegue un poco tarde, la clase ya había empezado; así que me senté, y me puse a escuchar. Pensé que iban a pasar el video sobre lo que habíamos estado estudiando: América, la Constitución, y el Cristianismo. Pero no fue así; todo se trató sobre un incidente ocurrido a unos ilegales; niños y adultos.

-Resulta, que al ser descubiertos, los pusieron en un autobús, y trataron de llevarlos a otro lugar, pero fueron rechazados; no permitieron que el autobús los dejara en esos lugares. (Creo que fueron varios los lugares que no aceptaron a esas personas y niños). No me dolió el hecho de que hablaran, o la forma en que lo estaban haciendo, principalmente el Pastor, sino que fueran ellos, personas creyentes y amantes de Cristo, cómo claman ser, fueran quienes hablaran de esa manera. Todo lo que se dijo, yo ya lo había escuchado en otras personas, y sí, me había dolido, pero no tanto como escucharlo de ellos; principalmente del Pastor; un Pastor está supuesto a guiar, y a enseñar el camino hacia Dios; no a provocar división entre las personas, y mucho menos, incrementar el odio, y la discriminación entre las razas. Eso fue lo que más me dolió.

-Salí de ahí con el alma destrozada y sin saber que pensar, ni que decir. Llegué a mi casita y quise hablar con mi Padre, pero lo único que le decía: Me dolió Padre mío Me dolió; me dolió escucharlos; poco faltó para que se levantaran, y aplaudieran lo sucedido a esa gente. Hoy es viernes, y al escribir esto, todavía no logro ponerlo en claro; todavía no logro entender, como unas personas creyentes

de Dios, hagan, y digan cosas como esas. Sé que al siguiente día tuve un sueño en referencia a eso, ya que en el mismo aparecía el Pastor, y la secretaria, pero no logré recordarlo. No sé si fue la voluntad de Dios, o mi deseo de no saber más sobre eso. Amén.

Martes 15 de julio del, 2014
SUEÑO/VISIONES: LA REUNIÓN

-Veo que estoy en una reunión de la Casa de Oración, y ahí veo gente de otras iglesias. Todos habíamos llevado comida; yo había llevado un pavo con todo lo necesario. Veo que el lugar era muy grande con varios cuartos, y en ellos se habían reunido grupos de gente. Veo que todos empiezan a comer, menos yo; yo había comido algo, y no tenía hambre, y pensé hacerlo más tarde; pero cuando pude hacerlo me di cuenta, que ya no había nada; la gente ya había terminado de comer, y estaban empacando comida para llevar. Recordé el pavo que yo había llevado, y fui a buscarlo, pero ya no había nada; lo único que estaba ahí, era el recipiente, y los utensilios que había utilizado para preparar el pavo.

-Un hermano se da cuenta de mi situación, y se ofrece a ayudarme a preparar algo para que yo llevara. Veo que trae una charola plateada, y empieza a poner algunas de las cosas que habían quedado; veo unos camotes grandes, y otros más pequeños; el hermano toma uno, y lo pone en la charola. Luego me veo pidiendo a las personas que habían empacado el pavo, que me dieran un pedazo, y les expliqué lo que había pasado. Escucho a una señora decir, que estaba bien lo que yo estaba diciendo: Pidiendo que me dieran un pedazo de pavo; pero no la vi dármelo, ni tampoco a los otros. Me retiro, y paso por un lugar en donde había puesto el postre, y tomé uno; los habían preparado con figuras hechas de nieve, y con conos para la nieve. Luego veo a una niña que al verme, corre hacía mí. Amén.

LA CONTINUACIÓN

SUEÑO/VISIÓN: LOS COMPADRES Y EL DINERO

-Al terminar de escribir lo anterior, me puse a meditar un poco; y después de un rato y aún con los ojos cerrados, me acosté de nuevo, y esto es lo que contemplé:

-Era como la continuación del primero, ya que veo que el Pastor, y yo, estamos en un balcón mirando a la gente que estaba abajo, y un hombre viene, y nos pide oración. El Pastor, y todos los demás nos tomamos de la mano; al tomar la mano del Pastor me doy cuenta que está mojada de sudor. Escucho ruidos, abro los ojos, y veo, que más gente, incluyendo niños, que querían unirse al círculo de oración.

-Luego bajamos del balcón, y entramos a la casa. (En la que había sido la reunión el día anterior). La casa pertenecía a unos compadres míos, que también conocían al Pastor. La comadre estaba separando, y poniendo en otro lugar las cosas que habían quedado, y que pertenecían a la gente de la Casa de Oración; me doy cuenta, que la casa está completamente limpia, y ordenada, y pensé, que la comadre había limpiado la casa en muy poco tiempo. El Pastor, al ver la casa y todas las cosas que los compadres tenían me pregunta, que si los compadres tenían dinero.

-Luego veo a la comadre; nos saludamos, y me voy a buscar un lugar para sentarme. Pero la comadre me llama, y me pide, que vaya a la sala a sentarme junto con ella. La sala estaba completamente en orden y limpia. Lo curioso, es que en el sueño, el esposo era un hombre que yo conozco, y que es parte de una familia católica. Amén.

-El Señor no puso nombre a Su enseñanza. Su enseñanza es para todos, y Él quiere que todos se beneficien de ella.

Miércoles 16 de julio 2014
VISIÓN: LOS DONES DE DIOS ESTÁN LISTOS

-Sé que algo grande viene; los Dones de Dios están listos para llegar a todos aquellos, que en verdad desean obtenerlos. Pude ver *Las manos sanadoras*, y escuché Su voz diciendo: *Si quieren más; sólo Pídanme*. Amén.

Martes 12 de agosto del 2014 a las 4:55 de la mañana
SUEÑO/VISIÓN: EL HOMBRE DEL MALETÍN NEGRO

-Veo que estoy en un lugar de la Casa de Oración y escucho, que algo le sucede a una hermana muy amiga de la secretaria. Oigo que alguien dice: él la va *a ayudar. Era un hombre con un maletín negro, pero veo que ese hombre no le hace nada, sólo la deja tirada en el piso. En eso empiezo a recibir: No hay más poder que el poder de Cristo Jesús de Nazaret. Al escucharlo, voy hacia el lugar en donde se encontraba la hermana, amiga de la secretaria, me acerco a su oído, y le repito lo que acababa de recibir: No hay más poder que el poder de Cristo Jesús de Nazaret. Se lo dije dos veces, a la tercera vez le dije: Levántate; no hay más poder que el poder de Cristo Jesús de Nazaret y la hermana se levantó y se fue.*

-Me regreso al otro cuarto y ahí veo a una mujer (En el sueño la conocía, pero no recuerdo si era la secretaria de la Casa de Oración, o una amiga de Hesperia) diciendo, que un hombre de maletín negro había ayudado a la hermana, y agrega, que ese hombre era algo grande. A lo que contesto: Fui yo quien lo hizo, pero ella me ignora, y sigue hablando de ese hombre, a quien yo lo había visto dejar a la hermana tirada en el piso. Esto es todo lo que recuerdo. Amén.

-Después de escribir lo anterior, me puse a trabajar mientras escuchaba algunas palabras en hebreo. Al terminar me acosté, y esto es lo que contemplé:

SUEÑO/VISIÓN: EL NIETO DEL PASTOR

-Me veo en la Casa de Oración, y al escuchar hablar al Pastor me dirijo hacia él; el Pastor me ve, y va a saludarme con un caluroso y afectivo abrazo. Después que me saludó no lo volví a ver; sólo escuchaba su voz. Luego escucho llorar a un bebé, y volteo a ver; el bebé estaba colgado en un clavo en la pared; lo bajo, pero al hacerlo se cae el clavo que lo sostenía. El bebé está llorando, lo tomo en mis brazos para que dejara de llorar, pero al mismo tiempo pienso, que cuando deje de llorar, los que me están mirando, van a ver y a preguntarse: ¿Cómo lo hizo Armida? Lo estoy pensando cuando alguien llega y me quita al bebé, pero alcanzo a ver, que era la hija del Pastor y el esposo; <u>el bebé, era el nieto del Pastor.</u>

-Después, ya dentro de la Casa de Oración busco donde sentarme, encuentro un asiento, pero me doy cuenta que está muy retirado, y de espalda al lugar donde se encontraba el Pastor hablando. Voy a buscar otro lugar, y encuentro

uno en la primera fila; frente a mi veo a varias señoras hablando, y me doy cuenta, que una de ellas voltea a verme cada vez que las otras dicen algo, era como invitándome a tomar parte de la conversación. Veo que lo hace varias veces, pero nunca me dirigió la palabra. Yo trataba de intervenir en la conversación, ya que sentía que la señora me estaba invitando a que lo hiciera, pero no me daba la oportunidad de hacerlo. Cuando estaba sentada en ese lugar me di cuenta, que no llevaba conmigo mi portafolio. Es todo lo que recuerdo. Amén.

Aquí Él me estaba preparando para la entrega de la primera parte de su propuesta:

Miércoles13 de agosto del 2014 a las 5:30 de la mañana
DIOS PADRE DICE:

EL TIEMPO LLEGÓ, TIENES QUE PREPARARTE

Te pedí que escribieras porque hay mucho que Yo te quiero decir, mucho que debes saber: EL tiempo llegó, ya está aquí y tienes que prepararte, para que todo sea como tienen que ser. Ya descansaste, ahora a trabajar, trabajarás de día y noche, no descansarás; trabajarás, para que puedas tener todo listo para lo que vas a entregar. La preparación será de la siguiente manera: Harás todo lo que tienes que hacer, con mucho cuidado y con mucho amor.

-Aquí me dijo: *Ve y compra lo que tienes que comprar; el pizarrón y todo lo demás.*

-Le pregunté, ¿Qué es todo lo demás?

Y me dijo:

-Se te irá diciendo. Todo se te irá indicando, pon atención para que puedas entender y escuchar. Escucharás todo lo que tienes que hacer, y lo harás conforme se te diga hacerlo. Empieza a comprar lo que se va a necesitar.

-Le pregunté: ¿El pizarrón?

-Y me Él, me contesta:

- El pizarrón. Ve a donde fuiste a comprar la maquina (Computadora) y ahí comprarás lo que necesitas. Todo se te irá indicando, todo se te irá diciendo, pon mucha atención para que no cometas errores.

Ese de Mi hijo aceptará, ya he hablado con él. Todavía no está muy seguro, pero lo va a estar; tú prepara lo que tienes que preparar, que de lo demás Yo me encargo. Todos escucharán lo que se les tienen que decir; los que escuchen… escucharán, los que acepten… aceptarán; a nadie se le va a obligar, todo será a voluntad. Mi Voluntad es que escuchen lo que tienen que escuchar. Mi Voluntad es que les lleves lo que les tienes que llevar; les llevarás Mi mensaje, de ellos está aceptar; lo harás de tal manera, que no habrá lugar para negar; pero aun así algunos lo negarán. Negarán lo que verán, porque no querrán dejar ir lo que ellos consideran su verdad. Su verdad los dejará atados a la Tierra; su verdad los atrasará. Pero habrá otros que escucharán, y comprenderán, que la verdad es, y la aceptarán. No temas, que todo está preparado, todo está listo como se te ha indicado; ve y compra lo que tienes que comprar, y prepara lo que tienes que preparar.

Toma del dinero que tienes, sin pensar, que ya se te dijo, que se te va a multiplicar; la multiplicación tendrás, ya lo verás. Dejarás lo viejo para entrar a lo nuevo, ya no más angustias, no más mortificaciones; será como debe ser, y nada más. No temas, que todo será como tiene que ser, y nada más. Todo lo tienes ya, sólo aprende a usar lo que ya tienes. No temas, que todo será como se te ha dicho; ve y compra lo que tienes que comprar, ve a hacer lo que tienes que hacer, y nada más; que de todo lo demás nos encargamos Nosotros. Nosotros estamos contigo, y seguiremos contigo hasta el final. No temas, que todo será como Él lo ha dispuesto; no temas.

Sobre las escrituras, sobre lo que ya has escrito, lo irás entregando conforme se te vaya indicando; una a una la entregarás, uno a uno los mensajes se conocerán. Todos los van a escuchar, y a tenerlos en sus manos para que no digan que no sabían. Sabrán todo lo que se te ha dicho y más. Más sabrán, porque más se te va a indicar, más se te va a decir, más ellos sabrán, nada se ocultará, nada se les negará; todo lo sabrán para que lo puedan decir. Lo aprenderán, y lo dirán a los demás, porque de ellos dependerá que los demás lo sepan. No temas, todo será como se te ha indicado. Harás lo que tienes que hacer y lo harás bien; podrás hacerlo porque ese es tu deseo, y el de Todos nosotros. Queremos verte hacerlo. Queremos verte gozar haciendo lo que es tu deseo, tu vida como tú lo dices; tu vida. Eso ya lo sabemos; sabemos que eso es lo que te da vida, y vida tendrás para hacerlo.

Grandes cosas te esperan a ti, y a todos los demás. Para unos serán cosas buenas, para otros no lo serán, pero de ellos será lo que pierdan al no saber escuchar, ni entender, ni aceptar – De ellos será, y de nadie más. Se les abrirá los ojos y oídos espirituales para que puedan ver y oír lo que tienen que ver y oír. Verán y escucharán lo que antes no veían ni escuchaban, de ellos será el aceptar lo que están viendo, y escuchando – De ellos y de nadie más. Tú entregarás lo que tienes que entregar, y dirás lo que tienes que decir; lo demás estará en ellos, y en nadie más. Los que escuchen…escucharán, los que acepten… aceptarán, y nada se puede hacer por los que no acepten, nada, sólo esperar que lo hagan cuando todavía sea el tiempo de hacerlo; cuando todavía puedan aprender para poder obtener lo que los demás, aquellos que creyeron obtendrán. Amén.

Jueves 14 de agosto del 2014
ENSEÑANZA: CRISTO JESÚS DE NAZARET DICE:

EN EL OBEDECER ESTÁ EL PODER

-Una vez más el Padre me pedía que llevara Sus mensajes a esos de Sus hijos. Yo trataba, pero ya había la barrera: Creían que era yo, y no El Padre quien les estaba enviando esos mensajes. También, a cada momento escuchaba, que el enemigo también conocía la Biblia, y que había personas que creía que Dios les hablaba, pero que en realidad era el enemigo, pero esto es lo que El Maestro me enseñó sobre el saber obedecer:

Escribe, que Te diré lo que tienes que hacer: Trabaja más para que más recibas, trabaja más para que más se te entregue; trabaja hasta ya no poder para que el poder obtengas. No obtendrás, sino trabajas; trabaja y obtendrás. Quiero que les digas lo que tengo para ellos, y mucho, mucho más van a obtener si hacen Mi Voluntad:

MARAVILLAS CONTEMPLARÁN, SI HACEN LO QUE LES PIDO

Mi Voluntad es que escuchen, atiendan, entiendan y ejecuten lo que se les dice hacer. Maravillas contemplarán, si hacen lo que les pido. Maravillas y milagros ante sus ojos tendrán, si hacen lo que les pido. En el obedecer está el poder, el poder está en el obedecer: Obedezcan para que puedan obtener. Obtendrán si obedecen; si obedecen obtendrán, obedezcan para que obtengan. Quiero que obtengan para que de lo que obtengan, entreguen a los demás.

LA MULTITUD LOS ESPERA

Ustedes son la extensión de Mis manos; manos que alcanzarán a los que no Me conocen, pero que por ustedes Me conocerán. Pero primero empiecen con ustedes; ustedes son los que cuentan; sin ustedes no se puede hacer, sin ustedes Yo no lo puedo lograr, lograr que todos Me conozcan, que todos sepan de Mí, que todos se den cuenta, que, Yo estoy aquí, y que aquí Me quedaré. De ustedes depende que no Me olviden, de ustedes depende que Me conozcan, que no Me olviden los que Me conocieron, y que Me conozcan los que no Me conocen. Sean ustedes Mis emisarios, Mis mensajeros, Mis maestros; ustedes son los que van a llevar Mi mensaje, y los que ilustrarán a las multitudes; la multitud los espera; no la dejen esperando.

SÓLO UN MAESTRO PUEDE HACERLO, Y YO SOY EL MAESTRO DE MAESTROS

Quiero ver que llevan el alimento a los que hambrientos se encuentran: Aquellos que no saben que Yo soy el Pan de Vida que saciará su hambre; a aquellos que no saben, que Yo soy la Fuente de la Gracia que saciará su sed. Yo soy el Pan de Vida. Yo soy la Fuente de la Gracia, y eso quiero que vayan, digan y enseñen a los que no Me conocen, a los que no saben de Mí, y a los que creen que saben, y que creen que Me conocen. No me conocen, pero Me conocerán, porque ustedes les van a hablar de Mí, ustedes les van a enseñar: Qué y Quién soy Yo. Yo soy el Pan de Vida. Yo soy la Fuente de la Gracia. Yo soy quien los llevará a Mi Padre, Yo y nadie más. Sólo un Maestro puede hacerlo, y Yo soy el Maestro de Maestros.

EMPIECEN CON OBEDECER, Y EL PODER OBTENDRÁN

Hagan lo que les digo, y a Mi Padre verán, verán que Él existe, que fantasía no es, que es realidad, y que van a estar con Él. Él los está esperando; ya no lo hagan esperar, ya ha esperado mucho, ya déjenlo descansar, dándole la alegría de verlos llegar, llegar a Él como Él se los ha pedido: En Mi imagen y semejanza, en perfección como perfección Soy Yo. Yo Soy perfección, la perfección que Él les envío. Yo soy la perfección, y perfectos los quiere Él, y perfectos los quiero Yo para que en perfección entreguen lo que en perfección van a recibir; háganlo, y háganlo bien, y obtendrán el bien; empiecen con obedecer, y el poder obtendrán. Recuerden, que hay poder en obedecer. Amén.

Viernes 15 de agosto del 2014a las 5:30 de la mañana

Cristo Jesús de Nazaret dice: perderás, si no haces lo que tienes que hacer.

Recordatorio, y preparación para la primera parte de su propuesta:

-Me pide que escriba; dime, ¿Qué quieres que escriba? *Lo que te voy a decir: Tarde te levantaste; ya lo veo, tarde te acostaste. Te dije: Haz lo que tienes que hacer, y hazlo bien, pero pareces no entender. Ahora escribe, que Te voy a decir lo que tienes que hacer:*

VIENES COSAS BUENAS, Y OTRAS NO TAN BUENAS

Deja la pereza; déjala ya, que lo viene… viene, y dormida te va a encontrar. Haz lo que tienes que hacer, y hazlo bien; no dejes para Mañana, lo que Hoy tienes que hacer. No, no lo hagas, que tiempo no habrá Mañana para que lo puedas hacer; no, no lo habrá, y vas a perecer. Perecerás si no haces lo que tienes que hacer, perecerás, y nada se va a poder hacer por ti, ni por los demás. Los demás te esperan, no los hagas esperar, que ya han esperado mucho, no se vayan a cansar. Tienes que llevar lo que tienes que llevar, tienes que hacer lo que tienes que hacer; hazlo y hazlo bien, para que el bien puedas obtener.

Vienes cosas buenas, y otras no tan buenas para todos los que me escuchan, y para los que no han querido escuchar. Los que Me escuchan podrán ver lo que tengo para dar; los que no me han escuchado, sólo escucharán la alegría de aquellos que sí lo hicieron, la alegría de lo que vieron y seguirán viendo.

No duermas para que no te quedes sin ver, no duermas para que no perezcas, no duermas para que no despiertes en medio de la tormenta; la tormenta que llegará cuando dormida te encuentres. No duermas, para que no te encuentre dormida, no duermas; vela y ora que eso al enemigo no le gusta, vela y ora para que se vaya y te deje trabajar; vela y ora, y tendrá que irse a otro lugar. El enemigo no quiere que llegues a donde tienes que llegar, el enemigo no quiere verte triunfar. ¡Triunfa! Para que se dé cuenta, que tú Conmigo estás, y estás haciendo lo que tienes que hacer para poder llegar. ¡Llegarás! Ya se te ha dicho. ¡Llegarás! Porque así se ha estipulado. Es por eso, que el enemigo está a tu lado para impedir que llegues. ¡No duermas! Vela y ora para que de ti se aleje. ¡Aléjalo orando, y velando! No lo soportará, y tendrá que irse a otro lugar. El lugar es tuyo, tuyo es el lugar que tienes reservado, lugar que te está esperando.

Él está ahí, esperando que llegues a Su lado; *a Su lado llegarás, a Su lado estarás por la eternidad. Ya no lo hagas esperar, que ya ha esperado mucho, ya no lo hagas esperar, que deseoso está de tenerte a Su lado; a Su lado te tendrá, porque esa es Su Voluntad. Su Voluntad es que llegues a Su lado, y vivas con Él la eternidad. La eternidad la pasarán juntos disfrutando de su amor, amor que se tienen, y se tendrán por siempre los dos. Los dos se aman; los dos amarán a los demás, los dos son amados por Todos, y así será por la eternidad.*

Aquí Todos te esperan; todos están ansiosos por verte llegar. Todos quieren verte triunfar; ya lo verás; verás muchas cosas, muchas cosas verás; pero todo será hermoso, y lo gozarás. Gozarás eternamente el triunfo que tendrás, tendrás todo para gozar. No te preocupes, no tengas miedo, que todo está escrito y pasará, tendrás lo que siempre has querido por toda la eternidad.

Sufriste, has sufrido, pero la recompensa vendrá, y entonces gozarás, y olvidarás lo sufrido. Dirás: ¿Sufrí? No lo recuerdo. Porque será tanta tu dicha, que eso quedará en el recuerdo, olvidado, olvidado para siempre, para siempre olvidado. Será el Pasado, y en el Pasado quedará. Todo sufrimiento quedará olvidado, todo malestar acabado, desterrado; no más dolor, no más angustias; sólo felicidad, gusto y placer. Estarás gozando lo que no habías gozado; estarás feliz de estar a Su lado, a Su lado, a Su lado. Amén.

Lunes 18 de agosto del 2014 a las 2:50 dela mañana
PROFECÍA: DIOS PADRE DICE: ALLÁ TENDRÁN TODO

Es el momento que lo hagas, para que después no hagas lo que no tienes que hacer. Harás lo que tienes que hace y nada más.

-¿Qué es lo que tengo que hacer?

Todo y nada; todo lo que sea necesario, y nada de lo que no debas hacer. Harás todo lo que necesites hacer por ti, y por todos los demás. Por ti, para que aprendas a usar lo que tienes, y lo que vas a tener. Porque lo tendrás; tendrás lo necesario para triunfar. Sé que preguntas, que qué es lo que tienes, ya que siempre Te digo que tienes: Tienes voluntad de hacerlo, amor para hacerlo, y deseo de poder hacerlo. Lo harás porque esa es Mi Voluntad; lo harás porque eso te va a gustar, y vas a gozar haciéndolo, ya verás, ya verás que así va a ser, nadie va a poder detenerte una vez que emprendas la carrera. Correrás, correrás, correrás y nadie lo va a poder evitar; tratarán, tenlo por seguro, tratarán, ya lo verás, pero tú seguirás adelante sin notar, que hay quien lo quiere evitar; evitar que hagas Mi Voluntad. Mi Voluntad harás, y nada más que Mi Voluntad.

A SU LADO TENDRÁN LA GRACIA DE DIOS

No temas por lo que dicen que edad ya tú tienes; no temas por lo que dicen, que eso, a ti te conviene, te conviene que digan que estás vieja porque tendrán que aceptar, que el poder lo tienes, y no lo podrán negar. No podrán negar que sabes; no, no lo podrán hacer, la verdad estará ante sus ojos; la podrán ver, no podrán cerrar los ojos a ella, ella estará ahí, y no tendrán otra cosa más que aceptar lo que ven, escuchan y sienten. Porque sentirán la diferencia como tú la sentiste; sabrán que algo más sucede dentro de ellos, pero será algo que les gustará, les gustará sentir lo que sienten, y pedirán más, y más se les entregará; más de lo que siempre han deseado, más de lo que han anhelado, más de lo que no sabían que tenían a su lado.

REALIZARÁN SU SUEÑO

A su lado tendrán la gracia de Dios; esa gracia que los harás ver lo que antes no veían, esa gracia que los hará soñar con un Reino que quieren conocer, y que conocerán. Conocerán Mi Reino, y de él se enamorarán; se enamorarán tanto, que difícil se les hará seguir viviendo en la Tierra, cuando saben lo que les espera allá. Allá tendrán todo lo que siempre soñaron tener, lo que siempre sabían que existía, pero no lo podían ver. Ahora lo verán, y querrán quedarse ahí a gozar; a gozar de todo, todo lo que ahí van encontrar. Pero tendrán paciencia para esperar el momento; el momento en que van a gozar de todo, todo lo que lograron realizar. Realizarán su sueño; su sueño se hará realidad; realidad será, y todos la van a disfrutar; a disfrutar por toda la eternidad.

PARA TODOS SERÁ LA REALIDAD; SERÁ LA VERDAD

Espera con paciencia que todo llegará; llegará y lo podrás ver y sentir; pero sobre todo, lo podrás hacer; hacer lo que tanto has soñado hacer; hacer ese sueño realidad. Esa realidad que tanto has soñado, se hará realidad; ya no más sueños, sino realidades, ya no más sueños, sino la verdad; verdad que siempre has querido realizar; la realizarás, tenlo por seguro, la realizarás y sorprendida quedarás de poder hacerlo. Te sorprenderás; pero al mismo tiempo llorarás de alegría al ver tu sueño una realidad, realidad que siempre quisiste realizar. Para todos será ésta una realidad; para todos será la verdad que tendrán ante sus ojos, y no la podrán negar.

CADA DÍA SERÁ EL MISMO, CADA DÍA SERÁ DISTINTO

Sufriste, has sufrido, pero todo se terminará; se terminarán los momentos de angustia, de dolor y de tristeza, para dar cabida a la alegría, a la felicidad de ver tú sueño hecho realidad. Si pequeña Mía, gozarás al ver que puedes hacer lo que siempre quisiste hacer: Entregar Mi verdad y nada más que Mi verdad; y así será, entregarás, entregarás hasta más no poder; pero lo harás con amor y alegría, contenta estarás de hacerlo, y el cansancio no sentirás. Cada día será el mismo, cada día será distinto. El mismo, porque con alegría entregarás la enseñanza recibida. Distinto, porque cada día recibirás algo nuevo, algo que no sabías, algo, que con gusto y satisfacción entregarás a los demás. Los demás lo recibirán contentos, y cada día esperarán algo nuevo; algo que no sabían, pero que ahora lo saben. Sabrán muchas cosas, muchas cosas sabrán y muchas cosas entregarán a los que quieran escuchar; a los que quieran aprender lo que ellos sabrán; sabrán tanto, y tanto así entregarán. Tú espera, espera con paciencia, que todo llegará como se te ha indicado, todo será como se te ha dicho; sólo espera y lo verás.

-Padre: La verdad absoluta, la verdad absoluta. Siempre te he dicho, que si una palabra me entregas, que esa sea la verdad., porque esa palabra entregaré a mis hermanos. Padre, no quiero confundirlos; ya confundidos están., yo quiero sacarlos de esa confusión, confusión que les han hecho creer que es verdad. Quiero que conozcan Tú verdad, y únicamente Tú verdad. Padre, entrégame Tú verdad hoy y siempre para que Tus hijos la sepan, la gocen y los salve. Ya que Tú has dicho, que la verdad los salvará, y quiero que se salven. Sí, es verdad que no todos la aceptarán, pero se les entregará; si no la quieren aceptar, si no la quieren saber, esa será su voluntad y la de nadie más; ellos decidirán qué hacer con Tú Verdad.

Así es pequeña, así es; ellos decidirán. Pero tú sigue adelante, que el que la acepte… la aceptará, y el que la niegue… la negará, y nada se podrá hacer por ellos, sino esperar; esperar a que ellos la acepten a voluntad. A voluntad la aceptarán, a voluntad la negarán. Amén.

Miércoles 20 de agosto del 2014 a las 4:00 de la mañana
DIOS PADRE INSISTÍA EN QUE ESCUCHARAN LO QUE ÉL TENÍA PARA TODOS ELLOS:

MIS DONES ESTÁN ESPERANDO

El tiempo se acerca, el tiempo ya está aquí, y se los tienes que decir. Pronto escucharán de Mí, pronto sabrán de Mí; sabrán lo que quiero que hagan, y sabrán si es que lo quieren hacer; de ellos será la voluntad de hacerlo. Todo lo harán a voluntad, nadie los va a obligar; nadie lo va forzar. El esfuerzo será de ellos; el esfuerzo para alcanzar lo que Yo les quiero dar, entregar. De ellos será el gozar de Mis dones y gracias; de ellos y de nadie más. Mis dones están ahí esperando por ellos. Mis gracias los esperan; de ellos es ir y tomarlos; de ellos, y de nadie más. Yo no los puedo forzar aunque quisiera, y pudiera hacerlo, pero tiene que ser a voluntad, para que de ellos sea el gozar y disfrutar; de ellos y de nadie más. Tienen que querer para obtener, tienen que desear para gozar; gozar de todo lo que Yo tengo para ellos, de todo y mucho más, mucho más tendrán mucho más gozarán.

PERO PRIMERO TIENEN QUE DESPERTAR

Todo un pueblo espera por ustedes. Ustedes son la esperanza de todo un pueblo; de ustedes depende que ese pueblo aprenda, que ese pueblo abra los ojos a la verdad, de ustedes depende que ese pueblo despierte. Pero primero, ustedes tienen que despertar, despierten para que puedan despertar a ese pueblo que dormido está, despierten para que la verdad no los encuentre dormidos, y junto con el pueblo tengan que despertar cuando la tormenta ya haya llegado, cuando ya esté sobre ustedes, y nada puedan hacer.

NO DEJEN QUE LA MENTIRA LOS DUERMA

Despierten y prepárense para que así mismo, puedan preparar a ese pueblo que dormido está; ese pueblo que la mentira lo ha dormido; que la mentira lo ha puesto a descansar; a ese pueblo que después verán llorar, porque dejaron que la mentira los durmiera, que los hiciera descansar, cuando era el tiempo de preparar, y ponerse a trabajar. No dejen que la mentira los duerma, no dejen que la mentira les diga, que es tiempo de descansar. No, no la dejen, enfréntenla con la verdad; dejen que la verdad los haga despertar, y ponerse a trabajar. Hay mucho trabajo por hacer, hay muchas cosas por decir, hay muchas cosas por aprender.

LA VERDAD ESTARÁ EN TODO LO QUE YO LES ENSEÑE

Muchas cosas aprenderán, y Yo se las voy a enseñar, Yo se las voy a decir, Yo se las voy a mostrar. Se las mostraré, y ustedes las podrán ver y apreciar; ustedes podrán decir, si son la verdad. La verdad estará en todo lo que Yo les enseñe; sólo la verdad; de ustedes está el aceptar. Aceptará aquel que logre despertar; aceptará aquel que Conmigo está; aquel que sabe, que reconoce, y que acepta, que Yo soy la verdad, que Yo soy la verdad, y que verdad les diré, y les enseñaré.

CREÍA EN UN SUEÑO, Y NO UNA REALIDAD

Yo no enseño mentira, pues mentira no soy, Yo soy verdad, y verdad les enseñaré, y aquel que así lo vea, lo crea, y lo acepte, tendrá la verdad; aprenderá, y la verdad entregará a los demás; despertándolos así, del sueño que la mentira les hizo creer. Porque era un sueño lo que ellos creían; un sueño, y no una realidad. La realidad soy Yo, y se las voy a demostrar; se los demostraré para que puedan por fin despertar de ese sueño, que dormidos los tienen, y no los deja despertar; no los deja que abran los ojos, y puedan ver la verdad. Pero los abrirán, abrirán los ojos, y aquellos que los tengan abiertos, contemplarán la verdad. Habrá otros que no querrán abrirlos para no ver la verdad que los despertará.

NO SABEN MEDITAR NI PENSAR, NO QUIEREN TRABAJAR

Ellos están conformes con lo que la mentira les ha hecho pensar; pensar que lo que les dijo, era verdad. Verdad no es, pero no lo quieren aceptar, verdad no es, pero no quieren despertar a la realidad; realidad que los pondrá de nuevo a pensar, a meditar, y eso no lo quieren hacer; conforme están con lo que saben, conforme están con lo que la mentira les ha hecho creer, conforme están, y nada más quieren saber; es más fácil aceptar, que ponerse a trabajar, a pensar, a meditar.

Meditar no saben; no saben pensar, ya todo se les dio hecho, preparado, y analizado; nada tienen que hacer; sólo aceptar lo que la mentira les quiso dar. Nada, nada tienen que hacer; sólo lo que la mentira les dijo hacer. Llega la verdad, y les dice otra cosa; cosa que los hará pensar, meditar, y no la quieren aceptar, porque no lo quieren hacer; no quieren trabajar, trabajar no es lo de ellos; lo de ellos es disfrutar lo que la mentira les dijo. Les dijo, que ya todo estaba hecho, que todo estaba preparado, pensado, y meditado, que ellos sólo tenían que hacer, lo que la mentira les decía que hicieran.

DORMIDOS ESTÁN, Y DORMIDOS SE QUEDARÁN

Ellos estaban conformes con lo que la mentira les decía, y lo creían verdad, y como verdad lo aceptaban, como verdad. Y como verdad vendrá hacia ellos, y se pondrá ante sus ojos como verdad, que mentira era; era una mentira, y ante sus ojos la tendrán; ante sus ojos se descubrirá, que mentira era, mentira y nada más. Ahora tendrán que aceptar la verdad. Para unos será fácil ver la realidad, para otros no tanto, pues aun viéndola la rechazarán, porque los pondrá a trabajar, a pensar, y a meditar; algo que ellos no saben, y no quieren aprender. No quieren dejar su realidad; realidad que los ponía a dormir, a descansar, y seguirán aferrados a su verdad, y nadie lo podrá evitar; ya que de ellos está el aceptar, o negar la realidad que frente a ellos está; de ellos y de nadie más. Nadie podrá hacer nada por ellos; nadie podrá hacerlos despertar si ellos deciden no hacerlo aun viendo la realidad. Dormidos estaban, dormidos están, y dormidos se quedarán, hasta que ellos mismos decidan despertar.

USTEDES QUE SABEN, QUE ACEPTAN MI VERDAD…

Despierten ustedes, ustedes que pueden ver la verdad, ustedes que saben que Yo soy la verdad; ustedes que aceptan Mi verdad, y que Mi verdad van a entregar. Ya despiertos gozarán de los beneficios de conocer Mi verdad; de los beneficios de entregar Mi verdad. Gozarán tanto, que no podrán dejar de pedir más, más conocimiento, más preparación, más de todo lo que los hará llegar a Mí en perfección. En perfección los quiero, en perfección vendrán, y en perfección gozarán de todo lo que tengo para todo aquel, que en perfección llegue a Mí. Amén.

Jueves 21 de agosto del 2014
SUEÑO/VISIÓN: UNA MUJER ESTÁ EN SU LUGAR

-Veo que estoy buscando a la secretaria de la Casa de Oración y no la encuentro. La busco en su oficina y veo, que es otra mujer la que está en su lugar. La mujer me dice, que la secretaria ya se había ido. Me retiro, pero al salir veo que alguien me acompaña, y que ambos cerramos la puerta.

-Después me veo en un festival, o algo así. El lugar era como un estadio, o parque, y había mucha gente. No sé por qué entro a una especie de restaurante pequeño, y ahí veo un hombre sentado en una mesa. Me le acerco, y le pregunto: ¿Usted estudia aquí? El hombre parece no entenderme, y nuevamente le pregunto, pero ahora en inglés. No recuerdo lo que me contestó.

NOS LLAMARON A COMER

-Luego veo que el festival había terminado, y nos llamaron a comer. Todos nos dirigimos al lugar en donde estaba la comida. Ahí veo a una pareja que me detiene y me dice, que si ya podemos hablar. Empiezo a contestarles cuando llega el hombre del restaurante y me interrumpe diciendo, que venía a pedirme perdón porque me había asustado. Yo me quedé pensando en que no me había

asustado. Pero no recuerdo que fue lo que le dije. Volteo hacia la pareja, y ya no estaba. Me fui a buscarlos, y terminé dentro del lugar en donde estaba la comida, que resultó una troca de esas que venden comida, y desde ahí veo a toda la gente queriendo que los atiendan. Creo que no encontré a la pareja.

RECRIMINO A UN HERMANO

-Salgo de ese lugar, y al caminar veo sobre una tarima a un hermano de la Casa de Oración, hablándole a la gente acerca de lo que es creer en Dios, o algo así. Yo estoy abajo, y cuando él hermano baja de la tarima hablo con él y le digo, que no diga que cree en Dios, porque una persona que cree en Dios no hace lo que él hace. Le dije, que una persona que cree en Dios no miente; que una persona que cree en Dios no roba, y no sé cuántas cosas más. Pero al hablar notaba que mi voz se iba apagando al grado, que al terminar, de mi boca no salía voz alguna. Amén. —Era el enemigo quitándome la fuerza al estar enseñando la palabra de del Dios verdadero. En la vida real conozco a este hermano, y sé de su mal comportamiento). Amén.

Jueves 21 de agosto del 2014ª las 7:28 de la mañana
DIOS PADRE DICE:

JESÚS ES AMOR, VERDAD Y SABIDURÍA

Jesús es Amor, y amor entrega. Jesús es Verdad y verdad dice. Jesús es Sabiduría, y sabiduría entrega a todo aquel que la pida con el corazón. Tú lo has hecho y se te ha entregado, tú lo has hecho y se te ha concedido el deseo tan anhelado: Tener la sabiduría, la sabiduría de poder guiar a tus hijos, Mis hijos. (Tú sabes a lo que Me refiero, y algún día ellos lo sabrán.) La pediste con el corazón, con el deseo de llevar la preparación a tus hijos, con el deseo de poder tomarlos de la mano, y guiarlos hacia Mí; su Dios Todopoderoso, con el deseo de que ellos aprendieran a Conocerme, a Amarme, a Respetarme, y a Glorificarme, con el deseo de que llegarán a Mí en perfección, como una vez tú lo hiciste.

Tuviste la preparación, la enseñanza, trabajaste para llegar a hacerlo, y lo lograste. Por lo tanto, sabias que se podía hacer, que se podía llegar a tener esa perfección, y sabías, que era mentira que dijeran que no se podía; que dijeran, que el hombre no podía alcanzar la perfección, y tu deseo fue el llevarles ese conocimiento, esas enseñanzas, y demostrarles, que si existe la perfección en el hombre, y que se puede llegar a ella.

Pediste poder hacerlo, y tu deseo se te concedió; ya lo tienes; lo puedes hacer, y lo vas a hacer. Lo vas a hacer con el amor que llevas en tu corazón por Mí, los tuyos y los que no son tuyos. Sabes que al hacerlo, alcanzarán los tuyos, y los que no son tuyos de las gracias del Padre, de las gracias que has recibido, y que seguirás recibiendo –Ya lo verás. Verás eso y más entregarás; eso y más, y aprenderás eso y más, porque más entregarás; entregarás hasta que ya no puedas más; pero aun después, seguirás entregando, y así será por la eternidad. No sufras, no te desesperes, que todo llegará, y pasará como se te ha entregado – Ya lo verás.

Deja el tiempo llegar, que ya viene, y nadie lo podrá parar. Nadie podrá parar lo que ya viene; lo que viene vendrá, y hará lo que tiene que hacer, y pasará lo que tiene que pasar. Deja ya de mortificarte, deja de pensar en cómo será porque ya sabes, que Yo soy el ÚNICO que conoce el cómo, dónde, y cuándo van a suceder las cosas. Todo sucederá, cuándo, cómo, y dónde sea Mi Voluntad.

Espera Mi Voluntad, y te darás cuenta, que Mi Tiempo es mejor que tu tiempo, porque llega a tiempo, y con su tiempo para hacer lo que en Mi tiempo se debe hacer. Todo se hará en Mi tiempo, sólo espera por ese tiempo, y en ese tiempo sabrás lo que Yo quiero que hagas. En ese tiempo sabrás lo que tienes que hacer, cómo lo vas a hacer, y dónde será lo que tienes que hacer. Lo que tienes que hacer… harás, lo que tienes que decir… dirás, y nada ni nadie lo va a evitar. Lo vas a hacer, y lo vas hacer bien; vas a preparar y lo harás bien; vas a decir y dirás bien; vas a guiar y guiarás bien.

LO MÍO NO ES UN JUEGO

No temas, que todo será como se te ha dicho, sólo espera y verás, que UNA palabra tengo, UNA y nada más. Yo no prometo lo que no tengo, ni doy por dar. Prometo lo que tengo, y doy a voluntad; a voluntad de aquel que lo quiere obtener, de aquel que desea poseer lo que Yo tengo para él. Para él será, pero lo tiene que querer, y desear con todo su corazón; no lo entregaré al que no lo desee con el corazón. Porque lo que sé, y doy, no es para jugar.

Lo mío no es un juego; lo Mío es verdad, es realidad, y como tal se recibirá, y se manejará. Con lo Mío no se juega; con lo Mío no se hace trampa; con lo Mío no se roba, ni se engaña a nadie. Lo Mío se respeta, se admira, y se venera; lo Mío se entrega a quien lo desea con el corazón, y con el corazón lo va a venerar, y a respetar. Las consecuencias son adversas para aquel que no lo hace.

Es por eso que Yo se lo entrego sólo a aquel que lo pida de corazón, y que de corazón lo respete. En lo Mío, el respeto es muy importante – Lo es todo. Si respetas lo Mío, Mi respeto tendrás; al no hacerlo, Mi justicia se encargará; se encargará de recordarte, que lo tienes que respetar, y Créeme, que así lo harás. Porque aprenderás a respetar lo Mío. Lo Mío no se vende, no se alquila, no se altera para lucro obtener; lo Mío es sagrado, y como sagrado lo vas a obedecer, y respetar.

Lo Mío sale de Mi corazón al tuyo; no te cobro por ello; sólo te pido amor y respeto para lo que hagas con ello. Ama, respeta, venera lo que Yo te entrego, y te veré junto a Mí gozando las ganancias; las ganancias que Yo te entregaré si haces lo que tienes que hacer. Hazlo y verás, de todo lo que vas a gozar; hazlo y veras que nada te faltará; hazlo y verás, que Mi Amor siempre tendrás; hazlo, y ya lo verás. Mentira no es, y lo vas a comprobar, que UNA palabra tengo; UNA, y nada más. Adiós pequeña. Ya no sufras, que lo que será… será. Amén.

<u>Viernes 22 de agosto del 2014 a las 6:45 dela mañana</u>
SUEÑO/VISIÓN: TÚ YA NO ERES ESTUDIANTE, ¿VERDAD?

Escribe para que entiendas que es lo que pasa. No temas, que todo está bajo control, todo está preparado para ti; lo podrás hacer porque así tiene que ser.

-Veo que es martes, y que llego al estudio de la Biblia un poco tarde; ya todas estaban en sus asientos. Veo que frente a la secretaria alguien deja un lugar, voy y me siento y digo: Qué bueno, yo quiero estar frente a la secretaria. Después no sé qué fue lo que pasó, pero entro en trance, y una mujer viene y me pregunta algo en inglés. De primero no le entiendo, y ella me repite la pregunta. Me dice: Tú ya no eres estudiante, ¿Verdad? La miro y le digo: No sé. Luego escucho la voz de una hermana, (muy amiga de la secretaria); muy contenta por algo, y

escucho que dice: Les presento… (No recuerdo qué, o a quién). Mientras tanto, yo seguía en trace, pero nadie parecía darse cuenta. Amén.

-Una vez más, el padre me pedía que llevara el mensaje a sus hijos.

Sábado 23 de agosto del 2014 a las 3:54 de la mañana
DIOS PADRE DICE:

YO ESTOY AQUÍ PARA AYUDAR Y LA PROPUESTA ES ÉSTA:

Quiero que les digas, que Yo estoy aquí para ayudar, que estoy aquí para preparar, para enseñar, para educar. Yo no estoy aquí para jugar. Yo no juego, y no quiero que jueguen Conmigo. Yo doy, pero quiero que hagan lo que les pido. Lo que les pido no es importante; lo importante es la obediencia. La obediencia es lo que pido, la obediencia es lo que espero, para poderles dar lo que tengo para todo aquel que Me obedece. Ya les dije, que en la obediencia está el poder; el poder está en obedecer; obedezcan, y lo van a ver; van a ver, y a comprender lo que les digo. Yo no juego, no quieran jugar Conmigo.

La propuesta es ésta: Quiero que sean Mis Esposas como lo son de Jesús; pero Yo los quiero a Mi Modo, y a Mi Modo tiene que ser. Mi Modo les diré en alba por venir; ahí les explicaré lo que Yo quiero decir. Pongan atención para que entiendan lo que Yo quiero, que se los voy a explicar primero para que luego decidan, si aceptan lo que Yo les propongo. Lo que Yo les propongo es para su bien; Yo los tendré a ustedes, y ustedes a Mí. Todo será para aquel que acepte lo que Yo le propongo; todo será para aquel que quiera Conocerme como Yo quiero que Me conozcan. Los he escogido a ustedes para hacerles Mi propuesta porque he visto su corazón; he visto el amor que le tienen a Mi Hijo, Mi Jesús, Mi Primogénito bien amado.

YO LOS ESCOGÍ PARA UNA MISIÓN MUY IMPORTANTE

Yo no hablo por hablar. Yo no prometo por prometer. Yo no digo por decir; lo que digo lo cumplo. Los He escogido por el amor que llevan en su corazón. Los He escogido desde antes que fueran formados en el vientre de su madre. Yo los escogí para una misión muy importante: Llevar Mi Palabra, Mis Enseñanzas a todos los demás; a todo aquel que Me desconoce, a todo aquel que dice que

Yo no existo, a todos ellos les harán ver la realidad: Que Yo estoy aquí, y que aquí Me voy a quedar. Explicación completa tendrán de lo que quiero que hagan; de ustedes estará el aceptar. Yo no forzo a nadie ni doy por obligación; lo que doy sale de Mi corazón, y de su corazón tendrá que salir la respuesta; de su corazón, y del amor que le tienen a mi Jesús de Nazaret y a Mí, que Soy el Padre que los ama.

*Explicación tendrán de todo lo que quiero que hagan; de ustedes está el aceptar. Pero una cosa quiero que entiendan, que Yo no estoy aquí para jugar. Yo estoy aquí para respetar al que respeto Me da; al que respeto da a lo que Yo les quiero proponer. Yo no propongo por proponer. Yo sé lo que hago, y a quien se lo propongo. Ahora no lo entienden; pero lo van a entender, y cuando lo hagan, decidan. Pero háganlo de corazón; no por obligación; h*áganlo por amor, por amor a todos los que se van a beneficiar con su respuesta.

EL INFINITO LOS ESPERA

Yo no hablo por hablar. Yo no digo por decir, ni prometo por prometer, lo que digo lo cumplo, y eso lo verán los que Me quieran obedecer. No es difícil lo que Yo les pido; pero tampoco es fácil; requiere de mucha entrega de su parte, de mucho amor, y deseo de seguir adelante, de seguir al Infinito. El Infinito los espera, los ha estado esperando, y los seguirá haciendo, hasta que todo aquel que Él espera, esté frente a Él: Con El Infinito. Yo sé lo que necesitas, lo que necesitas sé; si te digo que lo hagas, es porque sé que lo puedes hacer. Lo harás y lo harás bien, lo harás y verás que tienes todo para hacerlo. Lo tienes, porque Yo ya lo puse en ti; lo tienes porque Yo ya te lo di; lo tienes y lo vas a usar para que todos vean, que Yo estoy aquí con ellos, y que a todos quiero dar lo que te he dado a ti.

RECIBIRÁS MÁS Y MÁS CADA DÍA

¿QUIÉN LO APROVECHARÁ?

¿QUIEN LO TIRARÁ?

Si ellos quieren, tendrán; tendrán lo que tú tienes, y más. Pero tienen que querer, sólo así les entregaré lo que de corazón Me pidan. Enséñalos a pedir, para que aprendan a recibir como tú has recibido, y lo que tú seguirás recibiendo. Porque recibirás más y más te daré cada día, para que cada día les entregues más a ellos. Ellos lo recibirán en su mente y corazón. ¿Quién lo aprovechará, y quien lo tirará? Eso sólo ellos lo dirán, pero tú, a todos entregarás lo que Yo te entregue a ti. Al que lo guarde en su corazón, en su alma y en todo su ser, Yo se lo multiplicaré. Porque la multiplicación Yo le daré a todo aquel que lo reciba con amor, lo respete, lo atesore, lo venere porque sabe y acepta, que viene de Mí, que Yo se los entregué, que Yo se los di; a esos, a esos, Yo les multiplicaré lo recibido, y obtendrán más, y mientras más Me pidan, más les daré.

Ve y entrega lo que tienes que entregar, ve y di lo que tienes que decir, ve y haz lo que tienes que hacer; de lo demás me encargo Yo. Yo estaré ahí a ayudarte, a decirte, a preparare. No temas, que Yo estaré contigo. Yo estaré ahí para darte la fuerza que necesitas para hacer lo que tienes que hacer. Lo harás y lo harás bien; de eso puedes estar segura, te lo digo Yo, que sé lo que vas a hacer. Ve y hazlo, ve y entrega, y espera el resultado. El resultado lo tendrás, no te preocupes, no te angusties, que todo será como lo quiero Yo; todo será como se te ha dicho; ya lo verás; ten fe y confianza en lo que te digo, que lo que te digo, es y será como Yo lo digo. Amén.

Lunes 25 de agosto del 2014 a las 4:25 de la mañana
SUEÑO/VISIÓN: UNA LIBERACIÓN

-Veo que estoy en la Casa de Oración, y se ve a llevar a cabo una liberación en la que van a participar varios Pastores, entre ellos estoy yo. Veo que uno de los Pastores me conoce, me llama y me dice algo. Pero no recuerdo lo qué me dijo. Veo que ahí pasan muchas cosas pero no las recuerdo en forma en que las pueda escribir. Amén.

EL PASTOR, Y LA LUZ EN SU ROSTRO

-Veo al Pastor parado en la plataforma, como dirigiéndose a la gente. Veo que en su rostro tiene una especie de lámpara redonda; más bien, como un foco de esos redondos, y veo que le quedaba justo sobre la nariz. Amén.

Miércoles 27 de agosto del 2014
SUEÑO/VISIÓN: UN HERMANO HACIENDO ALGO INDEBIDO

-Veo a un hermano de la Casa de Oración haciendo algo indebido. El hermano me explica porque lo está haciendo. Amén.

-El padre me seguía pidiendo que les hablara.

Viernes 29 de agosto del 2014
EL PADRE DICE:

HÁBLALES A LOS QUE TIENEN OÍDOS Y ESCUCHAN.

¿Qué, qué quieres que haga? Me preguntas, y Yo te digo: Todo. Porque todo lo harás como se te ha indicado. *Prepara lo que tienes que preparar para que hagas lo que tienes que hacer. Irás y dirás lo que es de Mi Voluntad: el que escuche… escuchará, y el que no… sordo se quedará. Háblales a los que tienen oídos, y escuchan; háblales a los que quieren aprender. A los necios, déjalos en su necedad, ya que llegará el día en que la puedan ver; ver su necedad, y de ellos será recapacitar y entender, lo que su necedad no lo dejaba ver, ni entender. No te preocupes por ellos, que el día llegará, y podrán ver lo que no quisieron ver, ni creer. Tú haz lo que tienes que hacer, y di lo que tienes que decir; de lo demás me encargo Yo. Yo soy el que habla. Yo soy el que dice que hacer, y cómo hacerlo. Lo haremos, no te quepa duda, lo haremos, puedes estar segura. Amén.*

Jueves 4 de septiembre del 2014
ENSEÑANZAS: CRISTO JESÚS DE NAZARET DICE:

QUIERO QUE ESCRIBAS LA VERDAD

Quiero que escribas la verdad de lo que me estás preguntando: No todo lo que escrito está es verdad, ni todo es mentira. Hay sus engaños, sus fantasías, y hay sus verdades, verdades que el mundo ocultó por no entender la verdad. La verdad era mucho para ellos, no la entendían, por lo tanto la negaron, no la aceparon y la distorsionaron.

La verdad sigue siendo verdad, pero no todos la van a aceptar. Han aceptado una verdad fabricada por el hombre y aceptada por el hombre. El hombre escribió lo que él creyó su verdad, dejando Mi verdad como mentira. Mentira no es, ni lo será, pero el hombre lo tiene que aceptar. Les he dicho que Mi verdad abre ojos, oídos y entendimientos, pero que también hiere, lastima y duele. Todo aquel que en busca de Mi verdad se encuentre, tiene que aceptarla como Yo se la entregue. Yo les diré Mi verdad y la misma tienen que aceptar.

MIS ENSEÑANZAS SON BASADAS EN LA LÓGICA

Yo no miento. Yo soy verdad, y Mi verdad los salvará. Mi verdad los hará pensar, meditar y discernir. Pondrán 2, y 2, y el resultado será la verdad. No hay nada, ni nadie que les pueda decir, que 2, y 2, son 5, porque ustedes conocen la verdad por lo tanto, decir que 2, y 2 son 5, no tiene lógica, no es aceptable. Mas tienen que aprender a analizar, a meditar; a poner todo en una bandeja, y así darse cuenta, qué es verdad, pero sólo usando la lógica lo podrán ver. Lo lógico es que 2, y 2, son 4, por lo tanto, el que les diga que 2, y 2, hacen 5, no tiene lógica.

Mis enseñanzas son basadas en la lógica, están basadas en algo que ustedes pueden comparar, y por ustedes mismos discernir la verdad. Mis enseñanzas no son como las enseñanzas que hasta este momento han llevado. Mis enseñanzas los harán pensar, y meditar sobre la realidad, la realidad de saber que 2, y 2, son 4, y nada más. Yo los voy a poner a pensar, a analizar, a ir más allá, y a encontrar la lógica a lo que les voy a enseñar. Yo les voy a dar ejemplos para que puedan comparar, para que por sí mismos lleguen a una conclusión lógica, y así llegar a la verdad: Mi verdad.

MI MADRE SÓLO ME TUVO A MÍ

Jacobo me dices, ¿Quién era? Era Mi hermano, Mi hijo, Mi seguidor. Era hijo de Mi Padre como todos los demás, y como todos los demás, era Mi hermano. Él siguió Mis enseñanza, él se enamoró de ellas; él las siguió, y las enseñó a otros con tal fervor que al hablar, parecía que era Yo quien hablaba. Era tanto su amor por Mí, y por todo lo que Yo representaba para él, que siguió Mi ejemplo, y vivió como Yo. Vivió para su Dios; su Dios lo era todo; su Dios lo motivaba a ser todo lo que su Dios le indicaba. Yo fui su ejemplo a seguir, y Me siguió hasta morir. Sabía que la muerte lo llevaría a estar Conmigo, y no le importaba morir. Era tanto su amor por Mí, que todo, menos dejar de enseñar lo que de Mí aprendió. De Mí aprendió todo lo que sabía; con amor lo hizo, y con amor entregó a los demás, lo que él había aprendido de Mí.

Dicen que era Mi hermano por el amor que por Mí él sentía. Él me alababa y glorificaba, y con orgullo clamaba: Mi hermano es. Era tanto su amor, que con orgullo me llamaba su hermano, el hermano que le había enseñado todo, que le había dicho todo lo que sabía. Él es Mi hermano, porque en su corazón así lo sentía; él es Mi hermano porque él así lo quería. Él no es el único; no, no lo es; hay muchos, muchos más que en su corazón Me convirtieron en su hermano. Son Mis hermanos, son creación de Mi Padre; son Mis hermanos, pero <u>no hijos de Mi Madre.</u>

Mi Madre sólo me tuvo a Mí; soy Su Único Hijo; así lo fue, y así lo siguió siendo. Mi Madre fue Virgen y Pura antes y después de Mi Nacimiento. No hubo para ella nadie más que Mi Padre. Mi Padre la eligió para que fuera Su Esposa, y Mi Madre, y eso fue: Su Esposa, y Mi Madre. Ella ocupa un lugar en el Reino de Mi Padre. Yo estoy a la derecha de Mi Padre, y a la izquierda, está Mi Madre. Mi Madre es la Reina del universo; Reina de las Américas, y Madre de todos los hijos de Mi Padre. Ella los llama Mis hijos; y Sus hijos son; son Hijos de Mi Padre; son hijos de Mi Madre.

A la hora de Mi muerte, desde lo alto de la Cruz le dije: He ahí Madre a Mis hijos; Tus hijos; son tuyos, en Tus manos los dejo. Cuídalos, protégelos, y ámalos, como me amas a Mí. Son Tus hijos, a Ti los encomiendo. Y los dejé a Su cuidado; al cuidado de una Madre que sabía del dolor de ser madre; pero también del amor con que se ama a aquel que les causa el dolor; el dolor que se convierte en amor; amor que perdura hasta la eternidad.

TODOS GOZARÁN TENIÉNDOLA COMO MADRE

Mi Madre fue Virgen y Pura antes, y después de Mi Nacimiento. Mi Madre sigue siendo Virgen y Pura, digna de ser amada y glorificada. Ámenla, glorifíquenla, que con dolor y amor se lo ha ganado. Ámenla, como Ella los ama a ustedes. Ábranle su corazón, y déjenla entrar en él, que Ella les dará el amor de Madre como nunca lo han conocido, como nunca lo han experimentado.

CON ELLA PODRÁN LLORAR, Y ELLA LOS CONSOLARÁ

Con Ella sabrán lo que es el verdadero amor de una madre, con Ella van a aprender a ser buenas madres con sus hijos, porque Ella las va a enseñar a serlo. Ella les dará la miel, el néctar de las rosas de Su jardín, y con ellos endulzarán lo amargo de la vida. Ella los cubrirá con Su Manto divino para protegerlos de la intemperie de los tiempos. Con ella no tendrán frío; Ella los cobijará, con Ella podrán llorar, y Ella los consolará, y convertirá sus lágrimas en perlas cristalinas, que Ella guardará. Ámenla, y verán lo que es el amor de una Madre; la Madre del Universo; la Madre de las Américas.

Todos gozarán teniéndola como Madre, ya que Ella los va a enseñar cómo ser madre; una Madre que da amor, y ternura a Sus hijos. Ámenla, venérenla, y se darán cuenta, que ustedes tendrán una intercesora ante Mí, y ante Mi Padre, ya que Ella siempre estará abogando por todos, y cada uno de ustedes. Como su Madre, pedirá al Padre misericordia por todos ustedes. Como su Madre, estará a Mí lado viendo por todos ustedes. Ámenla, y se darán cuenta del Amor que Ella genera para todos, el amor que Ella sabe dar a todo aquel que la acepte como su Madre, la venere, y la respete como Mi Madre que es, y la Esposa de Mi Padre.

CONOCERÁN EL VERDADERO AMOR DE UNA MADRE, MARÍA DE ISRAEL

Ustedes pueden ser esa esposa de Mi Padre, siguiendo los consejos de Mi Madre, y haciendo lo que Yo les diga; así se convertirán en la imagen, y semejanza de su Dios y Señor Jesús de Nazaret. Eso es lo que Mi Padre quiere, y pide de ustedes; conviértanse en Mi imagen, y en lo que Mi Madre les enseñe, y el resultado será: ser la Esposa de Mi Padre. Fácil no les va ser aceptar la verdad, la mentira está tan arraigada en sus mentes, que no cederá paso a la verdad. Pero habrá quien sí le dé ese espacio, y la acepte: Esos conocerán el verdadero amor de una madre; el amor de la Madre universal: María de Israel. Amén. Jesús de Nazaret.

Martes 9 de septiembre del 2014
SUEÑO/VISIÓN: LA COMIDA Y LOS RECIPIENTES

-Veo que estoy empacando comida para alguien; la comida no es mía, pero los recipientes los reconozco como míos. Veo que le estoy empacando comida a un hombre al cual le digo, que me tiene que regresar el recipiente. En el sueño tengo la impresión de reconocer al hombre, pero no recuerdo quien era. Amén.

INTERPRETACIÓN

-La comida no es mía, porque es la comida de Mi Padre, nuestro Dios y Señor.

-Los recipientes los conozco porque son mis hermanos, los que están listos para recibir el *alimento*.

Sábado13 de septiembre del 2014 a las 4:20 de la mañana
ALGO PARA MEDITAR:

YA ES TIEMPO DE QUE LO BAJEMOS DE LA CRUZ

-Me desperté a las 4:20 de la mañana, y poco después mi Padre me empezó a hablar. Habló por más de dos horas. Fue tan emotivo y triste lo que me dijo, que cuando terminó de hablar, yo estaba llorando. Me habló del amor que Él siente por nosotros, de Su sacrificio, de Su vida, de Su caminar aquí en la Tierra, y muchas, muchas cosas más. Me dijo, que el sacrificio que Él hizo por nosotros, no es algo para reír, o tomarse a broma, sino que es algo para analizarse, estudiarse, meditarse, y tratarse con todo respeto, y agradecimiento; y una vez que lo hayan hecho, bajarlo de Su cruz, tomarlo en sus brazos, curar Su heridas, quitar la corona de espinas de Su frente, y remplazarla por otra: La corona de nuestro amor, de nuestro agradecimiento y reconocimiento por todo lo que Él ha hecho por nosotros; y ahí, con Él en nuestros brazos preguntarle, ¿Qué puedo hacer por ti mi Dios y Señor?

¿LE HAN PREGUNTADO A SU DIOS Y SEÑOR QUÉ ES LO QUE PUEDEN HACER POR ÉL?

-Para un mejor entendimiento de lo que estaba hablando, me recordó de una frase muy famosa que uno de los presidentes de ésta nación Americana pronunciara. Aquella que dice: *No preguntes lo que tu país puede hacer por ti, sino que puedes hacer tú por tu país.*

-Como ya les dije, hablamos por más de dos horas; pero no estaba escribiendo, sólo escuchando. Esto es una sinopsis de lo que Él me dijo:

-¿Alguna vez *le han preguntado a su Dios y Señor qué es lo que pueden hacer por Él? ¿Cuántas veces han dicho que son siervos de su Dios y Señor? ¿Se han puesto a analizar lo que dicen? ¿Se han puesto a analizar que es todo lo contrario, que ustedes lo han hecho a Él su siervo? Sí, su siervo. Ya que al estarle preguntando, y pidiendo esto, o aquello lo convierten en su siervo. ¿Se han dado cuenta, que siempre le están pidiendo por ustedes, por los de ustedes, y por todos los demás? Señor, mi casa necesita reparaciones. Señor necesito esto, o aquello. Señor, este, o aquel de tus hijos necesitan esto, o aquello. Señor, mi perro se me perdió, mi gato no quiere comer, mi carro está ponchado, mi renta no he pagado. (Todos aquellos a los que les gusta tanto como a mí ver películas, por un momento imagínenlo a Él en cámara rápida, corriendo de lado a lado haciendo lo indicado). ¿En alguna ocasión le han preguntado a Él, que es lo que ustedes pueden hacer por Él? ¿Y en qué forma le pueden demostrar el agradecimiento por lo que Él ha hecho por ustedes?*

-*Hermanos, ya es tiempo que bajemos de la Cruz a nuestro Jesús. Ya es tiempo que lo acojamos en nuestros brazos, curemos Sus heridas, le quitemos la corona de espinas de Su frente, y le pongamos una nueva corona: La corona de nuestro agradecimiento; la corona de nuestro amor por Él; la corona que le indique a Él, que han comprendido lo inmenso de Su sacrificio, y lo inmenso de Su amor.*

-Luego, para entender mejor lo dicho, me entregó el siguiente ejemplo:

Si están a punto de perder la vida; alguien se da cuenta de eso y expone su vida para salvar la de ustedes. Si esa persona perece por salvarlos, van a estar de rodillas agradeciendo lo que ha hecho por ustedes. Si esa persona queda herida, van a estar pidiendo la ayuda para esa persona; ya en el hospital, van a estar al tanto de que esté bien atendida, y no van a dejar de agradecerle lo que ha hecho por ustedes, van a pedir las mejores atenciones para esa persona. Pedirán a los doctores la mejor atención diciéndoles: ¡Él me salvó la vida! Amén.

-Cómo ya les dije, Él siguió hablando por más de dos horas, y cuando abrí los ojos (No estaba escribiendo, sólo escuchando) me dijo: escribe, y esto es lo que me indicó escribir:

CRISTO JESÚS DE NAZARET DICE:

LO QUE YO HICE, NO ES ALGO PARA REÍR O SER TOMADO A BROMA

Es bonito lo que has recibido, bonito lo que has escuchado, y así lo entregarás a tus hermanos, Mis hijos. Hazlo con el amor que lo has escuchado, con el amor que lo has entendido. Diles lo que Yo quiero, háblales de Mi amor por ellos, y de Mi sacrificio, que por ellos Yo hice. Diles, hazlos entender, comprender, que lo que Yo hice, no es algo para reír, o ser tomado a broma; lo que Yo hice, es algo para meditarse, estudiarse, analizarse, y ponerlo en su corazón con el deseo, de hacer algo en pago por lo que por ellos Yo hice. Háblales, diles lo que en tu corazón has escuchado, diles lo que sentiste al oírlo, al analizarlo, diles, que Quiero que sepan más de Mí, diles, que Quiero que aprendan a Conocerme, y Amarme en verdad. Háblales y diles, y hazlos entender, que lo que Yo hice por ellos, no es algo para reír, o hacer bromas. Hazlos pensar, hazlos meditar, hazlos entender. Mi niña, confió en que lo harás. Amén.

-Y así traté de hacerlo; pero como el mensaje era muy largo, sólo les dije, qué Él quería, que lo bajaran de la cruz, que le quitaran la corona de espinas de Su frente, que curaran Sus heridas, *y lo sostuvieran en sus brazos*. No sé cuántos lo entendieron, y en cuántos corazones penetró el mensaje – Yo ya había entregado el mensaje.

-Yo seguía tratando de llevar a mis hermanos los mensajes que Él me estaba entregando para todos ellos. Pero los escuché tantas veces decir, que las personas que decían que Dios les hablaba estaban equivocadas, que no era Dios, sino el enemigo; y que el enemigo también conocía todo lo concerniente a la Biblia, que empecé a dudar, así es qué el **martes 23 de septiembre del 2014** le pedí una señal.

Ya que después al escuchar lo mismo, me fui a mi pequeño remolque, y poniéndome de rodillas le pedí al Padre, que me diera una señal la cual me hiciera ver, que era Él, y no yo, quien quería hacer lo que Él me estaba pidiendo, pues Él ya me había dicho que hacer, y cómo hacerlo, y ya casi tenía todo listo poder para presentarles la primera parte de Su propuesta.

Viernes 26 de septiembre del 2014
EL RETIRO PARA MUJERES

Hasta el último momento esperé que Él me dijera que no fuera al retiro de mujeres. Ya que el año anterior me había pedido no ir. Pero esta vez no dijo nada, por lo que asumí, que Él quería que fuera. Así que hoy, nos fuimos al retiro-paseo, al cual llegamos al mediodía, y por la tarde, nos llevaron a una recepción en la cual, la oradora invitada era una hermana para mí desconocida.

-Cuando la hermana empezó a hablar, sentí tanta alegría, que no podía contenerme. ¡No era la hermana la que estaba hablando; era mi Señor, mi Cristo, el Espíritu Santo! No podía contener tanta alegría. ¡Esa era la forma en que Él me había enseñado! ¡Era la manera en que Él me había preparado! Así era como lo había Conocido: a través del Él mismo. Yo no había leído la Biblia, pero por Él, yo sabía lo que ella contenía. No cabía en mi alegría y no perdía ni una sola de Sus palabras. Las demás mujeres estaban escuchando a la hermana. ¡Pero yo lo escuchaba a Él!

-Cuando la hermana terminó de hablar, sentí como que alguien tocó mi hombro, indicándome que fuera a hablar con ella. Pero al percatarme que la hermana estaba rodeada de mucha gente, salí del lugar rumbo al cuarto de mujeres. Los baños estaban algo retirados, y adentro había línea de espera.

-Al salir pensé en regresar al salón, y tomar algo de hielo para curar mi jaqueca. (Soy alérgica a los rayos directos del sol; eso me causa terrible jaqueca). No pensaba hablar con la hermana; es más, ni idea tenía que ella seguía ahí. Pero cuando iba a tomar el hielo volteo y veo, que la hermana estaba ahí, sola, parada como esperándome. (Bueno, así lo pensé). Sentí que una fuerza me llevaba hacia ella, y sin pensarlo me dirigí hasta donde ella estaba; colocándome frente a ella le dije: ¿Puede hacer una oración por mí? Ella me

dijo: Sí cómo no ¿Quiere que lo haga por algo en especial? *Yo no tenía nada en mente.; es más, yo no sabía ni porque estaba ahí. Así es que le contesté: No, únicamente ore por mí.*

-La hermana (Él) tomo mi rostro entre sus manos, beso mi frente, y empezó a hablar. ¡Cristo Dios! ¡Era el Señor hablándome, y diciéndome todas aquellas cosas! ¡Cosas, que ya Él me había dicho dentro de mi pequeño remolque! ¡Era la señal que yo le había pedido! Era tanta mi emoción, que quería voltear la cabeza, y ver si la secretaria estaba ahí escuchando lo que Él me estaba diciendo. Pero no pude, porque (Él) tenía mi rostro entre Sus manos; pero me di cuenta, que dos de las hermanas se habían quedado y al ver que yo estaba hablando con la hermana, fueron y se pusieron a mi lado. Ellas escucharon todo lo que (Él) me estaba diciendo, pero ellas creían que era la hermana al grado que una de ellas, al escuchar lo que Él me estaba diciendo lo interrumpió y dijo: Sí, ella es un profeta. Después una de las hermanas me dijo, que se había quedado porque sintió que debía hacerlo; que se lo dijo a la otra hermana, y ambas se quedaron.

Al terminar, la hermana (Él) y yo, llorando nos abrazamos. Yo me fui al cuarto feliz por lo que había pasado, y por lo que Él me había dicho. Llena de alegría se lo comenté a mi compañera de cuarto. Era tanta la alegría en mi corazón, que no podía dormir, y cuando lograba hacerlo venían sueños mixtos; unos felices, y otros no tanto, ya que me indicaban, que el Pastor no iba a creer lo que había pasado.

<u>Domingo 28 de septiembre 2014 por la mañana</u>
SUEÑO/VISIÓN: TRATANDO DE HABLAR CON EL PASTOR

-Veo que estoy en la Casa de Oración tratando de hablar con el Pastor, pero como que me escucha, y como que no. Le digo, que tengo que entregar un mensaje, y que él me tiene que decir si lo hago en domingo, lunes, martes, o miércoles. Él me dice, que el lunes no – No recuerdo el porqué, pero veo que lo sigo por todo el lugar para que me dé una respuesta. Veo que hay mucha gente, y una mujer me pregunta algo; cuando empiezo a contestarle veo al Pastor y lo sigo, porque todavía no me había dado una respuesta. Veo que hablo con él, pero él sigue con evasivas. Luego regreso con la mujer que me había hecho la pregunta, le pido disculpas, y le digo que la voy a escuchar.

LA NIÑA QUE NECESITABA ORACIÓN

-Luego veo que ahí está una niña y me están diciendo algo, la levanto, y empiezo a hablarle; le digo que me mire a los ojos, quiero ver qué es lo que veo en ella. La niña me mira, pero veo que su cabeza esta deforme; es como una muñeca de trapo con la cabeza alargada hacia los lados, al verla trato de recordar en donde había visto una cabeza así. La niña me mira pero no puedo ver, ni recibir nada sobre ella; suelto a la niña y les digo a la madre, y a la mujer que la cuidaba, que cuidaran de esa niña, porque traía una misión; ellas me dicen, que la están cuidando. Yo les sigo diciendo, que le hablen a la niña de Dios, que la encaminen en las cosas de Dios. Luego veo al Pastor, y lo sigo para preguntarle sobre lo mismo.

EL HOMBRE QUE ESTABA AHÍ PARA ESPIAR

-Luego veo a un hombre señalando hacia un grupo de personas; son unos bailarines. Ese hombre estaba ahí para espiar a la gente, especialmente a los artistas. Al verlo me doy cuenta, que él me había visto hablando con el Pastor, y como que quiere, que el Pastor me diga algo, o que diga algo de mí. Yo me quedo frente a los bailarines, y cuando terminan los felicito diciéndoles: Muy bien hecho muchachos. Es todo lo que recuerdo.

LOS ÁRBOLES LISTOS PARA SER TRASPORTADOS

-Veo que tengo árboles y alguien tenía que ir a recogerlos; le pregunto, que si ya se había llevado los árboles, y me dice que ya los tenía listos, que les había amarrado las ramas para que fuera más fácil llevarlos. Veo que el lugar había quedado vacío, y les digo que tenían que traerme más árboles. Amén.

ENTREGO EL TESTIMONIO

-Con la confirmación que había recibido de mi Padre Celestial, tomé valor y hablé con el Pastor, le dije, que había recibido mensaje a través de la señora. La esposa del Pastor y la secretaria, no habían escuchado lo que la mujer me había dicho. Por lo tanto, cuando se enteraron de lo que dije, lo negaron, diciendo, que el mensaje había sido mucho muy diferente. Pero Bendito mi Dios, el Pastor aceptó que entregara el mensaje. Después hablamos en su oficina, y más,

o menos le dije sobre lo qué se trataba el mensaje, y de cómo quería mi Padre que se realizara. Quedamos en que él me diría el día en que se entregaría.

Martes 30 de septiembre del 2014
MENSAJE

CRISTO JESÚS DE NAZARET DICE:

YO SOY EL QUE DICE, EL QUE HABLA, EL QUE ENTREGA

Te fuiste, regresaste, y entregaste lo que tenías que entregar; ya no dudes, ya no pienses, que todo va a pasar como tienen que pasar, que todo va a ser como tiene que ser. Ya no sufras por lo que viene, que lo que viene vendrá, y nada ni nadie lo puede evitar. Ya hiciste lo que tienes que hacer, ya sabes lo que tienes que hacer, hazlo, para que te des cuenta, y se den cuenta, que Yo Soy el que dice, el que habla, el que entrega. Duda no tendrá aquel que escuche con el corazón y mente libre de todo; una mente limpia, y un corazón listo a recibir lo que tiene que recibir. Amén.

JUEVES. OCTUBRE 02, 2014. Escucho que alguien dice: *Es Mi hijo, o también es Mi hijo.*

Lunes 6 de octubre 2014
SUEÑO/VISIÓN: YO NO TE QUITÉ TU LUGAR

-Me contemplo tratando de explicarle a alguien, que yo no le había quitado su lugar en el estacionamiento. Luego veo que en el lugar en donde me estacioné, quedaba bastante espacio para que él también se estacione. Amén.

Domingo 12 de octubre del 2014
SUEÑO/VISIÓN: LA ESPOSA DEL PASTOR ME AYUDA

-Veo a la esposa del Pastor ayudándome en la cocina. Amén. -Este sueño es mucho muy positivo. El análisis me indica una vez más, lo que El Maestro me ha dicho sobre ésta familia.

Miércoles 15 de octubre del 2014
LA PRIMERA PARTE DE LA PROPUESTA

-Hoy es el día. Hoy entregué la primera parte de la propuesta de nuestro Padre Eterno. Sólo Dios sabe que es lo que va a pasar. Se hizo la presentación. Al Pastor le impresionó, pero negó lo que se dijo a pesar de que llevé segmentos de la Biblia, avalando lo que estaba diciendo, pero las manifestaciones de algunos de los miembros fueron muy favorables. Hoy empecé a recibir lo que tengo que seguir entregando. Contemplo como Nuestro Señor Jesucristo entrega un mensaje a los miembros de la Casa de Oración, agradeciéndoles que Lo aceptaron como su Maestro y guía. También Dios Padre dijo algunas palabras. Todo el día fue de entrega, y revelaciones para los miembros, y para la Casa de Oración misma. Me dijo cosas sobre los que creyeron, sobre los que no creyeron, y sobre los que todavía están dudando, y no se deciden. Amén.

Viernes 17 de octubre del 2014
SUEÑO/VISIÓN: EL PASTOR NO ACEPTÓ MI AYUDA

-Sé que contemplé muchas cosas, pero solo recuerdo que el Pastor no aceptó mi ayuda. Un hombre que está a mi derecha me dice: Pero yo sí, yo sí acepto tu ayuda.

Sábado 18 de octubre del 2014
ENSEÑANZA: EL ÁRBOL

-Por la noche, el Maestro me entregó está enseñanza: El árbol, Me lo dibujó, y me fue explicando cada parte del mismo:

- <u>El árbol</u>: Representa la sabiduría de Dios. Sus Casas de Oración, en donde se encuentra esa sabiduría que hace esos árboles frondosos y fructíferos.
- <u>La raíz</u>: Es la base, la fundación que mantiene al árbol, o sea, La Palabra, la fe, nuestra creencia, nuestra espiritualidad.
- <u>Las hojas</u>: Son los miembros de la Casa de Oración, y la gente que asiste a esa Casa de Oración.

<u>Las ramas</u>: Son aquellos hermanos que están escogidos, y preparados para ir y extender la palabra de Dios. Son los que tienen el Don de pastores, profetas, maestros, evangelistas... etc.
<u>El fruto</u>: El resultado de lo que sembró.
<u>La semilla</u>: La que se va a seguir sembrando.

-Cuando el Maestro terminó la explicación me quedé dormida. Ahora van a saber, lo que significa trabajar para el Señor, más de 24 horas. Esto es lo que contemplé:

<u>Sábado 18 de octubre del 2014</u>
SUEÑOS/VISONES: UN GRAN CENTRO COMERCIAL

-Resulta, que me veo caminando junto con una hermana, la cual me iba diciendo lo que *habían dicho sobre mí. (Ella había salido de un lugar en donde se había hablado de algunas cosas, entre ellas, de mí). A lo que yo le contesté: ¿Deberás, se acordó de mí, o es cierto que me conoció? No recuerdo lo que me contestó. Seguimos caminando, y llegamos a una pequeña colina, la subimos y ahí había un gran terreno baldío, limpio de toda hierba seca. Al ver ese terreno le digo a la hermana, que me acordaba cuando ese mismo terreno estaba abandonado, y lleno de hierba seca.*

-*Luego llegamos a un lugar en donde se iba a construir un gran centro comercial. Pero en ese momento los únicos trabajadores eran los jardineros. Llegamos a donde iba a ser la entrada del centro comercial, y veo que uno de los jardineros le explica a la hermana, el porqué estaba colocando esa clase de plantas a la entrada. Al escucharlo, me acerco, y le digo: Tiene razón, esas plantas crecen hacia arriba, y no van a estorbar a la pasada.*

-*Entramos y pude ver toda clase de plantas en macetas de diferentes tamaños; había unas tan pequeñas, que parecían dedales, y veo que algunos no tenían fondo; al ver todo eso no supe que pensar, y nos retiramos de ahí. Yo no veía a la hermana, pero sabía que estaba ahí.*

-*Seguimos caminando y llegamos junto a un hombre, que en sus piernas tenía un costal de tierra preparada, y con ella estaba llenando las macetas. Ahí pensé, que a los dedales sin fondo se les iba a salir la tierra. Me acerco al hombre, y le pregunto, qué cómo es qué él sabía qué clase de flores, o plantas iban a brotar de esa tierra. Me dijo, que la tierra estaba preparada, y que ella sabía. Seguí viendo, y llego a un gran macetón redondo, lleno de plantas de todos tamaños, y de toda clase; veo unas grandes, otras medianas, y otras, que apenas se veían sus pequeños brotes. Recuerdo, que cuando contemplo todo eso me pregunto, que de dónde habrán sacado los dueños el dinero para hacer algo así, ya que eso costaba mucho dinero. Lo pensé al recordar la clase de negocio que existe en el pueblo. Pero al mismo tiempo, yo misma me contesté, y me dije: También hay personas, que con dedicación, esfuerzo, y trabajo, pueden obtener el dinero para hacer algo así. Es todo lo que recuerdo. Amén.*

* Terreno: Lugar para sembrar.

* Los jardineros: Aquellos que el Padre envía para ayuda de Sus hijos.

* Plantas que crecen hacia arriba: Los hermanos que están listos para crecer, y eso no estorbará su entrada.

* Macetas: Los hermanos que reciben las enseñanzas; la palabra de Dios.

* El hombre con la tierra preparada y llenando macetas: Jesús de Nazaret, que es el Único que conoce el fruto de cada uno.

* Los dedales sin fondo: Aquellos, que escuchan la palabra y la dejan ir; no tienen fondo, o propósito alguno; no la detienen.

* El macetón: Lugar, iglesia, o inclusive el mundo, en donde se encuentran toda clase de personas las cuales tienen distinta evolución, distinto crecimiento, o florecimiento.

* Los pequeños brotes: Aquellos hermanos que empiezan a despertar, que empiezan a conocer la palabra de Dios.

-Lo que dije al último: Hay personas, que con <u>dedicación</u>, <u>esfuerzo</u>, y <u>trabajo</u>, podían obtener el dinero para hacer algo así – Y eso es lo que se necesita para trabajar en la Obra del señor. Cómo ven, todo estaba ahí.

Domingo 19 de octubre del 2014
MENSAJE PARA EL PASTOR: MI NIÑO, TE ENVÍE LA AYUDA

-Esta mañana el Padre me entregó el siguiente mensaje para el Pastor:

Mi Niño, te envíe la ayuda, para que ese árbol crezca fuerte, y produzca mucha fruta.

-Llegué a la Casa de Oración, y el recibimiento del Pastor y su esposa fue algo frío, por lo que pedí al Padre, no ver la paja en el ojo de mis hermanos, cuando yo tengo todo un árbol en el mío.

Viernes 24 de octubre del 2014
SUEÑO/VISÓN: LAS BOLSAS DE PLÁSTICO

-Veo que me dejan encargada de una tienda, y pongo toda la mercancía de los clientes en una bolsa de plástico trasparente, y dentro de esa bolsa, pongo las bolsas más pequeñas. Cada bolsa contiene algo diferente, y no sé por qué me parece, que tanto la bolsa grande como las chicas contienen algo líquido, y dentro de ese líquido pongo las otras.

-Esta es la explicación que me dio mi Maestro Jesús:

La bolsa grande significa, el vientre de la madre en donde se crean los hijos, y las pequeñas son los hijos nutriéndose de ella, y a la vez llegado el momento, ellos van a nutrir a otros. Este es el ciclo de vida, tanto física como espiritual. Amén.

Lunes 27 de octubre del 2014ª las 3:00 de la mañana
PROFECÍA/MENSAJE: DIOS PADRE DICE:

NECIOS LOS QUE NO QUISIERON ACEPTAR

Tal como te lo dije sucedió; sucedió lo que tenía que suceder; ya no tienes que esperar mucho; todo empezó a pasar. Déjate de tristezas, de dudas y de temores, que todo ha sido como se ha indicado, tendrás lo que necesitas y mucho, mucho más. Ve y haz lo que tienes que hacer; ve y di lo que tienes que decir y déjame a Mí lo demás. Lo que sigue es lo que importa, lo que pasó ya no. Ya no importa lo que digan, lo que importa es lo que dije, o diga Yo. Yo soy el que dice. Yo soy el que ordena. Yo soy el que habla, y dice lo que viene; y lo que viene ya llegó. Ya llegó lo que venía, y nadie pudo hacer nada; nada hicieron por detenerlo, nada, y ahora ya no podrán hacerlo. Ve y haz lo que tienes que hacer, que de lo demás me encargo Yo.

Necios y más que necios los que no quisieron aceptar, los que quisieron ignorar lo que Yo les propuse. Yo les propuse la gloria y ellos la rechazaron. Yo les propuse venir a Mi lado y ellos Me ignoraron; y los ignorados se quedarán. Ya no sufras, ni te acongojes, la vida seguirá su curso, y en él se los llevará; se los llevará a donde ellos eligieron estar, pero a Mí, no me verán. No disfrutarán de Mi Reino, no, no lo harán; se quedaron en su reino, y en el morirán. Tú sigue adelante con lo que tienes que hacer, y deja que los demás decidan qué hacer. Yo sé lo que decidirán, ya lo han decidido; bien por ellos, así lo quisieron, bien digo Yo porque ellos eso eligieron. Tú ve y haz lo que tienes que hacer, que después ellos llorarán el no haber sabido escuchar lo que Yo les decía. Ve y haz lo que tienes que hacer, y deja el tiempo correr, que el tiempo sabrá lo que se tiene que hacer.

LLEVARÁS LO QUE YA TIENES

-Padre: Te entiendo, y no te entiendo., no sé lo que quieres decir. ¿Qué es lo que quieres que haga? Dímelo, para poderlo hacer. ¿Quieres que lleve al Pastor lo que me has dicho? Sabes que no lo he terminado, y que me llevará tiempo hacerlo., es por eso que no entiendo lo que me estás diciendo.

Mi niña: Le llevarás lo que ya tienes, y le dirás lo que tienes que decirle.

-Padre: ¿Qué es lo que es lo que tengo, y qué es lo que tengo que decirle?

Pronto lo sabrás, sólo haz Mi Voluntad.

-Padre: Tu Voluntad es lo que quiero hacer y decir, eso Tú lo sabes. Sí es con ellos, qué bueno, y si no, ya habrá otros, pero lo que Tú me entregas se tienen que saber, porque de nada sirve que lo tenga si no lo puedo compartir; lo compartiré porque esa es Tu Voluntad, y ese es mi deseo. Lo haré por mi bien, y el de ellos; por el bien de aquellos que lo reciban en su corazón. Esos gozarán de Tu Mansión, esos conocerán al verdadero Dios, y el verdadero amor, amor que no conocían, pero que conocerán.

Así es Mi niña, así es. Tú entregarás lo que sabes, y de lo demás me encargo Yo. Yo haré que ellos miren lo que no quieren mirar. Yo haré que ellos escuchen lo que no quieren escuchar, y ellos van a decidir a voluntad.

Padre: No entiendo. ¿Ya decidieron, o van a decidir? No Te entiendo.

Mi niña: Te hablé del Futuro, te hablo del Ayer, y de lo que en el Mañana va a suceder. Lo que va a suceder, ya sucedió, lo que iba a ser, ya fue, pero Yo te hablo del Mañana, y Te hablo del Ayer.

-Padre: Sigo sin entender; pero lo escribiré, ya que, si Tú lo entiendes, eso es suficiente para mí. Tú sabes lo que dices, y Tú sabes lo que haces.

Así es Mi niña. Yo sé lo que digo y Yo sé lo que hago. Tú sigue escribiendo para los que atrás vienen sepan, que Yo sabía, que Yo sé, y que Yo seguiré sabiendo lo que ha pasado, lo que va a pasar, y lo que está pasando. Yo soy el Dios de Ayer, de Hoy, y el de Siempre, y por siempre lo seré. Nada ha cambiado, ni nada cambiará, lo que Yo digo es, y lo que Yo digo, será. Amén.

¿Amén Padre? ¿Ya no me vas a decir nada? ¿No me vas a explicar lo que no entiendo? ¿No me vas a decir lo que quieres que haga?

Tú sigue haciendo lo que estás haciendo, y lo sabrás. Escribe, escribe lo que te digo escribir, y ahí te lo voy a decir. Amén.

-El Señor seguía insistiendo; y después de la presentación, me ordenó entregarle al Pastor todo lo que había recibido sobre él, y su familia; junto con el relato de lo sucedido en el paseo-retiro.

EL ATAQUE DEL ENEMIGO

-Ese mismo día empecé a separar todo. Pero por la mañana me habla mi amiga invitándome a almorzar; acepté y me fui con ella. Recuerdo, que no apagué la

computadora; sabía que iba a regresar pronto. A las dos horas regresé, e intenté seguir haciendo lo que se me había dicho, pero no pude; ya que al entrar a mi pequeño remolque, me empezó un tremendo dolor de huesos; todo mi cuerpo se sentía adolorido como si me hubiesen golpeado; luego empecé a sentir unos escalofríos tan horribles, que hacían que mis dientes castañearan, y sentía mucho sueño cómo quien no ha dormido en días. Así es que decidí recostarme por un momento mientras se me pasaban los escalofríos, y ese cansancio. Me recosté, y ya no supe de mí; lo único que sé, es que de las 24 horas del día yo dormía 23, ya que únicamente me levantaba al baño, y de nuevo a la cama (sofá). No sé cuánto tiempo estuve así; pero dentro de todo esto, el mensaje seguía: Lleva eso al Pastor.

Miércoles 29 de octubre del 2014

-Por fin un día, haciendo un esfuerzo me levanté, e hice lo que se me estaba ordenando, pero no todo, ya que antes que todo eso me sucediera, sólo había podido preparar algo. Así es que como pude (Ya que seguía sintiéndome muy mal) puse en orden lo que había preparado, e hice unas copias para el domingo siguiente, entregárselas al Pastor.

Jueves 30 de octubre del 2014
SUEÑO/VISIÓN: EL PASTOR SE LEVANTA Y SE VA

-Veo que estoy en la Casa de Oración, y a la gente escuchando lo que tengo que decir. Veo que el Pastor sentado frente a mí en una mesita de centro. Veo que le empiezo a hablar, pero no he terminado de decir lo que quería decir, cuando el Pastor se levanta y se va. Amén.

Domingo 2 de noviembre del 2014

-No sé cómo, pero pude levantarme e ir a la Casa de Oración a entregarle al Pastor lo que mi Padre me había ordenado. Lo hice, y después del servicio me fui a hacer algunas compras; y me regresé a seguir durmiendo.

Lunes 3 de noviembre del 2014 a las 3:50 de la mañana
EL PADRE ME DICE: FUE DURO EL GOLPE

-Hoy amanecí mucho mejor; la tos, la nariz constipada, y todos los síntomas desaparecieron, gracias a Dios. Es algo increíble, ayer todavía pensaba que no iba a estar lista para el martes, y hoy lunes, y me siento mejor que nunca.

-El Padre me dice: *Escribe*. Gracias a Dios; y sintiéndome mucho mejor empecé a hacerlo. Esto es lo que me dijo:

-*Fue duro el golpe, pero lo lograste; ahora a trabajar, que hay mucho por hacer; termina lo que tienes que terminar, y que tienes que entregar. No te preocupes, todo va a ser como tiene que ser; todo está preparado.*

-Padre, no veo la salida.

Tú no la ves, pero ahí está y podrás salir adelante. Te quisieron tumbar, pero no pudieron; lo hiciste, y lo hiciste bien, ahora lo que sigue.

-Padre, ¿El Pastor va a leer lo que le enviaste?

-*No, pero lo va a hacer; la forma en que lo vas a confrontar lo va a forzar a hacerlo.*

-Padre: ¿Qué saldrá de todo esto?

La verdad, y tendrán que aceptarla. Tú sigue adelante con lo ya planeado; prepara lo que hay que preparar, y haz lo que tienes que hacer. No dudes, todo saldrá como se ha planeado. Estos de mis hijos tienen hambre de saber, de saber más de lo que saben, y ellos pedirán de comer, y tú les darás la comida que necesitan. Adelante, haz lo que tienes que hacer, que momentos pesados llegan, y los tienes que vencer.

Martes 4 de noviembre del 2014
SUEÑO/VISIÓN: EL CAMPO DE BATALLA

-*Me levanté cuando estaba soñando con un campo de batalla en el cual, había soldados heridos. Luego llegó la inspección, y le digo al comandante: Mírelos,* y no tienen nada. (Yo era la enfermera). Recuerdo ver el rostro de los otros soldados, incluyendo al que yo me refería, que no sabían que decir. Amén.

-Espero que por el resultado, se hayan dado cuenta de los ataques que soy objeto de parte del enemigo, cada vez que el Señor me entrega algo para esos de Sus hijos. ¡Me tira a matar! Van a ver lo que trató de hacerme cuando el Señor me pidió que llevara un mensaje al Pastor y a su esposa.

-Ya repuesta, me incorporé de nuevo a la Casa de Oración, y un día le pregunté al Pastor sobre lo que le había entregado. Su respuesta me dejo sin habla; me acuso de estarme metiendo con su familia, y de no sé cuántas cosas más. Yo no sabía que pensar; llegué a la conclusión, que debido a que yo no hablaba, ni escribía el idioma correctamente, que tal vez él había mal-interpretado lo que había leído. Pero <u>NUNCA</u> me llamó a preguntarme directamente – Yo le hubiese explicado todo de forma que él lo entendiera.

-Debido a ese mal-entendido, la actitud del Pastor y de su esposa hacia mí, cambió radicalmente, pero El Padre seguía entregándome sueños sobre el Pastor, su familia, y de algunos miembros. Yo seguía haciendo la voluntad del Padre, y cada vez que tenía oportunidad de hablar con los hermanos, lo hacía; poniendo todo mi amor en ello; obteniendo mí recompensa, cuando algunos de mis hermanos me decían lo que habían soñado, o lo que estaban haciendo.; eso me llenaba de alegría.

-Con el tiempo, el Padre me entregó un mensaje para el Pastor y su esposa: Tenía que decirles, que hiciera una clase de ayuno por 21 días en beneficio de su nieto enfermo, y esto es lo que me sucedió:

-El día que estaba supuesta a llevar el mensaje había llovido toda la noche. Esa madrugada me despertó un ruido; al abrir los ojos pude ver chispas, e inmediatamente me levanté pensando que a causa de la lluvia, los cables de los aparatos electrónicos que tengo afuera habían hecho corto circuito. (Mi pequeño remolque no tiene espacio para esos aparatos, y los tengo afuera). Tomé una paragua, y salí a tratar de desconectar los cables, y en efecto, los cables se habían mojado, provocando un corto circuito. (Todavía guardo los cables quemados, por si alguno duda de lo que pasó).

-Pero el milagro es este: ¿Cómo fue que contemplé las chispas? Ya que una vez que cierro la puerta de mi remolque, no se puede ver nada hacia afuera, pues como lo uso de casa habitación, para más privacidad tengo todo bloqueado. Aquellos que me han visitado saben que es verdad lo que digo. ¡Simplemente, no hay forma de que ya haya visto las chispas de lo que afuera estaba pasando! Pero para El Señor no hay imposibles, y Él me permitió ver lo que estaba sucediendo. Amén.

-Una vez que logré estabilizar la situación, regresé a mi sofá-cama, y por la mañana me fui a entregar el mensaje al Pastor, y a su esposa. Pasó el tiempo y me daba cuenta que no lo estaban haciendo. No recuerdo si les pregunté, o no. Pero un día el Pastor me dijo, que esa clase de ayuno no estaba en la Biblia. Yo sabía que para Dios era importante que ellos hicieran eso, ya que cada vez que Él me entregaba mensaje para ellos, el enemigo estaba ahí para evitarlo. Sus ataques eran fuertes. ¡Me tiraba a matar! Todo esto lo sufría en silencio; Él me ordenaba lo que hiciera, y yo lo hacía.

Domingo9 de noviembre del 2014
SUEÑO/VISIÓN: EL EXAMEN

-Veo que estoy en un salón de clases, y estamos tomando un examen. Veo que le entrego a la secretaria la hoja con las respuestas. La secretaria no encuentra una de las respuestas y me entrega el papel para que yo le muestre donde encontré la repuesta. Busco el lugar y se lo enseño y ella queda satisfecha, y me dice algo que no recuerdo. Veo que en mis brazos tengo unas cobijas, parecer ser, que había pasado la noche ahí y ahora estaba doblando las cobijas. Veo que un muchacho joven me está ayudando a doblarlas. El joven muchacho me dice algo, a lo que yo le contesto, que primero me deje ir a dejar las cobijas que tengo en los brazos. Amén.

Martes11 de noviembre del 2014
SUEÑO/VISIÓN: EL PASTOR ME TRUENA LOS DEDOS

-Veo que estoy en un salón, y ahí está el Pastor, su esposa, y un hombre hablando. Creo que el hombre nos estaba mostrando algo; el Pastor me dice, que si había puesto atención a lo que el hombre dijo, y me pregunta algo sobre *lo que el hombre había dicho. Yo le contesto: Si, ya sé, ya sé, y el Pastor empezó a tronarme los dedos. Volteo, y le digo: No me truene los dedos porque no soy perro, y jugando, hago una cara como de enojada, pero yo sé que no estoy enojada. La esposa me ve y piensa que si estoy enojada. No recuerdo si le dijo algo al Pastor, o no. Me salgo del salón a buscar algo, y ya no regreso. Pero al pasar junto al salón escucho al Pastor hablando y riéndose, al igual que los demás. Yo sigo caminando pensando en ir a buscar a mi amiga, para platicarle lo que había sucedido. Amén.*

Miércoles 12 de noviembre del 2014
SUEÑO/VISIÓN: EL HIJO DEL PASTOR ME DICE QUE ME VAYA

-Veo que estoy tratando de hablar con el hijo del Pastor; la esposa del Pastor está ahí. Veo que escribo una palabra en español, y trato de explicarle a la esposa el significado de esa palabra, pero no me pone atención. Luego el hijo del Pastor me dice, que es mejor que me vaya, porque no me quieren ahí. Pero lo veo de espalda y agachado, como que no quería que darme la cara, o como que le daba pena lo que me estaba diciendo. Esto es todo lo que recuerdo. Amén.

Jueves 13 noviembre del 2014
SUEÑO/VISIÓN: EL OTRO PASTOR SE LLAMA CHUY

-Veo que estoy tratando de hablar con el Pastor sobre algo que el Señor me había dicho. Cuando ya estoy lista para hablar con él me doy cuenta, que no es el Pastor, sino una mujer la que está a mi lado. Me levanto y voy a otro cuarto de la Casa de Oración, y veo que llega un Pastor nuevo. Me salgo en busca de la esposa del Pastor, porque quiero decirle, lo que el Señor quiere que hagan ella y su esposo. La encuentro, y empiezo a decirle, que El Señor quiere que hagan algo diferente; inmediatamente ella me dice, que ya han pensado hacerlo, y me dice algo de irse de vacaciones, o descanso. Entonces le digo, que eso no es lo que el Señor quiere que hagan. Ambas no reímos pensando en el hecho, de que ella pensó en vacaciones, o descanso.

-Luego veo, que nuevamente trato de decirle lo que el Señor quiere. Para eso, ella ya se había levantado de su asiento, y estaba haciendo algo. Luego me empieza a decir, que ya había llegado otro Pastor, y que se llamaba Chuy.

(Chuy. Es el apodo que se les da a los que se llaman Jesús). Pero me veo siguiéndola por todas partes para poder decirle lo que el Señor quiere que hagan.

-Después veo que entro a otro cuarto; ahí está el nuevo Pastor. Veo que el cuarto es mucho muy pequeño; más bien parece el lugar en donde vivo. Me salgo de ahí y voy a otro cuarto, y desde la ventana veo que los otros cuartos están cerrados, y sellados con madera. Amén.

Jueves 29 de noviembre 20, 2014
SUEÑO/VISIÓN: ACUSO AL PASTOR

-Me contemplo diciendo: Cuando Tú le dijiste lo que hiciera, él estaba haciendo otra cosa. Estoy acusando al Pastor. Amén.

Viernes 21 de noviembre del 2014
SUEÑO/VISIÓN: MÁS ATAQUES A MI PERSONA

-Veo a dos hombre viendo hacia un precipicio; uno de ellos empuja al otro hacia el barranco. Veo que el hombre se queda viendo hacia abajo, como para estar seguro que el otro había caído. De pronto escucha ruidos, voltea, quedando sorprendido al ver que dos hombres, llevaban arrestado al que él supuestamente había aventado hacia el despeñadero. El arrestado lo mira, se acerca al precipicio, y le pregunta al que lo había aventado: ¿Ya se murió? Luego veo que los dos hombres se lo llevan, pero él se queda viéndome, y empiezo a sentir, que también quería aventarme al precipicio. Quería matarme, y empecé a gritar: Cristo Jesús de Nazaret. Lo grité muchas veces, y luego desperté. Amén.

Sábado 29 de noviembre del 2014 a las 2:48 de la mañana
PROFECÍA: DIOS PADRE DICE: NO QUISIERON ESCUCHAR

Ya era hora que lo hicieras, ya era el tiempo; ahora a trabajar, que tienes mucho que hacer. No lo habías hecho porque no habías querido, ya que puedes hacer lo que se te ha dicho que hagas. Escribe, que Te voy a decir lo que tienes que hacer: Le darás a ese de Mi hijo lo que tienes que darle, de lo demás me encargo Yo. Tú haz lo que se te dice y nada más.

Cosas terribles vienen para toda la humanidad; cosas que los va a hacer llorar. Yo no quiero que lloren, sino que se preparen para afrontar la realidad, realidad que frente a todos estará. No dejen para Mañana lo que Hoy pueden hacer, porque Mañana ya no van a poder; no podrán hacer nada, y nada podré hacer Yo, porque ahora nadie Me escucha, y nadie Me escuchó. Quiero que Me escuchen, escuchen la verdad, la verdad de todo lo que va a pasar; pasará, porque está escrito, pasará porque así lo han querido, pasará porque nadie lo quiso evitar. Nadie quiso ponerse a trabajar, para así preparar una vida mejor para ellos, y para todos los demás, aquellos a los que iban a preparar. No los prepararon porque no quisieron hacerlo, no quisieron escuchar, no quisieron entender, que tenían que prepararse para lo que iba a acontecer. Ahora lo quieren hacer, ahora quieren ver y entender lo que antes no vieron, ni entendieron.

NO SABÍAN NADA Y SIN SABER SE QUEDARON

Tenían una vida fácil; creían que nada les pasaría pero se equivocaron: Les pasó, y no estaban preparados, no estaban listos para afrontar lo que venía. No estaba listos, porque no quisieron prepararse; todo Les ofrecí, todo Puse frente a ellos para que se prepararan – No lo quisieron, lo rechazaron; creyeron que mentira era, y lo ignoraron. Ignoraron lo que Yo les dije, ignoraron lo que Yo les propuse, y ahora sufren por su ignorancia, la ignorancia de creer que ellos todo sabían – No sabían nada, y Yo les quise enseñar, no sabían nada, y así se quisieron quedar – Y sin saber se quedaron.

NO ES MI INTENSIÓN ASUSTARLOS, SINO PREPARARLOS

No puedo culparlos; fueron siglos de falsas enseñanzas, enseñanzas que no quisieron dejar; siglos de mentiras que ellos creyeron una realidad. La realidad era, que Yo sabía la verdad, y no Me quisieron escuchar; ahora tendrán que llorar. Sí, llorarán, y pensarán en lo que Yo les propuse; pensarán y llorarán por no haber querido escuchar, por no haber querido entender lo que Yo les propuse. Yo no quería que sufrieran, pero ellos sí, ya que no quisieron escuchar lo que Yo les quería decir. No lo escucharon, no se prepararon; ahora lloran por lo que no aceptaron. No es Mi intensión asustarlos, sino prepararlos; prepararlos a que enfrenten el caos que se avecina, el caos que ya está aquí.

NO APRENDIERON EN MÍ TIEMPO

Yo quería que triunfaran, Yo quería que se prepararan, y prepararan a los demás; no lo quisieron hacer, no Me quisieron escuchar; y ahora va a padecer, el dolor de su ignorancia. Son ignorantes, aunque ellos dicen saber, son ignorantes, y lo van a comprender cuando tarde sea para aprender. No aprendieron en Mí tiempo; en su tiempo no habrá lugar para hacerlo; no habrá lugar por más que lo busquen, todo estará cerrado, todo estará abandonado, no habrá lugar para refugiarse; no, no lo habrá, y tendrán que sufrir y llorar.

TENÍAN COSAS MÁS IMPORTANTES QUE HACER

La gente no sabrá qué hacer, correrán de un lado otro buscando refugio, buscando un lugar para orar; pero ya no lo habrá; ya todo estará cerrado, abandonado, no habrá lugar para orar. Cuando lo hubo, no lo quisieron; abierto estaba esperando a que vinieran, pero ellos tenían cosas más importantes, que venir a estar Conmigo. Ahora quieren hacerlo, pero la puerta está cerrada; la casa está abandonada; no hay nadie quien los reciba, nadie quien los prepare, nadie quien les diga que hacer.

LOS NEGARON, LOS IGNORARON

Lo hubo en Mi tiempo, en su tiempo lo negaron; en su tiempo dijeron, que verdad no era lo que Ellos enseñaban. Los negaron, los ignoraron, ahora lo buscan, pero Ellos ya se retiraron; se retiraron a otro lugar en donde sí son apreciados, alabados y glorificados por lo que saben y enseñan, y por la preparación que entregan. Esos pueblos sí estarán preparados, esos pueblos sí sabrán enfrentar al enemigo, esos pueblos sí podrán venir a estar Conmigo. Conmigo estarán la eternidad gozando de lo que aprendieron, y de lo que seguirán aprendiendo. Amén.

Lunes 1ro de diciembre del 2014
SUEÑOS/VISIONES:

(1) Veo que llega un hermano de la Casa de Oración, pero viene borracho, o crudo. Luego lo veo sentado, pero al levantarse me doy cuenta que está mojado; pienso que se orinó. Sé que le digo algo, pero no recuerdo que fue lo que le dije. Amén.

-Este hermano tiene que sacar de dentro de sí, todo lo que no le sirve.

(2) Veo a un niño y yo bailando, porque algo bueno habíamos hecho. El Pastor pasa y nos ve.

-El gusto y la satisfacción de haber hecho lo justo.

(3) Veo que alguien está tratando de recibir, o enviar un mensaje por teléfono, o fax. Al ver que no lo hace bien, lo saca y tira el papel; yo lo levanto y veo, que no tenía nada importante y le digo: Este no te sirve, lo puedes tirar. Luego alguien trae otro papel, y veo que tiene una V. Me fijo bien, y es como una forma para vender ollas, y no sé qué otras cosas. Es todo lo que recuerdo. Amén.

-La V de la victoria. Eso indica, que esa persona saldrá adelante.

(4) Se me dijo ayunar: *Sí lo puedes hacer; tienes que hacerlo; tienes que intentarlo. No dejes que la fatiga te venza; véncela tú. Tú eres lo que importa, tú eres lo que vale. Hazlo y verás, como todo se va haciendo a tu lado. Hazlo y verás, como todo va a tener un buen fin.*

Lunes 1ro de diciembre del 2014
ENSEÑANZA

LOS MAESTROS DICEN: ÉL ES EL MAESTRO DE MAESTRO

Escribe para que todo quede grabado; escribe para que nada quede echado al olvido, escribe para que todos se den cuenta, que es cierto lo que Yo digo. Yo digo lo que va a suceder y sucederá. Yo digo lo que va a pasar y pasará. No temas, que así será; no temas, que todo verás y todo harás. Ya te dije que puedes, y podrás; podrás hacer lo que digo, y mucho, mucho más. Te dije que vendría, y aquí estoy. Te dije, que contigo estaría, y aquí Me tienes; aquí Me tienes para que juntos hagamos lo que tenemos que hacer, y lo haremos; haremos todo eso, y mucho, mucho más.

No dejes que el cansancio te venza; no, no lo dejes; vence tú al cansancio. El cansancio sabe lo que tú puedes hacer, y lo quiere evitar; quiere evitar que lo venzas, porque él quiere vencerte a ti para que no hagas lo que tienes que hacer. El cansancio sabe lo que le espera contigo, sabe que lo puedes vencer, y lo vas a hacer; lo vencerás, y triunfante saldrás; triunfantes saldremos Todos, y lo vamos a lograr. Todos te queremos, y queremos que triunfes, que hagas lo que tienes que hacer, y que no te dejes vencer. La bestia ya se fue, la bestia ya no está; terminó sus ataques hacia ti; ya no te puede vencer; tratará, pero ya no podrá; ya se terminó, ya se acabó.

Recuerda que tú lo viste: era sólo un alambre; la figura de un perro de alambre. Bien, ya ni eso es, su poder se ha terminado, aunque él cree tenerlo; ya no lo tiene, pero él sigue usando lo que él cree tener; y cuando se dé cuenta, ya tarde va a ser. Será tarde, muy tarde, y ya nada podrá hacer. Te dije que se acabaría y se acabó; maldades podrá seguir haciendo, tiene quien lo ayude, pero él ya no tiene poder; el poder que lo llevó a perder, porque no lo supo comprender. No supo lo que tenía, y si lo supo, lo dejo perder; perdió lo que tenía por creer que nunca perdería; perdió por no saber lo que tenía. Sí, lo sabía, y por eso creyó que nada pasaría.

Tú sabes lo que él era, lo sabes porque Te lo dijimos, lo sabes, porque Queríamos que lo supieras para que entendieras, que si no se sabe valorar lo que se tienes, se pierde. Aprende a valorar lo que tienes. *(Están hablando de alguien que en el Pasado me hizo mucho daño).

SIGUE RECTA EN EL CAMINO

El balance es mucho muy importante, el balance es esencial para llevar a cabo toda misión. No te salgas del balance; mantenlo firme, y en balance; recuerda, que todo está en el balance. Todo debe estar balanceado para que pueda funcionar, una vez que ese balance se pierde, se pierde todo; tú sabes a lo que nos estamos refiriendo; tú sabes, que no te puedes salir de ese balance;

sigue recta en el camino, sigue de frente sin ver a diestra no a siniestra; sólo de frente; no mires hacia atrás porque pierdes el balance. Atrás ha quedado lo que no quieres, atrás quedó el desbalance, y no quieres volver a él. Sigue de frente, y no desmayes, que ya pronto llegarás a la meta deseada, la meta anhelada, y tanto esperada; a la meta que todos queremos que llegues, y llegarás.

-Maestros, ustedes conocer mi dilema; yo no quiero quitar Sus nombres de éstas escrituras.

Y no los quitarás, quienes Nos acepten, bien por ellos. Aquellos que no lo hagan, tarde se darán cuenta, que Somos realidad, que existimos, y ellos perderán la oportunidad de aprender con Nosotros; la oportunidad de aprender todo lo que no saben, y lo que creen que saben. Con Nosotros saldrían de su ignorancia; pero en ellos está el quedarse los ignorantes, o como los conocedores de la verdad: La verdad absoluta, la absoluta verdad.

ÉL ES EL MAESTRO DE MAESTROS, Y NOSOTROS SOMOS ESOS MAESTROS

Recuerda que tus hermanos creen tener la verdad, pero la verdad, sólo Él la conoce, y sólo Él la puede enseñar. Tú enseñarás lo que Te hemos enseñado; dirás lo que te hemos dicho, y de ellos es el aceptar, o negar lo que de ti escuchen. No los vamos a obligar a que lo hagan, de ellos está el aceptar, o negar; si aceptan, los vencedores saldrán de todo lo que viene, y de todo lo que ya está aquí. Los que no acepten, tarde comprenderán que perdieron por no escuchar, por no aceptar la realidad de que existimo, que la Legión de Maestros existe porque Él existe, y Él nos ha formado.

TODO ESTÁ EN EL RESPETO

Él es el Maestro de Maestros, y Nosotros somos esos Maestros, *Maestros que Él comanda, que Él dirige, que Él ha formado para ayuda de todo aquel que acepte Nuestras enseñanzas, y Nuestra preparación; a ese le entregaremos Nuestro conocimiento, y la sabiduría que Él nos ha entregado para todos. Nosotros los guiaremos, los prepararemos, para que su jornada sea de conocimiento, y logren llegar a la meta deseada: Estar frente a Él que Todo formó, que Todo hizo, y que Todo seguirá haciendo.*

Ellos Nos necesitan, y Nosotros los necesitamos a ellos, para poder entregar todo lo que tenemos para todo aquel que Nos acepte, y Nos respete. Recuerda, que todo está en el respeto; tienen que Respetarnos, porque todo lo de Él, merece respeto. Tienen que respetar lo que Sabemos, porque Él nos lo ha enseñado. Si lo respetan a Él, nos respetan a Nosotros; si nos respetan a Nosotros, lo están respetando a Él. Así de sencillo es. El respeto lo es todo; respétennos, y Nosotros los respetaremos a ustedes, acéptenos, y Nosotros los enseñaremos a conocer el respeto, y a conocerlo a Él.

CONOCERÁN EL VERDADERO AMOR

A Él no lo conocen a pesar de decir que sí; a Él no lo conocen, pero lo va a conocer, porque Nosotros los vamos a enseñar a Conocerlo en verdad. Lo conocerán, y conocerán el verdadero amor, porque Él es amor verdadero. Nadie puede decir que Lo ama, hasta no Conocerlo, tienen que Conocerlo para poder decir que Lo aman. Cuando logren decirlo será porque ya lo Conocieron; ya conocieron el verdadero amor, y entonces van a poder enseñar a los demás a conocer el verdadero amor. La tarea no será fácil, ya que todos creen Conocerlo, pero ustedes sabrán que no es así, ya que ustedes conocieron el verdadero amor, y nadie podrá decirles que no es así. El verdadero amor es único, y lo comprobarán, lo experimentaran, lo sentirán y se darán cuenta, que no conocían el verdadero amor. Ahora sí podrán decir que aman al Señor, a su Dios y Salvador; y Él sabrá que dicen la verdad, porque ese amor sale desde su corazón y de corazón lo dicen. Él aceptará ese amor, y lo unirá al de Él, y serán un solo amor: El amor verdadero.

TODO SERÁ A VOLUNTAD DE TODOS

Sé qué te parece difícil e impensable, que estos de tus hermanos acepten que Existimos; pero algunos lo harán. No temas, no todo está perdido, tú sigue adelante con lo ya planeado por Él. Todo se hará como Él lo ha planeado; el que acepte... aceptará, y el que no acepte... el ignorante se quedará, es así de simple y de sencillo. A nadie se va a obligar; todo será a voluntad de todos y cada uno de ellos.

Bueno pequeña, tú sigue escribiendo como Él te ha indicado, para que quede constancia de lo que Hemos hablado, de lo que pasará, y de lo que ha pasado.

No dejes de hacer lo que se te ha indicado, y todo será felicidad para ti, y para todos Nosotros, tú llegarás, y Nosotros te veremos llegar, *contenta estarás, y Nosotros felices de verte a Nuestro lado, y al lado de Aquel que Todo lo ha creado. Adiós pequeña, y no temas, que estamos a tú lado, contigo nos encontramos, y estamos para ayudarte, y protegerte hasta de ti misma. Adiós te decimos por el momento, pero luego estaremos para entregarte más enseñanza,* más preparación, y más conocimiento *para que así mismo,* tú lo entregues a tus hermanos. Adiós pequeña. Adiós.

-Adiós Maestros, y muchas gracias por venir a traerme tan hermoso mensaje.

Miércoles 3 de diciembre del 2014 a las 4:15 de la mañana
MÁS ENSEÑANZA SOBRE EL AYUNO Y PORQUÉ SE TIENEN QUE AYUNAR

-Se me entregó más enseñanza acerca del ayuno, y del porque se me había dicho ayunar; mensaje que estaba supuesta a llevar *al Pastor, y* pedirle, que me permitiera entregarlo a mis hermanos, lo cual no me fue posible porque el Pastor quería que cambiara una palabra, y el Señor no me lo permitió. (Todo el mensaje, y lo concerniente al ayuno, lo encontrarás en el libro ya mencionado).

Domingo 7 de diciembre del 2014
SUEÑO/VISIÓN: COCINEROS MEXICANOS

-*Veo que estoy en un lugar que parece ser la cocina de un restaurante, ahí hay muchos cocineros y por los platillos que habían servido, pude ver que habían contratado cocineros mexicanos. Recuerdo haber visto platillos de carne de puerco, y de otras carnes. Yo ordené uno que no tenía puerco. (Años hace que se me dijo no comer carne de puerco, y como ven, hasta en el sueño procuro respetar lo que se me dijo no hacer).*

Martes 9 de diciembre del 2014 a las 4:38 de la tarde

*Había pensado hablar con el Pastor, y decirle lo que me había pasado cuando la lluvia mojó los cables. Y esto es lo que El Maestro me dijo:

Quiero que pienses en lo que vas a decir, sólo dirás la verdad, y nada más; la verdad de lo que pasó.

-Le dije al Pastor algo sobre eso un día que estaba en su oficina. Y como siempre, no sé si me entendió.

Jueves 11 diciembre del 2014
SUEÑO/VISIÓN: HABLANDO SOBRE DIOS

-Me veo en un restaurante frente a una mesa, en donde hay cuatro hombres sentados, a lo cuales les estoy hablando sobre Dios. Luego veo que invito a un hombre a comer, y lo llevo a un restaurante, pero luego recuerdo que estoy en ayuno. Es todo lo que recuerdo. Amén.

*Cuándo mi Dios y Señor me ordena algo, lo tomo tan pecho, que hasta en los sueños defiendo lo que se me dijo hacer, o no hacer.

Viernes 12 diciembre del 2014
SUEÑO/VISIÓN: HERMANOS ESPIRITUALISTAS

-Veo mucha gente en la Casa de Oración; era gente que había venido de un templo espiritualista. Veo a un hermano entregando su videncia, o testimonio, y otro hermano entregando la respuesta, y el análisis sobre la videncia. Luego veo que llega el Pastor, y pregunta por el hermano que había entregado el análisis de la videncia, y lo felicita por el análisis. Veo que se termina el servicio, pero no veo que se haya pedido la limosna. Luego veo salir a todos de la Casa de Oración.

-Después escucho música y pienso que los hermanos están disfrutando. Pero cuando voy a ver me doy cuenta, que ahí estaba el Guía esperando por los otros hermanos. (Los hermanos de la Casa de Oración del Pastor), pero nadie llegaba. Veo al hermano Guía sentado en el piso; voy y me hinco frente a él, y le digo: Los hermanos no quieren escuchar. No recuerdo lo que me contestó, y lloré, y pude sentir, que ese llanto salía desde lo más profundo de mi corazón.

-Luego voy a otro lugar, era como un mercado al aire libre, y había comida, al ver la comida me dije, que no había interrumpido mi ayuno. De ahí regresé

a la Casa de Oración, y escucho música. Entro y veo a una mujer tratando de bailar, me acerco a la mujer y le digo: Así no, déjame enseñarte. Deje las cosas que llevaba en las manos, entre ellas, comida; un pedazo de tortilla caer al piso, la levanto, y la pongo junto con las otras cosas. Para eso, me doy cuenta que la melodía que estaban tocando estaba por terminarse, y le hago el comentario a la mujer, pero siempre alcancé a bailar frente a ella, enseñándole cómo se bailaba esa melodía. Amén.

Viernes 19 diciembre del 2014 (19 días ayunando)
SUEÑO/VISIÓN: SE ABRE UNA PUERTA

-Veo que se abre una puerta y entro a otro nivel, y puedo sentir mi lado masculino. Luego veo que estoy en la Casa de Oración, y quiero platicarle al Pastor, que pasé a otro nivel, y que sentí mi lado masculino, pero no logro hacerlo, el Pastor se aleja sin decir nada. Amén.

Lunes 22 de diciembre del 2014
SUEÑO/VISIÓN: SE ME CONFIRMA LO RECIBIDO

-Se me confirma lo recibido: Veo que estoy dentro del agua y puedo respirar. ¡Bendito sea ese Dios de perfección! Amén.

Viernes 26 de diciembre del 2014

-Cristo Jesús de Nazaret habla sobre Su nacimiento, y de todo lo que con ese acontecimiento Él había traído, y de muchas cosas más:

Hace mucho que no escribes, y tienes que hacerlo, tienes que dejar constancia de todo lo que va a suceder, tienes que hacerlo, para que todos se den cuenta que sabías, y lo dejaste escrito:

CELEBRAN MI NACIMIENTO

Las cosas van de mal en peor, ya ni siquiera respetan ésta fecha, fecha que han elegido para Alabarme y Glorificarme. Veo que hacen de todo, menos glorificar Mi nombre, ni Mi nacimiento, ya que Los veo embriagarse de *placeres malsanos, y prohibidos, los veo brindar por algo que desconocen, los veo hacer todo, menos Respetarme, los veo decir a los niños, cosas que ellos mismos ignoran; los enseñan a esperar algo sin hacer nada. Los niños crecen esperando recibir, <u>pero no saben dar</u>; <u>sólo recibir</u>.*

YA NO HAY PAZ EN EL MUNDO SÓLO GUERRA

Mi nacimiento fue algo extraordinario, algo que vino a traer al mundo la paz que necesitaba, pero no lo vieron así, y ahora esa paz se ha espumado. Ya no hay paz en el mundo, no la supieron cuidar, y ahora ya no existe, nadie la conoce, y los que hablan de ella, sólo lo hacen por decir algo; ya que ni ellos mismos la conocen. No hay paz en sus corazones, no hay paz en su alma, sólo guerra, guerra entre ellos mismos, guerra dentro de ellos mismos, porque quieren algo, y no saben qué es lo que quieren, pero quieren.

FESTEJAN PERO NO SABEN QUÉ ES LO QUE FESTEJAN

Quieren tener lo que no pueden, ni deben tener, y a Mí me dejan a un lado. Me olvidan; Me desconocen, y enseñan a sus hijos a hacer lo mismo: Ya que <u>los enseñan sólo a recibir</u>, <u>pero no a dar</u>. Sus hijos al igual que ellos, nada saben de Mí, ni de Mi nacimiento, pero cada año celebran algo o a alguien que les va a traer algo sin haber hecho nada por merecerlo. Saben que festejan, pero no saben qué es lo que festejan, saben que reciben, pero no saben por qué reciben; y esos niños van a enseñar a sus niños a hacer lo mismo.

YA NO HAY NADA DE LO QUE YO VINE A ENSEÑAR

Ya no hay paz, ya no existe la piedad, ni la misericordia que Yo vine a enseñar. Ya todo eso se terminó, se acabó. Ya nadie la práctica, ya nadie la conoce. Mis enseñanzas quedaron olvidadas, las guardaron en un cajón, y ahí las olvidaron, ahí las dejaron, y ya nadie se beneficiará de ellas; nadie. Porque los que las conocían, las dejaron empolvar dentro del cajón del olvido; ya nadie las practica, ni las practicarán, porque escondidas quedaron, y nadie las encontrará; la piedad, y la misericordia sólo recuerdos serán, porque la guerra es lo que reinará dentro de los corazones de Mis hijos, nadie se acordará de la paz, ni de la misericordia, y nadie tendrá paz ni misericordia.

CREEN QUE SI ME IGNORAN, ESTÁN LIBRES DE PAGAR

Yo quiero avisarles, Yo quiero decirles, pero sus oídos cierran, y no Me quieren escuchar, ni quieren saber nada que venga de Mí, nada que los haga pensar, ni meditar, que Yo existo, que Yo existí, y que Yo sigo existiendo. No quieren aceptarlo porque entonces tendrían que respetar Mis leyes, sabrían, que Alguien está al tanto de lo que están haciendo, y que está llevando una cuenta, cuenta que ellos tendrán que pagar. Creen que si Me ignoran, están libres de pagar esa cuenta, y que nadie se las va a cobrar. Pero en su ignorancia no se dan cuenta, o no quieren darse cuenta, que Yo todo lo sé, y lo observo, Yo todo lo escucho, y que todo llevo en cuenta, y llegado el momento todos tendrán que pagar; crean en Mí, o no crean.

PAGARÁN EL QUERERME NEGAR.

Entonces se darán cuenta, que de nada valió Ignorarme, que de nada sirvió decir que Yo no existía, ahora tienen que pagar aunque no Me conocían. Yo los conocía a ellos, y ellos sabían que Yo existía, de ellos fue la decisión de negarme, de ellos, y de nadie más; y ahora ellos pagan el quererme negar.

YO SOY EL DIOS VIVO, Y VIVO SEGUIRÉ POR SIEMPRE

Las cosas que se avecinan van de mal en peor; las cosas no se van a componer, por el contrario, van a ser peor de lo que todos se imaginan. El que está en el poder, tiene que aprender a respetarme; tiene que aceptar que Yo soy el Dios Vivo, y que nadie puede Ignorarme. Yo soy el Dios Vivo, y vivo seguiré por siempre y para siempre, y eso tiene que aceptar, y enseñar a los demás.

TIENE QUE ACATAR MIS LEYES

El que está en el poder tiene que respetarme para que Yo lo respete a él, y a todos los que a Mí me respeten. El que está en el poder está porque esa fue la voluntad de Mi Padre, y la Mía; no está por sus méritos, sino por Nuestra voluntad. Por lo tanto, ¡Debe acatar Nuestras órdenes, y aceptar Nuestras leyes! Leyes que no deben ser olvidadas, ni ultrajadas; leyes que deben ser respetadas, y acatadas. Si el que está en el poder hace lo que tienen que hacer, no habrá gobierno que lo pueda vencer. No, no habrá quien diga que lo destruyó, porque ahí estará

Mi ejército para defenderlo de todo mal. Pero tiene que acatar Nuestras leyes, y vivir acorde con ellas; no hay otra forma, sólo esa, y nada más.

PARA MERECER MÍ AYUDA…

El que está en el poder sabe que Yo existo, pero no lo quiere aceptar por temor a perder. Pero no sabe, que va a perder más si sigue Ignorándome. Si sigue diciendo que Yo no existo, pronto él dejara de existir; y tarde será para arrepentirse, porque la muerte llegará, y no le dará tiempo a nada. Nada podrá hacer, porque nada hizo para merecer; merecer Mi ayuda, y tendrá que perecer.

YO VINE A ESTE MUNDO A TRAER PAZ Y ARMONÍA

Muchas cosas vienen, muchas cosas pasarán; y todo aquel que no esté preparado, no las podrá evitar. No lo podrá hacer porque no se quiso preparar; sin preparación se quedó, y sin preparación perecerá. Es por eso que les pido que se preparen, prepárense ustedes que me conocen, ustedes que saben que Yo existo, que Yo vine a este mundo a traer paz y armonía entre los hombres. Que Yo vine a unirlos en amor, paz y esperanza, la esperanza de una vida mejor; de una vida eterna al lado de su Dios y Señor; su Jesús de Nazaret. Escribe para que sepan, que tú ya lo sabías y que trataste, para que ellos también lo supieran.

ESTO ES POR LO QUE ÉL QUIERE QUE APRENDAN EL ARTE DEL AYUNO:

La escasez vendrá, no tendrán que comer, y no sabrán cómo pasar sin alimentos, no tendrán preparación; no habrán preparado su cuerpo, ni su mente, ni su espíritu, no sabrán qué hacer. Me hablarán, Me pedirán, Me dirán: Nosotros creemos en Ti, siempre hemos creído en Ti. ¿Por qué no nos escuchas? ¿Por qué no nos ayudas?

¡TÚ YA LO SABÍAS TODO!

Y Yo les diré: Te pedí preparación, y no Me quisiste escuchar. Te dije, prepárate, y no te quisiste preparar, ahora Me pides ayuda, ya no te puedo ayudar: El tiempo de preparación ya pasó, y no lo supiste aprovechar. Ahora nada puedo *hacer por ti; sólo verte llorar, y desesperar por no haber querido escuchar. Te quise preparar, y Me ignoraste. Te quise enseñar, y tus ojos cerraste, dijiste que no era verdad, que tú ya salvado estabas, que nada necesitabas saber, porque tú ya lo sabías todo.*

¡Sabías nada! Y así Te lo quise demostrar pero no me dejaste, y sin preparar, y sin saber te quedaste. Por todos medios traté que Me escucharás, y escucharás a aquellos que frente a ti puse para tu preparación, pero Me ignoraste, e ignoraste a los que envíe para tu salvación. Ahora ya nada puedo hacer, sólo verte llorar, y perecer. Es por eso qué es ahora cuando te digo que te prepares, que estudies, medites y pienses en lo que Mañana viene, porque Mañana ya será tarde para que lo hagas. Hazlo Hoy, para que Mañana goces de lo que Hoy hagas.

NO SE PREPARARON Y AHORA MATAN AL QUE SÍ SE PREPARÓ

Hambre habrá por doquier; hambre, y más hambre, cosechas enteras se echaran a perder, cosechas enteras se perderán, y hambre habrá por doquier, y nadie podrá hacer algo para remediarla. Hambre y crímenes, crímenes por un pedazo de pan; se matarán los unos a los otros por un pedazo de pan. Los que lo tienen, lo esconderán, y miedo tendrá del que no lo tiene, ya que al darse cuenta que lo tiene, lo arrebatarán sin miedo a las consecuencias. Matarán y dirán, que razón tenían: Que mataron por hambre, y según ellos, eso los justifica. No hay justificación, pero ellos se la dan; no se prepararon, y ahora matan al que sí se preparó.

Al que no podrán matar, es al que se preparó espiritualmente; a ese, nadie lo podrá matar. Ese estará preparado para todo, habrá preparado su cuerpo, y su espíritu; podrá pasar sin comer, y en calma estará, no tendrá los estragos del hambre, ya los habrá superado. Sabrá que podrá subsistir con lo mínimo, y que la fuerza se la da, el amor y la fe que tiene en Mí. Yo les daré la fuerza que necesitan para salir adelante; se las daré porque ya se la habrán ganado con su preparación; estudiaron, meditaron, y se prepararon, y ahora pasan la prueba de lo que tanto estudiaron. Estudien, prepárense, y pasaran la prueba que viene. Amén. Cristo Jesús de Nazaret.

Sábado 27 de diciembre del 2014
PROFECÍA: CRISTO JESÚS DE NAZARET DICE: *YO* QUERÍA…

-Creo que por las navidades, o por mí edad, pero perdí un día., y el Señor me dice:

Y muchos más días perderás si no haces lo que tienes que hacer, hazlo, para que ya no pierdas ni un día.

Escribe:

Quiero que escribas porque hay mucho, mucho más que Yo quiero decirte para que así mismo, tú lo digas a los demás, y también, para que lo dejes escrito como testimonio de lo que va a suceder, así todos se darán cuenta, que todo estaba escrito, y prometido, que fue culpa de ellos, aquellos que no quisieron ver, ni entender lo que se les estaba diciendo, y pronosticando. Escribe, para que se den cuenta, que Yo estaba con ellos, que Yo quería ayudarlos, prepararlos, educarlos para que pudieran defenderse de lo que venía, y a la vez, ayudarán a los demás.

Yo quería, que ellos fueran la luz que alumbrara el camino de aquellos ciegos y necios, que no querían ver ni escuchar lo que se les estaba diciendo. Yo quería, que ellos fueran sus oídos, y ojos, que los enseñaran a ver, y a escuchar. Yo quería, que los prepararan, los educaran con sus ejemplos, con su sabiduría, y su conocimiento. Yo quería, que ellos fueran el espejo de las multitudes, que en ellos se reflejara Mi imagen, Mi conocimiento, y Mi sabiduría. Pero tampoco ellos quisieron escuchar, no quisieron estudiar ni prepararse, tampoco ellos me quisieron escuchar, tampoco ellos, y ellos también sufrirán las consecuencias de lo que se avecina, tampoco ellos podrán librarse de lo que viene, y junto con los demás perecerán. Tarde será cuando reaccionen a la verdad, tarde, muy tarde, ya todo estará sobre ellos, y nada podrán hacer; nada, sólo padecer, y perecer.

YO QUISE AYUDARLOS, PERO MI AYUDA RECHAZARON

Yo quería que fueran la extensión de Mi brazo, que llevaran Mi palabra, que efectuaran Mis milagros, que llevaran la fe a los que no la tenían, pero no quisieron escuchar, no quisieron entender, y ahora tendrán que padecer y perecer con la catástrofe que se avecina. No quisieron escuchar, no quisieron entender, no quisieron ver la verdad; y sin verla se quedarán.

LA PREPARACIÓN ERA ESPIRITUAL Y FÍSICA

Yo quise ayudarlos, pero Mi ayuda rechazaron, Yo quería prepararlos, pero Mi preparación no la quisieron, pensaron, que su preparación los sacaría de todo problema, o vicisitud que a ellos llegaría. Pero no fue así, su preparación era física, y no espiritual; se prepararon físicamente, pero se olvidaron del espíritu, y el espíritu, es el que va a padecer porque ellos no quisieron entender.

PREPARADOS NO ESTABAN

No quisieron entender, que la preparación era espiritual, no física, que si se preparaban espiritualmente, su cuerpo iba a responder, y por ende, estar preparado. Su cuerpo físico iba a poder pasar la prueba, porque su espíritu estaba preparado y fuerte, fuerte en su fe, y fuerte en su amor por Quien lo había preparado, y eso, los había salvado. Pero no quisieron prepararse, creyeron que ya estaban preparados. Tarde será cuando comprendan, que no era así, que preparados no estaban, aunque ellos dijeran que sí.

SU PROPUESTA NO QUISIERON ACEPTAR

No estaban, y no lo estarán cuando llegue lo que tiene que llegar. No lo estarán, y no podrán superar lo que va a suceder; perecerán junto con todos los demás., y Yo sufriré junto con ellos, porque Mis enseñanzas no quisieron aceptar. Yo sufriré al ver a Mi Padre sufrir, porque Su propuesta no la quisieron aceptar. Él los quería junto a Él; Junto a Él no estarán, y Mi Padre sufrirá y Yo junto con Él.

POR FAVOR ESCÚCHENME

Por favor escuchen: Yo quiero que aprendan a defenderse de lo que viene, quiero que salgan victoriosos de lo que se avecina, quiero verlos triunfantes ir al lado de Mi Padre, y todos juntos gocemos de Su Reino, Mi Reino y ahora, reino de todos ustedes, ya que todos gozaremos en ese Reino.

QUIERO QUE SAQUEN A LOS CIEGOS DEL DESIERTO DE SU IGNORANCIA

Por favor; escúchenme, Yo quiero ayudarlos, Yo quiero prepararlos, educarlos en todo lo que viene, para que puedan hacerle frente y salir victoriosos. Escúchenme, Yo quiero que sean la luz que brille en la oscuridad, que sean el conocimiento en medio de la ignorancia. Quiero que saquen a los ciegos del desierto de su ignorancia, y los lleven al oasis de la preparación, y el conocimiento.

DENME ESA OPORTUNIDAD

Por favor, escúchenme, denme la oportunidad de prepararlos, de educarlos en las cosas de Mi Padre. Escúchenme, Yo quiero ayudarlos, denme esa oportunidad, Yo los amo, y sé que ustedes Me aman a Mí, denme esa oportunidad, y juntos saldremos victoriosos de ésta batalla. Escúchenme, Escúchenme. Amén.

Domingo 29 de diciembre del 2014
ENSEÑANZAS: CRISTO JESÚS DE NAZARET DICE:

CON MI VERDAD APRENDERÁN A PENSAR, A MEDITAR

Ya terminaste de hacer lo que tenías que hacer, ahora haz lo que tienes que hacer: Escribe, escribe, para que todos sepan que contigo Me encuentro; que Yo soy quien te dice lo que tienes que escribir; Yo, y nada más Yo, en una voz con Mis Maestros. Ellos están aquí para en Mi nombre enseñar lo que tengo para enseñar. Ellos son Mis emisarios; aquellos que llevan Mi palabra, y Mi enseñanza a todo aquel que la quiera escuchar, y aprender.

CONOCERÁN LA VERDAD; MI VERDAD

Yo quiero que todos aprendan, y conozcan la verdad: Mi verdad, no la verdad que les han querido enseñar. Mi verdad los hará ver las cosas desde otro ángulo, con Mi verdad van a aprender a pensar, y a meditar, para llegar a la conclusión, y al fondo de Mi verdad. Mi verdad los hará abrir los ojos a la realidad, ya no habrá duda, que frente a ellos tendrán la verdad porque ya la habrán experimentado, ya la habrán visto con sus propios ojos, y no la podrán negar. Ya no habrá quien les diga, que lo que vieron y experimentaron no es la verdad; nadie les podrá decir eso, ya que ellos sabrán, y conocerán la verdad: Mi verdad.

YO NO QUIERO VERLOS SUFRIR

Escribe, escribe y ponlo en papel, para que lo puedan leer y estudiar y se den cuenta, que la verdad la tenía Yo; que Yo era la verdad, y se las quise entregar, pero no la quisieron, prefirieron una mentira disfrazada de verdad. Se quedaron con su verdad, y a Mi verdad la rechazaron. Con el tiempo se darán cuenta de lo que hicieron; pero ya no podrán hacer nada, ya todo habrá pasado, ya no habrá lugar para aprender y conocer Mi verdad, ya no habrá donde estudiar: Todo estará cerrado. Los que aprovecharon el tiempo y aprendieron Mi verdad, estarán Conmigo disfrutando de Mi verdad. Los que la rechazaron tendrán que llorar el tiempo perdido, y que no podrán recuperar. Ese tiempo se habrá ido y no regresará.

REGRESEN AL LUGAR QUE LES CORRESPONDE

Yo no quiero verlos sufrir, Yo quiero que gocen junto conmigo; junto con Mi Padre, y con Todos los que aquí los queremos. Todos estamos esperando a que regresen al lugar que les corresponde; el lugar que dejaron para ir en busca de algo que no necesitaban, porque todo lo tenían Conmigo. Pero Mi Padre no quiso obligarlos a quedarse, y les dio su libre albedrío para que con el hicieran, lo que creyeran era lo que querían, para que eligieran que hacer. De ustedes depende hacer lo correcto: Regresar a casa, a la mansión que dejaron abandonada, y que les espera, espera que lleguen a ocuparla, a compartirla Conmigo, y con Todos los que los queremos, y deseamos verlos en ella. Yo les quiero mostrar el camino, y no la vereda que han tomado. Yo los llevaré al camino correcto para que ya no se pierdan. No quiero verlos perdidos en los caminos y veredas de la vida, quiero que tomen el camino correcto, y lleguen a disfrutar de una Vida Eterna a Mi lado.

YO LOS QUIERO AYUDAR

No Me rechacen, no Me nieguen, no Me ignoren; Yo los quiero ayudar, Yo les quiero enseñar Mi verdad, y el camino correcto que deben tomar – No tomen la vereda, veredas hay muchas, camino, uno sólo: Yo. Yo soy el camino, Yo soy la verdad, Yo soy la enseñanza, y se las quiero entregar. No Me rechacen, no Me ignoren. Yo sólo los quiero ayudar; ayudar a que vengan Conmigo, y a disfrutar de una vida eterna llena de felicidad, llena de alegría y gozo eterno a Nuestro lado. Yo no quiero que se pierdan en las veredas y caminos equivocados. Yo conozco el camino, Yo ya lo caminé, y se los puedo enseñar. Yo les mostraré el camino correcto. Yo les diré por dónde caminar para que su pie no tropiece, y puedan llegar sanos y salvos a su lugar, el lugar que los espera, y los esperará por siempre. Ya no Nos hagan esperar, ya hemos esperado mucho, ya queremos verlos llegar, para disfrutar todos juntos, disfrutar de la creación de Mi Padre, disfrutar de Su amor, disfrutar de Su sabiduría. Él les mostrará Su creación paso a paso, paso a paso les dirá cómo, y por qué creo esto, o aquello, y así sabrán, el porqué de muchas cosas que Él ha creado, y de las muchas que sigue creando.

MIS ENSEÑANZAS SE PERDIERON, Y NADIE LAS QUIERE ENCONTRAR

Quiero que Me escuchen, Yo quiero ayudarlos, ya que las cosas que vienen los pueden tomar desprevenidos. Es por eso que Yo quiero que se preparen, para que puedan hacer frente a las cosas que están pasando, y a las que están por pasar. Las cosas no se van a componer, sino por el contrario, van a ir de mal en peor.

CREEN QUE SI LAS IGNORAN, NADA LES VA A PASAR

Ya no existe la paz en este mundo, ya no conocen nada de lo que Yo vine a enseñar. Mis enseñanzas se perdieron, y nadie las quiere encontrar – No las buscan. No las quieren, para no tener ninguna responsabilidad, creen que si las ignoran, nada les va a pasar, creen que si Me niegan, no van a sufrir las consecuencias por no obedecer Mis leyes, ya que ellos dicen que Yo no existo, tampoco existen Mis enseñanzas, ni Mis leyes. Pero están equivocados, existen y existirán a pesar de que ellos las nieguen; Mis enseñanzas y Mis leyes escritas están y nadie las puede borrar; y nadie jamás las borrará – Fueron escritas por los siglos de los siglos, y así se quedarán.

VEN A DISFRUTAR DE TODO LO QUE NOS HAS DISFRUTADO

No las niegues, no Me niegues. Yo sé lo que te digo, no lo hagas, mejor acepta a venir a vivir Conmigo, y disfrutar de todo lo que para ti Yo tengo, tengo un infinito de sabiduría, conocimiento, y preparación; todo lo que necesitas para que eternamente, juntos gocemos y disfrutemos. Yo quiero verte aquí Conmigo, con Mi Padre, y con Todos los que te queremos; no nos dejes esperando, no nos dejes esperando, ya ven a Nuestro lado, ven a disfrutar de todo lo que nos has disfrutado. Te esperan vicisitudes, llanto y dolor, pero la recompensa será mejor; con ella olvidarás todo lo pasado, nada recordarás, sólo sabrás, que a Mí lado te encuentras, y te encontrarás por siempre y para siempre. Ven a Mí, ya no Me dejes esperando, ven a Mí lado, ven a gozar Conmigo la recompensa por haber librado la batalla, y la guerra haber ganado. Ven, ven, ven a Mí. Amén.

Miércoles 31 de diciembre del 2014
SUEÑO/VISIÓN: ESO NO ES LO MÍO

-Veo tres pavos. Luego veo que el Pastor, su esposa y yo, estamos en la cornisa de una casa. Veo que la esposa tiene el pelo corto y rizado, y veo que me regaña porque está tratando de atraer a más gente. Una señora le dice: Eso no es lo mío. La esposa del Pastor quería hacerle una prueba de matemáticas, y la señora dijo que no. Luego veo a la misma mujer hablando con otra, y la esposa del Pastor les pregunta: ¿Que van a comer? No recuerdo que fue lo que le dijeron, pero la esposa del Pastor les dice, que no, que mejor vayan con ella a comer una comida mejor. Amén.

-Como pueden darse cuenta, el Padre, nuestro Jesús de Nazaret seguían entregándome toda clase de mensajes para la Casa de Oración, y algunos de sus miembros; especialmente para *el Pastor y su familia*. El Señor quería ser escuchado. Él quería que entendieran lo grave de la situación. Pero no fue así, y cada día sentía al Pastor más y más renuente a aceptar los mensajes que el Señor estaba enviando a través de mí. Pero el Señor no se daba por vencido, y me seguía entregando Sus mensajes:

Domingo 4 de enero 04, 2015 por la mañana
SUEÑO/VISIÓN:

(1) SE VA A PLANTAR UN ÁRBOL
(2) BOLSAS DE PLÁSTICO

-Veo que alguien va a plantar un árbol en un lugar muy pequeño. Voy y le digo, que por qué no mejor lo planta en la parte trasera del patio, ahí hay más espacio.

-Luego veo que compro algunas cosas que voy a necesitar, entre ellas, dos bolsas de plástico, una grande, y otra mediana. Es todo lo que recuerdo. Amén.

-Dejé este sueño porque en 2014, tuve otro y su significado espiritual de las bolsas. Por ordenanza del Señor no he escrito todos los sueños, porque estos de Sus hijos no están al nivel de saber interpretarlos espiritualmente y sólo se confundirían.

Domingo 4 de enero del 2015
PREDICA SOBRE LA PERFECCIÓN Y NO LA ACEPTA

-Asistí a la Casa de Oración y escucho que el Pastor en su mensaje predica sobre la perfección, y yo me pregunto: ¿Cómo habla de algo que él dice no aceptar, porque no existe? El mensaje estuvo muy bien, todo lo que dijo es lo que mi Padre quiere que Sus hijos hagan. Así que no entiendo, cómo puede predicar sobre algo que dice negar, porque no está en la Biblia.

Viernes 9 de enero del 2015 a las 4:00 de la mañana
MENSAJE/ORDENANZA

CRISTO JESÚS DICE: TIENES QUE PREPARAR QUE COMER

-Todo esto fue después de haber soñado que estaba preparando comida para mis hijos y para mí:

No tienes que dejar que la flojera te doblegue. Haz lo que tienes que hacer, para que todo sea como tiene que ser. Escribe, para que dejes suficiente comida para los que vienen, y los que vendrán:

Deja la enseñanza, deja la preparación, no importa lo que digan, tú haz lo que tienes que hacer, tú lo puedes hacer; tú sabes lo que tienes que hacer, hazlo, y hazlo bien. Ves que tus hijos tienen hambre, y no hay mucho para comer. ¿Ves que lo tienes que hacer? Tienes que preparar que comer, tú tienes cosas para preparar; ¡prepáralas! Déjalas preparadas para que ellos coman. ¡Tienen hambre, prepárales comida! Amén.

<u>Sábado 10 de enero del 2015 a las 4:00 de la mañana</u>
ENSEÑANZA SOBRE EL AYUNO

-Este día, el Señor me empezó a entregar más sobre el ayuno. El Padre quería que aprendieran más sobre el ayuno, porque es una forma de preparación para lo que se avecina. Pero no se me permitió entregarlo. (Todo lo encontrarás en el libro Ya mencionado).

<u>Sábado 31 de enero del 2015</u>
SUEÑOS/VISIONES: EL PASTOR ME AYUDA

-Veo que estoy en la Casa de Oración platicando con el Pastor, y él se da cuenta que me siento mal, y pone sus manos en mí para ayudarme. Al hacerlo, siento que salgo de mi cuerpo, y voy a un lugar en donde hay una especie de pasillo de hospital, o iglesia, en donde veo a hombres, mujeres y niños que acercarse para ayudarme. Veo que les tomo la cara, los acaricio diciéndoles, que estoy bien, que no se preocupen. Ahí veo a una mujer (conocida en uno de los templos) hablando con otra mujer, le está diciendo, tiene miedo de perder lo que tiene, si el Pastor no la deja hablar.

CAMBIARON LAS BANCAS

-Luego, me doy cuenta que ya es hora del servicio, y entro al recinto, y al entrar me doy cuenta, que las bancas han sido puestas en forma diferente; el podio sigue en el mismo lugar, pero las bancas no, pues en vez de estar frente al podio,

están frente a las ventanas, así es que, si queríamos ver al Pastor entregar el sermón, había que estar moviendo la cabeza hacia la izquierda.

EL PASTOR ME ESQUIVA

-Veo que estoy tratando de hablar con el Pastor para platicarle sobre lo que me había pasado, pero siento que me esquiva. Cuando por fin pude hablar con él, le pregunté: ¿Quiere saber lo que me pasó? Me dice que sí, y empecé a explicarle lo sucedido. Pero ahí mismo, de nuevo empecé a sentirme mal, y el Pastor volvió a poner sus manos en mí; al hacerlo, nuevamente salí de mi cuerpo, y lo único que pensaba, es que al caer me iba a golpear sobre las cosas que ahí estaban; pues estábamos en un lugar muy estrecho, y lleno de cosas. Pensé en la oficina de la secretaria, o la oficina del Pastor. Amén.

Lunes 2 de febrero del 2015 a las 3:50 de la mañana
PROFECÍAS: CRISTO JESÚS DE NAZARET DICE:

MI PADRE HA LLEGADO, HA JUZGADO, HA DICHO:

TEMBLORES, TERREMOTOS CATÁSTROFES A GRANEL

Ya es tiempo que no escribes, lo tienes que hacer; tienes que escribir, para que dejes constancia de lo que va a suceder:

Sucederán muchas cosas, muchas cosas sucederán; no lo quieren creer y por eso no se salvarán, no se salvarán de la desgracia que se avecina: Temblores, terremotos catástrofes a granel. Nadie pone atención, piensan que no va a suceder, pero sucederá, tenlo por seguro. Los terremotos no tendrán fin, sucederán aquí y allá; uno tras otro llegarán, nadie escapará; llanto por doquier se escuchará. Entonces Me buscarán, entonces dirán: ¿Dónde está Dios que permite que esto suceda?

Yo estoy donde siempre he estado, Yo no me he ido a ningún lado. He estado donde siempre, pero no me han buscado. Ahora preguntan en dónde estoy, lo supieran si Conmigo hubiesen estado. No lo estaban, Me olvidaron, y ahora que Me buscan, ya no puedo estar con ellos, Mi Padre ha llegado, Mi Padre ha juzgado, Mi Padre ha dicho:

¿DÓNDE HAN DEJADO A MI HIJO?

¿Dónde lo han dejado? ¿Dónde han dejado a Mi Hijo, que con tanto amor les he enviado? ¿Dónde, dónde lo han dejado? ¿Qué hicieron con Él? ¿Qué hicieron con lo que les había entregado? Nada de lo que Él les trajo veo, no veo el amor, no veo la piedad, no veo la misericordia, no veo el perdón; nada de eso veo, nadá de eso tendrán de M; a Mi Hijo han olvidado, a Mí no me han respetado.

AHORA SE DARÁN CUENTA, QUE HISTORIA, NI FANTASÍA ERA YO

Ahora verán el resultado; el resultado de su olvido, de su indiferencia, ahora los haré recodar lo que quisieron olvidar. Ya no lo olvidarán, ya no dirán: No existe, es fantasía, es una historia. Ahora se darán cuenta, que historia, ni fantasía era Yo. Yo era, Yo Soy, y Yo Seré el de siempre: El Alfa, el Omega, el principio, y el fin. Yo no he cambiado ni cambiaré. Yo no me he ido, ni me iré, aquí estoy, y aquí estaré para todo aquel que Me busque, Me encuentre, y Conmigo venga a vivir.

NO DICEN PRESENTE, AQUÍ ESTOY

Les estoy dando la oportunidad de hacerlo; de vivir eternamente; de gozar a Mi lado. Pero no dicen presente, no dicen, Aquí estoy. No dicen Quiero aprender, quiero Conocerte mejor, quiero aprender a Amarte, y a conocer el verdadero amor. No, no lo han dicho, no quieren aprender, no quieren prepararse para lo que va a venir. Piensan que no va a suceder, piensan que no va a pasar nada, que nada sucederá, que todo eso sucede en otros lugares, pero aquí no.

ESTÁN MUY CONFORTABLES; NO SE QUIEREN MOLESTAR

Pero equivocados están, sucede, y sucederá, aquí, y doquier, doquier que vuelvan sus ojos ahí estará sucediendo. La oportunidad les estoy dando de qué preparados se encuentren, de que preparados estén cuando todo resulte. Pero están muy confortables, no se quieren molestar. Dicen: Él ya lo hizo, no lo tenemos que hacer, Él ya lo hizo por nosotros. Pero sí lo tienen que hacer; sí lo tenían que hacer; pero no quisieron hacerlo; no quisieron molestarse, no quisieron incomodarse. Ahora su comodidad se verá afectada, ahora ya no podrán descansar; su descanso habrá terminado; ya no habrá más. Ahora quieren ponerse a trabajar, ahora quieren escuchar; pero ahora no habrá lugar para que lo hagan, ni habrá a quien escuchar. No lo hicieron en Mí tiempo, en su tiempo lo lamentarán; en Mi tiempo Me ignoraron, en su tiempo Yo no estaré.

NO ESTUDIARON, NO SE PREPARARON

En Mi tiempo no trabajaron, en su tiempo lo quieren hacer; pero ya no habrá lugar en donde trabajen, no habrá lugar en donde escuchen lo que no quisieron escuchar, no habrá lugar para que estudien lo que no quisieron estudiar. No trabajaron, no estudiaron, no se prepararon, ahora no hay lugar, ni tiempo para que lo hagan, no habrá donde hacerlo, no habrá donde estudiar, ni donde trabajar.

LES PIDO PREPARACIÓN, PORQUE LA VAN A NECESITAR

Estudien, prepárense, ésta es su oportunidad, no esperen hacerlo Mañana, Mañana ya no podrán, Mañana estarán preparados, o no lo estarán, eso depende de ustedes, y de nadie más. Nadie podrá estudiar por ustedes, ni nadie trabajará por ustedes, ustedes lo tienen que hacer, ustedes tienen que trabajar, ustedes se tienen que preparar para cuando llegue lo que tiene que llegar, no los encuentre sin preparar. Prepárense, estudien, trabajen, eso los puede ayudar.

NO SEAN LOS NECIOS

Les pido preparación, porque la van a necesitar, sin ella fracasarán. Sin esa preparación no podrán vencer, no podrán salir adelante de lo que va a suceder. Ya está sucediendo, pero no lo quieren ver; ya está sucediendo, pero no lo quieren entender, no quieren entender, que está sucediendo, y que va a suceder. No lo quieren entender, y sin entender, se quedarán.

No sean los necios que teniendo ojos no quieren ver, que teniendo oídos no quieren escuchar; no sean los necios, pónganse a estudiar, pónganse a trabajar. Ya les he dicho que las cosas van de mal en peor, que no van a mejorar; y si no se preparan, no podrán salir adelante, no podrán vencerlas. Estudien, trabajen, prepárense, que preparados los quiero. Yo no quiero que perezcan, Yo no quiero que sufran, Yo no quiero que mueran, pero lo harán si no ponen atención a lo que Yo les digo, a lo que Yo les pido. Les he enviado la ayuda, les he enviado a quienes los puede ayudar; a quienes los pueden guiar y preparar. Búscalos, únete a ellos; síguelos, que te van a llevar al lugar en el cual debes estar. No los ignores; la ordenanza les He dado de ayudarte, de prepararte, de darte las armas que necesitas para salir triunfante. Búscalos, únete a ellos, que han sido enviados para tu ayuda, para tu evolución, para tu crecimiento espiritual. Búscalos, búscalos, búscalos. Amén.

Jueves 5 de febrero del 2015
SUEÑO/VISIÓN

COCINANDO TAMALES INCORRECTAMENTE

-Veo mucha gente en mi casa; era una fiesta, y todos habían traído comida. Veo a una mujer tratando de cocinar unos tamales, pero no lo está haciendo en la forma correcta, y le enseño cómo hacerlo. Viendo una de mis ollas le digo, que ponga los tamales en la ella. Luego llega otra mujer con dos tamales, al igual, tratando de cocinarlos en la forma incorrecta. Le digo a la primera mujer, que voy a poner los tamales de la otra mujer en la misma olla, ya que ella los trae amarrados, y se pueden distinguir. Estamos en la cocina de una mis casas, y veo, que alguien había dejado la mantequilla fuera del refrigerador, y se estaba derritiendo. Luego veo, que en la pared está una foto con la imagen de San Martin Caballero, y pienso que al verlo, esta gente va a pensar que soy católica. Pero al fin como que no soy católica, no le doy importancia a lo que piensen.

MELODÍA FLAMENCA, E HINDÚ.

-Luego escucho música, y voy hacia la sala, ahí hay gente escuchando música, y bailando una melodía entre flamenca, e hindú. Veo a una pareja tratando de bailarla a lo flamenco, y entro yo bailándola a la hindú, moviendo las caderas. Ahí veo a una pareja, hermanos de la Casa de Oración, y veo que el esposo tiene puesto algo como un disfraz metálico plateado, que le queda pegado al cuerpo y al rostro. Me fijo en la parte de atrás de la cabeza, y es como una máscara pegada a la cara. Voy y me siento a platicar con él, y me comenta

algo sobre la comida, me dice, que le va a decir a su esposa que se vaya a vivir conmigo por un tiempo. Yo le respondo: No, no, yo soy la que me voy a ir a vivir con ustedes. Tratamos de llamar la atención de la esposa para decirle lo que habíamos dicho, pero ella estaba platicando con alguien más, y nunca nos prestó atención. Es todo lo que recuerdo. Amén.

-En mi sueño veo, que es una mezcla del Pasado, y el Presente, ya que en el aparecen personas de mi Pasado, y gente de este pueblo.

Domingo 8 de febrero del 2015
SUEÑO/ VISIÓN

PASTOR, USTED NO CREE, PORQUE NO CREE.

EL PASTOR PIENSA QUE NO ENTIENDO INGLÉS.

-Veo que estoy hablando con el Pastor, diciéndole: Pastor, usted no cree porque no cree. Luego, el Pastor le dice a una hermana: Dile; refiriéndose a mí; dando a entender, que yo no entendía inglés, y que ella me dijera lo que él me estaba diciendo. Amén.

Viernes 13 de febrero del 2015
PROFECÍA: CRISTO JESÚS DICE:

SE LES DIJO, SE LES ADVIRTIÓ

ADIÓS TIEMPO EN EL QUE PUDISTE ESTUDIAR

Ya llegó el tiempo, y no escucharon, no hicieron lo planeado, no se prepararon, ahora lo lamentarán. Se les dijo, se les advirtió, se les pidió que atendieran, que escucharan, pero no lo hicieron, no escucharon, ahora nada se puede hacer. Ahora quieren atender, pero ya no puede ser, tiempo no hay, el tiempo se fue, el tiempo se acabó, el tiempo voló, se espumó, desapareció, ya no volvió. Adiós tiempo que pudiste aprovechar, adiós tiempo en el que pudiste estudiar, adiós, porque ya no volverá.

LLORARÁN LÁGRIMAS DE ARREPENTIMIENTO

No estudiaron, no se prepararon, ahora lloran el tiempo que desaprovecharon. Ahora lo lamentan, pero nada pueden hacer, el tiempo de estudiar, y de preparar se fue, se fue, y ya no vendrá, ya no volverá a pedirles que escuchen, que estudien, que se preparen – Ya no lo hará. Tendrán que luchar con lo que tienen; y lo que tienen es poco, casi nada, porque no quisieron prepararse para tener más, para saber más. No quisieron escuchar, no quisieron prepararse para tener más, más conocimiento, más sabiduría; más preparación que los ayudara a salir al frente y a afrontar la situación. *La situación ya está aquí, ya llegó, y no saben cómo enfrentarla, porque en Mí tiempo no escucharon lo que en su tiempo están llorando.*

TIEMPOS TERRIBLES LES ESPERAN

Llorarán lágrimas de arrepentimiento, lágrimas de desesperación, lágrimas, que pudieron evitar si hubiesen puesto atención. Pero no lo hicieron, ahora llorarán sin consuelo, *consuelo no tendrán, consuelo no encontrarán, y perecerán de dolor y de angustia, porque en Mí tiempo no quisieron escuchar, ahora sólo escuchan el lamento de los demás, el lamento de aquellos que no se quisieron preparar.*

LLORARÁN POR LOS QUE NO ESCUCHARON

Tiempos terribles les esperan, tiempos de dolor y de angustia, tiempos de desastres a granel. Dolor y llanto por doquier; nadie escapará a él, sólo los que escucharon, *los que se prepararon lo harán. Sólo aquellos que dijeron presente al momento de estudiar, y preparar,* sólo ellos escaparán, sólo ellos se salvarán, *pero nada podrán hacer por los demás – Tiempo no habrá. Llorarán por esos que no escucharon, por esos que no atendieron, por esos que no asistieron a las clases, por esos que no aprendieron. Llorarán por ellos, pero nada podrán hacer; los que enseñaban ya se fueron, ya no están para enseñar, ya no están para preparar al tiempo afrentar, para luchar, para vencer, para triunfar, ya no están, y ya no triunfarán, no estarán con Mi Padre gozando de Su Reino. Amén.*

Sábado 14 de febrero del 2015
SUEÑOS/VISIONES

TODOS ESTAMOS JUGANDO

-Veo que estoy en una casa, y ahí está el Pastor y más gente, creo que jugamos a algo. Veo que estoy cubierta con una especie de espuma blanca, y el Pastor me ve, creo que dice algo así como que me tiene que bañar, o limpiar. Es todo lo que recuerdo. Amén.

Martes 17 de febrero del 2015
PROFECÍA DIOS PADRE DICE:

PENSARON QUE NADA PASARÍA

Te dije que escribas, porque quiero que sigas escribiendo lo que tienes que escribir. Tienes que dejar constancia de lo que está sucediendo, y de lo que va a suceder. No dejes para Mañana lo que Hoy tienes que hacer; no lo hagas, porque lo que va a suceder no esperará, llegará, y arrasará con todo, y nadie se salvará. Aquel que preparado se encuentre lo hará: Se salvará, pero nada podrá hacer por los que no se quisieron preparar; sólo los verá perecer, y llorar; sólo eso, y nada más. Llanto habrá por doquier; dolor, tristeza a granel. Gritos aterradores se escucharán; gritos de dolor y angustia, gritos de frustración; gritos de arrepentimiento saldrán de su corazón; pero ya nada se podrá hacer; sólo llorar, y perecer. Pensarán, como no aprovecharon el tiempo cuando pudieron aprovecharlo; ahora es sólo tiempo perdido, tiempo pasado, tiempo desperdiciado.

QUIERO QUE ESCUCHES, QUE ENTIENDAS

Pensaron que nada pasaría, que ellos estaban salvados y pensando eso se quedarán. Ahora ven la realidad de lo que se les dijo; ahora saben que no todo estaba hecho, que no todo estaba escrito, ahora saben, que había más, mucho más que escribir; mucho más que aprender; y mucho más que comprender. Pero tarde es, ya no hay tiempo para estudiar, ya no hay tiempo para aprender, ya no hay tiempo para escribir lo que iba a suceder. Sucedió, lo están viendo, y ellos no lo escribieron, no lo vieron, no lo presintieron, no se prepararon, ni prepararon a los demás, a aquellos, que por ellos se hubiesen salvado. No se salvaron, y ellos lo pudieron haber evitado. Son pocos, muy pocos los que sí escucharon, los que sí estudiaron, los que sí se prepararon; pocos muy pocos los que sí se salvaron.

EN MÍ HOY NO QUISIERON ESCUCHARME

Quiero que escuches; quiero que entiendas, que todo lo que Yo digo, verdad es, que todo lo que escribes va a ser, va a suceder; de eso no te quepa duda. Sucederá y nada se podrá hacer por aquellos que en el Hoy no quisieron entender, aquellos que en el Hoy piensan que no va a suceder. El Mañana será tarde para oír, para escribir, para entender, que lo que Yo digo, verdad es; será tarde, muy tarde y nada podrán hacer.

ESTOY AQUÍ, Y NO ME LLAMAN

En Mí Hoy no quisieron escucharme, en su Hoy, Yo no los escucharé; en Mi Hoy no quisieron saber de Mí, en su Hoy Yo no sabré de ellos; en Mi Hoy me desconocen; en su Hoy Yo los desconoceré, en Mi Hoy dicen que Yo no existo, en su Hoy Yo no existiré. En Mi Hoy no me llaman, no Me aclaman, en su Hoy Yo no los llamaré, no los aclamaré. Yo no los veré, invisibles serán para Mí como en Mi Hoy, invisible soy para ellos.

POBRE ALMAS, COMO SUFRIRÁN

Estoy aquí, y no Me llaman, estoy aquí y no Me aclaman, estoy aquí y Me ignoran; dicen que Yo no existo, que Yo soy nada, que nada soy Yo. En la nada se quedarán cuando su Hoy los atrape, cuando su Hoy les haga ver lo que invisible creían que estaba. Su Hoy les hará ver todo aquello que ellos ignoraban; todo aquello que ellos negaban; tarde será cuando comprendan cuán ciegos estaban. Ahora pueden ver, ahora pueden comprender, pero ya no puede ser, ya nada se puede hacer por ellos, nada, sólo verlos perecer; sólo verlos sufrir, y llorar; lo que en Mi Hoy no quisieron ver, ni entender.

SU TIEMPO LLEGÓ; MI TIEMPO PASÓ

Pobre almas, como sufrirán, pobre almas, como llorarán, pobre almas, como morirán, morirán de dolor y tristeza, morirán de arrepentimiento, de angustia, y de dolor, dolor de haber sido ciegos, necios e ignorantes, dolor de saber que se pudieron haber salvado, si tan solo hubiesen escuchado, escuchado la voz de aquellos que a su lado Yo había enviado. Les envié la ayuda, y la rechazaron, les envié la preparación, y la negaron, les envié las armas, para que listos estuvieran para luchar en contra de lo que venía, en contra de lo que iba a pasar; pero no quisieron escuchar, no quisieron oír; ahora tendrán que sufrir. Sufrirán, sí, sufrirán, el no haber escuchado, el no haberse preparado, el no haber estudiado, pero ahora nada se puede hacer.

El tiempo de estudiar ya pasó, y no va a volver; su tiempo llegó, Mi tiempo pasó; su tiempo vino, y los destrozó. Mi tiempo los quiso preparar para que no fueran destrozados. A Mí tiempo no escucharon, a Mí tiempo no entendieron. En su tiempo lo supieron, en su tiempo están sufriendo lo que en Mi tiempo no aprendieron. En su tiempo están gozando aquellos, que en Mí tiempo si aprendieron, aquellos que en Mí tiempo si se prepararon. Amén.

Miércoles 18 de febrero del 2015 a la 6:20 de la mañana
CRISTO JESÚS DICE:

HAY COSAS QUE OCULTAR

LLEGARÁ EL TIEMPO EN QUE LA FICCIÓN SERÁ REALIDAD

Escribe, y sigue escribiendo, que hay mucho que contar; mucho que decir; mucho que aprender; y mucho que ocultar.

-¿Ocultar, Padre?

Sí, ocultarás muchas cosas, hasta que sea el tiempo de revelarlas. No serán reveladas, hasta que hayan aceptado lo que tienen que aceptar; y hayan aprendido lo que tienen que aprender. Sólo así podrás revelar lo que te voy a decir, sólo así; no antes no después, sólo cuando tiene que ser.

-Padre, ¿Cómo lo haré? ¿Cómo sabré a quién se lo puedo decir?

Lo sabrás, porque Yo te lo diré, tú sigue en contacto Conmigo, y Yo te guiaré hasta el último instante de tu vida. Yo te diré lo que tienes que hacer, y lo que no debes hacer.

-¿Padre, tengo que escribir lo que no puedo decir? ¿Qué si alguien lo lee antes de que deba leerlo?

Tendrás cuidado de lo que escribes, y de donde lo dejas; esa es tú obligación: Cuidar lo que recibes de los ojos ajenos a Mí voluntad.

-Padre, eso es imposible. ¿Qué va a suceder cuando me vaya; cuando ya no pueda cuidar de lo ya escrito, Padre?

De eso me encargaré Yo. Yo me encargaré, que lo ya escrito no llegue a las manos de los incrédulos; sólo a las manos de aquellos que van a entender lo que van a leer sus ojos. Serán ojos que sabrán ver la verdad, serán ojos que sabrán ver la realidad, y sobre todo, mentes que sabrán reconocer, que lo tienen que callar hasta que el tiempo sea de revelar.

-Padre, no entiendo, pero Tú sí lo entiendes, eso es suficiente para mí. Ahora, dime lo que me tienes que decir.

Llegará el tiempo en que la ficción será realidad. Lo que Hoy contemplan en películas, lo experimentarán en vivo, y no sabrán qué hacer porque pensaron, que por ser película, no iba a suceder. Verán y no podrán creer lo que ven; cosas horribles, cosas bellas; pero todas saldrán de películas, y no sabrán que pensar.

-Padre, no entiendo, ahora si van a pensar que estoy loca, y Tú sabes que no estoy loca, Padre. ¿Qué hago?

LOS QUE TENGAN OJOS, OÍDOS, Y MENTE ABIERTA, VERÁN, ESCUCHARÁN, Y ENTENDERÁN

Sigue escribiendo. Habrá algunos, que al estar preparados podrán aceptar lo que están viendo, porque ya lo sabían; habían estado en contacto Conmigo, Yo se los había dicho, y lo habían creído, por lo tanto, estaban preparados. Para unos será película de horror, para otros de liberación, y confirmación de lo que ya sabían. De liberación, porque serán liberados del secreto que llevaban consigo desde que Yo se los había revelado. Ahora estarán tranquilos, ya todos lo podrán ver y saber aquello que por tiempo llevaron dentro de ellos. Aquellos que tendrán ojos y verán; oídos y escucharán; y mente abierta que entenderá lo que les estás enseñando.

Ésta enseñanza no será para todos; sólo para aquellos que Me acepten como su Maestro, Tutor, Mentor, y Guía, sólo ellos podrán escuchar estas enseñanzas, sólo ellos y nadie más. Eso los hará estar preparados para luchar en contra de lo que viene, ya que tienen que ser personas de absoluta fe; personas que no negarán lo que ven, ni lo que escuchan, esos que con ciega fe caminan, y nada los hará retroceder, ni dudar. Y como ves, serán pocos los que con fe ciega caminarán, y si muchos los que cuestionarán lo que ven y escuchan.

EL LIBRO QUE ESTÁS ESCRIBIENDO…

-Padre, todo lo que me dices suena muy bonito. ¿Pero te has dado cuenta de mi edad? Conforme a mis cálculos, es posible que no llegue a ver lo que dices, mucho menos aprender cómo enfrentar lo que viene Pero en fin, seguiré escribiendo, porque como ya te dije, yo no entiendo, pero Tú sí entiendes, y eso es lo que cuenta.

El libro que estás escribiendo, será para enseñanza de aquellos que lo acepten, ese será el principio de su aprendizaje, ya que eso hará que logren esa intimidad Conmigo, y Yo pueda entregarles la verdadera enseñanza; estarán Conmigo, y Yo los enseñaré a defenderse de todo y de todos. Pero primero tienen que abrir su corazón, su mente, y aceptarme como su Maestro, Tutor, Mentor, y Guía, sólo así podrán tener esa intimidad Conmigo.

LAS LIBERTADES QUE HOY TIENEN SERÁN HISTORIA

Las cosas que verán los hará afianzar su fe, ya que frente a ellos estará lo que Yo ya les había dicho, y anticipado. Sabrán que hacer, y cómo luchar contra todo, y contra todos los que quieran hacerles daño. Como ya Te dije, las cosas irán de mal en peor, las libertades que hoy tienen, desaparecerán; serán historia; serán recuerdos, ya no estarán, y sufrirán los que no pensaron sufrir, y llorarán los que no quisieron oír. No escucharon, no aprendieron, no se prepararon, perecieron. Perecieron sin saber lo que tenían que saber, perecieron sin entender lo que tenían que entender, perecieron sin saber, que podían haberse salvado. Pero no escucharon cuando tenían que escuchar, y no aprendieron cuando tenían que aprender.

Será una lucha sin tregua para aquellos que sí aprendieron, para aquellos que sí escucharon cuando tenían que escuchar, y aprendieron lo que tenían que aprender. Lucharán hasta el final tratando de proteger a aquellos que no saben cómo protegerse. Será una lucha sinigual; muchos perecerán en ella. Será algo fuera de este mundo, será algo de novela. Pero no será novela; no, no lo será; será la realidad; realidad que Yo les quise hacer ver, pero no me quisieron escuchar.

-Padre, ¿Será en mí tiempo? ¿Podré verlo? Bueno, eso sólo Tú lo sabes; yo sólo seguiré escribiendo. Amén.

Viernes 20 de febrero del 2015 a las 3:15 de la mañana
CRISTO JESÚS DE NAZARET DICE:

LA GENTE TIENE QUE SABER LO QUE VA A SUCEDER

Así quiero que lo hagas, tú lo puedes hacer, *Inténtalo, y te darás cuenta, que se puede hacer. Te dije que escribas, y tienes que escribir, la gente tiene que saber lo que va a suceder, tiene que saber qué sucedió, para que aquellos que pensaron que nada iba a pasar se den cuenta, que escrito estaba ya, que nada estaba oculto, sólo que no lo quisieron aceptar. No aceptaron que venía, que estaba por llegar, que ya estaba aquí, y los iba a atrapar, los iba a sorprender sin preparar, porque no quisieron prepararse cuando se los pedí Yo.*

NO QUISIERON DARSE CUENTA, QUE YO LOS QUERÍA AYUDAR

Yo los quería preparar pero ellos dijeron: No. No quisieron prepararse, no quisieron estudiar, no quisieron darse cuenta, que Yo los quería ayudar. No quisieron, no se prepararon, no Me escucharon, y lloraron' sí, lloraron, porque no se prepararon.

Sé que piensa que es lo mismo lo que Yo te estoy diciendo. Sé que dices, que es mucho. ¿Qué es lo que va a suceder tan grave; que insisten tanto en que se preparen? A ti se te hace mucho, y lo entiendes. ¿Qué esperas que digan aquellos que no lo entienden? Se les hará demasiado, mucho que estudiar, mucho que aprender, y no lo querrán hacer; no van a querer molestarse; no, no lo van a hacer. Tarde comprenderán que lo tenían que hacer, que mucho no era, que mucho era lo que les esperaba, y tenían que estar bien preparados. Preparados no estaban, preparados no estaban, porque no quisieron prepararse, no quisieron molestarse en leer, y aprender lo que les apuntaste, lo que les escribiste. Dijeron, fantasías ser de alguien que sola estaba y quería pretender, que Yo le hablaba.

NO SE QUISIERON PREPARAR

Pretender no querías, querías ayudarlos, querías prepararlos porque Yo así te lo pedía. Queríamos prepararlos, queríamos que estudiaran, que vieran, que entendieran, para que así se prepararan. Pero no lo quisieron hacer, no se quisieron preparar. No quisieron prepararse, no quisieron escuchar, y sin preparar se quedarán. Yo no los quería ver llorar, pero ellos no lo entendieron, pensaron, que Yo sólo quería asustarlos. Asustarlos, no, prepararlos, sí, pero no lo entendieron, no lo creyeron; perecieron.

NADA PODRÁN HACER CUANDO EL MOMENTO LLEGUE

Yo no quiero que perezcan, Yo no quiero que mueran. Yo quiero que vengan a la escuela., que vengan a la escuela a aprender, a prepararse, y a preparar los demás. Yo quiero que vengan a abrir los ojos y hacer que los otros vean lo que ellos están viendo. Yo quiero que vengan a aprender, para que otros aprendan lo que ellos están aprendiendo. Pero no lo quieren hacer, no quieren estudiar, no se quieren preparar, ni preparar a los demás. Así todos perecerán, todos morirán; ya nada podrán hacer cuando el momento llegue.

-Padre, yo entiendo, ya sé el porqué de tanta insistencia; es por lo que ya me has dicho que viene, ¿Verdad? Es por lo grave, lo terrible, lo horrendo que se avecina; aquello que me pediste no escribir; aquello que me pediste no apuntar; y que no dijera, sino a aquellos que aceptaran la propuesta de Nuestro Padre.

Así es pequeña, así es. Ahora te das cuenta del porque Yo quiero que se preparen, del porqué de Mi insistencia.

-Sí Padre, ahora lo entiendo.

UNA NEGRA SOMBRA SOBRE LA TIERRA CAERÁ

Sigue escribiendo, que tienen que saber que Yo se los estaba pidiendo, pidiendo que se prepararan para lo que estaba viniendo. Diles, diles que se preparen, que lo tienen que hacer, porque de no hacerlo, van a perecer. Te entregaré más preparación, más cosas que aprender para que llegado el momento sepas, y sepan que hacer. Algo sabes, pero falta más, mucho, mucho más:

Una negra sombra sobre la Tierra caerá. Será destructora, vendrá a acabar, a exterminar todo lo que Mi Padre ha creado, para formar su propio imperio, imperio de destrucción y de maldad. Yo no los envíe, Mi Padre no los envío, nadie sabe de dónde vienen, sólo Yo; Yo sé de dónde vienen, y lo que quieren hacer; Yo sé de dónde vienen – Lo sé.

-¿Padre: Esto lo puedo escribir? Con esto van a decir: Ven, se los dije, loca está la que lo escribió.

Así dirán pequeña, pero tarde será cuando frente a ellos tengan la realidad, y nada puedan hacer. Tarde, muy tarde van a creer lo que iba a suceder; tarde será cuando cuenta se den, de que loca no estabas, y que Yo te dictaba lo que tenías que escribir. Loca no estabas y lo van a ver y a entender cuando todo esté sobre ellos y nada, nada puedan hacer. Entonces gritarán, pedirán ayuda al Eterno, pero el Omnipotente no podrá ayudarlos, porque la ayuda les envío, y la rechazaron, rechazaron a los que Él les había enviado, no los escucharon, no los respetaron, dijeron, que estaban locos, y los humillaron, los despreciaron, despreciaron la ayuda que Nosotros les habíamos enviado.

YO LOS QUIERO AYUDAR

-Padre: Si ellos no dicen que estoy loca, lo digo yo., esto que me dices está pesado, difícil de creer, difícil de imaginar. Tan así es, que de no estar segura de la relación que Tú y yo tenemos, no lo escribiría, no pondría en papel lo que me estás diciendo, pero lo hago, Padre, porque sé que es verdad, y que Tú nos quieres ayudar.

Así es pequeña, Yo los quiero ayudar, Yo quiero que se preparen para lo que va a pasar. Aquel que así lo vea, lo entienda se podrá salvar. Triste, muy triste va a ser para Mí verlos fracasar, ver fracasar a aquellos que no quisieron ver, ni escuchar. Triste muy triste será, para aquellos que sí lo hicieron verlos perecer, y nada poder hacer.

-Padre; duro y terrible es lo que me dices, que al escucharte, hasta yo misma dudo de mi sanidad. Padre, Tú sabes que es así. Pero sigo escribiendo, porque yo creo en Ti, sé por lo que Tú pasaste cuando en la Tierra te encontrabas: Te negaron, Te golpearon, Te humillaron; y porque no, pienso que dijeron que loco Tú estabas. ¿No es así Padre mío?

Así es Mí niña, así es. Es por eso que escribes lo que te digo; piensas: Si a Él se lo hicieron, que espero yo, que gusano de la tierra soy; y lo haces aun sabiendo lo que te espera, pequeña Mía.

-Así es Padre mío: Quién soy yo para no escribir lo que Tú me pides que escriba. Quién soy yo para no hacer lo que me dices que haga, por miedo a lo que digan, o piensen los que lean lo que escrito está. Quién soy yo para privarlos de saber lo que va a pasar sólo por pensar que a mal lo van a tomar, y que loca van a decir que estoy. Quién, quién soy yo, para no hacer lo que Tú me pides que haga, por temor a lo que van a pensar, o decir de mí. Padre, lo seguiré haciendo; seguiré escribiendo todo lo que me digas que escriba, sin pensar en lo que me pueda pasar.

AMOR ES LA CLAVE PARA QUE SE PUEDAN SALVAR, Y SALVAR A LOS DEMÁS

Bendita seas pequeña Mía, bendita seas que así piensas. Sigue escribiendo, que hay mucho por escribir; mucho que quiero dejar escrito, para que no haya duda, que Yo los quise preparar para lo que venía. Por amor lo estoy haciendo, por amor lo tienen que hacer. Por amor tienen que hacer lo que Yo les digo, por amor y nada más; amor a su Dios y Seño, amor a su hermana humanidad, y amor a sí mismos. De otra forma no será, amor es la clave para que se puedan salvar, y salvar a los demás. No existe otra forma; sólo esa y nada más: Amor, amor, amor.

-Padre, ¿Cuándo me vas a empezar a entregar la enseñanza para esa preparación?

Pronto, muy pronto, y tendrás que escribir todo lo que Yo te diga, y se la entregarás a los que aceptaron la propuesta de Mi Padre; sólo a ellos, y a nadie más.

-Padre, ¿No vas a dar a los demás la oportunidad de saber lo que tienen que hacer?

TAMBIÉN SERÁN TRATADOS COMO LOCOS

Mi niña, te sorprende lo que digo, porque no lo entiendes; es trabajo que van a tener aquellos, que el <u>Sí</u> dieron; aquellos que aceptaron lo que Mi Padre les propuso, ellos se van a encargar de hacer ver a los demás, lo que ellos saben; en ellos pongo la responsabilidad de enseñar a los demás. Es por eso que se tienen que preparar para que lo puedan hacer. También serán tratados como locos, también serán humillados, maltratados, ignorados, y tendrán que estar preparados para todo eso. Tendrán Mi ayuda, y la ayuda de sus Maestros, pero de ellos es la responsabilidad de prepararse, ya que no podremos hacerlo si ellos no se preparan.

Hasta otra bendita alba de gracia pequeña. Por ahora es todo lo que te puedo decir. Escribe y sigue escribiendo para que todo quede escrito y no quede duda, de que Yo te dije que escribieras. Adiós pequeña, adiós. Tu Jesús de Nazaret. Amén.

-Después de escribir lo anterior, y de ver un programa de TV en donde un Rabí estaba entregando la enseñanza, el Maestro me dijo que podía acostarme por un momento. Así lo hice, ya que quería recibir algo más, y esto es lo que contemplé:

<u>Viernes 20 de febrero del 2015</u>
SUEÑOS/VISIONES

EL PASTOR Y LOS JUDÍOS

-Primero empecé a ver cosas no muy agradables, y pedí a ayuda a Nuestro Jesús de Nazaret, le pedí que me limpiara de todo lo que no era grato a Su mirada, y me quedé dormida.

-Luego escucho la voz de una amiga de El Monte, CA preguntando por mí, voy a ver qué es lo que quiere, y veo que lleva a sus tres amigos judíos y me pregunta, que sí no le había hablado al Pastor de sus amigos judíos. Veo a sus amigos judíos sentados, muy contentos y risueños. Mi amiga de El Monte se va. Veo que en la cocina están tomando Pepsi, y el Pastor me dice, que va ir a ver si ha quedado Pepsi para él. Luego el Pastor me pide, que le lleve Pepsi y pistachos.

-Me dirijo a la cocina, y me encuentro con uno de los amigos judíos de mi amiga de El Monte, nos abrazamos, y le digo, que lo voy a ser presente, y él me dice: Sí, como no. Veo que deja algo que traía en la mano, o toma algo en su mano. Luego veo que me señala un cuarto, como una especie de oficina, y entramos. Yo estoy pensando, que él no entendió, que lo que yo quería decirle, es que le tenía que llevar al Pastor lo que me había pedido, pero no pude hacerlo porque él se cruzó en mi camino. Al entrar al cuarto u oficina me dice, que me veo muy bien, y que le gustaba mi nuevo look, que es mejor que el otro que tenía. Yo siento que estoy vestida correcta y conservadamente, y no recuerdo el look que antes tenía. Cuando mi amiga llegó, ahí estaba el Pastor con otros judíos, fue cuando mi amiga sentó a sus invitados, y todos estaban muy risueños y sonrientes. Amén. (Éste sueño es muy significativo, y hace referencia a la casa que el Señor me había entregado para que pusiese la escuela. En esa propiedad había más de 140 árboles de pistachos, y toda clase de árboles frutales.)

Miércoles 25 de febrero del 2015 a las 6:38 de la mañana
EL PADRE TODOPODEROSO DICE:

SON MIS ESCOGIDOS, MIS PREPARADOS

-El Señor me entregó este mensaje, cuando al ver en la TV, y en el internet a varios profetas proclamando todo, o casi todo lo que Él me ha estado diciendo:

Quiero que escribas, y no dejes de escribir: Lo que viste, para ti viene, pero si esperas con paciencia, todo llegará en el momento que tiene que llegar, todo será como tiene que ser. Has aprendido… un poco, pero necesitas aprender más, tienes que saber lo que va a pasar. Ya te diste cuenta que tengo a Mis escogidos, a Mis preparados., ya sabes que hay quienes están recibiendo lo que tú recibes: Son Mis escogidos, Mis preparados, aunque todavía no lo saben de un todo., saben que son algo, pero no saben qué tanto.

ELLOS SERÁN LOS QUE PREPAREN A LOS DEMÁS

Tengo para ellos muchas cosas, cosas que los llenará de placer y dicha, cosas que confirmarán lo que ya sabían, y otras, que les dirán que lo que sabían, no era nada, que ahora sí saben, y no saben nada. Así lo entenderán, así lo aprenderán, y así lo entregarán a sus hermanos. Porque ellos serán los que preparen a los demás, *los que les digan lo que va a pasar, y que se tienen que preparar; y los prepararán, y a su vez, ellos prepararan a muchos, muchos más. Todos se beneficiarán con lo que Hoy aprendan, todos sabrán lo que tienen que hacer, cuando llegue lo que tiene que llegar.*

MAS AY DE AQUELLOS QUE NO QUISIERON OÍR NI VER

Mas ay de aquellos sordos, ciegos, que a pesar de ver y oír no quieren escuchar ni ver, ellos sufrirán su necedad, ellos llorarán su necedad. No quisieron oír; no quisieron ver, ahora llorarán, y nada podrán hacer., sólo perecer. Perecerán por su ignorancia, porque no quisieron aprender cuando era el tiempo de aprender. Querrán aprender cuando tarde sea., ya no habrá lugar para hacerlo, ya no habrá quien los enseñe, y sufrirán.

NADIE SABRÁ QUE EXISTIERON

No podrán dejar de llorar. Su llanto será eterno, nadie los escuchará, nadie sabrá que existen, nadie sabrá que existieron, nadie lo sabrá, porque la muerte eterna tendrán: La muerte sin retorno.

EL ALERTA TUVIERON

Tú sigue escribiendo para que quede constancia, que el alerta tuvieron, y no lo quisieron escuchar. Que tuvieron frente a ellos Mis enseñanzas, Mi preparación, Mis conocimientos, y no los aprovecharon. No aprovecharon lo que Yo les ofrecí de corazón, lo que Yo les propuse con todo Mi amor. Pero no lo quisieron hacer, Me rechazaron, Me ignoraron, dijeron ser fantasías, nada más. Ahora saben que no lo eran, ahora saben, que fantasía no fue lo que Yo les ofrecí.

YO LES OFRECÍ…

Les ofrecí la Gloria y la rechazaron; les ofrecí Mi Reino, y no lo quisieron, les ofrecí la Vida Eterna y la muerte prefirieron. La muerte eterna tuvieron, ahora nadie sabe de ellos., ellos nunca existieron, nadie los recordará, nadie sabrá quienes fueron. Morirán por necios, por aferrarse a su verdad, porque dentro de ellos estaba Mi verdad. Ellos conocían Mi verdad, pero prefirieron negar, y aferrarse a su verdad.

YO TRATÉ DE AYUDARLOS

Tú sigue escribiendo, sigue dejando escrito, que Yo traté de ayudarlos, de prepararlos, de educarlos, y mi ayuda rechazaron, mi ayuda ellos se negaron. Yo les di todo para que se salvaran, pero no quisieron salvarse, dijeron estar salvados, y que no tenían que prepararse. ¡Qué equivocados estaban! Ahora lo reconocen, ahora lo entienden, ahora lo saben. Mas ahora, nada pueden hacer porque en el ahora del Ayer, no quisieron aprender.

DE ELLOS SERÁ LA DECISIÓN, Y DE NADIE MÁS

Deja, deja escrito, para los que vienen sepan, que cuando Yo ofrezco mi ayuda, es para que la acepten. Mi ayuda, sale de mi corazón, y de corazón la deben aceptar, y acatar lo que Yo les voy a enseñar, y aprender que lo que Yo les propongo es para su bienestar. Tú sigue escribiendo, sigue entregando lo que tienes que entregar, y haciendo lo que tienes que hacer. Que al darse cuenta de lo que viene, a unos hará pensar, y meditar. Sabrán que verdad hay en tus palabras, palabras que Yo te entregué, se darán cuenta, que no hablas por hablar, sino por Mi voluntad. Tú sigue escribiendo, sigue diciendo, y enseñando Mi verdad, y déjalos que lo piensen, que lo mediten, y que decidan qué camino tomar, de ellos será la decisión, y de nadie más. Amén.

Viernes 27 de febrero del 2015 a las 2:58 de la mañana
CRISTO JESÚS DE NAZARET DICE:

TODO SE GANA CON TRABAJO

Escribe, que te tengo que decir más cosas: Quieres enseñanza, enseñanza te daré, pero tienes que entender, que tienes que aprender. No dejes al tiempo lo que del tiempo no es. Sufres, Yo lo sé. Yo sé lo que quieres hacer, y lo harás, pero tienes que aprender a esperar; a espera Mi tiempo, que es el mejor de los tiempos. Sí Yo te digo que hagas, lo tienes que hacer, si es que quieres aprender. ¡Ves, puedes hacerlo! Sólo tienes que querer. Estudia, aprende, prepárate, porque lo que viene requiere preparación, pero sobre todo, de mucho amor, amor para toda la humanidad. La humanidad necesita de ti – Los tienes que ayudar.

TODO LO QUIEREN YA HECHO

Todo aquel que Conmigo está tiene que trabajar. El trabajo no es fácil, como puedes darte cuenta, pero también tiene su recompensa. Recompensa, que muchos van a querer sin tener que trabajar, todo lo quieren ya hecho, ya preparado, y entregado en sus manos. Esos que así lo quieren, se van a quedar esperando.

TODO SE GANA CON TRABAJO, AMOR Y DEVOCIÓN

Todo se gana con trabajo, entrega; y dedicación, todo se gana con amor y devoción, devoción a Quién todo te lo dio, a Aquel que sin pensarlo, la vida por ti dio, a Aquel que dijo: Te quiero, y lo demostró. Por lo tanto, no dejes para Mañana lo que puedes hacer Hoy, Hoy necesitas prepararte, Hoy necesitas decidir qué hacer, Hoy necesitas aprender, porque Mañana no podrá ser. Estudia, trabaja Hoy, para que Mañana no lo tengas que hacer. Te dije que escribas, porque tengo mucho que decirte. Sé qué esperas, y esperando te quedarás si no hacer las cosas que tienes que hacer.

-Padre: ¿Qué es lo que tengo que hacer? Dime, porque yo no sé qué hacer. Tú sabes, Tú me conoces; lo que yo sé, lo sabes Tú sabes, que eres Tú quien me enseña. Tú conoces todo de mí, conoces de mis dudas, frustraciones y quebrantos. Tú conoces los porqués, por lo tanto, dime que tengo que hacer.

Lo que tienes que hacer lo sabes: aprender a obedecer. La obediencia lo es todo, Obedéceme, y lo comprobarás; sólo eso: Obedecer.

-Padre, sabes que trato de hacerlo, pero siempre te fallo. ¡Ayúdame! Quiero aprender; lo quiero hacer.

La ayuda tienes, has tenido, y la vas a seguir teniendo, sólo obedece.

-Padre: Me dijiste espera, y estoy esperando.

Sigue esperando, que Mi tiempo es el mejor de los tiempos.

-Padre: Me dices, y no me dices. Dime, ¿Qué es lo que tengo que aprender?

A obedecer. Obedecer es entregarse en un todo, no a medias. Un todo quiere decir un todo. Me dices que vas a hacer algo, y lo haces a medias, eso no es entregarse en un todo. Haz las cosas como dijiste, como dentro de ti prometiste: En un todo. Eso es obedecer, porque estás obedeciendo a ti misma, lo que dijiste hacer.

-Padre: ¿Ésta es la lección, la enseñanza que me tenías que dar? Yo quiero otra clase de enseñanza para poder entregarla a tus hijos.

¿No crees que esto es algo que ellos deben aprender? ¿Algo que deben hacer para poder obtener?

-Sí Padre, ahora lo entiendo. Padre, lo más de las veces, creo que me estas regañando, cuando en realidad me estás enseñando.

Todo es enseñanza, Mi pequeña; todo es enseñanza. ¿De qué otra forma vas a aprender, si no aprendes a obedecer?

-Padre, ¿Algo más que me quieras decir? ¿Algo que pueda llevar a tus hijos? ¿Algo que pueda decirles de parte Tuya?

EL TIEMPO LLEGA Y LOS VEO SIN PREPARAR

Sí Mi niña, sí. Quiero que les digas, que el tiempo llega, y los veo sin preparar. Diles, que Yo no los quiero ver llorar cuando el tiempo llegue, y los tome sin preparar. Tú sabes la clase de preparación que Yo quiero que ellos tengan: La preparación en el corazón. Quiero ese corazón preparado, listo a Darme todo, y a dar todo. Un corazón libre de todo aquello que lo destruye, de todo aquello que lo aleja de Mí. Quiero un corazón puro, limpio y desmanchado: Quiero el corazón de un niño. Un corazón listo a dar todo sin esperar nada a cambio, un corazón libre de todo mal sentimiento, un corazón lleno de amor hacia Mí, y hacia todos sus hermanos.

HÁBLALES, PARA QUE NO DIGAN QUE NO LO SABÍAN

Todos son Mis hijos, a todos los amo Yo. ¿Por qué ustedes escogen a quien amar, si Yo a todos los amo por igual? Amen a todos sus hermanos, amen a toda criatura de Mi creación, amen a todos con el corazón, y me estarán amando a Mí. Aprendan a amar de esa manera, que de esa forma los amo Yo.

Háblales de cómo leer, para que puedan entender. Háblales de cómo escuchar, y de cómo hacer lo que tienen que hacer. Háblales, para que lo sepan, y no digan, que no lo sabían cuando llegue el tiempo de responder a lo aprendido. Amén.

-Esto es lo que me dijo para que se los dijera a mis hermanos, sus hijos:

TIENEN QUE APRENDER A LEER

-El leer, no es un concurso sobre quién lee más palabras por minuto, sino quien entiende lo que ha leído, y quien analiza lo leído. Dijo, que se debe leer, volver a leer, repasar, analizar, y entender lo leído.

-Hermosos mensajes que tenía que entregar a la Casa de Oración. Entregaba algo, pero no podía hacerlo en un todo, ni entregarlo a todos como era el deseo del Padre. Yo le pedía ayuda al Pastor para que hiciese más fácil mi trabajo; pero no logré que me ayudara. O tal vez, no entendió lo que le quería decir cuando le pedía que hiciera más fácil mi trabajo. Ya que lo que yo quería, era que me dejara hablarles a todos juntos, y no uno a uno, como a veces lo hacía.

-La enseñanza *El Arte de saber escuchar*, la encontrarás en el libro ya mencionado.

Miércoles 4 de marzo del 2015
SUEÑO/VISIÓN:

LOS MUERTOS VIVOS, Y LOS VIVOS MUERTOS

-Primero veo a un muerto en un ataúd; al verlo empecé a orar por las almas desencarnadas. Luego sentí que salía de mi cuerpo, pero no en la forma en que estoy acostumbrada, sino en una forma diferente. Claramente sentí que iba en un autobús y veo que llegamos (Sabía que alguien más iba conmigo) a una ciudad desconocida.

-Caminamos por una banqueta y llegamos a una parada de autobuses, de esas que tienen bancas para sentarse a esperar el autobús. Ahí veo a mucha gente esperando. Pero estaban acostados en las bancas, y acomodados en una forma muy rara, se les miraba únicamente la cabeza y el torso como embonando uno con otro, hasta forma una inmensa línea. Seguí caminando hasta el final de la banqueta y dije: Son muchos.

-Había toda clase de razas, entre ellos chinos. Más o menos pude contar como diez líneas que abarcaban de extremo a extremo de la calle. Al salir al final de la banqueta dije: Debí haber orado por ellos y me quedé pensando en eso. Aquí abrí los ojos y ya no supe que pasó.

-Me quede un rato meditando sobre esa videncia, y pidiendo al Padre el análisis. Me dijo, que eran soldados muertos-vivos. Soldados, que antes de morir alcanzaron algo de luz; y están ahí esperando por el autobús que los lleve a casa. Me dio la explicación y me dijo, que fuera y hablara a mis hermanos de lo que había visto, y les explicara lo que significan los muertos-vivos y los vivos-muertos.

-El viernes anterior había ido al lugar en donde reparten comida a orar por las personas que ahí se encontraban. Hice una lista y me la llevé a casa, e hice oración por todas esas personas, pero no únicamente por las personas que ahí se encontraban, sino por todos, y esto es lo que contemplé:

-Contemplo al Maestro Jesús (Bueno, sólo Su bata blanca), que en Sus brazos llevaba cargando a alguien. Eso me estaba diciendo: *Ya los tengo a todos en Mis brazos. Amén.*

-Después, por un sueño se me entregó, que tenía que hablarles a mis hermanos sobre los muertos vivos, y los vivos muertos, ya que en el sueño los pude ver esperando que alguien los ayude. Pude decirlo a algunos hermanos, pero no a todos; pero es importante que todos sepan lo que eso significa:

-<u>Muertos vivos</u>: *El que muere sin conocer de Dios. No sabe que ya murió, y sigue pensando que está vivo.*

<u>Vivos muertos</u>: *Todo aquel que vive pero su espíritu no lleva nada de espiritualidad. Puede caminar, puede pensar, pero su espíritu está muerto.*

-*Tal vez algún día pueda hablarles sobre esto. Amén.*

Jueves 5 de marzo del 2015 a las 3:35 de la mañana
SUEÑO/VISIÓN:

-*Contemplo a unas hermanas, y sé que tengo que hablarles.*

Sábado 7 de marzo del 2015 a las 5.00 de la mañana
SUEÑO/VISIÓN

EN UN HOSPITAL ENFERMA

-*Veo que estoy enferma en un hospital, y que junto con una enfermera voy caminando por el pasillo del hospital. De pronto siento frío, y se lo comento a la enfermera, ella se lo dice al doctor, y el doctor me da algo para cubrirme. Sigo caminando sintiendo frio, y me cubro con lo que el doctor me había dado, que resultó ser, una cobijita de bebé. Al escucharme la enfermera, va y apaga el aire acondicionado. Volteo hacía arriba, y veo, que los abanicos están encendidos. Luego veo que la enfermera me dice que coma, y me trae un dulce de guayaba. Veo que el dulce está muy grande, y le pido sólo un pedazo. El doctor me había dicho que comiera, porque ya pronto no iba a poder comer. Creo que dijo, que en unos dos, o tres días. Amén.*

-Me quede en la cama meditando sobre el sueño, pero no logré recibir el análisis del mismo. A las 5:00am, *me levanté, e hice mis oraciones. Luego me puse en meditación para ver si así Él me entregaba, o me decía el significado del sueño. Después de un rato me dijo que me acostara. Yo seguí meditando, pero Él me lo dijo por segunda vez, y entonces me recosté un rato más, y esto es lo que contemplé:*

SUEÑOS/VISIONES

EL PASTOR ME EXPLICA PORQUE ESTÁ ENOJADO CONMIGO

-Lo primero que vi fue a un niño, pregunte el significado pero no recibí respuesta. Luego contemplé una grúa que llevaba atrás a un caballo, y dije: Pobre caballo. Veo que detrás de la grúa va otro carro que también llevaba a otro caballo. Luego empecé a salir de mi cuerpo, y me dio mucho gusto, ya que ahí se me iba a dar la explicación. Pero sonó el teléfono y no pude hacerlo. Deje que el teléfono sonara, y cuando cesó de hacerlo le pedí al Señor, que lo hiciera, que me entregara, pues no había poder más grande que Su poder.

EL PASTOR ME ENSEÑA UNOS DIBUJOS

-Y así lo hizo. Tardé un poco, pero luego veo que estoy en un salón muy grande, como que iba a llevar a cabo una celebración. Ahí veo al Pastor; hablamos, y veo que el Pastor pone frente a mí una cartulina con unos dibujos, y sobre los dibujos me estaba explicando, el porqué estaba disgustado conmigo. Me Señala los dibujos y me dice, que yo dije que estábamos desnudos, y que cómo que yo quería algo con él. En los dibujos aparecía su familia.

TRATO DE EXPLICARLE...

-Es por eso que dijo, que yo estaba tratando de hacerle daño a su familia, o de separarlo de ella. Yo lo veo y trato de explicarle, que eso no es verdad, que yo no puedo tener novio u hombre alguno. Trataba de decirle, que yo no puedo tener ninguna relación física con hombre terrenal.

EL PASTOR ESTÁ DIRIGIENDO EL BAILE

-El Pastor se va, creo que lo llamaron para que dirigiera el festival. Al pasar por el lugar veo que están bailando, y el Pastor está dirigiendo el baile.

NO TODOS HABÍAN HECHO SU TAREA

-Yo seguí caminando, y paso por un lugar en donde estaban las cosas manuales que los jóvenes habían hecho; no había muchas, en total eran como ocho, o diez. Veo que la señora que me acompaña, dice algo sobre las cosas que ahí había. Había algunas, que nada tenían que ver con lo que se estaba representando. Una de ellas, era un escenario de un pozo de agua, otra, era algo que estaba desbalanceado, ya que dije: Hubiese hecho la cabeza más pequeña, o algo así. Fuimos revisando uno a uno lo que los muchachos habían hecho, y me di cuenta, que <u>no todos habían hecho su tarea</u>.

ERA LO MISMO, Y DIJE: HOY NO SE PUEDE.

-Seguí caminado, el lugar era como un restaurante muy grande, con grandes ventanales en donde se podía ver lo que sucedía del otro lado, y pude ver al Pastor, y muchos jóvenes participando en el bailable. La obra se trataba sobre los últimos días de Nuestro Señor Jesucristo aquí en la Tierra. Veo que cada bailable representaba uno de esos días. Lo último que pude ver, es que representaron el Domingo de Palmas. Seguí caminando, y pensando, que era lo mismo, y dije: Hoy no se puede, lo dejaré para el lunes. Me estaba refiriendo al hecho, de que no había terminado de explicarle la situación al Pastor. Aquí regrese a mi cuerpo, y me puse a escribir lo anterior. Amén.

Domingo 14 de marzo del 2015 las 5:23 de la mañana
PROFECÍA: DIOS PADRE DICE:

ESTE PAÍS LLEGARÁ A SER ESO: NADA

Quiero que escribas, ya mucho que no escribes. Deja de pensar en lo que pasó en lo que puede ser; y concéntrate en lo que va a pasar. Ya sabes lo que va a pasar, ya se te ha dicho. Pero más, mucho más de lo que se te ha dicho pasará, no tienes idea de eso. Lo terrible de todo, es que nadie quiere poner atención, nadie quiere hacer nada para evitar que suceda. Todos creen que nada pasará, pero están equivocados, pasará, y nadie lo va a evitar. Pueden hacerlo, pueden evitar que eso suceda, pero nadie quiere hacer nada, nada, nada, y en la nada se quedarán.

Este país llegará a ser eso: Nada. No más respeto de los demás, no más admiración por él, no más elogios por su progreso porque no lo habrá. Ya nadie progresará, nadie lo hará, todos vivirán de los recuerdos, y nada más. Los que pudieron salvarse, lo hicieron, los que no, no lo hicieron; no se salvarán, sólo llorarán. Llorarán su desgracia, la desgracia de no haber oído, de no haber escuchado cuando tenían que escuchar, y poner atención. No lo hicieron, y ahora ven las consecuencias de su desacato; desacataron Sus Leyes, su delito pagarán. Ahora se arrepienten, pero tarde ya es, su arrepentimiento llegó tarde, muy tarde, ya nada se puede hacer.

SUCEDIÓ, Y NADA PUEDEN HACER

Tratarán de que Él los escuche; de rodillas orarán; harán lo que no hicieron cuando tiempo había para que lo hicieran, ahora tarde es, y nada se puede hacer., nada se puede hacer por aquellos que no quisieron entender, por aquellos que no quisieron saber lo que iba a suceder. Sucedió, y hora lo ven, sucedió, y ahora saben, que todo era verdad, que lo que se les dijo sucedería… sucedió, y nada pueden hacer.

NADIE PUSO ATENCIÓN

El tiempo de que lo hicieran ya pasó, ya se fue, y no volverá. Ya no volverá a decirles lo que tienen que hacer, ya no los incomodará, ya no los quitará de su bienestar, de su comodidad; ya no. Pero ahora quieren que lo haga, que les diga que hacer, pero ya no puede ser; ese tiempo pasó, se fue para ya no volver. Ya no volverá, ya no los molestará, ya no les dirá que se pongan a estudiar, ya no les dirá que se tienen que preparar, ya no les dirá, que la preparación es importante para enfrentar lo que venía. Pero nadie puso atención, nadie escuchó, nadie se preparó.

-Padre: ¿Nadie? ¿Nadie escuchará? ¿Nadie?

Te parece exagerado ¿No es así?

-Sí Padre. Porque nadie, significa… nadie, y nadie es nadie, ni uno sólo. ¿No es así Padre mío?

Así es. Pero si te refieres al mundo en general, será como si nadie (globalmente.) Pero si te refieres a Mis escogidos, Mis privilegiados, entonces te diré, que algunos lo van a hacer, algunos van a escuchar, van a entender, y se van a preparar. Pero como te dije, si lo comparas mundialmente, será nadie, será nada ya que, qué pueden hacer unos pocos en contra de lo que viene. Sí, ellos podrán salvarse, pero no podrán salvar a los demás.

-Padre: Entiendo, y no entiendo, perdona mi ignorancia. Porque sigo pensando en la palabra <u>nadie</u>, y eso es lo que no entiendo. ¿Quieres decir, que comparado con el universo, aquellos pocos serán como nadie? ¿Cómo nada, porque nada podrán hacer por los demás?

A eso Me refiero. Pero si habrá quienes escuchen, quienes entiendan, y se pongan a estudiar, a analizar, y a entender: Esos se salvarán, esos saldrán adelante, esos estarán Conmigo gozando de todo lo que es Mío. Amén.

<u>Martes 17 de marzo del 2015 a las 6:56 de la mañana</u>

-El padre seguía insistiendo en que entregara sus mensajes y dijo: Insisto en que escuchen

Quiero que escribas lo que vas a hacer, irás y dirás lo que tienes que decir, Yo estaré ahí contigo, para que se diga lo que se tiene que decir:

Tiempo es que escuchen lo que Yo tengo que decir, tiempo es que entiendan porque estás ahí. Yo te envíe, Yo te dije que fueras a ese lugar, Yo te dije que hacer, y qué decir; Yo Jehová, Yo soy el que dice, Yo soy el que ordena, Yo soy el que habla. Ve y diles lo que tienes que decir; no temas, que Yo estaré ahí. Yo estaré ahí para hablar con ellos para decirles, que tienen que escuchar, y decidir qué hacer. Si deciden no poner atención, te sacaré de ahí, y de ellos será la perdida, porque te llevaré a otro lugar, ahí entregarás lo que tienes que entregar, y ahí harás lo que tienes que hacer. No te desesperes, que ya pronto será lo que tiene que ser, y harás lo que tienes que hacer. Ya pronto, ya pronto, ya pronto. Tú haz lo que tienes que hacer, y lo que tienes que decir; de ellos será el decidir. Amén.

-Hablé con el Pastor y le pedí, que me permita entregar el resto de la propuesta de Mi Padre. Me dijo que en una semana me daría la respuesta. Amén.

Sábado 21 de marzo del 2015 a las 3:50 de la mañana
PROFECÍA- CRISTO JESÚS DE NAZARET DICE:

SABRÁN MUCHAS COSAS QUE ANTES NO SABÍAN

Deja de pensar, que eso no te ayuda; deja que Yo te diga lo que va a pasar. No quieras saber antes de tiempo lo que va a suceder; Yo te lo diré cuando llegue el tiempo que lo sepa, y entonces sabrás, lo que tienes que hacer. Sé que cansada te sientes, sé de tus dolores y penas; Yo lo sé todo; nada escapa a Mi mirada. Sé lo que sufres, y lo que has sufrido, sé lo que has hecho, y lo que no has hecho; Yo sé todo de ti, y tú nada de Mí, nada, porque te falta mucho por saber, mucho por conocer, y mucho por aprender. Lo que sabes, es nada, comparado con lo que sabrás, con lo que aprenderás, y lo que enseñarás. Enseñarás lo que Yo te he enseñado, lo que Yo te diga, y lo que Yo te entregue, y así aprenderás; dando, entregando, enseñando. Sorprendida quedarás al escuchar lo que de tu boca sale; sabrás que no eres tú, sino Yo, sabrás, que Yo soy la sabiduría que sale de tu boca, la sabiduría que entregas a Mis hijos, tus hijos, tus hermanos. La sabiduría con la que todos se beneficiarán, porque todos aprenderán a Conocerme más a fondo; sabrán, y conocerán la verdad acerca de Mí, y de Mi Reino.

TIRARÁN TODO LO QUE ERA FALSO

Sabrán muchas cosas que antes no sabían. No las sabían porque se las habían ocultado para que no las supieran. Pero a través de ti las sabrán, porque Yo se las diré; Yo los pondré al tanto de lo que sucedió, y de lo que va a suceder; Yo les diré la verdad, y nada más que la verdad. Porque será Mi Verdad: La absoluta verdad. No más mentiras, no más engaños, no más falsedades, sólo la verdad absoluta, sólo la absoluta verdad, y nada más. Aprenderán lo que ya saben, y lo que no saben; de lo que saben, dejarán la verdad, y lo demás lo tirarán.

ELLOS SON EL LÍMITE, MI PADRE Y YO SOMOS EL INFINITO

Tirarán todo aquello que falso era, todo aquello que los había guiado en falsedad, todo aquello que no era verdad. Ahora conocerán la verdad, y nada más que la verdad, Yo se las diré. Yo les diré lo que pasó, y como pasó. Yo les diré lo que pasará, y como pasará. Yo les diré lo que sé; lo que Mi Padre me enseñó, pero se los diré conforme me lo vayan pidiendo, conforme vayan entendiendo y aceptando Mi Verdad. No les diré algo que no entiendan., si no lo entienden, se los explicaré hasta que lo entiendan, y de ahí pasaré a decirles algo más, y así hasta donde ellos quieran aprender… aprenderán. Ellos son el límite, y Mi Padre, y Yo somos el infinito. Tenemos un infinito de sabiduría, y conocimiento, pero de ellos está hasta donde quieren aprender. Amén.

Jueves 26 de marzo del 2015

-Hoy se cumple la semana que dio el Pastor para entregarme su repuesta, pero no me dijo nada.

Jueves 26 de marzo del 2015 a las 12:09 del día
CRISTO JESÚS DE NAZARET DICE:

YO QUIERO QUE ME AMEN COMO YO LOS AMO

-Sé que estás desesperada, que ya no sabes qué hacer, que no sabes que pensar. Pero ya te dije, que no pienses, que esperes, que Yo te diré todo lo que tienes que hacer, y todo lo que tienes que saber. No te he dejado, no te he olvidado, *no me he olvidado de lo que necesitas, para cumplir con lo acordado. Yo sé lo que hemos acordado, Yo sé lo que vamos a hacer, y como lo vamos a hacer; recuerda, que Yo lo sé todo, que nada escapa a Mí Mirada.*

Sé lo que dije, y lo que prometí, también sabes, que Yo les estoy dando la oportunidad de reaccionar, de que entiendan, y acepten Mi Propuesta. Yo quiero que lo hagan; Yo quiero verlos triunfar; Yo quiero verlos aquí Conmigo, y disfrutar; disfrutar de todo lo que Yo tengo; de todo lo que Yo soy, y de toda Mi Creación. Yo soy el Creador de todo. Yo los creé a ellos. Yo los conozco; pero ellos a Mí no. Yo quiero que Me conozcan, que sepan lo que Yo soy, y lo que no soy; pero sobre todo, que Me amen como Yo los amo a ellos.

-Padre mío: Tú sabes, que el deseo de entregarles lo que Tú me has entregado, está en mi alma, en mi corazón. Pero cada día que pasa siento que es un tiempo perdido, ya que al reconocer ante Tu soberana presencia lo que hice, y no hice, me doy cuenta que perdí el tiempo, y que ahora quiero recuperarlo. Perdona mi impaciencia Señor; sabes que lo hago por amor a Ti, y a ellos.

-Padre mío: Siento tristeza al ver, que equivocados están, y con toda mi alma quiero enseñarles la verdad. Pero al ver la actitud de ellos siento, que todo esto es una causa perdida. Ya que ellos están tan en *su verdad*, que no admiten la verdad aunque la tengan frente a ellos.

-Padre mío, Tú sabes, que busqué en la Biblia pasajes que demostraran al Pastor lo que le estaba diciendo, mas sin embargo lo negó. Él niega la perfección, niega que hay varias clases de ayuno, niega los sueños, y el hecho de que a través de los sueños Tú te comunicas con Tus hijos para guiarlos, educarlos, prepararlos y alertarlos; cosas que están escritas en el Libro que él venera, y en el cual él cree. Pero ni aun así creyó, Padre mío, eso es lo que hace que me desespere y piense, que todo esto, es un caso perdido.

DE ELLOS SERÁ EL FUTURO QUE GOCEN

-*No, Mi niña, no lo es,* tú espera, que todo va a ser como se ha indicado. *Yo sé que temes al tiempo, Yo sé que dices que es tiempo perdido. Pero no Mi* niña; no lo es Yo restoro el tiempo perdido, Yo lo hago realidad, Yo lo hago Presente, y no Pasado. Yo lo utilizo para que prepares el mejor de tus futuros: Un Futuro mejor, y lleno de alegría, lleno de gozo y bienestar para ti, los tuyos y los que no son tuyos. Todos se beneficiaran de tu Futuro, porque en tu Futuro gozarán los que te ayudaron a formarlo. Todos juntos gozarán de tu Futuro y de su Futuro, porque de ellos será el Futuro que gocen; de ellos, y de nadie más.

El futuro de los demás será incierto, inconcluso porque así lo formaron en el Presente que negaron lo que Yo les ofrecí. Esos mirarán un Futuro lleno de luz en aquellos que si aceptaron, y dijeron: Presente, queremos aprender, queremos Conocerte, y conocer Tu Reino Señor. Esos gozarán su Futuro lleno de luz, y bienestar a Mi lado, y al lado de Mi Padre, y de todos los que aquí los queremos. Tú espera, que todo saldrá como lo hemos planeado. Ten paciencia, y todo llegará a Mi tiempo. Amén.

Sábado 28 de marzo del 2015 a las 3:27 de la mañana
PROFECÍA-DIOS PADRE DICE:

PARA TODOS ES MI PROPUESTA

Quiero que escribas lo que te voy a decir, porque quiero que lo recuerdes, que no lo olvides, para que dejes de sufrir. Ya te dije que esperes, que todo va a suceder como tienen que ser. Será como lo hemos planeado, nada va a cambiar' ya te dije, lo que va a pasar... y pasará. Vendrán tiempos terribles para la humanidad. La humanidad va a sufrir muchos percances, llanto, dolor por doquier.

Ve y diles, que tienen que escuchar; que tienen que entender, y que se tienen que preparar. Diles lo que hemos hablado, y de lo que hemos hablado; diles, que Yo no quiero verlos llorar cuando todo llegue, y los encuentre sin preparar. Para todos es la oportunidad, para todos es Mi Propuesta, Yo los quiero ayudar. Pero tienen que abrirme la puerta para que Yo pueda entrar a prepararlos; Yo los prepararé si ellos me dejan. Yo los quiero ayudar para que no perezcan. Yo quiero que se salven, Yo quiero que vengan a vivir eternamente a Mí lado, y al lado de Mi Padre, para que gocen lo que no han gozado.

VIVIRÁN MI VERDAD, LA VERDAD QUE LES HABÍAN OCULTADO

Todo sufrimiento acabará para ellos; todo será felicidad, gozo y contento. Aquí no habrá odio, rencor, ni envidia; aquí todo será amor, amor de verdad. Aquí no conocerán el desprecio, ni la mala voluntad; aquí serán tratados con amor, por haber sido leales a Mi verdad.

Mi Verdad lo es todo, y lo será todo, y así la vivirán. Vivirán Mi verdad: La verdad que les habían ocultado, la verdad que les habían dicho, que mentira era, y los habían engañado. Ahora todos creen tener la verdad, todos dicen saber qué hacer. Pero Yo sé que no es así., tienen la verdad que les han contado, la verdad que les han dicho ser la verdad, pero la verdad no la saben, sólo Yo la sé. Yo sé la verdad de lo que pasó, y la verdad de lo que pasará – Yo y nada más Yo, y Yo se las quiero decir. Se las quiero contar para que la sepan, y se puedan salvar, Yo quiero que se salven, Yo quiero que vivan. Yo quiero que dejen de sufrir; que dejen de llorar, y vengan a gozar aquí Conmigo. Amén.

Domingo 29 de marzo del 2015

-Tampoco hoy me dio el Pastor la respuesta.

Jueves 2 de abril del 2015 a la 1:24 de la tarde
PROFECÍA

CRISTO JESÚS DE NAZARET Y LOS MAESTROS DICEN:

ES TIEMPO PARA QUE ABRAN OJOS, CORAZÓN Y MENTE

Quiero que escribas, para que dejes de pensar en lo que no entiendes. Yo sé que hay muchas cosas que no entiendes, y eso te hace sentir mal. Pero Yo no quiero que te sientas mal. Todo lo entenderás a su tiempo, Ya te dije, que todo iba a suceder como se te había indicado, nada ha cambiado, todo sigue igual. Sabes que les estamos dando tiempo, y la oportunidad de que abran los ojos, el corazón, y la mente, a lo que les hemos estado diciendo.

EL ESPÍRITU RECONOCE LA VERDAD, PERO LA ENVOLTURA NO LA ACEPTA.

En tus sueños, te Hemos dado a conocer que el espíritu de Mi hijo, el Pastor está reconociendo la verdad, pero su envoltura está reacia a la realidad, y no quiere aceptar lo que el espíritu le está diciendo. Pero lo hará, no tengas duda de ello, lo hará porque Me ama, y ese amor lo hará ver la verdad. La verdad lo salvará, la verdad lo llevará al lugar en el cual estará Conmigo.

TE DIJE, QUE ERA YO QUIEN TE HABÍA ENVIADO A ESE LUGAR

Ten paciencia, y verás tu sueño hecho realidad; recuerda que la paciencia, es la virtud de los santos, y tú quieres esa santidad. No te hemos abandonado, no te hemos dejado sola, sola no estás, Todos estamos contigo, contigo estamos, y contigo estaremos en esta lucha, en esta tú misión; tu ministerio.

PASARÁ, YA TE LO HE DICHO

Te hablé y Te dije, que era Yo quien te había enviado a ese lugar, que era Yo quien te estaba entregando, y diciendo lo que hicieras. Soy Yo quien te dice que vayas y les entregues los mensajes que Yo te entrego. Me creíste cuando Yo te lo dije, y tu corazón se llenó de alegría. ¿Por qué entonces te acongojas, y sufres por lo que no ha pasado? Pasará, ya te lo he dicho, pasará, no tengas duda. Pasará, y entregarás lo que tienes que entregar, y harás lo que tienes que hacer; y Todos felices vamos a ser. Seremos felices viendo que has hecho, lo que tenías que hacer; seremos felices, porque con Nosotros te vamos a tener.

ESTAMOS TRABAJANDO

Yo te dije, que había cosas que no te íbamos a decir hasta llegado el momento. Por lo tanto, no te angusties por lo que no entiendes, ni comprendes, que todo lo entenderás, y lo comprenderás, cuando frente a ti tengas la verdad. No sufras, no queremos verte sufrir; no pienses, que es tuya la culpa por el atraso en los acontecimientos, estamos trabajando, estamos preparando lo que preparado tiene que estar. Ve y has lo que se te dice hacer, y espera el amanecer. El amanecer será tu revelación, en el verás la verdad de lo que se te ha dicho, y de lo que has pedido poder hacer., lo harás; se te entregará esa Gracia, y ese Poder como lo has pedido. Será de beneficio para ti, los tuyos y los que no son tuyos.

Padre, Me dices, Todos son míos. Y es la verdad: Todos son tuyos, y todos se van a beneficiar con lo que les vas a entregar. Aquellos que acepten tu Gracia, serán lo que más se beneficien, mientras que aquellos que la nieguen, serán humillados como sucedió con los hermanos de Mi hijo José: Humillados porque reconocieron lo que habían despreciado. Así se sentirán aquellos que nieguen lo que tienes. Espera el amanecer, que ese te dirá lo que tienes que hacer. Ve y disfruta con tus hermanos lo que tienes que disfrutar, que si tienes que hablar... hablarás, que si tienes que decir... dirás, y nadie lo va a evitar. Amén.

PADRE: ENSÉÑAME A SER COMO TÚ

-Bendito sea Padre mío por Tus palabras. Te agradezco el amor que tienes por todos nosotros Tus hijos. Padre: Tú si sabes dar amor, Tú si sabes perdonar los agravios. Padre, enséñame a ser como Tú, enséñame a perdonar como Tú perdonas, enséñame a amar como Tú amas... Enséñame a ser Tú, para poder perdonar como Tú perdonas; y para poder amar... como Tú amas. Amén.

Sábado de gloria, 4 de abril 2015 a las 3:37 de la mañana
CRISTO JESÚS DE NAZARET DICE:

MI RESURRECCIÓN. MI DESPERTAR

-Éste día el Maestro Jesús me habló de Su Resurrección. Mensaje, que a pesar de haberlo escrito en el libro ya mencionado lo dejé aquí, porque es algo mucho muy hermoso. Espero que lo disfrutes como yo lo disfruté, y una hermana a la que tuve la oportunidad de leérselo. Léelo despacio, e imagínatelo a Él viendo lo que está narrando. Yo lo hice, y me imaginé la estatua del *Pensador*.

MI RESURRECCIÓN. MI DESPERTAR

Yo te levanté, Yo te desperté porque quiero que escribas. No dejes de escribir, que tengo mucho que contarte, mucho que decirte sobre lo que va a pasar, y sobre otras muchas cosas. (Aquí pensé, y le dije, que era lo mismo. Que yo quería algo nuevo; quería enseñanza. Que quería algo más que aprender para poder llevarles a mis hermanos, que la profecía era la misma, que eran sobre qué les va a pasar a los que escuchen, y a los que no escuchen; a los que aprendan, y a los que no aprendan). Y entonces Él me contestó:

YO TOMÉ LA CRUZ DE TODOS

Tú piensas que es lo mismo pequeña, pero no lo es; parece lo mismo, pero no lo es. Tú escribe, y te darás cuenta, que todo lo que Te he dicho tiene sus variantes. Deja que pase el tiempo para que te des cuenta de muchas cosas. Te has dado cuenta, que cada vez que regresa y lees lo recibido, encuentras algo diferente. Pero en esta ocasión verás más, y más cosas que debes aprender, para que puedas enseñar.

Ya aprendiste lo que significa la Cruz en donde dejé Mi vida; ya lo aprendiste, y te regocijas al reconocer que es verdad, que Yo tomé la cruz de todos, y puse sus faltas detrás de Mí, separándolas de ustedes. Yo me puse en medio, sus faltas quedaron a Mi espalda, y ustedes frente a Mí. Cuando Yo te lo dije, te conmoviste, y aceptaste la realidad, realidad que empezaste a contar con la certeza, de que es así como sucedió. Como te das cuenta, ya ves que no es lo mismo. Esa es otra enseñanza para ti, y para tus hermanos, Mis hijos.

ME LEVANTÉ DE LA TUMBA Y VI EL NUEVO AMANECER

(Aquí está hablando del día en que se levantó de la tumba).

Ahora te diré algo más: Ese día Me levanté de la tumba y vi el nuevo amanecer; era hermoso, y a pesar de lo que habían hecho, Yo contemplé la ciudad en silencio, todo estaba en calma, como si nada hubiese pasado. Era un amanecer esplendoroso, con un cielo lleno de colores, colores hermosos, colores que representaban Mi muerte, y Mi despertar. Sí, Mi despertar: ¡La victoria en contra de aquel que Me quiso desaparecer! Creyó que con Mi muerte todo acabaría, pero no sabía, que sólo era el principio, el comenzar de un nuevo día. (En ese momento escuché a un gallo cantar y Él me dijo)*:*

EL GALLO SABÍA QUE ERA UN DÍA MUY ESPECIAL

Así como estás escuchando al gallo cantar, así lo escuché Yo esa mañana de Mi despertar. Era hermoso poder escucharlo. Era como si Me estaba dando la bienvenida, como celebrando Mi despertar. Así lo sentí, y así era. El gallo sabía, que era un día fuera de lo común, era un día muy especial: Era el día de Mi Resurrección; el día de la resurrección de la humanidad. Ese día resucitó la verdad, ese día resucité Yo. Yo era esa verdad, Yo sigo siendo y seguiré siendo, la verdad. Sí pequeña: Soy la verdad, y en verdad se convertirá todo lo que Yo te he dicho, sólo espera, que el tiempo nada olvida, y el tiempo llega y entrega a cada cual lo merecido. (Aquí le dije algo personal y esto es lo que me contestó):

TÚ ERES MI SIERVA, MI ANTENA, MI TRASMISOR, MI PROFETA MENSAJERO

Yo lo sé pequeña, Yo sé lo que pediste, Yo sé lo que deseas, y el por qué lo haces. Yo sé, que sientes temor de que sea tu vanidad, y tu orgullo, lo que te lleve a pensar lo que piensas. Hay un poco de ello, pero es bueno, porque en ello Me dices, que todo lo que Yo te diga, sea la verdad para así mismo, entregarla a tus hermanos y saber, que no eres tú la que la dice, sino Yo. Sientes orgullo de lo que recibes, sientes orgullo de saber, que eres Mi vaso escogido para recibir lo que recibes, pero al mismo tiempo te dices una, y otra vez, que no eres más que Mi sierva, Mi antena, Mi trasmisor, Mi profeta mensajero; aquel que llevará al mundo Mi verdad, y que les dejará escrita esa verdad.

YO TE HABÍA FORMADO

No, tu orgullo no es malo; es una satisfacción dentro de ti al darte cuenta de la Gracia que tienes, de la Gracia que Yo te di cuando Yo te engendré. Sí, Yo te engendré, Yo puse en ti lo que eres. Mucho antes que la creación existiera, tú ya existías en Mi corazón, Yo ya te había formado, y Yo he esperado mucho tiempo para volver a tenerte a Mí lado. Sé que ya pronto llegará ese momento.

-Ves Señor, eso es lo que me pone triste: Saber que ya pronto dejaré este planeta. Padre: No me asusta eso, lo que siento, es irme, y no dejar huella alguna, no haber cumplido la misión que me encomendaste. Eso es lo que temo, eso es lo que me duele cada vez que pienso en el tiempo que he perdido, eso Padre, mío. Eso es lo que me duele, el estar frente a Ti con mis manos vacías., frente a Ti, y no tener nada que entregarte, eso es lo que me duele. Tú sabes qué sé, y que acepto, que la muerte es mi amiga, la amiga que me llevará a Tu presencia. Señor, pero al estar ante Tú presencia, ¿Qué te voy a hacer presente? ¿Qué Te voy a llevar como regalo? ¿Mis manos vacías? Padre, ese es mi temor, no a la muerte misma, no a dejar este mundo sino, estar frente a Ti, y no poder mirarte a los ojos; ese, ese es mi temor, Padre mío.

ESTÁS CUMPLIENDO TU MISIÓN

Pequeña, pequeña Mía, Yo sé de tu temor, Yo sé qué piensas, que no has cumplido tu misión, Yo sé que piensa, que por falta de tiempo no vas a cumplirla. Mi niña, la cumplirás, es más, ante Mí ya la has cumplido, ya has hecho lo que tenías que hacer; cada vez que te sientas a escribir Mi mensaje, estás cumpliendo tu misión; cada vez que dejas por escrito Mi verdad, estás cumpliendo tu misión. Porque eso es lo tuyo: escribir, escribir, escribir, dejar constancia que Yo soy verdad, que Yo estoy aquí, porque Yo resurgí de la muerte, que la sepultura no acabó Conmigo; constancia, de que ese fue el principio para la humanidad.

TODOS SALIERON GANANDO

La humanidad ya tenía la verdad: Que Yo era el Hijo de Dios; el Mesías que estaban esperando, el Mesías que frente a ellos tuvieron, y no vieron. Ahora saben, que lo que Yo dije fue, y lo que Yo digo será. La humanidad ya tuvo a Quien pedir, a Quien acudir en ayuda; unos con arrepentimiento por no haberme conocido cuando frente a ellos Yo estuve. Otros, con la alegría de saber, que ellos tuvieron el privilegio de estar Conmigo, de disfrutar Mis momentos, Mis tristezas, y Mis alegrías. Como ves, todos salieron ganando: Tuvieron la verdad frente a ellos. Ahora te das cuenta de la alegría de Mi despertar, y de saber que había cumplido Mi misión, la misión de entregar al mundo Mi verdad.

TODOS TIENEN DERECHO A ESA VIDA Y A ESA GRACIA

Siento tristeza al ver, que mucha de Mí verdad ha sido escondida, alterada, modificada, y esa es parte de tu misión, y la de muchos de Mis escogidos: Hacer que esa verdad vuelva a surgir; vuelva a aparecer como Yo la escribí, como Yo la dejé. Esa verdad absoluta tendrá que aparecer, resurgir, para que las generaciones por venir se den cuenta de la verdad, y de Mí resucitar a la Vida de la Gracia; Vida y gracia que Yo les dejé a todos. Todos tienen derecho a esa Vida y a esa Gracia, porque Yo la dejé para todos Mis hijos, para que todos se beneficiaran de ella.

AMARSE LOS UNOS A LOS OTROS COMO YO LOS AMÉ

Ese fue Mi amanecer esa mañana en que Resurgí de la muerte. Esa mañana, cuando salí de Mi tumba y contemplé el amanecer; contemplé los colores de la libertad, la libertad que Yo vine a entregar, la libertad de saber, que sus faltas estaban pagadas, y que ahora, sólo tenían que seguir haciendo lo que Yo les dije hacer: Amarse los unos a los otros como Yo los amé, y los amo a todos ustedes; Obedecerme, y obedecer a Mi Padre. Amarnos y Respetarnos y seguir Nuestras enseñanzas.

NADA PODRÁ DETENERLOS EN SU ASCENSO HACIA MI PADRE

Enseñanzas que fueron dejadas para su bienestar; para su ayuda, y ascenso en su espiritualidad, para poder llegar ante la presencia de Mi Padre en Mí imagen y semejanza. No son enseñanzas difíciles de seguir; sólo Ténganos en su corazón, y todo será más fácil. Con ese amor podrán cruzar todas las barreras que frente a ustedes ponga el enemigo; nada podrá detenerlos en su ascenso hacia Mi Padre, ustedes lo harán, si en verdad Nos aman, si en verdad quieren venir a gozar de Nuestra presencia, y de Nuestro Reino.

¡LA MUERTE NO HABÍA PODIDO ACABAR CONMIGO!

Te seguiré diciendo sobre Mi Despertar: Ese amanecer fue bello para Mí; ahí estaba Yo contemplando, admirando sus bellos colores, dándome cuenta, que lo había hecho: ¡Había triunfado sobre la muerte! ¡La muerte no había podido acabar Conmigo! Ahí estaba Yo disfrutando de ese bello amanecer; *ahí estaba Yo escuchando a los gallos cantar, a los burros rebuznar, a los pájaros piar. Parecía que todos ellos Me estaban dando la bienvenida, que todos ellos estaban felices de Mi Resurrección, de Mi despertar a Mi nuevo amanecer.*

ELLOS CONOCERÁN LA VERDAD

-Padre, como ves, todo esto que me dices es hermoso, y lo primero que pienso, es en entregarlo a mis hermanos para que también ellos gocen de estas cosas tan hermosas que me entregas. Pero luego, la tristeza viene a mí al ver, que sus oídos cierran a la verdad, que están tan convencidos de su verdad, que no han dejado espacio a Tú verdad.

Lo sé pequeña, lo sé. Yo sé cómo te sientes y lo que sientes. Sé que eso llena tu corazón de tristeza y piensas, que todo lo que Yo te he dicho, en la nada quedará, porque no podrás entregarlo a tus hermanos, y eso te entristece. Pero pequeña, eso no es así: Ellos la conocerán, conocerán la verdad que Yo te he entregado, podrán ver, y leer todo lo que a ti te ha causado tanta alegría. Podrán ver la verdad de todo, de ellos será como tomarla, como aceptarla, y qué hacer con ella. No temas pequeña, todo se sabrá, todo llegará a sus manos. Crees que es imposible ¿verdad?

YO SOY EL DIOS DE LA VERDAD ABSOLUTA

-Sí Señor, lo veo imposible, pero al mismo tiempo sé, que Tú eres el Dios de los imposibles., ese Dios, que hace posible lo que imposible parece, y también sé, que Tú eres el Dios de la verdad, el Dios que tiene UNA palabra, UNA, y nada más. Ese Dios que cumple lo que dice, y nada más.

-Así es pequeña, así es. Yo soy el Dios verdadero. Yo soy la verdad. Yo soy la justicia; y todos lo verán. Todos se darán cuenta, que Yo soy el Dios de la verdad absoluta y amor verdadero. El Dios que no miente, ni acepta mentiras. El Dios que cumple lo que promete a todas Sus criaturas. Yo soy ese Dios, y no hay otro dios ni antes ni después de Mí. Yo soy el Dios de la verdad absoluta. Yo soy la verdad absoluta. Yo soy la absoluta verdad. Así lo van a entender aquellos, que en busca de esa verdad se encuentran. Amén...

PUDE VER EL FUTURO

-¿Amén, Padre? ¿Es que ya no me vas a seguir diciendo sobre Tu despertar? ¿Sobre ese amanecer?

-Sí pequeña, te seguiré diciendo: Ese despertar fue de dicha, y de contento para Mí. Pero también fue de tristeza, porque pude ver el futuro. Puede ver lo que Hoy en día está sucediendo. Pude ver, que llegaría el momento en que la humanidad se olvidaría de Mi Resurrección, de Mi amanecer y que lo negarían; que negarían Mi existencia, Mi Resurrección, Mi vida; negarían todo lo que Yo hice por ellos, todo lo que Yo sufrí por ellos. Muchos iban a decir: Yo no fui, yo no estaba ahí, y con eso acallarían su conciencia. Algunos hasta iban a creerlo, iban a creer que ellos no tuvieron nada que ver con lo que Me pasó. Y cómo te has dado cuenta, todo ha sucedido, y está sucediendo tal, y como Yo lo contemplé ese amanecer. Pero Yo seguí contemplando los bellos colores de ese amanecer. Yo seguí escuchando al gallo cantar, al burro rebuznar, y a los pájaros piar; eso dio vida a Mi Resurgir a la vida. ¡Vida que Yo le arrebaté a la muerte!

TENDRÁN QUE CAMINAR A MI IMAGEN Y SEMEJANZA

-Padre, que hermoso es lo que Tú me cuentas; y al mismo tiempo, que triste, qué triste es ver, que lo que Tú contemplaste en Tu amanecer, en realidad se convirtió. Pero aun así, Tú ere un Vencedor: Venciste a la muerte, y nos entregaste Vida Eterna. Aquel que quiera esa vida eterna, sólo tendrá que Seguirte, Amarte, y Respetarte como Tú lo mereces Padre mío, como Tú te lo mereces.

Así es Mi niña. Pero también tendrán que ir más allá de eso; tendrán que caminar a Mi imagen y semejanza para que también puedan llegar a la presencia de Mi Padre. Él los envió a Mí, ahora Yo los envío a Él. Él los preparó para Mí, ahora Yo los preparo para Él. Él los recibirá si Mis enseñanzas siguen, y hacen Mi voluntad. Mi voluntad es que lleguen a Él en luz y en verdad: En Mi luz, y en Mi verdad. Adiós pequeña. Sigue haciendo lo que tienes que hacer, y ve a dónde tienes que ir; que Yo estaré contigo en todo momento de tú vida, y después de ella, gozaremos nuestra vida. Amén.

DESPUÉS DEL MENSAJE

SUEÑOS/VISIONES

EN EL ESTUDIO DE LA DE BIBLIA

-Veo que es miércoles, y estoy en la clase de Biblia que entrega el Pastor. De pronto veo que me levanto de mi asiento, y voy hacia donde el Pastor entrega la enseñanza. Veo que una de las hermanas me dice: ¿Quiere que escriba en un papel el mensaje? La veo, y le digo que sí, y al mismo tiempo busco en la bolsa de mi chamarra un pedazo de papel para que ella escriba el mensaje. Parece ser, que el papel era especial, y ahí tenía que escribirlo. Veo que no lo encuentro, pero la hermana me dice, que ella tiene un papel; pienso que está bien, que ella tiene papel, y ahí lo puede escribir. Luego veo que llego al lugar en donde el Pastor entrega el mensaje, al verme todos empezaron a aplaudir, y entonces me doy cuenta, que el Pastor no me había dicho que lo hiciera, y me quedo ahí parada sin decir nada. Veo que viene el Pastor, y siento que estoy en trance, no me puedo mover. Los miembros de la Casa de Oración empiezan a aplaudir como diciendo: ¿Por qué no habla? O para que yo hable. Pero yo no puedo hablar, ni moverme. Siento que alguien viene, y poniendo su espalda en mi espalda, y como jugando, espalda con espalda empieza a bailar; pero yo sigo sin poder hablar. Es todo lo que recuerdo. Amén.

Miércoles 8 de abril del 2015
SUEÑO/VISIÓN/ PROFECÍA

EN MIS MANOS TENGO LA VERDAD.

-Veo que estoy parada a la entrada de un lugar que parecía un banco, y en mis manos tengo algo envuelto en plástico. Lo abro, para que los que están dentro del banco vean que lo tengo; al verlo, sorprendidos se miraron uno al otro. Yo me quedo observando sus reacciones, feliz de que se dieran cuenta, que en mis manos tengo la verdad.

-Después de escribir lo anterior, y de hacer mis oraciones (Esto fue a raíz de haber visto en el internet, algo que me confirmó lo que Él ya me había

dicho desde hace muchos años), me dijo que escribiera; a lo que yo Le pregunte: Padre, ¿Qué quieres que escriba? Y esto es lo que me dijo:

SALDRÁ A LA LUZ LO QUE OCULTO ESTABA

Ya te diste cuenta, que lo que Yo te digo, Yo te lo digo, y nadie más. Una vez más te comprobé, que Yo estoy contigo, que Yo soy Quien te está guiando, y enseñando. Por lo tanto te digo: No temas, y espera, que todo lo que se te ha prometido, hecho y efectivo será a su debido tiempo. Yo sé que llevas siete años durmiendo en ese sofá, y viviendo en ese carro-casa. También sé, que no te quejas, sino que al contrario, Me agradeces el tener ese lugar al que tú puedes llamar mi casa, o casita como tú dices. Yo no te he olvidado pequeña, no, no lo He hecho, Yo estoy contigo, y lo estaré por siempre. Sabes lo que eres, sabes lo que para Mí tú representas, entonces, no dudes, todo lo que se te ha dicho se hará. Con tus propios ojos verás lo que Yo te he entregado. Mi niña, Sé que te encuentras desesperada porque ves que nada sucede. Pero está sucediendo, sólo que tú no lo ves.

HABÍA QUIEN SÍ QUERÍA APRENDER, Y CONOCER MÁS DE MI CREACIÓN

-Padre: Quiero enseñanza., sí Tus hijos, mis hijos, mis hermanos no la quieren, yo sí, yo sí quiero que me enseñes, que me reveles secretos de Tu Reino, y de Tu Creación.

Yo lo sé pequeña, lo sé, y así será, tú sólo espera, y verás realizado tu sueño. Sabrás lo que no sabes, y aprenderás lo que no has aprendido, y todo eso dejarás escrito para las generaciones por venir, para que se den cuenta, que había quien sí quería aprender, y conocer más de Mi Creación.

PEDISTE SABER MÁS, Y MÁS SE TE ENTREGARÁ

Pequeña, los que ahora no creen… creerán; los que ahora no saben… sabrán, sabrán lo que no sabían, y aprenderán lo que no habían querido aprender. Sólo espera, y todo lo vas a ver verás lo que no has visto, y mucho, mucho más. Asombrada quedarás de lo que verás, pero gozarás al ver, que lo que Yo te había dicho, verdad era.

LLEGARÁ EL MOMENTO EN QUE SACARÁN LO QUE OCULTO ESTÁ

Yo te daré más enseñanza para los que la quieran escuchar. Aquel que hizo lo que Yo le dije sabrá, que lo que le estás diciendo, es la verdad; ya que ya la habrá recibido por sí mismo. Por lo tanto al escucharte a ti, será una confirmación más, de lo que él está recibiendo es la verdad, y eso lo empujará a seguir recibiendo, a seguir preguntando para saber más y más de Mí, de Mi Reino, y de Mi Creación. Pequeña, pediste saber más, y más y más se te entregará; mucho, mucho más.

HABRÁ QUIENES LA NEGARÁN

Llegará el momento en el que sacarán lo que oculto está, ahí se darán cuenta de muchas verdades, verdades que ellos creían mentiras, verdades que a muchos abrirá los ojos; y a otros los hará cerrar su boca, ya que no podrán expresar su verdad. Ya no podrán decir: Yo sé porque se darán cuenta, que no sabían, que lo que sabían, mentira era. Ahora que ven la verdad, la analizan, la meditan, y se dan cuenta, que sí es la verdad, que si están frente a una verdad que no podrán negar. Y no lo harán, no lo harán porque ya habrán encontrado lo que por tanto tiempo habían estado buscando. Se olvidaran de su verdad, y abrazaran la verdad que frente a ellos tienen. Pero no todos lo harán, habrá quienes que a pesar de tener frente a ellos la verdad, la negarán. Estarán tan apegados a su verdad, que no la querrán dejarla ir; no querrán desprenderse de ella, y la seguirán apoyando, seguirán apoyando su verdad. Esos perecerán junto con su verdad.

SE ESCONDEN SECRETOS INIGUALABLES, RICOS EN SABIDURÍA

Se esconden secretos inigualables, secretos invaluables, secretos ricos en sabiduría, en conocimientos, secretos ricos en historia: La historia del Universo, la historia de la Creación: Mí Creación, Mi Reino. Será tanta la información que se escribirán libros y más libros. No podrán dejar de escribir, escribirán, para que no quede duda de la verdad. Nada, ni nadie podrá impedir que lo hagan – Lo intentarán pero no podrán, la verdad pesará más, y saldrá adelante para que todos la vean. La humanidad se dará cuenta del porqué de muchas cosas, dirán: *Ahora sí lo entendemos, ahora tiene más sentido, es más creíble,* y satisfechos la escribirán para que todos la entiendan.

YO SABÍA LO QUE NECESITABAS

La noche anterior te diste cuenta, que lo que Yo te había dicho estaba ahí, y no había forma de que tú lo supieras, y eso alegró tu corazón, que triste se encontraba por lo que ha estado sucediendo. Ya ves pequeña, Yo me doy cuenta de todo, Yo sabía, que necesitabas algo que alegrara tu corazón, algo que te diera esa fe que por momentos pierdes por los golpes que recibes. (Por la noche había visto en el internet algo que Él ya me había dicho).

Jueves 9 de abril del 2015
SUEÑOS/VISIONES

ME VA A FIRMAR LOS PAPELES

-Veo que junto con mi familia, hablo con una hermana de la Casa de Oración, le digo, que en un día más voy a perder la casa, ella me dice, que me va a firmar los papeles para que el dinero que ella va a recibir por la venta que hizo, me sea entregado a mí. Es todo lo que recuerdo. Amén.

Viernes 10 de abril del, 2015
SUEÑO/VISIÓN

DÉJALO QUE SIGA CRECIENDO

-Veo que estoy en un lugar que parece ser la oficina de un doctor con el cual trabajé años atrás, pero al mismo tiempo, parece ser la Casa de Oración a la que el Señor me envío. Veo que llega la esposa del doctor (Ya fallecida) y va y revisa mi bolsa, que a lo lejos parece ser una máquina de escribir. Veo que ella y yo hablamos por un momento y luego se retira. Luego veo que llega un niño como de diez u once años y me dice algo que no recuerdo. Pero luego veo que lo estoy desalojando (curando), pongo una mano en su frente y la otra sobre su corazón, y empiezo a orarle. Veo que ahí está una hermana, y se está dando cuenta de la situación. No sé qué sucedió después, pero recuerdo que al final escuché alguien decir: *Déjalo que siga creciendo, o seguirá creciendo.* Amén.

Sábado 11 de abril del 2015 a las 3:20 de la mañana
ENSEÑANZA

-El padre todopoderoso habla sobre las guerras y los conflictos de hoy en día y dice:

PELEAN POR ALGO QUE NO LES CORRESPONDE

Sí por alguna razón Te despertamos temprano, es porque queremos que escribas: Obedeciste fuiste al cine, analizaste la película y preguntaste: ¿Por qué me enviaste a verla? Y tú misma diste respuesta a tu pregunta; te enfocaste en la guerra, esa guerra con la cual Yo no estoy satisfecho, contento; esa guerra que Yo no apruebo ni aprobaré. Esa guerra, que está asesinando, mutilando, y destrozando a Mis hijos, hombres sanos. Jóvenes sanos, e inocentes que nada tienen que ver con los problemas de esas naciones; muchachos, que nada tienen que ver con los conflictos, y la ambición de esas naciones, de esos hombres, que no saben pero dicen que saben; esos hombres que pelean por algo que no les corresponde, que no es de ellos, sino Mío.

¡TODO ME PERTENECE A MÍ! ¡TODO ES MÍO!

¡Todo me pertenece a Mí! ¡Todo es Mío! ¡Yo lo formé! ¡Yo lo hice, *es Mío! Pero ellos lo pelean, y dicen que les pertenece. ¡Nada les pertenece! ¡Todo es Mío! Yo los puse en las naciones. Yo los envié a ellas, pero para que aprendieran a llevarse los unos con los otros, para que aprendieran a amarse como Yo se los ordené. Pero hacen todo lo contrario: ¡No Me obedecen! ¡No obedecen la Ley de su Dios y Señor! ¡No se aman! ¡Por lo tanto, no me aman a Mí!*

¿A QUIEN LE ESTÁN ENTREGANDO ESA ORACIÓN?

Los veo despertarse, ponerse de rodillas y orar. ¿Pero a quien le están entregando esa oración? Sí Yo veo que su corazón está lleno de odio en contra de Mí Creación. ¡Sí, Mi Creación! ¡Yo los crie a todos! ¡Yo los formé! ¡Yo los hice a Mi imagen y semejanza! ¡Y en Mi nombre odian a su hermano, y semejante, y dicen que lo hacen por Mí!

¡YO SOY UN DIOS VERDADERO!

¡Yo no soy un Dios corrupto! ¡Yo no soy un Dios vengativo! ¡Yo no discrimino a nadie! ¡Yo soy un Dios verdadero; un Dios de amor! ¡Un Dios que por amor perdona los agravios! ¡Un Dios que a todos, y cada uno le tiene una mansión! Un lugar donde junto con Él vivan una vida eterna llena de felicidad, de júbilo, gozo y contento, *una vida llena de amor; amor verdadero. Mas veo a Mis hijos, y Me pregunto*

¿HASTA CUÁNDO SE CANSARÁN DE SUFRIR, Y DE HACERME SUFRIR?

¿Hasta cuándo los Esperaré? ¿Hasta cuándo Me darán la satisfacción de verlos junto a Mí? ¿Hasta cuándo podré abrazarlos, y recibirlos con todo el amor que Yo tengo para todos, y cada uno de ellos? ¿Hasta cuándo? ¿Hasta cuándo se cansarán de sufrir, y de Hacerme sufrir? ¿Hasta cuándo?

MATAN Y MUTILAN A MIS PEQUEÑOS EN NOMBRE DE LA LIBERTAD

Pero el tiempo ha llegado, Tengo que llamarlos a cuentas. Tengo que pedirles, que vengan a entregarme la cosecha de lo que han sembrado, que vengan a entregarme la cosecha de lo que han hecho con los Dones y Gracias que Yo les entregué. Dones y Gracias que no han sabido trabajar, que no han sabido multiplicar, que no han sabido utilizar en bien de la humanidad, sino que al contrario, los han usado para destruirse los unos a los otros, para causarse daño, para matar y mutilar a Mis pequeños en nombre de la libertad, en nombre de una libertad que tienen, porque Yo se las he entregado. ¡Sí! Yo les entregué el libre albedrío. Yo les di el derecho de hacer y deshacer. Yo les di el derecho de amar, u odiar, y eligieron odiar, destruyendo Mi corazón, el corazón que lleno de amor sigue esperando por ellos.

SE ODIAN ENTRE ELLOS MISMOS

Yo les entregué el libre albedrío. Yo les dije: Ustedes eligen entre servirme a Mí, o al que odia y destruye – Y decidieron al que destruye, dejándome a Mí esperando por ellos. Yo soy el Dios de amor, prefirieron el odio. Yo soy el

Dios que unifica, prefirieron la separación. Yo soy el arcoíris del amor; ellos el arcoíris del odio; se odian entre ellos mismos pero dicen, que lo hacen en el nombre de dios, y Yo les pregunto: ¿Qué dios? ¿Qué dios les dice que odien, maten, asesinen? ¿Qué dios les dice, que ellos son más, y los otros menos? ¿Qué dios? Porque Yo no soy ese dios. Yo no los formé para que se destruyan los unos a los otros. Yo no les dije que ellos son más, y los otros menos. ¡Yo no les entregué el derecho de asesinar a Mis hijos!

¡YO A TODOS LOS AMO POR IGUAL!

¡Yo soy el Dios de vida! ¡Yo no soy el dios de muerte! ¡Yo soy el Dios de amor; no el dios del odio! ¡Yo a todos los amo por igual! ¡Yo a nadie discrimino! Todos son Mis hijos, nadie es extranjero, todos viven en el mismo lugar, un lugar privilegiado: Mi corazón. Un corazón que están destrozando, humillando, hiriendo. Un corazón que sufre al ver que lo que Yo críe, contra Mí se ha vuelto, pero que aun así, espera el momento de verlos llegar a Mí, el momento en que comprendan, que Yo los formé, y que Me pertenecen, que son Míos, y a Mí regresen.

LA PAZ QUE YO QUIERO PARA TODOS MIS HIJOS

Viste la película, y entendiste el mensaje. Viste la película (Otra) y pudiste darte cuenta de lo que la guerra está haciendo con Mis hijos, y quisieras que todos abriesen los ojos, y viesen lo que tú ya has visto. Quisieras, que en vez de apoyar la guerra, y orar por los soldados, estuvieran en contra de ella, y oraran por la paz del mundo.

¿Pero cuántos *lo hacen? Muy pocos, muy pocos, y los demás se apoyan en la libertad de su país, y en nombre de esa libertad apoyan y piden guerra, y no paz, la paz que Yo quiero para todos Mis hijos. Te duele ver eso porque tú lo entiendes, te duele ver, que tus hermanos, aquellos que dicen estar Conmigo, son los primeros en apoyar la guerra, los primeros en orar por los soldados que están defendiendo su libertad.*

¡POBRES ALMAS NECIAS! ¡POBRES ALMAS DESCARRIADAS!

¿Y la libertad de esos soldados, dónde quedó? ¿Dónde quedó su derecho a elegir vida, o muerte? ¿Dónde? En la nada. *Ya que prometiéndoles algo que* ellos no están en derecho a prometer, los hacen decidir la muerte, la muerte en el nombre de la libertad. Libertad de aquellos que no conocen esa palabra, de aquellos que no saben lo que ser libres significa. Ya que son presos de su ambición, su egoísmo, de su odio, y a eso llaman su libertad. ¡Pobres almas necias! ¡Pobres almas descarriadas! ¡Pobre almas ciegas, sordas y mudas! No ven, no escuchan, y no hablan la verdad: Mi verdad. Amén.

Sábado, abril 18, 2015
SUEÑO/VISIÓN

ÉSTA GENTE NECESITA ALGO MÁS

-Al terminar mis oraciones escuché música de alabanzas, cerré mis ojos y pude contemplar algunas cosas. Al terminarse la música me acosté por un momento, y soñé cosas que voy a escribir conforme las recuerde:

-Veo que estoy en la Casa de Oración esperando a que empiece el servicio. Veo que un hombre joven está a mi lado, y ambos nos asomamos hacia donde está el Pastor para ver si ya va a empezar el servicio. En el podio vemos al Pastor hablando con alguien; el hombre que estaba a mi lado dice algo en referencia a lo que necesitan los miembros de la Casa de Oración. No recuerdo las palabras exactas, pero dijo algo como Ésta gente necesita algo más. Entonces, empecé a explicarle sobre la forma en que me sentí, cuando por primera vez visité la Casa de Oración, pero no logro hacerlo porque empezó el servicio.

-Veo que hay mucha gente, y hasta unos homosexuales; no puedo asegurar si uno de ellos estaba tomando parte del servicio. Al terminar el servicio veo que se levanta, y se va, y luego lo veo salir vestido con ropa diferente a la que tenía dentro de la Casa de Oración. Veo que es gordo, y lleva algo como una capa, o abrigo negro, y unos pantalones cortos color gris. Escucho que al despedirse dice algo, pero no recuerdo las palabras.

-Luego veo a un niño de unos diez, o doce años y voy y lo abrazo. De primero, como que él no quiere que lo abrace, pero luego accede. Al hacerlo me dice al oído algo en inglés. No recuerdo las palabras. Luego entre la demás gente veo a alguien, (no sé si era hombre o mujer) agachado, como que no quería ser *reconocido. Veo que en su cabeza lleva puestas dos gorras. Yo voy a trato de abrazarlo, pero se resiste. No recuerdo si pude hacerlo o no.*

-*Después me veo en una casa, y veo que llega mi ex-esposo con una niña en sus brazos. Veo que estamos en una recamara, y él llega y pone a la niña sobre la cama. Sé que dice algo pero no recuerdo que fue lo que dijo. Lo que sí sé, es que yo trataba de decirle, que yo le había dejado mi recamara para él y la niña, pero creo que no aceptó.*

-*Más tarde veo que el Pastor, y su hijo están tocando la guitarra; yo estoy frente a ellos escuchándolos, y empiezo a mover mis manos al ritmo de la música, como que estoy tocando la guitarra, pero me doy cuenta que lo estoy haciendo muy bien, y el Pastor me está observando. Dejo de hacerlo, y escondo mis manos para que el Pastor no piense que sé tocar la guitarra. (En la vida real, no sé tocar ninguna clase de instrumentos musicales). Amén.*

Lunes 27 de abril del 2015 a las 5:14dela mañana
PROFECÍA-CRISTO JESÚS DE NAZARET DICE:

YO NO HE CAMBIADO DE IDEA

Te dije que escribas porque contemplo tu tristeza, sé lo que sientes, y lo que piensas; piensas que te he olvidado; que he olvidado nuestros planes. Pero no es así, Yo te llevo en Mi corazón y jamás te olvidaré; Yo soy tuyo y tú eres Mía; los dos hemos hecho cosas, y las seguiremos haciendo; haremos cosas que asombrarán al mundo. No temas ni te aflijas alma Mía, que todo será como lo hemos planeado, pero espera, espera con paciencia. Sé que sufres al ver, que tus hermanos no quieren escucharte, ni entenderte, pero lo harán, lo harán y se darán cuenta de lo que se estaban perdiendo. Se estaban perdiendo de Mí enseñanza, Mí preparación, Mi conocimiento.

ÉL ABRIRÁ LOS OJOS A LA VERDAD

No sufras, que Yo no he cambiado de idea, sólo te estoy ayudando para que hagas lo que tienes que hacer. Éste de Mi hijo el Pastor, verá y entenderá, que fui Yo quien te envío a ellos, que tú sólo estás cumpliendo Mi ordenanza, y todo es para bien de él, y el bien de todos los demás. Sólo espera el momento, que él abrirá los ojos a la verdad.

A SU TIEMPO ENTENDERÁS MUCHAS COSAS QUE AHORA NO ENTIENDES

¿Espera Padre? No entiendo, por un lado me dices que espere, y por el otro, me has dado a entender, que ya pronto dejaré ese lugar. Me has dado a entender, que es una causa perdida; y que este de Tu hijo el Pastor no dará su brazo a torcer, que no me aceptará, ni aceptará Tus enseñanzas, que a través de mí Tú les entregas. Es por eso que Te digo que no entiendo.

Pero lo entenderás; ya te he dicho, que a su tiempo entenderás muchas cosas que ahora no entiendes, ni comprendes, sólo espera, que todo lo entenderás. Me has dicho: Señor, son tantas y tantas las cosas que no entiendo. Pero luego agregas: Pero si Tú las entiendes, eso es lo que importa; Tú eres el Único que sabe lo que va a pasar, y lo que está pasando, sobre todo, Tú sabes lo que ha pasado, y sobre eso haces lo que Tú tienes que hacer, y a cada quien le das lo que merece.

ENVÍA EL LIBRO A DONDE LO TIENES QUE ENVIAR

Así Me hablas, así Me dices lo que piensas, pero al mismo tiempo, Me das Mi lugar. Sabes lo que Yo soy, y lo que Yo represento: Justicia. Eso Soy: Justicia. Yo nada olvido. Todo lo tengo grabado, sé lo que hacen, y lo que no hacen, sé lo que dicen, y lo que no dicen, lo que piensan, y lo que no piensan. Yo lo sé todo, nada escapa a Mi mirada. Es por lo que Te digo que esperes, que todo se hará como lo hemos planeado – Y no, no Te hemos olvidado. Todos estamos contigo esperando, que hagas lo que tienes que hacer. Envía el libro a donde lo tienes que enviar, y Yo me encargaré de lo demás. Amén.

-Ya había terminado el libro, que tanto me había estado pidiendo. (Atrasado casi 20 años). Por lo que pensé, que ya todo había terminado, y que ya podía descansar. Pero Él no pensaba lo mismo, y seguía entregándome más y más mensajes, profecías, para la Casa de Oración, el Pastor y su familia, así como para algunos de los hermanos.

Martes 28 de abril del 2015 a las 5:16 de la mañana
LA DIVINA TRINIDAD DICE:

YO SÓLO QUIERO SU BIEN

—Quiero que escribas, no dejes de escribir, que tengo mucho que decirte. Quiero que dejes constancia de lo que pienso, de todo lo que está pasando, y de todo lo que va a pasar:

Ya te dije, que muchas cosas pasarán, y nadie las va a evitar. Nadie quiere prepararse, no quieren escuchar; no quieren saber ni ver lo que va a pasar. Yo se lo quiero decir. Yo los quiere prevenir. Yo quiero que sepan qué hacer con lo que va a venir. Van a venir muchas cosas, y Yo quiero que estén listos, preparados para lidiar con ellas, no quiero que sucumban a ellas. Yo quiero verlos triunfar, Yo quiero verlos aquí Conmigo.

YO SÉ LO QUE VIENE YO SÉ LO QUE ESTÁ PASANDO

Por favor, escúchenme, Yo sólo quiero su bien, porque los amo, y no quiero verlos sufrir, no quiero que digan, que Yo no sé los advertí, que nada sabían de lo que iba a venir. Porque Yo se los dije, se los estoy diciendo; de ustedes es escuchar, y poner atención a Mis palabras. Yo no hablo por hablar, Yo no digo por decir, Yo no prometo por prometer; y ustedes lo van a ver cuándo todo llegue, y no sepan que hacer. Yo les estoy dando la oportunidad de que se preparen, que estén listos, para enfrentar lo que viene, y que a su vez, preparen a los demás para que también ellos se puedan salvar. Yo no hablo por hablar, Yo no digo por decir, ni prometo por prometer; lo que Yo digo lo cumplo, y lo que Yo digo, lo sé. Yo sé lo que viene, Yo sé lo que está pasando. Yo no soy sordo, ni ciego, Yo todo lo veo y todo lo escucho, y lo que estoy viendo, y escuchando, no es grato a Mis ojos, ni a Mis oídos. No estoy conforme con lo que veo, ni con lo que escucho, y eso se los voy hacer ver. Les voy hacer ver que los insultos, y los agravios que Yo estoy recibiendo, no son de Mi agrado y por ello pagarán.

YO SOY QUIEN SOY, Y LO SERÉ POR SIEMPRE

Aquellos que Me ofenden, pero no Me conocen, tendré piedad de ellos. Pero ay de aquellos que aun Conociéndome, la espalda Me den: De ellos no tendré compasión, pues lo hacen con toda intensión. Ellos saben que Yo existo, que Yo no soy una fantasía. Ellos saben que Yo soy una realidad, y a pesar de eso la espalda Me dan, de esos, Yo no tendré compasión; a esos lo haré desaparecer por siempre y para siempre. Ya que Me negaron, rechazaron la vida eterna, una muerte eterna les daré, nadie sabrá que existieron. Porque Yo los borraré como ellos quisieron borrarme a Mí. Yo Soy quien Soy, y nadie puede Negarme. Yo Soy quien Soy, y lo seré por siempre y para siempre; y se los voy a demostrar.

YO SOY LA VIDA ETERNA; Y QUIEN EN MÍ CREE: VIDA ETERNA TENDRÁ

Para aquellos que Me conocen, y han seguido Mis leyes; aquellos que han trabajado en Mi Obra, y la han respetado, para ellos la Gloria a Mi lado. A ellos los recibiré, y la vida eterna tendrán Conmigo. Yo soy la Vida Eterna; y quien en Mí cree, vida eterna tendrá; sígueme, y lo comprobarás. -Aquí dije amén y Él me dijo:

TÚ ERES QUIEN DECIDE LO QUE VAS A RECIBIR

Sigue escribiendo, no pares; sigue escribiendo para que quede escrito, que Yo lo sé todo, que nada queda oculto a Mi mirada. Yo todo lo sé. Yo todo lo miro, y lo escucho. ¡Yo te hice! ¡Yo te formé! ¡Yo te destruyo por tu proceder! Por tu proceder Yo te doy la Vida Eterna, o la Muerte Eterna; tú eres quien decide lo que de Mi vas a recibir. Yo no doy sólo por dar; Yo doy al que merece. En ti está decidir qué es lo que vas a merecer; que lo que merezcas, eso Te daré; tú eres quien decide lo que vas a recibir.

LAS GUERRAS NO SON TANTO FÍSICAS, SINO ESPIRITUALES

No dejes para mañana lo que ahora puedes hacer; ahora es cuando Yo te estoy entregando la oportunidad de decidir qué hacer, la oportunidad de aprender, para poderte defender. Yo te quiero victorioso; ganador de todas las batallas; vencedor de todas las guerras; las guerras no son tanto físicas, sino espirituales.

EL ENEMIGO VA A ATACAR TU FE, TU DEDICACIÓN, TU ENTREGA Y PREPARACIÓN

Esas son las guerras que Yo quiero que libres, que ganes, que venzas. Porque esas son las guerras con las que el enemigo quiere derrotarte. El enemigo va a atacar tu fe, tu dedicación, tu entrega y preparación; y si no estás preparado, la guerra perderás, y serás aniquilado por el enemigo. Por lo tanto Te digo: Prepárate, fortalece tu fe, tú entrega, para que puedas librar las batallas de las guerras que el enemigo hará en tu contra. Prepárate, estudia, y trabaja arduamente, y adelante en tu evolución, en tu crecimiento espiritual. Amén.

NUEVAMENTE TE DIGO: PREPÁRATE, PREPÁRATE, PREPÁRATE

Se ha dirigido a ti La Divina Trinidad, hablando en una voz. Analiza de Mi palabra, y te darás cuenta, que los Tres hemos hablado, que los Tres hemos venido a entregarte el alerta para que el ignorante no te encuentres cuando todo llegue. Porque llegará, tenlo por seguro; llegará lo que tiene que llegar; y ya está aquí lo que tenía que estar. Empieza a luchar con lo que ya está aquí, para que estés preparado para lo que viene; que lo que ahora ves, no es nada comparado con lo que verás. Nuevamente Te digo: Prepárate, prepárate, prepárate. Amén.

Jueves 29 de abril del 2015 a las 3:40 dela mañana
SUEÑO/VISIÓN

FÁBRICA DIVIDIDA EN SECCIONES DE LA BIBLIA

-Veo una gran fábrica que está dividida en secciones. Cada sección es una parte de la Biblia. Luego veo que alguien entra buscando a alguien. Es todo lo que recuerdo. Amén.

Domingo 3 de mayo del 2015
FRASE:

¡Es mejor escuchar *una verdad que mate*, que eternamente *vivir una mentira!*

Miércoles 6 de mayo del 2015
PROFECÍA=EL MAESTRO JESÚS DICE:

QUIERO UNA CIEGA OBEDIENCIA.

-El Señor y yo estuvimos hablando por mucho tiempo acerca de muchas cosas, pero sólo escribiré lo que Él me permite escribir:

SU TIEMPO ES PACIENCIA…

-*Pequeña: Vas a ver con los ojos espirituales, y a escuchar con los oídos espirituales. Espera, que todo llegará a Su tiempo. El tiempo de Mi Padre, no es el tiempo que Sus hijos llaman tiempo. Su tiempo difiere del tiempo de Sus hijos. Pequeña Mía, tu tiempo es muy relativo, pero el tiempo de Mi Padre es muy positivo. Su tiempo es verdad. Su tiempo es paciencia. Su tiempo es comprensión, y dedicación. Su tiempo es benevolencia; es amor. Su tiempo no es confusión, ni impaciencia. Su tiempo es preparación a conciencia. Su tiempo es obediencia sin preguntar: Una ciega obediencia.*

OBEDIENCIA QUE REQUIERE UNA FE CIEGA

La clase de obediencia que requiere una fe ciega, una fe sin límites, una fe sin peros, sin evasivas; una fe sin preguntas. Esa es la fe que quiero en ti, y en todos Mis hijos: La fe que los traerá a Mí, y a Mi Padre Divino. Mi Padre los quiere a todos junto a Él. Pero no todos quieren aceptar Su invitación, Su petición. Aquel que lo haga, aquel que tenga esa fe, y esa obediencia ciega: llegará a Él, y Él los recibirá con los brazos abiertos.

PADRE: ¡NO SABEMOS NADA!

-Padre: En lo que me has permitido ver en la computadora, hay muchas cosas que yo he dibujado. Padre, ¿Qué es lo que me quieres decir? ¿Qué es lo que me quieres enseñar? Padre: Son tantas, y tantas las cosas que no sabemos, y decimos que sabemos. Padre: ¡No sabemos nada! Hay quienes han leído libro tras libro, y creen saber por lo que han leído. Padre, ¡Cuánta necedad, y orgullo! ¡Cuánta ignorancia! ¡Qué ignorantes son aquellos que dicen que saben! Hasta aquel de Tú hijo, (Sócrates) que siendo un sabio aquí en la Tierra expresó: Yo sólo sé, que no sé nada. ¡Que palabras tan sabias Padre! Y estos de Tus hijos sin serlo, se sienten sabios y dicen que ya saben todo. ¡Padre, no sabemos nada!

Miércoles 6 de mayo del 2015 a las 6:25 dela mañana
CRISTO JESÚS DE NAZARET DICE:

MI HISTORIA, MI VIDA, MI MUERTE, Y MI RESURRECCIÓN

-Quiero, que no dejes de escribir, porque de eso depende que a la historia pase Mi verdad. Mi verdad quiero que dejes por escrito; y el que la crea… la creerá, y el que no… la negará. El que tenga ojos la va a contemplar, y a aceptar; el que tenga oídos… la oirá, y la repetirá al que la quiera escuchar. Yo abriré ojos y oídos; todos podrán ver y escuchar. Pero habrá aquellos, que aun viendo negarán; su orgullo será más grande que su fe y amor por Mí.

LOS QUE DICEN AMARME, SERÁN LOS PRIMEROS QUE PEDIRÁN VER PARA CREER

-Aquellos que dicen que Me aman, que por Mí la vida daría, son lo que primero que pedirán ver para creer. Pero lo que verán, no será lo que ellos saben, lo que ellos han aprendido, lo que ellos han enseñado, y lo negarán, esos serán peor que Tomás, ya que aun mirando., negarán.

DICEN CONOCER MI PALABRA

Esos son los que dicen saber y conocer Mi palabra porque han leído Mi libro. Pero se <u>lo han aprendido de memoria</u>, <u>pero no de corazón</u>. Su corazón está vacío, sólo sus labios están llenos, llenos de lo que han leído, llenos de lo que han aprendido. Yo no los culpo – Eso les han enseñado. Los culpo, porque Yo he tratado de enseñarles, y no Me han dejado. Su corazón han cerrado, y no me han dejado entra para entregarles Mi verdad, para decirles que mucho de lo que han leído, aprendido, y escuchado, no es verdad, que en ello hay sus fantasías, sus mitos, sus engaños. Pero no Me han dejado entrar – Adoran las falsedades, los engaños, y las mentiras, y se han quedado sin Mi verdad. Es por eso, que quiero que sigas escribiendo, que sigas dejando por escrito lo que verdaderamente sucedió en aquel tiempo, y lo que está sucediendo en este *tiempo. En aquel tiempo dejé temor, pero también deje el amor, el respeto, y la veneración a Mi Padre.*

EL ME ENVIÓ A ENSEÑARLOS A PERDONAR

Mi Padre Me envió a enseñarlos a amar, y a respetar Su nombre. Me envió, a enseñarlos a perdonar, a olvidar los agravios, y a amarse los unos a los otros. Creí que lo había logrado, que Mi sacrificio no había sido en vano, que todos habían aprendido lo que era amor, y a compartir ese amor entre ellos. Pero no todos aprendieron, no todos acataron la lección, no todos dijeron: Gracias Padre por la lección. — Y los que la aprendieron, pronto la olvidaron, pronto siguieron haciendo lo que a ellos más les convenía. Fueron pocos los que dejaron el legado de amor, respeto, y veneración hacia Mi Padre, y hacia Mí.

A ELLOS CORRESPONDE QUE MI HISTORIA NO SE PIERDA

-En este tiempo, son pocos los que saben de Mi existencia, y el porqué de Mí Nacimiento, Mi Muerte y Mi Resurrección. He tratado de hablar con los pocos que Me conocen, y creen en Mí, para que sean ellos los que se encarguen que Mi historia, no pase al olvido. Pero también ellos han cerrado su corazón, sus oídos, y no quieren escuchar lo que Yo tengo que decirles. Yo quiero hablarles, decirles, que a ellos corresponde que Mi historia no se pierda, no se olvide, y que a ellos corresponde que Mi niñez y Mi juventud conozca Mi historia, y así mismo, ellos la lleven a los que no la conocen.

MI HISTORIA

Yo quiero que aprendan que <u>Mi historia no fue, ni es una fantasía</u>, que es una realidad, y que no dejen que esa verdad se pierda. Tienen que aprender el porqué de Mi Nacimiento, el porqué de Mí Muerte, y el porqué de mi Resurrección. Tienen que aprenderla de tal manera, que les sea fácil llevarla a sus hermanos y semejantes, y que de esa misma forma, ellos la entiendan y la aprendan. Mi historia tiene mucho más significado que el que le han dado. Tiene mucho que aprender, y profundizar para así analizar, y comprender el porqué de Mi vida, y de Mi Muerte, y el porqué de Mi Resurrección.

MI VIDA

Mi Vida es un ejemplo a seguir, un ejemplo a imitar, un ejemplo para meditar en su propia existencia; un ejemplo en el cual decidir qué camino tomar, decidir qué hacer y qué no hacer.

MI MUERTE

Mi Muerte es para ponerse a pensar que sin pecar… pequé, que sin ser… fui, y por ellos fallecí.

MI RESURRECCIÓN

Mi Resurrección: La verdad. La verdad de lo que Fui, Soy, y Seré: La verdad. Yo soy la verdad. Yo Soy la pureza. Yo Soy la Perfección – Y todo aquel que quiera ser como Yo; tendrá que ser todo lo que Yo Soy, Fui y Seré. Yo vine a entregar la lección. Yo vine a ponerles el ejemplo de que es posible hacerlo si se hace el intento.

LA EXCUSA ES LO QUE LOS HA DETENIDO

Si dejan de un lado todas las excusas que hasta este momento han tenido para no hacerlo, podrán hacerlo. La excusa es lo que los ha detenido. La excusa es lo que ha hecho que no lo intenten, ya que al saber que todo está hecho y listo, los ha hecho perezosos, y no han querido ahondar más en la realidad de Mi Historia. Mi Historia tiene mucho que aprender, mucho que analizar, y mucho en que profundizar; pero no han querido ir más allá de lo que les han dicho, y aprendido.

SI QUIERES LA VERDAD SABER… PREGÚNTAME A MÍ

Dicen que ya saben todo, pero no saben nada, nada de lo que deben saber, nada de lo que realmente sucedió. Porque les han hecho creer que lo que saben, es la verdad y nada más que la verdad. ¡Pero la verdad Soy Yo! ¡La verdad la tengo Yo! ¡La verdad de todo lo que sucedió, de todo lo que pasó, la tengo Yo! ¡Yo Soy la verdad! Yo tengo la verdad, y si quieres la verdad saber… pregúntame a Mí, que Yo te diré la verdad, y nada más que la verdad. Amén.

Miércoles 13 de mayo del 2015
SUEÑO/VISIÓN

EL PASTOR Y YO RECARGADOS EL UNO EN EL OTRO

-Esta mañana después de terminar de leer los salmos, y trabajar un poco, nuevamente me acosté, y esto es lo que contemplé:

-Veo que estoy sentada y recargada en alguien haciendo algo; ese alguien, era el Pastor. Luego veo que el Pastor se levanta, y se retira a hacer algo. Veo que entra a su oficina, me asomo, y lo veo sentado en el piso, separando los programas que entrega cada domingo. Al verlo pensé, que era miércoles, ya que ese día, una pareja del templo dobla los programas. Amén.

Viernes 15 de mayo del 2015
SUEÑO/VISIÓN

UN BEBÉ

-Veo que estoy acostada, y siento que un bebé está agarrando mi dedo. Al darme cuenta dije: ¡Bendito seas Señor, que estás aquí conmigo! Luego veo que tengo a ese bebé abrazado sobre mi pecho, pero estoy en la Casa de Oración.

LA ESPOSA DEL PASTOR ME LLAMA

-Veo que la esposa del Pastor me llama. Voy y la veo sentada en algo, y sólo puedo ver su cabeza. Me da la impresión, de que ella tiene una capa de esas que le ponen en el salón de belleza. Voy hacia ella y me dice, que si podía hacer algo por ellos; me acerco a su oído, y le digo: Qué es lo que quiere que haga por ellos. Me dice, que están en construcción porque van a vivir en la propiedad de la Casa de Oración, y van a necesitar dinero. Me retire de ahí llorando, pensando en darle al Pastor $5 para que se ayudara con la construcción.

EL SERVICIO SE HABÍA CANCELADO

-Llego al santuario, ya iba a empezar el servicio. Pero luego me doy cuenta, que debido a la construcción el servicio se había cancelado. Veo que alguien

me señala la nube de polvo, y veo a alguien dándole una máscara al que estaba sobre una escalera, para que no respirara el polvo.

MI IMPRESORA

-Yo había ido al santuario a sacar mi impresora – La esposa del Pastor me había dicho que lo hiciera.

LA HERMANA-NIÑA

-y ahí veo a una hermana que asistía a la Casa de Oración, pero en la edad de unos siete u ocho años, que al darse cuenta que estoy llorando, me abraza y me pregunta, el porqué de mi llanto. Nos abrazamos, y luego yo voy y tomo mi impresora. La hermana ve que tengo en mis brazos más cosas: mi bolsa, y la bolsa con la Biblia, y se ofrece a ayudarme. Pero yo no dejo de llorar y de pensar, en darle al Pastor los $5 para la construcción.

UNA PIEZA DE LA IMPRESORA

-Luego veo que salgo a la calle cargando mi impresora; ya en la calle veo una pieza de la impresora y recuerdo que un hermano me la había acondicionado para que sirviera ahí en la Casa de Oración por lo tanto, no tenía caso llevarla a mi casa; no iba a saber cómo conectarla para que funcionara.

LA HERMANA SE VA A OTRA CASA DE ORACIÓN

-Luego veo que busco a la hermana que me ayudó con mis cosas para pedírselas. La calle está oscura, y no veo a la hermana por ningún lado. Escucho un carro que se detiene detrás de mí, y del carro baja la hermana-niña que había visto en el santuario, que al verme me dice, que como se había suspendido el servicio, se iba a ir a la Casa de Oración TRINITY a escuchar el mensaje.

ME QUEDO EN MEDIO DE LA CALLE

-Yo me quedo en medio de la calle cargando mi impresora, y pensando, en que si le tengo que dar al Pastor los $5. No sé si es por eso que no dejaba de llorar. Cuando yo abrí los ojos seguía llorando. Amén.

Sábado 16 de mayo del 2015
SUEÑO/VISIÓN

EL PASTOR ME MIRA CON CORAJE

-Veo que estoy entregando enseñanza en la Casa de Oración. Ahí veo a una pareja, un hombre, y una mujer escuchando lo que estoy diciendo, y que al terminar me aplauden. Muy entusiasmado, el hombre me impulsa a seguir. Me encamino hacia una puerta, como que voy a salir, pero al escuchar sus aplausos volteo, y les doy las gracias, Veo al Pastor, (no sé si iba saliendo, o entrando), que al escuchar a la pareja aplaudir, y lo que yo les contesté, me mira con el coraje reflejado en su rostro. Me regresé a terminar de entregar la enseñanza, y a preguntar a los que estaban ahí, si tenían alguna pregunta. No recuerdo lo que sucedió después, pero veo al Pastor llegar, y dice, que ahora si iba a haber sopa, pero que iba a ser dulce, que él tenía una receta para hacer sopa dulce.

-Luego veo que llega gente a causar problemas: Querían robar lo que estaba ahí. Veo que yo me hago a un lado; pero al mismo tiempo, estoy pidiendo que venga el Pastor para que vea lo que está sucediendo; luego me doy cuenta, que todo esto está sucediendo dentro de mi tráiler. Amén.

Sábado 23 de mayo del 2015
SUEÑO/VISIÓN

EN LA PARADA DEL AUTOBÚS

-Veo que estoy sentadas en una banca en la parada del autobús y ahí hay dos personas más; un hombre y una mujer; estamos escuchando música, es un vals. Con los ojos cerrados veo que me muevo al ritmo de la música, y siento, que alguien me toma de la mano, y no sé porque pienso, que es mi hermana Teresa, pero al abrir los ojos me doy cuenta, que es una mujer muy vieja. Luego escucho al hombre decir algo sobre la música; al escucharlo pensé, que cuando la música estaba sonando creyó que yo estaba dormida.

VEO AL PASTOR

-Después veo que alguien más se une a la pareja, y todos se van a otro lugar. Veo que abren una puerta, y entran a un cuarto. Yo trato de seguirlos, pero al abrir la puerta me doy cuenta, que es una salida hacia la parte de afuera, y dirijo mi mirada hacia la parte de enfrente y veo la entrada de un hotel, o de algún complejo de apartamentos, y veo al Pastor hablando con alguien más. No sé sí en esos momentos estaba llegando al lugar, porque pude ver su carro. Con la mirada puesta en la entrada bajo por unas escaleras para ir a saludarlo. Es todo lo que recuerdo. Amén.

Jueves 28 de mayo del 2015 a las 4:40 dela mañana
CRISTO JESÚS DE NAZARET DICE:

SU ENEMIGO SON ELLOS MISMOS

Mi niña: Quiero que sigas escribiendo, no dejes de hacerlo; lo tienes que hacer. Porque tienes que dejar a las generaciones por venir, que Yo su Dios y Señor, que a través de ti Me comuniqué, que a través de ti Yo les di la oportunidad de estudiar, de aprender, y de ser mejores creyentes; la oportunidad de Conocerme mejor; y la oportunidad de conocer el verdadero amor.

SE ESTÁN PERDIENDO DE MIS CONOCIMIENTOS

-Padre mío, yo quiero seguir haciéndolo, pero también me da tristeza ver que Tus hijos, no quieren escuchar lo que a través de mí Tú les quieres decir.

-Yo lo sé pequeña Mía, Yo lo sé, pero ellos lo van a perder. Van a perder la oportunidad que Yo les estoy entregando, y cuando ellos reaccionen, y se den cuenta, que todo fue verdad, que lo que les decías, venía de Mí, y no de ti, se van a arrepentir de no haber querido escucharte. Pero para entonces ya será demasiado tarde.

Tú Me pediste que les diera más tiempo y Yo se los he dado, y todavía no han querido escuchar lo que Yo les tengo que decir. Maravillosas son Tus palabras, y muy hermosas, Me dices a cada momento. Pero eso son esas enseñanzas para ti que las entiendes, y las aceptas. Pero ellos, ni siquiera las han querido escuchar.

YA TIENEN SU VERDAD

Necios y más que necios, no saben lo que están perdiendo. Se están perdiendo de Mis conocimientos, de Mí sabiduría, y la oportunidad de conocer secretos de Mí Reino. Yo les quiero decir todo eso y más, pero no me quieren escuchar. Sé que sufres por ello, ya que tú quisieras que escucharan, y aceptaran lo que Yo les estoy pidiendo. Quisieras que entendieran de la misma forma en que tú lo estás entendiendo.

Para ti es muy fácil entender lo que Yo digo, porque lo aceptas, sabes que es verdad, Mí verdad. Pero ellos no lo entienden así, porque ya tienen su verdad, la verdad que les han hecho creer que verdad es. Pero tú sabes que no es así porque Yo te he enseñado Mi verdad. Tristeza sientes al ver que están equivocados, que no todo lo que les han dicho, verdad es, que hay mucho por aprender, por saber. Pero ellos no lo quieren hacer porque creen que ya lo saben todo. Necios más que necios. ¡No saben nada!

IRÁN QUE EL ENEMIGO LOS CEGÓ

Te desesperes, Yo lo sé. Sé que quisieras que escucharan, e hicieran lo que Yo quiero que hagan. Lo haces, porque quieres que ellos también aprendan lo que tú ya has aprendido. Tú quieres que aprendan a comunicarse Conmigo para que por sí mismos se den cuenta, que hay mucho por aprender, y mucho por saber. Ahora sufres, ahora lloras; pero llegará el momento en que ellos sufran y lloren por no haber querido escuchar; por no haber querido entender, que tú ibas enviada por Mí, y no a tu voluntad; tu voluntad era la de hacer Mi voluntad. Pero ellos no lo vieron así.

Ellos creyeron que tú ibas a mentir. Pero tú no ibas a mentirles, ibas a entregarles, ibas a prepararlos para todo lo que venía. Pero te vieron como una extraña; no te vieron de su igual. Pero qué bien que fue así, porque igual que ellos no lo eres; tú escuchas y entiendes Mi palabra; tú sabes Mi verdad; tú sabes lo que viene, y lo que va a pasar; ellos no. Creen saberlo, creen estar listos, preparados, pero no es así. No saben a pesar de que dicen saber. No saben; y sin saber se van a quedar, porque no quieren escuchar.

SU ENEMIGO SON ELLOS MISMOS

Dirán que el enemigo los cegó y él sus oídos tapó; que esa era la razón por la cual no vieron ni escucharon. Pero su enemigo son ellos mismos, ellos mismos cerraron sus ojos, y taparon sus oídos; nadie lo hizo por ellos; ellos solos lo hicieron. Lo hizo su vanidad y su ego, lo hizo su ignorancia. Pero ellos así no lo vieron, y cuando logren verlo, tarde será: Ya no habrá tiempo para estudiar, ni preparar. No habrá tiempo, sino para llorar, llorar y meditar en lo que pudo ser si atención hubiesen puesto; si hubiesen estudiado, nada de lo que les está pasando les hubiere pasado; sólo para eso habrá tiempo; lo demás, ya habrá pasado.

Ya habrá acabado su tormento de aprender, de escuchar y preparar. Ya habrá pasado su tormento de a la escuela atender, para poder aprender. No acudieron a la escuela: no aprendieron. Ahora lo quieren hacer, ahora no van a poder: La escuela estará cerrada, no habrá quien enseñe, no habrá quien les diga cómo preparar. No, no lo habrá, y tendrán que llorar; llorar y lamentar el no haber querido escuchar. Amén.

Domingo, 31 de mayo del 2015
PROFECÍA

CRISTO JESÚS DICE:

LOS QUE QUIERAN SABER LA VERDAD…

-Después de escribir y meditar sobre un sueño me dijo: *Escribe*. Y esto es lo que escribí:

-*Escribe, me dices; qué escribo, te digo. Escribe lo que tengo que decirte: No temas lo que has soñado; no es lo que tú piensas. Pero sí es una fecha importante para ti, y para todos tus hermanos. Es una fecha en la cual se sabrán muchas cosas; unas buenas, y otras no tanto. Los que quieran saber la verdad, la verdad escucharán; los que cerrando los ojos del entendimiento son, se quedarán sin escuchar Mí Verdad.*

SU VERDAD LOS LLEVARÁ A LA TUMBA

La verdad de ellos será destruida, pero no lo aceptarán, y defenderán su verdad hasta el final; pero al final sucumbirán. No habrá salvación para ellos; no, no la habrá. Porque la verdad estaba frente a ellos, y no la quisieron aceptar; no, no la aceptaron, y tendrán que pagar; pagarán con su vida el haber defendido su verdad.

Su verdad los llevará a la tumba de donde no se levantarán. No tendrán la vida eterna, no, no la tendrán; porque Mí Verdad no quisieron aceptar. Decían que Me amaban, que en Mí ellos creían, y al momento de la verdad, demostraron que era mentira; demostraron, que de labios Me amaban, pero no de corazón, y eso los llevó a su perdición. Perderán lo que creían haber ganado, pero ganaron lo que no creían tener: la muerte sin retorno; la muerte sin esperanza de volver a tener lo que no quisieron cuando Yo se los entregué. No lo quisieron, no lo tendrán. Amén. Amén para ellos, que no quisieron ver, ni oír, lo que Yo les entregué con Mi corazón. Con el corazón les di lo que tenía para darles, pero lo rechazaron, lo ignoraron; ahora pagan por lo que hicieron, y no habrá quien escuche su clamor.

Amén para aquellos que sí escucharon; amén para aquellos que obedecieron; amén para todos los que aceptaron lo que Mi corazón les entregó. Amén para ellos, porque tendrán todo lo que tengo Yo. Amén para ellos que de corazón Me amaron, Me aman, y Me seguirán amando; amén para ellos, que gozando estarán Conmigo la eternidad. Amén.

Lunes 1ro de junio del 2015
CRISTO JESÚS DICE:

TODOS ESTÁN MUY TRANQUILOS

-Te desesperas, y eso hace que te vengan pensamientos negativos. Ya no te desesperes; Ya no pienses, que nada de lo que te he prometido va a pasar. Se cumplirá todo, ya lo verás; sólo espera sin desesperar, o desmayar. Todo pasará

cómo tienen que pasar. Ahora escribe, que tenemos que hablar, hablar de muchas cosas que van a pasar; cosas que ya están pasando:

Estás escuchando de los terremotos, y las desgracias de ciertos lugares y dices: Ya me lo habían dicho. Te sorprendes y no, porque sabes que escrito está, y nada lo puede cambiar. Te sorprendes y no porque sabes, que va a llegar. Todos están muy tranquilos pensando egoístamente, que a ellos nada les va a suceder. Pero espera, que pronto se darán cuenta de su engaño; sí, de su engaño. Están engañados pensando que a ellos nada les va a pasar, y cuando tengan todo sobre ellos, se van a acordar. Pero tarde será cuando comprendan su error; tarde, muy tarde van a comprender su error; ya todo habrá pasado; ya todo habrá terminado. No sufras por lo que hoy ellos te hacen, porque sufrirás cuando los veas sufrir, por no haber querido oír lo que les tenías que decir. Amén.

<u>Viernes 5 de junio del 2015 a las 5:26 de la mañana</u>
CRISTO JESÚS DE NAZARET DICE:

¡NO CAMBIARÁS MI PALABRA!

-Quiero que escribas porque tengo que contarte muchas cosas que Yo quiero que digas a los demás: Aquellos que te escuchen, me estarán escuchando a Mí. Porque Yo hablaré a través de ti, y a través de ti ellos sabrán de Mí. De Mí sabrán muchas cosas, cosas que ellos no saben, pero creen saber. De Mí sabrán lo que tengo que decirles, y se darán cuenta, que Yo no soy falsedad, sabrán, que Yo soy la verdad absoluta, y esa verdad tendrán ante ellos.

UNA PALABRA TENGO, UNA Y NADA MÁS

No te aflijas por lo que está sucediendo, llegará el momento que sus ojos abrirán, y podrán ver con los ojos de la verdad. Me pides, que les abra los ojos y oídos espirituales, que su mente entienda y analice la verdad. Y Yo te digo, que Yo ya lo he hecho; resultados contemplarás. Contemplarás, que atención ponen a lo que les dices, y entenderán, que no eres tú, sino Yo, quien a ellos se está dirigiendo. Algunos, no todos, todavía tendrán dudas, porque es difícil dejar lo que ya han aprendido. Pero a esos déjalos que aprenderán lo que no han aprendido.

¡NO CAMBIARÁS MI PALABRA! MI PALABRA TIENE SU PORQUÉ

Deja que el tiempo pase, tú sigue haciendo lo que tienes que hacer. Deja que el tiempo pase, que todo va suceder como tiene que ser, porque esa es Mi voluntad. U*NA palabra tengo, UNA y nada más. Esa palabra te di, y esa vas a escuchar y esa escucharán aquellos que te escuchen a ti. Tú les dirás lo que les tienes que decir, como Yo te lo dije a ti.*

¡NO TRATES DE CAMBIAR MI PALABRA, MI ENTREGA! ¡ESA NO ES MI VOLUNTAD!

¡No cambiarás Mi palabra! Mi palabra tiene su porqué, y ellos lo van comprender. Comprenderán, que Yo Soy el que habla, que tú eres Mi portavoz, la antena que recibe, y transmite lo que le digo Yo. ¡Yo Soy el que habla! ¡Yo Soy el que dice! ¡Yo Soy el que enseña! ¿Es que acaso tú puedes enseñar al Maestro? ¡Yo soy el Maestro! ¡Yo soy el que enseña! ¡Yo soy el que dice cómo se enseña! ¡No trates de cambiar Mi palabra, Mi entrega! ¡Esa no es Mi voluntad! Mi voluntad es que digas lo que tienes que decir, y entregues lo que tienes que entregar, pero sin Mi palabra cambiar. Amén.

<u>Sábado 6 de junio del 2015 a la 5:54 de la mañana</u>
DIOS PADRE DICE:

NO HAN QUERIDO EN MI PROPUESTA PENSAR

-El padre está hablando de su propuesta y de *ellos*, aquellos que él envío en nuestra ayuda:

-Quiero que escribas, no dejes de escribir, porque te quiero decir las cosas, que van a suceder a todo aquel que no quiera obedecer. Yo les he dado tiempo a pensar, a meditar; y no lo han hecho, no han querido en Mi propuesta pensar. Aquel que negando es Mi propuesta, arrepentido estará al momento de la verdad, la verdad que tendrán ante sus ojos, no la podrán negar. Se arrepentirán de haberme negado, de haber dicho, que mentira era lo que a través de ti Yo les decía.

ME IGNORARON, NO QUISIERON MEDITAR EN MI PROPUESTA

Mentira no era y lo comprobarán en carne propia, mentira no era y lo van a ver, y a padecer. Porque padecerán el dolor de haber negado Mi propuesta, y la de haber hecho que otros la negaran. Todos pagarán, todos sufrirán el haberlo hecho: Él por haberlos mal guiado, y ellos por haberse dejado llevar por él. Siguieron al hombre, al hombre siguieron, a Mi me ignoraron. Me dejaron con las manos extendidas, y con los Dones que para ello Yo tenía, y tengo. Ellos me ignoraron, ni tan siquiera quisieron meditar en Mi propuesta – Ellos pagarán por haberlo hecho.

TÚ CONOCES LA VERDAD DE MI PALABRA

Te preocupas, crees que Yo soy injusto, porque ellos no han escuchado todo lo que les tengo que decir. Pero los que ya lo han hecho, no te han creído, y dudan y hablan de ti. Dicen que mentira es lo que les dices, que tú ni siquiera conoces Mi palabra. ¡Necios, más que necios! Mi palabra conoces, y mejor que ellos. Mi palabra has aprendido, porque Yo te la he enseñado.

TÚ CONOCES LA VERDAD, LA VERDAD DE MI PALABRA

Ellos han tenido que leer lo que otros han escrito sobre Mi palabra, tú conoces la verdad, la verdad de Mi palabra. Tú sabes lo que pasó, lo que está pasando, y lo que pasará, porque Yo te lo he dicho. Yo te he enseñado lo que sabes, y lo que no sabes sabrás, porque Yo te lo voy a enseñar.

TÚ SÍ LO SABES, ELLOS NO, Y NO QUIEREN SABER

Cada vez que Yo te hablo, que te enseño las cosas, tu mente corre hacia ellos. Quieres comunicarle lo que has escuchado, lo que has visto, porque para ti es maravilloso, y quieres que ellos lo sepan. Que sepan todo lo que te digo, que estén enterados de lo que viene, de lo que Yo pienso, y de lo que Yo voy a hacer. Quieres que estén preparados para que no sufran, y para que ayuden a los demás. Tú sí Me entiendes, tú sí sabes lo que Yo estoy diciendo, tú sí sabe lo que Yo pienso sobre lo que está sucediendo. Tú sí lo sabe, pero ellos no, y no lo quieren saber, no quieren aprender más sobre Mí. Creen que ya lo saben todo, pero no saben nada, no saben nada, y sin saber se van a quedar.

NADIE HA PUESTO ATENCIÓN A MI PROPUESTA. A NADIE LE HA INTERESADO

No quieren aprender, los ignorantes se quedarán, se quedarán sin saber lo que Yo quería para ellos, lo que Yo tenía para todo aquel que aceptará Mi Propuesta, para todo aquel que dijera: Yo sí quiero estudiar, y aprender lo que Tú quieres enseñarme, yo sí quiero saber más de Ti, y de Tu Reino, yo sí quiero ser Tu esposa, y compartir Contigo la eternidad. Pero nadie lo ha hecho, nadie ha dicho: Presente, nadie ha puesto atención a Mi Propuesta, a nadie le ha interesado —Yo tampoco me interesaré por ellos.

EN MI PROPUESTA NO PENSARON PORQUE ELLOS YA TODO SABÍAN

Dicen que me Aman, dicen que me Conocen. ¡Necios más que necios! ¡Ni me Aman, ni me Conocen! Yo quería que me conocieran, para que aprendieran a amarme. Yo quería que aprendieran las cosas que Yo quería enseñarles, pero me rechazaron, me ignoraron– En Mi Propuesta no pensaron, y por no pensar, se quedaron. No pensaron en las consecuencias que su decisión traería. No lo pensaron porque ellos ya todo sabían, por lo tanto, no pusieron atención a lo que Yo, a través de ti les decía.

DECÍAN, QUE ERA TÚ LA QUE PROPONÍA

¿Que eras tú la que proponía? ¡Necios, más que necios! No pudieron ver más allá de eso, y sin ver se quedarán. No vieron no estudiaron, no se prepararon: Lloraron, sufrieron. Se arrepintieron de no haber escuchado, pero ya era tarde: Yo ya no podía escucharlos. Ya no había tiempo para que estudiaran, para que se prepararan. No, no lo había: La escuela estaba cerrada, la escuela no más abriría sus puertas – Su puerta estaba cerrada, nadie la abriría, nadie entregaría la enseñanza, la preparación que ellos necesitaban. Nadie les daría esa enseñanza, y esa preparación para que ellos lucharan contra todo lo que venía, y ya estaba sobre ellos.

ELLOS SÓLO VENÍAN A AYUDARLOS

Nadie los ayudará, nadie tendrá piedad de ellos, todos estarán sufriendo su necedad, la necedad de no haber querido escuchar cuando Yo les quería hablar, cuando Yo les quería enseñar y preparar. Ya no hay nadie quien lo haga – Ya Me los llevé. Me los llevé para que ya no los insultaran, para que ya no los humillaran con su desprecio; y para que ya no los ignoraran. Los ignoraron, los humillaron, los insultaron; y Ellos sólo venían a ayudarlos. Ellos querían prepararlos para que lucharan en contra de lo que venía. Pero ellos no quisieron escucharlos porque ellos, ya todo sabían. Estaban muy seguros de saber todo, todo lo que ellos necesitaban saber. Decían no necesitar nada más; que con eso era suficiente, que ya estaban salvados, y que era todo lo que necesitaban saber. Pero que equivocados estaban: ¡No sabían nada! ¡Nada que los ayudara a no perecer! ¡Nada, nada, nada y perecieron por no saber! Amén.

Lunes 8 de junio del 2015 a las 4:50 de la mañana
DIOS PADRE DICE:

¡ESTA NACIÓN ESTABA PROTEGIDA!

-Quiero que escribas. Quiero decirte el porqué de muchas cosas, el porqué de tanto sufrir y padecer, y el porqué tienes que despertar y ponerte a rezar. Tienes que orar todo lo más posible. La oración ayudará a que muchas de estas cosas no sucedan, la oración te hace estar alerta, y poner atención a las cosas que están sucediendo:

AHORA ES EL TIEMPO DE ORAR, Y DE PONERSE A TRABAJAR

Nadie quiere poner atención, nadie quiere darse cuenta, que las cosas están cambiando, pero no para bien. Las cosas van de mal a peor, y seguirán así hasta que todo esté aquí, y nada se pueda hacer. Ahora es el tiempo de rezar, de orar, y de ponerse a trabajar.

PIENSAN QUE ESTÁN A SALVO PORQUE ÉSTA NACIÓN ES INDESTRUCTIBLE

Tienen que estudiar, tienen que prepararse. Ya no es tiempo de descansar, es tiempo de preparar, y de orar. Oren, oren mucho, para que puedan en algo parar lo que viene. Lo que viene, a muchos va a tomar desprevenidos, dormidos, y nada van a poder hacer. Oyen, escuchan lo que está sucediendo en otros lugares, y aun así no ponen atención. Piensan que aquí no va a suceder, que a ésta nación no la podrán tocar. Pero lo que no saben, es que ya la tocaron. Ya está en manos de aquellos que la quieren ver destruida, acabada, ya está en las manos de aquellos que quieren verla desaparecer.

¡PERO NO LO ES!

Ésta nación ya está condenada a desaparecer, *pero nadie pone atención, nadie se da cuenta, o no quieren darse cuenta. Piensan que están a salvo porque ésta nación es indestructible. ¡Pero no lo es! Y cuando se den cuenta, tarde, muy tarde va a ser – Nada podrán hacer para salvarla.*

EL PODER QUE TENÍA, YA NO PODRÁ TENER

Las fuerzas ya están unidas para verla caer, las fuerzas ya decidieron quitarla del poder, el poder que tenía, y que ya no podrá tener, porque las fuerzas así lo van a hacer. Ya no tendrá poder, caerá, y ya no se levantará. Ahora es cuando tienen que hacer algo, ahora es cuando tienen que prepararse para luchar en contra de las fuerzas que los quieren derrotar. Los derrotará para que preparados no se encuentren, los derrotará porque no se han querido preparar, no han querido poner atención, y ponerse a estudiar. Para poder aprender a luchar en contra de las fuerzas que los quieren derrotar, acabar.

TODOS ESTÁN EN PELIGRO

Todos están en peligro, nadie se salvará de la contienda que se avecina. Nadie quiere poner atención, nadie quiere estudiar, dicen que ya todo lo saben, que ya no hay nada por aprender; dicen estar preparados, y que a ellos nada les va a suceder. Pero están muy equivocados: Preparados no están, y por ellos van a perecer. Perecerán por necios, por incrédulos, y por no querer poner atención a lo que están viendo. Están viendo desastres a granel, están viendo sucesos que anunciados estaban. Lo ven, y aun así no ponen atención. Creen en lo que está escrito, piensan que pasará, pero no quieren abrir los ojos y darse cuenta, que ya está sucediendo, que ya está aquí, pero no quieren aceptar, porque no se quieren incomodar.

¡ESTA NACIÓN ESTABA PROTEGIDA! ¡TENÍA MI PROTECCIÓN!

Están muy cómodos, muy tranquilos pensando, que eso sucede allá en aquellos lugares, pero no aquí, aquí es una nación a la que no pueden llegar, porque está muy bien protegida. ¡Estaba! ¡Estaba protegida! ¡Tenía Mi protección! ¡Tenía Mis bendiciones! Pero ya me rechazó, ya me ignoró, ya no quiere saber nada de Mí, ni Mis Leyes obedecer. Se cree autosuficiente, y que ella lo va a hacer por sí misma, que a Mí no me necesita; es por eso que Me quiere borrar, desaparecer. ¡Necia, más que necia! ¡A Mí nadie me puede desaparecer! Yo soy el Infinito, y el Infinito es por siempre, y para siempre. ¡Necia, más que necia! Quería ser el ejemplo del poder, y será el ejemplo de Mi Poder.

CONFIARON EN SU PODER, Y MI PODER DESPRECIARON

Mi Poder lo es todo, y no lo quiso ver. Mi Poder le ofrecí, y no lo quiso agradecer; creyó que era su poder, y en él se apoyó. Se apoyó en su poder, y Mi Poder ignoró – No lo aceptó, y por ello falleció. Cayó para no levantarse, cayó para no despertar, cayó, y nadie lo pudo evitar. No lo evitaron porque no quisieron, no lo evitaron porque Me ignoraron – Confiaron en su poder, y Mi Poder despreciaron. Mi Poder lo es todo. Yo soy el Poder. Yo les daba el poder. Yo les daba poder, pero creyeron que era su poder, y no el Mío quien lo hacía. Se creían poderosos, y el poder, Yo se lo daba. Ya no quisieron Mi Poder, su poder se convirtió en nada. Nada quedó del poder que creían tener; nada, sólo recuerdos de lo que un día tuvo – Sólo eso, y nada más. Pasará a la historia como la nación que todo tuvo, y lo perdió, por no poner atención a lo que Yo les decía, por creer que era su poder, y no el Mío, quien todo lo hacía. Mi Poder depreció, sin Mi Poder se quedó, y sin Mi Poder: Perdió.

-Padre: Todo esto ya me lo has dicho, pero, qué caso tienen que yo lo sepa, si ellos no lo quieren saber, si ellos no quieren escuchar. Cómo se van a preparar si no saben lo que viene, o no lo quieren saber. Padre, Tú sabes, que cada cosa que me dices, inmediatamente quiero correr a decírselos para que ellos lo sepan, para que todos se enteren de lo que viene, y se puedan preparar. Pero cada día que pasa, me es más difícil hacerlo. Te has dado cuenta Padre, que Tus hijos reúsan a hablar conmigo. A mucho de ellos les he dicho que quiero hablarles, y todos, o casi todos se han negado a hacerlo. Siento que piensan, que les voy a hablar mal del Pastor, o a decirles algo contrario a lo que él les dice. Uno a uno me da su excusa, pero la realidad, es que no quieren ofender a su Pastor. Padre, qué puedo hacer, ellos se dan cuenta que el Pastor no me permite hablar. Padre. ¿Qué puedo hacer?

-*Nada,* s*ólo sigue haciendo lo que tienes que hacer.*

-Padre, ayúdame, Tú lo puedes hacer, abre los ojos, oído y mentes espirituales de estos de Tus hijos, para que puedan ver, oír y entender, que eres Tú, y no yo quien habla, quien dice, quien enseña. Te diste cuenta, que quise hablar con el Pastor para decirle lo que me habías dicho acerca de los mensajes que Tú me entregas., pero no tuvo tiempo, se iba de vacaciones a tomarse un descanso.

ME CULPÓ POR NO HABER HECHO SU PASTEL

-Padre: Ayúdame, sólo así podré hacer lo que Tú quieres que haga. Quiero hablar con Tus hijos pero me rechazan, piensan que soy enemiga del Pastor y me rehúyen; no quieren hablar conmigo. Padre, ¿Qué quieres que haga? ¿Insisto? ¿Insisto en hablar con ellos? Ya escuchaste lo que Tú hija me dijo, me culpó de no haber hecho su pastel. Claramente me dijo, que le había quitado el tiempo por haber ido a hablarle de Ti Padre, de Ti. Para ella fue una pérdida de tiempo: ¡No hizo su pastel! Padre, Tú sabes lo que me dolió escucharla.

LO TOMARON CÓMO QUE FUISTE A QUITARLES EL TIEMPO

-*Lo sé pequeña, lo sé, fue como una bofetada. Tú fuiste a enseñarles, a decirles lo que Yo te he dicho para que se puedan preparar, para que puedan estar listos, y enfrentar lo que viene, pero lo tomaron cómo que fuiste a quitarles el tiempo. Déjalos pequeña, déjalos, que tarde será cuando se den cuenta, que el tiempo no fuiste a quitarles, sino a darles. Les diste tu tiempo, y el tiempo de prepararse, pero no lo vieron así. Pero ellos lo verán cuando ya sea tarde, entonces te buscaran, querrán escucharte. Pero ya no podrá ser; tú ya no estarás ahí para enseñar, para hablarles de Mí y de lo que Yo te decía. Tendrás tu lugar y ahí hablarás al que quiera escucharte. Ellos irán a ti, y no tú a ellos. Tú estarás ahí para recibir a quien llegue a escuchar, a aprender, a preparar.*

Al que llegue con esas intenciones, a ese entregarás, a ese prepararás, a ese entregarás lo que Yo te entrego a ti para todo aquel que quiera saber.

Mi niña, muchas cosas te daré muchas cosas sabrás, y muchas cosas entregarás al que quiera escuchar; al que quiera oír lo que le tienes que decir. Déjalos pequeña, que el que tenga ojos va a ver; y el que tengo oídos va a escuchar, y el que tenga entendimiento de la verdad… entenderá. No te preocupes ni te aflijas por los que ahora no quieren escucharte, tú sigue adelante haciendo lo que tienes que hacer, y espera los acontecimientos.

DÉJALOS, NO TE PONGAS TRISTE

Entonces van a querer hablar contigo, van a querer saber, van a querer escuchar lo que tienes que decir. Ahorita dicen, que <u>les fuiste a quitar el tiempo.</u> Que <u>los fuiste a importunar,</u> y tú sólo querías ir y entregar lo que Yo te había entregado a ti. Déjalos pequeña, déjalos, que cuando despierten tarde será, y se arrepentirán no haber querido escuchar lo que les tenías que decir. Déjalos, no te pongas triste, que lo que va a pasar… pasará, y nadie lo va evitar, por no haber querido escuchar lo que les querías decir. Amén.

Martes 9 de junio del 2015 a las 4:55 de la mañana
DIOS PADRE DICE:

NADIE QUIERE SABER DE MÍ PORQUE ELLOS YA LO SABEN

-No te sientas cansada, que cansada no estás. No dejes que el cansancio te haga hacer lo que no tienes que hacer. Como ya Te he dicho, te faltan esas dos cosas: Aprender a acostarte temprano y a levantarte temprano. La primera ya lo estás haciendo, ya te acuestas más temprano, pero levantarte temprano por la mañana, te cuesta más. Pero lo vas a lograr, tú ya sabes lo que necesitas hacer, y lo que no tienes que hacer, así es que, haz lo que tienes que hacer, y no hagas lo que no tienes que hacer, y todo te saldrá bien.

QUIÉN VA A LEER ESTO

Ahora escribe, que tenemos mucho que escribir, que hay mucho por decir a las generaciones por venir:

Tú dices: Y quién va a leer todo esto, si nadie quiere escuchar; nadie tiene tiempo para eso. Yo lo sé, sé del dolor que te cause ver y oír, que nadie quiere escuchar, nadie quiere saber de Mí, porque ellos ya lo saben.

SABEN LO QUE LES HAN ENSEÑADO, LO QUE LES HAN DICHO, Y NADA MÁS

¡Necios y más que necios! ¡No saben nada! Y así se van a quedar. Los escucho decir, *que quieren que Yo regrese, que ya están listos. ¿Listos? ¿Listos para qué? Lo que saben, nada es para lo que viene, nada, y Yo quiero que sepan más. Que se preparen para lo que va a llegar. Todos dicen saber, pero nada saben, todos saben lo mismo, y no saben nada. Saben lo que les han enseñado, lo que les han dicho, y nada más. Te dije, que no se los tomo en cuenta porque eso es lo que les han enseñado, eso es lo que les han dicho, y nada más. Yo quiero abrirles los ojos para que se den cuenta, que hay más, mucho más por aprender, por saber, por reconocer. Pero no Me quieren escuchar, no Me quieren oír.*

¿CÓMO VOY A ENTREGARLES LO QUE TÚ ME HAS ENTREGADO, SINO QUIEREN ESCUCHAR?

-Padre: Ellos están convencidos de que ya están salvados, que ya van directo a Ti; que ya no tienen que hacer nada, que Tú ya lo hiciste todo. Que lo único que ellos tienen que hacer, es arrepentirse de sus faltas, aceptarte a Tí como su Dios y Señor; y todo está hecho, listo, que ya no tienen que hacer nada. Padre, eso no es lo que Tú me has enseñado, y el escucharlos me ha confundido. Padre, los veo tan convencidos con lo que dicen, que no permiten nada contrario a lo que ellos saben. Padre, ¿Cómo voy a entregarles todo lo que Tú me has entregado, si ni tan siquiera quieren escuchar? ¿Cómo Padre? ¿Cómo?

VAN A ESCUCHAR PEQUEÑA, VAN A ESCUCHAR

Van a escuchar pequeña, van a escuchar. Pero para algunos será muy tarde, cuando ellos quieran hacerlo, ya no habrá quien les hable, ni quien les enseñe, y eso les va a doler. Eso les va a hace sufrir el dolor de no haber querido escuchar, ni aprender, ahora no sabrán qué hacer. No saben cómo responder, cómo defenderse de los ataques que van a tener. Pero déjalos, de ellos será la pérdida, de ellos y de nadie más porque la oportunidad se les está dando, y no la quieren aprovechar, de ellos y de nadie más será la pérdida. Sé que van a llorar, pero Yo no los voy a escuchar. Sé que van a gemir, pero Yo no los voy a oír.

Ahora déjame decirte algo que quiero que tú sepas: Pronto verás realizado tú sueño, el sueño que por tiempo has llevado en tu corazón, pronto lo verás, y será tu coronación. Será la corona que sellará tu largo sufrir; tu largo vivir, tu largo suspirar por una vida mejor.

-Padre: Hágase Tu voluntad, que eso, es todo lo que cuenta.

Y así es pequeña, así es, Mi voluntad es lo que cuenta, Mi voluntad es lo que vale, y Mi voluntad se hará aquí, y en todo lugar.

TERMINA EL LIBRO

Quiero que termines el libro, quiero que lo dejes listo para las generaciones por venir. Sí, sí, habrá más libros. Pero éste es el más importante porque es simple, y sencillo, y fácil de entender. Con este libro tendrán la base para saber lo que tienen que hacer, y lo que no tienen que hacer para poder salvarse. Todo lo que necesitarán estará en ese libro; lecciones fáciles de entender, de comprender, y de aprender, lecciones simples, sencillas, nada complicadas. ¡Termínalo! Déjalo a las generaciones por venir para que se den cuenta, que no era tan difícil a Mi lado estar, que no era nada complicado, sólo tenían que estudiar y escuchar.

VIENEN TIEMPOS MUY DIFÍCILES PARA TODOS LOS QUE EN MÍ CREEN

Vienen tiempos muy difíciles para todos los que en Mí creen. <u>Serán odiados, perseguidos</u>, y <u>asesinados</u> por aquellos que han decidido, que Yo no existo, que Yo soy una fantasía, un cuento que hay que olvidar. Pero Yo les voy a demostrar, que ni cuento ni fantasía soy. Yo soy la realidad, la realidad que tendrán frente a ellos cuando Yo les venga a cobrar los atropellos que han tenido con aquellos que me aman, y en Mí han creído. Entonces van a darse cuenta, que ni fabula, ni cuento Yo he sido, ni lo seré, que Yo soy la verdad, la realidad, y así lo van a entender.

FRENTE A ELLOS TENDRÁN LA VERDAD

Entenderán que nunca Me he ido, que nunca Me iré, y que aquí Me quedaré. Nadie podrá negar lo que ve, aunque quiera hacerlo, no podrán negar lo que frente a ellos tienen. Frente a ellos tendrán la verdad, y nada más que la verdad, así la verán, y así la entenderán. Pero para muchos, será demasiado tarde el ver y comprender lo que frente a ellos tienen, ya no podrán hacer nada, sólo llorar, gemir y perecer por lo que no quisieron aprender.

SERÁN PUESTOS A PRUEBA DE FE, DE AMOR, Y DE VALOR

Las pruebas que para muchos de Mis hijos vienen, son de fe, tienen que comprobar que la tienen como lo aseguran. Serán puestos a prueba de fe, de amor, y de valor. Sí, del valor que a las cosas materiales le puedan dar, del valor que le han puesto a Mi amor, a Mi enseñanza, y a Mi preparación. Dicen amarme, bien, lo podrán comprobar, dicen conocerme, bien, lo podrán comprobar con su valor, su entrega, y su preparación. No hay otra forma, ni la habrá, tendrán que demostrar que se encuentran conmigo, y que nada ni nadie nos va a separar.

LOS QUE DE CORAZÓN ME AMAN, PASARÁN LA PRUEBA

Aquellos que de corazón me aman saldrán victoriosos de la prueba. Temo por los que de labios dicen amarme, esos no pasarán la prueba. Ya que decir que me aman es fácil, lo difícil va a ser, el comprobarlo de corazón.

LOS QUE SON LABIOS Y NO CORAZÓN…

El corazón de ellos se llenará de dolor, temor y desesperación, no sabrán qué hacer, ni cómo responder, y sucumbirán: Me negarán e Irán a refugiarse a los brazos de la mentira, el engaño, y la falsedad. Ese será su refugio, esa será su tumba, esa será su muerte eterna, la muerte que tendrán. Esos serán borrados de los libros, no aparecerán, nadie sabrá de ellos, nadie los mencionará, nadie sabrá que existieron, nadie lo sabrá. No pasarán a la historia, no aparecerán en ningún lugar, serán borrados eternamente, la muere eterna encontrarán. Amén. -Adiós Mi pequeña, adiós.

-Adiós Padre, estaré esperando Tu mensaje. Adiós Padre mío.

Miércoles, 10 de junio del 2015 a las 5:10de la mañana
CRISTO JESÚS DICE:

-No te preocupes, no te angusties, que ya todo pasará, queda poco tiempo de sufrimiento, ya todo pasará.

Jueves 11 de junio del 2015 a las 7:36 de la mañana
CRISTO JESÚS DE NAZARET DICE:

VEO Y ESCUCHO LO QUE MIS HIJOS DICEN

-Quiero que dejes de sufrir por lo que pasa. Yo veo y escucho lo que estos de Mis hijos dicen, y sé que están equivocados: Tú no vas a ahí a quitar, sino a dar. A dar enseñanza, preparación y alertas para que puedan luchar con lo que viene hacia ellos, y hacia todos los que en Mí creen. No te aflijas, todo terminará para ti, tu sueño, tu anhelo de llevar Mi palabra, hecho y efectivo será: Palabra de tu Dios y Señor, tu Rey Todopoderoso. Lo dije y lo cumpliré, todos sabrán de ti y de lo que tú eres para Mí. Verán lo que no han visto y entenderán lo que no han entendido.

¡YO TE ENVÍE AHÍ Y AHÍ TE QUEDARÁS!

Ahorita se dan el gusto de enviarte a la iglesia de español, como ellos la llaman, porque no quieren poner el corazón en lo que les dices; no quieren tomarse la molestia de tratar de entender lo que les estás diciendo; es mucho trabajo para ellos y prefieren deshacerse de ti. Pero no lo lograrán. ¡Yo te envíe ahí y ahí te quedarás porque esa es Mi voluntad!

DEJA QUE SIGAN CON SU NEGOCIO

No te aflijas por lo que ves, y escuchas, deja que sigan con su negocio, que su negocio se acabará, y se darán cuenta, que no era más que eso: Un negocio. Tú sigue adelante con lo ya planeado, tú haz lo que tienes que hacer, y deja el resto a Mí, Yo haré lo que tenga que hacer, ya lo verás.

NO QUIEREN ESCUCHAR ALGO QUE LOS SAQUE DE SU COMODIDAD

Te afliges, por el idioma que tú no hablas como tú quisieras para poder entregar Mi mensaje. Pero ese no es el problema, el problema, es que no quieren escuchar algo que los pueda sacar de su confortabilidad, la comodidad en la que se encuentran; no quieren oír algo que los haga despertar y ponerse a trabajar, no quieren escuchar algo que los saque de su comodidad. Están conformes con lo que creen saber y no quieren saber nada más, creen que lo que saben los va a ayudar y que no necesitan nada más.

ME TOMAN COMO BROMA, COMO CHISTE

¡Necios, más que necios! No se dan cuenta que no saben nada y que Yo los quiero ayudar, quiero enseñarles a trabajar, para que puedan triunfar sobre lo que viene, pero no quieren escuchar, quieren perecer en su comodidad. Me toman como broma, como chiste, se ríen, se regocijan con lo que saben, se dan el lujo de negar Mis mensajes, Mi enseñanza, de negar a los que Yo les envío, para que les entreguen los mensajes, Mis mensajes, Mis alertas, Mis profecías y Mis enseñanzas, pero los niegan, los ridiculizan, los hacen sentir mal y los hacen llorar.

¡NO QUIEREN SU COMODIDAD PERDER!

¡Eso no es de Mi agrado, y no lo voy a permitir! ¡Ya basta de necedad! ¡Ya basta de tanta ignorancia! ¡De tanta ceguera espiritual! Tienen ojos y no ven, oídos y no escuchan pero dicen que me aman y que en Mí ellos creen, creen lo que quieren creer y escuchan lo que quieren escuchar. Escuchan y creen en todo aquello que no los saque de su comodidad. Al momento de ver esa comodidad desaparecer, cierran sus oídos, sus ojos – ¡No quieren su comodidad perder! Dicen Amarme y ni tan siquiera Me conocen.

EN LA NADA SE VAN A QUEDAR

Conocen al Dios que les han enseñado a través de la Escritura, al Dios que les han dicho ser, pero al verdadero Dios, no lo quieren conocer, no quieren conocer la verdad absoluta. La verdad absoluta soy Yo y no me quieren conocer.

Yo les quiero presentar Mi Reino y llevarlos a Él. Él los está esperando. Pero ellos no quieren ir a ese Reino y disfrutar junto a Él, lo que Él les está ofreciendo. Les está ofreciendo la gloria, la eternidad junto a Él; la eternidad en Su Reino, disfrutando de todo lo creado por Él. Pero no quieren aceptar lo que Él les está ofreciendo.

ELLOS MISMOS SUFRIRÁN LAS CONSECUENCIAS

Creen que ya lo tienen, que no tienen que trabajar, ni hacer nada, todo está hecho y entregado a ellos. ¡Necios, más que necios! ¡No tienen nada! Comparado con lo que Mi Padre les está ofreciendo: ¡Nada! Y en la nada se van a quedar por no querer oír ni escuchar lo que Yo tengo para ellos.

No sufras pequeña Mía, Yo sé por lo que estás pasando, tú sigue adelante haciendo lo que tienes que hacer, y no desmayes, que la recompensa llega y entonces se van a arrepentir de haberte querido enviar a la iglesia de español. Déjalos, que ellos mismos sufrirán las consecuencias de no haber querido escuchar. Amén.

Viernes 12 de junio del 2015 a las 5:35 de la mañana
CRISTO JESÚS DE NAZARET DICE:

¡GENERACIONES POR VENIR, **PONGAN ATENCIÓN!**

-Quiero que escribas, no dejes de hacerlo. El libro ya está por terminarse, pero seguirás escribiendo. Tienes que hacerlo, tienes que dejar por escrito todo lo que te digo, tienen que saber lo que Yo pienso acerca de lo que está pasando, de lo que va a pasar y de lo que ha pasado. Tienen que saber todo, todo, para que no digan, que ellos no sabían nada, que nadie les dijo lo que venía. Tienen que saberlo, tienen que estar listos y preparados, lo que viene los va a tomar dormidos, y al despertar, sólo verán caos y desastre. ¡Tienen que prepararse! ¡Tienen que estar listos! Lo que viene, ya está aquí, ya llegó y ni siquiera la puerta tocó, sólo entró. Entró y ya se acomodó, ya está instalado como si fuera su casa, y nadie lo vio y si lo vio, no lo creyó.

NO TODO ERA PARA ECHARSE A REÍR, NO TODO ERA COMODIDAD

Deja por escrito, que tú ya sabías y querías alertarlos, pero sus ojos y sus oídos cerraron y no vieron, no escucharon lo que tenías que decirles. Deja todo por escrito, para que se den cuenta de lo ciegos, y sordos que fueron: No entendieron, y no quisieron entender para no entorpecer la conformidad de su vida. Para ellos todo era broma, todo era reír, nada tomaban en serio y por ello van a sufrir. Se darán cuenta, que no todo era para echarse a reír, que no todo era comodidad, y por ello van a sufrir. Sufrirán por su ignorancia, su falta de entrega, por no saber ver ni oír lo que Yo les entregaba a través de ti.

NO SABÍAN LEER CON EL ESPÍRITU

A través de ti Yo quería que vieran lo que estaba por venir. A través de ti Yo les quería decir lo que tenían que hacer para no sucumbir a lo que venía. Pero no quisieron entender, dijeron mentira ser, y que tú, ni las Escrituras sabías. ¡Sabías más que ellos, y no lo quisieron ver! Sabías las Escrituras y mucho más, algo que ellos no sabían, pero se los querías enseñar. Los quisimos preparar, los quisimos poner al tanto de lo que iba a pasar, pero no quisieron escuchar – Ellos ya lo sabían. ¡No sabían nada! Aunque así lo creían. Creían saberlo todo, todo lo que las Escrituras decían, pero no sabían leer, no sabían leer con el espíritu, que era lo que Yo quería. La única forma de entender lo que las Escrituras decían, era si aprendían a leer con el espíritu. Leían con los ojos físicos, analizaban con la mente física. Así lo hicieron, así perecieron.

NO QUISIERON EDUCAR EL ESPÍRITU

Pereció su cuerpo, su espíritu no aprendió lo que tenía que aprender, porque su cuerpo no se lo permitió. Yo los quise enseñar a leer con el espíritu, pero no me dejaron, dijeron saberlo todo, y así se quedaron sin saber, que el espíritu era quien tenía que aprender para que su cuerpo se pudiera defender. No quisieron educar el espíritu, no quisieron preparar su cuerpo, y ambos sucumbieron al embate del enemigo. ¡Necios, más que necios! ¡Sordos, más que sordos! ¡Ciegos más que ciegos! Su ceguera, su ignorancia los perdió. No vieron, y no quisieron ver que Yo quería prepararlos, porque Yo sabía lo que venía, y sabía lo que pasaría si ellos no se preparaban. Pero no Me creyeron, dijeron que Yo era mentira, que Yo no sabía lo decía – ¡Ellos lo sabían todo!

DIJERON QUE YO ERA MENTIRA, QUE YO NO SABÍA LO DECÍA

Sí, dijeron que Yo era mentira cuando no creyeron lo que a través de ti Yo les decía. Creyeron, que eras tú quien venía a sacarlos de su comodidad, que eras tú la que quería confundirlos, al decirles algo que ellos no habían leído en las Escrituras. AL hacerlo, me estaban negando a Mí, estaban diciendo, que Yo era mentira. No creyeron que era Yo quien te decía a ti, lo que tenías que decirles.

NO TE CREYERON, NO ME CREYERON A MÍ

¡Decían creer en Mí! ¡Decían Amarme! Y cuando frente a ellos Me tuvieron, no supieron reconocerme. Me presenté ante ellos con Mis enseñanzas, Mi preparación, Mi conocimiento y con Mi sabiduría, y no Me vieron; te vieron a ti, una mujer que no sabía lo que decía, a una mujer que creía que Dios le hablaba, que Dios le entregaba lo que tenía que decir y dudaron, dudaron de ti, dudaron de Mí. Prueba les diste de lo que decías, prueba les diste, de que era Yo, y no tú quien hablaba, quien les decía lo que venía y cómo se tenían que preparar. Pero no te creyeron: No me creyeron a Mí.

¡GENERACIONES POR VENIR, PONGAN ATENCIÓN!

Yo era quien les hablaba, Yo era quien les decía. Pero sus ojos y oídos cerraron, y no Me escucharon. Ahora gritan, ahora lloran, ahora piden saber. Pero ahora no hay quien les enseñe, ahora no hay quien les diga, quien les explique lo que tienen que hacer. ¡No, no! Ya no hay tiempo para aprender; ese tiempo pasó y nadie lo aprovechó. Nadie dijo: Presente y estudió, se preparó. Los pocos, muy pocos que lo hicieron, no podrán ayudar a todos los que sus ojos, y oídos cerraron – Son muchos y ellos tan pocos. Harán lo que puedan hacer y nada más. No podrán hacer más, aunque quisieran, tiempo no habrá, el tiempo se habrá echado en el tiempo y ya no habrá tiempo para estudiar.

¡APRENDAN LO QUE SUCEDE A LOS QUE NIEGAN LA VERDAD!

¡Generaciones por venir, pongan atención! ¡Abran los ojos y los oídos! ¡Aprendan lo que sucede a quienes sus ojos, y oídos cierran! ¡Aprendan lo que sucede a los que niegan la verdad! A quienes teniéndola frente a ellos, no la quisieron ver, y sin verla se quedaran. ¡Aprendan a ver, y a escuchar a través del

espíritu! Para que sea él quien los ayude a entender lo que no entienden, y para que no perezcan como sus hermanos. ¡Aprendan a Amarme, a Respetarme, a Conocerme! Y caminaremos juntos como uno solo. Seremos un sólo Amor, una sola presencia, un sólo Poder; el poder que da el amor, el respeto a su Dios y Señor. Amén.

Sábado 13 de junio del 2015 a las 9:00 de la mañana
SUEÑO/VISIÓN

NO HABÍA SUFICIENTE COMIDA

-Veo que estoy en la Casa de Oración repartiendo comida en un carrito; creo que es un día en que se alimenta a mucha gente. Me doy cuenta, que me he tomado mucho tiempo, y que todavía me falta entregar comida a más gente. Veo que me acerco a una mesa, tomo un plato y lo pongo sobre la mesa. Pienso que va a estar frío, pero al ponerlo sobre la mesa me doy cuenta, que todavía está caliente. Pero también noto, que ese plato es el último; ya no había más, y todavía faltaban como siete, u ocho personas a las que había que darles de comer.

YO TRAIGO $5

-Voy a la oficina del Pastor, y cuando voy a tocar la puerta, veo que no había puerta. Me asomo y veo, que frente a su escritorio estaba una persiana a medio abrir y que medio cubría al Pastor, pero se podía ver que él estaba sentado en su escritorio. Al verlo le hablo y le digo lo que estaba pasando. Trato de decirle, que yo traigo como $5, y que podíamos comprar algo para los que no habían comido, mas no me da tiempo de decirle nada.

VEO AL PASTOR SALIR DE LA OFICINA

Veo que sale de la oficina, pero ya no es el Pastor, sino una mujer sentada en un escusado haciendo sus necesidades. Veo que esa mujer tiene en sus manos un recipiente de plástico y me dice, que eso es lo que toma para poder hacer del baño, y que con eso hace muy a gusto.

ME PREOCUPO POR LO QUE NO HAN COMIDO

-Luego la mujer y yo nos dirigimos al comedor, y veo que la gente se empieza a retirar del lugar. Yo me preocupo por los que no habían comido, y le digo a la mujer, (Pastor) que por qué no compramos Pollo Loco, que ya está cocinado, y que trae arroz y frijoles. Ella, (El Pastor) me dice, que es una buena idea, y lo veo muy contento. No sé qué fue lo que sucedió después. Amén.

-La mujer: La evolución del Pastor a un nivel superior: Nivel Alma.

-$5, nivel 5: Lo que se necesita para evolucionar, y pasar al nivel alma.

-La comida ya está lista para comer.

-La mujer en el escusado: El Pastor evacuando lo que no le sirve a su cuerpo.

Domingo 14 de junio del 2015 a las 4:48 de la mañana
DIOS PADRE DICE:

YO TENGO MUCHO PARA DAR

-No te sientes cansada ni con sueño, eso está en tu mente. Ahora escribe, que tenemos mucho que decir para que todos se den cuenta, que no fuiste ahí a mentir. Mentir no es lo Mío, mentir no es lo tuyo. Así es que escribe, que verdad es lo que escribes:

Yo tengo mucho para dar, y quiero darlo a aquel, que quiera escuchar. Aquel que quiera aprender, y conocer la verdad; la verdad le enseñaré. Ya es tiempo que la verdad se sepa, ya es tiempo que abran los ojos a la realidad, la realidad que los llevará Conmigo estar. Yo los quiero aquí Conmigo, Yo los quiero ver gozar; gozar de todo lo que Soy, y de todo lo que en Mi Reino hay. En Mi Reino hay muchas cosas que Yo quiero que todos disfruten, que todos gocen por toda la eternidad. La eternidad pasarán Conmigo, la eternidad gozarán; lo único que tienen que hacer, es desear Conmigo estar, y Mi Reino conocer.

YO QUIERO QUE ESCUCHEN TODO LO QUE TENGO QUE DECIRLES

Yo soy la realidad de todo, Yo soy la verdad, y aquel que quiera Mi verdad, me quiere a Mí. Yo le daré la verdad, Yo le enseñaré la verdad, Yo lo protegeré con Mi verdad. La protección tendrá, si Mi verdad él tiene, sin ella, no vivirá. Yo no quiero que perezcan, Yo quiero que vivan, que gocen la vida, la vida eterna que Yo les estoy ofreciendo.

YO QUIERO QUE VIVAN UNA VIDA LLENA DE FELICIDAD

Pero no quieren Escucharme, no quieren oír lo que Yo tengo que contarles. Yo quiero contarles muchas cosas, cosas de Mi Reino, cosas de Mi creación, cosas del Pasado, cosas del Presente, y de las cosas que gozaremos, cuando en Mi Reino se encuentren. Yo quiero que escuchen todo lo que tengo que decirles, todo lo que tengo que enseñarles, y tengan toda la protección que necesitan, para que nada pueda pasarles. Yo no quiero que perezcan, Yo quiero que vivan una vida llena de felicidad, una vida llena de felicidad, y de alegría: La alegría de vivir eternamente Conmigo.

ESA VIDA ESTÁN RECHAZANDO

Yo los estoy esperando, por siglos lo he hecho, por siglo he esperado que lleguen a Mí. Yo quiero verlos a todos en Mí Reino junto a Mí, y junto a Todos los que aquí los aman y quieren verlos vivir, vivir una vida plena de dicha y de placer. Yo les estoy ofreciendo esa vida, esa vida están rechazando, esa vida están ignorando por los placeres que el mundo les da.

EL MUNDO ES EFÍMERO COMO LA VIDA QUE EL OFRECE

El mundo es efímero, pasajero; lo que Hoy está, Mañana ya no estará, lo que Hoy ven, Mañana no lo verán. El mundo es efímero como la vida que el ofrece. La vida que Yo ofrezco, es eterna y llena de felicidad, y cosas buenas. Lo que el mundo les ofrece, es la muerte eterna. La muerte eterna, es el vacío que dejarán porque nadie sabrá de ustedes, nadie sabrá que existieron, nadie los recordará. Pasarán a la historia como nada, porque nada serán, en la muerte eterna se convertirán. La muerte eterna es para aquellos que aun Conociéndome la espalda me dieron, y contra Mí se volvieron. Ya que Yo he dicho, que Yo perdono al inocente, al que no sabe nada, pero ay de aquel que Conociéndome la espalda Me dé; a ese, no Perdonaré.

LO COMPLETAMENTE IMPERDONABLE

Pequeña: Sé que no Me entiendes, sé que no comprendes lo que Yo estoy diciendo. Te es muy difícil entender y aceptar lo que te digo. *Pero lo entenderás, llegará el momento en que verás todo con claridad; tan claro será, que te sorprenderás. Ahorita no lo entiendes, ahorita te duele escuchar lo que escuchas, porque te han enseñado que Yo soy amor y perdón. También te han enseñado, que toda rodilla ante Mí estará doblada, por lo tanto, no entiendes lo que Yo te estoy diciendo. Pero ya lo entenderás, y lo podrás explicar a tus hermanos de una forma en que ellos también lo entiendan. Ahorita te parece duro, difícil escuchar lo que estás escuchando, pero espera, ten paciencia y todo se aclarará en tu mente. Para que uno de Mis hijos merezca la muerte eterna, tendrá que hacer algo completamente <u>imperdonable</u>.*

Sigues sorprendida, no puedes comprender, ni entender lo que Te digo. Sigue escribiendo, y lo entenderás:

Lo completamente <u>imperdonable</u>, es que después de Conocerme se pasen al enemigo, y que todo lo que Yo les he entregado, lo utilicen para destruir a sus hermanos, que Mis conocimientos sean utilizados para hacer daño, que Mis dones sean usados para provocar guerras y destrucciones, que Mis enseñanzas y conocimientos sean pisoteados y dirigidos a destruir a la humanidad: Esos tendrán la muerte eterna: La muerte de donde no se regresa, la muerte que no tiene resurrección. Nadie puede resucitar de una muerte eterna. Serán el olvido completo, serán borrados de la historia como si nunca existieron; nadie sabrá de ellos y nadie los recordará. Esa es la muerte eterna: La muerte de donde no se regresa porque nunca se existió.

Ves que no era tan difícil de entender. ¿Lo has entendido?

-No muy bien Padre mío, pero con Tu ayuda y la de todos los Maestros, llegará el día en que lo entienda como Tú lo entiendes.

Así será pequeña, así será, y ya no sufrirás por no entender. Ahora, haz lo que tienes que hacer. Amén.

Lunes 15 de junio del 2015 a las 6:30 de la mañana
MENSAJE PARA EL PASTOR

RESPUESTA A ALGO QUE ÉL DIJO

-No quieres entender; no quieres hacer lo que Yo te digo, pero si quieres que te siga entregando, que te siga diciendo lo que tienes que hacer. Bien, entonces, escribe y no dejes de escribir, que hay mucho por decir; y hay mucho por entregar a las generaciones por venir. Quiero que lleves este mensaje a Mi hijo el Pastor:

ÉL ES EL PASTOR, PERO YO SOY DIOS, EL DIOS TODOPODEROSO

Quiero que le digas, que Yo todo lo sé, y todo lo escucho, que nada pasa desapercibido a Mi mirada. Sí, él es el Pastor, pero Yo soy Dios, el Dios Todopoderoso, y soy Yo quien dice lo que se tiene que decir, y Yo soy quien habla lo que se tiene que hablar.

¿ACASO TUS PROGRAMAS SON MÁS QUE YO?

Prueba has tenido, que soy Yo quien te dice lo que tienes que decir. Tú dices, que tú tienes quien te respalde; aquellos que respaldan tu verdad y su verdad. Ésta de Mi hija, sólo me tiene a Mí. Yo soy quien la enseña, Yo soy quien la guía, Yo soy quien le dice que decir y que enseñar. ¿Acaso tus programas son más que Yo? ¿Acaso ellos saben más que Yo? ¿Es eso Mi niño? ¿Es eso?

ELLA ACEPTA LO QUE LE ENSEÑO COMO ALGO NORMAL

Tú te respaldas en ellos, ella se respalda en Mí, tú crees en ellos, ella cree en Mí, tú enseñas lo que ellos enseñan, ella enseña lo que Yo le enseño, tú dices lo que ellos dicen, ella dice lo que Yo le digo, y lo que Yo digo. Años tenemos trabajando en esa forma. Yo le he enseñado la Escritura, Yo le he dicho lo que está en ella y lo que no está, y ella lo ha aceptado.

Y LO ENSEÑA CON UNA SEGURIDAD INMENSA

Ella acepta lo que Yo le enseño como algo normal, porque soy Yo quien se lo dice. Si no entiende lo que le digo, me pregunta, y Yo le explico, hasta que ella lo ha entendido. Una vez que lo ha entendido, ella va y lo dice, lo enseña con una seguridad inmensa, la seguridad que le da el haber entendido lo que Yo le dije y saber, que fui Yo y nadie más quien se lo dijo. Así ha trabajado Conmigo y así Yo he trabajado con ella.

TÚ CREES QUE ES OTRO QUIEN LA ESTÁ DIRIGIENDO

Tú ahora no lo crees, piensas que es otro quien la está dirigiendo, o que ella quiere quitarte tu negocio. Tú cuidas tu negocio, ella cuida Mis palabras, Mis enseñanzas, Mis leyes. Tú vives para tu negocio, ella vive para Mí. Todo lo de ella, es lo que Yo le he entregado, lo que Yo le he dicho. Lo de ella no es negocio, ni nunca lo ha sido, lo de ella es amor a sus hermanos, y sobre todo, amor a su Dios y Señor.

ELLA SUFRE POR SUS HERMANOS, Y POR TI

Ella es feliz recibiendo Mis enseñanzas – Su dolor es, el no poder entregar a sus hermanos lo que Yo le entrego a ella. Ella sufre por no poder hacerlo, llora y se desespera, por no poder llevarles lo que a ella Yo le he entregado. Tú sufres por tu negocio, ella sufre por sus hermanos y por ti. Sufre por ti porque ve, que estás equivocado y no lo quieres aceptar. Sufre por tu ceguera y tu egoísmo. Porque es egoísta de tu parte pensar, que tú eres el único que sabe y que lo que sabes, es todo, y nada más, nada más puedes aprender, porque ya lo sabes todo.

TE QUIERO ENSEÑAR DE LA FORMA QUE HAGO CON ELLA, NIEGAS, RECHAZAS

Preguntas, ¿Por qué Él no me habla y me dice a mí las cosas que te dice a ti? Y Yo te respondo: Yo lo hago, Yo te hablo. Pero cuando escuchas algo que no está en las Escrituras, lo niegas. Cuando Te quiero enseñar de la forma que hago con ella, niegas, rechazas, porque así no está en las Escrituras. Todo lo comparas con las Escrituras y no permites que te diga, o te enseñe algo más. Entonces, ¿cómo puedo Yo enseñarte, si tú no Me dejas? Tú crees saberlo todo,

todo lo que está en las Escrituras. ¿Pero acaso sabes algo más? ¿Acaso quieres aprender algo más?

NO CREÍSTE LO QUE ELLA TE DECÍA

Te pedí un momento de tu tiempo a solas Conmigo. Te dije, que Yo quería hablar a través de ti y te negaste a hacerlo. Te di en tu revelación, o sueño, que estabas peleando Conmigo. Le dije a Mi hija que te explicará lo que ese sueño significaba y lo ignoraste, no creíste lo que ella te decía. Te has cegado a oír, a escuchar porque temes perder tu negocio. No lo perderás, tu negocio seguirá como lo que es: un negocio, pero ésta de Mi hija seguirá haciendo Mi voluntad.

DICES QUE ME AMAS... ¡DEMUÉSTRAMELO! DICES QUE CREES EN MÍ... ¡DEMUÉSTRAMELO!

Piensa, analiza Mis palabras y por ti mismo toma la decisión: Acepta, que tú eres el Pastor, pero Yo soy Dios, tu Dios y tu Señor y que nada, ni nadie tiene más poder que Yo. ¡Yo soy el Poder! ¡Yo soy la verdad! ¡Yo soy la sabiduría y el conocimiento! ¡Yo y nada más Yo! ¡Yo enseño! ¡Yo digo! ¡Yo hago! ¡Yo, Yo, y Yo en Divina Trinidad! Yo enseño como El Padre, Yo digo como El Hijo y Yo preparo como el Espíritu Santo.

Piensa en todo eso y decide qué hacer: O decides Escucharme, o sigues respaldándote en lo que otros piensan y opinan de lo ya escrito. Es, y será tu decisión, nadie puede decidir por ti. Dices que Me amas... ¡Demuéstramelo! Dices que crees en Mí... ¡Demuéstramelo! Amén.

-Yo quería llevarle el mensaje, pero eran tantos los mensajes que no había podido entregar. Ya no sabía qué hacer, ni cómo hacerlo, sentía el rechazo del Pastor y de su esposa, y eso no me dejaba acercarme, para seguir entregándole los mensajes que el Señor me entregaba.

Miércoles 17 de junio del 2015 a las 4:29 de la mañana
LOS MAESTROS DICEN:

TÚ YA CONOCES LA VERDAD

-Sufres y te acongojas porque quieres, ya te hemos dicho que todo va a pasar como se te ha indicado, pero tienes que esperar, ser paciente y esperar Su tiempo. Su tiempo es el mejor de los tiempos porque Él sabe a qué tiempo, y cuando es el tiempo, de hacer lo que se tiene que hacer. Deja de preocuparte, ya no sufras por lo que no ha pasado, que todo pasará como se te ha indicado. Dices, que no ves manifestaciones de tus Gracias pero se te ha dicho, que todas tus Gracias están contigo, sólo tienes que tener fe y nada más. Ten fe, y todo se solucionará.

-Padre, ahora Te das cuenta, se dan cuenta queridos Maestros, del porqué de mi angustia y desesperación, del porqué preguntar, qué si soy yo la que quiere aparecer como algo que no soy. Es acaso mi ego, mi vanidad lo que hace que quiera llevar a estos de Tus hijos, mis hermanos todo lo que Tú me entregas. ¿Es eso? Sí es así, yo te pido, que tengas piedad de mí y me saques de ese lugar porque yo estoy sufriendo. Sufro al ver la ignorancia de Tus hijos en lo que a Ti se refiere Padre mío, sufro al ver la indiferencia del Pastor a Tus mensajes, y la indiferencia de los miembros hacia Tus verdaderas enseñanzas.

PIENSAN QUE ESTOY TRATANDO DE HACERLE DAÑO AL PASTOR

-Padre mío: Yo también soy Tu hija, Ten piedad de mí. Si Tú ves que estoy haciendo mal, que estoy tratando de hacer algo que no es Tu voluntad: ¡Sácame de ahí! ¡Déjame aquí en mi casita, haciendo y aprendiendo lo que sea Tu voluntad! Pero no me dejes en ese lugar si Tú ves que voy a causar daño. Padre mío, sé que piensan, que estoy tratando de hacerle daño al Pastor. Has visto, que he tratado de hablar con algunos de Tus hijos y todos, o casi todos han encontrado un pretexto, la excusa para no hablar conmigo.

LO SABEMOS PEQUEÑA

Lo Sabemos pequeña, lo Sabemos, Sabemos lo que piensan y lo que dicen. Yo no me estaba refiriendo a ellos. Yo me refería a Nosotros, tus Maestros. Yo me refería al Reino de Nuestro Maestro Jesús. Ese Reino no te ha dicho que estás haciendo mal. No te ha dicho que has ido ahí a causar daño alguno. A eso me refería al decir, que nadie te ha dicho que lo estás haciendo.

ÉL ENEMIGO SABE QUE LO VAS A DESENMASCARAR

Pequeña, tienes que calmarte. Deja de pensar en lo que no ha pasado y espera lo que va a pasar. No te angusties por lo que ellos piensan y dicen. Tú sabes lo que estás haciendo y Quien te envió a ese lugar. Eso es todo lo que debe interesarte, eso y nada más. No te dejes abatir por los pensamientos negativos, tú sabe quién los pone en tu mente. Eso es lo que el enemigo quiere: Perturbarte y alejarte de tu misión. Esa misión que lo pondrá al descubierto con sus mentiras, esa misión que mostrará lo que él es y lo que ha estado haciendo con Mis hijos, aquellos que ignorantemente creyeron en sus mentiras.

¡NO TE DEJES! MÁNDALO A DONDE ÉL PERTENECE

El enemigo sabe que lo vas a desenmascarar, y te está poniendo obstáculos. Sabe qué vas a triunfar y quiere evitarlo. No te dejes, no dejes que evite que cumplas tu misión. ¡No te dejes! Mándalo a donde él pertenece: Al fondo del abismo de fuego y déjalo ahí. Y tú sigue de frente haciendo lo que es la voluntad de tu Maestro Cristo Jesús de Nazaret, y de todos Nosotros tus Maestros.

YA NO SUFRAS. YA NO PIENSES NEGATIVAMENTE

No pequeña, no te hemos abandonado, no te hemos dejado; estamos contigo y siempre lo hemos estado. Ya no sufras, ya no pienses negativamente. Pruebas has tenido de lo que se te ha entregado. ¿Entonces, por qué dudas? ¿Por qué te afanas en mortificar tu mente con pensamientos negativos? ¿Por qué pequeña? Ya no sufras. Ya no piense en lo que no tienes que pensar, llena tu mente de pensamientos positivos. Piensa mejor, en que la prueba pasaste, que tu misión ha sido un éxito, piensa en que estás frente a tus hermanos entregando lo que te hemos entregado, y lo que tú Maestro Cristo Jesús de Nazaret te está entregando.

TÚ YA CONOCES LA VERDAD ELLOS NO

Sé que hay confusión en ti debido a las enseñanzas que has recibido, y lo que escuchas en casa de oración. Tú ya conoces la verdad, ellos no, tú ya sabe lo que va a pasar, *ellos no, tú* sabes muchas cosas que sucederán, *ellos no, tú* sabe más que ellos, y no sabes nada – *¿Te imaginas lo que ellos saben? ¿Si ellos no saben lo que tú sabes? ¿Comprendes ahora lo que te estamos diciendo?* Con la nada que tú sabes, te sorprende la nada que ellos saben, *y no saben nada de lo que tú sabes. Tú sabes más que ellos, tú* conoces la verdad, *y comprendes lo equivocados que ellos están.*

HAZ LO QUE TIENES QUE HACER, Y DEJA EL TIEMPO CORRER

Ya no sufras, que llegará el día en que estarán dispuestos a escuchar, y a aprender lo que les tienes que enseñar. Sabemos, que no todos lo harán, que no todos querrán escuchar, pero aquel que lo haga, se va a beneficiar de lo que le vas a enseñar. Deja ya de sufrir por lo que no ha pasado, haz lo que tienes que hacer, y deja el tiempo correr. Amén.

Jueves 18 de junio del 2015 a las 8, 20 de la mañana
MENSAJE QUE TENÍA QUE LLEVAR A UNA PAREJA:

DEJA QUE LOS MUERTOS ENTIERREN LOS MUERTOS

-Sé lo que te gustaría hacer, pero no es necesario, deja que los muertos entierren los muertos, que los muertos, muertos se quedarán por no querer vivir a la vida de la gracia. ¡Su oportunidad tuvieron! ¡Su oportunidad desaprovecharon! Pudieron haber aprendido más, pero no quisieron, les ganó la vanidad, el orgullo y el creer que ellos ya lo sabían todo; nada sabían, nada aprendieron.

TIEMPO QUE NO TUVIERON EN SU MUNDO

Ya se fueron, su oportunidad perdieron, perdieron la oportunidad de Conocerme en verdad, la oportunidad de aprender a Amarme en verdad, pero prefirieron ignorar y negar, que podían aprender más. Creían que todo sabían, y no era así: No sabían nada, y sin saber nada se fueron de aquí, de este valle Terrenal que tanto amaban. En ese valle se quedarán, en ese valle sufrirán, en ese valle aprenderán, que nada sabían, y que la oportunidad de aprender, perdieron. Ya no la tienen, ahora la añoran, ahora quisieran aprender lo que ellos creían que sabían, ahora se dan cuenta, que nada, nada sabían, y que ya no hay tiempo de aprender. Pero ahora tienen todo el tiempo para hacerlo, tiempo que no tuvieron en su mundo; ahora tendrán el tiempo para saber, lo que no sabían.

NO QUISO SABER DE MÍ, PORQUE ÉL YA LO SABÍA.

Él es uno de ellos, *uno que fue escogido por Él, por Él que le dio la vida, por Él que le entregó el Don. Pero él no se enteró de su Don, no quiso saberlo. No quiso enfrentarse a Mis enseñanzas, no quiso Conocerme. Creyó que Me conocía por lo que le habían enseñado, por lo que le habían dicho, y por lo que él había estudiado, pero eso era todo, todo lo que sabía – Y eso era nada comparado a lo que Yo podía haberle enseñado. No obstante, no Me quiso oír, no quiso escuchar lo que Yo le decía, no quiso saber de Mí porque él ya lo sabía.*

ERA SU DIOS DE LOS DOMINGOS

Yo era su Dios de los domingos, cuando sentía el deseo de asistir a Mi reunión. Yo era su Dios de ocasiones especiales, ocasiones de festejar. Festejaba sí, pero Yo no intervenía en su festejo, Yo sólo era alguien que estaba en ese lugar, y al que él iba a visitar. Pero no me visitaba a Mí, acudía a la ocasión de poder disfrutar un momento de falsa alegría. Sí, falsa alegría, porque Yo no intervenía en esa alegría. Todo era físico, fantasioso y falso, pero él no lo veía. Yo quise ayudarlo, prepararlo, pero siempre Me reusó, siempre se escapó de Mi lado y siempre Me ignoró. Yo quise prepararlo para la misión que él tenía – Misión que le fuera entregada desde antes de su nacimiento.

DECÍA QUE CON ESO SE SALVARÍA

Lo culpo y no, en su niñez nadie lo preparó, lo culpo y no, él nunca algo diferente conoció. Yo traté de ayudarlo, Yo traté de hablarle, pero me ignoró, no quiso saber nada de Mí, sólo lo que él ya sabía. Decía, *que con eso se salvaría, que con eso, Conmigo estaría. Pero no es así, y* él como muchos, *en esa ignorancia se encuentran, pensando, que ya me conocen, y que Yo los voy a estar esperando cuando ellos desencarnen, que en ese momento ya van estar Conmigo, gozando de Mí Reino y de todo lo que es Mío.*

NO QUISO APRENDER A AMARME

Yo lo quise preparar, Yo lo quise ayudar, Yo quería que él aprendiera para que se pudiera ayudar y a su vez, ayudar a los demás. Él pudo haber hecho mucho, mucho por él y por los suyos, y mucho por la humanidad. Pero no quiso saber de Mí, no quiso Conocerme, no quiso aprender a Amarme. Pero decía que Me amaba; a su manera me amaba, a su manera me conocía, y a su manera va saber, que no me conocía y que tampoco Me amaba. Deja que los muertos entierren a los muertos, deja que el muerto vivo vea y se dé cuenta, que muerto está, aunque su cuerpo lata. Su cuerpo latirá, pero su espíritu está muerto. Su espíritu está deseoso de volver a la vida, su espíritu lo llevará a buscar esa luz.

ELLA TODAVÍA NO ENCUENTRA LA LUZ

Pero ella todavía no la encuentra, todavía no encuentra la luz en su camino; busca por aquí, y busca por allá, pero esa luz no puede encontrar. Háblale, dile lo que está pasando. Recuérdale, que años atrás se le dio el alerta, se le dijo, que detrás de lo material se encontraba, y que aun así, no hizo nada por cambiar, no hizo nada por mejorar. Su Gracia trae, ha traído, pero no la ha sabido aprovechar. Sigue en busca de las cosas materiales, de las cosas artificiales, pero de la espiritualidad no sabe nada, ni tampoco la busca: Ya sabe todo lo que tienen que saber, ya sabe todo, y ya nada tiene que aprender. Se le está dando otra oportunidad, de ella depende tomarla, de ella depende hacer Mi voluntad.

YO LA ENSEÑARÉ SI ELLA ASÍ LO DISPONE

Mi voluntad es que me busque. Mi voluntad es que aprenda a hablar Conmigo. Mi voluntad es que aprenda lo que no ha aprendido. Porque Yo quiero que en Mi Obra ella trabaje, que ayude a Mis hijos a ayudarse a sí mismos, para que aprendan y se den cuenta, que de Mí no saben nada. De ella depende aprender, de ella depende saber, que hay mucho, mucho más que ella no sabe. Yo quiero que sepa, que Yo la voy a enseñar, pero tienen que abrirme su corazón, para que Yo pueda entrar – No podré hacerlo si lo encuentro cerrado.

YO ESTARÉ ESPERANDO POR ELLA

Ella tiene que ampliar su mente y entender, que si Mi Padre es el Hacedor del Universo, un universo de sabiduría le puede entregar. Yo la quiero enseñar. Yo la quiero entrenar, para que una más de mi ejército pueda ser. Yo la prepararé si ella me deja. Yo la enseñaré si ella así lo dispone. Yo soy el Maestro y ella mi estudiante, si como su Maestro ella me acepta, Yo estaré esperando por ella. Yo la recibiré con los brazos abiertos, pero tiene que llegar a voluntad, y con amor a su Maestro.

DEJA QUE ELLA DECIDA LO QUE QUIERE HACER

Háblale, dile lo que está pasando, ponla al tanto de la situación, entrégale una copia del libro para que se dé cuenta, que lo que le estás diciendo, es la verdad. Háblale de lo que va a pasar y en lo que ella puede ayudar a los demás y déjala, deja que ella decida lo que quiere hacer. No la forces, que forzadamente no puede ser. Tiene que ser a voluntad, tiene que ser por amor a su Dios y Señor, su Cristo Jesús de Nazaret. Amén.

Viernes 19 de junio del 2015 a las 2:30 de la mañana
CRISTO JESÚS DE NAZARET DICE:

YA EL ENEMIGO TOMÓ ESA CASA

-Deja de quejarte, que todo es para bien. No digas que no sabes, porque lo sabes, sabes lo que viene y lo que ya está aquí, sabes lo que va a pasar y lo que está pasando. Él se preocupa por el ambiente de la Tierra, y Yo me preocupo por él, y por todos los que así como él, están haciendo lo que no es Mi voluntad.

EL ENEMIGO LO DISFRAZA

Ya el enemigo tomó esa casa, ya ese lugar no es Mío: Ya pasó a manos del enemigo. El enemigo lo disfraza, para que la gente siga pensando que todo sigue igual: Que ella es la cede de Mi existencia, de Mi palabra, de Mis enseñanzas. Pero ya no es, ni lo uno, ni lo otro, es la cede de él, del enemigo, que se ha apoderado de ese lugar, y lo ha hecho su guarida. Desde ahí planea destruir todo lo que Yo he creado; todo lo que Yo he formado. Ya empezó a hacerlo, ya

Mi juventud está envenenada, ya no cree en Mí, porque al tanto está de lo que estos de Mis hijos están haciendo en ese lugar.

LA MENTIRA ESTÁ ANTE ELLOS

Por mucho tiempo los engañaron, por mucho tiempo les dijeron, que ahí era el lugar bendecido por Mí. Pero ellos ya no son tontos y pueden ver, que de bendito nada tiene ese lugar, y han planeado hacer algo. Algunos todavía lo dudan, por pensar en lo que ayer les dijeron, pero luego caen en la realidad, de que les mintieron. La mentira está ante ellos y ya no pueden seguir fingiendo que creen, o que todo está bien, y van a provocar una revolución. Van a convocar a toda la juventud a que abran los ojos, que vean la realidad y luchen por la verdad.

LA CABEZA PRINCIPAL SERÁ LA PRIMERA QUE CAIGA

La lucha es muy desigual, ella tiene gente, armamento. Lo que esos jóvenes tienen, es rabia por haber sido engañados por tanto tiempo. Quieren la verdad, quieren salir de todo lo que les han ocultado y lo van a pedir armados, armados de valor, armados de coraje, y armados con el corazón lleno de odio por tanto que los han engañado. Pedirán cuentas a la cabeza principal y la respuesta tiene que ser la verdad, de lo contrario, la cabeza principal será la primera que caiga.

SU CUARTEL ESTÁ BIEN PROTEGIDO

El enemigo está feliz con lo que está sucediendo, sabe qué así, muchas almas se perderán, y él ganará la batalla. Su cuartel está bien protegido, bien armado y sabe, que nada le pasará; él ya tiene la victoria en sus manos, ya saborea el triunfo. Porque Mis jóvenes están luchando, sólo con la rabia, y el coraje de haber sido engañados. Luchan con la verdad de saber, que mentira ha sido todo lo que les han enseñado.

SERÁ UNA LUCHA DESIGUAL

La guerra será dura, difícil, sin cuartel. Pero Mis jóvenes lucharán por lo que ellos saben, es la verdad. Será una lucha desigual y sin cuartel, el enemigo no les dará tregua, no cederá, se defenderá porque sabe, que ahí está su cuartel, su punto de partida, su guarida. Su guarida ha sido por mucho tiempo, nadie lo había notado, estaba bien disfrazada y aparentaba lo que no era.

ERA MALDAD DISFRAZADA DE BONDAD

Era mentira disfrazada de verdad, era mentira disfrazada de bondad. De bondad nada tenía, nada, todo era falsedad, todo era engaño, todo era maldad disfrazada de bondad. Bondadosa nunca fue, nunca lo ha sido, y nunca lo será. Es avara, siempre quiere más y más hasta dejar al pueblo sin respirar. No le importa, ni le ha importado el sufrimiento ajeno, finge que le importa, para poder sacar más provecho y sus arcas llenar.

SUS INTERESES PESAN MÁS

Ha tragado a Mis hijos, ha bebido la sangre de Mis mártires, los ha destrozado, los ha humillado y ha santificado sus acciones, llamando a unos, santos. Muchos de esos santos son aliados del enemigo; pero ella los ha elegido como santos para tener al pueblo sometido. El pueblo no se ha dado cuenta, o no se ha querido dar cuenta de la verdad, por así convenir a sus intereses; sus intereses pesan más, que conocer y aceptar la verdad de lo que está sucediendo en esa ciudad. La ciudad santa le llaman y de santa no tienen nada, la ciudad santa le dicen, y la santa a todos maldice.

SU EJÉRCITO LLEVA TRAJES MUY COLORIDOS PARA SÍ ENGAÑAR A LA GENTE

Porque es la guarida del enemigo y él se ha encargado de disfrazar la verdad con una mentira muy pintoresca. Su ejército lleva trajes muy llamativos, muy coloridos para así engañar a la gente. Pero Mi juventud ha despertado y quiere ver la verdad, quiere ver los verdaderos colores de la maldad, y lo va a pedir a gritos, sin importar, que en camino muchos perecerán. Pero lo harán con orgullo y satisfacción de haber luchado por la verdad. Serán más mártires que ella degollará, que ella aplastará, pero al mismo tiempo sabrá que su tiempo ha terminado, o está por terminar. Pero aun así luchará, el enemigo la ayudará, pero no será por mucho tiempo, la verdad pesará más y el peso la hará caer.

DISFRAZÓ MI VERDAD CON MENTIRAS

Caerá, caerá la ramera arrastrada, la que tanto daño hiciera a Mis santos, a Mis Mártires, a Mis hijos. La que tanto daño hiciera a toda la humanidad cuando en sus entrañas escondió Mi verdad. Engañó a Mis hijos, les hizo creer lo que no era. Disfrazó Mi verdad con mentiras y las mismas entregaron al pueblo. El pueblo las creyó. Creyó en las mentiras que ella le dijo y esas mentiras el pueblo clamó y enseñó a los demás. Pero algunos ya abrieron los ojos, ya están despertando a la verdad, y a la mentira quieren acabar. Será una lucha sinigual y dispareja. Porque la mentira está armada hasta los dientes y Mis hijos, sólo tienen el coraje de haber sido engañados por tanto tiempo.

SE NIEGAN A SEGUIR VIVIENDO UNA MENTIRA.

La ciudad santa como la llaman, peleará con todo lo que tiene para defender la mentira que por siglos ha llevado al pueblo – Se defenderá, pero la verdad triunfará, porque la verdad soy Yo, y Yo voy a ayudar a Mis hijos. Yo voy a estar con ellos, los voy a guiar, los voy a proteger de la maldad. Muchos perderán su vida, pero Yo los haré descansar de la opresión que el enemigo ejercía en ellos. Yo los ayudaré, porque están buscando la verdad y porque se niegan a seguir viviendo una mentira.

SERÁN MUCHOS LOS QUE PERECIENDO SEAN

Espera, espera los acontecimientos. Espera, que pronto llegarán a tus oídos las notas de esa rebelión. Pero tú ya sabrás. Ya estarás enterada de los resultados y del porqué de esa rebelión. Ora, reza por esas almas que por ir en busca de la verdad han dejado sus vidas en este haz terrenal. Pero Yo me las llevaré a una vida mejor. Porque lucharon por la verdad que por siglos les habían ocultado. Serán muchos los que pereciendo sean, el enemigo se regocijará, pensará que ha ganado la guerra, pero la guerra está por comenzar. Ganó una batalla, pero la guerra perderá, ganó una batalla, pero le esperan muchas, muchas más.

SÓLO LLEVARÁN EL ESCUDO DE LA VERDAD

Mis hijos ya están cansados de tantas mentiras oír, de tantas mentiras escuchar y ya quieren la verdad y la pedirán a su modo, al modo que les han enseñado:

La violencia. Eso es lo que les han enseñado y con eso lucharán. No estarán preparados, armamentos no tendrán, sólo llevarán el escudo y la protección de la verdad, la verdad que ellos saben que les han ocultado y en pos de esa verdad irán. No será un ejército, no tendrá los armamentos necesarios para luchar. Pero tendrán el coraje de saber que luchan por la verdad; eso los alentará, eso los hará luchar hasta el final. Ella se defenderá, locos los llamará, tendrá pretextos para acabarlos, dirá que atacaron a su ciudad.

YA PUDIERON VER LA VERDAD QUE POR SIGLOS LES QUISIERON OCULTAR

La ciudad santa que era para todos, ya no lo será, ya habrá caído la venda de muchos ojos, ya pudieron ver la verdad, la realidad que por muchos siglos les quisieron ocultar. El enemigo estableció su cuartel, mucho tiempo antes de que todo esto sucediera. Desde ahí él estaba dirigiendo su ejército, desde ahí era la cede de mal y destrucción. Pero nadie se percataba, o no querían percatarse, para no perder su comodidad, la comodidad que el enemigo les proporcionaba.

EL ENEMIGO ESTABA SEGURO, QUE ATRAPADOS LOS TENÍA

Por medio de la ambición, la avaricia y la lujuria, el enemigo los tenía atrapados, y no los dejaba ver la realidad, estaban tan cómodos con lo que el enemigo les proporcionaba, que no se pusieron a pensar en nada más. El enemigo estaba seguro que atrapados los tenía, y ya no se preocupaba por ellos: Ya estaban en sus manos. Le preocupaban los que estaban alertas, los que sus ojos estaban abriendo; esos sí le molestaban, porque la verdad estaban exigiendo, esos sí le molestaban, porque ya estaban viendo, ya no se dejaban engañar, y eso no lo iba a permitir; era su reino y en él quería reinar.

YA NO ALABARÁN LA MENTIRA QUE LES HAN DICHO QUE VERDAD ERA

Habrá muchos perecidos. Perecerán de dolor, de angustia, y desesperación. Al ver que es un esfuerzo sobrehumano lo que ellos quieren hacer. Sobrehumano, porque ellos no tienen las armas para luchar para la victoria lograr, pero aun así lucharán por esa verdad, a su manera, y con el corazón. Si caen, otros tomarán su lugar. Ya que el precedente pondrá ante todos los demás: <u>Que es</u>

mejor morir buscando la verdad, que vivir de rodillas alabando la mentira. Ya no lo harán, ya no alabarán la mentira que les han dicho que verdad era. ¡No! ¡No! ¡No! Ya no lo harán, buscarán la verdad al precio que sea, *al precio que sea, al precio que sea.* Amén.

FRASE

-Es mejor morir buscando la verdad, que vivir de rodillas alabando la mentira.

Sábado 20 de junio del 2015 a las 6:30 de la mañana
SUEÑO/VISIÓN

SE ME CAEN LOS DIENTES

-Veo que se me caen tres dientes con mucha facilidad sin derramar sangre, y sin dolor alguno.

-Esto es lo que el Señor me dijo acerca de ese sueño:

-Cuando los dientes se caen, significa que todo aquello que te molesta desaparecerá sin dejar huella alguna. No te duele, porque no era algo tuyo, era algo que te estaba molestando y dejó de hacerlo.

Deja que todo lo que te molesta caiga y desaparezca, que no deje huella alguna, para que no te robe la felicidad de ser libre de todo lo que no es tuyo. Lo tuyo soy Yo, Yo soy lo tuyo y Conmigo no vas a sufrir dolor. A Mi lado tendrás esa dicha eterna, dicha interminable, dicha perene. Esa es la felicidad que te espera y espera a todo aquel que siguiendo sea Mis pasos, a todo aquel que Me ame con todo su corazón y de corazón quiera estar Conmigo.

NO TODOS CREEN EN MÍ, NO SABEN QUE YO EXISTO

Yo los amo a todos incondicionalmente, todos son Mis hijos, pero no todos me aman a Mí, no todos creen en Mí, no todos saben que Yo existo, que estoy aquí para ayudarlos. No lo saben porque no se los han enseñado, no lo saben porque nadie se los ha dicho, nadie les ha hablado de Mí, no les han dicho lo que Yo hice por ellos. No lo saben y si ustedes que lo saben no se los dicen, ¿Qué va a ser de ellos? Son sus hermanos, ¡Ayúdenlos! ¡Denles la oportunidad de Conocerme! ¡De saber de Mí! ¡De conocer Mí historia! ¡De saber el porqué vine aquí, y el porqué morí! ¡No lo saben! ¡Alguien se los tiene que decir!

DE USTEDES ES ENSEÑARLOS

Son ustedes los encargados de hacerlo. Ustedes ya Me conocen, ya saben de Mí existencia, ya conocen Mi vida y Mi muerte, ya saben el porqué de la una, y el porqué de la otra. ¿Entonces, que esperan para enseñar a esos de Mis hijos que lo desconocen? Ellos no lo saben porque no se los han enseñado. A esos quiero que enseñen, a esos quiero que les hablen de Mí, y que ellos decidan qué hacer. De ellos va a ser la decisión de elegir, de ustedes, es la de enseñarlos para que tengan de donde elegir.

¡HÁBLENLES! ¡DÍGANLES LO QUE PASÓ, Y PORQUÉ PASÓ!

Yo los he preparado a ustedes, para que vayan y preparen a los que no saben nada de Mí. ¡Esos son los que importan! ¡Esos son lo que Yo quiero que despierten! ¿Cómo lo van hacer si no saben que están dormidos? Ellos no saben nada de nada y ustedes saben lo que ellos necesitan para despertar. ¡Háganlo! ¡Despierten a los que dormidos están! ¡No los dejen perecer sin haberme Conocido! ¡Háblenles! ¡Díganles lo que pasó y porqué pasó! ¡Díganles, que Yo soy la verdad y que la verdad los salvará! ¡Explíquenles! Cómo y porqué lo tienen que hacer, para que su alma pueda salvar. Amén.

Domingo 21 de junio del 2015 a las 6:25 dela mañana
MENSAJE PARA EL PASTOR

CRISTO JESÚS DE NAZARET DICE:

DEJA YA DE PENSAR QUE ERES TÚ, Y NO YO, QUIEN TIENE LA RAZÓN

No te preocupes ya tanto por lo que va a pasar y no ha pasado. Se te dijo, que todo va a pasar como se te ha indicado. Deja ya de pensar que eres tú, y no Yo quien tiene la razón. La razón la tengo Yo y te lo voy a comprobar, la razón tengo, he tenido y la seguiré teniendo. Yo sé lo que pasó, Yo sé lo que está pasando, y Yo sé lo que pasará, lo que tú sabes, es lo que escrito está. Pero Yo lo escribí y Yo tengo más por escribir, más por decir.

DEJA YA DE PENSAR QUE TÚ LO SABES TODO

Tú crees que todo ha sido escrito, que todo ha sido hecho y dicho, pero Yo te voy a demostrar que no es así, que todavía hay mucho por escribir y por decir. Yo te quiero enseñar a que hables Conmigo, para así poderte enseñar, para así poderte decir, que hay mucho, mucho más por escribir y por decir. Deja ya de pensar, que tú lo sabes todo, porque realmente, tú no sabes nada.

DIJERON: ASÍ SE OYE MEJOR

Lo que está escrito, no todo verdad es, hay sus alteraciones y propias deducciones de aquellos que las Escrituras tradujeron. Ellos, al no entender lo que leían, escribieron lo que a ellos les pareció, que mejor se oía. Pensaron: Así suena mejor, no se pusieron a pensar, que eran palabras Mías y que ellos las iban a cambiar, no se pusieron a pensar, que así la historia ellos cambiarían. Pero lo hicieron, lo hicieron a voluntad, por no entender ni aceptar lo que escrito estaba.

Yo quiero hablar contigo y explicarte muchas cosas. Yo quiero decirte la verdad de lo que pasó, y muchas otras cosas más, pero tú te has negado a hablar Conmigo de las cosas que Yo te quiero decir. Al momento que tú escuchas algo que no está escrito, te niegas a recibir, te niegas a recibir Mi mensaje, te niegas a recibir Mi enseñanza, te niegas a entender, el porqué no te digo a ti lo que a ella le digo.

FUE MI VOLUNTAD QUE ELLA NO CRECIERA CON EL LIBRO EN LA MANO

Ella ha trabajado Conmigo el tiempo que tú lo has hecho, ella abrió su corazón, su mente expandió y me escuchó, y sobre todo… me creyó. Fue Mi voluntad que ella no creciera con El Libro en la mano, que no fuera una estudiadora de ese Libro Fue Mi voluntad, porque Yo quería enseñarle la verdad. Ella sabe, que no todo lo que escrito está en ese Libro verdad es, pero también sabe, que no todo es mentira. Ella sabe que hay sus engaños, sus fantasías, y algunas alteraciones, de aquellos que no creían en lo que leían. Leyeron la verdad, pero no la entendieron, leyeron la verdad, pero no la creyeron. No la creyeron, y por eso la cambiaron, no la entendieron y la historia cambiaron. Una palabra aquí, una palabra all, una letra aquí y una letra allá, y todo empezó a cambiar. Dijeron: Así se oye mejor.

NO CREYERON NO ENTENDIERON, LA HISTORIA CAMBIARON

Se oía mejor para ellos, que no aceptaban lo que estaban leyendo. Se veía mejor para ellos, que negaban lo que leyendo estaban. No creyeron, no entendieron, la historia cambiaron. Con el tiempo hubo quien las verdaderas Escrituras en sus manos tuviera, perro ya era tarde, el daño ya estaba hecho: Ya el pueblo tenía la versión que a las Escrituras se les había dado. Ya no quisieron hacer nada, ya el pueblo sabía lo que aquellos habían querido que supiera, porque ellos así lo entendieron. No entendieron y la historia cambiaron, no entendieron y una mentira produjeron, mentira que por siglos se ha creído verdad, una verdad distorsionada, una verdad alterada. Así pasó a la historia, así la aprendieron Mis hijos.

YO QUIERO QUE MI NIÑEZ APRENDA A CONOCERME

Yo he querido decirles la verdad, pero esa mentira pesa más y no Me han querido escuchar. Dicen: Escrito está y no hay otra verdad. Pero si la hay, y esa, es Mi verdad. Mi verdad quiero que escuchen. Mi verdad quiero que aprendan. Mi verdad quiero que estudien. Mi verdad quiero que enseñen, que muestren a los demás, principalmente a Mi niñez, a Mi niñez que nada sabe, tiene que empezar por saber y conocer Mi verdad, para que así mismo, ellos la puedan enseñar. Mi niñez se está perdiendo de la oportunidad de aprender a Conocerme en verdad, la oportunidad de Conmigo trabajar, pero a la luz y a la verdad.

ESO PEQUEÑOS PUEDEN SER LA NUEVA REVELACIÓN

Yo quiero que Mi niñez aprenda desde temprana edad a Conocerme y saber, cómo pueden a Mi lado trabajar, saber cómo pueden usar y poner en práctica los Dones y Gracias, que les fueron entregados al momento de su nacimiento.

Esos pequeños pueden ser la salvación del mundo, eso pequeños pueden ser la nueva revelación, esos pequeños son Mis nuevos profetas, Mis mensajeros. Esos pequeños, son Mis nuevos Elías, Moisés. Sí, los Elías, y los Moisés que sacarán al pueblo del desierto de su ignorancia y la falsa enseñanza. Los Elías y Moisés que los guiarán a nuevas tierras, a nuevos paraísos, a nuevos niveles, a niveles nunca antes conocidos, a nuevas enseñanzas, nuevos conocimientos, y a una nueva preparación para alcanzar esos niveles. Dices: El que viene preparado, ya viene preparado, y es verdad eso. Pero si ese preparado no sabe que está preparado, ¿Cómo va a hacer lo que tiene que hacer, si no sabe cómo hacerlo, ni cómo prepararse? Principalmente si no sabe, que él es un preparado, un escogido, un llamado a hacer la voluntad de Mi Padre. ¿Cómo va a saberlo si nadie se lo dice? ¿Si nadie sabe que él es un profeta, un enviado?

ESCUCHA, ATIENDE, PON ATENCIÓN, PORQUE TE NECESITO A MI LADO

Ahora entiendes por qué quiero que aprendas a escucharme, que aprendas a hablar Conmigo. Ya que esa es la única manera en la que te vas a enterar de la verdad: Mi verdad, y así vas a aprender y a reconocer quien tiene Mi gracia, y cómo la va usar para el bien de la humanidad. Así aprenderás a prepararlo, a guiarlo para que cumpla lo que es Mi voluntad. Pero primero tienes que aprender a escuchar. Sí, a escuchar, a escucharme, para poderte enseñar lo que Yo te quiero enseñar. Tú eres Mi hijo bien amado, y Yo te quiero enseñar como tú Padre que soy. Yo quiero prepararte, para que a la luz y a la verdad tú prepares a los demás. Escucha, atiende, pon atención, porque te necesito a Mi lado, para que juntos preparemos a los que hay que preparar. Amén.

Domingo 21 de junio del 2015 a las 2:20 de la tarde
CRISTO JESÚS DE NAZARET DICE:

¡AHORA TODOS SON DIOSES, Y SABEN MÁS QUE YO!

-Quiero que escribas para que entiendas, que todo está bajo control, que no te Hemos abandonado y Sabemos de tú dolor. Tú dolor es el ver, que tus hermanos, Mis hijos, no te quieren escuchar y sienten su rechazo. Tú dolor es ver, que no quieren avanzar, que en el estancamiento se quieren quedar. Te

entristece ver, que siguen escuchando lo mismo y están contentos con ello. Te duele ver eso y sufres, sufres y Me preguntas: Padre: Sufro, ¿por qué me tienes aquí? En ocasiones piensas, que es un castigo el que te estoy dando. Tú lo ves como castigo, pero no es así, te estoy preparando

Te estoy preparando para que seas fuerte en tu fe, cuando se desate lo que se va a desatar. Tú ya sabes lo que sabes, ahora ten fe, que todo pasará como se te ha dicho, ten fe, que eso te ayudará a salir adelante en medio de la tempestad. Todo se vendrá encima, tú los verás caer, pero tú te mantendrás firme en lo que sabes y en lo que va a suceder – Tú ya sabes lo que viene, tú ya sabes lo que Yo pienso, lo que Yo veo, y lo que Yo espero hacer para remediar la situación, situación que no es de Mí agrado, situación que se ha salido de control.

¡Ahora todos son dioses y saben más que Yo que Todo *crie!* ¡Dicen lo que está bien y lo que está mal! ¡Lo que deben hacer y lo que no deben hacer! ¡Pero Yo les voy a demostrar, que Dios sólo hay UNO! ¡Y ese soy Yo! ¡Yo los formé! ¡Yo los hice! ¡Yo los puedo destruir! ¡No saben que están jugando con fuego! ¡No saben que quemados van a salir, porque Yo no voy a permitir que ellos me borren a Mí! ¡Nadie puede Borrarme! ¡Nadie puede Ignorarme! ¡Yo estoy aquí y aquí Me quedaré!

¡Pobres necios que se creen dioses! ¡Pobres necios que no saben nada y dicen saberlo todo! ¡Pobres necios, *en su necedad van a perecer!* Pero no sin antes saber, que Yo Soy, que Yo fui, y que Yo seguiré siendo el mismo Dios de siempre, y a ese Dios, ellos no lo pueden hacer desaparecer, primero los desaparezco Yo a ellos. Los desaparezco, al grado que nadie sabrá que existieron. Porque Yo les daré la muerte eterna, muerte que ellos pidieron.

UNA MENTIRA SE OLVIDA CUANDO SURGE LA VERDAD

Esa muerte tendrán aquellos, que después de Conocerme dijeron qué mentira era Yo. Yo les demostraré, que mentira no fui, no Soy y nunca lo Seré. Yo soy la verdad absoluta. Yo soy la absoluta verdad y se los Voy a demostrar. Les demostraré, que mentira ellos eran, que mentira fueron y que mentira serán por la eternidad. Nadie sabrá que existieron, nadie lo recordará. Porque nadie se acuerda de una mentira cuando la verdad frente a ellos está. Ya no podrán decir que mentira era Yo, que una fábula que alguien contó. ¡No! ¡No! ¡No!

¡Ya no podrán decirlo! Ya que Yo ya los habré borrado. Ya no existirán en la mente de nadie, nadie los recordará. Porque una mentira se olvida cuando surge la verdad.

DIOSES NO ERAN ¡NADA SABÍAN!

Ya no sufras, ya no te acongojes, que todo va a ser como se te ha indicado. El que tenga ojos va a ver y el que tenga oídos va a escuchar. Ya te dije, que si uno escucha, a ese le entregarás lo que los otros no han querido escuchar, ni ver. Escucharán, sí, cuando ya sea tarde, verán, sí, cuando ya nada puedan hacer, porque tiempo ya no habrá para que ellos algo puedan hacer. Ya no lo habrá y entonces llorarán por su ceguera, por haber sido ciegos, sordos y necios al no haber querido ver y escuchar cuando Yo se los pedía. En esos momentos se sentían dios: ¡Ellos todo lo sabían! ¡Dioses no eran! ¡Nada sabían!

NO SABEN LUCHAR SÓLO DISFRUTAR

Yo los quiero preparar para ese momento, Yo quiero que salgan victorioso de la batalla, de la guerra que sobre ellos se avecina, Yo quiero que ellos salgan vencedores, y a su vez, hagan que otros también sean vencedores. Sé que la misión no es fácil, sé que la carga pesada es. Pero más difícil y pesada va a ser, si no se encuentran preparados. Ahorita dicen estarlo, pero no es verdad: No saben luchar, sólo disfrutar, disfrutar su vida, la vida que ellos creen salvada. Disfrutan de lo que tienen, pero dentro de ellos, no tienen nada, todo lo que tienen es físico, material, pero espiritualidad… muy poca, casi nada. Cofunden lo físico con lo espiritual. Creen que porque pueden recitar la Biblia de cabo a rabo, ya están salvados. Estarían, si esas palabras en su corazón se hayan quedado; esas palabras no se han quedado en el corazón de todos, aunque así lo aseguren, no se han quedado y pronto lo van a comprobar.

SU CORAZÓN ESTABA VACÍO

Sabrán, que Me alababan de labios, pero no de corazón. Su corazón estaba vacío, aunque ellos lo negaron. Su corazón estaba lleno de envidia, odios, rencores, y desamor por sus hermanos. Ellos decían que no, que ellos a todos amaban. Pero no era así: Ellos escogían a quien amar. Yo soy el Arcoíris del Amor, ellos la tormenta, que con rayos y centellas destrozaban a sus hermanos.

Yo los veía, Yo los escuchaba, y sufría porque decían amarme, y Mis leyes no respetaban: No amaban a su hermano como ellos aseguraban. Pero pronto sabrán la verdad, verdad que ellos creen que no es verdad; la verdad de darse cuenta, que ellos en verdad no Me amaban. Será tarde su despertar, tarde muy tarde y por ello, van llorar.

NO ME CONOCEN: NO ME PUEDEN AMAR EN VERDAD

Es por eso, que ahora quiero que aprendan a amarme en verdad. Que vean y se den cuenta, lo que es amar de verdad, a ese Dios que todo les dio, y que todo les da. Quiero que aprendan a verse a sí mismos tal y como son, que frente a ellos vean la verdad y decidan cambiar, decidan amarme en verdad, decidan aprender a hacerlo, decidan Conocerme en verdad.

PRIMERO TIENEN QUE APRENDER A OBEDECER

No Me conocen: No Me pueden amar en verdad. Pues para hacerlo, tienen primero que aprender a conocerme. Yo quiero que Me conozcan. Yo quiero que aprendan a amarme en verdad. Yo quiero que me conozcan y conozcan Mi verdad: La verdad que los salvará. Yo quiero que ellos se salven, Yo quiero que ellos salgan victoriosos, yo quiero que ellos salgan triunfadores, de la guerra que se va a desatar en contra de ellos. Eso es lo que Yo quiero, de ellos es aceptar Mi ayuda para que lo puedan hacer. Yo los ayudaré, Yo los prepararé, Yo les diré lo que tienen que hacer, pero primero tienen que aprender a obedecer.

NO CREYERON EN SU PROPUESTA

Mi Padre les ha propuesto algo, algo en lo que ni siquiera han meditado, algo que ni siquiera han puesto en su mente, algo, que por completo han ignorado. Y mientras sea así, Yo nada podré hacer por ellos y tendrán que perecer, porque en Mi Padre no creyeron. No creyeron en Su Propuesta, no creyeron en lo que les estaba pidiendo, por completo lo ignoraron, por completo lo desobedecieron. Son pocos, muy pocos, los que han empezado a poner atención a las palabras, que a través de Mi hija Yo les he enviado. Son pocos, muy pocos, los demás las han despreciado, las han Ignorado.

YA ÉL HABLÓ YA SU PROPUESTA ENTREGÓ

Yo sólo les digo: No lloren, ni griten, que Mi Padre nos los verá, ni los escuchará; ya Él habló, ya Su Propuesta entregó, el que escuchó... escuchó, el que no... sordo se quedó. Sordo quedará, porque no quiso escuchar cuando tenía que escuchar. Ahora aunque escuche, no habrá quien le diga, ahora aunque vea, no habrá quien lo enseñe; ciego y sordo quedará, por no haber querido ver ni escuchar cuando era el tiempo de ver y escuchar. Amén.

-Sentía la desesperación del Señor al ver que sus hijos no querían escuchar lo que Él tenía que decirles.

Martes 23 de junio del 2015 a las 7:45 de la mañana
CRISTO JESÚS DE NAZARET DICE: Has hecho lo imposible para que ellos escuchen lo que Yo les tengo que decir.

-*Tienes que seguir escribiendo, tienes que dejar constancia de todo lo que está pasando, y de todo lo que va a pasar. Deja que todo pase, no te pongas a pensar, que el pensar te lleva a la duda y la duda te hace meditar. Yo soy quien te habla y dice lo que va a pasar. Yo Soy el que quiere que no te pongas a descansar, y te pongas a trabajar. Trabaja, trabaja sin descanso, que el descanso tendrás, cuando tengas todo lo que has podido obtener con lo que has hecho, para que Mis hijos no tengan que perecer. Has hecho lo imposible para que ellos te escuchen, escuchen lo que Yo les tengo que decir. Pero ellos no quieren oír, piensan que lo que de ti escuchan, no está donde debe de estar: En lo que escrito está, y en lo que ellos basan su bienestar.*

DESPERTARÁN, SÍ, PERO PARA PONERSE A LLORAR

Su bienestar va a ser cimbrado, los moverá y tendrán que despertar. Despertarán, sí, pero para ponerse a llorar, llorarán el no haber querido escuchar cuando les quisiste hablar, llorarán el no haber querido escuchar cuando lo único que querías, era prepararlos para luchar. Luchar no sabían, y no quisieron aprender, no quisieron saber lo que iba a suceder. Ahora tendrán que llorar, por no querer creer, que no todo estaba escrito, que había más por aprender, más por saber. Ahora lloran, ahora añoran los momentos en que querías hablar con ellos, ahora quisieran escuchar tus palabras, pero ya no las escucharán, tú ya no estarás ahí para decirles, *ya tendrás tu lugar. Ellos tendrán que ir a buscarlas, porque tú no se las traerás.*

LOS SORDOS ESCUCHARÁN LOS CIEGOS VERÁN

Tendrás tu lugar, ellos lo sabrán; aquel que quiera aprender, a tu lugar acudirá, el que no, el ignorante se quedará. Se quedará esperando que nada pase, pero pasará, le pasará a él, y a todos los que no quisieron escuchar. Tendrás tu lugar y será un oasis para el que quiera aprender. Será un descanso para su alma, porque se deleitará con la sabiduría que va a obtener, sabiduría que antes no tenían porque se la quisieron ocultar. Se la ocultaron, sí, pero tú se la vas a mostrar. Le mostrarás, que aún había más por escribir, que aún había más por hacer, y por aprender; y aprenderán. Sí, aprenderán y luego entregarán lo aprendido a todos los demás. No temas, que llegado el momento hasta los sordos escucharán y los ciegos verán. Sólo espera, que no sea tarde para muchos, y se puedan salvar.

SU ALMA SE REGOCIJARÁ

Se salvarán aquellos que escuchen, que oigan, aquellos que se preparen, que aprendan, aquellos que digan: ¡Sí, yo creo! ¡Sí, yo entiendo! ¡Sí, yo quiero a mi Jesús de Nazaret! Será de corazón su grito, saldrá desde el fondo de su alma. Será un amor puro y sincero, un amor que les moverá el alma. Su alma se regocijará porque por fin tendrá lo que había pedido, lo que había deseado por la eternidad. Ahora su alma tendrá la eternidad para gozar lo que no había gozado. ¡Oh cuanta dicha tendrá esa alma que tanto había sufrido! Esa alma que no había podido descansar, ahora lo hará. ¡Ahora descansará por toda la eternidad! Amén.

<u>Viernes 25 de junio del 2015 a las 5:20 de la mañana</u>
PROFECÍA

CRISTO JESÚS DE NAZARET DICE:

LOS VALORES HUMANOS DESAPARECERÁN

-Padre mío: Me has dicho, que si uno escucha, entiende, que a ese le entregue; así lo haré Padre, así lo haré. Me dolerá ver lo que los otros despreciaron e ignoraron, pero nada podré hacer, nada; ellos lo van a perder.

-Y así es Mi pequeña, ellos lo van a perder.

-Ahora escribe, que te tengo que decir algunas cosas, cosas que tienes que saber, para que se las puedas decir a los que las quieran escuchar:

MI VERDAD IGNORARON, MI VERDAD RECHAZARON: MI VERDAD PERDIERON

Poco falta para que llegue lo que tienen que llegar; poco, y nadie se quiere preparar. Llegará y nadie estará preparado, para enfrentar la realidad que contemplarán. Aún aquellos, que creen estar preparados, se darán cuenta que no lo estaban. No podrán creerlo. ¡Ellos lo sabían todo! ¡Sabían! ¡Sabían nada! Pero ellos decían saber y no quisieron aprender. No quisieron conocer la verdad que Yo les enviaba. Mi verdad ignoraron, Mi verdad rechazaron: Mi verdad perdieron. Perdieron la oportunidad de prepararse, perdieron la oportunidad de conocerme y amarme en verdad. Creían amarme, conocerme, pero no era verdad, creían en algo que no era verdad: Fantasías, y nada más.

PERECIERON PORQUE ELLOS ASÍ LO QUISIERON

Estaban muy cómodos, creían estar salvados, creían estar preparados, a ellos nada les iba a pasar. Pero la realidad era otra, ahora lo pueden ver, pueden ver que preparados no estaban y ahora no saben qué hacer. ¡Pobres necios y sordos que no quisieron entender, que lo único que Yo quería, es que no fueran a perecer! Perecieron porque ellos así lo quisieron, nada se pudo hacer por ellos, nada nada más verlos perecer.

TODOS SE MIRARAN UNOS A OTROS BUSCANDO EN ELLOS LA SOLUCIÓN

El tiempo traerá desgracia, miseria, enfermedad, traerá tristeza, llanto y soledad, soledad que ellos buscaron por no Haberme querido escuchar. Dolor habrá por doquier, nadie sabrá qué hacer. Todos se miraran unos a otros buscando en ellos la solución, pero nadie la tendrá, y tiempo no habrá para que la busquen. Ya no lo habrá. Porque en Mi tiempo no quisieron la solución que Yo les ofrecía, no la quisieron y ahora, aunque la quisieran, no la obtendrán. No habrá solución a los problemas que confrontarán, no sabrán cómo hacerlo – No quisieron aprender.

EL DINERO TENDRÁ UN VALOR POR ARRIBA DE LO ESTABLECIDO

Tormentas, huracanes, mareas alteradas tendrán a granel. En otros lugares la sequía matará lo sembrado – No habrá productos que consumir y los que existan, no los podrán obtener, el dinero no alcanzará. El dinero tendrá un valor por arriba de lo establecido, sólo el que lo tiene podrá comprar; los demás sólo mirarán. El crimen se multiplicará. Crimen habrá por doquier porque nadie estaba preparado para afrontar la situación.

YA NO HAY ESA FELICIDAD

Vivían un mundo de ilusiones, de vanidades y engaños, vivían un mundo de regocijo, de placer y de engaños, un mundo de placeres, un mundo de felicidad que daba el dinero. Ahora el dinero ya no está, ya no hay esa felicidad, ahora ven la realidad, ahora ven que nada era verdad. Mas ahora es tarde para lamentar, para llorar.

NO ESTABAN PREPARADOS PARA AFRONTAR LA SITUACIÓN

Tienen que comer, y la comida buscarán a como dé lugar. No estaban preparados para afrontar la situación, no se habían preparado a comer, o a no comer, a tener, o a no tener. No quisieron aprender, a abstenerse de comer y de otras cosas que podían hacer. No, no quisieron, ahora la realidad está ante ellos. Pero es tarde para aprender y harán lo que tengan que hacer para comer.

Tiempos de penurias y escases se avecinan, todo escaseará. Algunas cosas habrá, pero sólo los que tienen el dinero podrán comprarlas, los demás sólo mirarán, o harán todo lo que sea posible para obtenerlas.

DÍAS FELICES PARA EL ENEMIGO

Muerte, crimen por doquier. El enemigo estará regocijado; serán días felices para él, y más y más gestionará para que la guerra hagan entre ellos; todos pelearán por un pedazo de pan. Todos se convertirán en una jauría de lobos que pelearán entre sí por la presa ganar. Aquí no habrá parientes, hermanos, o amistades, todos serán enemigos, todos querrán quitar al otro lo que tiene, a la buena, o a la mala.

LOS VALORES HUMANOS DESAPARECERÁN

A la mala será, se matarán padre, e hijos. Madres arrebatarán la comida a sus hijos, hijos matarán a sus padres por un pedazo de pan. Caos, caos por doquier. El mundo parecerá un gran manicomio, donde los enajenados pelearán unos contra los otros. No habrá sentimiento alguno. ¿Amor? ¿Qué es eso? ¿Piedad? no la conocerán, ¿Misericordia? No tendrá el uno por el otro, los valores humanos desaparecerán y el mundo será presa de la maldad, la maldad hará estragos con Mis hijos, unos caerán, otros sobrevivirán.

AHORA PUEDEN VER… QUE NADA SABÍAN

Caerán aquellos que aun sabiendo, no se prepararon, aquellos que pensaron, que ellos ya estaban preparados, que ya estaban salvados, y por ende, nada tenían que hacer. ¡Qué equivocados estaban! Y ahora lo pueden ver; ver que nada sabían, y que ahora, ya no hay tiempo para aprender. Pero aquellos, aquellos que pudieron ver y aceptar la verdad… esos se salvarán. Porque ellos sí se prepararon a comer, y a no comer; a tener, y a no tener. Su cuerpo, su mente están preparados, saben, que si lo tienen lo comen, y si no, nada pasará, porque podrán ajustare a la realidad. Sufrirán, sí, a ver a sus hermanos perecer, al verlos sufrir por no haberse querido preparar.

YO LES ENVÍE LA AYUDA

Yo les envíe la ayuda, la preparación, los conocimientos y Mi sabiduría, para que preparados se encontraran cuando todo llegara. Pero no todos escucharon, no todos pusieron atención y ahora aunque quisieran hacerlo, ya no podrán.

¡PREPÁRENSE! ¡ESCÚCHENME! ¡PONGAN ATENCIÓN!

Habrá señales en el cielo, todos las podrán ver. Serán Mis alertas, pero pocos las entenderán, pocos sabrán qué hacer para no perecer. Es por eso que Mi grito es hacia ustedes: ¡Prepárense! ¡Prepárense para que la corriente no los arrastre! ¡Para que la corriente no se los lleve a donde no se los tiene que llevar! Yo los quiero aquí conmigo y no en otro lugar. Yo los quiero aquí conmigo, y para eso los quiero preparar. Yo les quiero decir que hacer, para sobrevivir lo que vendrá.

¡Escúchenme! ¡Pongan atención! ¡Las cosas no se van a componer! ¡Las cosas van de mal en peor! ¡Prepárense! ¡Pongan atención! ¡Ya despierten, abran los ojos a la realidad! ¡Ya no duerman, es hora de despertar! ¡Escuchen! ¡Pongan atención! ¡No pierdan más el tiempo! ¡Ya no hay tiempo para perder! Ya no hay tiempo para pensar, sólo para actuar, despertar y ponerse a trabajar. ¡Trabajen! ¡Estudien! ¡Prepárense!

LOS TIEMPOS HAN CAMBIADO

Despierten a la realidad, los tiempos han cambiado y seguirán cambiando, pero no para bienestar. Prepárense para que los puedan afrontar, prepárense para que no sean los tiempos los que los hagan llorar – ¡Llorar no quieren! ¡Pónganse a trabajar! Amén.

Martes 29 de junio del 2015 a las 4:55 de la mañana
CRISTO JESÚS DE NAZARET DICE:

DÉJALOS QUE SIGAN PENSANDO QUE SABEN

-Por fin obedeciste, por fin hiciste lo que tenías que hacer; ahora a esperar lo que va a suceder. No entiendes tú sueño, o no lo quieres entender. Vas de un lugar a otro cuidando que todo esté bien. Y así será: cuidarás que todo esté bien contigo y con los demás. Presta atención a lo que haces, a lo que dices, y a lo que piensas. No piense lo que no tienes que pensar, no hagas lo que no tienes que hacer, no hables por hablar. Que lo que Yo digo, en cuenta lo vas a tomar, y lo que tomes, tiene que ser la verdad. La verdad ante todo la verdad sobre todo. La verdad y nada más la verdad. Te asombra pensar que mentiste en tu sueño, no lo hagas realidad, piensa en lo que dices para que no vayas a fallar. Fallar

no quieres, quieres triunfar. Triunfarás si haces Mi voluntad. Triunfarás, si piensas antes de actuar. ¡No digas! ¡No hables! ¡No piense si no lo tienes que hacer! ¡Piensa antes de hablar! ¡Piensa antes de decir! ¡Piensa, antes de pensar!

-Padre mío: Tú sabes lo que va a pasar y eso es lo que importa.

Y así es pequeña, así es. Yo soy el que sabe; y lo que Yo sé, es lo que importa. Lo importante para ti, es que pongas atención a lo que haces, dices, y piensas.

-Padre: La Excusa ¿Es de Tu voluntad que la escriba? ¿Tú eres quien me está diciendo qué escribir; o es mi imaginación?

ESCRIBE LA EXCUSA

-No, no es tu imaginación, es Mi voluntad, y lo irás escribiendo conforme Yo te vaya diciendo. Tendrás la ayuda como siempre de todos los Maestros. Ellos estarán contigo diciéndote lo que tienes que escribir. No te preocupes por lo que va a pasar con el libro, de eso me encargo Yo. Tú sólo espera hacer lo que tienes que hacer. Yo te diré lo que tienes que hacer. Hazlo, y hazlo bien, y deja lo demás a Mí. Te lo van a regresar, te van a decir cosas que te van a doler. No importa, tú vas a hacer lo que te digan y nada más, y verás, que van a cambiar su forma de pensar.

YA NO LES RUEGUES

Por estos de Mis hijos, no te preocupes, Yo sé lo que estoy haciendo. Déjalos que sigan pensando que saben, déjalos, que ya se darán cuenta, que no saben lo que tenían que saber, ni han aprendido lo que tenían que aprender. Tú ya no digas nada, ya no les ruegues, déjalos, que va a llegar el día en que se den cuenta, y ellos te van a rogar a ti. Van a rogarte para que les digas lo que Yo te estoy diciendo, van a querer saber, que es lo que Yo pienso de muchas cosas que van a estar sucediendo. Ellos van a querer saber, lo que tanto has querido enseñarles.

NO LO HAN QUERIDO ACEPTAR

Ya no les digas nada, ya no ruegues con Mis enseñanzas; déjalos, que solos van a entender lo que has tratado de decirles, especialmente ese de Mi hijo.

Te confundes, cuando lo escuchas hablar, decir de la forma en que Yo he estado con él desde su niñez, y no sabes que pensar. Pero la respuesta Yo te la digo: Te dije, que les he hablado, les he dicho las cosas que te digo a ti, pero no lo han querido aceptar. Dicen, que es el enemigo quien les pone esos sueños, y esos pensamientos en sus mentes. Pero déjalos, ya se darán cuenta que el enemigo no puede dar lo que no tienen. Yo tengo la verdad, él no. Yo soy la verdad, él no, por lo tanto, él no puede dar algo que no tienen, y que no es.

TÚ SIGUE ADELANTE HACIENDO LO QUE TIENES QUE HACER

Muchas cosas pasarán en tu vida, que no sabrás cómo interpretarlas, no sabrás que pensar de todas ellas. Pero no dejes que el hecho de no entender te saque del lugar que ya tienes. Deja que pase, que suceda, tú sigue adelante haciendo lo que tienes que hacer. Habrá momentos en que te sentirás frustrada, no dejes que esa frustración te aniquile. Sólo piensa y di lo que siempre has dicho: No entiendo Padre, pero si Tú lo entiendes, eso es lo que cuenta. Sé que estoy en Tus manos y que Tú, eres el ÚNICO que sabe lo que merezco, o no merezco. Hágase Tu voluntad, y no la mía, ni la de nadie más. Amén.

Martes 7 de julio del 2015 a las 2:45 de la mañana
SUEÑO/VISIÓN:

(1) EL CONCURSO
(2) ENTREGANDO LOS LIBROS

-Veo que estoy en la iglesia, y el Pastor había hecho un concurso, y no me había invitado. Veo que estoy frente a una de las concursantes escuchando lo que ella había escrito. Luego escucho al Pastor, que riéndose, le dice a la concursante: ¿Sabes, que tú eres la última? Entonces pienso que si yo hubiese concursado, les hubiera hablado de lo que yo sé, y me veo entregando un libro a todos y cada uno de los miembros. Pero no era la iglesia, sino una escuela, pues me veo yendo de salón en salón entregando los libros. Amén. Es todo lo que recuerdo.

-Luego me puse a analizar el sueño y me di cuenta, que tenía que empezar a escribir el segundo libro: La Excusa. Ya Él me lo había empezado a dictar, así es que decidí poner en ese libro lo que Él me había dicho.

SUEÑO/VISIÓN: VIDEO SOBRE EL ABORTO

-Veo que un hermano de la iglesia y su hijo están discutiendo. El hermano quiere hacer un video, o una grabación acerca del aborto, y me pide que lo acompañe a una de sus casas, porque ahí quiere hacer el video, o la grabación. De alguna forma el hijo se da cuenta de lo que su papá está haciendo y va a la casa en donde está haciendo el video, o la grabación. Veo que el hijo habla con su papá, pero el papá no le pone atención; se ve que sigue enojado con él. Yo estoy dentro de la casa y veo al hijo en la puerta, no sé, pero creo que el hijo quiere que me salga, para quedarse solo con su papá, pero siento que no debo dejarlos solos.

EL HIJO TRATA DE QUE YO NO SUBA

-Veo que vamos subiendo unas escaleras, el hermano sube primero, luego el hijo, y después yo. Me doy cuenta, que el hijo trata de que yo no suba y abre sus brazos para evitarlo. Después escucho que el hijo le dice al papá, que es una buena idea trabajar juntos en el video, porque va a ser acerca del aborto, y que él sabe de eso.

EL HERMANO NO QUIERE QUE EL HIJO PARTICIPE EN EL VIDEO

-Veo que le arrimo al hermano, un florero con agua. Dentro del florero veo unas cosas azules que el hermano las empieza a sacar, porque no quiere que el hijo participe en el video.

-Luego me veo hablando con el hermano, y al ver que estoy triste me pregunta por qué. Le digo, que estoy triste porque tengo mucho que entregarles, pero no me dejan. Amén.

-Sé que suceden más cosas, pero esto es todo lo que recuerdo. Éste sueño me indica, que el Señor quiere que se haga conciencia sobre el aborto y sobre aquellos que lo están practicando.

Martes 7 de julio del 2015 a las 2:45 de la mañana
ORDENANZA DEL SEÑOR:

LE PONDRÁS POR NOMBRE LA EXCUSA

-El señor me dice cómo escribir la *excusa*, libro que abrirá los ojos y las mentes.

-Te dije lo que hicieras y lo hiciste; benditas seas. Ahora, a seguir haciendo lo que sigue. Sigue escribiendo lo que se te vaya diciendo:

Vas a terminar ese otro libro, al que pondrás por nombre La excusa. Ahí vas a poner todo lo que ha pasado y lo que se te ha entregado, desde que fuiste enviada a ese lugar (La iglesia). Todo se te irá diciendo, para que puedas poner lo que tienes de poner en ese libro. Será a verdad y nada más que la verdad. Ahí expondrás todo lo que ha sucedido y lo que va a suceder, para que no tengan la excusa de que no lo sabían, que nadie se los había dicho. Por escrito quedará todo y nadie lo podrá borrar – Como no han podido borrar Mi palabra. Lo escrito, escrito está, y nadie lo podrá borrar.

PONDRÁS LA FECHA EN QUE LLEGASTE POR PRIMERA VEZ A ESE LUGAR

Ahora escribe, que Te voy a dictar lo que tienes que hacer, para ese libro componer: Pondrás la fecha en que llegaste por primera vez a ese lugar, (Domingo, Abril 28, 2013), y todo lo que sucedió desde ese día. Irás intercalando otras cosas conforme se te vaya diciendo, y como así lo amerite el contenido de ese libro.

NO FUISTE A QUITAR, SINO A DAR

Ese libro, será un recordatorio, de que fuiste ahí para enseñar, alertar y profetizar, no para quitar. No fuiste ahí a quitar sino a dar. El que tenga ojos verá, el que tenga oídos escuchará y entenderá lo que ahí se le explicará. El sordo, el ciego y el mudo, sin palabras quedarán, ya que no quisieron ver ni oír. Y el que habló, habló lo que no era Mi voluntad. Mi voluntad era que aprendieran lo que Yo les quería enseñar; su voluntad fue el negar. Me negaron la oportunidad de enseñarles todo lo que Yo les quería enseñar, su voluntad fue el quedarse atrás. Atrás se quedaron, atrás se quedarán todos los que no querían, o no quisieron escuchar.

DIRÁN QUE MENTIRA ES LO QUE LEEN

Ese libro abrirá los ojos y la mente de algunos, a otros se los cerrará. Dirán que mentira es lo que leen y lo tirarán, tirarán Mi verdad, para quedarse con su verdad. Tarde comprenderán lo que han hecho, tarde muy tarde, ya nada podrán hacer, ni Yo podré hacer nada por ellos. Porque cuando lo quise hacer, me ignoraron, me negaron, me borraron de su vida, ahora Yo los borro de Mi vida, la vida que Yo les quise dar: La vida eterna a Mi lado estar. Tú sigue adelante haciendo lo que tienes que hacer y deja lo demás a Mí parecer, Yo haré lo que tenga que hacer. ¡Pobre necio que no quiso obedecer! ¡Pobre de aquel que en Mi palabra no quiso creer! ¡Pobres necios, no saben lo que les va a suceder!

DEJA POR ESCRITO LO ACONTECIDO

Tú sigue dejando por escrito todo lo acontecido, que de lo demás me encargo Yo. Yo soy el que dice. Yo soy el que habla. Yo soy y nadie más. Nadie más podrá ayudarlos. Nadie más podrá guiarlos a donde Yo los quise guiar. Pero se dejaron guiar por quien no tenían que dejarse guiar, ahora están en el lugar al que él los llevó.

De ese lugar alguno querrá salir, ¿Podrá? Sólo el tiempo lo dirá. Porque para muchos, la muerte eterna será. ¿Quiénes irán a esa muerte eterna? En ellos está la repuesta. Porque aquel que después de Conocerme me olvida, Me da la espalda, Me borra de su vida; borrándolo seré Yo de la Mía. Será alguien que NUNCA existió, que NUNCA vivió, y nadie sabrá nada de él, porque no pasará a la historia; será una historia perdida en el olvido; una historia que nadie conoció, y que nadie leyó. Para ellos será la muerte eterna, y nada más; sólo ellos sabrán que existieron, sólo ellos y nadie más.

SIGUE ESCRIBIENDO LA HISTORIA DE LO QUE FUE, Y DE LO QUE SERÁ

Tú sigue dejando por escrito lo que tienes que dejar. Sigue escribiendo la historia de lo que fue, y de lo que será, para todo aquel que detrás de ti vendrá.

Deja a las generaciones por venir, que la ayuda estuvo ahí, y no quisieron aprovechar. Deja constancia, de que todo se les ofreció, pero negando fueron lo que se les estaba dando, para que pudieran salvarse del desastre que venía hacia ellos, y los iba a tomar sin preparar. Yo los quise preparar, pero ellos no quisieron.

SU DIOS DA, PERO TAMBIÉN QUITA

Deja todo por escrito, para que se den cuenta que su Dios da, pero también quita a lo que valor no le dan. No valoraron Mi ayuda; Mi ayuda no tuvieron. Mi ayuda tuvieron aquellos que sí se prepararon, que sí escucharon, que sí aceptaron la ayuda que Yo les estaba dando. Amén.

Miércoles 18 de julio del 2015 a las 7:16 de la mañana
DIOS PADRE Y LOS MAESTROS

HABLAN SOBRE LA LUNA DE SANGRE

TODO QUEDARÁ ESCRITO PARA LAS GENERACIONES POR VENIR

No quiero que dejes de escribir, quiero que todo quede escrito; todo quedará escrito para las generaciones por venir. Todos sabrán, que Yo estaba contigo y que tú estabas Conmigo. No habrá duda, lo podrán ver, podrán comprender, que necios fueron al no creer lo que tú les decías. Creían que era tú, y no Yo quien lo decía, por lo tanto, no te creían.

HAY MUCHO POR APRENDER Y TE LO VOY DECIR

Mi niña: Me dices, que Yo te forjé, que Yo te hice y te formé, y así es Mi niña, así es. Yo sé todo de ti, y tú, un poco de Mí. Pero Yo quiero que sepas más de Mí y de todo Mi Reino. Mi Reino te está esperando con ansias. Ya quieren tenerte junto a Ellos, ya están impacientes por verte llegar, ya quieren verte aquí. Pero todavía hay mucho por hacer, mucho por escribir, mucho por decir. Hay mucho por aprender y te lo voy decir. Te voy a enseñar muchas cosas, muchas cosas que ya sabes, pero que has olvidado. Te hablaré de la Luna de Sangre, te diré lo que eso significa y lo que quiere decir:

LOS DE ARRIBA CAERÁN LOS DE ABAJO SURGIRÁN

La luna de sangre significa el comienzo y el fin, el empezar de algo, y fin de algo más. Algo más va a empezar; algo más va a pasar, y tú lo vas a ver. Verás cosas suceder, empezarán a caer y otras a surgir. Eso quiere decir, que los de arriba caerán, y los de abajo surgirán.

TODO TENDRÁ SU FIN Y TODO TENDRÁ SU COMIENZO

No hay mucho que explicar, no hay mucho que decir sobre esto, sólo que todo tendrá su fin, y todo tendrá su comienzo. Comenzarán a ver los ciegos, a oír los sordos, y a entender los que no entendían; y aquellos que decían entender, no entenderán, aquellos que decían saber, ignorantes se encontrarán. Todo tendrá su fin, y todo tendrá su comienzo. Ya nada será como antes, lo de atrás, atrás quedará, ya no volverá. Ya no habrá días de gloria, días de gozo y relajamiento. No, no, ya no los habrá, todo será caos y sufrimiento para aquellos que todo lo sabían, y nada quisieron aprender.

TIENEN QUE ESTAR DESPIERTOS

La luna de sangre indica, que todo va a cambiar. A los más débiles confundirá de tal manera, que como enajenados correrán por las calles gritando y vociferando lo que ellos creen estar viendo, y escuchando. A los más fuertes mantendrá en el alerta, ya que ellos sabrán que nada bueno se espera, y que tienen que estar despiertos, para que lo que viene, no los tome desprevenidos.

HABRÁ MUCHA CONFUSIÓN

Habrá mucha confusión, mucha confusión; los que creían saber, no sabrán qué hacer, ni qué decir – Su sabiduría habrá terminado. Ellos, que se sentían y creían que todo sabían, no sabrán nada, y nada podrán hacer por nadie. Les preguntarán: ¿Qué hacemos? Y ellos dirán: ¡No sé! Y esa será la verdad, no sabrán porqué como ya sabían, no quisieron aprender cuando Yo los quise enseñar. Yo los quise enseñar, ahora sólo les queda llorar, y ver su mundo caer y desmoronar. Se agarrarán la cabeza, el pelo, pero sólo eso podrán hacer; sólo eso y nada más.

PERECERÁN SIN HABER APRENDIDO QUE HACER

La luna de sangre hará que pierdan la razón, pero no aprendieron a protegerse de ella, no aprendieron a librar sus efectos y cayeron en ellos. Sus efectos serán devastadores para aquellos que no aprendieron a defenderse, para aquellos que decían que todo sabían. ¡No sabían nada! Pero tarde lo van comprender, porque ya nada podrán hacer, sino llorar, y perecer. Perecerán sin haber aprendido que hacer, perecerán y nadie lo puede evitar; ellos así lo quisieron y así lo obtuvieron.

EL QUE SABÍA NO SABRÁ Y EL IGNORANTE ENSEÑARÁ

La luna de sangre indica, que todo lo de arriba caerá y lo de abajo subirá. Que el que sabía, no sabrá, y el ignorante enseñará, que siempre había que aprender para lo que pudiera ser. El ignorante, aquel que nadie ponía atención. Aquel que todos daban la espalda que todos ignoraban, que todos ignoraban por ser ignorante, les dará una lección que no olvidarán: La lección de estar atentos a la señales, y prepararse para la ocasión. Aquel ignorante, como ellos lo llamaban, sabía más que ellos que nada sabían, aunque decían saber.

ELLOS, COMO TODO LO SABÍA, NADA HACÍAN

Ese ignorante les dará la lección de su vida Pero tarde será para que la aprendan, porque mientras despreciaban al ignorante, él se preparaba, mientras lo ignoraban, él estudiaba y se preparaba. Ellos, como todo lo sabía, nada hacían, confiaban en lo que ellos creían saber – Eso los perdió. Su vanidad y su ego los perdió, los hundió, y ya no pueden salir del hoyo donde cayeron. Ya no pueden, y ya no podrán – Tiempo no habrá, porque no aprendieron a salir de él.

EL FIN QUE NADIE ESPERABA LLEGARÁ

La luna de sangre, es el principio del fin, el fin que espera a la humanidad. El fin que llegará y que nadie esperaba porque creían que no iba a pasar, que no iba suceder como lo están viendo. Sucedió, y nadie estaba preparado para enfrentarlo. Ese será el fin de todo lo que ellos amaban, de todo lo que los ataba a este haz Terrenal.

¿PERECERÁN JUNTO CON TODO LO QUE AMABAN?

¿Se irán con todo eso? ¿Perecerán junto con todo lo que amaban? Eso está en ellos saberlo, no en Mí decírselos. Pero *les diré, que muchos de ellos junto a todo lo que aman y glorifican, perecerán; morirán agarrados de sus prendas materiales, de su dinero, y de su familia. Los amaban tanto, que junto a ellos murieron, por no haber aprendido, que todo tesoro está en el cielo.*

EN SU CORAZÓN ESTABA TODO LO QUE NO DEBÍA ESTAR

Al cielo no fueron, al cielo no llegaron, se quedaron en la Tierra junto a lo que atesoraron. Ahí están, ahí se quedarán hasta que aprendan que lo único que cuenta, es lo que está en su corazón. En su corazón estaba todo lo que no debía estar, y ahora, al cielo no los deja llegar. La luna de sangre quiere decir, que ha llegado el momento de decidir, el quedarse aquí, o al cielo ir.

LOS QUE TENGAN OJOS VERÁN

La luna de sangre es un aviso, un recordatorio de lo que se tienen que hacer para poder llegar a donde quieren llegar. Los que tengan ojos verán, los que tengan oídos escucharán, y los que entiendan, entenderán, que todo está por llegar, que todo está por suceder, y que se tienen que preparar. Aquellos que lo entiendan y hagan lo que tienen que hacer, podrán ver lo que va a suceder, pues preparados se encontrarán, y sabrán qué hacer, y cómo hacerlo. Amén.

Pequeña: Tú sabes lo que viene, y sabes, qué se necesita para vencerlos.

-Así es Maestros, así es.

EL ALERTA PARA LA HUMANIDAD

Ahora sigue escribiendo, que te voy a decir algo más sobre la Luna de Sangre: La luna de sangre significa, el alerta para el mundo, el alerta para la humanidad; es el signo de la venida de eso que tú ya sabes.

-Maestros: Me asustan. ¿Quieren decir qué ya están aquí?

Sí pequeña, ya están aquí, pero nadie se da cuenta, no saben que están siendo vigilados y en el momento que menos esperen, serán atacados. Es por eso que les pedimos estar preparados.

-Pero Maestros: Ustedes ven que no quieren prepararse. Maestros, si con lo poco que le he dicho al Pastor, dice que no se los quiere decir a los miembros, para que no se asusten. Ahora, si les digo, o les hablo sobre eso, entonces si me echan de la iglesia.

NOS HEMOS DADO CUENTA

Así es pequeña, ya Nos hemos dado cuenta que no quieren escuchar, ni entender que están en los últimos días. Que se tienen que preparar para enfrentar lo que viene. La preparación es física y espiritual, pero más espiritual. Pero ellos no piensan más que en lo físico, que en lo espiritual. Están tan convencidos, que con lo que saben, y lo que creen, que eso los va a ayudar, a sacar de la situación que se avecina. Están equivocados, pero no lo quieren ver ni entender. Déjalos, pequeña, ya no te aflijas, ya hiciste lo que tenías que hacer. Ahora Déjanos hacer lo que tenemos que hacer.

-Maestros: Sólo un milagro, un milagro inmenso podrá hacer que estos de mis hermanos entiendan las cosas. Pero sé, que ese milagro Ustedes lo pueden hacer, ya que el Maestro de Maestros tiene el poder, y el poder se los ha entregado. Sé que algo grande van a hacer para tratar de que esos de mis hermanos, vean lo que tienen que ver, y escuchen lo que tienen que escuchar. El que entienda… entenderá y el que no… perecerá. Maestros: ¿Me van a decir más sobre la Luna de Sangre, o de eso que ya sabemos?

Te diremos todo lo que necesitas saber. Todo va junto, son lo mismo: Una advertencia, un alerta sobre lo que viene.

MUCHO PARA EL QUE ESCUCHE

-Padre mío: ¿Qué se va a poder hacer para preparar a estos de Tus hijos? Para qué se puedan defender de lo que viene.

Mucho, y nada. Mucho para aquel que escuche, entienda y acepte. Nada para aquel que se niegue a escuchar, a entender, y sobre todo, que se niegue a aceptar; por ellos nada se podrá hacer. Por desgracia, ellos serán más que los que escuchen. Pero nos dedicaremos a los que escuchen, a esos Vamos a preparar y a enseñar todo lo que deben saber, para poderse defender. Tendrán que estudiar mucho, poner mucha atención, pero sobre todo, creer en lo que están recibiendo y saber, que es para su bien, y nada más. Tendrán que prepararse para así mismo ayudar a los demás – Que serán muchos. Es por eso que deben dedicarse al estudio en cuerpo, alma, corazón, y mente, sólo así podrán aprender lo que tienen que aprender, y hacer lo que tienen que hacer. Sólo así, no hay otra forma. Lo que les espera no será fácil, tendrán el obstáculo que les pondrá el enemigo. Pero si se entregan de corazón, no habrá qué los detenga, ni quien pueda pararlos en su intento.

LA LUNA DE SANGRE TRAERÁ MUCHAS DESGRACIAS A LA HUMANIDAD

Pequeña: Te seguiremos diciendo más acerca de la Luna de Sangre y luego hablaremos de lo demás, lo que necesitas conocer para enfrentarlos.

-Está bien Maestros.

Te diré, que la Luna de sangre traerá muchas desgracias y sinsabores a la humanidad. Pero aun así, no volverá sus ojos hacía Mí, su Maestro, su Rey Cristo Jesús de Nazaret. Aun así, no se arrepentirá de sus faltas y pecados, aun así seguirán haciendo lo que no tienen que hacer, e ignorando, lo que sí tienen que hacer.

Menos oraciones se elevarán a las alturas, muchos ya no orarán. Pensarán, que eso es algo del pasado y dejarán de hacerlo. Eso será más trabajo para los que todavía lo hacen, tendrán que hacerlo con más frecuencia y con más fervor, por aquellos que han dejado de hacerlo. Su trabajo se multiplicará, pero su fe se acrecentará.

La Luna de Sangre traerá fe y esperanza en aquellos que no conocen su significado. Pero a aquellos que saben lo que eso significa, traerá el temor y la necesidad de estar preparados. Porque ellos sí podrán ver las señales, podrán ver, que lo que viene ya llegó. Ya está aquí, y que tienen que salir adelante a combatir, a luchar con lo que ya está aquí. Muchas cosas sucederán al aparecer la Luna de Sangre. Como ya Dije, para mucho será la expectación de cosas buenas, y para otros, la confirmación de lo que ya se les había dicho. Amén.

Jueves 9 de julio del 2015 a las 2:00 de la mañana
SUEÑO/VISIÓN

EL PASTOR UN DÍA CREE, Y LUEGO DUDA

-Me veo pensando, en cómo le puedo entregar al Pastor los mensajes recibidos. Veo que estoy a la entrada de la iglesia y ahí tomo la esencia de Sor Juana Inés de la Cruz. Pero al mismo tiempo pienso, que por ser ella el Pastor no va a creer. Veo que a través de ella se le entrega el mensaje al Pastor. Parte de ese mensaje es: Que él, un día cree, y luego duda. Se le dijo algo más, pero no lo recuerdo. Luego me veo pensando, e imaginando, que el Pastor va a golpearme, y se queda con el brazo levantado. Sigo pensando, que cuando abra los ojos y vea al Pastor con el brazo levantado le voy a decir, qué sí está saludando a alguien. Todo esto lo estoy pensando mientras tengo la esencia de Sor Juana *Inés de la Cruz.*

EL PASTOR ESTACIONA UN CARRO

-Después veo que estoy en otro lugar, y ahí escucho a alguien decir, que le agradece al Pastor el haberle estacionado su carro en ese lugar. Volteo a ver el lugar, y es como la saliente muy estrecha de una montaña, y al frente hay un precipicio, y es muy difícil poder estacionar algún carro. Así es que cuando escucho lo que le están diciendo al Pastor, respondo: Sobre todo ahí.

EL PASTOR ARREGLANDO UNA LÁMPARA

-Luego veo, que nuevamente estamos en la Casa de Oración, o un lugar, en donde el Pastor está trabajando arreglando una lámpara en el techo.

EL MAL-ENTENDIDO

-Después veo que estoy en otro lugar y ahí está la secretaria y la esposa del Pastor. Estamos sentadas como nos sentamos en la iglesia: Yo estoy sentada en *el lugar de siempre, y la secretaria en la banca de enfrente. La esposa del Pastor está detrás de mí, como cuando está su mamá. Volteo y veo, que la esposa del Pastor tiene su mano dentro de su bolsa, como sacando algo. Pero al mismo tiempo está ablando conmigo, me dice, que sentía mucho lo que había pasado con mi licencia. Al oírla pienso en lo que en la iglesia se anda diciendo de mí.*

Creo que le dije algo a la secretaria, y ella lo había entendido de otra forma, y así lo fue contando. Se decía, que al darle un raite a la mamá de la esposa del Pastor, me habían quitado mi licencia. No había sucedido nada de eso, pero nunca aclaré la situación, por lo que la esposa del Pastor pensó, que me habían quitado la licencia. Le dije, que solamente me la habían suspendido; algo que era mentira, ya que ni me la habían quitado, ni suspendido. Al decirlo, pienso, ¿Por qué mentí? Y al mismo tiempo me digo, 'Ya son dos veces que miento en mis sueños. La esposa del Pastor me sigue diciendo, que ella tenía dos conocidos en altos puestos, y que ella podía hablar con ellos para que me ayudaran. Le digo, que no era necesario. Amén.

Viernes10 de julio del 2015 a las 4:56 de la mañana
ALGO MUY EXTRAÑO ME SUCEDIÓ

SALIÓ COMO ENTRÓ, COMO AIRE

No sabes lo que pasó, pues, Te lo voy a decir: Sacaste todo lo que estaba dentro de ti, y que no era Mi voluntad. Salió como entró, como aire; como viento. No temas, que todo está bien.

-Esto se me dijo después de que algo muy extraño me sucedió como a las 3, o 4, de la madrugada. Recuerdo que desperté y fui al baño; regresé, y traté dormirme de nuevo. Pero algo sucedió que evitó que lo hiciera. Resulta, que estoy acostada sobre mi lado derecho, y de pronto empiezo a escuchar cómo explosiones de viento salir de mi oído izquierdo. Eran explosiones mucho muy fuertes, y ruidosas, que duraron varios segundos, trataba de taparme el oído, pero seguían. Como se pueden dar cuenta, no sabía que pensar. Por fin cesaron. Pero fue algo que no me podía explicar, y mucho menos entender. Le pregunté al Maestro sobre eso, y después de Su respuesta nuevamente me quedé dormida. Esto es lo que soñé, o contemplé:

SUEÑO/VISIÓN

USANDO EL PODER QUE SE ME HA ENTREGADO

-Veo que salgo de mi cuerpo y voy elevándome mucho muy alto, cuando siento que alguien me jala y desciendo. Recuerdo, que cuando iba subiendo contemplé una pequeña nube de color azul, y al descender veo a un hombre vestido de azul, pero que no se dejaba ver por mí. Veo como esconde su rostro, ocultándose de mí. Al último, veo, que se pone un gorro, o capucha que le cubre el rostro, y entonces voltea a verme. En otra parte de mi videncia contemplo, que estoy usando el poder que se me ha entregado y me digo, que ya son dos veces que he usado ese poder. Amén.

Lunes 13 de julio del 2015 a las 6:25 de la mañana
CRISTO JESÚS Y LOS MAESTROS DICEN

ESCRIBE HASTA MÁS NO PODER

MÁS SOBRE LA LUNA DE SANGRE

Ya te dije que no dejes de escribir. Escribe, escribe hasta más no poder, todo tiene que quedar por escrito, todo tiene que quedar asentado para las generaciones por venir. (Aquí pensé: Ni lo van a leer, y Él me contestó): Lo leerán, no te preocupes; lo leerán. Yo me encargaré de ello y se darán cuenta, que todo estaba ahí, y que no lo quisieron.

YO NO QUIERO QUE CONVENZAS A TODOS

-Padre: Tú me has escuchado decir, que siento que me pusiste a luchar con Goliat, Sansón, o Hércules, ya que estos de Tus hijos están tan aferrados a lo que ya saben, y a lo que ya está escrito, que veo imposible que acepten Tus enseñanzas, las verdaderas. Ya sé, que no todo lo que está en la Sagrada Biblia es verdad, ni todo es mentira; hay sus falsedades, sus fábulas y mentiras, como Tú me lo has indicado. Pero ellos, todo lo creen al pie de la letra, no dejan espacio para nada más, y eso es lo que hace imposible que ellos acepten lo que Tú les estás queriendo enseñar.

-Padre, veo la televisión, y todo es lo mismo; todos Tus Pastores, Predicadores, y Educadores, enseñan y dicen lo mismo. ¿Cómo se les va a entregar esta enseñanza, Si no saben, ni aceptan otra cosa que no esté escrita?

Lo sé Mi niña, lo sé; pero Yo no quiero que convenzas a todos, sólo a los que Yo he escogido. A esos quiero enseñar, y ellos y sus descendientes, sí ellos los enseñan bien, se encargarán de seguir llevando y esparciendo estas enseñanzas. Como ya te he dicho, la misión es difícil, *no es fácil, pero alguien la tiene que hacer, la tiene que llevar a cabo. Y esos son Mis escogidos, Mis preparados, Mis privilegiados; esos son los que van empezar esta revolución.*

AHÍ DEJAN SU TIEMPO, TIEMPO QUE ME PERTENECE

Tú sigue adelante escribiendo lo que tienes que escribir, y deja el resto a Mí. Yo me encargaré de que lo lean cuando el tiempo sea de leer. Ahora no lo quieren hacer, ahora tienen otras cosas más importantes que hacer, como ponerse a charlar a través de ese aparato. (Computadora). Ahí dejan su tiempo, tiempo que Me pertenece, tiempo que es Mío, y que ellos Me lo roban. Tiempo en que podríamos estar charlando, aprendiendo, disfrutando de nuestro amor, ellos lo pierden aprendiendo, y escuchando tonterías, tonterías que no los salvarán, tonterías que nos los ayudarán en nada, cuando todo tengan sobre ellos, y no sepan que hacer. Pero el tiempo lo perdieron en lo que no tenía que ser, perdiendo así la oportunidad de aprender.

CRISTO JESÚS HABLA SOBRE LA NUEVA TECNOLOGÍA

-Me dijo, que la nueva tecnología es 95% mala, y sólo un 5% buena; y que a nosotros toca hacer, que ese 5% se convierta en un 100%, utilizando ese 5% para nuestro avance, tanto físico como espiritual. Me dijo, que Sus hijos pierden mucho el tiempo en esas máquinas, y que ese, era Su tiempo.

ESE ERA MI TIEMPO Y ME LO HICIERON PERDER

Ya no te preocupes, tú sigue escribiendo, que frente a sus ojos tendrán lo que ahora Te estoy diciendo, dándose cuenta de la realidad. Realidad que los pondrá a llorar, gemir de arrepentimiento, por el tiempo haber perdido cuando el tiempo, era el tiempo de aprender – Ese era Mi tiempo y Me lo hicieron perder. Se darán cuenta de ello, y llorarán, gemirán, pero ya nada podrán hacer – Te lo digo Yo, que así va a ser. Tú sigue escribiendo, sigue dejando por escrito Mi verdad, sigue poniendo en papel la realidad, realidad que los hará llorar.

ESA LUNA LOS PONDRÁ A PENSAR

Ahora, Te seguiré diciendo sobre la Luna de Sangre, esa luna, que los pondrá a pensar, que los hará ver la realidad que no pensaban ver. Esa, que los pondrá a llorar, y a meditar en lo que pudieron hacer y no hicieron, esa, que los hará ver realmente lo que saben y lo que no saben, y sobre todo, lo que pudieron haber aprendido y no aprendieron.

NO QUISIERON APRENDER A DEFENDERSE DE SU INFLUENCIA

La Luna de Sangre los hará pensar en muchas cosas. Aquellos que no hayan sido afectados, sufrirán al ver a sus hermanos que sí fueron afectados por la influencia de la luna. Los verán correr desesperados sin saber qué hacer. Harán cosas inimaginables, impensables, y todo porque no quisieron aprender a defenderse de su influencia. La enseñanza estaba ahí para todos, pero no todos la aceptaron, no todos dijeron, queremos aprender, no todos asistieron a la escuela a aprender. No todos, y los que sí lo hicieron, lo van ver; van a ver a sus hermanos correr sin saber qué hacer. No podrán hacer mucho por ellos – Ocupados estarán, tratando de proteger a los demás.

La batalla será dura, tendrán que luchar por los que no se quisieron preparar. Tendrán que tomar el lugar de ellos y serán muchos, muchos los lugares que tendrán que tomar, que luchar por aquellos, que no quisieron aprender para poderse defender. Lucharán, lucharán a más no poder y harán lo que puedan hacer. Yo los ayudaré. Yo estaré luchando junto a ellos. Yo les diré que hacer y cómo hacerlo, y ellos me escucharán. Me verán, porque ya habrán aprendido a hacerlo. Así se darán cuenta, que Yo estoy ahí con ellos, y con más ahínco lucharán.

SIEMPRE ENCUENTRAS FORMAS DE PODER LLEVAR MIS MENSAJES

-Padre: Te escucho hablar, e inmediatamente mi pensamiento va hasta estos de Tus hijos, y pienso, que puedo hablar con ellos, y llevarles estos mensajes., principalmente, pienso en la juventud. Pienso que puedo decirles a ellos lo que está pasando, y enseñarles a enseñar a otros. Como por ejemplo: Lo que me dijiste acerca de los homosexuales, y de cómo hablar con ellos. Pienso, que si le hablo a la juventud de eso, ellos pueden a su vez, ir y decirles a sus compañeros de clase, o a sus amigos.

CON TRISTEZA VEO QUE TRATAN DE EVITARTE PORQUE HABLAS MUCHO

Lo sé pequeña, siempre encuentras formas de poder llevar Mis mensajes a esos de tus hermanos. Tu amor por ello, y sobre todo, tu amor por Mí, te hace pensar en cómo ayudarlos a que se ayuden. Pero como ya te has dado cuenta, están ciegos, sordos, e ignorantes, no quieren oír, ni ver, ni entender lo que les quieres decir. Con tristeza veo, que tratan de evitarte porque hablas mucho. Así piensan ellos, que hablas mucho y que les quitas el tiempo.

TOMAN A MAL QUE LES QUIERAS HABLAR DE MÍ

No se dan cuenta, que el tiempo lo estás perdiendo tú, tratando de que te escuchen, de que entiendan, que lo único que quieres, es que escuchen, y se preparen. Lo veo pequeña, lo veo y me da tristeza ver, que toman a mal que les quieras hablar de Mí, de Mis enseñanzas, de Mi preparación.

SÓLO TRATASTE DE AYUDARLA

Veo que esa de mi hija, a la que llevaste la enseñanza del ayuno, ya ni siquiera quiere hablar contigo. Veo, que aun estando frente a ti, la palabra no te dirige, y eso te duele, porque sabes, que no quisiste hacerle un mal, sino que al contrario, trataste de ayudarla, como has tratado de ayudar a los demás.

NADA ESCAPA A MI MIRADA

Yo lo veo pequeña, nada escapa a Mi mirada, nada. Veo como lastima tu corazón, que esos de Mis hijos, cabezas de esa institución, no se dignen a darte el saludo. Pero ya lo harán pequeña. Ya viste, ese de Mi hijo vino a saludarte el alba de ayer. Vi que te dio gusto que lo hiciera, te sentiste bien. Te conformas con tan poco, que un saludo te hace sentir bien. Pero son más los momentos en que te sientes mal porque ves, que estos de tus hijos no te quieren escuchar, ni poner atención y sufres, sufres porque sabes, que mal alguno no quieres hacerles, sino que al contrario, quieres ayudarlos a que se preparen para lo que viene. Esa indiferencia si te duele porque sabes, que es por su bien, y no lo quieren entender, ni aceptar.

SUS OÍDOS ESTÁN CERRADOS A LA REALIDAD

-Padre: ¿Qué más puedo hacer? ¿Qué más puedo hacer para llevarles Tu enseñanza? Yo quiero que la obtengan, que obtengas Tu enseñanza, Tu preparación, Tus conocimientos, que disfruten de Tu sabiduría.

Déjalos pequeña, sus oídos están cerrados a la realidad, y su corazón negado, a sentir en tus palabras Mi verdad. No hay mucho que puedas hacer, tú sigue haciendo lo que tienes que hacer, y deja el tiempo correr.

LLEVARÁS MIS ENSEÑANZAS CUANDO TENGAS TU LUGAR

-Padre: Ya me has dicho que no queda mucho tiempo. Es por eso que quiero llevarles todo lo que Tú me has dicho lo más pronto posible.

Lo sé pequeña, lo sé, y lo harás, llevarás Mis enseñanzas cuando tengas tu lugar. En ese lugar tú serás la que diga y la que disponga lo que hay que decir. En ese lugar tú enseñarás lo que tengas que enseñar; y el que lo acepte, a ese prepararás, para lo que sabes que va a pasar. Ya te dije, que si uno acepta, ese recibirá lo que los otros rechazaron. A ese vas a entregar, vas a preparar, y vas a ponerlo al tanto de la realidad; la realidad de lo que viene, y que deben esperar bien preparados.

-Padre: ¿Cuándo va a ser eso? ¿Cuándo voy a tener mi lugar? El tiempo pasa y no veo cambio alguno en la situación en la que me encuentro. No veo cambio, y eso me pone triste. Pero al mismo tiempo sé, que yo estoy trabajando para el Dios Verdadero, ese Dios que no miente, que no engaña., ese Dios que no promete por prometer, ni dice por decir. A ese Dios yo le sirvo, y a ese Dios yo venero. Eso me hace tener paciencia y saber esperar. Pero, Padre, por favor; ya no te tardes, ya déjame ver la luz al final del túnel como se dice aquí en este haz Terrenal. Ya quiero ver manifestado algo de lo tanto que me has dicho. Padre, por favor, perdóname, pero es así como me siento.

ESPERA UN POCO MÁS PEQUEÑA

Lo sé pequeña, lo sé, y también sé, que lo que dices sale de tu corazón, y no te tus labios. Dices lo que tu corazón siente, y eso Me gusta porque veo, que has escuchado Mis palabras, y esperas en ellas. Esperas verlas hechas realidad, y todo es porque crees, crees en lo que te estoy diciendo, y prometido. Espera un poco más pequeña, sólo un poco más, y verás realizado tu sueño: El poder llevar Mis enseñanzas a Mis hijos, tus hermanos. Espera un poco más pequeña, ya no falta mucho para que veas, que lo que Te dije, verdad era. Un poco más pequeña, un poco más y verás realizado ese sueño tan largamente acariciado.

YO NO QUIERO PARIR UN HIJO FÍSICAMENTE, SINO ESPIRITUALMENTE

-Padre: Una vez más te digo, que Tus palabras me llenan de alegría y siento, que voy a poder hacer todo lo que me has pedido que haga. Pero luego, al mírame al espejo y ver la imagen que éste me regresa, siento que no puede ser posible. Porque veo la imagen de un cuerpo viejo y cansado y veo imposible el seguir esperando. Pero luego viene a mi mente Moisés, que a los 80 años sacó a Israel de Egipto; Sara, que con más de 90 años parió un hijo.

-Padre: Yo no quiero parir un hijo físicamente, sino espiritualmente. Sí, dar luz a ese hijo que es Tu enseñanza, Tu preparación, Tu conocimiento, y Tu sabiduría. A ese hijo yo quiero darle vida, y junto con él, sacar a Tus hijos del desierto de la ignorancia, de la mala preparación, de la falsa enseñanza, y llevarlos hacia Ti Padre mío, hacia Ti con todo mi amor y devoción a Ti. Eso es lo que deseo Padre mío, con todo mi corazón. Padre, llevarlos hacia Ti. Llegar y Decirte: Padre mío, aquí están Tus hijos, esos que yo saqué de la ignorancia y que preparé para ti. Recíbelos Padre mío, que vienen hacia Ti con su corazón lleno de amor a por Ti, porque yo los enseñé a Amarte, y a Conocerte en verdad. Eso es lo que yo quiero Padre mío, eso es lo que quiero.

NO TE IMPORTE LOS AÑOS QUE TENGAS

Pequeña: Lo sé, sé lo que está en tu corazón, en tu alma, y en todo tu ser. Yo lo sé pequeña y te lo voy a conceder*: Vas a tener tu lugar y ahí lo vas a hacer. Ahí vas a preparar al que quiera prepararse y a enseñar al que quiera aprender. Ahí vas a hacer lo que tanto has querido hacer: Prepararlos para Mí. Te lo voy a conceder pequeña Mía, te lo voy a conceder, ya lo verás.*

ESA ES LA ARMIDA QUE YO QUIERO

No te importe los años que tengas, ni la imagen que el espejo te regrese, tú estás joven porque dentro de ti *Yo veo, a esa Armida joven y alegre, esa Armida llena de fe, esperanza, y amor para Mí y para sus hermanos, esa Armida que siente, que puede conquistar el mundo, llevar Mi Palabra, Mi enseñanza, y Mi sabiduría a sus hermanos. Esa es la Armida que Yo contemplo, no la que el espejo te muestra, y a esa Armida es a la que voy hacer realidad su sueño, a esa y a nadie más. Esa es la Armida que Yo quiero, esa es la Armida que Yo contemplo junto a Mí, aquí en Mi Reino. Amén.*

Jueves 23 de julio del 2015 a las 4:38 de la mañana
DIOS PADRE DICE:

ESE LIBRO TIENE QUE ESTAR LISTO Y SALIR AL MUNDO

-Haz lo que tienes que hacer, y deja lo demás a Mí. Yo sé lo que tengo que hacer; tú sólo has lo que tú tienes que hacer:

Ese libro tiene que estar listo, y tiene que salir al mundo. El que lo crea, que lo crea, el que no, que no lo crea, esa será la decisión del que lo lea. Tú ponlo al mercado, y de lo demás me encargo Yo, Yo sé lo que estoy haciendo.

ÉSTA ES MI HIJA BIEN AMADA, MÍ PROFETA Y LA PORTADORA DE MI PALABRA

Tú no lo entiendes, pero lo entenderás, cuando veas los resultados de lo que vas a hacer, y de lo que estás haciendo. Crees que Me he olvidado de ti, pero no es así, Yo estoy al tanto de todo, nada escapa a Mí mirada. Yo todo lo sé, y todo lo miro. Yo sé lo que eres porque Yo te formé, Yo te hice, y Yo te entregué lo que tú eres. Yo dije: Ésta es Mi hija bien amada, *ella es Mí profeta, Mi mensajera, y la portadora de Mi palabra. Ella llevará Mi palabra, y Mi verdad por doquier que ella vaya. Así es que, como te puedes dar cuenta, Yo sé lo que tú eres, y lo que no eres. Yo sé lo que vales y lo que no vales, porque tú eres Mía, y lo serás por siempre, y para siempre.*

SACA ESE LIBRO, EL MUNDO TIENEN QUE SABER QUE YO SOY YO

Sigue adelante, haz lo que tienes que hacer. Saca ese libro y muéstralo, que el mundo tienen que saber, que Yo soy Yo, y que Yo sé lo que estoy haciendo. El mundo es el que no sabe lo que está haciendo. Piensa que lo sabe, pero no es así, piensa que al Negarme, nada voy a hacer. Pero el mundo se equivoca: Yo sí voy a decir y a hacer. Voy a demostrarle al mundo, lo que Yo soy, y lo que Yo puedo hacer, y lo que voy a hacer, con aquellos que dicen que Yo no existo, que Soy una fábula, un cuento, una fantasía que alguien escribió. ¡Yo la escribí! Pero ni fabula, ni cuento, ni fantasía es: ¡Es la realidad, y se los Voy a demostrar!

RECONOCERÁN QUE DIOS SÓLO HAY UNO Y ESE SOY YO

Muchos van a llorar, van a temblar al ver lo que Yo puedo hacer. Se darán cuenta que ni fábula, ni cuento, ni fantasía Yo era. Para algunos habrá tiempo de arrepentirse, pero no lo harán, pesará más su orgullo, su vanidad y no querrán dar su brazo a torcer. Esos van a perecer. Será una muerte lenta, como dando tiempo a pensar, a meditar en lo que fue, y ya no será, en lo que pudo ser, y ya no es.

¿Pensarán? ¿Meditarán? ¿Claudicarán? Tomará tiempo, pero lo harán, reconocerán, que Dios sólo hay UNO, y ese soy Yo. ¿Tendré piedad de ellos? El tiempo lo dirá, pero piedad no tendré para aquellos que Conociéndome, la espalda me dieron. Ellos, sólo la muerte eterna tendrán porque me negaron aun Conociéndome. Yo no los conoceré a ellos, los borraré, y nadie sabrá que existieron. Esa es la muerte que espera, al que Conociéndome la espalda Me da.

EL QUE ME AMA, ME VENERA, Y ME RESPETA...

Así como la Vida Eterna encontrará aquel que sin Conocerme Me ama y Me respeta. Sigue Mis leyes, y las obedece, sabe que Existo y Me acepta en su corazón. Me deja entrar en su corazón, y Yo me alojo en él. Desde ahí Yo lo dirijo, Yo lo observo y Yo lo guío. Obedece Mis órdenes, Mis mandamientos, lleva una vida sana, llena de amor para todos. Yo lo recompenso dándole una Vida Eterna.

No es fácil hacerlo, pasa por tribulaciones, problemas no le faltan. Pero él sigue firme en lo que cree, sabe que Yo existo, que estoy a su lado y que Yo lo ayudaré. Eso lo hace seguir adelante, firme en lo que sabe y cree, firme en lo que su corazón siente, firme en lo que sabe que por él Yo haré. Yo haré todo por él porque Me ama, Me venera y Me respeta. Respeta Mi autoridad, Mi poder, Mi palabra. Respeta Mis leyes y las obedece. Habla de Mí con todo el que quiera escucharlo, no le importa lo que digan, ni lo que piensen, él sigue su camino haciendo lo que tiene que hacer: Amarme y Respetarme. Ese, su recompensa tendrá, *y a Mí lado estará. Amen.*

Sábado 25 de julio del 2015 a las 8:26 de la mañana
CRISTO JESÚS DE NAZARET DICE:

TIENES MI BENDICIÓN, HAZLO

-Dices que esperas grandes cosas el alba de mañana, y que siempre esperas manifestaciones grandes y supernaturales de Mí. Te has preparado para ello y Me dices: Yo sé que Tú no me dijiste que lo hiciera, pero lo quiero hacer para estar preparada. Tienes Mi bendición, hazlo. Hazlo y comprueba una vez más, que Yo tu Señor y Dios está contigo, que no Te he dejado, ni Te dejaré. Sé lo que piensas y lo que deseas, así como sé lo que dentro de ti sucede. Sé lo que pasó, y cómo sucedió, sé los porqués y los cómos. Ya no te aflijas, ya deja de mortificarte, y mortificar tu alma. Ya no pienses en lo que sucedió, eso ya pasó. Piensa mejor en lo que está por venir, el porvenir que te espera. Sigue esperando, sigue haciendo lo que tienes que hacer y verás cumplido lo que se te ha prometido.

SÍ YO LO DIGO, ES VERDAD, SÍ YO PROMETO, HECHO ESTÁ

Yo no prometo por prometer. Yo no digo por decir, ni amo por amar. Sí Yo lo digo, es verdad, sí Yo prometo, hecho está – Y si Yo amo, es por la eternidad. La eternidad estarás Conmigo, la eternidad estaremos juntos. ¿No es ese motivo para seguir esperando? ¿Y haciendo lo que tienes que hacer? ¿Es que acaso Mi amor no es suficiente para impulsarte a seguir adelante? ¿Es eso pequeña Mía? ¿Es eso?

YO ESTOY AL TANTO DE LO QUE DENTRO DE TI SUCEDE

-No Padre mío, Tú sabe que no lo es, yo sé que Tú me amas, yo no dudo de eso. ¡Ayúdame a dejar el pasado en el pasado! ¡Ayúdame! A olvidar lo que tengo que olvidar, y a recordar lo que tengo que recordar: Tú amor por mí, y por todos los demás. Ese amor incondicional que tienes para todos nosotros; Tus hijos. Padre: ¡Ayúdame! ¡Tú tienes el Poder! ¡Tú puedes hacerlo! Padre: ¡Escucha mi grito de dolor! ¡Ayúdame! ¡No desoigas mis suplicas, ni mis plegarias! Tú sabes que salen desde lo más profundo de mi corazón.

YO PONGO ESPECIAL ATENCIÓN A LOS QUE ME NECESITAN

Yo lo sé Mi pequeña, lo sé; y también sé, que estás haciendo todo lo posible por curarte de ese mal. Pequeña, Yo estoy al tanto de lo que dentro de ti sucede. Yo lo sé todo, nada escapa a Mí mirada. Yo pongo especial atención a los que me necesitan, y desde el fondo de su corazón Me piden ayuda. Yo los escucho, porque sus plegarias son sinceras, y realmente desean Mi ayuda. Yo sé quién hace el pedimento desde su corazón, y con el deseo de mejorar su vida espiritual.

También sé de aquellos, que me piden para mejorar su vida material. Me piden cosas materiales, que nada tienen que ver con la espiritualidad, y mucho menos, para su evolución espiritual. Algunas son cosas, que si Yo se las concediera, los hundiría más en ese mundo en donde viven, y como Yo les amo, se las niego. Se las niego, porque Yo los amo, pero ellos no lo ven así y Me culpan. Sí tan sólo pudieran ver con los ojos espirituales, con su mente espiritual podrían entender el porqué, y reconocer el amor que Yo tengo por ellos.

YO ESTOY CON TODOS YO NO SOY UN DIOS INJUSTO

Algunos lo entienden, saben que si Yo no les concedí lo que me pidieron, es porque los amo. Los veo analizando los pros y los contras de lo que sucedió, y aceptando que Mi decisión, era mejor que la de ellos. Se arrepienten de haberme pedido eso, y me agradecen el no habérselos concedido. Yo los bendigo por ello, y los ayudo a salir adelante, sin lo que Me habían pedido.

YO SOY LA JUSTICIA Y LA JUSTICIA ES MÍA

Pequeña, Yo estoy con todos, a todos escucho, y a todos entrego lo que tengo que entregar, ni al uno más ni al otro menos, a todos por igual. Yo no soy un Dios injusto, lo sabes. Yo soy la justicia y la justicia es Mía. Yo sé lo que te pasa, sé lo que te pasó, y también sé lo que te va a pasar, sólo espera y lo verás. Ten paciencia, que todo sucederá como se te ha indicado. Yo cumplo lo que prometo, y lo que Yo prometo, es ley que se cumple. Yo cumplo Mis leyes, cúmplelas tú también, y todo será paz y tranquilidad para los dos. Nuestro amor es, y será para siempre, no lo olvides.

TÚ SIGUE ADELANTE HACIENDO LO QUE TIENES QUE HACER

Yo estoy al tanto de tu situación, y de todo lo que deseas hacer. Lo que deseas hacer... lo harás, de eso puedes estar segura, y todo lo que se te ha prometido... hecho y efectivo será, ya lo verás. Tú sigue adelante haciendo lo que tienes que hacer, tu trabajo no ha terminado... ha empezado. Sí, es verdad, que tendrás más paz y tranquilidad, pero tu trabajo seguirá hasta el fin de tus días. Recuerda, que lo que aquí haces, escrito está en las Alturas, y allá seguirás sirviéndome, honrando y glorificando Mi nombre. Adiós pequeña Mía, y deja de sufrir.

-Padre: No me has dicho que pasará el alba de mañana.

Nada pequeña, nada. Por más que tú desees qué Me haga presente en la forma que tú sabes, no puede ser, porque ellos no se abren a recibirme, no saben cómo hacerlo.

-Padre: ¿Entonces mi ayuno?

Tú hazlo, que para ti tendré sorpresas, pero no esperes que los demás lo entiendan. Recuerda lo que sucedió cuando Mi hija te entregó el mensaje, otras lo escucharon y nada pasó. Lo tomaron como nada, como algo que no tenía precedente. Tú esperabas que al ellas escucharlo, cambiaran su actitud hacía ti; pero no fue así.

TÚ SIGUE ESCRIBIENDO Y DICIENDO MI VERDAD

Ya te dije Mí niña, que ellos aprendieron a Conocerme a través de la Biblia, la palabra escrita, tú me Conociste a través de la palabra viva. Me escuchaste, creíste en Mí, y me conociste a través de Mí mismo. Mi palabra era, y es la guianza que tú tienes. Te duele ver, que la llevas a tus hermanos, y la ignoran, la niegan porque no la ven en la Biblia. Ellos creen, que sólo ahí está Mi palabra, y Mi enseñanza; pero tú sabes la verdad. Tú sabes, que todavía hay mucho por aprender, y mucho por decir, y por escribir. Tú sigue escribiendo y diciendo Mi verdad, que el día llegará, en que todos podrán verla; el que la acepte… bendiciones tendrá, el que no… sin Mis bendiciones se quedará. Amén.

-Padre mío, te elevo de mi agradecimiento por Tus palabras.

Adiós pequeña. Sigue haciendo lo que tienes que hacer. Amén.

Sábado 1ro de agosto del 2015 a las 6:31 dela mañana
CRISTO JESÚS DE NAZARET DICE:

NO ME INSULTEN IGNORÁNDOME

Ya días no escribes, ya sabes que tienes que hacerlo. Escribe, porque Yo quiero que se den cuenta que en todo estoy Yo. Yo sé lo que está pasando. Yo sé lo que pasó; y Yo sé lo que va a pasar. Yo tengo mucho que decir, y que explicar. Yo sé todo, todo lo sé. ¿Por qué dudan de eso, si Yo Todo soy? Yo soy el Ayer. Yo soy el Hoy, y Yo soy el Mañana. ¿Por qué entonces dudan, que Yo sé todo, que todo lo sé? ¿Por qué? Yo sólo quiero que sepan algo de lo que Yo sé. Yo sólo quiero que se enteren de lo que fue, de lo que es, y de lo que será, porque Yo lo sé. Yo sé lo que está pasando. Yo sé lo que pasó; y Yo sé lo que pasará.

YO SOY SUPREMO DIOS Y ETERNAMENTE LO SERÉ

No Me insulten ignorándome, no Me insulten diciendo que Yo no existo, ni he existido; de ser así, ustedes no existirían. Yo existo, Yo existí, y Yo seguiré existiendo hasta el fin, y el fin, es sin fin. No hay fin, ni lo habrá porque Yo soy sin fin. Yo soy la eternidad, la eternidad soy Yo.

Diles, diles a aquellos que lo niegan, diles, diles la verdad, diles que Yo Soy quien Soy, diles, que Yo sé quién Soy, y lo seré por la eternidad. Diles, que Yo existo, que He existido, y que Seguiré existiendo, y que ellos lo tienen que entender, tienen que saber muchas cosas, cosas que Yo quiero decirles, que Yo quiero explicarles para que entiendan, que Yo soy Supremo Dios, y eternamente lo seré. Yo quiero que estén conmigo, que disfruten de lo que Yo tengo, que vengan a Mi Reino, y que eternamente vivan en él.

YO NO LOS QUIERO FORZAR A SEGUIRME

Dejen de pensar, dejen de meditar en cosas que no son, y escuchen lo que Yo tengo que decirles. Yo quiero enseñarlos, prepararlos, porque lo que viene es fuerte, y se los puede llevar la corriente. Yo no quiero que perezcan, quiero que vivan. Yo no quiero que sufran, sino que gocen. Yo no quiero que lloren, sino que rían. Yo los quiero ver felices, amándome, y disfrutando de todo lo Mío. Yo los quiero junto a Mí, pero a voluntad de ustedes, Yo no los quiero forzar a seguirme. Yo no los quiero forzar a amarme, todo tiene que ser a voluntad, y por amor a Mí, y a Mis enseñanzas.

LA DECISIÓN ES DE USTEDES

Lo que Yo les enseño es bueno, porque Yo enseño la verdad. Yo soy la verdad, y la verdad les enseñará. ¡Yo soy el Dios verdadero! ¡El Dios vivo! ¡El Dios Omnipotente! Y con ese Dios vivirán, si ustedes así lo deciden. La decisión es de ustedes, Yo sólo estaré esperando su llegada. Yo sólo esperaré a que decidan a qué mundo pertenecer. Mi mundo les ofrece la Vida Eterna, llena de felicidad a Mi lado, y al lado de Todos los que los quieren. Todo estaremos felices de verlos junto a Nosotros.

El otro mundo les ofrece el sufrimiento eterno, y la muerte eterna para muchos. Yo ya les he explicado sobre la muerte eterna. Yo ya les he dicho, que de ese lugar nadie retorna, porque nadie ha existido – Ese lugar borra todo lo de ustedes. Simplemente no existirán, porque nunca existieron. ¿Todavía no lo entienden? ¿Acaso no han comprendido lo que eso significa? Significa la muerte eterna donde nadie existe, porque nunca existió. Eso espera a muchos que después de haberme Conocido la espalda Me dan. Eso espera a muchos que después de haberme Conocido dicen, que mentira era Yo, que no existía.

Negarme será su perdición, negarme cuando ya Me conocía, ése será su fin. Porque Yo perdono al ignorante, al que nada sabe, al que no Me conoce, ni Me ha conocido. A ése, Yo lo perdono. Mas ay de aquel que Conociéndome me niega, me ignora, y dice que Yo no existo, y que mentira Soy – A ése Yo no lo perdono, ya que él Me conoció, y después Me negó. – A ése, Yo no lo perdono.

TENDRÁN QUE LAVAR LA OFENSA DE HABERME NEGADO

-Padre: Y si se arrepiente y vuelve a Ti, ¿Lo recibirás, lo perdonaras?

Ese arrepentimiento tendrá que ser lavado con lágrimas de sangre, lágrimas de un profundo arrepentimiento, y un reconocimiento de cause y culpa. El proceso será doloroso porque no tendrá Mi ayuda – Yo sólo estaré observando. Si lo que observo es de Mi agrado, y llega a Mi corazón, es posible que le conceda Mi perdón. Mas ya te dije, que el proceso será doloroso, y lleno de lágrimas sin consuelo, ya que no sabrá si Yo lo estoy escuchando, o no; no sabrá si Yo estoy escuchando su clamor. Sí, los veré, los escucharé, pero NADA haré, hasta no estar convencido de su clamor, y arrepentimiento. Pasará mucho tiempo, tendrán que lavar la ofensa de haberme negado aún después de haberme Conocido, y de haber tenido Mis gracias y dones en sus manos. – Pasará mucho tiempo, te lo digo Yo. Es por eso, que la muerte eterna, eterna es. Así como la Vida Eterna, eterna es.

MIS LEYES NO CAMBIAN CON LOS TIEMPOS

Sé que te he estado hablado mucho sobre la muerte eterna. Lo sé. Mas es porque quiero que lo sepan Mis hijos, que se enteren, que Conmigo nadie juega. Yo no soy juguete de nadie, juguete que Hoy quieren, y Mañana rechazan, tiran, arrojan a la basura. *Mis leyes no son basura. Mis leyes, no se saben Hoy, y Mañana se ignoran. Mis leyes son para siempre, y por siempre. Mis leyes no cambian con los tiempos, ni cambiarán.* – *Yo las dejé para todos los tiempos. Así es que no traten de cambiarlas, de ignorarlas, porque no lo podrán hacer. Cambiarlas no podrán, ignorarlas mucho menos; están aquí y aquí se quedarán. Los que desaparecerán serán aquellos que las nieguen, y las ignoren. Diles lo que Yo te dije. Háblales de la muerte eterna.*

TÚ ME LO DICES, Y ASÍ LO DIGO YO

-Padre: Tú sabes lo que estos de Tus hijos piensan. Pero en fin, sé que no me va a ser fácil hacerlo, pero lo intentaré. Padre, Tú sabes, que cosas sencillas, como decir, que Tú me dijiste les asusta, o lo niegan. No quieren que diga que Tú me dijiste. Mas yo no puedo decir otra cosa: Tú me lo dices, y así lo digo yo. Si me creen… que bueno. Si no, el mal será para ellos. Yo ya sé lo que sé, porque Tú me lo has dicho. Pero ellos se quedarán sin saberlo, porque no quieren creer que Tú me dices lo que tengo que decir. Padre, si ellos creen que miento, o que estoy tratando de aparentar lo que no es, allá ellos, yo sé lo que soy, porque Tú me lo has dicho., yo sé lo que sé, porque Tú me lo has enseñado, y eso nadie me lo va a negar. Nadie va a hacerme pensar que es mentira; no, no lo harán, porque yo sé lo que sé, por Ti.

-Padre: Cuando leo lo que me dices, más y más acepto, qué eres Tú, y no yo la que escribe todo eso. Yo sé, que yo no tengo la capacidad para hacerlo., porque si Tú no me dices: Escribe, yo no puedo escribir, ni siquiera mi nombre. Lo sé y lo acepto: Tú eres quien me dice lo que escriba. Tú eres quien me enseña, y eso nadie me lo puede negar. Lo sé, y es todo lo que necesito saber. Amén.

Así es Mi niña. Pero has lo posible por entregar a Mis hijos sobre la muerte eterna. Es necesario que lo sepan. Tú sabes a quienes tienes que hablarles de eso.

-Padre: ¿A todos?

Sí Mi niña; pero tú te darás cuenta, quien lo necesita más; ya sabes a lo que Me refiero.

-Sí Padre., que tengo que ir, y hablarle a esa de tu hija. Así lo haré Padre, así lo haré. Adiós Padre mío. (Tenía que hablar con una hermana sobre la muerte eterna).

Hasta luego pequeña, hasta luego, porque todavía tenemos muchas cosas que hablar, que enseñar, y que decir.

Lunes 3 de agosto del 2015 a las 7:45 de la mañana
CRISTO JESÚS DE NAZARET DICE:

MI NIÑEZ NO SABE QUE YO EXISTO NI LO QUE YO HICE

Te dije que escribas, porque quiero que sepas algo que va a pasar, y te va a sorprender, pero no lo dudes, ni dejes que te digan que no es verdad, porque lo es y lo será. Tú sigue escribiendo todo lo que Yo te diga, tú sigue haciendo Mi voluntad. Deja al mundo que diga lo que diga, que ya se dará cuenta de la verdad. La verdad los tomará por sorpresa, atontados quedarán al contemplarla. No podrán creer lo que sus ojos ven, ni lo que sus oídos escuchan, pero será la verdad y nada más que la verdad.

YO HARÉ QUE VEAN LOS CIEGOS…

Difícil será que la nieguen, no lo podrán hacer, será tan convincente y clara, que no les quedará otra cosa, más que obedecer. Obedecerán hasta los incrédulos, hasta ellos dirán: ¿Pero cómo es posible todo esto? Pero será, y nadie podrá negarlo. Verán hasta los ciegos, oirán los sordos, y correrán los paralíticos, al ver los acontecimientos. Te digo, que nadie podrá negar lo que ve, ni lo que escucha. ¡Nadie! te lo digo Yo. Yo que voy a estar presente observando todo. Yo, que haré que vean los ciegos, escuchen los sordos, y hablen los mudos. Yo, que haré que el paralitico corra, y alcance al que pies tenía. Yo estaré ahí, ya lo verás.

SABRÁN QUE VERDAD ERA LO QUE DECÍAS

Ahorita se burlan de ti, dicen que mentira es que Yo hablo contigo. Pero esos se arrepentirán de haberlo hecho, y querrán saber más de ti y de Mí. Pero para algunos ya va a ser tarde, ya no podrán aprender lo que tanto querías enseñarles. No obstante, habrá aquellos que sin creerte en un todo, te creerán y esos confirmarán los hechos. Esos sabrán, que verdad era lo que decías.

SU OPORTUNIDAD TUVIERON DE APRENDER

Muchas cosas sucederán, muchas cosas pasarán, y nadie estará listo a recibirlas. No lo estarán, porque no quisieron prepararse cuando Yo se los pedía. Ahora corren asustados pidiendo Mi ayuda, ayuda que despreciaron cuando Yo se las ofrecía, ahora ya no puede ser. Su oportunidad tuvieron, de aprender a luchar en contra lo que ahora los ataca, y no saben qué hacer; de ellos, y de nadie más es la culpa.

TÚ SIGUE DEJANDO CONSTANCIA DE LO QUE YO DIGO, DIJE, Y SEGUIRÉ DICIENDO

Yo los quise ayudar, y no quisieron. Yo los quise salvar, y se ofendieron, decían ser mentira lo que Yo les entregaba a través de ti. Se quedaron con sus enseñanzas, las Mías rechazaron, se quedaron con sus conocimientos, los Míos ignoraron. De ellos es la culpa, y de nadie más, la culpa de que estén sufriendo los ataques de aquello de lo que Yo los quería salvar. No Me escucharon, no Me pusieron atención, ahora sufren su necedad, ahora entenderán, que Yo tenía razón. Pero tarde es, su oportunidad tuvieron, ahora ya nada puedo hacer por ellos. – Ellos así lo quisieron. Tú sigue escribiendo, sigue dejando constancia de lo que Yo digo, dije, y seguiré diciendo, porque Yo soy el mismo de Ayer, de Hoy, y de Siempre.

MIS HIJOS YA NO ME OBEDECEN, YA NO CREEN EN MÍ. DICEN QUE ES COSA DEL PASADO

-Padre: ¿Cuándo sucederá todo eso que Tú dices?

Pronto Mi niña, pronto. Las cosas están muy mal, muy mal. Mis hijos ya no Me obedecen, ya no creen en Mí, ya no se acuerdan lo que Yo por ellos hice, ni se quieren acordar. De Mi historia, no está quedando nada, Mi niñez no sabe que Yo existo, ni lo que Yo hice. Mi juventud ha tomado rumbos distintos a los que Yo les había trazado, ya nadie se acuerda de Mí dicen, que es cosa del Pasado. ¡Es cosa del Pasado, del Futuro, y del Presente! Porque ¡Yo soy el mismo Hoy, Ayer y por Siempre!

LA ETERNIDAD TENDRÁN PARA SABER, QUE ESTABAN EQUIVOCADOS

Mas ellos no lo quieren aceptar, no lo quieren admitir porque su conciencia se los impide, piensan que con Negarme todo estará bien para ellos. Su conciencia les dirá que todo está bien, pero Yo sabré que no es así. No estará bien aunque ellos digan que sí, porque Yo sigo aquí a pesar de que ellos cierren los ojos a la realidad. No estará bien, y se los voy a demostrar. Sabrán que no estaba bien, y que no lo iba a estar, porque Yo existo, y existiré por la eternidad. Yo no soy cosa del Pasado, Soy cosas del Presente, y del Futuro – Soy la eternidad. La eternidad tendrán para meditar, para saber eso, la eternidad tendrán para saber, que equivocados estaban al tratar de Borrarme de sus vidas, que equivocados estaban al decir, que Yo era cosa del pasado.

Mi niña, tú sigue escribiendo, tú sigue dejando en letras lo que Yo te digo, lo que pienso, y lo que haré, a aquellos que Me quisieron desaparecer. Amén.

Lunes 10 de agosto del 2015 a las 5:32 de la mañana
CRISTO JESÚS DE NAZARET DICE:

¡ACEPTEN MI AYUDA!

-Día tras día me seguía pidiendo lo mismo: que escribiera, que les hablara a esos de Sus hijos. Día a día escuchaba la súplica que Él les hacía a Sus hijos:

YO TODO LO VEO Y TODO LO ESCUCHO

Quiero que escribas, no dejes de hacerlo, tengo mucho que decir, y lo tienes que escribir para las generaciones por venir. Quiero que sepan, que se den cuenta, que al tanto Estoy de todo. Yo lo sé todo. Yo escucho sus palabras. Yo veo sus acciones, y comportamientos, y Yo no estoy conforme con lo que escucho, ni con lo que veo. Creen que no lo veo, que no lo escucho – Pero Yo todo lo veo y todo lo escucho.

PIENSAN QUE YO QUIERO SACARLOS DE SU COMODIDAD

Yo quiero ayudarlos a que vengan a vivir Conmigo eternamente, que tengan una vida plena, llena de gozo y contento, llena de felicidad. Pero ellos no lo ven así, piensan que Yo quiero sacarlos de su comodidad, y Me ignoran. Piensan, que de esa manera no voy a hacer nada por lo que ellos están haciendo. Pero se equivocan, el Ignorarme no los va a salvar de Mi juicio, por el contrario, eso hará, que haga lo que tengo que hacer con ellos. Les voy a demostrar que Yo existo, que He existido, y que Yo seguiré existiendo a pesar de que ellos Me quieran borrar. Yo soy quien soy, y nadie podrá Borrarme, ni Ignorarme. Los ignorados van a ser ellos, los borrados serán ellos, ya que Yo los borraré y para nadie existirán, porque ellos nunca existieron.

Así los borraré, así haré que desaparezcan. Así tendrán la muerte eterna que ellos han estado pidiendo con sus acciones, y sus comportamientos. Ellos saben que Yo existo, que he existido, y que seguiré existiendo. Pero para acallar su conciencia, prefieren negarme, pensando que así, no tienen culpa alguna, y que Yo no los llamaré a cuentas. Pero que equivocados están, así están gritando que Yo lo borre, que les entregue la muerte eterna – La muerte que no tiene regreso. De esa muerte nadie resucita. ¡Para ellos no habrá resurrección!

Habla con aquellos que quieran escucharte, diles, sobre la muerte eterna, y sus consecuencias. Yo sé que sufres porque no te quieren escuchar no quieren enterarse de lo que Yo les quiero decir. Pero habla con aquellos que quieran escucharte, y diles sobre eso: sobre la muerte eterna. He insistido en este tema porque es mucho muy importante que ellos lo sepan, ya que así podrán decírselo a los que ellos vean que están en ese peligro. Ellos serán los encargados de llevar esta enseñanza a los demás, y dejar que ellos decidan – Así no habrá la excusa de que no lo sabían. Tú sabes, que lo que Yo quiero, es ayudarlos a encontrar la Vida Eterna que Yo les ofrezco, quiero tenerlos a todos Conmigo.

POR FAVOR: ¡YA NO HAGAN ESPERAR A MI PADRE!

¡No quiero que se pierdan! ¡No quiero que perezcan! ¡No quiero que eternamente mueran! No, no lo quiero, *Yo lo que quiero, es ayudarlos, prepararlos, enseñarlos, hacerlos a Mi imagen y semejanza para que puedan ver Mi Padre. Mi Padre los espera, los ha estado esperando desde tiempo, y*

Él los sigue esperando. Por favor: ¡Ya no hagan esperar a Mi Padre! ¡Ya no lo hagan sufrir! Que ya mucho ha sufrido viendo que no quieren acudir a Sus brazos, que no quieren acompañarlo eternamente en Su Reino. ¡Ya no lo hagan esperar! ¡Ya regresen a Él! Él los espera lleno de amor, para compartirlo con todos ustedes. Él sólo les pide, que regresen a Él en Mi imagen y semejanza.

¡ACEPTEN MI AYUDA!

Es por eso que Yo los quiero ayudar, preparándolos para esa travesía. ¡Acepten Mi ayuda! ¡Yo sólo quiero prepararlos, enseñarlos a caminar como Yo! Como Yo caminé cuando en la Tierra Me encontraba. Eso es todo lo que Yo quiero: Prepararlos, enseñarlos, y revelarles los secretos del Reino de Mi Padre, de Mi Reino. Reino que Yo quiero que compartamos con Mi Padre, y con Todos los que en ese Reino los aman. Todos quieren que lleguen, los están esperando. ¡Déjenme prepararlos, ayudarlos! ¡Déjenme ser su Maestro, su Guía, su Tutor, y su Mentor! ¡Denme esa oportunidad! La oportunidad de ser todo eso para ustedes.

PEQUEÑOS MÍOS, HAGAN FELIZ A SU JESÚS DE NAZARET

Yo los amo. Yo quiero que vengan a Mi Padre en Mi imagen y semejanza. Yo quiero estar ante Mi Padre haciéndolos presente, diciéndole: Padre, He aquí a Tus hijos, Tus esposas, esposas que Yo he preparado para Ti, recíbelas, porque vienen a Ti como Tú se los pediste: En Mi imagen y semejanza.

Pequeños Míos: Hagan feliz a su Jesús de Nazaret. Denme la oportunidad de hacerlos presente a Mi Padre, de llevarlos hasta Él, como Él se los ha pedido. ¡No Me nieguen esa alegría! Yo quiero, que junto Conmigo gocen al estar al lado de Mi Padre, eso es todo lo que Yo quiero: Verlos felices, gozando del amor de Todos nosotros. Amén.

Miércoles 12 de agosto del 2015 a las 5:10 de la mañana
CRISTO JESÚS DE NAZARET DICE:

YO SOY ESE DIOS

QUE HACE POSIBLE LO QUE ES IMPOSIBLE

–Sé que estás triste porque no ves realizado tus sueños, pero todo sucederá como se te ha dicho. No desesperes amor Mío. Ya no sufras por lo que no entiendes, que todo entenderás cuando el tiempo sea de que entiendas. Ahora sólo trabaja y espera; espera lo que viene, que para ti será de gozo y felicidad.

Yo sé que hay muchas cosas que no entiendes, sé que piensas que te he puesto a luchar a las patadas con Sansón, como tú dices. Pero recuerda, que Yo soy el Dios de los imposibles, soy ese Dios, que hace posible lo que imposible parece. Por lo tanto, haré posible lo que para ti parece imposible, ya lo verás. Sé que te he prometido muchas cosas, cosas que para ti serán maravillosas, cosas que no podrás creer cuando lleguen a ti. Los demás quedarán maravillados al ver las cosas que puedes hacer, y las cosas que harás a todo aquel que llegue hacia ti.

TÚ SABES QUE LO QUE DIGO ES VERDAD

Ya el tiempo se acorta, ya está aquí, pronto llegará, y con el tu felicidad. Esa felicidad que por tiempo se ha escapado de ti, o tú la has dejado marchar, esa felicidad ya no se irá, seguirá contigo hasta la eternidad. Sé lo que digo, sé lo que hablo, sé lo que prometo. Tú sabes, que Yo no hablo por hablar, ni prometo por prometer. Lo que Digo es verdad, y lo que Prometo hecho es, hecho es y será todo lo que te he prometido. ¡Ya lo tienes! ¡Ya no dudes! Que todo será como se te ha dicho.

–Padre: Tú sabes que sigo esperando., sabes, que con las revelaciones que has tenido a bien entregarme, has hecho que tenga fe, que Tú sabes lo que estás haciendo, y que estás enterado de todo. Padre, la revelación que me entregaste en donde me haces ver, que estoy pasando por una prueba, porque ya estoy cerca de la puerta. Padre, claramente escuché que me dijiste, que ya abriera esa puerta. Padre, esa revelación me llenó de alegría, de fe, de confianza, e hizo mi día.

ESCRIBIRÁS TANTO, QUE SENTIRÁS QUE TU MANO YA NO PUEDE MÁS

Sí Mi niña, lo sé. Yo sé todo lo que por tu corazón pasa, sé de tus angustias y temores, pero también sé, de tus pequeñas alegrías. Sí Mi niña, pequeñas, comparadas a las alegrías que vas a sentir en un Futuro ya muy cercano. Tu alegría será tanta, que eso te ayudará a sentirte joven, y capás de realizar todo lo que se te ha ordenado. Escribirás, y escribirás tanto, que sentirás que tu mano ya no puede más. Pero la alegría de leer lo que escribes, te dará la fuerza para seguir escribiendo.

DEJARÁS CONSTANCIA DE MI JUICIO

Dejarás constancia de lo que Yo te digo, y pienso, constancia de Mi existencia, y constancia de Mi juicio. ¡Sí! de Mi juicio pequeña, porque podrás darte cuenta de eso. Podrás ver lo que Yo puedo hacer con aquellos que están negando Mi existencia, con aquellos que están enseñando a Mi niñez la mentira, el engaño y la falsedad. A esa niñez perdonaré porque no tendrá culpa de lo que aprendan. Pero ay de aquellos que los están mal enseñando, mal dirigiendo, a eso No perdonaré, porque ellos conocen Mi historia, y la quisieron negar. Negar que Me conocen cuando a ellos pruebas di de Mi existencia, es lo peor que pudieron haber hecho – A esos Yo no perdonaré. No, no los perdonaré, porque es la peor ofensa que a su Dios le pueden hacer. Recuerda, pequeña, que Yo no perdono la blasfemia en contra del Espíritu Santo, y eso es lo que ellos han hecho: Blasfemar en contra del Espíritu Santo, y eso se paga con la muerte eterna. Eso tendrán: La muerte eterna.

-Padre: Es duro escuchar lo que Dices, pero al mismo tiempo sé que es verdad. Tú tienes que demostrar Qué, y Quién eres, para que las generaciones por venir no tengan duda de ello.

Así es pequeña, así es. Veo que has entendido la lección que te he estado enseñando acerca de la muerte eterna. Veo que ya empezaste a entregarla a tus hermanos. Recuerda a quien tienes que ir a explicarle lo que Te he dicho, y has aprendido.

-Si Padre, así lo haré. ¿Padre, hay algo más que en esta bendita alba de gracia quieras darme?

No Mi niña, no; sólo que sigas haciendo lo que tienes que hacer. Dedica tu tiempo en el libro en español, y deja el otro a Mí. Yo me encargaré de que sea traducido a la luz, y a la verdad.

-Padre: Sé que debiera sentir alegría el escuchar Tus palabras, pero no es así.

No pequeña, no sientas tristeza, porque lo que se te ha prometido será en su tiempo, tú sólo espera, que todo será como se te ha dicho.

-Agradecida me encuentro, Padre, por Tus palabras; esperaré los acontecimientos, con la fe y la esperanza que Tú me pides.

Adiós pequeña Mía, hasta otra alba de gracia en que vendré, a entregarte más sobre lo que tienes que entregar. -Adiós Padre mío. Amén.

JUEVES, AGOSTO 13, 2015, 5:00AM

Señor, cuanto he amado Tu ley; todo el día ella es mi meditación. Eso es lo que quiero de ti Mi niña, que Mi ley, sea tu meditación de día, y de noche.

-Padre: Lo hago, pero necesito hacerlo más.

-Padre, ¿Quieres que escriba? (Ya no me dijo nada).

Viernes 14 de agosto del 2015 a las 6:18 de la mañana
CRISTO JESÚS DE NAZARET DICE:

NO SABEN QUE YO NUNCA ME HE IDO

-*Dices que Yo en todo estoy, y esa es la verdad. Cómo te has podido dar cuenta, hasta en lo más pequeño, e insignificante Me fijo. Vi lo que hiciste sin darte cuenta, y como no lo habías descubierto, lo hice Yo. Porque no quiero esa clase de errores. Recuerda, que todo tiene que quedar claro para las generaciones por venir. Deja todo lo más claro que puedas; Yo me encargaré de lo demás. Quiero que Mis hijos no se confundan, sino que encuentren en estas escrituras la luz en su entendimiento y la guianza que los llevará a la victoria. Yo no quiero, que ni el más leve error confunda sus mentes. ¿Me has entendido?*

-Sí Padre, Te he entendido. Te agradezco el hacerme ver ese error que inconscientemente había cometido. Sí, sé que no es algo tan grave, pero sí algo que puede confundir la mente de Tus hijos. Haciéndolos perder el tiempo tratando de figurar que fue lo que pasó. Te agradezco Padre mío, que Tú en todo estás – Siempre al tanto de todo.

Así es Mi niña, así es. El más pequeño error puede confundirlos, y esa no es Mi voluntad. Ahora escribe, que tengo algo más que decirte, para que escrito quede para Mis hijos. Quiero que dejes todo escrito, para que tengan en sus manos la verdad, y nada más que la verdad.

-Padre ¿De qué me vas a hablar ahora?

ESTÁN DEJANDO PASAR EL TIEMPO ESPERANDO

De muchas cosas, cosas que tienes que saber, cosas, que Mis hijos tienen que saber:

Están dejando el tiempo pasar esperando que Yo regrese, y los lleve Conmigo. ¡Necios más que necios! No saben que Yo nunca me he ido, que siempre he estado aquí con ellos, guiándolos, enseñándolos, preparándolos. Pero ellos no se han dado cuenta, o no han querido darse cuenta. Están tan inmiscuidos en su conocimiento, que no Me han dado la oportunidad de hacerles ver su error. Ellos creen saber, pero lo que saben, no es lo que Yo les quiero enseñar. Están dejando pasar el tiempo esperando que Yo regrese. – Pero no les va a gustar Mi llegada, ya que vendré como juez a juzgar, y a entregar a todos y cada uno de ellos lo merecido. ¿Qué entregaré? Eso sólo Yo lo sé. Yo lo sé, pero ellos se van a quedar esperando algo que no vendrá ni tendrán.

SABEN LA A, Y CREEN QUE SABEN HASTA LA Z

Dicen Amarme pero no obedecen Mis leyes. Dicen creer en Mí, y la espalda dan, a los que Yo les envío para su ayuda. ¿Qué clase de amor es ese? ¡Se aman a sí mismos, pero no a Mí! ¡Necios más que necios, no ven más allá de sus pestañas! ¡Pero orgullosos dicen que Me aman! ¡Yo quiero ayudarlos, y su corazón, y mente cierran a Mi ayuda! ¡Quiero prepararlos, y se niegan a aceptar Mi ayuda! ¡Quiero enseñarlos, y dicen que ya saben! ¿Saben? ¡No saben nada! Yo soy el que sabe. Yo los quiero enseñar, pero ellos dicen, que pueden a Mí enseñarme. ¡Necios más que necios! Saben la A, y creen que saben hasta la Z.

PERO QUE EQUIVOCADOS ESTÁN

¡Yo sé todo, y ellos no! ¡Yo temo por *ellos, pero ellos no me temen a Mí!* ¡Yo *los respeto, pero ellos no me respetan a Mí! Creen que lo hacen, pero no es así, todo es broma, risa para ellos, todo es gozo y contento para ellos; una fiesta sin final. Una eterna fiesta en la que creen estar venerando Mi nombre, Mi vida, y el sacrificio que Yo hice por ellos. Pero que equivocados están, sí tan sólo por un momento pudieran verse como Yo los veo, como Yo veo las cosas, es posible que cambiaran la forma de Adorarme y Glorificarme. Pero están tan ciegos, que es imposible que se den cuenta de su error.*

-Padre: Es duro lo que Dices. Yo sé que no están haciendo las cosas bien, como Tú me las enseñaste., pero a su manera, creen estar Alabándote y Glorificándote.

CREEN PEQUEÑA, CREEN

Creen pequeña, creen, y es tanta su creencia, que no hay forma de hacerles ver la realidad.

-Padre: Tú eres el Dios de los imposibles. Tú puedes hacer que ellos vean más allá de sus pestañas.

NO ME DAN LA OPORTUNIDAD DE ACLARAR SUS MENTES

Ya lo He hecho pequeña, pero en su necedad, no se dan cuenta de ello, y creen que lo que saben, es la verdad, cegándose así a Mi verdad. Lo he hecho pequeña, les he hecho ver las cosas de otra forma. Pero se resisten a aceptarlas, porque ellos conocen la verdad; dicen ser imaginaciones de ellos, o ataques del enemigo a sus mentes. Como ves, no Me dan la oportunidad de aclarar sus mentes, de enseñarles la verdad y nada más que la verdad.

SON MUY POCOS LOS QUE TIENEN OÍDOS Y ESCUCHAN

Hay quienes sí Me están escuchando, pero son muy pocos, muy pocos lo que tienen oídos, y escuchan; entendimiento, y entienden, muy pocos. A esos pocos quiero preparar; enseñar, adoctrinar. Para que a su vez, vayan y preparen, enseñen a otros sordos y ciegos, pero que están listos a oír, y ver la realidad; realidad que hasta ahora les han escondido. Son pocos, pero están listos a ver lo que no han visto, a oír lo que no han oído, y a aprender lo que no han aprendido. Han estado ciegos, porque así los han tenido – No son ciegos de nacimiento. Por lo tanto, recobrarán la vista, verán lo que no han visto, y escucharán lo que no han escuchado. Pero primero quiero preparar a los que ya están listos para recibir Mis enseñanzas, y Mi preparación. Para que luego ellos vayan y despierten a los que están listos para despertar, a esos vamos a entregar estas escrituras, éstas enseñanzas, ésta preparación.*

VENDRÁN MÁS LIBROS, Y ESE SERÁ TU MINISTERIO

-Padre: ¿Cuándo podré empezar a hacerlo?

Ya empezaste, termina ese libro, y el que lo lea… lo leerá, el que lo entienda… lo entenderá, y así empezarán a ver lo que no habían visto, y a oír lo que no habían oído. De ahí vendrán más libros, y ese será tu ministerio.

-Padre: Pero yo quiero estar frente a ellos, entregarles Tus enseñanzas.

Y lo harás pequeña, lo harás, sólo espera, y haz lo que tienes que hacer.

-Padre: ¿Qué más quieres decirme? (Silencio). Ya no me dijo nada, y dejé de escribir.

Sábado 15 de agosto del 2015 a las 4:58 de la mañana
CRISTO JESÚS DICE:

EL HOY SE TERMINA, Y EL MAÑANA VENDRÁ

Quiero que escribas lo que te voy a decir:

NADIE PIENSA EN EL MAÑANA; SÓLO EN EL HOY

El tiempo está pasando, y nadie está preparado, nadie piensa en el Mañana sólo en el Hoy. Pero el Hoy se termina y el Mañana vendrá, vendrá, y los tomará desprevenidos porque en el Mañana ellos no pensaron. – No pensaron, no se prepararon, ahora verán que equivocados estaban, al no pensar que el Mañana llegaría. Para ellos todo era el Hoy, en el Hoy hacían todo, menos prepararse; no tenían tiempo, su Hoy era corto, no les alcanzaba para prepararse, sólo para deleitarse.

SABÍAN QUE EL MAÑANA LLEGARÍA

Sí, se deleitaban en su Hoy, en su hoy jugaban, trabajaban, se regocijaban, pero no se preparaban. Para todo tenían tiempo, menos para prepararse. Ellos sabían que el Mañana llegaría, pero no hacían nada para prepararse; ellos ya estaban preparados, ya estaban salvados. Así ellos lo creían. Ahora en el Mañana que en su Hoy no esperaron, sufren, sufren las consecuencias de no haber pensado, que el Mañana llegaría, y no los encontraría preparados. Ahora lloran, ahora sufren, ahora desean haber estado preparados. No saben cómo afrontar ese Mañana que les tomó desprevenidos, y sin estar preparados. Ya no gozan, ya no ríen, ya no dicen que ellos ya estaban salvados, y que nada más tenían que hacer, más que esperar a que Yo llegara, y los llevara Conmigo. Yo traté de ayudarlos. Yo traté de decirles que necesitaban prepararse, pero no Me escucharon, no atendieron Mi súplica.

MI PADRE LES ENVIÓ LA AYUDA, LES HIZO UNA PROPUESTA

Mi Padre les envió la ayuda, les hizo una propuesta, pero no les interesó, ni siquiera la tomaron en cuenta – ¡Ellos ya estaban salvados! ¡Ya no necesitaban nada! Ya ellos estaban seguros que a Mi lado iban estar, que sólo tenían que esperar a que Yo llegara, y Me los llevara. ¡Esperando! Sí, esperando se quedarán, porque Yo llegué, pero a ellos no me los llevé;

ME LLEVÉ A LOS QUE ESTUDIARON, QUE TRABAJARON

Llegué y me llevé a aquello que sin esperar, Conmigo se fueron. Los que estaban salvados, sólo viendo se quedaron, vieron cómo Me llevé a los que escucharon, a los que sí se prepararon, a los que en su Hoy pensaron, en el Mañana que llegaría. Sabían que ese Mañana se acercaba, que estaba cerca y se prepararon para esperarlo. Ellos estudiaron, trabajaron, ellos recibieron los conocimientos necesarios para enfrentarse a ese Mañana que llegó, y a muchos tomó sin estar preparados. Pero ellos sí lo estaban, y pudieron luchar en contra de ese Mañana que llegó arrasando con todo, y con todos, nadie escapó a su furia, a todos atacó. Aquel que si se preparó lo pudo vencer, pudo luchar con ese Mañana, porque en su Hoy se preparó.

Lunes 17 de agosto del 2015 a las 8:15 de la mañana
CRISTO JESÚS DE NAZARET DICE:

¡SE CREEN DIOS! ¡ESTÁN FABRICANDO NIÑOS!

-Señor: ¡Cuánto he amado Tu nombre! Todo el día, él es mi meditación. Señor: ¡Ten piedad de mí! ¡Escucha mi clamor! ¡Mira mi angustia! Señor: ¡Ten piedad y misericordia de mí!

-Bonito ¿verdad?

-Sí Señor, mi Cristo, muy bonito.

-Pues quiero que lo estudies, lo repitas hasta que esté impregnado en tu mente.

-Así lo haré mi Dios, mi Cristo, mi Jesús de Nazaret.

-Padre: ¿Es todo lo que hoy me vas a decir?

-No, hay más, pero eso es para ti, para que lo aprendas, y lo lleves dentro de ti y sea un grito de auxilio cada vez que te sientas sola y abandonada.

-Ahora escribe: Ese grito, quiero escuchar de todos, y cada uno de Mis hijos. Quiero oírlos, quiero escucharlos. Quiero saber, que ellos saben que Me pueden aclamar, llamar, que pueden contar Conmigo y sobre todo, que Yo los voy a escuchar, y tendré piedad de ellos. Pero Yo no escucho ese grito, ese clamor. No, no lo escucho, y Yo quiero escucharlo, quiero saber que saben que Yo existo, que Me pueden llamar, aclamar, pedir, que Yo estoy ahí para ayudarlos, para asistirlos en su pena, y en su dolor. Pero no los escucho, no Me hablan, no Me aclaman, no Me piden.

¡ESTÁN JUGANDO A SER DIOS!

-*Creen que son autosuficientes, que ellos pueden hacer todo, que no Me necesitan. ¡Qué equivocados están! No saben que sin Mí, no pueden hacer nada, nada. Qué pena siento al verlos, al ver que creen que ellos lo pueden hacer todo. ¡Están jugando a ser dios! ¡Pero Dios sólo hay UNO, y ese, Soy Yo! ¡Déjalos! Deja que sigan jugando y pensando, que pueden ser Yo. Están haciendo todo lo que Yo dije no hacer, y NADA de lo que dije hacer. ¿Por qué? Porque creen que lo pueden hacer.*

-Padre mío: ¿A qué te estás refiriendo?

¡ESTÁN FABRICANDO NIÑOS!

A los científicos, a los doctores, que con su ciencia están tratando de ser Yo, están tratando de ir más allá de todo lo que Yo Soy y represento. ¡Están fabricando niños! Dándoles el color de pelo, ojos al gusto del cliente. Por un lado fabrican niños, y por otro, los están matando, aniquilando, haciendo que esas pequeñas almas dejen de existir, antes de existir en la vida que Yo les di. Se creen dios, y hacen y deshacen a su antojo, y voluntad. ¡Pero no son dios! ¡Yo Soy el ÚNICO Dios verdadero! Y me están ignorando, e ignorando Mis leyes y testimonios.

LO ÚNICO QUE ESTÁN LOGRANDO ES MI IRA

¡Necios, más que necios! No saben, *que lo único que están logrando es Mi ira, y Mi repudio hacia todo aquel, que está pisoteando Mi nombre, y Mis leyes. ¡Necios, más que necios! Cómo van a pagar su osadía, su falta de respeto, y su ignorancia. Porque lo que son; son unos ignorantes, y esa ignorancia la van a pagar muy cara. Porque cuando Yo doy, doy a manos llenas, y eso van a recibir – Mis manos llenas de Mi justicia, de Mi juicio, de Mi ira, de Mi enojo. Cuando eso suceda, se van a dar cuenta que no eran dios, que nunca lo fueron, ni lo serán. Sabrán que Dio sólo hay UNO; ¡y ese Soy Yo! Va a ser una lección dolorosa, pero la aprenderán, su dolor los hará meditar, recordar, y reconocer su tonta vanidad, su necio orgullo. Podrán ver la verdad, y nada más que la verdad.*

¡YA BASTA!

-Padre: Otras veces siento pena por eso de mis hermanos, pero en esta ocasión, no es así; se lo merecen, Padre mío, se lo merecen. Tú les diste la inteligencia para que ayudaran a sus hermanos, a la humanidad, pero no en la forma en que lo están haciendo. Padre, ahora las parejas, o no parejas, van a los laboratorios a ordenar a sus hijos, haciéndote a Ti a un lado. Ya creen más en los doctores, y científicos que en Ti. Es por eso, que no siento pena por lo que les tienes reservado. Porque como Tú dices: ¡Ya basta de tanto desacato a Tus leyes, a Tus preceptos! ¡Ya basta!

Así es pequeña: ¡Ya basta! Tendrán lo que con su osadía se han ganado.

-Así sea Padre, así sea.

Y así será pequeña, así será, ya lo verás. Están jugando a ser dios, pero el Dios verdadero reclamará Su lugar, el lugar que le corresponde por ser quien es: El verdadero Dios Omnipotente, Omnisapiente, Omnipresente. Amén.

Miércoles 119 de agosto del 2015 a las 5:01 de la mañana
CRISTO JESÚS DE NAZARET DICE:

FALTA MUCHO POR DECIR, MUCHO POR ESCRIBIR

-Quiero que escribas, no dejes de hacerlo; en ti está la esperanza de que el pueblo llegue a conocer Mi verdad. Tú la escribirás y la dejarás a las generaciones por venir. Tienen que enterarse, que Yo estaba aquí queriendo ayudar a todos Mis hijos, pero que ellos no aceptaron Mi ayuda. Tienen que darse cuenta, que por amor Yo quise ayudarlos, y por amor ellos Me despreciaron.

AMAN AL DIOS DE AYER, AL DIOS DE LAS ESCRITURAS

Sí, por amor; por ese amor que erróneamente ellos sienten por Mí. Sí, aman al Dios de Ayer; al Dios de las Escrituras, pero al Dios verdadero, ellos ignoran. No Me conocen, ni Me quieren conocer, no saben mucho de Mí, ni quieren saber. Yo les quiero hablar, pero no Me escuchan. Yo les quiero enseñar, pero dicen que ya saben. Yo quiero enseñarles la verdad, pero dicen que ya la saben.

Yo quiero hablarles de Mi Reino, ese Reino al que ellos creen que van a ir; y no me entienden, dicen que todo escrito está, que ya no hay nada por escribir. ¡Necios, más que necios! Lo que está escrito no es nada comparado con lo que hay por escribir. Yo quiero que ellos escriban lo que sigue, pero no me hacen caso, siguen diciendo, que ya todo está escrito, que ya nada hay por escribir. Pobres necios, sin saber se van a quedar, sin saber, ni enterarse de la verdad.

ES LO QUE ELLOS PIENSAN

La verdad Yo la tengo y se las quiero enseñar; la verdad es Mía, y se las quiero dar. Pero ellos ya tienen su verdad, y a Mí verdad la espalda le dan. Mi verdad abre ojos, oídos, y entendimientos, pero ellos se quieren quedar ciegos, sordos, y necios, ignorantes de Mi verdad. Su verdad los tiene ciegos, sordos e ignorantes; su verdad les dice, que todo escrito y dicho está, que nada más hay que puedan aprender. Ellos se lo creen, lo han creído, y no han avanzado, siguen igual: Sumidos en una verdad, que no mucho los ayudará. Yo quiero ayudarlos, pero ellos no se quieren ayudar; no necesitan la ayuda, ellos ya están salvados. Es lo que ellos piensan, lo que ellos dicen, pero la realidad es otra, y se las quiero mostrar, pero no me quieren escuchar.

QUE LAS GENERACIONES POR VENIR SEPAN...

Deja todo escrito. Yo quiero que las generaciones por venir sepan, que Yo estaba aquí ofreciendo Mi ayuda para que se pudieran salvar. Quiero que las generaciones por venir se enteren, aprendan, y conozcan la verdad, tomen el ejemplo y se pongan a trabajar. Para que ellos también dejen escrita la verdad a las generaciones por venir. Ellos tendrán la ventaja de saber y conocer la verdad, porque se las dejarás escrita, así mismo, ellos la dejarán a los demás.

MI VERDAD ABRIRÁ MUCHOS OJOS

¿Entiendes ahora porque quiero que escribas, que no dejes de hacerlo? Es muy importante que la verdad quede escrita; que no se pierda, y que no se olvide. Tienen que conocerla, tienen que aprenderla, y sobre todo, tienen que practicarla, llevarla dentro de ellos hasta convertirse en ella. Todo aquel que lleve, entienda, y practique Mi verdad, llegado el momento se convertirá en ella. Ya nadie podrá decirles, o tratar de enseñarles otra verdad. Ellos sabrán

que ya tienen Mi verdad, que se han convertido en ella: En Mi verdad. Mi verdad abrirá muchos ojos, muchos oídos, y muchos entendimientos. Mi verdad brillará en medio de la oscuridad de tantas mentiras. La mentira no tendrá otro camino, que el de esconderse de la luz de Mi verdad.

NO DEJES DE ESCRIBIR

Falta mucho por decir, mucho por escribir, por lo tanto, no dejes de escribir, y más te daré. Más, mucho más. *Pero camina, no quieras correr, que al paso llegarás más pronto. Yo te daré lo que necesitas. Yo te daré todo lo necesario, toda la enseñanza, y preparación, para que cumpliendo la misión encomendada vayas. Espera, ten paciencia, que todo llegará a tiempo, y en su tiempo. No, no Me he olvidado de las cosas que se te han prometido – No, no lo he hecho. Yo sé lo que te he dicho y lo que se te ha prometido. Yo lo sé todo, todo Yo lo sé y nada, nada olvido, ni olvidaré. Lo que se te ha dicho, hecho y efectivo será – Palabra de tu Dios y Señor, tu Jesús de Nazaret.*

YO SÉ QUE ME QUIERES, QUE CREES EN MÍ

Yo estoy contigo, no te he abandonado. He escuchado todas tus súplicas y hasta tus reproches. Sé que reprochas lo que no entiendes, te frustras porque quieres entender, quieres saber el porqué de muchas cosas. Lo sabrás, pero sé esperar, sé tener paciencia, que eso hará a tu Señor y Dios ver, que confías en El. Yo sé que me quieres, que crees en Mí, pero tu impaciencia de pronto te hace dudar, y meditar en lo que no debes meditar, ni pensar.

PACIENCIA ES LA CLAVE

Ten paciencia, esa es la clave. Con paciencia vas a lograr más que con tu impaciencia. Tu impaciencia lo único que va a lograr, es tu frustración. Te frustrarás a tal grado, que olvidarás, olvidarás la misión que tienes que llevar a cabo. No te impacientes, ten paciencia, que la paciencia es la virtud de lo santos. Recuerda, que Roma no se construyó en un día. Todo pasará como se te ha dicho, ten paciencia para esperar los acontecimientos. Mientras, tú sigue escribiendo lo que se te vaya diciendo. Tendrás la ayuda que pides, enviaré a tu lado a la persona que te va a ayudar con esa traducción. Así es pequeña, Yo sé lo que estás haciendo, tú sigue escribiendo, de lo demás me encargo Yo. Amén.

Lunes 24 de agosto del 2015 a las 7:55 de la mañana
CRISTO JESÚS DE NAZARET DICE:

TÚ YA SABES LO QUE VIENE

-Bendito Seas Señor, por el sueño tan hermoso que me diste acerca de mi hija-sobrina Maura. Bendito Seas. Sé que todos mis hijos están en Tus manos y que Tú estás trabajando para hacerlos retornar a Ti. También, Señor, seguiré escribiendo como me lo has indicado. Tú sabe lo que va a pasar, Tú y nadie más. Si esto es lo que tengo que hacer, lo haré, y que se haga Tú voluntad. Amén.

LAS GENERACIONES POR VENIR TENDRÁN EN SUS MANOS LA VERDAD

Sí, amén pequeña, amén. Así Quiero que piense, y que hagas lo que Yo te digo. Como ya Te dije, tú sigue escribiendo todo lo que Yo te diga, Que todavía hay muchas cosas por escribir, mucho por decir a las generaciones por venir. Yo quiero que ellos se enteren y aprendan, las cosas que estos de Mis hijos no quieren saber ni conocer. Las generaciones por venir tendrán en sus manos la verdad, y como no sabrán otra cosa, algunos la van a aceptar tal y como Yo se las digo; otros, todavía seguirán pensando en lo que los abuelos les dijeron.

TÚ YA SABES LO QUE VIENE

Pero tú escribe, escribe hasta que ya no puedas más, que todo esto quedará para la posteridad; ellos se enterarán de cosas que sus abuelos no quisieron aprender. Escribe, escribe lo que espera a esta generación de incrédulos, generación de ignorantes sabios, que dicen saber más, sin embargo, no saben nada. Saben un poco, y dicen saberlo todo. Son necios a los que Yo trato de ayudar; pero se niegan a Mi ayuda.

Pequeña: Tú ya sabes lo que viene, también sabes, que no es nada bueno para aquellos a los que agarre sin preparar; esos no podrán luchar, no sabrán cómo defenderse de eso que viene.

-Padre: ¿Tú no puedes evitar que eso llegue a esta Tierra, a este mundo?

No, no porque así tiene que ser, la maldad tendrá su oportunidad de atacar. Es por eso que Yo los quiero ayudar, preparar, para que así puedan defenderse.

-Padre mío: ¿Y si seguimos insistiendo? ¿Si seguimos tratando hacer que escuchen?

Lo seguiremos haciendo pequeña, porqué Yo sé, que algunos escucharan, pondrán atención, y a esos quiero preparar.

¿HABRÁ TIEMPO PARA QUE SE PREPAREN?

-Padre: Sabiendo lo poco que sé acerca de qué viene, te pregunto, Padre mío, ¿Hay tiempo para que ellos escuchen, y se preparen? (Aquí me distrajo un ruido. Perdón Padre, me distraje con el ruido, son ratones). Padre, ¿Habrá tiempo para que escuchen, y se preparen?

Si pequeña, si lo habrá, no es mucho, pero si el suficiente para aquel que se quiera preparar, lo haga. Ahora escribe, que te quiero decir algo más:

Cuando eso llegue, será durante la luna de sangre; esa será la señal para saber que ya viene eso, y la señal para tomar las armas, y prepararse a esperar eso.

-Padre: Tan horrible es, que no podemos ni siquiera escribir el nombre de eso.

Así es pequeña, si escribimos ese nombre, Mis hijos tendrán una razón más para no creer ni escuchar. Dirán: Eso es una película, y nada más, eso no puede suceder porque no existe.

Pequeña, lo negarán, y no se darán la oportunidad de prepararse para enfrentar eso.

LOS QUE EN VERDAD SE ENTREGUEN A MÍ, Y A MIS ENSEÑANZAS, LO ACEPTARÁN

-Sí, es verdad Padre, para aceptarlo se necesita un gran amor hacía Ti, y aceptación de Tu palabra a la luz y a la verdad. Saber que si Tú lo dices, verdad es, y efectivo será lo que viene; sólo así no dudarán, no cuestionarán los hechos, sólo los aceptarán. Pero como dije, se necesita una entrega total a Ti, y a Tus enseñanzas. Padre, cuando a mí se me habló de eso, yo lo creí. Sí, es verdad que me pareció algo de película, pero lo escuché, y lo acepté.

ESO VIENE DISPUESTO TERMINAR CON LA CREACIÓN DE MI PADRE

Pequeña: Aquellos que en verdad se entreguen a Mí, y a Mis enseñanzas, también lo aceptarán, no lo dudarán, y se entregarán a la preparación necesaria para enfrentar eso. Bueno, sigue escribiendo:

Eso viene dispuesto a terminar con la Creación de Mi Padre, quiere hacer su propia creación, un mundo donde sólo eso reine, exista. Como tú ya sabes lo que eso es, también sabes, que eso no puede ser, ni será, Mi Padre no lo permitirá. ¡Ésta es Su Creación y nadie se la va destruir! ¡Nadie va a crear otra, porque ésta ya existe! ¡Él la formó! ¡Él la hizo desde el fondo de Su corazón! Yo no podré evitar que parte de esa creación claudique, porque será su decisión. Yo estoy aquí para ayudar, pero si no quieren Mi ayuda, no hay nada que Yo pueda hacer, sólo verlos perecer.

NADA SE PODRÁ HACER POR EL NECIO, SORDO Y CIEGO

-Padre: Duele escucharte., duele saber que por su necedad y ceguera, muchos perecerán. Pero como Tú dices: *Nada se puede hacer, si ellos no quieren escuchar.*

Así es pequeña, nada se podrá hacer por el necio, sordo y ciego, que teniendo ojos, no querrá ver; oídos, y no querrá escuchar. Pero en su momento, en el momento que eso llegue lo podrá ver. Podrá escuchar los gritos de dolor de aquellos, que así como él, se negaron a escuchar. Triste es pequeña, porque en ese momento nada se podrá hacer; nada, sólo verlos perecer.

-Padre: Cuándo me vas a entregar la preparación que necesito tener, para poderla entregar a Tus hijos. Ya que entiendo, que necesito prepararme para poder preparar a los demás.

Así es pequeña, pronto tendrás esa preparación que necesitas.

-Padre: ¿Cuándo? Siempre me dices que pronto, pero ese pronto no llega.

Llegará pequeña, llegará, no te desesperes. Si ya has entendido que Yo sé lo que estoy haciendo, entonces, acepta que ya pronto llegará lo que necesitas. Todo tendrás, porque, ¿Qué general envía a sus soldados al frente de la batalla, si no les ha entregado la preparación necesaria? Ese general no sería un digno militar, y Yo soy un General, que sabe, que Mis soldados necesitan la preparación necesaria para enfrentar al enemigo. Yo les daré esa preparación, esas armas para que puedan luchar y poder defenderse. No temas, que todo llegará a Su tiempo. Su tiempo es el mejor de los tiempos.

-Padre: ¿Qué más me tienes que decir sobre eso?

Pequeña, luego terminamos porque hay mucho que saber de eso, y mucha preparación para enfrentar eso. Amén.

LUNES 31 de AGOSTO del 2015 a las 5:05 de la mañana
CRISTO JESÚS DE NAZARET DICE:

DE TI DEPENDE

QUE YO NO PASE A LA HISTORIA COMO FÁBULA, O CUENTO

-Quiero que escribas, que ese, es tú trabajo, y lo tienes que hacer. De ti depende mucha gente, de ti depende que Mi verdad se sepa, de ti depende, que Yo no pase a la historia como fábula, o cuento. De ti depende, que los que no me Conocen... me Conozcan, y los que ya Me Conocen... aprendan a Amarme en verdad. Ya que ahora dicen Amarme, pero no es verdad. Ellos creen que Me aman, pero la realidad es, que no saben cómo Amarme. Por un lado dicen Amarme, pero por el otro, desprecian a Mis hijos, sus hermanos.

YO LOS AMO A TODOS POR IGUAL

Ellos escogen a quien amar, Yo no. Yo los amo a todos por igual. Ellos se fijan en el color de la piel, Yo me fijo en su corazón, en su alma. Ellos prefieren su modo de Amarme, Yo prefiero el Mío. El Mío no ve barreras, ni colores, ni razas. El Mío ama por siempre, y para siempre. El de ellos, hace distinción de pueblos, razas, pone barreras a su amor, y no ama por siempre, ni para siempre.

YO SOY AMOR, ELLOS SON PASIÓN

Yo soy amor y así lo demuestro, y lo demostré; ellos son pasión, y así lo demuestran. Ya que con pasión dicen Amarme, pero es efímeramente. La pasión es efímera, el amor es eterno, y ellos no pueden ver la diferencia. Tienen que aprender, de ti depende que lo hagan. Tienen que aprender a reconocer la verdad de la impostura, y el amor de la pasión; tienen que darse cuenta, que el amor construye y la pasión destruye.

DICEN AMARME, LO REPITEN, PERO ES TODO

Dicen Amarme, pero no se aman ni así mismos, ya que destruyen su cuerpo, dándole cosas que Yo he dicho no darle. Su cuerpo es Mi templo, pero ellos no lo entienden. Lo dicen, lo repiten, pero es todo; no entienden la magnitud de lo que están diciendo. No lo entienden, porque sólo saben repetir, pero no sentir, no sienten lo que dicen. Lo que dicen, o leen, son palabras, sólo palabras; y como ya Te he dicho: Las palabras se las lleva el viento y en el viento se pierden.

SUS PALABRAS LAS ESCUCHO HUECAS

Yo no quiero palabras, Yo quiero hechos, y los hechos que en ellos observo, no son de Mi agrado. Me piden, Me oran, Me hablan, pero sus palabras las escucho huecas, sin base alguna. Sí, ponen pasión en ellas, pero no amor. Muchos las dicen, para que los demás los escuchen, para que los demás digan: ¡Que bonitas palabras! ¡Les están hablando a los demás, no a Mí! ¡Quieren que los demás escuchen, y digan, este hermano si ama al Señor! Pero no es lo que Yo veo. Lo que Yo veo, es arrogancia, y deseo de ser alabados por los demás. ¡La alabanza debe ser hacia Mí! ¡A Mí me deben alabar y glorificar! ¡Yo soy el que les va a dar la salvación, no los demás! ¡Yo soy quien los va a poner frente a Mi Padre! Yo soy quien le va a decir al Padre:

Padre, he aquí a Tus hijos, Mis hijos, Mis hermanos, quienes Me alabaron y glorificaron, quienes me aceptaron como su Maestro, y Mis enseñanzas recibieron. He aquí Padre, que frente a Ti se encuentran en Mi imagen y semejanza, cómo Tú se los pediste.

Padre: Llegaron a Mí en sumisión y en obediencia, acataron Mis leyes y Mis ordenanzas, se prepararon y sobrevivieron a las asechanzas del enemigo, que no quería verlos frente a Ti. Pero ellos lo vencieron, porque Me escucharon, y escucharon a Mis Maestros, siguieron Mis ordenanzas, y la de Ellos.

Padre: Recíbelos con el amor que ellos pusieron en su preparación, con el amor que ellos pusieron en todas y cada una de las lecciones. Recíbelos Padre, ellos aprendieron a amar en verdad; su amor es puro y real, saben amar como se debe amar: Con el corazón, y en un todo.

Padre: Recíbelos, son merecedores de Ti y de Tú Reino, Nuestro Reino; se lo han ganado. Se lo han ganado con su esfuerzo, su entrega, su sumisión y su obediencia, se lo han ganado con el amor sincero y limpio que tienen para Mí y para Ti: El amor verdadero, el amor eterno. Ese amor los trajo a Mí, y con ese amor llegan a Ti.

Recíbelos, Padre Mío, recíbelos, merecen estar ante Tu presencia, son dignos hijos Míos, y dignos hijos Tuyos.

Padre: Están listos para pasar la eternidad con Todos Nosotros, están listos para ser parte de este Reino: Tu Reino, Mi Reino, y ahora, su Reino.

Así quiere llegar tu Jesús ante el Padre Todopoderoso, así quiero hacerlos presente a Él, así quiero que Él los reciba. Ese es Mi deseo, pero ¿Cuál es el de ellos?

ESE DIOS QUE QUIERE VERLOS FRENTE A MI PADRE

Ellos creen que ya todo está hecho, que ya todo está escrito, que ya nada tienen que hacer, sino esperar Mi llegada. Mi llegada, no saben que Yo estoy aquí, que Yo estoy viendo todo, que Yo sé lo que hacen, dicen y piensan, que Yo estoy al tanto de sus quejas, de sus necesidades. Que Yo no me alejo de ellos, ni Me he alejado, siempre he estado a su lado, pero ellos no lo han notado.

Le hablan al Señor que está escrito, al Señor que hizo milagros, al Señor que dio Su vida, para que ellos encontraran la salvación. Le hablan al Dios muerto sin darse cuenta, que Yo estoy vivo, y junto a ellos. Junto a ellos he estado, junto a ellos estaré, sólo espero, que ellos cuenta se den y ya dejen de alabar y glorificar al Dios muerto, y alaben y glorifiquen al Dios VIVO. Ese Dios que vive dentro de ellos, ese Dios que sabe de sus cuitas y pesares, ese Dios que sabe, y quiere enseñarles lo que Él sabe, ese Dios que quiere verlos frente a Mi Padre. A ese Dios quiero que alaben: Al Dios VIVO.

-Padre mío: Cómo siempre, todo lo que Tú me dices es hermoso y lo entiendo. Padre, ¿Qué se puede hacer? Yo quiero que ellos te escuchen.

Lo sé Mi niña, lo sé, sé de tus deseos y anhelos. Sólo te digo: Espera, que el que tenga ojos va a ver; el que tenga oídos va a escuchar; y el que tenga entendimiento, va a entender. Aquel que lo haga, frente a Mi Padre estará, porque Yo lo llevaré. No te aflijas, que todo a Su tiempo. Su tiempo es lo que importa, Su tiempo es el mejor de todos los tiempos; no hay otro tiempo cómo Su tiempo, y aunque tome tiempo, Su tiempo llegará a tiempo. El tiempo de ellos es efímero, corto. El tiempo de Él, es infinito. Él es el infinito, no lo olvides.

-Padre mío: Hágase Tu voluntad, sólo Tú voluntad.

Y así será pequeña; así será. Es todo por ahora pequeña.

-Padre mío, te elevo de mi agradecimiento por Tus palabras.

Martes 1ro de septiembre del 2015 a las 3:45 de la mañana
CRISTO JESÚS DE NAZARET DICE:

NO TODO ESTÁ DICHO NI TODO ESTÁ ESCRITO

-Ya descansaste, ahora escribe. Escribe, Scribe, escribe hasta más no poder, porque hay mucho por decir, y mucho por escribir. Quiero que Mis hijos se den cuenta de muchas cosas, cosas que a ellos les van a servir; les van a ayudar. Yo quiero que se den cuenta, que no todo está dicho, ni todo está escrito, que hay mucho, mucho más por decir, por escribir, y por aprender. No quiero que

los acontecimientos los tomen desprevenidos sin saber qué hacer. Yo los quiero preparar, para que se puedan salvar del desastre que viene.

COSA BUENAS, OTRAS NO TANTO

Vienen cosas increíbles, cosas inimaginables, cosas, que a todos sorprenderán; algunas son buenas, otras, no tanto. Las buenas, llenarán su corazón de dicha y felicidad, las malas, de odio, rencor y miedo. Miedo de perecer, miedo por no saber qué hacer. Odio a sí mismos, por no haber querido aprender. Rencor, por no haber querido escuchar, y no perdonan a aquellos que sí lo hicieron, que sí se prepararon, que sí escucharon. Los odian sin darse cuenta, que el odio es hacia sí mismos porque saben, que ellos también tuvieron la oportunidad de aprender.

LOS DESASTRES VENDRÁN UNO TRAS OTRO

Habrá mucho dolor; mucha angustia y desesperación; los desastres vendrán uno tras otro sin darles tregua alguna. La gente correrá desesperada. Pero no habrá a dónde correr; no habrá lugar seguro, el desastre estará por doquier, no habrá dónde refugiarse, todo será caos y desastre. Tornados, tormentas, terremotos, y tsunamis, que arrasarán con todo a su paso, nada quedará, limpiarán la Tierra, la purificarán; quedará limpia para volver a empezar.

NO PUSIERON ATENCIÓN A LO QUE YO LES DECÍA

Ahora si Me piden, ahora si Me aclaman, Me llaman. Me piden ayuda, pero cuando Yo les pedí que me escucharan, no lo hicieron, no pusieron atención a lo que Yo les decía, a lo que Yo les pedía; decían saberlo todo. ¡Nada sabían! Pero no quisieron aprender. – Para qué, si ellos ya sabían.

MI PADRE SE CANSÓ DE SER OFENDIDO, HUMILLADO, Y OLVIDADO

Sabían lo que escrito estaba, lo que otros les habían dicho, pero de lo que Yo les quería decir, no sabían nada, a pesar de creer que lo sabían. Las cosas que vienen, son el resultado de su rebeldía, de su falta de atención, y de sus majaderías. Sí, fueron muy majaderos Conmigo, con Mi Padre, y con toda la Jerarquía. Mi Padre se cansó de ver todo eso, de ser Ofendido, Humillado, y Olvidado. Sí, Olvidado. Porque se creyeron dioses y su reino formaron, dejando el Reino de Mi Padre por un lado. Decían, que Él no existía, que Yo nunca existí, y Mi Padre dijo: Eso Yo no se los voy a permitir. Yo no voy a permitir que lo que Yo creé, me diga que Yo no existo.

VAN A CONOCERME, A SABER DE MÍ, Y SE VAN A ARREPENTIR

Ellos existen, porque Yo los formé, Yo los hice, y ahora dicen que Yo no existo, no lo voy a permitir, les voy a ser ver, que Yo existo, que Yo existí, y que Yo seguiré existiendo. Que Yo estoy aquí, y que aquí Me quedaré. Van a Conocerme, van a saber de Mí, y se van a arrepentir de haber dicho, que Yo no era verdad, que mito era, y nada más. Ahora se darán cuenta, que mito fueron ellos, que la realidad soy Yo, que Yo le he sido, y que Yo lo seguiré siendo. Sufrirán, sufrirán no Haberme escuchado, no haber puesto atención a lo que Yo les decía. Sufrirán por no haber aceptado Mi propuesta, por haberla ignorado, ya que al hacerlo, me ignoraron a Mí, y Yo sólo quería ayudarlos a que llegaran a Mí, en imagen de Mi hijo. Pero no quisieron, dijeron no necesitar nada, que ya todo estaba hecho, dicho y escrito, que ya nada tenían que hacer, que nada necesitaban. Ahora se dan cuenta, que necesitaban todo, y que sabían… nada. Nada sabían y nada aprendieron.

PAGARÁN EL NO HABER QUERIDO APRENDER

Ahora sufren por su necedad y ceguera. Pero ay de aquellos que les hicieron creer, que ya todo sabían – Ellos pagarán su osadía, la osadía de pensar, que ellos sabían la verdad, y que la verdad ellos compartían. No quisieron saber nada más, para más enseñar, para más prepararse, y para más preparar a los demás. Ellos estaban al frente de un pueblo, pueblo que ciegamente los seguía, ellos eran responsables de ese pueblo. Ese pueblo que Hoy paga la mala guianza que le dieron. Junto con el pueblo perecerán, junto con el pueblo pagarán, el no haber querido aprender, el no haber querido prepararse para preparar a los demás, a ese pueblo que los siguió, a ese pueblo que en ellos creía.

LO SIGUIERON… PERECIERON

Pastor y ovejas perecen la mala guianza que recibieron. Pastor y ovejas perecen, pero su oportunidad tuvieron de aprender. El Pastor dijo: 'Yo sé, la oveja dijo, 'te seguiré. Lo siguieron… perecieron. Perecieron por seguirlo a pesar de saber, que no estaban siendo bien guiados, bien preparados. Ellos lo sabían, lo intuían, pero lo ignoraban, porque el Pastor sabía lo que hacía. ¡No! ¡No! ¡No lo sabía! Y la oportunidad se le dio de saber, de aprender, y de superarse para así poder preparar a los demás: A esas ovejas que ciegas lo seguían. No aprovechó la oportunidad, ahora, junto con sus ovejas, sufre su desacato, su ignorancia, y su ego.

YO LO QUISE ENSEÑAR

Creía saberlo todo, ahora se da cuenta, que no sabía nada, que nada sabía a pesar de decir saber. Yo lo quise enseñar, preparar, educar; pero no se dejó, dijo saber todo, y nada aprendió. Los acontecimientos le dirán quien tenía la razón. ¡Yo la tenía! ¡Yo la tengo! ¡Y Yo la tendré, porque la verdad soy Yo! Yo soy la verdad, y la verdad le quise enseñar. La verdad voy a enseñar a todo aquel que la quiera aprender, que quiera saber que el infinito soy Yo, y que Yo tengo un infinito que enseñarles, un infinito que mostrarles. Esos, esos serán los que infinitamente Me acompañen, que junto Conmigo, gocen de Mi Reino, y de ese infinito de sabiduría.

Los demás, esos que no se quisieron preparar; sólo verán a los otros gozar, disfrutar de su nueva vida. Esa vida que ellos pudieron tener, y que despreciaron por decir, que ellos sabían más que Yo. Tarde lo comprenderán, tarde se arrepentirán, tarde sabrán, que mentira era lo que ellos sabían, y que ellos la verdad, no quisieron aprender, ni escuchar. Tarde, muy tarde será, ya nada podrán hacer, sólo perecer y ver a los otros gozar, llenos de dicha, y de placer. Amén.

Viernes 5 de septiembre del 2015 a las 3:05 de la mañana
CRISTO JESÚS DE NAZARET DICE:

MI MADRE SUFRE AL SER IGNORADA

-Por la mañana, después de leer algunos Salmos y orar; esto es lo que a las 4:08am se me entregó:

Si haces el esfuerzo lo puedes hacer; hazlo y verás que es posible, hazlo, pero de corazón, despiértate y hazlo, simplemente di: Aquí estoy Dios Todopoderoso, aquí estoy lista y preparada a escuchar Tu palabra, la palabra de mi Maestro Cristo Jesús de Nazaret, y la de Todos Sus Maestros. Aquí estoy, Denme la enseñanza del día, la lección, la preparación, y la profecía que haya que saber, y escribir, para que los demás se enteren de lo que va a suceder, está sucediendo, y ha sucedido. Sólo tienes que abrir tus labios y pedir que llegue a ti lo que haya que llegar.

Ahora escribe, que hay mucho por decir y mucho por escribir:

PIENSAN QUE NADA LES VA A PASAR

Ven las cosas que están sucediendo a su alrededor y siguen pensando, que todo va a pasar, que todo va a terminar; y que a ellos nada les va a suceder: Ya están salvados. Eso creen ellos. Pero no saben, ni quieren saber, que nadie está a salvo, que se tienen que preparar para que se puedan salvar. Yo los quiero ayudar, Yo los quiero preparar, Yo les quiero decir que hacer en el momento en que tengan que luchar, para su salvación. Yo quiero ayudarlos, pero ellos no quieren Mi ayuda. Dicen, sólo están esperando Mi llegada para irse Conmigo, que Yo me los voy a llevar, y todo terminará para ellos aquí en este plano Terrenal, que empezarán una vida eterna, que por siempre gozarán a Mi lado. Eso creen ellos, eso les han dicho, eso les han enseñado. Pero la realidad es otra, pero ellos no la quieren saber, no quieren conocer la verdad de la verdad.

MI VERDAD FUE CAMBIADA, ALTERADA

La verdad que ellos conocen, está distorsionada por aquellos, que la verdad de la verdad no quisieron aceptar, cambiaron Mi verdad a su verdad. Quitaron de Mi verdad lo que no tenían que quitar; y pusieron a Mi verdad lo que no tenían que poner, haciendo su verdad, como si fuera Mi verdad. Pero Mi verdad ya no era, la habían cambiado, la habían alterado, la habían hecho su verdad. Su verdad, porque eso era lo que ellos creían — No creyeron en Mi verdad, y la cambiaron a su verdad.

LA MENTE HUMANA ESCONDIÓ MI VERDAD

Eso es lo que Yo quiero explicarles, que Mi verdad fue cambiada, alterada, modificada, para que se ajustara a su verdad, a lo que ellos creía verdad.

La mente humana intervino en Mi verdad, la mente humana modificó Mi verdad, la mente humana escondió Mi verdad. Mi verdad ha estado escondida, arrumbada, acallada, olvidada por aquellos que no creyeron Mi verdad.

ESTABA ESCRITA CON MI PUÑO Y CON MI LETRA

¡Ahí estaba! Estaba escrita con Mi puño, y con Mi letra, pero no les importó, dijeron que eso no podía ser, que verdad no era y la arrojaron a un rincón, al rincón del olvido. Pero de ahí tiene que salir. Mi verdad tiene que salir a la luz, para que alumbre tanta oscuridad que hay en la verdad, que la mente humana presentó cómo verdad.

¡No es Mi verdad! ¡Ellos la cambiaron! ¡La modificaron! Porque no la entendieron ni la aceptaron. Mi verdad tendrá que salir a la luz y entonces la mente humana sabrá, que verdad no era lo que les habían dicho, que verdad no era lo que le habían enseñado. Mi verdad tendrá ante sus ojos y podrá ver, que verdad es, que ha sido, y que por siempre será, porque es ¡Mi verdad!

TARDE SERÁ CUANDO COMPRENDAN, QUE MI VERDAD… ERA VERDAD

Mi verdad abrirá los ojos a muchos, a otros, hará cerrarlos por no querer aceptar que su verdad, no era verdad. Seguirán aferrado a su verdad, cegándose a ver, y a aceptar Mi verdad. Tarde será cuando comprenda que Mi verdad… era verdad, que era la verdad de la verdad. Tarde será para muchos ver la realidad, ya que nada podrán hacer, dejaron pasar el tiempo de aprender, de estudiar, de preparar. Ya nada podrán hacer, todo estará sobre ellos, y no sabrán cómo luchar, cómo defenderse de la realidad, que frente a ellos tienen. Llorarán, gritarán, se arrepentirán de no haber creído, de no haber aprendido a defenderse para poderse salvar. Ya nada podrán hacer, sólo llorar y lamentar.

AHORA ES EL TIEMPO DE ACEPTAR MI VERDAD

Ahora es el tiempo de aprender. Ahora es el tiempo de estudiar, de aprender, y de aceptar Mi verdad. Eso les ayudará cuando se tengan que enfrentar a la realidad que viene. Lo que viene, ya Te lo he dicho, no es fácil, no es fácil para aquellos que no se han preparado, que no han estudiado, que no han aceptado

Mi verdad. Será duro, desastroso para aquellos que siguen aferrándose a su verdad. Su verdad los llevará a la muerte, y Yo los quiero salvar, entregándoles Mi verdad. De ellos depende salvarse, o perecer junto con su verdad. Mi verdad les abrirá los ojo, y les enseñará a ver lo que no han visto, a sentir lo que no han sentido, y a hacer lo que no habían hecho.

YO NO HE CAMBIADO NI CAMBIARÉ

Yo quiero enseñarles, mostrarles, que Yo soy el Dios de Ayer, de Hoy y de Mañana, que no He cambiado, ni cambiaré, porque Soy la eternidad, Soy el infinito, no tengo fin. Yo soy el principio, y Soy el fin, y el fin que Yo deseo para ellos, es que por siempre estén a Mi lado, al lado de Mi Padre, al lado de Todos los que aquí los queremos. Todos queremos verlos aquí gozando de Nuestro Reino, gozando de todo lo que Mi Padre ha creado. Él les mostrará toda Su creación, los llevará de la mano a conocer todo lo que Él ha formado, les contará como lo hizo, y porque lo hizo. Él los llevará a lugares que ni siquiera se imaginaban que existían, lugares maravillosos, llenos de luz y alegría, lugares, de los cuales, no querrán salir por tanta felicidad que en ellos se encuentra.

Eso es lo que Yo quiero para ellos, que gocen la eternidad junto a Todos Nosotros, que aprendan lo que es el amor verdadero, el verdadero amor. Que lo sientan, que lo experimenten, que lo gocen, que lo disfruten. Que se den cuenta, que ellos nunca habían conocido, ni experimentado el verdadero amor. Es ese amor, el que Yo quiero que aprendan a sentir, que conozcan, que disfruten de ese amor que nunca habían disfrutado.

YO SÓLO QUIERO QUE CONOZCAN EL VERDADERO AMOR

¿Por qué se niegan a Mi ayuda? Yo sólo quiero que conozcan el verdadero amor. Yo sólo quiero que aprendan a Amarme en verdad, que sepan lo que es el verdadero amor, *para que puedan decir que Me aman. Ahorita lo dicen, pero no es verdad, porque no han aprendido a amar, no han conocido el verdadero amor. ¿Por qué se niegan a Mi ayuda? Yo sólo quiero salvarlos, Yo sólo quiero que aprendan a amar en verdad. Yo sólo quiero, que gocen la eternidad al lado de Mi Padre, y de Todos los que aquí los amamos.*

MI MADRE ES EL PERSONAJE PRINCIPAL DE ESTA HISTORIA

Mi Madre quiere verlos gozar, así como Ella goza al lado de Mi Padre. Ella sufre al ver que no quieren acepta Nuestra ayuda, Nuestros consejos, Nuestra guianza. Ella ve que están equivocados, y quiere ayudarlos, pero no se dejan ayudar. A Ella la ignoran, no la toman en cuenta, no se dan cuenta, que sin Ella Yo no existiría. Ella es el personaje principal de esta Historia – sin Ella la Historia no existiría. Yo existo por Ella, y por Mi Padre. Mi Padre, que supo escoger y preparar a la que sería Mi Madre. Él la eligió, la preparó y le engendró la semilla del amor: Me engendró a Mí. Engendró el amor, la verdad, Engendró el perdón para la humanidad. Sin Ella Yo no existiría, ni la salvación para la humanidad.

LA IGNORAN, LA DIFAMAN

Ella es el eje de esta Historia, y la ignoran, la difaman. Ignoran Su amor, Su dedicación, la dedicación que tuvo para Su ÚNICO hijo, para el ÚNICO SER que Ella engendró, que Ella trajo a este haz Terrenal, para ayuda de todo aquel que en Mí creyera. Yo soy el verbo hecho carne, Yo soy lo que Ella dio vida para salvación de la humanidad, sin Ella, Yo no existiría, sin Ella, Yo no sería lo que soy. Yo soy lo que Ella, y Mi Padre formaron, Yo soy lo que Ellos hicieron por amor a la humanidad.

MI PADRE SUPO LO QUE HIZO AL ELEGIRLA

Con tiempo Él la eligió, con tiempo Él la preparó, la educó, la formó a Su manera y gusto. Él supo a Quien preparó; a Quien eligió, para que fuera la Madre de Su ÚNICO HIJO. Mi Padre no se equivoca, no comete errores, Él planea las cosas con tiempo. Con tiempo las prepara, y con tiempo las pone en marcha. Cuando eso sucede, Él ya sabe lo que va a ser; cómo lo va a hacer, y que va a ser. Él supo lo que hizo al elegirla a Ella, como Su Esposa, y como la Madre de Su ÚNICO HIJO. Ella es la parte más importante de esta Historia, y la Ignoran, la Insultan, y la Difaman. ¡Mi Madre no tuvo más hijos! ¡Mi Madre sólo me tuvo a Mí! ¡Yo soy el ÚNICO hijo de Mi Madre! ¡Yo, y nadie más que Yo!

MI MADRE ES AMOR PORQUE ENGENDRÓ AMOR

-Padre: Te duele ver que ignoran a Tu Madre, mi Madre, nuestra Madre.

Si pequeña, Me duele. Sufro al ver como Ella sufre al ser ignorada, difamada. Como quisiera que ellos vieran lo que Yo veo, que ellos sintieran lo que Yo siento, como quisiera, que ellos se dieran cuenta del daño que Me causan, y causan a Mi Madre.

ÁMENLA, QUE AL AMARLA, ME ESTÁS AMANDO A MÍ.

Mi Madre es amor, porque engendró amor, Mi Madre es vida, porque Ella vida dio al Ser que Ella engendró. Ella es todo para Mí, y así quisiera que fuera para todos Mis hijos, Mis hermanos. Son Mis hermanos, porque Mi Madre es su Madre, son Mis hermanos, porque Mi padre es su Padre. Amen, respeten a Mi Madre, que al hacerlo, Me están respetando a Mí, y a Mi Padre. Ámenla, se lo merece. Por Ella Yo estoy aquí con ustedes. Ámenla, que Ella los ama a ustedes tanto cómo a Mí. Ella es amor, amor verdadero. Ella sabe amar con el corazón. Ámenla, que al amarla, me estás amando a Mí. Amén.

-Si Padre, así lo haremos. Adiós Padre mío.

Adiós hija Mía, adiós.

Sábado 5 de septiembre del 2015 a las 3:03 de la mañana
CRISTO JESÚS DICE:

LA MENTE, ES EL ARMA MÁS PODEROSA

-*Poco a poco lo vas ir haciendo, ya verás, sólo déjate guiar, deja que sea Yo quien te diga que hacer y cómo hacerlo. Yo soy tu Guía, tu Pastor. Yo sé por dónde debes caminar y cómo hacerlo, para que tu pie no tropiece en la piedra. Sólo déjate guiar, Yo sé qué camino tomar, para que no te pierdas.*

-Padre: Estoy cansada.

No, no lo estás; no dejes que te haga creer que cansada te encuentras. Eso es lo que el enemigo quiere, que te sientas cansada, para que no hagas lo que tienes que hacer. No estás cansada, Yo te ayudaré, y juntos saldremos al frente de lo que se debe hacer. Ya te dije, que si Yo te creé; que si Yo te formé, y te hice, Yo sé lo que puedes hacer, y lo que no puedes hacer; y esto lo puedes hacer, sólo es querer, querer salir del lugar en donde te encuentras. Tú no perteneces a ese lugar, tú perteneces a Mi lado, y aquí tienes que estar. Yo andaré el camino contigo, y te llevaré a Mi lado, sólo déjate guiar.

CÓMO ESCAPAR, CÓMO SALIR DE ESE LUGAR

Ahora escribe lo que tienes que escribir, que queda mucho por decir, y el tiempo se acorta para muchos. Muchos no podrán salir de donde están; ahí se quedarán. Tienes que seguir escribiendo para que se den cuenta, que la oportunidad tienen de salir si ponen atención, y aprenden la lección. La lección de hoy será: Cómo escapar, cómo salir de ese lugar.

DEL LUGAR DE DONDE TODOS DEBIERAN SALIR

-Padre: ¿Qué lugar? ¿De qué lugar estás hablando? Dime Padre, porque no te estoy entendiendo. Padre: ¿De qué lugar estás hablando?

Del lugar del que todos debieran salir: La ignorancia, y la mala preparación, la mala guianza y la falta de atención.

-Padre: Esos no son lugares; son hechos, situaciones.

LA MENTE ES EL ARMA MÁS PODEROSA

Son lugares que en tu mente se han quedado, son lugares a los que todos han llegado.

-Padre: Sigo sin entender.

Sigue escribiendo, y lo entenderás:

La mente es el arma más poderosa que se le puede dar a toda criatura, pero muchos no la han sabido utilizar en su beneficio, ni en beneficio de la humanidad. Muchos dicen: Estoy cansado, y en su mente lo están. Otros dicen: No puedo hacerlo, y no lo hacen, porque ya le dijeron a la mente, que no lo podían hacer. No se dan cuenta, que están usando la mente para lo negativo. Porque en vez de decir: Puedo, y quiero hacerlo, dicen que no pueden, y no lo hacen.

SÓLO DICEN: ESO NO ES VERDAD Y LO SACAN DE SU MENTE

Así pasa con Mis enseñanzas, dicen no entenderlas, y no las entienden, dicen no aceptarlas, y no las aceptan; ya en su mente está el no entenderlas, y el no aceptarlas. No hacen ni siquiera el intento por entender, por comprender lo que Yo les estoy diciendo, sólo dicen: Eso no es verdad, y lo sacan de su mente, ni siquiera dejan que entre en ella.

LA MENTE TE DICE QUE HACER Y QUÉ NO HACER

-Padre: Ahora sí que estoy bien perdida, no Te entiendo nada. Por más que sigo escribiendo, no estoy entendiendo nada. ¿Es que ya puse en mi mente no entender? Me hablas de un lugar, pero no sé a qué lugar te refieres. Dices, que ese lugar es la mala guianza, la mala preparación, la falta de atención, y la ignorancia. ¿Es que acaso yo soy todo eso? ¿Yo me encuentro en esos lugares? Sé que ignoro muchas, muchas cosas. ¿Eso me hace ignorante? ¿Tener mala preparación? ¿Mala guianza? ¿Falta de atención? Sí, es verdad, que la más de las veces no pongo atención, pero estoy tratando de seguir Tu guianza, y de tener Tu preparación. ¿Eso hace que lleve la mala guianza, y no tener preparación? Padre, verdaderamente, no Te entiendo, por favor, aclárame todo esto, porque no lo entiendo.

LA MENTE SE CONVIERTE EN TU ENEMIGA, O EN TU AMIGA

Tú sigue escribiendo y lo entenderás:

La mente, es un arma muy poderosa, tanto para lo positivo, cómo para lo negativo. La mente te dice que hacer y qué no hacer, que puedes hacer y que no puedes hacer. La mente se convierte en tu enemiga, o en tu amiga; depende el rumbo que tú le des. Si te dejas guiar por la mente positiva, tendrás éxito en todo lo que emprendas. Si te dejas guiar por la mente negativa, fracasarás en todo, y eso te llevará al lugar en el que no quieres estar. Ese lugar no te pertenece, no debes estar ahí, déjate guiar por tu mente positiva, y saldrás de ese lugar. Me pediste la ayuda, la ayuda Te estoy ofreciendo; toma Mi mano y déjate guiar para que salgas de ese lugar.

CUÁNTOS DE MIS HIJOS SE ENCUENTRAN CÓMODOS EN ESE LUGAR, Y NO QUIEREN SALIR

-Padre: A pesar de que sigo sin entender, toma mi mano, y guíame, yo no quiero estar en ese lugar al cual no pertenezco. Sí Tú, que todo lo ves, contemplas que estoy en donde no debo de estar, sácame de ahí, te lo pido con todo mi corazón.

Ya lo estoy haciendo, ya te estoy sacando de ese lugar, al cual no perteneces. Pero no sueltes de Mi mano, para que puedas salir sin caer ni tropezar.

-Padre, tómame fuertemente, y no me dejes caer, no me dejes en ese lugar; si yo no pertenezco a ese lugar, sácame de ahí Padre mío, sácame de ahí.

YO QUIERO QUE USEN SU MENTE POSITIVA

Lo haré porque Yo veo, que quieres salir. Pero cuántos de Mis hijos se encuentran cómodos en ese lugar, y no quieren salir. Dicen, que ahí tienen todo, pero no es verdad, es lo que su mente negativa les está diciendo, para que no salgan de ese lugar. Yo los quiero sacar de ahí, y la espalda Me dan. Yo quiero guiarlos para que salgan de ahí, pero no aceptan Mi ayuda, dicen ser autosuficientes, que ellos saben cómo salir de ahí. Muchos niegan encontrarse en ese lugar, y rechazan toda guianza, toda preparación para salir de ese lugar. ¿Cómo van a salir de donde están si en su mente dicen no estar en ese lugar? No podrán salir, no saben que están ahí.

YO SOY LA MENTE POSITIVA

Yo quiero que usen su mente positiva. Yo quiero que entiendan, y acepten el lugar en que se encuentran, si lo niegan, nunca podrán salir de ahí. Yo quiero que entrenen a su mente positiva, que esa mente les diga en donde están, y cómo salir de ahí. Yo soy la mente positiva, Yo soy quien te dice en qué lugar te encuentras, y cómo puedes salir de ese lugar. Yo soy quien te quiere guiar para que dejes ese lugar, Yo soy quien quiere para ti un lugar lleno de felicidad. Déjate guiar, y Yo te llevaré a ese lugar.

LA MENTE NEGATIVA ES EL ENEMIGO

La mente negativa es el enemigo, quien no quiere que salgas de ese lugar. Mientras más ignorante seas, más fácil para él hacerte quedar en ese lugar, diciéndote, que no te encuentras ahí. Y si te dice que estás ahí, te dirá, que es el mejor lugar, que ese es el lugar que te pertenece y que ahí te debes quedar. Te hará ver las cosas de tal manera, que si no pones atención, pensarás que es verdad, y ahí te quedarás, te quedarás en el lugar, en el que no tienes que quedarte – Te quedarás estancada para siempre.

DERROTEN A LA MENTE NEGATIVA, LUCHEN CON LA MENTE POSITIVA

Eso no es lo que Yo quiero, eso no es lo que tú quieres, eso, no es lo que Yo quiero para ninguno de Mis hijos. Yo los quiero a todos a Mi lado, en Mi lugar, en Mi Reino. Yo los quiero avanzados, educados, preparados, listos para luchar, listos para vencer al enemigo que los quiere hacer caer, y dejarlos en ese lugar, el lugar de la ignorancia, la mala preparación, y el lugar de la falta de atención. ¡Pongan atención Mis hijos! ¡Pongan atención! Que lo que Yo les digo es por su bien, y por su evolución, su crecimiento espiritual, y mental.

PONGAN ATENCIÓN A LA MENTE POSITIVA

Derroten a la mente negativa, luchen con la mente positiva, ella los sacará de ese lugar, y los hará triunfar en todo lo que se propongan hacer, eso se los puedo asegurar, porque, Yo lo sé. Yo sé que lo pueden hacer, Yo sé que se pueden superar, Yo sé que pueden salir de ese lugar, por siempre, y para siempre.

¡PÓNGANME ATENCIÓN!

Yo los quiero ver felices, gozando en el lugar que les pertenecen, en el lugar en donde deben estar, por siempre, y para siempre. No se nieguen esa oportunidad, no se nieguen ese derecho, el derecho de triunfar sobre la mente negativa, el derecho de salir adelante como los guerreros triunfantes, los guerreros que supieron prepararse, y derrotar a la mente negativa, esa arma que no los dejaba triunfar, que no los dejaba salir de ese lugar; el lugar de la ignorancia, la mala guianza, y a mala preparación; el lugar de la falta de atención.

DÉJENSE GUIAR POR MÍ

Pequeños Míos: De hoy en adelante, pongan atención a la mente positiva: ¡Pónganme atención! ¡Yo soy la mente positiva! ¡Yo soy la razón! ¡Yo soy la preparación! ¡Yo soy la evolución! ¡Yo soy su crecimiento espiritual, su adelanto, su triunfo! ¡Yo soy todo eso y más! ¡Yo soy quien les puede enseñar la verdad absoluta, porque Yo soy la absoluta verdad!

Déjense guiar por Mí.

Que de eso, no se arrepentirán.

Déjense guiar por MÍ, y la victoria, lograrán.

Déjense guiar por Mí, y de Mi Reino, gozarán.

Pequeña: ¿Ya has entendido, o todavía quieres más explicación?

-Padre: En parte he entendido. La parte que no entiendo, es en la que dices, que yo estoy en ese lugar. Bien, Padre mío., si Tú dices que estoy en ese lugar, en ese lugar estoy, porque Tú eres el único que sabe, que conoce, el lugar en que se encuentra cada uno de Tus hijos. Ahora, sólo te pido, que me ayudes a salir de ese lugar, por siempre, y para siempre.

-Y así lo haré pequeña, así lo haré. Ya lo estoy haciendo. Desde el momento en que aceptas que te encuentras en ese lugar, has dado un paso al frente, para recibir la ayuda que necesitas, para salir de ahí.

Padre: Te elevo de mi agradecimiento, por hacerme ver mis faltas, mis errores, y el lugar en que me encuentro. Ayúdame, sácame de ese lugar, y llévame Contigo, que Contigo quiero estar, por siempre, y para siempre.

Y lo estarás pequeña Mía, lo estarás, sólo déjate guiar. Amén.

-Así lo haré, Padre mío, así lo haré.

Lunes 7 de septiembre del 2015 a las 3:58 dela mañana
CRISTO JESÚS HABLA ACERCA DE LAS MONTAÑAS

-Poco a poco te estás dando cuenta que lo puedes hacer, ya no sientes el cansancio que sentías, que decías tener, ahora sabes que lo puedes hacer.

-Sí Padre mío, pero con Tu ayuda. Yo sé, que no soy yo, sino Tú, quien hace que no me sienta cansada, te lo agradezco, Padre. Tú sabes, que te elevo el agradecimiento por lo que estás haciendo conmigo. Padre, ¿Es de Tú voluntad que lleve el mensaje a Tu hija, mi hermana de la Casa de Oración?

Llévalo y hazle ver las cosas, si te hace caso, bien para ella; estará haciendo Mi voluntad.

-Padre: Tú sabes que hay muchas cosas que ella no cree.

Pero las creerá, tú espera, que de eso me encargo Yo.

-Está bien Padre mío; está bien. Padre, ¿Quieres hablarme sobre algo más?

Si Mi niña; hablaremos de las montañas.

-¿De las montañas Padre?

De las montañas Mi pequeña, de las montañas.

-Padre: ¿Qué es lo que significan las montañas?

Las montañas a nivel espiritual, significan, el esfuerzo, y el adelanto de tu espíritu, o sea, tu evolución espiritual, tu adelanto, tu crecimiento. Las montañas, son el reto que todo espiritualista tiene en la vida: Tiene que escalar esa montaña.

LA MONTAÑA Y EL NOPAL

La montaña significa el triunfo que espera a todos y cada uno de Mis hijos, si logran escalarla. ¿Recuerdas, que al darte cuenta que habías preferido el nopal, y no la montaña, lloraste? Es porque en ese momento reconociste lo que eso significaba, te diste cuenta que escogiste sufrir, que tomar el reto de subir la montaña, y obtener el triunfo. Pero fue lo contrario, esa decisión te llevó al sufrimiento, a la desesperación, al llanto, lo comprendiste, y eso te hizo sufrir. Bueno, ahora entiendes lo que pasó.

¿POR QUÉ EL CONOCIMIENTO SE OBTIENE DESPUÉS DE LA EXPERIENCIA?

-Padre: Pero por qué no pude verlo antes, por qué no analicé ese sueño para darme cuenta de la realidad. Padre, ¿Por qué el conocimiento se obtiene después de la experiencia? Padre, dame el conocimiento, dame la sabiduría antes de cometer tantas tonterías. Tonterías que me llevaron al sufrimiento, a la frustración, y a la tristeza, tonterías que han acarreado tantas dudas, tantos temores.

-Padre, qué triste es reconocer nuestros errores, nuestras faltas. Padre, porque no obtener el conocimiento antes de la experiencia, antes de hacer lo que no se debe hacer; Padre, eso no es justo.

PORQUE A TRAVÉS DEL SUFRIMIENTO TE DAS CUENTA DE QUE YO EXISTO

Pequeña, lo es, porque a través del sufrimiento te das cuenta de que Yo existo, y levantas tu rostro, tu mirada hacia Mí; si no tienes el sufrimiento, no lo haces. Cuando Mis hijos sufren, (Unos, no todos) se dan cuenta que Yo existo, que puedo ayudarlos a salir de ese problema, esa situación. Sí, es verdad, que muchos me culpan a Mí de sus problemas, o sea, de su mala decisión. La oportunidad tienen de hacer lo correcto, pero al igual que tú, se deciden por el nopal, dejando abandonada la montaña.

ESCALAR LA MONTAÑA NO ES FÁCIL. PERO DUELE MENOS QUE LAS ESPINAS DEL NOPAL

Sí, Yo sé, que escalar la montaña no es fácil, pero duele menos que las espinas del nopal. Son dos sufrimientos iguales, pero distintos, ya que escalar la montaña conlleva de sufrimientos, sufrimientos que son más llevaderos porque sabes, que son parte de tu evolución espiritual. Sufrimientos que llevas con amor porque sabes, que todo es por Mí, por llegar a Mí, por estar cerca de Mí, por llegar, y disfrutar Conmigo la eternidad. Eso hace, que esos sufrimientos no sean sufrimientos, sino dicha y placer. La montaña es difícil de escalar, pero las espinas del nopal son más dolorosas y difícil de soportar su dolor. El dolor es tan intenso, que hace que dudes de Mí, de Mí entrega, y de Mí preparación. ¿No fue eso lo que pasó contigo? ¿Lo que te sucedió?

USTEDES SUFREN PORQUE QUIEREN SUFRIR

-Así es Padre, así fue lo que me pasó, ya que al tener la visión, el sueño de la montaña, y el nopal, no me puse a meditar sobre eso, ni a pedirte a Ti el análisis del mismo. No te pedí la sabiduría ni el conocimiento, que el sufrir me hizo Pedirte.

Padre: ¿Tenía que pasar por todo lo que pasé para poder entender? Eso es lo que se me hace injusto. Pero Tú eres la sabiduría infinita, Tú sabes lo que haces.

Así es pequeña, así es. Pero Yo no lo hago, lo hacen ustedes Mis hijos, ustedes sufren porque quieren sufrir. Sí, quieren sufrir. Ya que cuando tienen que tomar una decisión, el alerta está ahí, el conocimiento está ahí, pero deciden ignorarlo cómo te sucedió a ti. Yo te di toda clase de alertas, alertas que ignoraste, que echaste a un lado e hiciste tu voluntad. ¿No es así pequeña Mía? ¿No es así?

-Así es Padre mío, así es. Tú me entregaste toda clase de ayuda, de alertas. Los mensajes estuvieron ahí, pero yo decidí no tomarlo en cuenta. Lo sé y lo acepto, con mucho dolor, pero lo acepto, porque, Padre, cómo duele reconocer nuestro errores, nuestras faltas, yo creo que es por eso, que preferimos negarnos a la realidad.

'Así es pequeña, piensan que negando, no van a sentir el dolor.

-Padre: Sígueme diciendo más sobre las montañas.

MI VIDA TUVO SUS MONTAÑAS

PERO LOGRÉ SUBIRLAS, ESCALARLAS, VENCERLAS.

Las montañas, significan los obstáculos que va a tener en la vida todo aquel que decida Seguirme, todo aquel que decida seguir Mis pasos, Mi vida. Mi vida tuvo sus montañas, pero logré subirlas, escalarlas – Logre vencerlas. Las montañas son retos que a tu paso vas encontrando. Si Yo hubiese sucumbido a esos retos, no sería lo que Yo soy. Lo que Yo soy, lo logré al vencer los retos que esa montaña tenía, para que Yo pudiera subirla, ascenderla, vencerla. Mi montaña, era el vencer a la muerte, y lo hice, la vencí, y con ello, les di la vida eterna. Vida eterna que tendrá, todo aquel que logre vencer los retos que su montaña le ponga, para subirla, para vencerla. Cómo te puedes dar cuenta, nada es fácil; conlleva sacrificio, y una entrega total para alcanzar la victoria.

¡VENCÍ LA MONTAÑA! ¡VENCÍ A LA MUERTE!

Yo lo hice. Yo me entregué en un todo, y logré vencer esa montaña, y escalarla. Me elevé a las Alturas. Vencí la montaña, vencí a la muerte. Mi recompensa: Estar al lado de Mi Padre, y junto con Mi Madre, disfrutando de ese reino, reino que se ganará todo aquel que logre vencer la montaña, la montaña de obstáculos que tendrá al tomar la decisión de Seguirme. Tú pudiste contemplar las muchas formas de montañas, unas parecían muy difíciles de escalar; así lo parecían, pero con amor, entrega y dedicación, toda montaña se puede escalar, se puede vencer. Unas tomará más tiempo escalarlas, pero se pueden escalar, se pueden vencer con entrega, y determinación.

TODA MONTAÑA SE PUEDE VENCER

Hay montañas más altas, otras más pequeñas; pero en fin, montañas, obstáculos, sufrimientos. Pero como ya Te dije: Toda montaña se puede vencer, se puede escalar, si hay voluntad, y deseo de vencerla, de conquistarla. Vence todas tus montañas, escálalas, súbelas, domínalas, y la victoria será tuya. No te dejes dominar por su tamaño, por su altura, todas pueden ser escaladas, vencidas, conquistadas. No hay montaña que no se pueda escalar, con esfuerzo, y voluntad; Haz el esfuerzo, pon toda tu voluntad, escala esa montaña. Para que puedas gozar, para que puedas disfrutar de todo lo que esa montaña te dará, de todo lo que esa montaña tendrá en la cima.

PON TODA TU VOLUNTAD

Toda montaña es un reto, un sacrificio. El Mío, fue entregar Mi vida. ¿Cuál es el tuyo? ¿Qué tienes para sacrificar? ¿Con qué vencerás esa montaña? ¿Con amor y voluntad? ¿Con el deseo de triunfar, y vencer? ¿Y venir a Mi lado a descansar? ¿O prefieres claudicar, darte por vencida antes de empezar a escalar? En ti está todo, todo lo puedes hacer si pones todo tu amor, y toda tu voluntad. ¡No dejes que el tamaño de la montaña te intimide! ¡Vence esa montaña! ¡Escálala! ¡Tú lo puedes hacer! ¿Decidiste Seguirme? Escala esa montaña, véncela como Yo lo hice. Para que vengas a Mi lado a recibir la recompensa: Estar Conmigo por siempre y para siempre.

-Padre: Con qué facilidad explicas las cosas, sólo Tú tienes esa sabiduría, esa gracia. Padre: ¡Ayúdame a escalar esa montaña! ¡Ayúdame a vencerla, a derrotarla! ¡Ayúdame Padre Mío! Sola, no lo puedo hacer.

¡HAZME CASO!

Te he estado ayudando, y lo seguiré haciendo. ¡Ayúdate a ti misma a ayudarte! Ayúdate, haciendo lo que tienes que hacer, y no haciendo lo que no tienes que hacer. Cuando sientas que lo que estás haciendo, no es lo que tienes que estar haciendo, ¡No lo hagas! ¡Hazme caso! ¡Yo soy quien pone en ti la sensación de estar haciendo lo que no debes estar haciendo! ¡Soy Yo! ¡Escúchame! ¡Hazme caso, y juntos gozaremos la victoria! La victoria de haber escalado esa montaña, de haberla vencido, derrotado.

-Así lo haré Padre mío; así lo haré.

Adiós pequeña; sigue haciendo lo que tienes que hacer, y espera los acontecimientos. Son muchas las montañas a subir, a vencer, a derrotar, para la victoria lograr. No dejes, que ni una sola te robe esa felicidad. ¡Ni una sola! ¡Véncelas todas! Y ven a gozar Conmigo, la eternidad. Amén.

- Adiós Padre mío, adiós.

Martes 8 de septiembre del 2015 a las 3:58 de la mañana
CRISTO JESÚS DE NAZARET DICE:

TÚ SABES LO QUE YO TE HE ENSEÑADO

-Sabes lo que sabes, porque Yo te lo he enseñado, no dejes que te confundan los que Mi palabra han leído, y por eso se creen los sabios. Sí, Mi palabra tienen, y la han leído. ¿Pero la han aprendido? Apréndela, no es llevarla en tu mente, y repetirla cuando la ocasión así lo requiera. Aprenderla, es llevarla en tu corazón, y no permitir que salga, y cuando salga, sea para educar, edificar, enseñar, no para presumir que la has leído, y aprendido. Ellos pueden tener muchos libros, libros que les dicen lo mismo, porque lo mismo han leído esos que los han escrito. Tú sabes, lo que Yo te he enseñado, lo que Yo te he dicho. Lo que sabes, lo sabes por Mí, por el que inspiró el libro que ellos han leído. Yo soy la verdad, y la verdad enseño.

YO NO MODIFICO NADA, TODO LO QUE DIGO, ES VERDAD

El libro, lo han modificado para que se acomodara a su verdad. Yo no modifico nada, todo lo que Yo digo es verdad. La verdad vas a escuchar de Mí, la verdad vas a aprender, y la verdad vas a enseñar. Ellos creen tener la verdad, pero es la verdad que otros les hicieron creer. Esa verdad han aprendido, esa verdad defienden, a esa verdad se aferran. Ellos no conocen la verdad, Yo les quiero enseñar, mostrar y demostrar, que existe otra verdad: ¡Mí verdad! Yo les quiero hacer ver, lo que es verdad, y lo que no es verdad. No todo lo que saben es verdad, ni todo es mentira, hay sus verdades, pero también hay sus mentiras, mentiras que pusieron aquellos que no creyeron en Mi verdad, haciéndola su verdad, verdad que pasó a la humanidad como verdad.

YO TE AYUDARÉ A QUE SIGAS ENSEÑANDO LA VERDAD

No es fácil tu tarea, la tarea de hacerles ver la realidad. Pero Yo te ayudaré a que sigas enseñando la verdad. Te duele ver a tus hermanos aferrados a una verdad relativa se encuentran, y no quieren escuchar la verdad absoluta. Sabes, que no te he dicho que ellos son malos, pero si, que están equivocados. Me dices y piensas, que te he puesto a luchar con Sansón porque la encomienda es difícil de cumplir, cumple con lo que puedas, de lo demás Yo me encargo.

TÚ ME CONOCISTE A TRAVÉS DE MÍ MISMO

Tú ya has entendido y quieres que ellos también entiendan. Pero recuerda, que tú no me conociste a través de ese libro, sino a través de Mí mismo. Yo te enseñé, Yo te mostré la verdad y decidiste seguirme. Sientes tristeza, y frustración al ver, que por más que les hablas, no quieren entender, no quieren escuchar, ni comprender, que hay otra verdad, y que se las quieres mostrar; mostrar la verdad que Yo te enseñé.

CÓMO HACERLOS ENTENDER, SI ALGO DIFERENTE HAN APRENDIDO

Escuchaste el sueño de ese de tu hermano y sabes, que esas cuatro columnas significan la Divina Trinidad y Mi Madre, pero cómo se los puedes hacer ver; a Mi Madre no veneran. Cómo hacerles ver, que Mi Madre, es parte muy importante en toda esta historia. Ella forma parte del Trono de Mi Padre. Ella está a la izquierda de Mi Padre como Su Esposa, como Su Reina y Señora; cómo lo que Ella es: La emperatriz de las Américas, y del mundo. Pero cómo hacerlos entender; cómo hacerlos ver, si algo diferente han aprendido. No, no vas cambiar la mentalidad del mundo, pero si la de aquellos a los que Yo he escogido. Ellos aprenderán, y entenderán la verdad, ellos aprenderán a recibir la enseñanza directamente de su Maestro: Directamente de Mí.

YO SOY EL QUE SABE Y EL QUE LES VA A ENSEÑAR LA VERDAD

Yo soy el Maestro, Yo soy el que sabe, y el que les va a enseñar la verdad. Ellos Me importan, porque los voy a necesitar preparados, cuando llegue lo que ha de llegar. Ellos tienen que estar preparados para luchar y defender Mi verdad, para luchar y defender a aquellos que no han querido escuchar. No podrán defenderlos a todos, pero sí a los que a tiempo abran los ojos y vean la verdad. La verdad que escrita no estaba, la verdad que los hacer ver, que la verdad que ellos conocían, no era en un todo la verdad.

YO QUIERO ABRIRLES LOS OJOS A LA REALIDAD

Sí, Mi libro, les ha enseñado, les ha mostrado el camino que los lleva a Mí. Pero todavía hay más, mucho más por aprender, y por conocer, y eso, es lo que Yo quiero enseñarles. Yo quiero abrirles los ojos a la realidad, Yo quiero que conozcan la verdad, para que se puedan salvar; salvar del desastre que viene, y que los va a encontrar sin preparar. Yo los quiero preparar para que luchen, para que se defiendan, para que triunfen y vayan al lugar, que está preparados para ellos, al lado de Mi Padre. Al lado de Todos los que queremos verlos en ese lugar, el lugar que les pertenece, el lugar que les espera, y los esperará por siempre.

LA BIBLIA YO LA INSPIRÉ, YO TE LA HE ESTADO ENSEÑANDO

Te duele ver, que no te quieren escuchar; que no te creen, que piensan que tú no sabes, porque no has leído la Biblia. Pero lo que no entienden, es que la Biblia Yo la inspiré, y Yo soy quien te la ha estado enseñando. Tú has estado recibiendo directamente del Maestro, ellos, de lo que está escrito, de lo que está modificado por aquellos que en Mi palabra no creyeron. No la creyeron y la modificaron, la hicieron a su manera, y a su forma de pensar; pusieron su mente humana a trabajar, y cambiaron lo que no tenían que cambiar. Dejaron Mi verdad a un lado, y pusieron su verdad, dejaron lo que ellos entendieron, lo que no, lo modificaron.

ES MÁS FÁCIL NEGAR, QUE PREGUNTAR

El no entender, es el no aceptar. No aceptan porque no entienden, no aceptan porque no comprenden. Pero no preguntan, para así entender y comprender. Es más fácil negar, que ponerse a estudiar, es más fácil negar, que preguntar. No preguntan, porque no quieren perder su verdad. Ya tienen su verdad, para qué incursionar en otra verdad; su verdad es la que cuenta, ya la saben, ya la conocen, ya no tienen que estudiar, sólo aceptar, y quedarse con su' verdad. Muchos lo hacen por la pereza espiritual, otros, simplemente, por orgullo y vanidad. Esos, son los que están enseñando la verdad que ellos conocen, y haciendo creer a los demás, que ellos tienen a verdad.

LO HACEN PARA DEMOSTRAR QUE ELLOS SABEN

La verdad no la tienen, la verdad no la conocen, la verdad no la saben, pero ellos dicen saberla y conocerla. Lo hacen por orgullo, lo hacen para demostrar que ellos saben, y que pueden enseñar. No pueden aceptar otra verdad, eso lo haría menos ante los ojos de los demás, aquellos a los que ellos quisieron enseñar. Se dicen: 'Qué van a pensar, que van a decir, si yo acepto, que esa es la verdad, y no la que yo les he querido enseñar'. Su orgullo hará que se aferren a su verdad, su orgullo hará que pierdan la oportunidad de conocer la verdad: Mi verdad. De ellos será la perdida, y de nadie más.

Tú sigue hablándoles de Mi verdad, de lo que te he enseñado, de lo que te he dicho. Háblales, para cuando todo llegue, no digan que no sabían, que nadie se los había dicho.

-Padre: No les puedo hablar de todo. Si cosas tan simples, cómo entender que Nuestra Madre ocupa un lugar privilegiado, no se los puedo decir, mucho menos, las cosas que Tú me has enseñado. Cómo hablarles de todas esas cosas, cómo decirles que… Bueno Padre, Tú sabes a lo que me refiero. Hay tantas cosas tan maravillosas que me has contado, pero que no se las puedo decir hasta que ellos te acepten a Ti como su Maestro; hasta que hayan aceptado que hay más, mucho más por aprender, y por conocer.

TIENEN QUE ACEPTARME A MÍ CÓMO SU MAESTRO

Así es pequeña, así es. Ahorita no lo entenderían por más que se los explicaras, tienen que aceptarme a Mí cómo su Maestro, y aceptar lo que Yo led diga, lo que Yo les enseñe. Tienen que abrir su mente, y su corazón a Mis enseñanzas, de otra forma, no puede ser. Amén.

MENSAJE QUE TENÍA QUE LLEVAR UN A UNA PAREJA DE LA CASA DE ORACIÓN

-Padre: Por qué has estado poniendo en mi mente a esos de tus hijos de la Casa de Oración. ¿Es que quieres que les lleve algún mensaje?

-Así es pequeña: Quiero que les hables, que les digas lo que tengo para ellos y su familia. Diles, que tengo gracias y dones para todos y cada uno de los miembros, diles, que sus hijos están en un lugar muy especial en el corazón de Mi Padre, diles, que quiero que ellos se preparen, que en verdad se entreguen a Mí, que dejen que Yo los guíe, y los prepare, para la misión que tienen en Mi Obra. Ellos llegarán lejos si así lo quieren, pero tienen que aceptarme como su Maestro, su Tutor, su Mentor y su Guía.

SÍ, ELLA TIENE LO QUE SE NECESITA PARA SER LA EMBAJADORA DE MI PALABRA

Dile a esa de Mi hija, que lo que Me ha pedido, concedido será, que Yo la he escuchado, que sus plegarias no han sido en vano, que han llegado a Mi corazón. Sí, ella tiene lo que se necesita para ser Mi soldado, Mi sierva, Mi trabajadora, y Mi embajadora, la embajadora de Mi palabra. Ella llevará Mi palabra muy lejos. A través de ella escucharán los oídos sordos, y entenderán las mentes confundidas. Dile, que ella es una pieza muy importante en la Obra de Mi Padre, en Mi Obra.

Ella tiene que seguir guiando y preparando a Mis hijos, a Mis jóvenes, ellos la necesitan, su trabajo no ha terminado. Su trabajo terminará cuando a Mi lado se encuentre, y aun así, seguirá trabajando.

SU COMPAÑERO TENDRÁ QUE DEJARSE GUIAR POR MÍ, Y NO POR EL HOMBRE

Su compañero, tendrá que entregarse a Mí en un todo, tiene que dejarse guiar por MÍ, y no por el hombre. ¡Yo soy el que sabe! ¡Yo soy quien lo enseña, y lo guía! ¡Yo, y nadie más! ¿Es que acaso él *piensa, que existe alguien que sepa más que Yo? ¡Pregúntale! Hazlo pensar, y meditar en lo que Yo le estoy preguntando.*

ELLOS SON PIEZAS MUY IMPORTANTES EN MI OBRA

Todos ellos son piezas muy importantes en Mi Obra, tienen que preparase, para trabajar más de lo que ya están trabajando. Tienen que preparar su cuerpo, su corazón y su alma. Tienen que poner Mi palabra en su corazón, y resguardarla con celo, para que la misma, esté lista a salir y defender Mi

Verdad. Si ponen Mi palabra en su corazón, no habrá manera que cometan la falta – Mi palabra estará ahí para prevenirlo. Diles, que todos ellos son parte muy importante en los planes que Mi Padre tiene, para la humanidad.

-Así lo haré Padre mío llevaré Tu mensaje a estos de Tus hijos.

Hazlo pequeña, eso es lo tuyo: Entregar de Mi mensaje. Amén.

Jueves 10 de septiembre 2015 a las 4:50 de la mañana
CRISTO JESÚS DICE:

ESTÉS DONDE ESTÉS, HARÁS LO QUE TIENES QUE HACER

-Parte de la conversación que tuve con mi Padre Omnipotente, antes de salir de viaje con unas hermanas:

-Padre: ¿Tienes algo que entregarme hoy?

-Sí, ve, pero no olvides tu trabajo, no olvides lo que tienes que hacer; hazlo, no importa el lugar en donde estés, que Yo estaré ahí para decirte lo que tienes que escribir. Habla de Mí, de Mi Obra; de lo que se debe saber para qué Mis hijos estén preparados. Diles, que las cosas no están bien, y que Yo no estoy conforme con lo que está pasando. Diles, que Yo quiero que se preparen, porque quiero que se salven del desastre que viene. Diles, háblales, hazlos entender, que necesitan saber cómo defenderse, y cómo defender a los demás.

-Padre: Ayúdame, sé, y entiendo lo que me dices, y con todo el corazón deseo, que todos Tus hijos lo entiendan también. Padre, abre los ojos, los oídos y las mentes espirituales de estos de Tus hijos, para que vean, escuchen y entiendan Tu mensaje. Padre, necesitan abrir los ojos a la realidad, necesitan saber escuchar con la mente abierta, para así poder entender lo que Tú les estás diciendo. Padre, si ellos siguen encerrados en que lo único que es verdad, es lo que está en la Biblia, no se va a poder hacer nada con estos de Tus hijos. Padre, tienen que aprender, que hay más, mucho más que saber, que aprender, que hay muchas cosas que ellos necesitan saber. Cosas que son importantes para su preparación y evolución espiritual.

DE ELLOS SERÁ ACEPTAR LO QUE VEN, Y ESCUCHAN

Lo sé Mi niña, lo sé, pero Yo puedo hacer lo que me dices, puedo abrir sus ojos, mentes, y oídos espirituales, puedo hacer que oigan, pero no puedo hacer que escuchen, que acepten, porque eso depende de ellos. Recuerda, que Yo entregué a todos el libre albedrío, y que es de ellos, el decidir cómo usarlo. Si ellos deciden entender, comprender, y aceptar; bien para ellos; pero si no desean hacerlo, no los puedo obligar. Yo pondré todo ante sus ojos, no habrá duda de lo que vean, o escuche, pero de ellos será, aceptar lo que ven, y lo que escuchan.

-Padre: ¿Qué va a pasar con el Pastor, con su esposa con su hijo? ¿Es que vas a desistir de los planes que Tú tenías para ellos? Ya no me has hablado de eso, ni me has pedido que le hable, Padre, sé, que Tú tienes mucho que decirle, que hablarle, pero no me has dicho nada más, Padre, ¿Qué pasó con todos los planes que Tenías para todos ellos, especialmente para su hijo?

Nada ha cambiado, pequeña, nada ha cambiado.

-Padre: Pero, ¿por qué este silencio? ¿Por qué ya no has insistido, en que este de Tu hijo, el Pastor Te escuche?

Porque no quiere hacerlo, no quiere salir del lugar en que se encuentra. Ya se puso muy cómodo, y no quiere dejar esa comodidad.

-Padre: Pero junto con él, se está llevando a muchos de Tus hijos, que como corderos lo están siguiendo. Padre, Tú sabes que he hablado con algunos de ellos, y me he dado cuenta, que ven, y aceptan, que el Pastor no está actuando como debiera ser; que no está correcto en muchas cosas, pero no dicen nada, y siguen pretendiendo, que están con él en lo que dice, y hace. ¿Por qué Padre mío? ¿Por qué no dicen nada?

Porque ellos, también están cómodos en esa situación a pesar, de no estar en un todo en lo que él hace, o dice.

-Padre: Esa comodidad, los va a llevar a la desconformidad, cuando todo lo que viene los encuentre sin preparar.

Eso lo entiendes y lo ves tú, pero ellos están muy convencidos en lo que se les ha dicho: Que están salvados, y que lo único que tienen que hacer, es esperar Mi llegada, y todos se van a ir Conmigo.

-Padre: Cómo hacerles ver, que eso no es así de simple, que necesitan prepararse, educarse en las cosas de Nuestro Padre. Cómo hacerles entender, que Nuestro Padre los está esperando, pero que para llegar a Él necesitan hacerlo en Tu imagen y semejanza. ¿Cómo Padre, cómo?

Pequeña: No sufras por eso, que el que tenga oídos va a escuchar, el que tenga ojos va a ver, y el que entienda… entenderá, y se salvará, llegará a Mi Padre como Él se lo ha pedido: En Mi imagen y semejanza.

-Padre: Pero, ¿Cuántos lo harán? ¿Cuántos entenderán? ¿Cuántos podrán ver la realidad, Padre? ¿Cuántos?

Serán pocos, pequeña, pero los habrá. Habrá aquellos que entenderán, pondrán atención y aprenderán. Deja al tiempo hacer lo que tiene que hacer y espera, que el tiempo sabe, que habrá el tiempo en que estos de Mis hijos, vean, escuchen, y comprendan las cosas. Deja al tiempo hacer, lo que el tiempo tiene que hacer.

-Padre: No te entiendo, dices que ya no hay tiempo, y ahora me dices, *que deje al tiempo hacer lo que tienen que hacer.* ¿Tendrán el tiempo, tiempo para hacer lo que tienen que hacer en tiempo? Padre, ya estoy hablando como Tú, y como Tus Maestros.

Bueno, es que estás poniendo atención, y aprendiendo; entonces, de que serviría tanto haberte dicho y explicado tantas cosas. Todo es para que aprendas, y entregues a los demás; si tú entiendes lo que se te está diciendo, podrás explicarlo a los demás. Ese es el propósito, ese es el porque te estamos enseñando: Para que a su vez, tú así enseñes a los demás.

-Padre: Que Tus bendiciones vayan con estas de tus hijas en ese viaje. Padre; acompáñanos en todo el camino, líbranos de todo accidente, y que regresemos con bien. Amén.

Mi niña, Mi bendición la tienen y la tendrán, regresarán con bien, porque esa es Mi voluntad, pero tú no olvides lo que tienes que hacer. Recuerda, que estés donde estés, harás lo que tienes que hacer.

Así lo haré, Padre, recibe de mi agradecimiento. .

Adiós hija Mía. -Adiós, Padre mío.

Sábado 12 de septiembre del 2015 a las 4:15 de la mañana
CRISTO JESÚS DICE:

MIS PALABRAS NO SE PIERDEN

SUS OÍDOS ESCUCHAN, SU ESPÍRITU RETIENE.

-Palabras que me dijo cuándo me pidió que hablará con unas hermanas de edad avanzada. También me entrega la enseñanza sobre la mente espiritual, y la mente física, y me explica el porqué, Él no acepta la eutanasia. Sabemos la hora en que nacemos, pero sólo Dios conoce la hora de nuestra muerte.

Las ves de edad, dices que no van a aprender; que estás perdiendo el tiempo, y Mis palabras. Mis palabras no se pierden, porque aunque no lo parece, sus oídos las escuchan, y su espíritu las retiene; eso es lo que hace que Mis palabras no se pierdan. Tú no te preocupes, que Yo sé lo que hago, tú sólo sigue haciendo lo que tienes que hacer, y deja lo demás a Mí, testimonio tendrás, que lo que Yo te digo, es verdad.

Ahora escribe, que hay mucho por escribir y mucho por decir:

YO SOY UN DIOS MUY CELOSO

Me preguntas, y te preguntas, por qué esos de Mis hijos que Mi palabra han entregado, se encuentran en esa situación, no lo consideras justo, y tienes razón. Sí, la tienes. Porque si ellos Me entregaron sus años jóvenes, porque Yo no les entrego en sus años viejos. Pero existen sus razones: Yo soy un Dios muy celoso, muy celoso, y ni con el pensamiento se Me debe comparar con otros dioses, y este de Mi hijo, lo hizo, hubo un tiempo, en que sus ojos se fijaron en algo en lo que no tenían que fijarse, su mente divagó, y por momentos, se apartó de lo que Yo le enseñé – Esto lo sé Yo, Yo lo vi, y Yo sé lo que pasó.

JUSTICIA HAGO Y JUSTICIA ENTREGO

-Padre: Pero Tú no eres un Dios vengativo., Tú eres un Dios de amor, y un Dios justo.

Tú lo has dicho: Soy amor, y soy justicia, y justicia hago y justicia entrego.

¿PORQUE LA DECADENCIA MENTAL DE ESTOS DE TUS HIJOS?

-Padre: ¿Se puede hacer algo por estos de Tus hijos? Porque lo que he sabido, ésta de Tu hija llevó Tu palabra a otros lugares. Entonces, porque hacer su vejez de esa manera, en donde la tienen que tratar como si fuera una niña. Padre, una vejez así, para qué, para qué longevidad si nuestra mente no va a estar ahí para Servirte. Padre, yo sé que una vez que nos entregamos a Ti, es por siempre, y para siempre, conforme me has dicho, nunca dejamos de ser Tus siervos, al menos eso es lo que Yo quiero: Servirte hasta el último instante que me concedas estar en este haz Terrenal.

Y así es pequeña, así es.

-Padre: ¿Entonces porque la decadencia mental de estos de Tus hijos?

Ya te dije, que <u>existen sus razones</u>; razones <u>que Yo únicamente sé</u>.

¿CÓMO VAN A RECONOCER LO QUE LES ESTÁ SUCEDIENDO?

-Padre: Entiendo, que Tú permites ciertas cosas para beneficio de nuestra alma, cosas que nos hacen pensar y meditar; y sobre todo… entender, por qué nos están sucediendo, como sucedió en mi caso. Pero yo estaba, y estoy consciente de lo que hice y porque sucedió lo que sucedió. Pero si estos de Tus hijos no están conscientes de lo que pasó, ¿cómo se van a arrepentir? ¿Cómo van a reconocer, y a aceptar lo que les está sucediendo? Eso es lo que no entiendo, Padre mío.

SU MENTE FÍSICA NO ENTIENDE, PERO SU MENTE ESPIRITUAL SÍ

Lo entenderás cuando te lo explique:

Sí, es verdad que su mente física no entiende lo que está sucediendo, pero su mente espiritual sí, y es su mente espiritual la que Me importa, esa es la que Yo quiero que se salve. Su mente física, se va a quedar en este haz terrenal junto con su cuerpo físico, lo que Yo me voy a llevar, es su mente espiritual. Su mente espiritual, sí se da cuenta de lo que está sucediendo, y como ya no tiene la mente física que la perturbe, sigue aprendiendo, reconociendo, y aceptando lo que está sucediendo, al hacerlo, su evolución no cesa, por el contrario, sigue avanzando. Tú puedes ver su mente física decaer, pero su mente espiritual sigue avanzando.

NO ESTOY DE ACUERDO CON LA EUTANASIA

Recuerda lo que Te he hablado, y has comprendido, del porque no estoy de acuerdo con la eutanasia. Ese cuerpo puede estar muerto (Su mente física) pero su mente espiritual sigue vigente, sigue aprendiendo y aceptando su situación. Al desconectarlos de la vida, los desconectan de su evolución espiritual: Matan la oportunidad de avance de esa mente espiritual.

LA IGNORANCIA Y EL DESAMOR, HACE QUE PIENSEN QUE ESTÁ BIEN

Sé que la ignorancia de Mis hijos, y el desamor de Mis hijos, hace que piensen que está bien lo que están haciendo; inclusive, hace que piensen, que le están haciendo un favor, que lo están librando del dolor; y del sufrimiento.

LO ESTÁN PRIVANDO DE SU CRECIMIENTO ESPIRITUAL

¡No! Lo que están haciendo, lo están privando de su crecimiento, de su avance, de su evolución espiritual. ¡Eso es lo que están haciendo! ¡Están asesinando, matando, y eso no es Mi voluntad!

¿Ahora entiendes lo que te digo? ¿Ahora te das cuenta del porqué de su decadencia? ¿Del porque su mente física está en decadencia? ¿Ahora te das cuenta, que es una *gracia, no una desgracia*?

-Padre: Lo entiendo, pero aun así, te pido con todo mi corazón, que no permitas que mi mente física decaiga de esa manera. Te lo pido por muchas razones: No quiero dejar de Servirte, no quiero dejar de valerme por mí misma, no quiero ser una carga para los demás. Quiero estar siempre consiente de lo que hago, y saber que conmigo Te encuentras, que soy Tu sierva haciendo Tu voluntad. Padre mío, si es Tu voluntad, concédeme lo que Te pido, y si no, hágase Tu voluntad; ya que Tú eres el ÚNICO que sabe lo que merecemos, y lo que no merecemos. Tú entregas a todos y cada uno de Tus hijos, lo que cada uno merece. Padre, ¿Hay algo que se pueda hacer por este de Tu hijo?

No; déjalo así, ya que como tú dices: Yo sé lo que hago. Déjalo, que tiene que pagar por lo que hizo y al mismo tiempo, seguir evolucionando. La prueba Te la entregué en tu hermana, Mi hija, tú te diste cuenta de su situación; sí, es verdad que su mente física no está ahí, pero su mente espiritual sigue avanzando. Tú sabes lo que sucede con ella, y el porqué de su situación. (Mi hermana Teresa).

-Así es Padre mío, así es.

-Padre, ¿Qué se puede hacer por estos de Tus hijos?

-*Nada, deja que Mi voluntad siga su curso, Yo sé lo que hago. Son Mis hijos, son Mis mentes físicas, y Mis mentes espirituales, y sus mentes espirituales es lo que a Mí me interesa. Déjalos. Sé que es duro para ti verlos en esa situación, pero ahora entiendes el porqué.*

-Creo que lo entiendo, pero todavía me da pena y tristeza verlos en esa situación.

Padre, qué de ese de Tu hijo al que le hice oración. Padre, es de Tú voluntad abrirle los ojos espirituales para que pueda ver lo que está haciendo.

LOS HA TENIDO CERRADOS POR MUCHO TIEMPO

Lo puedo hacer pequeña, lo puedo hacer, pero los ha tenido cerrados por tanto tempo, que cree que lo que hace, es normal. Pero lo haré pequeña, le daré tiempo a que los abra completamente, y en él está el qué hacer. Han sido muchos los años que sus ojos espirituales han estado cerrados. Pero como Te dije: Le daré la oportunidad de abrirlos completamente, y que vea la realidad. Es todo lo que Yo puedo hacer, no puedo obligarlo a más. Su libre albedrío tiene, de él está cómo usarlo.

-Padre: Hoy y siempre, guíame a la luz y a la verdad, que siempre sea Tu verdad la que conmigo se encuentre, que Tu verdad sea la que enseñe a Tus hijos, Tú verdad y nada más que Tu verdad.

Y así será pequeña Mía, así será. Mientras tú no te aleje de esa verdad, esa verdad estará contigo. Adiós pequeña. Adiós Padre mío.

Lunes 14 de septiembre del 2015 a las 3:37 de la mañana
CRISTO JESÚS DE NAZARET DICE:

NO ME GUSTA LO QUE MIS HIJOS ESTÁN HACIENDO

MIS LEYES QUIEREN CAMBIAR, MODIFICAR

No es tanto lo que leas, pero si lo que escribes. Quiero que sigas escribiendo todo lo que Yo te diga. No importa si entiendes lo que estás escribiendo al momento de escribirlo, que después lo entenderás. Sé que es mucho lo que no entiendes, sé que no comprendes el porqué de muchas cosas. Pero espera, ten paciencia, que ya entenderás lo que no entiendes.

LO QUE YO VEO, NO ME GUSTA

Las cosas no son como tú las ves, sino cómo Yo las veo, y lo que Yo veo, no Me gusta. No Me gusta lo que está pasando, ni lo que Mis hijos están haciendo. No, no Me gusta la forma en que se estás destruyendo, y destruyendo Mis leyes. Mis leyes son para siempre, para siempre las escribí. Nadie puede cambiarlas ni modificarlas, como Yo las escribí se quedan. Lo que Yo dije, dicho está, lo que Yo escribí, escrito está, y nadie lo puede cambiar. Con fuego las escribí, con fuego puedo destruir, al que las quiera cambiar. Mis leyes no pueden ser cambiadas, ni modificadas, así son y así se quedarán: Fueron escritas por la eternidad.

SOY SU DIOS DE CONVENIENCIA. SI ME NECESITAN, ME LLAMAN

Mis Leyes quieren cambiar, modificar, pero para su conveniencia. Lo que les conviene dejan, lo que no, quitan, o modifican. Cuando les conviene dicen que Yo existo, cuando no, Me borran, Me ignoran, Me desaparecen. Para ellos Yo soy un Dios de conveniencia: Si Me necesitan, Me aclaman; si todo va bien, Me ignoran. Para otros, Yo soy su Dios de los domingos, y por unos instantes solamente, pasa el momento, y hasta el domingo entrante. Pero si durante la semana algo les sucedes, entonces Me aclaman, se acuerdan de que Yo, junto a ellos me encuentro toda la semana. Soy su Dios de conveniencia: Si me necesitan, me llaman.

YO QUIERO SER SU DIOS DE SIEMPRE Y PARA SIEMPRE

Yo no quiero ser ese Dios para ellos, ellos son Mis hijos de siempre, y por siempre. Así quiero ser Yo para ellos: Su Dios de siempre, y para siempre. Pero lo Seré, seré ese Dios de todos los días, su Dios de todo momento cuando llegue el desastre y vean, que Yo soy el ÚNICO que los puede salvar. Cuando se encuentren en esa situación, me aclamarán, me pedirán la ayuda. Ya no pensarán que son autosuficientes, que lo pueden hacer por ellos mismos, sabrán que Yo soy el que sabe, y que ellos, nada sabían.

TARDE SERÁ CUANDO SE DEN CUENTA DE LA VERDAD

Entonces se darán cuenta, que la sabiduría Soy Yo, y que esa sabiduría les quise enseñar. Se darán cuenta, que necios fueron al no querer escuchar, al no querer oír lo que Yo les quería enseñar. Tarde será cuando se den cuenta de la verdad, tarde muy tarde, ya nada podrán hacer, no habrá lugar para estudiar, no habrá lugar donde se puedan preparar. No, no lo habrá, y tendrán que llorar, llorar por lo que en sus manos tenían, y no lo supieron apreciar. Sé que piensas que te estoy diciendo lo mismo, que esto ya te lo dije antes, pero lo es, y no lo es, tiene sus variantes, fíjate y te darás cuenta, que es así, podrás ver que lo que te digo, verdad es.

-Padre mío, sé que tienes razón en lo que dices. Pero Padre, escúchame, sálvame de este foso lleno de dudas, y temores.

Pequeña, pequeña: Ya lo he hecho, ya Te he sacado de ahí, ya estás libre, ya puedes Amarme sin dudas ni temores.

-Padre, ¿Qué hago?

Escribe Mi niña, escribe, eso es lo que te ayuda, te relaja, te acerca a Mí. Cuando escribes, estamos juntos, Yo estoy en ti, y tú estás en Mí: Somos UNO. Tú no piensa, tú no haces, tú no dices, lo hago Yo. Yo soy el que te entrega lo que piensas, Yo soy quien te dice lo que hagas, y lo que digas, lo sabes, y lo has sabido desde siempre; ¿Por qué la duda Mi niña?

-Padre: Ese Pasado, vuelve y me dice: Aquí estoy, no me he ido.

Mi niña, no se va porque tú lo retienes, tú lo traes cada vez que se quiere ir. No lo hagas, deja que se vaya, ya no lo retengas.

DEJA EL PASADO EN EL PASADO

-Padre: Fácil decirlo, difícil hacerlo. Es por eso que te pido la ayuda, sola no lo puedo hacer, te necesito, necesito Tu ayuda, Tu poder, Tu sabiduría, para poder hacerlo.

Y lo tienes Mi niña, lo tienes, tú tienes todo para poder hacerlo, sólo hazlo; deja el Pasado en el Pasado, disfruta tu Presente, prepara tu Futuro. Ya no sufras, ya no te acongojes, disfruta de Mi amor, de Mi entrega, y adelante, cumpliendo con la misión que se te ha encomendado.

-Padre mío, te elevo de mi agradecimiento.

No estás muy convencida ¿Verdad?

-Padre: Que quieres que te diga, Tú todo lo sabes, nada se te puede ocultar. Padre, Tú sabes lo que yo necesito. Conforme Tu voluntad, concédeme lo que necesito para seguir en la lucha.

Lo tienes, y lo has tenido, ¡Úsalo! ¡Defiéndete! No dejes que el enemigo te diga lo que no es verdad. Recuerda, que la verdad Soy Yo, y Yo sé lo que digo. Todas las cosas que se te han dicho, se cumplirán pequeña, se cumplirán. Amén.

Miércoles 16 de septiembre del 2015 a las 4:20 de la mañana
MI SÚPLICA:

PADRE CRISTO JESÚS DE NAZARET,

ENSÉÑAME A SER COMO TÚ

PADRE CRISTO JESÚS ME DICE:

¿ES QUE ACASO LO DUDAS?

-Sigues en lo tuyo, sigues pensando que no puede ser, que tú no tienes lo que se necesita para vencer. Lo tienes, ya Te lo dije. Ya deja de pensar que no, ya deja de mortificarte, ya deja de pensar en lo que tienes, y no tienes. Si Yo digo que lo tienes, lo tienes. ¿O es que acaso dudas de Mí? ¿De Mi poder? ¿De Mí autoridad? Yo Soy quien Soy. Yo Soy quien digo que Soy. ¿Es que acaso lo dudas?

ESCRIBE, QUE ESO ES LO TUYO

Hija: Escribe, escribe, que eso es lo tuyo: escribir, escribir lo que Yo te digo que escribas. Eso es lo tuyo y lo tienes que hacer hasta que ya no puedas más. Hazlo, Mi niña, y deja de sufrir, deja de pensar, que no tienes lo que se necesita para Amarme en verdad. Lo tienes Mi niña, lo tienes, sólo deja que salga, que aflore, que reviva ese sentimiento puro y sencillo que has tenido y tienes hacia Mí, *deja que todos vean que lo tienes, deja que lo vean.*

NO PIDAS LO QUE YA TIENES

Escribe Mi niña, escribe, no piense lo que no es, no pidas lo que ya tienes. Tú tienes lo que se necesita para amar como Yo amo, tú lo tienes Mi niña, tú lo tienes, ya no dudes, ya no pienses cosas que no son. Sí Yo te digo que lo tienes, es porque así es, tu Jesús de Nazaret no miente. ¿O es que acaso piensas que lo hago, que Yo miento?

-No Padre mío, por supuesto que no. Padre mío, enséñame a perdonar, y a olvidar los agravios como Tú lo haces: En un todo, y por siempre. Padre mío, ayúdame, enséñame a ser como Tú eres.

MI NIÑA YA LO HACES

Mi niña, Mi niña, cuántas veces Te voy a decir, que ya lo haces, que ya amas con el corazón. Cada vez que te pones a escribir, lo estás haciendo. Lo haces, porque amas a tus hermanos, lo haces, porque quieres, que ellos también tengan en sus manos lo que Yo te entrego, lo haces, cada vez que piensas en ir y decirles lo que Yo te digo. Lo haces, cada vez que llevas Mi mensaje, cada vez que se los explicas de la misma forma en que Yo te los explico a ti, lo haces, cada vez que haces lo que yo te digo. Inclusive, lo haces cuando piensas que no lo estás haciendo, ya que al pensarlo, Me estás diciendo que Me amas en verdad.

No quieres Ofenderme y piensas, que no eres digna de Amarme. Lo eres pequeña Mía, lo eres, lo eres, te lo he dicho. Tú eres digna de llevar Mi mensaje a tus hermanos, Mis hijos, de no ser así, no estarías escribiendo lo que Yo te digo que escribas. Pequeña, entiende, que de no ser así, no estarías recibiendo Mi mensaje. Eres digna porque Yo así lo digo, ya no digas a tu Dios y Señor que miente. Ya que cada vez que piensas, o dices que no lo eres, Me estás diciendo que Yo miento. Pequeña, Tu Dios y Señor Jesús de Nazaret, no miente, eso lo sabes. Entonces, ya no digas que no eres digna.

-Padre mío: Lo único que Te puedo decir: Ayúdame.

Pequeña: Lo he hecho, lo estoy haciendo, pero tú te niegas esa oportunidad, la oportunidad de ser como Yo, la oportunidad de perdonar los agravios por siempre y para siempre. Ya no lo hagas pequeña, ya no lo hagas, aprende a recibir, así como has aprendido a dar. Tú sabe dar amor, aprende a recibirlo, aprende a recibir el amor que se te ofrece. Recíbelo, pequeña, disfrútalo, aprende a sentirlo, aprende a sentir ese amor que se te ofrece.

-Padre, si yo lo siento.

DEMUESTRA, QUE TÚ SI SABES AMAR EN VERDAD

Pequeña: Tú sólo recíbelo, recíbelo y hazlo verdadero, demuestra que tú si sabes amar en verdad. Demuestra con hechos, que tú no vas diciendo: Te amo, sino que tú lo demuestras con hechos, con acciones. Ellos no saben lo que piensas, pero Yo sí. Yo sé, que con todo tu corazón quieres ayudar a tus hermanos, ya sea espiritual, o físicamente. Yo sé y veo, que egoísta no eres, que no te pones a pensar en que no tienes para dar, sino, que siempre das. Cuando Te hago la encomienda de entregar el mensaje a alguno de tus hermanos, qué es lo que haces, los invitas a comer. No te pones a pensar en lo que vas a gastar, sino en entregar lo que Yo te dije entregar. Pequeña, eso es amor, amor a tu Dios y Señor Jesús de Nazaret, y amor a tus hermanos.

-Padre: Bendito eres, y serás por siempre, y para siempre, Tus palabras alientan mi corazón.

Lo sé pequeña, lo sé. Ahora, escribe, que todavía hay mucho por escribir:

VE Y HABLA CON EL PASTOR

Irás y hablarás con este de mi hijo el Pastor. Le dirás, que quiero hablarle y decirle muchas cosas. Pero Yo quiero que abra su mente para que pueda escuchar lo que quiero decirle. Llévale lo que tienes que llevarle (El mensaje que me entregó sobre las dos iglesias) *Dile, que Yo ya te había dicho lo de las dos iglesias, muéstrale lo escrito, y hazlo entender una vez más, que Yo tengo Mis ojos puestos en ese lugar, y en todos ellos, y de nuevo háblale de los planes que Yo tengo para todos ellos.*

DILE, QUE QUIERO COMUNICARME CON ÉL A OTRO NIVEL

Dile, que Yo quiero que abra su mente, para que pueda recibir Mi mensaje. Dile, que sí, que Yo me comunico con él, pero que ahora quiero hacerlo a otro nivel. Dile, que Yo quiero que aprenda más allá de lo que hasta ahora ha aprendido, que quiero que vea más allá de lo que hasta ahora ha visto, porque Yo quiero que prepare a Mis hijos, que los enseñe a ver, y a sentir más de lo que hasta ahora han visto, o sentido. Todos ellos, están listos a dar el paso hacia adelante en su crecimiento espiritual.

YO LE VOY A DECIR LO QUE SUS PROGRAMAS NO LE HAN DICHO, NI LE DIRÁN

Dile, que Yo quiero que tenga más fe y confianza en Mí, que Yo le voy a decir lo que sus programas no le han dicho, ni le dirán. Yo lo quiero ayudar, Yo quiero que aprenda a ver con los ojos espirituales, y a sentir con los sentidos espirituales. Él tiene que aprender a ver más allá de sus pestañas, para que pueda entender las cosas que hasta ahora no ha entendido. Sí él Me abre su mente y su corazón, Yo le haré ver cosas que hasta ahora no ha visto, y a comprender, las cosas que hasta ahora no ha comprendido. Háblale, dile lo que Quiero que haga. Dile, que Quiero que él me acepte como su Maestro, su Tutor, su Mentor, y su Guía, que Me abra su mente, y deje que Yo entre en ella. Dile, que si lo hace, tendrá un torrente de sabiduría, se enterará de cosas que nunca pensó que existieran.

-Padre: Yo lo puedo hacer, puedo ir y decirle lo que Tú quieres que le diga. ¿Pero lo entenderá? ¿Hará lo que Tú quieres que haga? Ya viste, que no quiso hacerlo; no quiso pasar un momento a solas Contigo. Tú escuchaste su excusa. ¿Crees que ahora lo hará?

Tú haz lo que tienes que hacer, lo demás déjamelo a Mí, Yo sabré que hacer para que abra los ojos, y vea la verdad de las cosas.

-Así lo haré Padre, llevaré Tu mensaje una vez más.

Es todo lo que Te pido que hagas. Amén.

Jueves 17 de septiembre del 2015 a las 5:45 de la mañana
SUEÑO/VISIÓN

TODA LA FAMILIA EN ASISTENCIA PÚBLICA

-Veo que platico con una hermana de la Casa de Oración algo, de cómo toda la familia se había metido a la asistencia pública, y le digo: Cómo el viernes oramos por todos ellos, y también por el otro hermano... Amén.

-Al despertar, vino el Padre Todopoderoso y me dijo: *¿Te sientes satisfecha de lo que hiciste? ¿Llevaste Mi mensaje?*

-Si Padre, me siento satisfecha, pero Padre, hágase Tú voluntad. Yo sé que hay muchas cosas que no entiendo, pero Tú Padre mío, si las entiendes, y eso es lo que cuenta. Dime Padre mío, ¿Hice mal en ir a ese viaje?

HABLASTE CON TU HIJA

-No, no, Mi niña, deja de pensar en eso, tú sigue haciendo lo que tienes que hacer, no dejes que el enemigo te haga pensar lo que no es. Ahora escribe, que hay mucho por escribir. Te dije, que fueras a hablar con tu hija, porque a través de ti, Yo quiero hablar con ella. No temas, ve y haz lo que tienes que hacer, ella tiene que entender, que es Mía, que Me pertenece.

-Padre: Lo veo tan difícil, ella está completamente segura, que lo que está haciendo es verdad; pero también sé, que Tú eres el Dios de lo imposible, por lo tanto, ella está en Tus manos, hágase Tu voluntad.

Y se hará pequeña, se hará, tú sólo espera ver los resultados de lo que es Mi voluntad.

-Así lo haré Padre mío, así lo haré.

Jueves 17 de septiembre del 2015 a las 5:45 de la mañana
DIOS PADRE DICE:

SE TAPAN LOS OÍDOS, NO QUIEREN ESCUCHAR

-Pequeña: Hay muchas cosas que el mundo debe saber, pero se tapan los oídos, no quieren escuchar. Pero Yo haré que abran los ojos, oídos y mentes para que vean lo que tienen que ver, escuchen lo que tienen que escuchar, y entiendan lo que tienen que entender, para que puedan hacer lo que tienen que hacer.

¡YO SOY QUIEN DICE QUE HACER!

El mundo está empeñado en hacer su voluntad, dejando Mi voluntad a un lado. No quiere darse cuenta, que Mi voluntad es lo que cuenta. ¡Yo soy quien dice que hacer! ¡Yo soy el que enseña lo que hay que hacer! Pero no lo quiere cree, ni aceptar, pronto se dará cuenta de la realidad. Para algunos será tarde, pero para otros será lo que estaban esperando, será la culminación de su larga espera.

YO LOS QUISE PREPARAR MI AYUDA RECHAZARON

Tú sigue haciendo lo que tienes que hacer, todo tiene que quedar escrito. Las generaciones venideras se darán cuenta, que la ayuda tuvieron, pero no la aceptaron. Las generaciones venideras, sabrán lo que tienen que hacer, para no perecer de la misma manera. Quiero que todo quede escrito, que todo se sepa, Quiero que vean, que Yo estaba ahí para ayudar, pero no aceptaron Mi ayuda. Se darán cuenta, que cuando todo llegó, no estaban preparados para luchar en contra de lo que llegó.

YO TENÍA LA RAZÓN, Y ELLOS NO

Llegaron los tormentos, las aflicciones, llegaron los llantos, y los dolores, llegaron los gritos de impotencia, la angustia de no saber qué hacer – Llegó el momento de perecer, ellos así lo quisieron. Yo los quise ayudar y Mi ayuda la rechazaron, Yo los quise preparar; preparados dijeron estar. Yo los quise llevar Conmigo, y prefirieron quedarse, quedarse a sufrir su desobediencia y testarudez. Se quedaron para darse cuenta, que Yo tenía la razón, y ellos no, que Yo los quise preparar, porque preparados no estaban, pero no quisieron, Mi ayuda despreciaron, Mi ayuda ignoraron. Ahora pagan sus errores, quisieron hacer su voluntad, a voluntad se quedaron. Mi voluntad quería llevarlos hasta Mi Padre, Mi voluntad quería que se salvaran, pero prefirieron su voluntad.

LA OPORTUNIDAD LES ESTOY DANDO DE PREPARARSE

Pequeña: Las cosas que vienen, no son para que en ese momento se pongan a hacer algo, no son, para que en ese momento se pongan a estudiar, a prepararse. No, no, tiempo no habrá para ello. Ahora es el tiempo de prepararse, el tiempo de estudiar, el tiempo de trabajar, el tiempo de poner atención a las lecciones, el tiempo de aprenderlas y ponerlas en su corazón. Y esa es Mi voluntad, que estudien, que aprendan, que pongan atención, que se preparen. Pero parece, que Mis palabras llegan a muchos oídos sordos, llegan a ojos que no quieren ver, y a mentes que no quieren entender. La oportunidad les estoy dando de prepararse, de estudiar, de trabajar, pero no Me quieren escuchar. En algunos, su mente y todos sus sentidos están tan cerrados, que han llegado al extremo de negar Mi existencia.

LA ESPIRITUALIDAD, ES LA ÚNICA LLAVE QUE LES ABRIRÁ LAS PUERTAS DEL CIELO

Su Dios es el dinero, el poder, y lo que pueden obtener con ese poder. Lo que con ese poder obtengan, no los salvará de lo que les espera. No, no podrá hacerlo, porque de lo que los podía salvar, nada llevaron, se concentraron tanto en la materialidad, que de la espiritualidad nada obtuvieron. No sabían, y no aprendieron, que la espiritualidad es la única llave que les podía abrir las puertas del cielo, pero prefirieron los bienes materiales, obteniendo más y más cada día, y a Mí, cada día me ignoraban más y más, hasta Desaparecerme de sus vidas.

Pero ¡Yo no desaparecí! ¡Yo estaba ahí! Yo me di cuenta de lo que hicieron, y de lo que no hicieron. ¡Yo lo vi todo, no me pueden engañar! Yo vi su corazón lleno de codicia, y de maldad. ¡Yo lo vi todo, no Me pueden engañar! Yo sé lo que pensaban. Yo sé lo que hablaban, y lo que hacían. Yo estaba viendo todo. Yo me daba cuenta, que a su lado no Me querían, cuando Yo a Mí lado los invitaba. Prefirieron quedarse a su lado, a Mí lado no llegaron, a Mí lado no disfrutaron de las cosas de Mi Padre. Yo los quise preparar para que a Mí lado estuvieran, pero Mi ayuda rechazaron, a su lado se quedaron.

NO VA A HABER MANERA QUE DIGAN QUE NO LO SABÍAN

Pequeña: Tú sigue escribiendo todo. Todo tienen que quedar escrito, todo tiene que saberse, todo tiene que estar ahí para las generaciones por venir.

-Padre: Háblame más sobre lo que viene, sobre lo que va a pasar, háblame sobre los desastres que vienen, pero también, dame más enseñanza, más profecía, háblame del pasado, de las cosas del pasado, y de cómo sucedieron.

-Padre: En la televisión pude ver a dos de Tus hijos, a los que les has entregado las mismas profecías que me entregaste a mí, eso me dio mucho gusto, y me sentí muy bien al saber, que hay más a quienes Tú les estás entregado enseñanza, preparación, profecías para ayuda de la humanidad, y me doy cuenta, que Tú estás tratando en todas formas de ayudar a Tus hijos. Padre, no va a haber manera que digan que no lo sabían.

No, no lo habrá pequeña, la verdad estará frente a ellos de una forma u otra, de ellos es verla, o negarla. La oportunidad tendrán de conocer la verdad: Mí verdad, de ellos será aceptarla, o negarla, de ellos y de nadie más. Pero la oportunidad tendrán de salvarse si ellos así lo deciden.

Pequeña Mía: Quieres más enseñanza, quieres más profecía, todo esto lo tendrás, cada día se te estará entregando más y más cosas a escribir; las escribirás porque será el testimonio para la humanidad. La humanidad tendrá en sus manos la verdad, Mí verdad, y se darán cuenta, que sólo existía una verdad: Mí verdad. Pequeña: La próxima vez Te hablaré de las estrellas.

-¿De las estrellas Padre?

Sí, de las estrellas, esos astros luminosos que puedes contemplar en las noches más oscuras, de ellas te hablaré.

-Padre mío te elevo de mi agradecimiento.

Viernes18 de septiembre del 2015 a las 3:00 de la mañana
SUEÑO/VISIÓN

QUIERO ACLARAR LAS COSAS

-Veo que mi amiga y yo vemos a un amigo, y trato de hablar con él, pero él trata de ignorarme, pero logro que me escuche y aclaramos las cosas. Luego los tres estamos en un restaurante; y nos sentamos los tres juntos, mi amiga quedó en medio. Yo empiezo a decirle al amigo sobre el mensaje que me había enviado, y trato de explicarle que fue lo que pasó, y como pasó, cuando alguien llega a la mesa a hablar con él, y ya no puedo decirle nada. (Creo que fue alguien de la iglesia.) Es todo lo que recuerdo.

-Después veo a una mujer tratando de comprar un caballo. Veo que los hace correr para ver cuál es mejor. Escucho que dice: Estos están bien. No entiendo porque dice, que el rosa, era mujer. Volteo a ver el caballo, al que ella se refería, veo que es un caballo chico y de color rosa. Al verlo dije: Este si lo monto. Veo que apartan el caballo y lo ponen junto a una pared. Luego veo, que el caballo se convierte en una mujer desnuda, a la que están bañando. Son dos personas las que la están bañando; un hombre y una mujer. Veo como el hombre trata de quitarle toda la mugre de entre los dobleces de la piel. Veo que el hombre se ríe y ambos se levantan y se llevan el caballo. Es todo lo que recuerdo.

MI HERMANO O MI HIJO PLATICANDO CON ALGUIEN

-Veo que mandan a mi hijo, o a mi hermano, a traer algo (En el sueño era mi hijo y luego era mi hermano), veo que se está tardando mucho y voy a ver qué está pasando, y lo veo platicando con alguien, entro a donde ellos están y digo: Ya el agua se quemó y explico, que la esperaba para hacer un café. Después vi mucha comida ya preparada. Es todo lo que recuerdo.

EXPLICACIÓN DEL SUEÑO:

¿Estás entendiendo los sueños?

-Sí, y no, Padre mío. ¿Podrías explicármelos mejor?

-Tú ya sabes, que ese caballo rosa eres tú. Todos tenemos confianza en que puedes hacerlo que tienes que hacer. No importa que haya otros mejores, Nosotros tenemos los ojos puestos en ti. Te estamos bañando, limpiando de todo lo que puedas tener. Ya deja de mortificarte pensando, en qué si eres o no eres, qué si tienes o no tienes: Lo eres y lo tienes, tienes lo que se necesita para cumplir la misión encomendada. Hazlo, ya no piense en lo que tienes o no tienes, en lo que sientes o no sientes. Ya se te dijo, que lo tienes, sólo haz lo que tienes que hacer.

-Padre, ¿y el otro, el del niño que mandan a traer algo y se queda platicando?

¿Quieres ser tú ese niño al que todos se quedan esperando para hacer algo?

-No Padre mío, no.

Entonces, lucha en contra de lo que te quiere hacer perder el tiempo, que hay quien te está esperando para hacer de comer. Ya hay mucha comida preparada, pero todavía hay más por preparar. Por ese de Mi hijo, llegará el momento en que puedas aclarar la situación con él.

Ahora escribe, que te voy a hablar de las estrellas:

CADA ESTRELLA REPRESENTA UNA ESPOSA DE ESE DIOS DE PERFECCIÓN

Las estrellas, astros luminosos que pueden ser contemplados en la noche más negra, su luz atraviesa toda oscuridad. Cada estrella representa una esposa de ese Dios de Perfección: Son las que llegaron a Él en Mi imagen y semejanza. Son todos aquellos que obedecieron, se prepararon, estudiaron, y llegaron a Él, como Él se los había pedido: En Mi imagen y semejanza. Es por eso que brillan con luz propia, la luz que obtuvieron al ser sumisos y obedientes. Cuando contemplas el firmamento, te parecen incontables, que son millones y millones de estrellas, pero te diré, que todavía hay más, que faltan más.

CADA ESTRELLA TIENE UN NOMBRE

Mi Padre sigue pidiendo más esposas perfectas, más esposas, que como estrellas poner en el firmamento, esposas que brillen con luz propia, esposas que formen parte de Su colección de esposas. Cada estrella tiene un nombre, nombre que Él les ha dado, nombre que Él ha escogido para cada una de ellas. Con ese nombre las recibió y con ese nombre las puso en el firmamento para que todas juntas iluminaran. Todas ellas forman un espectáculo divino, único. Mi Padre las contempla a todas y todas le dan placer. A todas las ama como a una sola, porque todas juntas forman el cuerpo de la novia perfecta, la esposa tan esperada por Él, la esposa que lo obedeció, la esposa que se preparó para Él, la esposa que se preparó para hacerlo feliz, la esposa, que prefirió pasar la eternidad con Él, brillando como una estrella en el firmamento.

COMO UNA ESTRELLA EN EL FIRMAMENTO

Es en eso, es en lo que se convierten todos aquellos de Mis hijos que deciden dar ese paso, que deciden estudiar, entregarse en cuerpo, alma, y corazón al verdadero estudio de la espiritualidad, aquellos que deciden aprender a amar en verdad, a amar con el corazón, amar con todo su ser. Ahora dicen amar, pero no es verdad. El día que aprendan, que conozcan el verdadero amor, comprenderán que no sabían amar, que sólo lo decían de labios, pero no de corazón. El amor que se entrega, que se siente desde el corazón, es un amor verdadero, y Mis hijos no lo han sentido, ni lo han entregado.

EL AMOR QUE SE SIENTE DESDE EL CORAZÓN

El amor que ellos dicen tener y sentir, es un amor relativo, un amor que no viene del corazón, sino de la pasión, esa pasión que sienten cuando Me encuentran. Mas cuando en verdad Me conocen, es cuando aprenden lo que es el amor verdadero, el amor infinito, el amor que no conoce barreras, el amor que se entrega en un todo sin objeción alguna, el amor que no pone excusas ni condiciones. El amor que no admite dudas ni reproches; el amor absoluto y verdadero. Es ese amor que quiero que Mis hijos conozcan, experimenten, para que se den cuenta que no sabían amar, que no habían conocido el verdadero amor, ni la verdadera entrega, esa entrega en cuerpo, alma, corazón y mente.

YO LES ENSEÑÉ LO QUE ERA EL VERDADERO AMOR

Yo se los demostré con hechos, Yo les enseñé, lo que era el verdadero amor, pero no lo entendieron. Dicen entenderlo, pero no han aprendido a amar de esa manera, ni han aprendido a tomar su cruz y Seguirme. Los escucho decir que Me aman, que aman a Mi Padre, pero su amor es relativo, no es amor verdadero, amor absoluto. Yo quiero que aprendan a sentir ese amor, para que se den cuenta de la diferencia, para que se den cuenta que no sabían amar, porque no habían conocido el verdadero amor. Yo quiero que lo conozcan, Yo quiero, que como estrellas brillen en el firmamento, que como estrellas compartan el Reino de Mi Padre y Mi Reino.

MI PADRE, SIN FORMAS MATEMÁTICAS, CREÓ LO VISIBLE Y LO INVISIBLE

Te asustaste cuando Te dije, que te iba a hablar de las estrellas, creíste, que Te iba a hablar de formas matemáticas, que tú no ibas a entender. No, eso se los dejo a los científicos, que con sus formas matemáticas quieren encontrar la verdad. Déjalos, que a su manera alguien encontrará, que Mi Padre, sin formas matemáticas, creó lo visible y lo invisible. Déjalos, tal vez algún día se den cuenta, que con amor, pueden encontrar la verdad que desde tiempo están buscando. Sólo con amor lo pueden hacer, no hay otra manera, sólo con amor verdadero, y absoluto, el amor que Yo les vine a enseñar.

ANALICEN MI MUERTE CARGANDO UNA CRUZ QUE NO ERA MÍA

Estudien, analicen Mi entrega, Mi muerte, cargando una cruz que no era Mía, sino de ustedes, y piensen, pregúntense, si son capaces de hacer algo así, si son capaces de dar la vida por sus hermanos, por la humanidad. La respuesta tiene que salir de su corazón, no de la pasión. Respondan con el corazón, respondan con el amor verdadero y absoluto dentro de ustedes. Pero para eso, aprendan a amar en verdad, aprendan a conocer el verdadero amor, aprendan a Conocerme.

A PESAR DE QUE DICEN CONOCERME, NO ME CONOCEN

Sí, a Conocerme, ya que a pesar de que dicen Conocerme, no Me conocen, a pesar de decir que Me aman, no Me aman. Aprendan a Amarme, a Conocerme en verdad, y conocerán el verdadero amor; el amor absoluto y perfecto. Ese es el amor que Yo quiero que conozcan, que sientan, que experimenten, para que se den cuenta, que no sabían amar, que sólo decían amar pero que realmente, no sabían lo que era amar en verdad.

SERÁ ALGO HERMOSO VER QUE EN EL FIRMAMENTO APAREZCAN MÁS ESTRELLAS

-Es verdad Padre mío, me asustaste al decirme que me ibas a hablar de las estrellas, pero esta explicación me volvió el alma al cuerpo. Padre, está hermoso lo que me has dicho, sólo espero que mis hermanos, Tus hijos, lo puedan entender así como yo lo he entendido. Será algo hermoso y divino el ver, que en el firmamento aparezcan más, y más estrellas con los nombre de aquellos que decidieron formar parte de la colección de esposas de nuestro Padre; de ese Padre absoluto y perfecto.

MÁS ESPOSAS PARA MI PADRE

Así es pequeña, sería hermoso ver que más y más estrellas forman ese firmamento, y que en la noche más negra pudieran alumbrar. Como te has dado cuenta, es eso lo que Yo quiero: Más esposas para Mi Padre. Pero para eso, primero tienen que aceptarme como su Maestro, su Tutor, su Mentor, y su Guía, para que Yo pueda enseñarles el amor verdadero, y absoluto. Para que Yo pueda enseñarles a amar en verdad, y a conocer el verdadero amor, ese amor que los llevará a formar parte de ese firmamento de estrellas luminosas. Pero de ellos es la decisión, Yo no puedo hacer nada si ellos no quieren Mi ayuda. Si no me aceptan como su Maestro y su Guía, no podré hacer nada, así es que, de ellos depende que Yo los prepare, que Yo los enseñe a amar en verdad, de ellos depende el Conocerme en verdad, de ellos y de nadie más.

CON LO POCO QUE APRENDÍ ME DI CUENTA, QUE NO SABÍA AMAR

-Padre mío: Con lo poco que logré aprender y sentir ese amor absoluto, y perfecto, me di cuenta que en verdad, no sabía amar, ni conocía el significado del amor. Es por eso, que también me uno a Ti en espera, de que estos de Tus hijos decidan aprender a amar en verdad, que decidan sentir, y experimentar el verdadero amor: el amor absoluto y perfecto.

Sí Mi niña, sigamos esperando, a que ellos decidan qué hacer. No existe otra manera, Yo no puedo forzarlos a hacer algo que ellos no desean. Ellos tienen que decidir, y una vez que lo hagan, empezaré a enseñarlos a amar en verdad. Adiós pequeña. Amén.

Domingo 20 de septiembre del 2015 a las 3:45 de la mañana
CRISTO JESÚS DE NAZARET ME DICE:

NO QUIERES SER PARTE DE SUS VIDAS

Hiciste lo que tenías que hacer, y te sientes bien; piensas, que una carga muy pesada quitaste de tu espalda. Ahora dices, que parte de sus vidas no quieres ser. Pero lo serás, porque esa es Mi voluntad.

PADRE, YO NO LAS ODIO

-Pero ¿Por qué Padre mío? ¿Por qué? Yo no las odio, pero tampoco estoy de acuerdo con lo que están haciendo. ¿Cómo quieres que sea parte de esa vida que llevan? ¿No es eso aceptar lo que hacen? Son Tus hijas, y las amas como a mí, pero lo que están haciendo no está bien. Dicho por Ti mismo, es una aberración. Entonces, cómo quieres que sea parte de su vida, no lo entiendo.

ELLAS SON PARTE MUY IMPORTANTE

Lo entenderás cuando Yo te lo explique. Todos son Mis hijos a todos amo Yo. Yo soy la causa de que todos estén aquí, Yo los formé, Yo los hice, todos salieron de Mis manos y de Mi corazón. Ellas son parte importante en los planes que Yo tengo para la humanidad; parte muy importante, ya lo vas a ver. Piensas, que es imposible, pero no lo es; nada es imposible para Mí, Yo lo puedo hacer, Yo puedo hacer eso, y más; más puedo hacer, y te lo voy a demostrar.

DE MÍ NO ESCUCHARÁS OTRA COSA QUE NO SEA LA VERDAD

Verás cosas que no has visto, escucharás cosas que no has escuchado, y entenderás cosas que no habías entendido. Todo será claro a tu mirada, no lo podrás creer; no podrás creer, que lo que difícil era, no lo es. No lo es, porque Yo lo puedo hacer, no lo es, porque Yo así lo haré. Lo haré ver tan fácil, que sorprendida quedarás, y quedarán todos los demás. Las cosas que Yo puedo hacer, tú las harás, tú harás todo lo que Yo puedo hacer, y más, porque más Te daré. Dices, que no puede ser, que es tu mente física la que está hablando, escribiendo esto. Pero Yo te digo, que sí puede ser, y tú lo vas a ver, y a comprender, que lo que Yo digo, verdad es. Verdad es todo lo que Yo digo, verdad es porque verdad soy Yo. Yo soy la verdad, y la verdad te enseño y te enseñaré. De Mí no escucharás otra cosa que no sea la verdad. La verdad tendrás ante tus ojos, no la podrás creer, pero estará ahí para que todos la vean. Mi verdad triunfará. Mi Reino es verdad. Mi Reino es amor verdadero.

EL AMOR INCONDICIONAL

El verdadero amor se siente, se experimenta, se vive, y eso vivirán y experimentarán aquellos que en Mí confíen, que a Mí se entreguen. Tú ya sabes lo que digo, ya lo has experimentado, ya lo has sentido, y sabes, que es verdad, que ese amor existe, que ese amor es sinigual, que no existe amor como ese, porque es un amor absoluto y verdadero. Es un amor que no conoce barreras, un amor que no hace distinciones, un amor que va más allá de lo que se puede ver; un amor que rompe montañas, montañas de odio y malos entendidos. Este amor es claro, conciso, perfecto: es Mi amor, el amor que Yo entregué al tomar Mi cruz y morir en ella. Con esa acción comprobé al mundo, cómo se amaba en verdad, y absolutamente, al grado de dar la vida, por ese amor, por ese amor incondicional.*

AMOR PURO Y VERDADERO

Mis hijos hablan del amor, pero no lo conocen, no saben que existe ese amor puro y perfecto, y que ellos pueden llegar a sentirlo, a experimentarlo, a entregarlo. Ese amor hace ver todo mucho muy diferente. Todo lo ve claro, nada empaña ese amor, nadie puede negarlo una vez que lo siente porque sabe, que un amor así no había sentido. Ese amor te enseña a ver todo tal y como es, no como te habían dicho que era. Sabes que lo que sientes, es amor puro y verdadero, un amor absoluto: El amor de Dios, Mi amor. Ese amor te hará ver y pensar, que eres capaz de hacer cosas que antes no hacías, porque ese amor te hará hacerlas sin esfuerzo alguno. Será natural para ti, hacer lo que haces, tendrás todo para hacerlo, nada te impedirá, ese amor te guiará.

-Padre Cristo Jesús de Nazaret: Bonito es lo que me dices., y es verdad, que yo tuve la oportunidad de experimentar ese amor y de comprobar que existe.

Ahora lo entiendes y lo ves. Adiós pequeña.

-Adiós Padre mío.

Miércoles 23 de septiembre del 2015 a las 4:05 de la mañana
SUEÑOS/VISIONES

LA SILLA DE RUEDAS Y EL PASTOR

-Veo que el Pastor y yo estamos viendo una película. Luego veo que salimos del cine, yo estoy en una silla de ruedas eléctrica. Vamos corriendo y le hago

un comentario al Pastor acerca de la película. La película se trataba de cosas que la gente puede comprar, pero entre esas cosas, mostraban dinero. Le dije al Pastor que con eso, estaban tratando de decirle algo. Cuando le digo al Pastor sobre el dinero, él se quedó atrás, y yo sigo corriendo con mi silla de ruedas, y llego como a una puerta invisible, pues no podía pasar; era como si alguien estaba ahí impidiendo que yo pasara. No sé porque pensé, que el Pastor había cerrado esa puerta, y que era una persona la que me estaba impidiendo el paso.

EL CABALLO

-Luego veo que voy por un camino de tierra y me encuentro un caballo, que por debajo del mismo, habían hecho algo así como un columpio, y en el venían dos niños. Veo que el caballo pasa, pero quedó un perrito, era como si se había quedado a cuidar.

A MÍ NO ME VAS A HACER LO MISMO

-No sé cómo llegué a una casa y toco a una puerta la cual, abre una mujer que en el sueño conocía, pero no en la vida real. Al abrir me dice, que ella no había dejado pasar a alguien, y me explica por qué. Riéndome le digo: A mí no me vas a hacer lo mismo, y entro a la casa. Al entra veo que ella había dormido en el piso, ya que veo varias cobijas en el piso.

EL PASTOR Y LA ESPOSA EN EL CINE Y LA PELÍCULA: 90 mins. In Heaven.

-Después veo que llegaron por mí, porque íbamos a recoger al Pastor, y a su esposa del cine, habían ido a ver la película 90 mins. In Heaven. Veo que la hermana de la iglesia, muy amiga de la secretaria, iba manejando, mi hermana Teresa de pasajera, y yo en el asiento de atrás. Veo que pienso, en por qué mi hermana Teresa va al frente. Hubo un momento en que pensé, que alguien se había bajado del carro, pues me doy cuenta que iba muy de prisa. Llegamos y el Pastor me toma suavemente de la mano, y me dice, que lo siga, que quiere hablar conmigo, y me pregunta, que si yo sé de qué quiere hablarme, a lo que le contesto: de seguro me va a decir algo malo. Él me dice que no, que él quiere hablarme de la película. Es todo lo que recuerdo. Amén.

LA INTERPRETACIÓN

Cómo ya lo has visto, puedes seguir; puedes seguir hacia adelante, nadie te va empujando, tú sola lo vas haciendo, haz vencido los obstáculos. Déjalo, si él quiere quedarse atrás, que lo haga, tú sigue de frente sin hacer caso a las dificultades.

-Padre mío: Como Tú ya sabes, existen muchas cosas que no entiendo. Perdóname, que en el alba de ayer no escribí nada., sé que me pediste que lo hiciera, pero no lo hice, no pude soportar el dolor. Pero hoy ya me siento mucho mejor, y aquí estoy, escribiendo lo que sea Tu divina voluntad que yo escriba.

-*Bien, entonces escribe:*

Ya te diste cuenta, que lo que Yo te he dicho, otros también lo han recibido, y lo están proclamando para que la gente se entere.

-Sí, Padre mío, así pude verlo, Padre mío, ¿Es de Tu voluntad que me contacte con ese de Tu hijo para que comparemos profecías?

No, tú a lo tuyo, y él a lo de él; ya el mundo se enterará de lo que Yo te he dicho. Pero espera, que Mi tiempo es el mejor de los tiempos Yo te diré cuando lo tienes que hacer, y con quien tienes que hablar. Tú sigue haciendo lo que tienes que hacer, escribe todo lo que Yo te vaya diciendo, deja por escrito todo lo que Yo quiero dejar, para que llegue el día, que se den cuenta de todo lo que Yo quería para ellos.

-Padre mío: En el sueño veo que el Pastor se quedó atrás.

Y así será si continúa con su necedad.

-Padre mío: Es de Tu voluntad que le hable de nuevo, que le pida que me deje entregar lo que Tú me has entregado para todos Tus hijos.

Hazlo, inténtalo, lo único que te puede decir, es que no, pero tú inténtalo, dile, que tú no estás ahí para quitar, sino para dar, si lo entiende, bien, si no, atrás se quedará.

-Así lo haré Padre mío.

Ahora escribe, que hay mucho por escribir.

-Padre mío: ¿Qué es lo que quieres que haga hoy? Ya que conforme al calendario del hombre, este día es especial.

*Nada, t*ú sigue haciendo lo que tienes que hacer; que las recompensas las entrego Yo. Yo sé a quién pagarle lo que ha hecho, y quien merece recibir lo atrasado. Tú eres uno de ellos, *ya te dije, que recibirás lo que se te debe, y mucho más.*

-Padre mío, te elevo de mi agradecimiento.

Miércoles 25 de septiembre del 2015 a las 4:05 de la mañana
LOS MAESTROS DICEN MÁS SOBRE LA LUNA DE SANGRE Y SUS

CONSECUENCIAS

-Ahora, te seguiré hablando de la luna de sangre que se avecina. Ese día, quiero que te prepares, ya que verás cosas que no has visto y sentirás cosas que no has sentido. Trata de recordar todo lo que veas, y describe todo lo que sientas, inclusive, el dolor, ya que habrá de todo. Será un día muy especial para ti, y para todos los que en Mí creen. Para los otros, será un día de angustia y desesperación, ya que unos esperan lo que no han merecido. Pero tendrán lo merecido. Principalmente aquellos en gobierno, esos sufrirán el no Haberme escuchado, esos sabrán que Yo no soy un juego, alguien con quien ellos pueden jugar, Yo Soy quien Soy, y se los voy demostrar.

HABRÁ UNA REBELIÓN INTERNA: TODOS CONTRA TODOS

Sigue con atención las noticias, que ahí te vas a enterar de lo que Te estoy diciendo. Tú sabes la verdad, tú sabrás, que verdad era lo que Yo te estaba diciendo. Habrá una rebelión interna, todos contra todos, pero el ganador seré Yo; Yo les haré ver Mi poder. Aquellos que puedan verlo, entenderlo, se salvarán, pero no sin antes arrepentirse de lo que han hecho, y de lo que no han hecho. Tú verás los resultados, tú sabrás, que fui Yo quien ha hecho todo eso, y eso, sólo será el principio. Si ellos no se arrepienten y vuelven sus ojos hacia Mí, tendrán más, mucho más. Hasta que se den cuenta, que Conmigo nadie juega, que Yo no soy juguete de nadie, Yo no soy algo que Hoy tienen, y Mañana niegan Tenerme. ¡No! ¡No soy juguete de nadie!

SABEN QUE NO ESTÁ BIEN PERO TEMEN MÁS AL HOMBRE QUE A TI

-Padre mío: Esos que están pasado leyes que van en contra de Tus leyes, Padre, te los hago presente a todos. Ellos tienen que entender, que Tus leyes están escrita y que nadie las puede borrar ni alterar. A esos sí los quiero ver sufriendo su desacato, su falta de respeto hacia Ti y a Tus leyes. Ellos saben, que lo que están haciendo no está bien, pero temen más al hombre que a Ti, a esos quiero ver sufriendo las consecuencias de su atrevimiento. Mira qué decir, que el matrimonio entre el mismo sexo es aceptable; y muchas otras cosas, que por temor a perder su trabajo dicen y hacen. Padre, perdóname por pensar así, pero no es justo, que unos cuantos quieran reescribir Tus leyes. Tus leyes ya están escritas, y nadie las puede borrar, ni alterar.

Así es pequeña, así es. Ellos creen que pueden pasar sobre Mí autoridad, que Mis leyes pueden pisotear y quedar impunes, Yo les voy a demostrar, que eso no es así, su impunidad terminará, y de qué manera.

ESTÁN TRATANDO DE SER DIOS

-Bendito seas Padre mío, y ojala lo hagas lo más pronto posible; estos de Tus hijos, se están pasando de la raya. Padre, y qué de esos, que con el pretexto de extender la vida a otros, están asesinando a Tus bebés, los están fabricando como fabricar pañales desechables: los usan, y luego los tiran. Padre mío, es algo horrible lo que están haciendo en el nombre de la ciencia. Como Tú me dijiste: Están tratando de ser dios Pero Dios sólo hay UNO, y ese eres Tú Padre mío.

DIOS SÓLO UNO, Y ESE SOY YO

Y así es pequeña, sólo UNO, y ese soy Yo. Yo soy el Creador, pero también Yo puedo destruir; y eso haré, no sabrán de donde les llegará su castigo. En el nombre de la ciencia lo están haciendo, en Mi nombre pedirán a gritos Mi ayuda. Pero Yo no los escucharé, no pondré atención a sus gritos, así como ellos lo han hecho con esas pequeñas almas, que en el nombre de la ciencia están destruyendo. Todo eso lo pagarán con sangre, la sangre de esas almas inocentes. Entonces sí se darán cuenta, de lo que les estaban haciendo a esas pequeñas almas.

-Padre mío: Otras veces siento pena cuando algo así me dices, pero ahora no. No, porque se lo merecen, merecen todo lo que les puedas hacer. Porque ellos no se han tentado el corazón para hacer lo que están haciendo.

Y Yo no tendré corazón, cuando tenga que darles lo que se merecen.

EXPERIMENTAN EPISODIOS DE LOCURA

Ahora sigue escribiendo, que todavía hay más sobre la luna de sangre:

Muchos van a empezar a experimentar episodios de locura, de demencia. Esos serán los que dicen saberlo todo, ya ni ellos mismos sabrán qué hacer ni que decir. Los que están por despertar… despertarán. Los otros… dormidos se quedarán. Los que despierten podrán ver lo que no han visto antes, y sentirán la alegría de despertar; orgullosos se sentirán, de haber despertado, y se pondrán a trabajar; serán más accesible a Mi palabra, la entenderán mejor, y lo que no entiendan, preguntarán. Los que crean saber, aceptarán que nada sabían, y se pondrán a estudiar. Sólo los necios, y los sordos, se quedaran sin aprender, por su orgullo y vanidad. Cuando se den cuenta de ello, tarde será, ya no habrá escuela para ellos, ya no podrán estudiar.

Verás muchas cosas, cosas que moverán tu corazón. Pero nada podrás hacer por los que no quieren entender. A esos déjalos, que por ellos mismos comprenderán, que la verdad tú les decías, y que por necios, no te quisieron escuchar. La pérdida será de ellos, y de nadie más, ya que pudieron hacer muchas cosas por ellos, y por la humanidad. Se lamentarán, se jalarán los cabellos, rechinarán los dientes, pero nada podrán hacer; ya todo habrá terminado.

¿ME ESTÁS HABLANDO DE LOS ÚLTIMOS DÍAS?

-Padre: Me hablas de ese día de la luna de sangre, pero al mismo tiempo entiendo, que me estás hablando de los últimos días. ¿Es así Padre mío, es así, o estoy entendiendo mal?

No Mi niña, lo estás entendiendo bien. Para ellos serán los últimos días, para los otros, será el principio de una nueva vida, vida de amor, de entendimiento, de comprensión, porque podrán ver con los ojos de la verdad, Mi verdad. Podrán ver y entender lo que antes no miraban, ni entendían, todo será luz para ellos, será su despertar a la luz y a la verdad. Cómo puedes darte cuenta, para unos, será el despertar; para otros, la muerte en vida. ¿Me entiendes?

-Trato Padre, trato de Entenderte.

Bueno, sigue escribiendo:

LOS IGNORANTES EN SABIOS SE CONVERTIRÁN

El mundo sufrirá cambios severos: Lo que Hoy está aquí, Mañana no estará, los que Hoy tienen, Mañana no tendrán, los que sabían, no sabrán, y los ignorantes, en sabios se convertirán. Sí, aquellos a los que ellos llamaban ignorantes por creer en Mí, tendrán que llamarlos sabios, y de ellos empezarán a aprender. De ellos aprenderán, que Yo existo, que he existido, y que seguiré existiendo, que Yo no fui una fábula, ni una fantasía, sino una realidad, realidad que tendrán frente a ellos, y no la podrán negar. No podrán negar, que los ignorantes ellos eran, y aceptarán, que nada, nada sabían. Serán pocos, ya que como te dije, serán más los necios y los sordos, que por su orgullo y vanidad nieguen lo que están viendo. A esos, déjalos, no pierdas el tiempo con ellos, que Yo les entregaré lo merecido.

TE DIRÁN MUCHAS COSAS PERO TÚ Y YO SABEMOS LA VERDAD

Tú sigue haciendo lo que tienes que hacer. Te llamarán loca, incompetente, e incauta; dirán que tú misma escribes todo esto por vanagloria propia. Te dirán muchas cosas, pero tú y Yo sabemos la verdad. No dejes que sus comentarios lleguen a tu corazón, escúchalos e ignóralos, y sigue haciendo lo que tienes que hacer. Escribe, escribe, escribe hasta que no puedas más, que el mundo se entere de todo lo que Yo pienso, pensaba, y pensaré, de todo lo que Yo hago, hacía, y haré, de todo lo que Yo soy, era, y seré. El mundo tiene que saber todo eso, y más, porque más te entregaré para que quede constancia, y no lo puedan negar.

GUERRAS INTERNAS ENTRE EL MISMO GOBIERNO

Vendrán días terribles para la humanidad, guerras internas entre el mismo gobierno. Ya que dentro de ellos mismos, estarán divididos, unos en pro de la guerra, y otros en pro de la paz. No se pondrán de acuerdo, y será un estira y afloja entre ellos mismos, pero tendrán que decidir qué hacer. Sólo aquellos que acudan a Mí, tendrán la respuesta, y la solución al problema. Porque a esos Yo ayudaré a seguir adelante con sus planes de amor y paz, y a los otros confundiré, y no sabrán qué hacer. Habrá peleas entre ellos mismos, pero perderán terreno, porque aquellos que me busquen, tendrán la sabiduría a muchas cosas. No será fácil, porque serán más los que buscarán la guerra, y su solución será: Esa guerra. Pero Yo daré fuerza, e inteligencia a aquellos que Me busquen, y podrán salir adelante, podrán entregar mejores soluciones en pro de la paz.

HABRÁ MÁS QUIENES PIDAN LA PAZ, Y OREN POR ESA PAZ

Yo abriré los ojos a muchos, para que puedan ver la realidad de las guerras. Podrán ver los estragos que éstas ocasionan en Mis hijos, podrán ver las guerra tal y como es, y no como ellos creían que era, y habrá más quienes pidan la paz, y oren por esa paz, que aquellos que oren por los soldados, que en esas guerras se encuentran.

FÁCIL NO SERÁ

Como ya Te dije: Fácil no será. Porque hay más los que piensan, que con guerras se puede solucionar todo. Pero hasta esos, muchos de ellos entenderán que estaban equivocados. Verán cosas, unas buenas, otras no tanto, pero sabrán comprender el porqué de ellas. *Tú sigue escribiendo todo lo que Yo te diga, y deja el resto a Mí, Yo sabré que hacer; Yo sé lo que estoy haciendo. Amén.*

Jueves 21 de septiembre del 2015 a las 4:23 de la mañana
DIOS PADRE DICE:

YO NO HICE LAS GUERRAS.

EL HOMBRE LAS HIZO, Y LAS SIGUE HACIENDO

-Padre mío: No entiendo ese sueño, Tú me dijiste que hablara nuevamente con el Pastor, y así lo hice, entonces, porque ese sueño, no lo entiendo. ¿Quieres que hable con él, o no? Por favor, dime que quieres que haga.

Harás lo que ya se te ha dicho hacer; hablarás con él, y le dirás lo que ya se te dijo decir; sólo eso y nada más.

-Hágase Señor Tu voluntad.

Ahora escribe, que tenemos más, mucho más que escribir:

Los días que están por venir son muy importantes, para todo aquel que en Mí cree, tendrán la oportunidad de ver y escuchar cosas que antes no vieron, ni escucharon, y la oportunidad de entregarse a Mí en verdad. Lo que en el alba de Ayer dijiste a esa de Mi hija, fue lo correcto, ella es una a la que tengo bajo Mi mirada para grandes cosas. Si ella hace lo que se le dijo hacer, tendrá más, mucho más de lo que ya tiene. Sí, es verdad que va a ser atacada, el enemigo no la quiere despierta porque sabe, que lo va a combatir. Ella tiene el poder para hacerlo, es por eso, que te la he presentado siendo atacada. Tú y ella tienen algo en común, y eso las va a unir más; juntas van a realizar cosas grandes, y maravillosas. Sí, Yo sólo soy el que sabe, y lo que sé, es lo que Te estoy diciendo, tú sigue escribiendo lo que tienes que escribir, de lo demás me encargo Yo.

YO SOY LO ÚNICO QUE LOS VA A SALVAR DE LO QUE VIENE

Como ya Te dije, los días por venir, son muy importantes para todo aquel que en Mí cree, para todo aquel que sabe, que Yo soy lo único que los va a salvar de lo que viene. Pero tienen que darme la oportunidad de hacerlo, Yo no puedo ayudarlos si no me lo permiten, tienen que aceptarme como su Maestro, Tutor, Mentor, y Guía, sólo así podré hacerlo, sólo así podré enseñarles el camino verdadero, y las cosas que deben hacer, para alcanzar lo inalcanzable. Esos días son muy importantes para su preparación, si en esos días no me abren su corazón, y su mente, se quedarán sin saber qué hacer cuando llegue lo que tiene que llegar.

YO DIJE NO MATARÁS Y LO HACEN A PLACER

Mi Padre ya no puede soportar tanto desacato a Sus leyes, y hará lo que tiene que hacer, para demostrar quién es Él, y lo que Él es. Él es el poder infinito, el infinito poder; y se los va a comprobar. La humanidad, Su creación, está haciendo todo lo posible para que eso suceda, atacando y pisoteando Sus leyes, modificándolas a su voluntad. Así, están tratando de decirle, que ellos son mejores dioses, y que saben mejor, cómo hacer las cosas. Eso no es de Su agrado y dice: Yo los formé, por Mí existen, y ahora ellos Me dicen que hacer, y modifican Mis leyes a placer. Sí, como a ellos les place, les conviene. Pero Mis leyes, no son de complacencia, sino de obediencia. Mis leyes son para ser obedecidas tal y como Yo las dejé, no modificarlas a placer de todo aquel que no las quiere obedecer. Yo dije: No matarás y lo hacen a placer, lo hacen, con la excusa de a otros hacer vivir.

MIS HIJOS SON LOS QUE PAGAN LAS CONSECUENCIAS

Matan a Mis hijos, enviándolos al frente de las guerras, guerras, que ellos mismos forman para satisfacer su ambición, y deseo de poder, y Mis hijos son los que pagan las consecuencias. Aquel que logra regresar con vida, como ellos dicen, son despojos humano que ya no pueden servir a nadie, pero ellos dicen: Sirvieron a su patria. Con eso los convencen, de ir, y luchar por algo que ellos no provocaron, por algo que ellos no hicieron. Los engañan con falsas promesas, y con la mentira, de que están sirviendo a su patria.

¡YO SOY SU PATRIA!

¡No es su patria! ¡Su patria está aquí Conmigo! ¡Yo soy su patria! ¡Yo tengo el lugar para ellos! *Sólo tienen que luchar para poder llegar a ese lugar; para*

poder disfrutar de ese lugar. Pero su lucha, no es frente a guerras que Yo no he formado, su lucha es contra el enemigo, que no quiere que lleguen a Mí, que no quiere que estén a Mi lado, disfrutando de todo lo que es Mío.

YO AYUDO Y PROTEJO AL INOCENTE

Yo no hice las guerras, fue el hombre mismo quien las hizo, y las sigue haciendo. Pero Yo ayudo y protejo al inocente, al que es atacado, al que quieren arrancarle lo que Yo le doy, pero al hacerlo se piensan, que Yo estoy de acuerdo con esas guerras. Pero no es así, Yo estoy en contra de la injusticia, porque justicia soy Yo. Yo soy la justicia, y hago justicia a los oprimidos y maltratados. Eso no me hace hacedor de guerras, sino protector del inocente.

TODO ES MOTIVO DE GUERRA, NO LOS ESCUCHO PIDIENDO PAZ

Mis hijos, quieren formar guerras por todo, todo es motivo de guerra, pero no los escucho hablando de paz, no los escucho pidiendo paz, sólo guerra. Se reúnen a pedir, a orar por los soldados que van, o ya están en el campo de batalla, pero no los escucho pedir paz en el mundo. Su oración es de guerra, no de paz, ¿cómo quieren que Yo los escuche, si no hay paz en su corazón? Sí, es verdad, que Yo cuido y velo por aquel inocente niño, que ha sido enviado a pelear por algo, en lo que él no tuvo nada que ver. Pero no es mucho lo que puedo hacer, porque su mente ha sido llenada con mentiras, y engaños, con falsas promesas, y de un orgullo mal dirigido: El orgullo de estar sirviendo a su patria.

Quiero escuchar a Mis hijos, pedir paz, no guerra, pedir por la salvación de las almas, sean las que sean. Para Mí no hay distinción de razas, credos ni colores, pero para Mis hijos si existen esos prejuicios. Sí, hacen distinción en razas y colores. ¡Esa no es Mi voluntad! Yo a todos creé con amor, y desde Mi corazón. ¡Todos sois Mis hijos! Y a todos amo Yo. Yo quiero ayudarlos, prepararlos, para que vengan aquí Conmigo a gozar de todo lo que es Mío. Eso es lo que Mi Padre quiere, y eso, es lo que Yo, su Jesús de Nazaret quiero. Yo quiero verlos junto a Mi Padre, en Su Reino, en Mi Reino, gozando de todo lo que aquí se encuentra, de todo lo que Mi Padre ha creado para su recreación.

Mis hijos, Mis pequeños, por favor, escúchenme, que Yo tengo más que darles, que ustedes que pedirme. Yo los quiero ayudar, preparar para lo que viene, Yo no quiero que perezcan, Yo quiero que salgan vencedores de ésta, y muchas batallas que van a enfrentar. Amén.

Martes 6 de octubre del 2015 a las 2:38 de la mañana
SUEÑO/VISIÓN

ALGUIEN PROFETIZÓ SOBRE MÍ Y

LA CIUDAD DE LOS ÁNGELES

-Veo que alguien profetizó algo sobre mí, y sobre la ciudad de Los Ángeles. Luego, la esposa del Pastor tiene un sueño, en donde contempla exactamente lo mismo, y termina diciendo, que se rendía a mí.

EMPIEZO A DESARROLLARLOS

-Después veo, que trato de empezar a desarrollarlos, les digo, que yo me voy a sentar, y que hagan lo que yo hago. Lo hacen, pero a su manera, acostados, respetando al Pastor. Hasta que algo sucede y entonces, los empecé a desarrollar en la forma correcta. Es todo lo que recuerdo. Amén.

Martes 6 de octubre del 2015 a las 3:50 de la mañana
LOS DE LOS OJOS ESPIRITUALES

-Bonito sueño, ¿verdad? Te llenó de fe y esperanza, y te hizo comprender, que Yo sé lo que estoy haciendo.

-Así es Padre mío, así es. (El dolor inmenso de mi pierna no me dejaba hacer nada).

-Bien, quiero que sigas escribiendo, y así te darás cuenta, del porqué de muchas cosas.

-Padre mío, mi dolor; quítame este dolor, ten piedad de mí.

-Y la tengo, pero quiero que aprendas a obedecer en medio del dolor. Te dije, que Yo quiero que sigas escribiendo, que no dejes de hacerlo, Yo tengo mucho que decir, y quiero que quede todo escrito. Todos tienen que saber de Mí, de lo que Yo pienso, y de lo que Yo hago, no dejes de escribir.

-Padre. Mi dolor, quítamelo, es insoportable.

Y lo haré. Pero sigue escribiendo:

Las cosas que van a suceder son de mucha importancia para todos Mis hijos. Se van a dar cuenta de muchas cosas muy importantes para todos ellos, van a saber de Mi amor incondicional, ese amor, que Yo quiero que ellos lleguen a sentir por Mí: El verdadero amor. Ese amor que los hará cambiar completamente su forma de ver las cosas, y la forma de hacerlas. Van a ver con los ojos del amor: Los ojos perfectos, esos ojos, que los hará ser reconocidos y llamados: Aquellos de los ojos limpios, claros, perfectos, ojos espirituales.

-Padre: Mi dolor… Aquí dejé de escribir; el dolor era insoportable.

Jueves 15 de octubre del 2015 a las 2:40 de la mañana
CRISTO JESÚS DE NAZARET DICE:

MIS HIJOS ESTÁN OFENDIENDO A MI PADRE

-Tienes que seguir escribiendo, no dejes que el dolor evite que lo sigas haciendo. Sabes qué lo tienes que hacer, hazlo, para que encuentres placer, el placer que necesitas para seguir existiendo. No creas que te hemos olvidado, no, no lo hemos hecho, Todos estamos aquí contigo, esperando que hagas lo que tienes que hacer. Hazlo, para que dejes de sufrir. Tienes que seguir escribiendo todo lo que se te indique, recuerda, que todo debe quedar escrito para testimonio de generaciones por venir. Ahora, deja que Te diga algo más, algo más que se debe saber:

Ya está sobre ellos la maldad, la maldad está haciendo estragos en Mis hijos. Aquellos que no están preparados, sufrirán más, nadie escapará a los estragos de la maldad; la maldad atacará a todos por igual, pero aquellos de Mis hijos que preparados se encuentren, podrán salir adelante de sus ataques. ¡Tienen que estar listos para enfrentar lo que viene! ¡Tienen que hacerlo!

-Lo sé Padre mío, lo sé. Pero, que se puede hacer si no quieren escuchar; no quieren entender, qué se tienen que preparar. Tú sabes, Padre mío, que yo estoy tratando de que me escuchen; pero no logro nada, no logro que abran sus ojos, ni sus oídos, yo ya no sé qué hacer. Pienso y pienso en la forma que pudiera ayudarlos, que pudiera enseñarlos a prepararse, pero Tú tienes que ayudarme, sola no lo puedo hacer; sola no puedo hacer nada por Tus hijos, mis hermanos. Sí, es verdad que me pides que escriba, que escriba todo lo que Tú me dices. Pero veo que el tiempo sigue pasando, y yo sigo sin hacer nada.

Ya te dije, que tienes que tener paciencia, que todo va suceder como se te ha dicho, sólo espera, y todo llegará a ti como se te ha prometido.

-Padre mío: Tú eres el único que sabe lo que está pasando, y por qué está pasando; hágase Tu voluntad Señor, y no la mía.

Y así se hará, se hará Mi voluntad, y Mi voluntad, es que sigas escribiendo, que sigas haciendo lo que tienes que hacer, y nada más. Yo sé que es frustrante tu situación, que el no saber te está acabando. Pero no dejes que eso te desanime, tú sigue haciendo lo que tienes que hacer, tienes que dejar constancia de lo que va a suceder; y el por qué va a suceder. Mis hijos están haciendo todo lo contrario de lo que Yo vine a enseñarles, y Mi Padre no está de acuerdo con lo que están haciendo, ni con lo que están diciendo. Muchos han, y están ofendiendo a Mi Padre. Él, que ha hecho Todo, no está de acuerdo con que lo quieran borrar, desaparecer, que quieran hacer creer, que Él nunca ha existido, que Yo no existo, y que todo fue una fantasía inventada.

MI PADRE ES REALIDAD YO SOY REALIDAD

Mi Padre no es, ni ha sido una fantasía, Mi Padre es realidad, Yo soy realidad, y se lo Vamos a demostrar. Mis hijos van a tener que creer, o creer, no van a tener otra alternativa, la verdad va a estar frente a ellos. Pero aun así, muchos seguirán negando Nuestra existencia, Nuestra magnimidad, pero aún ellos, llegarán a la conclusión de que algo fuera del alcance, de su conocimiento, está detrás de todo esto. Aún ellos llegarán a la conclusión, que un poder sobrenatural está haciendo todo lo que están viendo, aún ellos, *te lo digo Yo que todo lo veo, Yo que todo lo sé, y que todo lo escucho, hasta ellos aceptarán Nuestra existencia. Sólo espera y lo verás.*

-Padre mío, qué más quieres que escriba, qué más quieres que quede como testimonio de Tu existencia y Tu poder.

ESCRIBE, QUE EMPEZARÁN A VER SEÑALES

Escribirás todos y cada uno de los acontecimientos por venir, escribirás todo lo que Yo veo, todo lo que Yo pienso, y todo lo que Yo voy a hacer, escribirás todo, nada quedará por escribir. Escribe, que empezarán a ver señales, señales, que les irán indicando, que todo va a suceder como fue dicho y escrito. Recuerda, que lo escrito, escrito está, y nadie lo puede borrar, ni cambiar, todo sucederá como se ha dicho. Sólo aquellos que se encuentren preparados, podrán afrontar lo que viene, sólo ellos. Es por eso que quiero que se preparen, que estudien, que trabajen en pro de su salvación.

-Pero Padre mío, ellos dicen estar salvados, que ya nada tienen que hacer para obtener esa salvación, que Tú ya la pagaste con Tu sangre, eso es lo que ellos dicen, y creen Padre mío, qué se puede hacer para que entiendan, que hay mucho más por hacer, que se tienen que preparar para llegar al Padre.

Tú sigue escribiendo, que el que entienda… entenderá y el que no, se quedará sin saber lo que tenía que hacer, para a Mi Padre llegar. Amén.

Miércoles 21 de octubre del 2015 a las 7:26 de la mañana
CRISTO JESÚS DE NAZARET DICE:

YO NO FORZO MI ENSEÑANZA

LLEGAR A ÉL EN MI IMAGEN Y SEMEJANZA

No te confundas con lo que sueñas, que lo que Yo te digo, es claro y conciso. Yo no miento. Yo no engaño; y Yo no lastimo a los que están Conmigo. Yo amo a todos Mis hijos, porque todos son Mis hijos. Yo no hago distinción en ninguno de ellos. Tú sabes, que Yo estoy más con aquel que se ha alejado de Mí. Y estoy con él, hasta que logro llevarlo de nuevo al redil. Yo siempre estoy en pos de la descarriada, aquella que camina por las sendas, y no por el camino que Yo le he trazado. A esa, es a la que voy a traer de nuevo al redil.

Me dices, que por qué Te he olvidado, que por qué no escucho tus suplicas ni tus plegarias. Y Yo te digo: Yo todo lo sé; Yo todo lo escucho; y a nadie olvido; ni siquiera a esos que se han olvidado de Mí. Yo estoy ahí con ellos para recordarles, que Yo existo; que Yo no me he ido ni me iré de su lado. Y ahí estaré hasta que reaccionen y se den cuenta, que Yo siempre he estado con ellos, que nunca los he abandonado a pesar, que ellos sí me abandonaron a Mí.

Tú no me has abandonado, tú no me has dejado. Lo hiciste y en un tiempo, dejaste ir Mi mano; pero Yo no te solté. Comprendí, que no sabías lo que estabas haciendo, y así fue, llegó el momento en que te diste cuenta de tu error, te arrepentiste y Yo te tuve de nuevo en Mis brazos. Yo no te he olvidado; Yo no me he alejado de ti ni me olvidaré, tú eres algo especial para Mí. Sí, lo eres, a pesar de que tú no lo creas.

Me dices: Padre, tuve pero ya no tengo. Padre, fui, pero ya no soy. Y Yo te digo: Tuviste, y tienes, fuiste, eres y serás lo que Yo he dicho que eres. Recuerda, que Yo no miento, que Yo no hablo por hablar, ni digo por decir. Yo sé lo que digo, y Yo sé lo que hago. Eso lo sabes muy bien, porque de ellos te has dado cuenta, tú sabes que Yo hablo verdad, que Yo digo verdad, porque verdad soy Yo y verdad enseño.

Yo quiero que sigas escribiendo todo lo que se te diga escribir:

Todos estamos aquí para entregar enseñanza, preparación y conocimiento a todo aquel que así lo requiera, lo pida, y lo acepte. Yo estoy aquí para enseñar, para preparar, para educar a todo aquel que necesite y quiera ser preparado. Todo aquel que Me reciba como su Tutor y su Maestro, va a aprender de Mí toda la educación necesaria para aprender a amar en verdad, para aprender a Conocerme en verdad, para que se prepare a ser como Yo, a ser Mi imagen y semejanza, y llegar a la presencia de Mi Padre.

Mi Padre está esperando a todo aquel que se ha convertido en Mi imagen y semejanza, para recibirlos como Sus esposas. Esa esa es la condición que Él pide para aceptarlos como Sus esposas: Llegar a Él en Mi imagen y semejanza. Pero para lograrlo, tienen que aceptarme como su Maestro y su Tutor, Yo los prepararé, Yo les mostraré el camino para llegar a Mi Padre, Yo los llevaré ante Él si ustedes me lo permiten, sólo así lo haré. Porque Yo no forzo Mi enseñanza, Yo no forzo Mi entrega, Yo no forzo a nadie a que Me quiera. Yo pido permiso para entrar, si Me abren la puerta de su corazón, Yo entro, de lo contrario, me quedo afuera esperando que me abran, para poder entrar. Yo quiero entrar, Yo quiero permanecer en ese corazón, Yo quiero hace Mi morada en ese corazón. Yo quiero hacer Mi morada en ese corazón; pero no lo haré hasta que Me permitan entrar.

YO LES ENSEÑARÉ EL CAMINO QUE LOS LLEVARÁ MI PADRE

Son tantas las cosas que quiero enseñarles, tanto que quiero mostrarles, pero ustedes Me atan las manos al no dejarme entrar en sus corazones. Hay muchos de Mis hijos, que ya me han dejado entrar a ese corazón; ya estoy dentro de él. Pero lo que ahora necesitan para que Yo empiece a derramarme en ellos, es que me acepten como su Maestro y su Tutor. Yo seré su Mentor, y como tal, Yo los prepararé, Yo los guiaré; Yo les enseñaré el camino que los llevará Mi Padre, ese Padre, que es perfección y pide perfección para poder estar junto a Él. Yo los prepararé para que alcancen ese nivel de perfección que necesitan, y que Él está pidiendo en todos, y cada uno de Sus hijos.

NO PERDERÁN NADA, SU SALVACIÓN ESTÁ CONMIGO

Lo que Él está pidiendo, no es fácil, y no todos lo lograrán. Pero aún aquel que no lo logre, estará más preparado, tendrá más educación, educación que ahora Mis hijos no tienen a pesar de decir que la tienen. No perderá nada, su salvación está Conmigo, seguirá siendo Mi esposa, estará Conmigo. El que no logre ser a Mi imagen y semejanza, no le quitará lo que ya se ha ganado, lo que ya tiene: Su salvación La única manera en que puede perder esa salvación, es Negarme; negando Mi existencia; negando, que Yo soy quien soy. En otras palabras: Dándome la espalda, dando la espalda a Mis enseñanzas, a Mis leyes; negando todo lo que Yo vine a enseñar. Sólo así perderá esa salvación, sólo así. Hago hincapié en esto, porque muchos de Mis hijos pensarán, que al aceptarme como su Maestro, Tutor, y Mentor, al empezar a recibir directamente las enseñanzas que antes no habían recibido, están haciendo algo malo, y que por ello, van a perder su salvación. Es por eso, que quiero que quede claro, que eso no es así, y que la perderá, únicamente si Me abandonan, Me niega, y niega Mis enseñanzas, y Mis leyes. Sólo así, sólo así.

Yo seré muy duro con aquellos que después de conocerme, de tener pruebas de Mi existencia, de Mi poder, digan que Yo no existo, y que Mis leyes, son falsedad que pueden pisotear, y cambiar a voluntad. A esos haré ver Mi poder; a esos enseñaré lo que Yo puedo hacer. Mi poder estará sobre ellos para que se den cuenta, que Yo soy quien digo que soy, y que nadie puede cambiar Mis leyes. Porque Mis leyes fueron escritas a fuego, a fuego demostraré, que Mis leyes están aquí para quedarse tal y como fueron escritas. ¡Nadie las puede cambiar, ni modificar a su antojo y conveniencia! ¡Nadie! ¡Ni Mi Padre, que fue quien las escribió lo puede hacer! Porque Él tiene UNA palabra, UNA y nada más. Su palabra es la que se cumple, y no se cambia. Amén.

Pequeña: Como ya te das cuenta, Yo estoy contigo, y con todo aquel que Me acepte. Pero estaré más con aquellos que han dejado el camino, y por las veredas anda, con ese estaré hasta que logre llevarlo de nuevo al camino, camino que Yo le tracé.

-Padre mío: ¿De qué más quieres hablarme en esta bendita alba de gracia?

De muchas cosas pequeña, de muchas cosas.

-Padre: ¿Quieres hablarme de ese de Tu hijo, al que me enviaste a preparar?

No, no por ahora, espera ver los resultados al terminar esa preparación. Espera, para que te des cuenta, del resultado de tu obediencia. Sí, sí es verdad lo que sientes: que sólo te escucha porque le llevas cosas. Sí, hay algo de eso, pero tu amor y tu entrega lo va a hacer cambiar, espera y lo verás. Recuerda, que se enseña más con los hechos que con las palabras, y tus hechos lo enseñarán más; podrá ver lo que eres, y quien eres, espera y lo verás. Tú sigue haciendo lo que tienes que hacer, recuerda, que son los enfermos los que necesitan al doctor. Muéstrale, que tú eres un buen doctor, deja que lo vea por él mismo, que él se dé cuenta de lo que eres. Tú sigue haciendo lo que tienes que hacer, y déjame *a Mí lo demás, Yo sé lo que hago, y lo que estoy haciendo, espera a ver los resultados de tu obediencia.*

Adiós pequeña Mía, luego hablaremos de otras cosas; cosas que Yo quiero que sepas, y que sepan todos Mis hijos.

- Adiós Padre mío, adiós. Aquí esperaré a que me entregues esas cosas Padre mío; aquí estaré.

Viernes 23 de octubre del 2015 a las 3:58 de la mañana
CRISTO JESÚS DE NAZARET DICE:

ESTA NACIÓN SERÁ TOCADA

LO QUE VIENE, A TODOS TOMARÁ POR SORPRESA

Quiero que escribas, que no dejes de escribir porque hay mucho que decir, mucho por aprender. Yo quiero que quede todo escrito; que todo quede plasmado en papel, para que luego no digan que nada sabían. El que lo lea y lo aprenda, sabrá la verdad, tendrá la oportunidad de hacer algo por su salvación. Sabrá qué hacer para librar la batalla, sabrá qué hacer para protegerse.

El que lo lea y lo niegue, nada aprenderá, y no sabrá qué hacer a la hora del ataque, no sabrá cómo defenderse de ese ataque, no sabrá qué hacer. Yo quiero que todo quede escrito, para que todo aquel que lo lea tenga la oportunidad de aprender, la oportunidad de salvarse. Ya te dije que lo que viene, no es fácil de librar si no se está preparado. Lo que viene, a todos tomará por sorpresa y sólo aquellos que estén preparados podrán luchar y vencer – Se salvarán porque se prepararon.

TODAVÍA PIENSAN QUE NADA VA A SUCEDER

Yo sé lo que viene, Yo sé lo que se espera, Yo sé que ya está aquí, que ya llegó, y muchos no están preparados para luchar y vencer. Todavía piensan, que nada va a suceder; que a ellos nada les va a pasar; que ellos ya están listos, y que saben qué hacer. Pero Yo sé que no es así, que no están listos, ni saben qué hacer, para ellos, todo es un juego, todo es una broma. Pero ese juego, y esa broma, en pesadilla se les va a volver. Sueñan y siguen soñando, que todo sigue igual que antes, que ellos, están en una nación que nadie puede tocar. Pero se equivocan, esta nación será tocada, y de qué manera. Esta nación se ha ganado el odio de otras naciones por su arrogancia, por su poder, pero ese poder, y esa arrogancia, se van a perder. Ésta nación, ya no tendrá poder.

PERECERÁ POR SU ARROGANCIA DE SENTIRSE DIOS

Su arrogancia terminará, no quedará nada de lo que Hoy dice tener, nada, y va a perecer. Perecerá por su arrogancia de sentirse dios, perecerá por creer, que todo lo podía hacer, perecerá por decir, que Yo fantasía era, después que la vi nacer, después de que por Mí creció, y se formó. Pero llegó el día que se sintió superior; superior a Mí, y Me quiso desaparecer. Eso, eso la llevó a la derrota, porque a Mí, nadie me puede borrar.

CAERÁ LA DAMA ARROGANTE

Oportunidad le di para que recapacitara, se enmendara, pero no lo quiso hacer. Esperé, y esperé a que sus ojos voltearan hacia Mí buscando Mí ayuda, pero no lo hizo, y Mí ayuda no obtuvo. Yo ayudo al que Me busca, al que se humilla ante Mí, y me pide la ayuda, pero ella no se humilló, Mí ayuda no pidió, Mi ayuda no recibió.

CAYÓ, Y NO VOLVERÁ A LEVANTARSE

Caerá la dama arrogante, la dama que decía que el poder ella tenía; cayó y no volverá a levantarse. No volverá a tener Mi ayuda; ayuda que rechazó cuando Yo se la ofrecía. Esperé y esperé a que recapacitara, pero no recapacitó, no dijo: Ayúdame por favor. Su rodilla no dobló pidiendo Mi ayuda. Mi ayuda no pidió, Mi ayuda no llegó. No llegó, porque ella no la pidió.

HOY ES EL DÍA PARA ESTUDIAR

El tiempo se acorta, ya no queda mucho tiempo, para que Mis hijos se preparen, para que estudien, para que aprendan a defenderse de lo que está aquí y de lo que vendrá. Hoy es el día para prepararse. Hoy es el día para estudiar y meditar en la posibilidad de poder salvarse. Mañana tarde será, no habrá tiempo para estudiar ni prepararse. La preparación es ahora, porque Mañana será la batalla, la guerra, y no estarán preparados para enfrentarla.

SU VERDAD ES RELATIVA MI VERDAD ES ABSOLUTA

Hijos Míos: Escúchenme, pongan atención a lo que Yo les digo, Yo sé lo que vienen y sé, que preparados no están para enfrentarlo. No, no están, aunque digan que lo están. Yo sé que no saben lo que deben saber para luchar y vencer. Están tan sumergidos en su verdad, que Mi verdad ignoran sin saber, que Mi verdad es lo que los puede salvar. Su verdad es relativa, Mi verdad es absoluta. Mi verdad los llevará a la victoria, su verdad los llevará a la derrota.

YA NO MÁS MENTIRAS, NI ENGAÑOS

Aprendan a conocerme, y a amarme en verdad; y todo lo demás llegará a ustedes. Podrán ver lo que no han visto, podrán aprender lo que no saben; podrán conocer el verdadero amor: el amor absoluto y perfecto. Ese día, se darán cuenta, que realmente, no sabían amar, ni conocían el verdadero amor; ese amor que los hará ver todo en forma diferente, y clara. Ya no más confusiones, todo será claro en su mente. Verán lo que tienen que ver, escucharán lo que tienen que escuchar, y hablarán lo que tienen que hablar. Ya no más mentiras, ni engaños, no más falsedades, no más verdades relativas, frente ustedes tendrán la verdad absoluta, la absoluta verdad. Pero para que esto suceda, tienen que darme la oportunidad de prepararlos, de enseñarlos, de educarlos en lo que deben ser educados, y preparados.

ENTRÉGUENME SU LIBRE ALBEDRÍO, DEJEN QUE YO LOS AYUDE

Yo no puedo hacerlo si no Me dan esa oportunidad. Yo no puedo forzarlos a que estudien, a que escuchen, tiene que ser a voluntad. Su voluntad es lo que cuenta para que Yo haga Mi voluntad. Mi voluntad es ayudarlos, su voluntad debe ser aceptar Mi ayuda, de no ser así, Yo no puedo hacer nada. No puedo ayudarlos porque su libre albedrío tienen, y Yo lo respeto. Entréguenme su libre albedrío, dejen que Yo los ayude; que Yo los enseñe, que Yo los prepare. No se nieguen esa oportunidad ni me la nieguen a Mí, denme la oportunidad de ayudarlos hijos Míos, Yo sé lo que viene y sé, que preparados no están para enfrentarlo.

Déjenme prepararlos, se los pido, déjenme ayudarlos a estar Conmigo. Yo los quiero junto a Mi Padre, y junto a Mí, para que todos juntos, disfrutemos de todo lo que Mi Padre ha formado, para que todos juntos, gocemos a Su lado. Yo sé lo que les digo: Preparados no están, dejen que Yo los prepare, que Yo los ayude, para que la eternidad gocemos todos juntos aquí en Mi Reino, en el Reino de Mi Padre. Amén.

-¿Es todo Padre mío? ¿Es todo lo que Hoy me vas a decir?

Es todo por ahora. Pero viene más, te daré profecía para Mis hijos y para toda la humanidad. Escribirás lo que tienes que escribir; y ocultarás lo que tengas que ocultar; hasta que Yo te diga revelar. Pero todo escribirás, y todo quedará para la posteridad.

-Así lo haré Padre mío; así lo haré.

Sábado 24 de octubre del 2015 a las 6:08 de la mañana
LE DIJE: PADRE, LA PACIENCIA NO ES MI VIRTUD

-¿Te sientes tranquila? ¿Sientes que estás haciendo lo que tienes que hacer?

-No Padre mío, no del todo; sé que estoy haciendo algo, pero no todo. Sé que tengo que hacer más, pero no sé qué más hacer.

Yo lo sé pequeña; Yo lo sé, sólo espera, y también tú lo sabrás, y te darás cuenta, que Yo estoy en todo, que nada pasa desapercibido a Mi mirada; Yo sé lo que necesitas y lo que necesitan todos Mis hijos. Sé que te dije, que esos libros tienen que salir en ambos idiomas, y así será, eso tenlo por seguro.

-Padre mío: Tú sabes, que la paciencia, no es una de mis virtudes, y yo quisiera ver realizado todo lo que me has dicho.

Lo Sé pequeña, lo Sé y también Sé, que tu impaciencia se debe a lo que te sucedió. Has reconocido tu falta, te has arrepentido de corazón, y por eso esperas hacer lo que tienes que hacer, lo más pronto posible. Y Yo te digo Mi niña, que lo harás, pero tienes que tener paciencia, y saber esperar. Tendrás todo lo que se te ha prometido y más, eso lo sabes, sólo espera y lo verás. Sé que piensas, que tu cuerpo ya no tiene la energía de antes, *es por eso que sientes, que el tiempo sigue pasando, y no has hecho nada, y que no podrás hacerlo por tu edad, pero luego dices:*

Padre, Tú hiciste parir a Sara a sus casi cien años, diste a Abrán la fuerza de engendrar un hijo a sus cien años, y Moisés, sacó a Israel de Egipto a los ochenta años. Y es cuando recapacitas y piensas, que Conmigo todo es posible. Pero eso te dura muy poco, luego vuelves a caer en depresión, y eso no Me gusta, tienes que ser firme en todo lo que haces y piensas, no cambies tu forma de pensar y de hacer las cosas. El enemigo conoce tu debilidad, y es ahí donde te ataca, y tú lo dejas. Tú se lo permites, al cambiar la forma de hacer las cosas y tu forma de pensar. ¡Sé firme en lo que piensas! ¡No cambies tus pensamientos! ¡Sí crees en Mí, no cambies tu forma de pensar! No dudes que Yo puedo hacer lo que Te dije, y más. Porque eso es lo que te tiene enferma: Tu impaciencia.

-Padre mío: Lo sé, pero no puedo evitarlo; viene el pasado y me dice todo lo que pasó, y pienso, que no voy a tener tiempo para hacer lo que tengo que hacer; y vuelvo a ponerme triste.

Pero Yo no quiero verte triste Mi niña, no, Yo quiero verte feliz, feliz de saber que Yo estoy contigo, y que no te dejaré, tú eres Mía, Mi niña, no lo olvides; tú Me perteneces a Mí, y a todo Mi Reino. Todos aquí esperamos verte sonreír, feliz del trabajo que estás haciendo. Pequeña, sé, que te duele ver y sentir, la forma en que ese de Mi hijo y su esposa te tratan. Pequeña, es que acaso piensas, que el trato que Yo recibí fue mejor.

-No Padre mío, no. La forma en que te tratamos a Ti, fue lo peor que pudimos haber hecho.

Y qué fue lo que dije al estar Crucificado, y a punto de dejar este mundo: Perdónalos, Padre Mío, que no saben lo que hacen.

MI CRISTO TÚ VENISTE A ENSEÑAR AMOR, PIEDAD, MISERICORDIA Y NO APRENDIMOS

-Sí Padre mío, eso fue lo que Tú dijiste. Pero, Padre mío, todavía no sabemos lo que hacemos. Tú veniste a enseñar amor, piedad, misericordia, y yo no veo que aprendimos. No veo ese amor en mis hermanos, a pesar de decir que aman. Tú has escuchado a este de Tu hijo, Tú sabes lo que piensa, y cómo piensa de ciertas cosas. Padre, eso no es amor. Padre, perdóname si Te digo, que cuando fue a verme al hospital lo sentí falso, pienso, que fue por obligación, y no por devoción. Padre, eso es lo que pienso, y siento, pero la verdad, sólo Tú la conoces. Tú eres el ÚNICO que conoce lo que pensamos, y lo que hacemos, por lo tanto, te pido perdón por lo que pienso, y siento con esos de Tus hijos.

Pequeña Mía: No dejes que eso te lastime, no dejes que llegue a tu corazón., tú ya tienes un corazón nuevo, no lo empañes, poniendo en él, un sentimiento negativo.

-Padre: Sentimientos negativos, no sé tener ni poner en mi corazón, y todo por Ti Padre mío; Tú me concediste esa gracia divina, la gracia de no saber odiar, ni tener resentimientos para con nadie. Tú Padre mío, Tú lo hiciste, y desde entonces, yo no sé odiar, ni tener resentimientos en contra de mis hermanos. Tú sabes eso, Padre mío, porque es una de las gracias que Tú me concediste y sabes, que siempre te he agradecido eso y he dicho, que por Ti no sé odiar, ni conozco ese sentimiento.

Lo sé pequeña, lo sé; sé que no sabes guardar agravios en contra de tus hermanos. Sí, Yo veo que te lastima la actitud de ellos; pero no por esos los odias.

-Padre: Sólo al escuchar la palabra odio me da escalofrío, es una palabra mucho muy negativa, es algo que ni siquiera quiero pronunciar.

Lo sé pequeña, lo sé, tú no sabes odiar, y dices, que eso me lo debes a Mí. Parte es verdad. Pero lo demás se debe a tu condición humana, y a los cambios que has tenido durante tus reencarnaciones. Has aprendido a no odiar, y eso está en ti, en ti está esa virtud, y no es porque crees en Mí, cómo escucho a muchos de Mis hijos decir: Porque creo en Dios, no hago esto, o aquello. Pequeña, para ellos Yo soy un pretexto para no hacer las cosas que no tienen que hacer.

Para ti no, para ti no soy un pretexto, tú sólo no odias, ni haces las cosas que no debes hacer. Porque todo eso está dentro de ti, tú no necesitas tenerme de pretexto para no hacerlo, tú sólo haces lo que está en tu corazón. Tú no Me dices: Porque yo creo en Ti, Padre mío, no hago esto. No, tú sólo haces lo que de tu corazón sale, no necesitas nada más, todo está dentro de ti, y eso, es lo que quieres que tus hermanos, Mis hijos, aprendan: A llevar Mi palabra, Mis enseñanzas dentro de ellos, convertirse en esas enseñanzas, y en esas palabras.

Tristeza te da ver, que sí, sí conocen la palabra, pero no la ejecutan, no la llevan a cabo, no la practican. Sí, la saben, la conocen, pero eso es todo; y tú quieres que aprendan a amarme en verdad; a conocerme en verdad, así como tú Me conoces. Tú sabes, que Mi palabra, se lleva escrita dentro del corazón, a fuego candente, para que no se olvide, y esté ahí en todo momento, tú quieres, que ellos se conviertan en Mi palabra, y al hacerlo, se conviertan en Mí, eso es lo que tú quieres.

-Así es, Padre mío, yo sé, que a mí también me falta aprender mucho, para llegar a convertirme en Tú imagen y semejanza. Pero lo poco que sé, lo que Tú me has enseñado, me hace ver, que estos de mis hermanos, sólo la saben, la conocen, pero casi no la practican, y si lo hacen, dicen, que es porque creen en Ti; y eso no está bien, Tú no eres un pretexto, Tú eres Dios Padre, Dios Hijo y Dios Espíritu Santo, Tú eres una Divinidad. Divinidad, que en forma de hombre, descendió al haz terrenal a enseñarnos el verdadero amor, y la forma de ser mejores seres humanos. Pero muchos no lo ven así, y Te toman como pretexto para no hacer esto, o aquello. Eso es lo que quiero que aprendan, ya que al escuchar a ese de Tu hijo Pastor decir, que no hace eso, o aquello porque es cristiano, me hace pensar, que si él, que es quien los está guiando lo hace, que se puede esperar de ellos, él está dando la excusa, el pretexto, para que no hagan las cosas.

-Padre: El que sean cristianos, católicos, o de alguna otra religión, no les da el pretexto, la excusa para no hacer algo indebido. No, no, eso lo tienen que hacer desde su corazón – Tienen que convertirse en Ti, en Tus palabras. Así ya no tendrán el pretexto de ser cristianos, católicos, o de cualquier otra doctrina, para no hacer las cosas que no deben hacer. Eso es lo que me pone triste, Padre mío, que dicen conocerte, amarte; que dicen conocer Tu palabra, y los escucho decir, que porque son cristianos, no hacen esto, o lo otro; o porque son cristianos, hacen esto, y lo otro.

-Padre mío: Debemos hacer, o no hacer las cosas por nosotros mismos, y así probar al mundo, que no somos cristianos, o alguna otra denominación, sino, que somos Tus hijos, que Te amamos, que Te conocemos, y que llevamos Tu palabra dentro de nosotros, que nos hemos convertido en Tú imagen y semejanza, y que caminamos como Tú lo hiciste, que tomamos nuestra cruz, y Te seguimos; y enseñaremos con el ejemplo más que con las palabras. Porque Tú me enseñaste, que Las palabras se las lleva el viento, y en el viento se pierden. Eso, es lo que Tú quieres que Tus hijos sean: Hechos, y no palabras; sean corazón, y no labios.

Así es pequeña, así es. Como tú dices, lo poco que has aprendido, te ha enseñado a ver todo eso y más, y sientes tristeza al ver lo que ves. Está en tu corazón llevarles esa enseñanza, esa preparación, y te frustra ver, que el tiempo pasa y no lo puedes hacer. Pero lo harás, pequeña Mía, lo harás, sólo ten paciencia, y verás tus sueños hechos realidad; te lo digo Yo; Yo que sé lo que pasa, lo que está pasando, y lo que va a pasar. Tú sigue, tú sigue haciendo lo que tienes que hacer, y deja todo lo demás a Mí, que Yo sé lo que tengo que hacer; y Yo sé lo que estoy haciendo. Recuerda, que Mi tiempo, es el mejor de los tiempos.

-Así lo haré Padre mío, esperaré Tu tiempo, pero ayúdame, dame una tonelada de paciencia.

Te daré, no una, sino más, tendrás la paciencia que necesitas, para poder saber esperar.

-Padre, ¿qué éste de Tú hijo, al que me enviaste a preparar?

Tú sigue haciendo lo que tienes que hacer, y espera los resultados, es muy pronto para poder decirte algo sobre eso, deja que el tiempo pase para que puedas ver los resultados de tu obediencia.

-Padre: He querido preguntarle, si es que ha soñado, visto, o sentido algo, pero no me he atrevido.

No lo hagas, deja que sea él quien te lo diga.

-Padre: Veo que pierde mucho tiempo en esa máquina (computadora).

Lo sé pequeña, pero eso le quita parte de sus problemas, lo aleja de ellos. Tú espera, y verás los resultados. Cómo ya se te dijo, es muy pronto para que los veas, sólo espera, y has lo que tienes que hacer. Amén. Así será Padre mío, así será.

Sábado 31 de octubre del 2015
SUEÑO/VISIÓN

EL PASTOR JUGANDO A PATEAR LA PELOTA

-Veo como una fiesta, pero al mismo tiempo, es la Casa de Oración del Pastor. Es domingo y había asistido al servicio con mi amiga Rosa. Veo que me asomo por la ventana, y veo al Pastor con unos niños jugando a patear la pelota; pero las pelotas son lechugas. Al ver eso le digo a Rosa: No va a haber servicio Una mujer que también se encontraba ahí dijo: Todavía puedes ir a misa.

LA ESPOSA DEL PASTOR ME LLAMA A GRITOS

-Luego escucho, que la esposa del Pastor me llama a gritos; creo que el Pastor me quería ver. Llego hasta donde estaba el Pastor para ver qué era lo que quería, y él me señala algo que está en la parte alta de la pared, y me dice: ¿Sabes lo que significa eso? Veo hacia el objeto, y me doy cuenta, que es una clase de adorno compuesto con figuras, que me parecieron algo obscenas; no sé qué decir, pero una mujer que se encontraba ahí, contestó por mí diciendo: Son las… de Cristo. (No recuerdo las palabras exactas). Salgo de ahí algo molesta, pensando, que para eso me habían llamado a gritos.

EL PASTOR JUGANDO CON UN DRAGÓN

-Salgo y veo al Pastor jugando con un dragón, y a mucha gente viendo lo que el Pastor estaba haciendo. Amén.

Martes 10 de noviembre del 2015
SUEÑO/VISIÓN

PREPARO UN PLATO DE COMIDA

-Veo que corro a prepararle un plato de comida a un hombre que lo había pedido. No sé si es un restaurante, o es la Casa de Oración. Lo que le iba a preparar eran huevos, y frijoles con queso, lo preparo, y lo pongo en un plato, que reconocí como mío, ya que no quise ponerlo en un plato de cartón. Al poner la comida, se resbala, la recojo y la pongo en otro plato, que también es mío. Se lo llevo al hombre, pero me olvidé ponerle queso a los frijoles. No recuerdo muy bien, pero creo que el hombre se comió la comida.

NOS PREPARAMOS PARA EL RETIRO

-Luego veo, que junto con otras hermanas, entre ellas la secretaria, la esposa del Pastor, y una hermana que es enfermera, nos preparamos para el retiro de cada año. Veo a la hermana comiéndose un aguacate, y al verla pienso, que debí haber partido los míos, para poder comerlos. Yo llevaba dos aguacates.

EL NIÑO Y EL MAZO DE CARTAS

-Luego veo a una pareja con un niño como de seis años, la pareja llevaba muchos juegos de mesa para entretenerse. El niño alcanza a ver un mazo de naipes, y quiere que le den uno para jugar y empieza a gritar, pidiendo que le den el mazo de naipes. Al escuchar eso, la secretaria le dice a la pareja: Ni siquiera en ese momento podían dejar al niño hacer ruido. Resulta, que habíamos llegado mucho antes del tiempo, y todavía no nos asignaban nuestras habitaciones. Recuerdo, que salí de la habitación y caminé por un pasillo y pude ver, que había más habitaciones, pero muy pequeñas, y había gente viviendo en ellas; ya que había cosas bien acomodadas, como quien ha estado viviendo ahí por mucho tiempo.

LA ESPOSA DEL PASTOR ACOSTADA VIENDO HACIA EL TECHO

-Luego regreso a la habitación y veo a la esposa del Pastor acostada boca arriba viendo hacia el techo. Me acosté junto a ella y pude ver dos fotografías de una mujer, y le pregunté, que si así se veía el Pastor cuando se vestía de mujer. No puedo recordar exactamente, que fue lo que me respondió; pero dijo que sí, o mejor que esas fotos. Amén.

-La última parte de este sueño me indica, que el Pastor va a llegar al nivel alma, nivel en que se reconoce, que no se es hombre, ni mujer, sino ambos: Sé es alma.

Miércoles 12de noviembre del 2015
SUEÑO/VISIÓN

EL HIJO DEL PASTOR ME DICE:

QUE ME VAYA PORQUE NO ME QUIEREN AHÍ

-Veo que estoy tratando de hablar con el hijo del Pasto, y la esposa del Pastor está ahí. Luego, escribo una palabra en español, y trato de explicarle a la esposa del Pastor lo que esa palabra significa, pero no me pone atención. Luego veo que su hijo me dice, que es mejor que me vaya, porque no me quieren ahí. Pero veo que él está agachado, escondiendo su rostro, y dándome la espalda, cómo para que no lo viera, porque le daba pena que lo viera, o lo que me estaba diciendo. Esto es todo lo que recuerdo. Amén.

Jueves 13 de noviembre del 2015
SUEÑO/VISIÓN

TRATO DE HABLAR CON EL PASTOR

PARA ENTREGARLE EL MENSAJE

-Veo, que estoy tratando de hablar con el Pastor sobre algo que El Señor me había dicho. Cuando estoy lista para hablar con él me doy cuenta, que no es el Pastor, sino una mujer la que está a mi lado. Luego veo que me levanto y voy a un cuarto de la Casa de Oración, y veo que llega un nuevo Pastor. Salgo de ahí, y voy en busca de la esposa del Pastor porque quiero decirle, lo que el Señor quiere que hagan ella, y su esposo. La encuentro y empiezo a decirle, que el Señor quiere que hagan algo diferente. Inmediatamente ella dice, que ya han pensado hacerlo, y me comenta algo de vacaciones, o descanso. Entonces le digo, que eso, no es lo que el Señor quiere que hagan, y ambas no reímos, pensando, en qué ella pensó, en vacaciones, o descanso.

-Nuevamente trato de decirle lo que el Señor quiere. En eso, ella ya se paró y se puso a hacer algo, y me empieza a decir, que ya había llegado otro Pastor, y que se llamaba Chuy. (Chuy es el sobre-nombre que se les da a los que se llaman Jesús). Veo, que la sigo por todas partes, para poder decirle lo que el Señor quiere que hagan.

EL NUEVO PASTOR- YA NO HABÍA MÁS COMIDA

-Después veo que entro a otro cuarto, y ahí está el nuevo Pastor. Veo que el cuarto es mucho muy pequeño, más bien, parece el lugar en donde vivo. Salgo de ahí y voy a otro cuarto, y desde la ventana veo, que los otros cuartos están cerrados y sellados con madera. Veo que en ese cuarto está mi hermana Teresa, y estoy comiendo cereal y ella me pide que le dé, y le doy del que yo estaba comiendo, porque ya no había más. Veo que trato de explicarle por qué ya no había más. Amén.

Sábado 14 de noviembre del 2015
SUEÑO/VISIÓN

CON CARTITAS Y PALABRAS…

-Veo que estoy bailando, y un hermano de la Casa de Oración está ahí bailando también. La melodía era en español. Recuerdo repetir el estribillo: Con cartitas, y palabras se enamora a una mujer… Veo como el hermano y yo la bailamos por separado, y pienso, que podíamos bailarla juntos.

Domingo 15 de noviembre del 2015

SUEÑO/VISIÓN

UNA IGLESIA SOBRE LA OTRA

-Veo que me encuentro dentro de la Casa de Oración del Pastor, pero es mucho muy grande. Luego me doy cuenta, que habían construido una iglesia sobre la que ya estaba; o sea, que la Casa de Oración vieja, había quedado dentro de la grande. Es todo lo que recuerdo.

Jueves 26, noviembre del 2015 a las 4:25 (Día de Acción de Gracias)
ENSEÑANZA.

CRISTO JESÚS DICE:

¿TIENES ALGO POR LO QUE DEBES DAR GRACIAS?

-Por supuesto que lo tengo; y no únicamente Hoy, sino por siempre; te tengo a Ti, Tú eres mi acción de gracias, Tú, porque a Ti debo todo, Tú que me acompañas siempre, y de día y de noche estás conmigo. A Ti doy las gracias, a Tí elevo mi agradecimiento Hoy y siempre. Tú me das vida, salud y la alegría de vivir, Tú y sólo Tú, Padre mío, Tú.

-Así es, pequeña Mía, así es, siempre me estás agradeciendo, siempre me estás diciendo: Bendito seas. Hasta en los momentos de tristeza, llanto, y dolor, tú Me dices; bendito seas Señor, mi Cristo, mi Jesús de Nazaret. Lo sé, y lo he visto, lo he escuchado, y lo seguiré escuchando, porque esa eres tú; siempre elevando el agradecimiento sin importar el porqué. Síguelo haciendo pequeña Mía, síguelo haciendo, y tu recompensa tendrás.

-Padre mío, Tú lo has dicho: Sin importar nada. Recompensa, o no, yo te elevaré mi agradecimiento, ahora y siempre. Padre mío, ¿por qué no me habías hablado? ¿Por qué no me habías dictado nada? Yo creía que Tú estabas enfadado conmigo. Tú sabes, que Tu silencio me hace pensar eso. ¿Por qué no me habías dictado nada Padre mío? Bueno, yo tengo la culpa de Tu silencio, no me he levantado a la hora indicada; lo sé y lo acepto; sé que esa es la razón de tu silencio.

-No Mi niña, no, no te pongas esas cosas en tu mente, esa no es la razón. Yo te amo, y no voy a forzarte a hacer algo que no puedes, o que no quieres.

-Padre: Yo quiero, pero el sueño y el cansancio me vence, y me quedo dormida. Sé que no lo debo hacer, pero lo hago, Padre mío, es por eso que pienso, que Tú estás enojado conmigo.

Así es, pequeña, lo puedes hacer pero no lo haces. Pero esa es tu decisión, y Yo no te puedo cambiar; tú tienes que hacerlo por ti misma, tú ya sabe que lo puedes hacer, y no lo haces; Yo no puedo obligarte, tiene que salir de ti, así como Hoy lo has hecho. ¿Ves que sí puedes? ¿Ves, que todo es querer hacerlo, para poder hacerlo?

-Así es, Padre mío, tengo que querer hacerlo, para poder hacerlo.

Bien pequeña, ahora escribe.

-Sí, Padre mío, ¿qué quieres que escriba?

MENSAJE/ENSEÑANZA: SOBRE ESTE DÍA QUE MIS HIJOS LLAMAN DE GRACIAS

Escribirás sobre este día que Mis hijos llaman de Gracias Día que ellos eligieron para darme las gracias, sin saber, que todos los días son para darme las gracias, para elevarme el agradecimiento por una alba más de vida. Ellos tienen motivos de sobra para elevarme el agradecimiento, todas y cada alba de gracia. Tú me has escuchado decir: En ésta bendita alba de gracia... ¿No es así pequeña?

-Así es Padre mío, así es.

Bien, ahora sabes porque lo digo. Es porque cada alba de gracia es una alba bendita, alba bendecida por Mí, e enviada a todos Mis hijos para su deleite y satisfacción, satisfacción de sentirse con vida y poder disfrutar cada alba bendita de gracia. Es por eso, que cada alba lo primero que debes decir es: Bendito seas Padre mío, por otra bendita alba de gracia, que me permites estar aquí, y disfrutarla, alabarte y glorificar Tu sagrado nombre. Bendito seas, Padre mío, Hoy y siempre por los siglos de los siglos amén. Eso es lo que Yo espero que cada uno de Mis hijos diga al despertar, que se dé cuenta, que por Mí, tiene la oportunidad de ver salir el sol otra alba de gracia.

Cómo puedes darte cuenta, todas las albas de gracia son de gracias, son para elevarme el agradecimiento por lo que tienen y hasta por lo que no tienen. Ya que si no lo tienen, será porque esa es Mi voluntad, porque únicamente Yo sé, lo que todos y cada uno de Mis hijos necesita en cada alba de gracia. Por lo tanto, no olviden que por Mí tienen cada alba de gracia, y que es a Mí, a quien deben elevarme el agradecimiento, o como ustedes dicen: Darme las gracias.

LA FORMA CORRECTA DE ELEVAR EL AGRADECIMIENTO AL SEÑOR

Pequeña: Tú ya sabes, que no se debe decir: Te doy las gracias Señor, sino, Te elevo el agradecimiento Señor, por lo que has hecho, o por lo que me has entregado, tú sabes, que las gracias las entrego Yo a ustedes, y no ustedes a Mí. Yo soy el que da las gracias, y es a Mí, al que deben elevar el agradecimiento. Pero nadie ha enseñado a Mis hijos, y ellos dicen darme a Mí las gracias. Pero Yo entiendo y acepto lo que Me dicen, porque sé que ellos no saben, no conocen la forma correcta de hacerlo.   Pero tú sí, pequeña, tú sí Me dices: Te elevo el agradecimiento Señor, tú si sabes pequeña, enseña a los que puedas enseñar, a aquellos que por su idioma, lo están haciendo en forma equivocada.

-Si Padre, lo he podido enseñar a algunos de Tus hijos, pero no a todos. Voy a estar segura de ponerlo en el libro que Tú estás escribiendo, para que Tus hijos del idioma español lo sepan.

Sí, pequeña, hazlo, para que se vayan dando cuenta de la forma correcta en que deben elevarme el agradecimiento. Alba de dar gracia, dicen Mis hijos, y escogen un día para hacerlo sin darse cuenta, que todos los días son Míos, que todos los días, o albas de gracias, son para que Me eleven el agradecimiento, son para que me digan: Bendito seas Señor por otra alba de gracia, por otro día para poderte adorar y glorificar, para poder elevar hacia Ti nuestro agradecimiento, por dejarnos vivir una alba más. Amén.

Hablales y diles, que esa es la forma de elevarse a Mí cada alba de gracia, todos los días; todos los días son para agradecerme, para glorificarme, para alabarme, no únicamente un día, una alba, sino todos los días, todas las albas de gracia.

-Así es Padre mío, así es. Pero ya lo hemos hablado, muchos de Tus hijos, se creen dioses, y crean sus propias festividades, escogiendo un día para llevarlas a cabo. Padre mío, en ese día, o alba de gracia, te elevan el agradecimiento por todas las cosas materiales, pero se olvidan de las espirituales.

Así es pequeña, así es. Pero como ya Te dije: No saben, nadie los ha enseñado, es por eso, que no se los llevo a cuenta. Pero sí a los que ya saben, sí a los que Me conocen; sí a los que saben de Mí, a esos, sí se los llevo en cuenta, porque ellos ya saben, que toda alba de gracia Me pertenece, que toda alba de gracia, a Mí deben elevar el agradecimiento, a esos, sí se los llevo a cuenta, si sólo en ese día Me dan las gracias, o me agradecen por una alba más de existencia en este haz terrenal. Porque ellos ya no son ignorantes, ya saben, por lo tanto, sí se los llevo a cuenta, si únicamente Hoy se acuerdan de que Yo existo.

-Así es Padre mío, así es; el que no sabe, es como el que no ve; pero el que sabe, puede ver, pero se hace el ciego; es por eso,que Tu dijiste, que, tienen ojos y no ven, y oídos y no escuchan, O no quieren ver ni escuchar, porque así les conviene.

Así es pequeña, así es, se hacen los sordos para no escuchar, y los ciegos para no ver. Pero Yo, que todo lo veo y todo lo escucho, sé, que ni están sordos, ni están ciegos, y por eso, les llevo en cuenta lo que hacen, y lo que no hacen. Porque ellos saben, y no hacen, es una falta que Yo tomo en cuenta: saber y aun así hacerlo, también es una falta que Yo llevo en cuenta. Así es que, no se hagan los sordos, ni los ciegos, que Yo, sé que no lo están, y como tales los voy a juzgar.

-Padre mío, yo también soy culpable, porque sé lo que debo hacer y no lo hago, como levantarme a la hora estipulada por Ti.

Pequeña, si lo reconoces, enmiéndalo, tú puedes, hazlo, para que ya no lleves eso en tu conciencia, en tu mente.

-Padre, que te puedo decir, y lo hago por algunos días, y luego dejo que el sueño y el cansancio me venzan., así es que, qué te puedo decir, Padre mío.

Nada pequeña, sólo hazlo; haz un esfuerzo y hazlo, es todo lo que tienes que hacer.

-Está bien Padre mío, lo intentaré.

No lo intentes, hazlo.

-Padre mío, ¿Tienes algo más que decirme en bendita alba de gracia?

No pequeña, por ahora es todo lo que te quiero decir. Trata de explicarles a esos de Mis hijos la forma correcta de Elevarme el agradecimiento cada alba de gracia, o cada día.

-Así lo haré Padre mío, así lo haré.

Adiós pequeña.

-Adiós Padre mío.

-Gracias en español, también se entiende como Gracias, Dones y esos, sólo Dios las entrega. Nosotros no le damos al Señor, Gracias ni Dones, sino que Él nos los entrega a nosotros. Cuando le decimos, [Gracias Señor, el Señor dice: De esas gracias, Yo te revisto.

Viernes 27 de noviembre del 2015 a las 4:15 de la mañana
SUEÑO/VISIÓN

YA ENVÍE QUIEN NOS AYUDE

-Veo que estoy en un edificio y alguien viene a hacerme daño, entonces corro y bajo un piso, pero cuando el que me quería hacer daño baja, yo me regreso por el otro lado. Veo que es un pasillo muy oscuro y temo que esa persona esté ahí pero al final del pasillo veo a un hombre, el cual me dice: Ya envíe quien nos ayude. Amén.

ESPERANDO A LAS HERMANAS

-Veo que estoy con unos hermanos esperando por tres hermanas, y como ya son las 3:00, y ellas no llegan, les digo, que ellas no van a venir, y que no tenemos que ir, pero que primero, nos tenemos que bañar. Yo entro a bañarme, y no sé porque razón, salgo del baño a buscar algo; y me doy cuenta que estoy desnuda, y me regreso, pero la puerta está cerrada, toco y grito diciendo que estoy desnuda. Veo que abren la puerta y entro. Amén.

Lunes 30 de noviembre del 2015 a las 5:00a de la mañana
SUEÑO/VISIÓN

BENDIGO A UNA HERMANA

-Veo que voy a la tienda a comprar hilo porque voy a coser algo. Ya en la tienda, veo que busco el hilo en unas cajas que están debajo de una mesa. En eso, llega una hermana que es enfermera, y me saluda con mucho cariño. Al verla le digo: Benditas seas hoy y siempre por los siglos de los siglos. Lo hago, por algo que ella había hecho por mí. Luego me pregunta que, qué busco, y le contesto: Una ahuja en un..., trato de decírselo en Ingles, porque ella no entiende español, y ella me ayuda completando la frase: pajar. Luego le digo, que estoy buscando hilo blanco que necesito; y ambas nos agachamos para buscar debajo de la mesa. Ella me señala uno, y le digo que sí; lo tomo en mis manos y me doy cuenta que está muy pegajoso, lo suelto y le digo, que ese no, que está muy pegajoso. Luego miro otros dos carretes de hilo, y escojo uno diciéndole, que ese si me va a servir, pero espero que sirva, porque ya está muy viejo. Amén.

Martes 1ro de diciembre del, 2015 a las 5:40 de la mañana
SUEÑO/VISIÓN

LA PLANTA DE FRIJOLES

-Veo que con una pala saco una planta, porque alguien dijo, que no ponía frijoles a hervir porque no había. La planta está ensanchada sobre el piso como una verdolaga, pero logro sacarla. Se le cae el frijol y se hace más chica, y se la llevo a la persona que había dicho, que no tenía frijol, para decirle, que ahí había. Amén.

LA PREGUNTA Y LA RESPUESTA SOBRE LOS JUGUETES

-He visto que no has escrito nada por algún tiempo.

-Padre mío, no he escuchado nada, y si no escucho nada, nada escribo. He escrito algunos sueños, no todos, sólo los que logro recordar.

-Padre: Uno de Tus hijos me contó uno de sus sueños, me dijo, que se vio en un pueblo y que veía a toda la gente de ese pueblo *como su fueran juguetes*. Padre, ¿Qué significa eso?

-Vio a la gente como juguetes, porque eso es lo que son: *Unos juegan con los otros y los otros con unos, o sea, que toman las cosas a juego. Juegan con ellas con los demás, convirtiéndose así, todos en unos juguetes, que juegan todos contra todos. Todos Mis hijos son juguetes del enemigo, que quiere tenerlos así, para que no crezcan espiritualmente hablando. Sí, es verdad, que a unos les da riquezas a granel, pero ya sabe, que ese juguete le pertenece y juega con él; evitando así que alce los ojos hacía Mí. El enemigo juega con ellos, los hace ver cómo juguetes, porque son sus juguetes, con los cuales* él se entretiene.

-Padre mío, pero este de Tu hijo vio a todo un pueblo.

-*Y así es pequeña, hay pueblos enteros con los que el enemigo está jugando, pueblos enteros que él ha convertido en juguetes. Amén.*

<u>Jueves 13 de diciembre del 2015</u>
SUEÑOS/VISIONES

(1) Veo que encuentro mi llave.
(2) Veo que me sirvo un plato con bastante comida

TRINITARIOS MARIANOS

-*Veo que mi amiga Rosa y yo caminamos por una ciudad buscando algo, llegamos a una esquina en donde está una tienda, y frente a la tienda veo una banca, (como esas que ponen en las paradas de los autobuses), y en ella está un anuncio en el cuál pude leer: Trinitarios Marianos. Al ver eso me dio mucho gusto, y le pregunté a la señora de la tienda, que si ella sabía en dónde estaban esos Trinitarios Marianos.*

La señora sacó una libreta de teléfonos y me mostró unos números, sólo pude ver que decía GE, ya que algunos números se habían borrado. Le pregunto, que si ella sabe en qué pueblo está, y me dice: Towner; le pido un libro de teléfonos y me puse a buscan en la T, le regreso el libro y le digo, el por qué yo estaba buscando ese lugar. Ella dice algo negativo acerca de los Trinitarios, y entonces le digo: Yo soy Trinitaria Mariana, ¿Ves algo malo en mí? Me preguntó algo acerca de los Trinitarios Marianos y le empecé a decir, que éramos Trinitarios Marianos porque creíamos en la Divina Trinidad, la Virgen María y... No pude continuar hablando, porque al escuchar que creíamos en la Virgen María, inmediatamente dijo: ¡Oh no! Nosotros no creemos en la Virgen. Cuando ella dijo eso, pude ver su rostro, y era el de una mujer muy maquillada, su rostro era puro maquillaje. Regreso al lugar en donde está mi amiga Rosa, y le platico lo que me pasó, y ella me dice: Le hubiera hablado mentalmente, y dicho cosas. Amén.

OTRO ATAQUE DEL ENEMIGO

-Veo que camino por un pasillo y ahí me encuentro a una hermana que conocí en la Obra del Señor. Al verla le digo, que me espere, porque quiero hablar con ella, a lo que ella me dice, que si me espera, dormida, o despierta, y le contesto, que despierta. No puedo hablar con ella en esos momentos, porque voy siguiendo una voz que me habla de un Mañana incondicional. Llego al lugar de donde salía esa voz y veo a un hombre sentado bajo una secadora de pelo. Veo que el hombre está hablando sólo, parecía que no estaba en sus cabales. Luego veo a una mujer meditando, me acerco y le pregunto, que si ella, era la que estaba hablando de un Mañana Incondicional.

-De pronto veo, que un hombre se acerca y le empieza a traducir lo que yo le estaba diciendo. No recuerdo el idioma, creo que Árabe o Hebreo. La mujer abre los ojos y se me queda viendo como sorprendida. No recuerdo si me dijo algo. Lo que sí recuerdo, es que un escalofrío recorrió todo mi cuerpo al ver su rostro, era un rostro desfigurado que no me gusto. Abrí los ojos diciendo, que no había más poder, que el poder de Cristo Jesús de Nazaret. Amén.

MUY POCA COMIDA

-Veo que estoy en la Casa de Oración y la secretaria está dando de comer, y sobre el comal tiene un pedazo de jamón muy delgado, y algunas otras cosas que no recuerdo. Amén.

Jueves 17 de diciembre del 2015
SUEÑOS/VISIONES

VAS A TRABAJAR LOS DOMINGOS

(1) Se me dijo: *Vas a poder trabajar los domingos*
(2) *Todo menos trabajo de noche.*

ME VA A AYUDAR A TRADUCIR

-Veo que alguien llega y me pregunta, que si ya había terminado mis escrituras, le contesté, que ya había terminado un libro y se lo enseño; la mujer se emociona mucho, y le digo, que ya sólo esperaba que alguien me ayudara a traducirlo al inglés. Luego veo que llega un hombre, no sé si ella lo trajo, pero pensé, que él me iba a ayudar a traducirlo. Amén.

-Llegó el 2016, y yo sigo escribiendo el libro #2, que mi Padre Todopoderoso quiere.

Viernes 1ro de enero del 2015
SUEÑO/VISIÓN:

-Veo que estoy en la Casa de Oración y ahí están el Pastor y la secretaria.

Domingo 3 de enero del 2016

-Escucho que alguien me dice, que se va en Junio. Amén.

SUEÑOS/VISIONES

A LAS 10:00

-Veo que alguien me pide, que lo lleve a la Casa de Oración, o a un lugar en donde tenía que estar a los 10:00, después, alguien me pide que lo lleve al doctor, y le digo, que tengo que llevar a alguien más a la iglesia, pero que a él lo puedo llevar más temprano, y luego, regresar por la otra persona para llevarlo a las 10:00. Él me dice que no, que gastaría mucha gasolina. No sé

porque, pero me asomo por la ventana y veo mucha gente, entre toda la gente veo al esposo de una hermana que es enfermera. Amén.

LAS TRES REDES

-Salgo del lugar para irme a reunir con toda esa gente. Pero tomo el camino más largo, y me detengo en un lugar en donde están haciendo grandes redes de pescar. Escucho, que alguien dice, que caben tres, y veo tres redes muy grandes tendidas en el piso. Luego veo, que trato de llegar al camino, o al atajo por donde tengo que seguir para poder salir de ahí.

-Tres redes: Tres hermanos, o hermanas, que pueden ser grandes Pescadores de almas.

DOS FRUTOS MUY GRANDES

-No sé si regresé, pero luego me veo en la casa de una de las hermanas y ahí está su hija, y su nieta. Veo que la nieta llega con dos frutos muy grandes y dice, que ya estaban listos para comerse. Yo ya había visto esos frutos, pero no sabía qué clase de fruta era; eran tan grandes como una calabaza, pero no eran calabazas. La hija y la nieta, corren hacia afuera, y yo la sigo diciéndoles, que yo quiero probar de esa fruta. Veo que dejan uno de los frutos en el piso. Amén.

Lunes de enero del 2016
SUEÑO/VISIÓN

MONJES EN SU RETIRO ESPIRITUAL

-Veo que estoy en un lugar muy alto, y desde ahí veo que es una montaña que tiene una parte plana, y ahí veo muchos monjes, creo que estaban en un retiro espiritual. Sé que yo iba acompañada, pero nunca vi a la persona que me acompañaba, yo sólo pensaba, en la parte plana de esa montaña, y en esos monjes, o personas en su retiro espiritual. Veo que la parte plana, no estaba en la cúspide de la montaña, sino antes de llegar a la cima. Amén.

Sábado 16 de enero del 2016 a las 3:20 de la mañana

-El Señor me sigue hablando de lo mismo: que siga escribiendo los libros.

Martes 19 de enero del 2016
SUEÑO/VISIÓN

ALGUIEN EN AYUNO Y TOMANDO LICOR

-Parte de una visión en donde veo a un hombre que estaba en ayuno, y lo veo tomando licor. Cuando escuché que el hombre estaba en ayuno me dije: ¡Cómo es posible que esté tomando licor con el estómago vacío! Amén.

Martes 26 de enero del, 2016
SUEÑO/VISIÓN

EL PASADO Y EL PRESENTE SE JUNTAN

-Veo a un Faraón Egipcio, y muchas escrituras. El Señor quiere que veamos algo en ellas: El Pasado y el Presente se juntaban. Amén.

Viernes 29 de enero del 2016
SUEÑO/VISIÓN

BABY SHOWER SORPRESA

-Veo que tengo una niña y la dejo en la Casa de Oración por algún tiempo. Pero cuando regresé, la encontré embarazada. Veo que la secretaria y las demás me estaban esperando con un Baby shower. Veo que la secretaria les enseña una ropa de baile para niños, la pone en el piso, y la ropa empieza a brincar. Creo que la secretaria tenía el control en la mano, e hizo que la ropa se moviera. Entro, y todos se sorprenden al verme, ya que ellas querían darme un Baby shower sorpresa. Luego veo que salgo a buscar a mi niña, y alguien, me regala una rosa amarilla de tallo largo con muchas espinas, que al ir caminando se las voy quitando, porque me están picando. Pregunto por mi niña, y una mujer que tenía con ella un niño, me señala un lugar y me dice: Allá está tu niña. Voy a ver a mi niña y la abrazo, y al verme, la niña no sabe qué hacer, ni cómo reaccionar; la acaricio y le pregunto, que si estaba enojada porque me había ido. Amén.

Martes 9 de febrero del 2016 a las 3:50 de la mañana
CRISTO JESÚS DE NAZARET DICE:

TIENES QUE SEGUIR ESCRIBIENDO

-Esto es algo que me dijo cuando Él vio que yo estaba triste:

-Tienes que seguir escribiendo, hay mucho por escribir. Ya te dije, que por escrito debes dejar todo lo que va a pasar. Déjalo, para que las generaciones por venir se puedan enterar. Haz lo que tienes que hacer y hazlo bien, no lo mejor que puedas, sino bien; tú lo puedes hacer, hazlo y lo vas a ver.

Ya no sigas pensando que Te he olvidado, que a tu lado no Me encuentro; Yo estoy aquí, Yo he estado aquí, y Yo seguiré aquí., eso lo tienes que entender, eso lo tienes que saber. Si no Me escuchas, si no me oyes, no es porque no esté contigo, sólo te estoy dejando hacer lo que tienes que hacer. Tú sigue haciendo lo que se te dijo hacer; no digas que no puedes porque no tienes los conocimientos, los tienes y los seguirás teniendo, sólo haz el intento, y todo saldrá a su tiempo.

Te he estado observando, Te he estado viendo, y veo que lo estás haciendo. Pero de pronto dejas de hacerlo, y te pones a pensar, que el tiempo estás perdiendo, porque lo estás haciendo mal. Mal no está, te lo digo Yo, mal no está, y lo vas a comprobar. Tú tienes el conocimiento para hacer lo que estás haciendo. Yo soy el conocimiento, y tú me llevas en ti; en ti Me encuentro, en ti estoy, y en ti seguiré estando, porque Yo no me voy, a tu lado estaré, eso lo puedes creer. Creer, creer lo que Yo te digo, para que no sigas sufriendo.

Me dices: Creo en Tus enseñanzas, en Tus profecías, en Tus mensajes y alertas, y en todo lo que Tú me entregas, pero cuando Tú te refieres a mí, no tanto, pienso que soy yo la que se está diciendo todas esas cosas. Pero Yo te digo: No, no eres tú, sino Yo. Yo te estoy diciendo esas cosas, porque eso es lo que Yo pienso de ti. Me dices que para creerlo, tienes que escucharlo a través de otros cerebros preparados, y te angustias porque no los has encontrado. Ya los encontrarás, y cuenta te darás, que lo que Yo te he dicho, es la verdad. Espera y aguarda, que todo llegará cuando tenga que llegar. Te he escuchado, Te he oído, Sé lo que piensas y lo que necesitas. Yo lo sé todo, espera, y lo que necesitas, tendrás. Hasta de más, porque más Te daré por tu lealtad., tú eres leal Conmigo, sigue siéndolo, y la recompensa tendrás, la recompensa estás teniendo.

Deja ya de mortificarte por lo que haces, que lo que haces, lo sé Yo, y Yo sé lo que haces. Yo soy el que todo lo sabe, Yo soy el que todo lo ve. ¿Qué puedes hacer, que Yo no lo vea, y que Yo no lo sepa? Nada, eso tenlo por seguro, porque todo lo que haces lo sé, y lo que harás, también. Ya deja de mortificarte, que nada vas a solucionar haciéndolo, Yo todo lo sé y lo estás aprendiendo, porqué sigues repitiendo: Padre, Tú lo sabes, sólo Tú lo sabes, y dejas de pensar lo que estabas pensando. Con eso, tú misma te estás educando, estás aprendiendo a dejar todo en Mis manos. Me gusta lo que estás haciendo, y la forma en que lo haces; Yo te escucho, y en cuenta tomo lo que presente Me haces. Veo que la lección no has olvidado, sabes cómo pedir; y sabes las consecuencias de tanto sufrir.

Sí, todo tiene su porque, eso tú lo sabes. Todo tiene su porque, pero no sabes todos los detalles. Los detalles te daré cuando haya que hacerlo. Los detalles te daré para que puedas comprenderlos. Los comprenderás, eso Yo lo sé, los comprenderás y los vas a entender. Entenderás los porqués de tanto padecer, de tanto sufrir, de tanto penar. Algunas cosas ya las sabes, otras las sabrás cuando así tenga que ser, por tu propia seguridad, y un mejor entendimiento de lo que está pasando, y de lo que va a pasar. Dices, que muchas dudas tienes, preguntas sin contestar, pero sigues diciendo: Padre Tu lo sabrás, Tú lo sabes todo, en Tus manos dejo las preguntas sin contestar, y lo haces, me dejas todo a Mí, y te vas a acostar. Con eso, estás aprendiendo, a tu corazón no preocupar. Ya te lo he dicho, estás aprendiendo para tu beneficio. Porque, que beneficio tiene que preocupada vivas, ninguno, y si, en ello se te va la vida. Deja de mortificarte, sigue haciendo lo que tienes que hacer, lo que estás haciendo, para que sigas viviendo. Ahora, a hacer lo que tienes que hacer. Adiós pequeña Mía, adiós.

-Adiós Padre mío, adiós.

Martes 29 de marzo del 2016 a las 6:30 de la mañana
SUEÑO/VISIÓN

LLEGUÉ A LA HORA DEL ALMUERZO

-Veo que llego a un gran salón de clases, esos que hay en las grandes universidades, ahí veo a varios miembros de la Casa de Oración, entre ellos a una hermana, muy linda y muy querida por mí. Pero era, como que yo había llegado a la hora del almuerzo, pues vi a todos comiendo.

EL PASTOR NARRANDO UNO DE SUS VIAJES

-Al entrar veo hacia la plataforma y veo al Pastor hincado, pero al mismo tiempo, recogiendo algo, y lo escucho narrando uno de sus viajes. Pero los miembros no están prestando atención a lo que el pastor está diciendo, todos estaban comiendo.

LA PUERTA DIVIDIDA

-Luego voy al baño, y veo, que la puerta del baño es de esas que están cortadas a la *mitad. (Algo así como la puerta que está en la iglesia a la que me envió el Padre, la cual divide el comedor del lugar donde cuidan a los niños). Pero en mi visión, la parte que estaba como puerta, era la parte de abajo, y sólo dejaba un espacio muy pequeño para entrar, pues la puerta estaba remachada a la pared*, y no había forma de abrirla, *y por más que traté de agacharme para entrar, no pude hacerlo.*

VEO QUE TIENEN MI LIBRO

-Me regresé al salón de clases pensando en decirle al dueño, o al encargado, que había dejado la puerta muy abajo, y que era imposible entrar. Llego al salón de clase y veo que siguen comiendo. Pero al pasar, veo que ahí está mi libro, el libro que tanto me había pedido mi Padre, mi Dios y Señor que escribiera. Pero veo que lo tienen como en un nicho. (Lugar en donde las iglesias católicas ponen a los santos). Al verlo ahí pensé: Siguen pensando que soy católica. Pero al mismo tiempo pienso en bajarlo de ahí, leer algunas de las cosas que en él se encontraban, y decirles, que yo no era católica, ni apostólica, ni nada, que yo era cristiana porque creía en Cristo Jesús de Nazaret. No sé cuántas cosas más pensé en decirles.

LOS MIEMBROS SIGUEN COMIENDO

-Veo que salimos del salón, los miembros siguen comiendo. Veo que una hermana, la linda y amable, me ofrece de su comida; son camarones, pero no muy grandes. Veo que comen directamente de los recipientes en donde vienen las sopas pre-preparadas (Marucha) y pienso, que yo también había llevado en un recipiente de plástico, algo para comer, y puedo utilizarlo como plato, y de ahí comer.

EL ENEMIGO TRATANDO DE PEGARLE A LA NIÑA

-Luego me veo dentro del cuarto de baño. (El que tenía la media puerta, y que no se podía entrar). Ahí veo a un niño, y a una niña, el niño quiere pegarle a la niña, y yo la defiendo, detengo al niño, y la niña sale corriendo. Al irse la niña, veo que el niño está agachado tratando de salir a través del espacio de la puerta. (La mitad de la puerta, que habían remachado). Al salir el niño me dice, que va a agarrar a la niña, que alguien iba a venir a detener a la niña, para que él le pegara.

LA PUERTA SIEMPRE HABÍA ESTADO AHÍ

-Salgo de ahí, pero por la otra puerta, comprendiendo, que esa otra puerta, siempre había estado ahí junto con la otra. La entrada al baño, era como esas puertas dobles, pero a una la habían cortado a la mitad, dejando únicamente la parte de abajo, la cual habían remachado, dejando muy poco espacio para entrar, o para salir.

-No recuerdo que fue lo que pasó después, pero esto es lo que analizo del sueño:

-El sueño me indica, que el enemigo está atacando, tratando de que no salgo a la luz el segundo libro. Así lo hizo con el primero. (El libro que miré en el salón de clases en un nicho). Pero con la ayuda de Nuestro Jesús de Nazaret, logré terminarlo. Sé que ambos libros son importantes para Nuestro Señor Jesucristo, es por eso, que el enemigo (El niño que está tratando de pegarle a la niña) está tratando, y va a seguir tratando de impedir que salga a la luz. Tengo la fe y la esperanza, que esos libros lleguen a las manos de mis hermanos, y a las manos del Pastor y su familia. Por lo que voy a seguir trabajando en ambos libros, tanto en español como en inglés, como Él me lo ha ordenado. Sólo espero a la persona que Él va enviame, para la ayuda del libro en inglés. Amén.

Martes 29 de marzo del 2016 a las 6:30 de la mañana
SUEÑO/VISIÓN

-Antes de despertarme, veo que estaba leyendo algo en un gran papiro, y lo último que leí fue: *Y María se convirtió en un pedazo de Él, o de Aquel en el que todos creyeron.*

Viernes 1ro de abril del 2016 a las 4:00 de la mañana
SUEÑO/VISIÓN

CRISTO JESÚS DE NAZARET DICE:

¡ESA CELEBRACIÓN NADA TIENE QUE VER CON JESUCRISTO!

-Veo que estoy en el pasillo del comedor de la iglesia, y veo niños disfrazados. Pero al verlos siento algo raro, los empiezo a tocar, y al hacerlo, uno a uno se van convirtiendo en juguetes, y en otras cosas. Veo que la secretaria se da cuenta de lo que está sucediendo, por lo que volteo a mirarla y le digo, que vaya y le diga al Pastor, que Nuestro Señor Jesucristo no está de acuerdo en que celebre ciertas fiestas; entre ellas, Halloween. Pero la secretaria de la Casa de Oración, en vez de ir y decirle al Pastor lo que estaba viendo, y escuchando, sale corriendo a meterse en un hoyo, pero ya convertida en un juguete de peluche. Amén.

-Lo que logro analizar de este sueño, es que no importa el nombre que el Pastor le dé a esa festividad, al Señor no le gusta que la celebren. *¡Esa celebración nada tiene que ver con nuestro señor Jesucristo!*

Viernes 1ro de abril del 2016 a las 4:00 de la mañana
SUEÑO/VISIÓN

GUERRA ENTRE CHINA, Y OTROS PAÍSES

-Veo guerra entre China, y otros países; y veo que unos a otros se avientan bombas. Veo que cuando aventaron una bomba alcancé a cerrar la puerta. Era como si yo estaba viendo todo por dentro de mi casa, o una casa con la puerta abierta. Veo que un país estaba peleando con China. China le avienta una bomba, pero el otro país la intercedió y se la regresa a China. Yo estaba ahí y cuando dijeron China, vi como la bomba cayó y se convirtió en uno de esos helicópteros de juguete a control remoto. Veo que al cerrar la puerta, pude escuchar el estruendo de la bomba y ver la iluminación que al estallar formó.

-Me levanté al baño, y al regresar me acosté de nuevo, y esto es lo que contemplé:

SUEÑO/VISIÓN

LA SECRETARIA Y LA FERIA DEL LIBRO

Veo que la secretaria de la Casa de Oración no quería que yo fuera a la Feria del Libro de Los Ángeles, y estaba tratando por todos los medios, evitar que alguien me llevara. Luego veo a un hombre platicando con la secretaria y escucho, que él va a la feria del Libro, y pienso en pedirle que me lleve. Cuando estoy hablando con él, llega la secretaria a interrumpirnos. Veo que él se da cuenta, que la secretaria no quiere que hable conmigo. El hombre se va, pero antes escribe algo en un pedazo de papel y lo tira; al hacerlo me ve, y me señala el papel. Me voy detrás de él y me fijo en donde quedó el papel. Pero al dar la vuelta veo que una mujer se agacha a recoger el papel que el hombre había tirado. Veo que lo tiene en sus manos y se lo quito diciéndole: ¿Es acaso tuyo? Y no sé cuántas cosas más le dije. Veo el papel y tiene un nombre y número de teléfono. Amén.

-Se les cumplió su deseo, no fui a la feria del Libro. Me dolió comprender que me había dejado vencer. Ya que desde que se me dijo que mi libro iba a estar en esa feria, pensé en ir; y con tiempo empecé a buscar quien me llevara. (Yo ya no manejo largas distancias). Pero al último momento, yo misma me puse muchas excusas para no asistir, y no lo hice. Bueno, se ganó una batalla, pero no la guerra. Amén.

SUEÑO/VISIÓN

(1) SE ILUMINA MI CASITA
(2) OTRO ATAQUE DEL ENEMIGO
(3) VEO UN ESCRITO
(4) EN MEDITACIÓN ME DIJO:

(1) Veo que se ilumina mi casita. Yo sabía que no era un foco, ya que la luz era muy intensa y brillante.

(2) Veo que alguien que está detrás de mí trata de agarrarme el dedo meñique, veo que es una mujer la cual me dice, que venía ayudarme, que la habían mandado para que me ayudara, y riéndose me dice: Me dijeron, ve con la pitonisa. Entonces, y todavía con los ojos cerrados, pongo mis manos en su frente, y puedo ver, que su rostro le cambia, se le hace muy grande, y me dice algo sobre su olor. (Las palabras exactas no las recuerdo). Pero yo sabía que no era nada bueno, sino un ataque más del enemigo. Pues podía sentir, como ella estaba luchando con la fuerza de mis manos.

(3) Luego veo un escrito que dice: *Haz lo que te digo. Amén.*

-Cada día me convenzo más, que estos libros son muy importantes para Nuestro Padre, y para la humanidad, ya que desde que los empecé, he ido de ataque en ataque.

(4) Luego cuando estaba meditando me dijo: Yo soy la verdad; la verdad soy Yo. Yo soy la absoluta verdad, la absoluta verdad soy Yo. Yo tengo la verdad, la verdad tengo Yo. Preguntame a Mí, a Mí preguntame, y Yo te diré la verdad, la verdad Yo te diré.

Domingo 12 de abril del 2016
SUEÑO/VISIÓN

EL VESTIDO, Y EL SOMBRERO AZUL

-Veo que a la secretaria le van a confeccionar un vestido. Pero ella dice, que mejor me lo confeccionen a mí. Yo estaba vestida con un pantalón y una blusa azul, y la mujer que le iba a confeccionar el vestido a la secretaria, me midió un bonito sombrero azul. Voy al espejo y veo, que el sombrero se me ve muy bien, y comento, que hace juego con la ropa que llevo puesta, ya que es azul como el sombrero. Lo que no recuerdo, es porqué la secretaria dijo que a mí me hicieran el vestido. Creo que ella tenía que irse a un lugar.

Viernes 15 de abril del 2016
SUEÑO/VISIÓN

¿Y POR QUÉ NO SIEMBRA?

-Veo que le estoy diciendo a alguien, que un miembro de la Casa de Oración había dicho que sí. Entonces esa persona me contesta: ¿Y por qué no siembra?

Lunes 18 de abril del 2016
SUEÑO/VISIÓN

EL ÁRBOL FRUTAL ABANDONADO

-Veo que les estoy poniendo agua a un árbol frutal al cual yo tenía muy abandonado. Veo que también le había puestos ramitas de otras plantas, entre ellas, flores de gardenias.

Jueves 5 de mayo del 2016
SUEÑO/VISIÓN

EL PASTOR Y LA ESPOSA ENOJADOS CONMIGO

-Veo que estoy en la Casa de Oración del Pastor, y ahí está su esposa; ambos habían iniciado una campaña para sacarme de la Casa de Oración. Veo que están mucho muy enojados conmigo, y estaban tratando que me vaya.

Lunes 9 de mayo, del 2016
SUEÑO/VISIÓN

NO SE HABÍA BAÑADO

-Veo que vamos a salir a un lugar, y llega el momento de partir y alguien que tenía que venir con nosotros, no se había bañado. Voy y se lo digo a mi amiga Rosa, y ella le dice a esa persona, que vaya, y que pronto se enjuague un poco. Veo que la persona que tenía que bañarse, estaba en una silla de ruedas.

SUEÑO/VISIÓN

EL HERMANO Y SU PAPÁ

-Mientras esperábamos a la mujer que tenía que bañarse, veo que le tomo la cabeza a un hermano de la iglesia (pero en el sueño él tenía el pelo largo en forma de melena), y al oído le digo, que lo voy a desalojar para que se le quite algo, que su hermano le había dejado cuando fue a verlo al hospital. El hermano, contestando me dice: Sí, porque... mi papá, y me da un nombre, y me dice algo sobre su papá. Yo lo interrumpo al comprender, que él no me había entendido, diciéndole, que yo me refería a su hermano, no a su papá (No sé a cuál hermano). Amén.

Martes 28 de junio del 2016
FRASE-ENSEÑANZA

DAR SIN TENER

No esperes tener para dar, da sin tener, y Él te lo va a agradecer.

-Esta frase me hizo recordar, que habemos personas que decimos: Cuando tenga dinero voy a hacer esto y aquello. Llegamos a tenerlo y nos olvidamos de esto, y de aquello. Por eso Él dice: No esperes tener para dar; da sin tener, y Él te lo va a agradecer. Recuerdan a la viuda que dio lo que ella necesitaba. Lucas 21: 2 Ella no esperó a tener para dar; dio lo que tenía, y necesitaba.

-Eso es lo que Dios está tratando de decirnos: *No esperes tener para dar,* porque nunca tendrás lo suficiente para dar. Da de lo que tienes y necesitas, no de lo que te sobra, que eso, lo ve Dios, y no te lo agradece.

-Hay tanta enseñanza encerrada en esta pequeña frase, que llevaría mucho tiempo enseñarla, y muy poco tiempo en aprenderla, si tu corazón está en el lugar indicado. Amén.

-Hasta aquí dejé de escribir, pero seguí teniendo visiones, sueños, mensajes, profecías en referencia a la Casa de Oración, sus miembros, el Pastor y su familia. Pero esto es lo que el Señor me dijo que escribiera, para el conocimiento de Sus hijos. Como ya dije antes, esto es sólo parte de mis escritos, ya que esto, lo saqué de más de *mil hojas escritas.* Dejé sin escribir muchas profecías, enseñanzas, sueños y visiones, porque son personales, y otros, porque a pesar que se refieren a la Casa de Oración, sus miembros, al Pastor y su familia, no los entenderían, para ello se necesita una explicación a nivel personal.

CITAS, O FRASES

- *No juzgues a todos por igual.*
- *Yo soy El Infinito; tú eres el límite.*
- *Aprende a escuchar, para que aprendas mejor.*
- *El Pasado pasó y me dejó en el Presente.*
- *Para que el Presente me pueda llevar al Futuro.*
- *Aprendan a escuchar, y aprenderán más.*
- *Vamos a ser capaces de ver con todos los ojos.*
- *Tonto es el que piensa que puede engañar a Dios.*
- *Con su fe, y con tu mente, puedes poner el mundo al revés.*
- *El Dolor de Adán, o el dolor de la desobediencia.*
- *No tengas una fiesta de lastima.*
- *¡Es mejor escuchar una verdad que mate, qué eternamente vivir una mentira!*
- *El Pasado me trajo al Presente.*
- *El Presente me lleva al Futuro.*
- *Ya que el Pasado hizo su cometido,*
- *Ahora el Presente me lleva,*
- *A lo que el Futuro me ha prometido. Rebazar tarz.*
- *Si dices que amas a tu Jesús de Nazaret….Compruébalo.*
- *No seas labios. Se corazón.*
- *No se odia al pecador; se desprecia el pecado.*
- *Aprende a escuchar, para que aprendas más.*
- *El pasado pasó y me trajo al presente. Para que el presente me lleve al futuro.*
- *Primero escucha.*
- *Aprende a escuchar, si deseas aprender.*
- *Necesitas aprender a escuchar, si quieres aprender más.*
- *No ver lo que no debo ver.*
- *No escuchar lo que no debo escuchar.*
- *No pensar lo que no debo pensar.*
- *Te tomaré de la mano, y te guiaré a través de tu herencia.*
- El dolor de Adán, o dolor de la desobediencia.
- Si dices que amas a tu Jesús de Nazaret….Compruébalo.

- No seas labios. Se corazón.
- *No tengas una fiesta de quejas.*
- *Señor: Que mis labios no se abran para murmurar las aflicciones de la vida, sino para cantar Tus alabanzas.*
- *No vivas en el hoy, que ya ha pasado.*
- *Vive en el hoy que viene.*
- *El Hoy es Ayer; y el Hoy es Mañana.*
- *El Hoy te va a traer el Futuro.*
- *El hoy, ya te trajo el pasado.*
- *Una obediencia ciega.*
- *Se parca en el hablar.*
- *Vamos a poder ver con todos los ojos.*
- *No Odiamos al pecador; despreciamos el Pecado.*
- *Dices que crees en Mí: Demuéstramelo.*
- *Tonto es aquel que cree, que puede hacer tonto a Dios.*
- *Aprende a amar como Él. Pero en primer lugar; Aprende a Amarlo a Él.*
- *Solo existe un camino; el camino que nos lleva ante Él.*
- *No esperes tener, para dar. Da sin tener, y Él te lo va a gradecer.*
- *No esperes tener para dar, porque nunca tendrás.*
- Es Mejor Morir Buscando La Verdad, que Vivir de rodillas alabando la Mentira.

MI INDEX

MI INDEX

MI INDEX

MI INDEX

MI INDEX

www.ingramcontent.com/pod-product-compliance
Lightning Source LLC
Chambersburg PA
CBHW030314100526
44592CB00010B/426